编委会名单

主任：朱羿锟

副主任：徐　瑄　胡鹏翔

委员（按姓氏笔画排序）：

朱羿锟　刘文静　李健男　李　莉　赵克祥　胡鹏翔

贾学胜　徐　瑄　郭宗杰

主编：胡鹏翔

执行主编：郭宗杰

暨南大学法律硕士（JM）教学案例研究

胡鹏翔 ◎ 主编

暨南大学出版社

JINAN UNIVERSITY PRESS

中国·广州

图书在版编目（CIP）数据

暨南大学法律硕士（JM）教学案例研究/胡鹏翔主编 . —广州：暨南大学出版社，2015.6
ISBN 978 - 7 - 5668 - 1418 - 0

Ⅰ . ①暨…　Ⅱ . ①胡…　Ⅲ . ①法律—教案（教育）—研究生　Ⅳ . ①D9

中国版本图书馆 CIP 数据核字（2015）第 097989 号

出版发行：暨南大学出版社

地　　址：	中国广州暨南大学
电　　话：	总编室（8620）85221601
	营销部（8620）85225284　85228291　85228292（邮购）
传　　真：	（8620）85221583（办公室）　85223774（营销部）
邮　　编：	510630
网　　址：	http：//www. jnupress. com　http：//press. jnu. edu. cn

排　　版：广州市天河星辰文化发展部照排中心
印　　刷：佛山市浩文彩色印刷有限公司

开　　本：787mm×960mm　1/16
印　　张：37
字　　数：647 千
版　　次：2015 年 6 月第 1 版
印　　次：2015 年 6 月第 1 次

定　价：90. 00 元

目　录

1－行政法学

1－01　何小强诉华中科技大学履行法定职责纠纷案 ……………… 3

1－02　黄陆军等人不服金华市工商行政管理局工商登记行政案 … 12

1－03　焦志刚诉天津市公安局和平分局治安管理处罚决定行政纠
　　　 纷案 ……………………………………………………… 25

1－04　邵仲国诉黄浦区安监局安全生产行政处罚决定案 ………… 34

1－05　张成银诉徐州市人民政府房屋登记行政复议决定案 ……… 44

1－06　中华环保联合会诉贵州省贵阳市修文县环境保护局环境信
　　　 息公开案 ………………………………………………… 53

1－07　朱红兴等人诉浙江省政府信息公开行政复议案 …………… 59

2－刑法学

2－01　李宁组织同性卖淫案 ………………………………………… 69

2－02　马尧海聚众淫乱案 …………………………………………… 76

2－03　梁丽"拾"金案 ……………………………………………… 90

2－04　张筠筠、张筠峰运输毒品案 ………………………………… 99

2－05　刘涌组织、领导黑社会性质组织罪等案………………… 118

2－06　药家鑫故意杀人案 ………………………………………… 130

2－07　习水嫖宿幼女案 …………………………………………… 138

2－08　许霆盗窃案 ………………………………………………… 149

2－09　李志远诈骗、招摇撞骗案 ………………………………… 164

2 - 10　赵中华编造、故意传播虚假恐怖信息案……………………175

3 - 民法学

3 - 01　高空抛物（坠物）案　……………………………………189

3 - 02　房管局登记错误责任案……………………………………196

3 - 03　违约责任与侵权责任竞合辨析案……………………………204

3 - 04　国旅（深圳）国际旅行社有限公司与庄海燕等旅游合同纠
　　　　纷上诉案……………………………………………………213

3 - 05　明某诉王某人身损害赔偿协议纠纷案………………………225

3 - 06　杭州某甲公司诉杭州某乙公司建设工程合同纠纷案………232

3 - 07　市质量技术监督局与天象公司买卖合同缔约过失纠纷案
　　　　…………………………………………………………………241

3 - 08　杨武、吴苹夫妇反抗房屋被强制拆迁案…………………250

3 - 09　张学英诉蒋伦芳关于黄永彬遗嘱无效案…………………258

3 - 10　出租车拒载民事责任案……………………………………266

4 - 经济法学

4 - 01　韦富诉佛山市永华玩具厂人身损害赔偿案………………277

4 - 02　买 11 瓶假茅台酒，消费者要求双倍赔偿获胜诉 …………291

4 - 03　乔占祥诉铁道部票价上浮案………………………………303

4 - 04　山东省食品进出口公司、山东山孚集团有限公司、山东山
　　　　孚日水有限公司与马达庆、青岛圣克达诚贸易有限公司不
　　　　正当竞争纠纷案…………………………………………………313

4 - 05　蒙特莎公司与费列罗公司、天津正元公司不正当竞争纠纷案
　　　　…………………………………………………………………327

4 - 06　嘉能可、斯特拉塔经营者集中案…………………………341

4 - 07　茅台、五粮液价格垄断案…………………………………356

4 - 08　泛美卫星公司租赁费在华纳税案…………………………367

4 - 09　光大"乌龙指"事件…………………………………………379

4 - 10　吴英"非法集资"案…………………………………………393

5 - 国际法学

5 - 01　湖广铁路债券案…………………………………………411

5 - 02　美国驻德黑兰使馆人员遭绑架案……………………420

5 - 03　执行联合国职务时遭受伤害赔偿案…………………428

5 - 04　帕尔玛斯岛仲裁案………………………………………438

5 - 05　北海大陆架案……………………………………………448

5 - 06　《防止和惩治灭绝种族罪公约》保留案　………………457

5 - 07　在尼加拉瓜境内针对该国的军事及准军事行动案………465

5 - 08　塔迪奇案……………………………………………………476

5 - 09　科索沃独立案………………………………………………485

6 - 知识产权法学

6 - 01　金正科技电子有限公司诉摩托罗拉（中国）电子有限公司
　　　　抄袭其广告作品侵犯著作权案………………………497

6 - 02　美国 ETS 诉新东方学校著作权侵权案　………………506

6 - 03　一个馒头引发的血案………………………………………513

6 - 04　华纳唱片有限公司等七公司诉北京百度网讯科技有限公司
　　　　侵犯信息网络传播权纠纷案…………………………523

6 - 05　苹果公司、IP 申请发展有限公司诉唯冠科技（深圳）有限
　　　　公司商标权属纠纷案……………………………………532

6 - 06　迪尔公司诉九方泰禾青岛公司和九方泰禾北京公司侵犯注
　　　　册商标专用权纠纷案……………………………………541

6 - 07　慈溪市水之源净水设备有限公司与被申请人邹金孟专利侵
　　　　权纠纷案……………………………………………………549

6 - 08　思科诉华为知识产权侵权案………………………………560

6 - 09　柏万清与成都难寻物品营销服务中心、上海添香实业有限
　　　　公司侵害实用新型专利权纠纷申请再审案……………567

6 - 10　腾讯公司、腾讯计算机公司诉奇虎公司、奇智公司不正当竞争案
　　　　………………………………………………………………577

行政法学

Xing zheng fa xue

何小强诉华中科技大学履行法定职责纠纷案

一、案例编号（1-01）

二、学科方向：行政法学

三、案例名称：何小强诉华中科技大学履行法定职责纠纷案

四、内容简介

2003年9月至2007年6月，何小强就读于华中科技大学武昌分校（以下简称"武昌分校"）通信工程专业。2007年6月30日，何小强获得武昌分校颁发的普通高等学校毕业证书但并未取得学士学位。原因在于：何小强未通过全国大学英语四级考试，武昌分校根据《华中科技大学武昌分校授予本科毕业生学士学位实施细则》中关于只有通过全国大学英语四级考试的武昌分校本科毕业生，才有资格申请授予华中科技大学学士学位的规定，没有向华中科技大学推荐、报送何小强的相关资料。何小强向华中科技大学和武昌分校提出授予工学学士学位的申请，在收到武昌分校否定的书面答复后，于当天以华中科技大学为被告向武汉市洪山区人民法院提起了行政诉讼，诉讼过程中洪山区人民法院依法追加武昌分校为第三人。

五、关键词：学位证书；法定职责；行政诉讼

六、具体案情

（一）当事人

原告：何小强，武昌分校 2007 届（2003 年入学）通信工程专业本科毕业生

被告：华中科技大学

第三人：武昌分校

（二）拒发学位证

2003 年 5 月 12 日，武昌分校颁发的《华中科技大学武昌分校授予本科毕业生学士学位实施细则》第二条规定："凡具有我校学籍的本科毕业生，符合本《实施细则》中授予条件者，均可向华中科技大学学位评定委员会申请授予学士学位"；第三条规定："……达到下述水平和要求，经学位评定委员会审核通过者，可授予学士学位……（三）通过全国大学英语四级统考。"

2003 年 6 月 27 日，《华中科技大学本科学分制学籍管理条例》第五十七条规定："凡有下列情况之一，学校不授予学士学位……2. 国家大学生英语四级考试不及格。"

2003 年 9 月至 2007 年 6 月，何小强就读于第三人武昌分校通信工程专业。

2006 年 12 月，华中科技大学作出《关于武昌分校、文华学院申请学士学位的规定》，确定非外国语专业的申请者须通过全国大学英语四级考试，此是授予学士学位的必备条件之一。

2007 年 6 月 30 日，何小强仅获得武昌分校颁发的普通高等学校毕业证书，并未获得学士学位证。

2007 年 8 月 26 日，何小强向华中科技大学和武昌分校提出授予工学学士学位的申请。

2008 年 5 月 21 日，武昌分校书面答复原告，因其没有通过全国大学英语四级考试，不符合授予条件，华中科技大学不能向其颁发学士学位。

（三）行政诉讼一审

1. 诉讼请求

何小强不服华中科技大学和武昌分校不授予其学士学位的决定，于2008年5月21日向武汉市洪山区人民法院提起行政诉讼，请求法院判令华中科技大学依法定条件授予其工学学士学位证书。

2. 原告理由要点

被告华中科技大学以原告没有通过全国大学英语四级考试为由，不授予原告工学学士学位的行为，没有法律依据。

3. 被告答辩要点

（1）第三人武昌分校以原告何小强未通过全国大学英语四级考试，不具备学士学位授予条件为由，没有向被告推荐、报送原告相关资料。

（2）原告要求被告授予其工学学士学位，没有事实和法律依据，且已超过起诉期限，请求判决驳回原告的诉讼请求。

4. 第三人意见要点

根据《华中科技大学武昌分校授予本科毕业生学士学位实施细则》的规定，只有通过全国大学英语四级考试的武昌分校本科毕业生，才有资格申请授予华中科技大学学士学位。

5. 一审判决要点

武汉市洪山区人民法院作出判决：驳回原告何小强要求被告华中科技大学为其颁发工学学士学位的诉讼请求。主要理由如下：

（1）第三人对该校达到学士学术水平的本科毕业生，向被告推荐，由被告审核是否授予学士学位。被告及第三人均将通过全国大学英语四级考试作为学士学位授予的具体条件之一，没有违反《中华人民共和国学位条例》第四条、《中华人民共和国学位条例暂行实施办法》第二十五条的规定。第三人以原告没有通过全国大学英语四级考试，不符合学士学位授予条件为由，没有向被告推荐审核是否授予原告学士学位。原告要求被告为其颁发工学学士学位证书的诉讼请求，无事实和法律依据。

（2）被告在收到原告邮寄送达的申请书后，转交原告所在学校处理，并由第三人书面告知了原告不能授予学位的原因。原告起诉被告不作为的理由不成立，依法不予支持。

（3）武汉市洪山区人民法院依据最高人民法院《关于执行〈中华人民共和国行政诉讼法〉若干问题的解释》第三十九条第一款、第五十六条第

（一）项之规定，于 2008 年 12 月 18 日作出判决：驳回原告何小强要求被告华中科技大学为其颁发工学学士学位的诉讼请求。

（四）行政诉讼二审

1. 上诉

何小强不服一审判决，向武汉市中级人民法院提起上诉。

二审中，何小强称：原审判决认为英语四级作为学位授予具体条件之一，没有违反国务院《中华人民共和国学位条例》第四条的规定是错误的，因为《中华人民共和国学位条例》没有明确规定英语四级为授予学士学位条件。另外，华中科技大学没有拿出英语四级考试被教育部批准为教育考试的批文，这也违背了《中华人民共和国教育法》有关"国家教育考试由国务院教育行政部门确定种类"的规定。此外，何小强还认为英语四级为授予学位条件程序违法、超出法定学术水平范围并且在武昌分校的招生简章中没有写明学位与英语四级挂钩。

被上诉人华中科技大学辩称：武昌分校与其并无行政隶属关系，其不应被列为本案一审被告。此外，依据《中华人民共和国学位条例》第四条、《中华人民共和国学位条例暂行实施办法》第二十五条的规定，其将英语四级考试成绩与学士学位挂钩的做法，是在法律的授权范围之内的，是符合法律规定的。并且这一规定已通过《华中科技大学关于转发〈湖北省学位委员会关于授予学士学位办法（试行）〉的通知》、《华中科技大学普通本科生学籍管理细则》及《华中科技大学关于华中科技大学武昌分校、文华学院申请学士学位的规定》进行了公布。

2. 二审判决要点

（1）华中科技大学为适格被告基于华中科技大学与武汉军威企业集团有限公司（即武昌分校开办者）之间存在合作办学协议的实际约定，华中科技大学接受武昌分校委托审查授予该校应届本科毕业生学士学位的行为，既是历史事实，也是现实操作；同时基于信赖利益保护原则，何小强以华中科技大学在收到申请之日起六十日内未授予其工学学士学位，向人民法院提起行政诉讼，符合最高人民法院《关于执行〈中华人民共和国行政诉讼法〉若干问题的解释》第三十九条第一款的规定，因此，华中科技大学是本案适格的被告。

（2）华中科技大学以何小强起诉超过起诉期限的辩称意见不予采纳。对于何小强向被上诉人华中科技大学和第三人武昌分校均提出授予工学学士学位的申请，武昌分校于 2008 年 5 月 21 日作出书面答复，何小强当天即提起行政诉讼，依照法律规定并未超过起诉期限。

（3）对华中科技大学关于将通过全国大学英语四级考试作为学士学位授予条件符合法律规定的答辩意见予以部分采纳。华中科技大学将英语四级考试成绩与学士学位挂钩，是在法律法规的授权范围之内的，并没有违反《中华人民共和国学位条例》第四条和《中华人民共和国学位条例暂行实施办法》第二十五条的原则性规定，属于高等院校的学术自治范畴，且这一规定在华中科技大学和第三人武昌分校均通过颁发文件并刊登在学校互联网网站上予以公布。此外，高等院校的招生简章是一种面向高考考生和社会公众的招生宣传方式，不可能穷尽所有的教学内容和学术标准。

依照《中华人民共和国行政诉讼法》第六十一条第（一）项的规定，于 2009 年 5 月 31 日判决：驳回上诉，维持原判。

七、案例来源

《中华人民共和国最高人民法院公报》2012 年第 2 期，第 46～48 页。

八、案情分析

（一）争议焦点

（1）华中科技大学是否是本案适格的被告？

（2）华中科技大学以何小强未通过国家英语四级考试为由未授予其学士学位的做法是否符合法律规定？

（3）何小强提起的行政诉讼是否超过起诉期限？

（二）法理分析

1. 关于独立学院的挂名高校成为适格被告的问题

（1）"立法授权说"之批判。事实上，本案的判决是对传统"立法授权说"这一行政诉讼被告资格认定标准的挑战。按照"立法授权说"的观点，行为主体必须有立法赋予的行政职权，并因为行使或者不行使此职权而成为被告。《中华人民共和国行政诉讼法》第二十五条第四款和最高人民法院《关于执行〈中华人民共和国行政诉讼法〉若干问题的解释》第二十、二十一条的规定也都体现了"立法是否已授权"决定被告是否适格。于是有学者根据职权法定的法治原则得出了行政诉讼的被告必须是由立法赋予其权力的主体的结论，但是结合我国的行政管理体制来考虑，除了直接来源于立法规定的职权外，有些机关也有来源于立法规定与行政分配、调整相结合的职权，有些行政机关的职权是可以被政府或者上级行政机关分配和调整的。因此，把职权法定原则理解为法律、法规或者规章的直接授权，从一开始就是不正确的，也不符合法律的本意。在本案中，华中科技大学对于武昌分校推荐的本科毕业生进行审查考核的职权和责任并非完全源于法律、法规和规章的授权，而是在有法律依据的基础上由武昌分校的申请而取得的。因此，行政法上的"职权法定原则"并不一定意味着行政机关的职权都直接来源于立法的授权，而是只要有法律上的根据就足够了。华中科技大学应当是本案适格的被告。

（2）独立学院能否成为行政诉讼的被告。本案中，从华中科技大学与武昌分校开办者武汉军威企业集团有限公司之间合作办学协议的实际约定中，可以得知双方也是委托与被委托的关系，作为独立学院的武昌分校作出具有终局性的初审行为，对学生的利益有直接利害关系。因此，如果何小强当初以武昌分校为被告起诉，也是符合法律规定的。

2. 关于学位授予的司法审查问题

《中华人民共和国学位条例暂行实施办法》（国务院 1981 年批准）第二十五条规定："学位授予单位可根据本暂行实施办法，制定本单位授予学位的工作细则。"该办法赋予学位授予单位在不违反《中华人民共和国学位条例》所规定授予学士学位基本原则的基础上可自行制定学士学位授予标准的权力和职责。华中科技大学和武昌分校将通过全国大学英语四级考试作为授予学位的衡量标准，正是其根据自身的教学水平和实际情况在法定的基本原则范围内的行为。这一法律规定体现了行政法上的国家辅助性作用原则。国家辅助性作用原则秉承了欧洲自由主义思想传统，主张个人首先应自负其责；只有当个人无能为力时，公权力才予以介入；而在公权力内部，也应先由下级政府承担解决问题的责任。这一原则的思想根源是基于对现代极权国家的恐惧与排斥。因此，辅助性作用原则强调的是"自下而上地建立社会"的思想，即只有在较小的社会单位无法发挥其功能时，才能考虑发挥较大社会单位的功能。从本案例中，我们可以看出：国家将授予学位的具体细则授权给高校，既能为高校留下合理的自由空间以发挥其积极性，体现了学术自治的精神，节省了国家资源，同时还能在高校不能发挥其功能的关键时刻发挥国家才能以弥补缺陷，促进了行政权有限并有效运行。

3. 行政诉讼时效中断问题

本案中，之所以华中科技大学会在二审中提出上诉人何小强超过诉讼时效，请求驳回上诉，维持原判的抗辩理由，原因在于我国的《行政诉讼法》中对于诉讼时效中断制度的规定几乎是空白的。与民事诉讼相比，同样是主张诉权，同样存在着有正当原因没有及时行使起诉权的问题，为什么行政诉讼中就不能有时效的中断和延长？再加上《行政诉讼法》第三十九条将行政诉讼起诉期限仅仅规定为三个月，① 这些虽然保证了行政活动的效率性，但也忽略了对行政相对人诉权的保护。现实中行政相对人认为行政行为存在错误时，很多人的第一反应并非是通过行政诉讼来维权，而是采取和行政机关正面交涉、上访等方式，加上不了解行政诉讼起诉期限，上述的诸多原因都容易导致超过行政起诉期限，从而使自己的权利无法通过行政诉讼途径得到救济。因此，笔者认为，将来《行政诉讼法》修改时应当结合我国国情，增加行政诉讼时效中断制度，将上访、行政复议、与行政主体的正面交涉都纳入中断的事由范畴。本案的判决结果也证明了增加行政诉讼时效中断制度在司法实践中得到了支持与认可。

（三）相关判例②

北京科技大学应用科学学院物理化学系 1994 级学生田永于 1996 年 2 月 29 日参加电磁学课程补考过程中，随身携带写有电磁学公式的纸条，中途去厕所时，因纸条掉出，被监考教师发现。北京科技大学于同年 3 月 5 日按照"068 号通知"第三条第五项关于"夹带者，包括写在手上等作弊行为者"的规定，认定田永的行为是考试作弊，并根据第一条"凡考试作弊者，一律实施退学处理"的规定，决定对田永实施退学处理，4 月 10 日填发了学籍变动通知。但是，北京科技大学没有直接向田永宣布处分决定和送达变更学籍通知，也未给田永办理退学手续。田永继续在该校以在校大学生的身份参加正常学习及各项活动，并且学习成绩和毕业论文已经达到高等学校毕业生水平。临近毕业时，学校才通知田永所在的系，并以田永不具备学籍为由，拒绝颁发毕业证、学位证和办理毕业派遣手续。田永

---

① 本案发生在 2008 年，适用 1990 年 10 月 1 日起施行的《行政诉讼法》。2014 年修改、2015 年 5 月 1 日起施行的《行政诉讼法》第四十六条将直接提起行政诉讼的起诉期限修改为"自知道或者应当知道作出行政行为之日起六个月内提出"。

② 《田永诉北京科技大学拒绝颁发毕业证、学位证案》，《中华人民共和国最高人民法院公报》1999 年第 4 期。

于1998年10月5日以北京科技大学为被告向北京市海淀区人民法院提起行政诉讼。海淀区法院在查明事实基础上认为：北京科技大学的"068号通知"，扩大了认定"考试作弊"的范围，而且对"考试作弊"的处理方法明显重于《普通高等学校学生管理规定》第十二条的规定，也与第二十九条规定的退学条件相抵触，应属无效。同时学校作出的按退学处理的处罚涉及被处理者的受教育权，应该向被处理者本人宣布、送达，允许被处理者本人提出申辩意见。北京科技大学没有照此原则办理，忽视当事人的申辩权利，这样的行政管理行为不具有合法性。最终北京市海淀区人民法院于1999年2月14日作出判决：被告北京科技大学在本判决生效之日起三十日内向原告田永颁发大学本科毕业证书；被告北京科技大学在本判决生效之日起六十日内召集本校的学位评定委员会对原告田永的学士学位资格进行审核；被告北京科技大学于本判决生效之日起三十日内履行向当地教育行政部门上报原告田永毕业派遣的有关手续的职责；驳回原告田永的其他诉讼请求。一审宣判后，北京科技大学向北京市第一中级人民法院提出上诉。二审法院认为：原判认定事实清楚、证据充分，适用法律正确，审判程序合法，应当维持。依照《行政诉讼法》第六十一条第（一）项的规定，于1999年4月26日判决：驳回上诉，维持原判。

（四）法律适用

（1）《中华人民共和国学位条例》第四条："高等学校本科毕业生，成绩优良，达到下述学术水平者，授予学士学位：（一）较好地掌握本门学科的基础理论、专门知识和基本技能；（二）具有从事科学研究工作或担负专门技术工作的初步能力。"

（2）《中华人民共和国学位条例暂行实施办法》第二十五条："学位授予单位可根据本暂行实施办法，制定本单位授予学位的工作细则。"

（五）小结

（1）确立行政诉讼被告，应当考虑事实上行使国家行政职权的机关或者组织，而非从僵化的理论出发，寻找行政职权行使的法律依据。最高人民法院《关于执行〈中华人民共和国行政诉讼法〉若干问题的解释》第一条关于"具有国家行政职权的机关和组织及其工作人员"的描述，是对被告行使行政权力的客观事实的陈述，与权力来源的依据没有必然联系。这种客观的态度有利于明确事实上行使了行政权力并应当承担相应法律责任的机关和组织作为被告，有利于行政纠纷的实际解决。

（2）高等学校授予学位的直接依据是《中华人民共和国学位条例》和《中华人民共和国学位条例暂行实施办法》。在法律、法规授权的范围内，高校对授予学位的具体条件进行细化规定，只要不与上位法抵触，即属于高校学术自治权范围，司法审查对此不予干涉。

九、编者：刘文静、王德龙

十、编写时间：2014 年 7 月

黄陆军等人不服金华市工商行政管理局工商登记行政案

一、案例编号（1-02）

二、学科方向：行政法学

三、案例名称：黄陆军等人不服金华市工商行政管理局工商登记行政案

四、内容简介

浙江省金华市东阳世界贸易城有限公司（以下简称"世贸城公司"）是东阳市经济开发区管委会全额出资的国有企业，黄陆军等18人作为世贸城公司的摊位租户，与世贸城公司在经营活动中发生冲突。黄陆军等人向金华市工商行政管理局申请行政复议，要求复议机关撤销世贸城公司的工商登记。复议机关以申请人与世贸城公司之间的纠纷为民事纠纷，不属于行政复议受案范围，且申请人与世贸城公司的工商登记没有法律上的利害关系为由，作出不予受理的决定。黄陆军等遂以复议机关为被告，向人民法院提起诉讼。两级人民法院经审理，均作出维持行政复议决定的判决。

五、关键词：工商登记；利害关系；不予受理行政复议

六、具体案情

（一）当事人

原告：黄陆军等 18 人

被告：浙江省金华市工商行政管理局

第三人：东阳市工商行政管理局（东阳市隶属于浙江省地级市金华市）

（二）公司成立与登记

东阳市开发总公司（以下简称"开发公司"）是由东阳市经济开发区管委会 1993 年 2 月 18 日全额投资成立的，该投资经东阳市人民政府东政办发〔1992〕279 号、东阳市人民政府东政办发〔2007〕211 号、东阳市国有资产管理委员会办公室东国资办〔2007〕826 号批复同意。

东阳白云内衣城有限公司（以下简称"内衣城公司"）2006 年 3 月 15 日由开发公司投资 23%、蒋伟锋等 4 名自然人投资 51%、浙江华厦百兴贸易有限公司等两家法人投资 26% 而设立，2007 年 4 月 18 日申请变更为"东阳世界贸易城有限公司"。2009 年 6 月 18 日又申请变更登记，其他股东所持股份全部转让给开发公司，世贸城公司成为法人独资一人有限公司，登记住所为东阳市世贸大道 188 号，主要从事市场开发、管理、经营等。

东阳白云商业运营管理有限公司（以下简称"商管公司"）系由世贸城公司于 2006 年 9 月 1 日全额投资设立的一人有限公司，登记住所为东阳市世贸大道 188 号，主要从事企业管理咨询、物业服务等。

（三）行政复议

1. 申请复议

黄陆军等 18 人是世贸城公司二层部分摊位的业主或经营户。

2006 年 11 月至 2009 年 9 月，黄陆军等 18 人先后分别与内衣城公司、世贸城公司签订商品房买卖合同，购买世贸城商业用房；与商管公司签订业主商铺托管协议或者与商管公司签订租赁协议，承租世贸城商铺。黄陆军等 18 人认为"世贸城采取种种软硬兼施手段，譬如停电、对一些商铺

进行拆除改装，使业主无法经营"等，侵害其合法权益。

2009 年 10 月 26 日，黄陆军等 18 人向金华市工商行政管理局提出行政复议申请，对第三人东阳市工商行政管理局核准开发公司设立登记、内衣城公司设立和变更为世贸城公司登记、商管公司设立登记的行政行为不服，请求撤销东阳市工商行政管理局对开发公司注册登记的行政行为，撤销其对内衣城公司注册登记和变更为世贸城公司的行政行为以及撤销对商管公司的注册登记行政行为。

2. 复议决定及理由

金华市工商行政管理局收到复议申请后，认为黄陆军等 18 人与开发公司、内衣城公司和商管公司的登记行为，没有法律上的利害关系，于 2009 年 12 月 18 日作出金工商复字〔2009〕7 号行政复议决定书，决定驳回原告的行政复议申请。主要理由如下：

原告黄陆军等和有关公司发生民事合同关系。原告和三家公司登记行为之间没有行政法律关系，更没有强迫原告必须与上述公司发生民事合同关系。三家公司的设立（变更）登记行为不会导致原告必须与上述公司发生民事合同关系。原告称"世贸城采取种种软硬兼施手段，譬如停电、对一些商铺进行拆除改装，使业主无法经营"等，应受民事法律法规调整，与公司的设立（变更）登记行为没有法律上的利害关系。原告认为公司的登记行为侵犯其合法权益，没有证据和依据。综上，原告与开发公司设立登记行为、内衣城公司设立和变更为世贸城公司的登记行为、商管公司设立登记的行为，没有法律上的利害关系。

（四）行政诉讼一审

1. 诉讼请求

黄陆军等 18 人不服前述行政复议决定，认为金华市工商行政管理局驳回原告复议申请的理由不成立，向浙江省金华市婺城区人民法院提起行政诉讼，请求撤销被告金工商复字〔2009〕7 号行政复议决定，判令其重新作出复议决定。

2. 原告理由要点

（1）原告享有对涉案公司登记行为的撤销权。原告作为世贸城公司二层部分摊位的业主或经营户，第三人东阳市工商行政管理局所核准内衣城公司、核准内衣城公司变更登记为世贸城公司、核准商管公司注册的住所，涵盖了原告享有所有权或者租赁权的铺位，所以第三人准许经营或者继续经营的地址应包括原告的铺位。工商登记行为具有持续性，虽然核准内衣城公司、商管公司登记行为发生在原告购买或租赁铺位之前，但通过年检持续，且第三人核准变更登记时间更是在原告购买或者租赁铺位之后，因此原告有权请求撤销。

（2）原告的合法权益有可能受到侵害。正如复议决定中提到的，如果党政机关与所办经济实体政企不分，经济实体在职能、财务、人员、名称等方面与机关没有彻底脱钩的话，是不合法的，有可能以权经商、强买强卖，侵害与之发生经营关系的当事人的合法权益。原告与这些公司建立经营关系，合法权益就有可能受到侵害，既包括可能已经受到的侵害，也包括以后可能受到的侵害。这就是法律上的利害关系，被告应该对本案进行实体性审查。

3. 被告答辩意见

（1）原告与涉案公司的登记行为无法律上的利害关系。原告和内衣城公司、商管公司因签订商品房买卖合同、铺位租赁合同产生民事合同关系。上述公司和原告之间没有因工商登记建立任何法律关系。

①登记时间与合同签订时间的先后：内衣城公司、商管公司作出设立（变更）登记行为在前，原告与公司签订商品房买卖合同、铺位租赁合同在后，该设立（变更）登记行为不可能对原告还没有因签署合同而产生的权利义务产生影响。而且，涉诉工商登记未对原告权利义务产生实际影响，更未强迫原告必须与上述公司发生民事合同关系。涉诉公司设立（变更）登记行为，不会导致原告必须与上述公司发生民事合同关系。

②年检的性质认定：根据《企业年度检验办法》第三条"年检是企业登记机关依法按年度根据企业提交的年检材料，对与企业登记事项有关的情况进行定期检查的监督管理制度"，年检不是工商登记行为的延续。一个完整的工商登记，自向工商登记机关提出申请开始，至向申请人颁发营业执照结束，不具有原告所述的持续性。

③住所登记所产生的实际影响：东阳世贸大道 188 号为"世贸城公司"、"浙江东阳中国木雕城"市场，有多幢多层建筑物，经营面积 69.1 万平方米，经营户有 4 000 多。原告仅是购买该市场里少部分商品房或者承租市场里少部分铺位，取得房屋所有权或铺位使用权。根据《公司登记管理条例》第十二条规定，公司住所是指公司主要办事机构所在地。作为市场业主和从事物业管理的世贸城公司、商管公司，住所登记为世贸大道 188 号。上述公司住所登记在世贸大道 188 号，不会对原告权利义务产生

任何实际影响。

（2）原被告之间的纠纷属于民事纠纷，不能通过行政复议或行政诉讼解决。原告在与上述合法成立的公司交易过程中，合法权益受到侵害或将要受到侵害，两者之间是民事纠纷，可以通过其他途径救济，不能以行政复议或行政诉讼要求撤销上述公司的相关登记。就算上述公司登记不合法，原告可以通过向工商机关举报，请求查处或者撤销，而不能通过行政复议或者行政诉讼请求撤销。

综上，请求法院驳回原告的诉讼请求。

4. 第三人述称

（1）原告黄陆军等称第三人核准登记（变更登记）的涉案公司的住所，涵盖了原告享有所有权或租赁权的铺位，没有事实依据。涉案公司以其主要办事机构所在地为住所，不包括原告享有所有权或租赁权的铺位。

（2）原告称党政机关不能投资办企业，没有法律依据。开发公司是根据需要，授权东阳市经济开发区管委会代表东阳市人民政府履行出资人职责而组建的企业，符合《企业国有资产法》及《企业法人登记管理条例》①的相关规定。

（3）原告主张涉案公司登记行为侵害其合法权益，没有事实和法律依据。原告是涉案公司的民事合同关系人，双方之间因买卖、租赁产生民事法律关系，与合同一方公司的核准登记行为没有利害关系。

5. 一审判决要点

一审法院金华市婺城区人民法院认为原告黄陆军等18人的诉讼请求无事实及法律依据，难以支持。判决驳回黄陆军等18名原告的诉讼请求。主要理由如下：

被告金华市工商行政管理局受理原告黄陆军等复议申请后进行了实体审查，根据查明的事实及相关规定，作出驳回原告复议申请的具体行政行为，有相关事实及法律依据，并详细阐明了理由。原告与内衣城公司、世贸城公司的合同纠纷，应当通过协商或民事途径解决。第三人东阳市工商行政管理局对本案所涉三家公司设立或变更登记的具体行政行为，与原告没有法律上的直接利害关系。

---

① 《企业法人登记管理条例》1988年6月3日国务院令第1号发布，2014年2月19日《国务院关于废止和修改部分行政法规的决定》作出修订。本案发生在2009年，适用修订前的《企业法人登记管理条例》。

（五）行政诉讼二审

1. 上诉

黄陆军等18人不服一审判决，向金华市中级人民法院提出上诉。

（1）上诉理由。上诉人认为，如果政府和企业是一体的，在交易过程中，企业就可能随时出现政府逻辑，利用政府的公权力违反市场规则，侵犯当事人的合法权益。当事人自然有权就工商部门核准登记行为提出复议申请，要求工商部门承担相应的法律责任。在本案中，根据上诉人提供的证据材料，被上诉人东阳市工商行政管理局核准登记企业时，各企业法定代表人均是政府重要官员，而且在经营过程中，相关公司也确实利用公权力侵犯了上诉人的合法权益。

因此，本案属于行政复议受案范围。请求二审法院撤销一审判决，撤销金华市工商行政管理局作出的金工商复字〔2009〕7号行政复议决定。

（2）被上诉人辩称。①上诉人的合法权益受到侵害或将要受到侵害，属于民事纠纷，可以通过其他途径救济，不能以行政复议或行政诉讼要求撤销相关登记。②上诉人的行政复议权利已得到保障，金华市工商行政管理局对上诉人的行政复议申请已经受理并进行了实体审查，认为涉诉工商登记是正确的。

综上，原审法院认定的事实清楚，适用法律正确，请求二审法院维持原判决。

2. 二审判决要点

二审金华市中级人民法院认为上诉人所主张的权益损害与涉诉公司工商登记的具体行政行为不存在因果关系，上诉人与涉诉公司工商登记具体行政行为没有利害关系，故上诉人不具有申请复议的主体资格。涉诉公司经工商行政管理部门登记，作为市场主体与上诉人因购买或租赁铺位发生了民事合同法律关系，双方享有合同权利与承担合同义务。双方因合同权益产生民事纠纷，应受《合同法》及相关民事法律调整，上诉人应通过民事诉讼寻求救济。

3. 二审判决结果

二审法院认为被上诉人金华市工商行政管理局受理上诉人的行政复议申请后，在实体审查中发现上诉人与具体行政行为没有行政法律利害关系，驳回上诉人的行政复议申请，于法有据。金华市工商行政管理局作出的金工商复字〔2009〕7号行政复议决定结论正确。

金华市中级人民法院根据《中华人民共和国行政诉讼法》第六十一条第（一）项之规定，于 2010 年 5 月 21 日判决：驳回上诉，维持原判。

七、案例来源

《中华人民共和国最高人民法院公报》2012 年第 5 期，第 44~48 页。

八、案情分析

（一）争议焦点

（1）黄陆军等 18 人与东阳市工商行政管理局对开发公司的设立登记、内衣城公司的设立登记及变更登记、商管公司的设立登记行政行为是否具有行政法意义上的利害关系？

（2）黄陆军等人以对方存在民事侵权行为为由对该登记行为申请复议，行政复议机关是否应予受理？

（3）党政机关是否可以投资办企业？

（二）法理分析

1. 关于本案中原告与涉案公司登记行为的利害关系之认定

要研究本案中的黄陆军等 18 名原告与开发公司的设立登记、内衣城公司的设立登记及变更登记、商管公司的设立登记行政行为是否存在行政法意义上的利害关系，必定要先理解清楚法律上的利害关系的内涵。然而，关于利害关系的界定，我国法律法规中一直都没有明确的标准，因此在实务的界定中常常出现困难。

（1）行政法上的利害关系之认定。1999 年最高人民法院《关于执行〈中华人民共和国行政诉讼法〉若干问题的解释》第十二条规定："与具体行政行为有法律上利害关系的公民、法人或者其他组织对该行为不服的，可以依法提起行政诉讼。"这一条规定是我国第一次明确利害关系人提出行政诉讼的原告资格。

"法律上利害关系是指公民、法人或者其他组织的合法权益与行政行为之间存在的因果关系。"[①] 要判定一个法律关系的当事人之间是否具有利

---

① 参看张旭勇：《"法律上利害关系"新表述——利害关系人原告资格生成模式探析》，《华东政法学院学报》2001 年第 6 期。

害关系，往往需要综合考虑多个因素。目前国内学者对于利害关系的构成要素，观点不一。但一般采用三要素说，即存在合法权益、具有一个成熟的具体行政行为以及合法权益和成熟的具体行政行为之间存在因果关系。① 首先，存在合法权益是指申请人或起诉人请求保护的必须是自身拥有的受法律法规保护的合法的权益，不是违法的权益，也不是他人的权益。必须注意的是，这里的合法权益必须是当下的、现实的利益。在田家乐诉北京市朝阳区民政局一案中，原告诉称其父患有法定上禁止结婚的疾病，被告在为其父办理结婚登记的过程中忽略了婚前健康检查的证明，程序严重违法。被告准许婚姻登记的行为会令原告将来继承的财产份额受到损失。法院认为原告田家乐与该行政行为没有法律上的利害关系，因此认定原告不具有行政诉讼原告的主体资格。② 在此案中原告的继承权是未来可期待的、模棱两可的利益，这种将来才能够确定是否可得的利益不能作为该案的利害关系来源。其次，一个成熟的具体行政行为是指该行政行为是由行政机关及其工作人员行使职权做出的内容明确、程序上完结的行政行为。③ 第一，它必须是适格的行政机关或者法律、法规授权行使职权的行政机关内设机构、派出机构或者其他组织，在其法定授权范围内实施的；第二，其行政行为所指向的内容必须明确；第三，该行政行为作出的程序须是符合法律规定的；第四，行政行为与当事人的合法权益之间存在直接的因果联系。

（2）行政复议中"与具体行政行为有利害关系"的认定。2007 年的《行政复议法实施条例》第二十八条对行政复议的受理范围作出了列举式的规定："行政复议申请符合下列规定的，应当予以受理：（一）有明确的申请人和符合规定的被申请人；（二）申请人与具体行政行为有利害关系；（三）有具体的行政复议请求和理由；（四）在法定申请期限内提出；（五）属于行政复议法规定的行政复议范围；（六）属于收到行政复议申请的行政复议机构的职责范围；（七）其他行政复议机关尚未受理同一行政复议申请，人民法院尚未受理同一主体就同一事实提起的行政诉讼。"其中的第二项将申请人与具体行政行为有利害关系作为行政复议机关受理复

---

① 参看张旭勇：《"法律上利害关系"新表述——利害关系人原告资格生成模式探析》，《华东政法学院学报》2001 年第 6 期。

② 参看张宝华：《行政诉讼法上的法律上利害关系》，《湖北警官学院学报》2012 年第 9 期。

③ 参看邓飞燕：《行政诉讼制度法律上的利害关系研究》，光明网，http：//court. gmw. cn/html/article/201307/02/131369. shtml，2014 年 2 月 21 日。

议申请的情形之一。最高人民法院行政庭在行政诉讼法释义里指出"与具体行政行为有法律上利害关系"是指行政机关的具体行政行为对公民、法人和其他组织的权利义务已经或将会产生实际影响。① 这一概念源于《行政诉讼法》第二十七条有关第三人的规定。关于如何理解"与具体行政行为有利害关系"，法律并没有具体规定，然而我们可以看到，与《行政复议法实施条例》的列举式不同，《关于执行〈中华人民共和国行政诉讼法〉若干问题的解释》第一条第二款采用了排除法将六种行政行为排除在行政诉讼受案范围之外。其中第六项为："对公民、法人或者其他组织权利义务不产生实际影响的行为"，因此我们也许可以认为"与具体行政行为有利害关系"的当事人须是因该行政行为而对其权利义务产生实际影响的人。

（3）本案中原告与涉案公司登记行为的利害关系之认定。在本案中，原告黄陆军等人以"世贸城采取种种软硬兼施手段，譬如停电、对一些商铺进行拆除改装，使业主无法经营"为由申请行政复议，认为东阳市工商行政管理局对这些公司的登记核准行为侵犯了自己的合法权益，要求撤销涉诉公司的工商核准登记。原告在起诉书中称："原告与这些公司建立经营关系，合法权益就有可能受到侵害。这种可能性，既包括可能已经受到的侵害，也包括以后可能受到的侵害，这就是法律上的利害关系。"这一说法错误，法律上的利害关系应该是指确定已经发生的实际权益受到损害的情况，排除那些未来的、虚无缥缈的权益。根据以上提到的利害关系认定三要素，被告对涉案公司的工商登记行为自然是成熟的行政行为，但是黄陆军等18名原告作为业主，他们与内衣城公司、商管公司只有民事上的买卖和租赁关系，双方并没有因为东阳市工商行政管理局对涉案公司的登记行为而建立任何法律关系，且该登记行为发生在前，并不必然导致原告与内衣城公司、商管公司签订民事合同。这么一来原告所称的合法权益也就站不住脚，双方并不存在行政法律关系，所以并不因此产生任何权利义务关系，也就不存在原告所标榜的"合法权益"和工商登记这一行政行为之间的因果关系。

本案二审法院金华市中级人民法院在判决书里对案件"利害关系"进行了更为具体的考量分析：第一，东阳市工商行政管理局在对涉诉公司进

---

① 最高人民法院行政审判庭：《〈关于执行《中华人民共和国行政诉讼法》若干问题的解释〉释义》，北京：中国城市出版社2000年版。

行工商登记审查时，其按照《公司法》、企业登记相关法律法规的规定，审查公司设立和变更是否符合法定条件；第二，登记机关无法预见公司成立后作为市场主体，在与上诉人发生买卖、租赁民事合同后的侵权行为或侵权可能性；第三，登记机关没有对涉诉公司作为市场主体的民事侵权行为进行审查的法定义务；第四，本案上诉人主张的权益损害原因并不是涉诉公司工商登记行政行为，而是涉诉公司不履行合同或其他民事侵权行为；第五，撤销涉诉公司的工商核准登记，不能使上诉人的权益损害得到恢复。① 二审法院在实体审查中发现黄陆军等 18 名原告与行政登记行为没有行政法律关系，该具体行政行为对原告的权利义务关系不产生任何实际影响。二审法院对该案利害关系的认定标准正确，经审查认为双方的纠纷应通过民事诉讼寻求救济的结论正确。因此被告金华市工商行政管理局驳回行政复议申请的做法并无不当，于法有据。

2. 民事合同一方不能对相对方的工商登记行为提起行政复议

《行政复议法》第六条规定了可以申请行政复议的行为，其中不涉及民事纠纷案件。前文已经提到，本案中原告与开发公司设立登记行为、内衣城公司设立和变更为世贸城公司登记行为、商管公司设立登记的行为，没有行政法意义上的利害关系，属于民事纠纷，应当通过协商或民事途径解决。原告所反映的"世贸城采取种种软硬兼施手段，譬如停电、对一些商铺进行拆除改装，使业主无法经营"问题与公司的工商登记同样没有利害关系，这些问题应受《民法通则》、《合同法》等法律法规调整。原告认为公司的工商登记行为侵犯其合法权益，没有合法依据，更不能要求用行政纠纷解决方式撤销相关登记。综上，民事合同一方当事人与合同相对方因公司设立、变更而进行的工商登记一般没有法律上的利害关系，其以合同相对方存在民事侵权行为为由申请行政复议，行政复议机关不予受理。

3. 关于党政机关是否可以投资办企业的问题

本案原告在起诉时提出"党政机关与所办经济实体政企不分，经济实体在职能、财务、人员、名称等方面与机关没有彻底脱钩的话，是不合法的，有可能以权经商、强买强卖，侵害与之发生经营关系的当事人的合法权益"，而第三人东阳市工商行政管理局却认为原告称党政机关不能投资办企业，没有法律依据。"东阳市开发总公司是根据需要，授权东阳市经

---

① 参看《黄陆军等人不服金华市工商行政管理局工商登记行政复议案》，《中华人民共和国最高人民法院公报》2012 年第 5 期。

济开发区管委会代表东阳市人民政府履行出资人职责而组建的企业。"①

关于党政机关能否经商办企业的问题需要区别情况讨论。中共中央、国务院1984年就已出台了《关于严禁党政机关和党政干部经商、办企业的决定》，1986年又出台了《关于进一步制止党政机关和党政干部经商、办企业的规定》加以整顿，该决定、规定包括各级党委机关和国家权力机关、行政机关、审判机关、检察机关以及隶属这些机关编制序列的事业单位，上述单位原则上不准经商办企业。但应当明确的是，在我国任何一级人民政府均不属于该禁令中"党政机关"的范畴，也即任何一级人民政府或其授权的部门均有权经商办企业，这是我国企业国有资产管理制度能够存在的法律基础，也是《企业国有资产法》的重要立法根据之一。② 根据《公司法》有关国有独资企业的规定以及《企业国有资产法》的有关规定，虽然有关文件规定党政机关禁止经商投资，事实上政府及有关部门不但有权经商、出资办企业，而且此种行为是受现行企业国有资产法律制度充分保护的。《企业国有资产法》第四条规定："国务院和地方人民政府依照法律、行政法规的规定，分别代表国家对国家出资企业履行出资人职责，享有出资人权益。"第六条还规定了："国务院和地方人民政府应当按照政企分开、社会公共管理职能与国有资产出资人职能分开、不干预企业依法自主经营的原则，依法履行出资人职责。"实际上，禁止经商的政策只适用于对企业国有资产没有法定出资职责的党政机关，不包括任何一级人民政府。"无论是国务院、省级政府或是地市级、县级、乡级人民政府都有权出资办企业，这是我国国有企业及企业国有资产的法定产生方式和形成途径。大量的国有企业都是政府直接出资或政府授权投资而兴办的，这是我国国有企业法律制度的核心机制。"③

（三）相关判例④

李某等66户村民以市规划局给城投公司的项目选址批复，未经公开征

---

① 参看《黄陆军等人不服金华市工商行政管理局工商登记行政复议案》，《中华人民共和国最高人民法院公报》2012年第5期。

② 参看杨绍华：《企业国有资产法：一部保障国有资产权益的重要法律——访全国人大常委会法工委副主任安建》，《求是杂志》2009年第9期。

③ 引用自师安宁：《"党政机关禁止经商"的适用范围》，北大法律网，http://article.chinalawinfo.com/Article_Detail.asp?ArticleID=75369，2014年2月25日。

④ 周稷：《行政复议中"利害关系"的界定》，陕西省渭南市人民政府法制专题网。

求该村村民小组意见，程序违法为由向行政复议机关提出复议申请。其中该项目选址仅占用该村民小组 8 户村民的土地，其余 58 户村民则属另外村民小组成员，这 58 户村民不属于该村民小组成员，与该项目选址没有利害关系，因此不能作为申请人提起行政复议。最终，法院驳回申请人的行政复议申请。

（四）　法律适用

（1）《企业国有资产法》第四条："国务院和地方人民政府依照法律、行政法规的规定，分别代表国家对国家出资企业履行出资人职责，享有出资人权益。"

（2）《企业国有资产法》第六条："国务院和地方人民政府应当按照政企分开、社会公共管理职能与国有资产出资人职能分开、不干预企业依法自主经营的原则，依法履行出资人职责。"

（3）《行政复议法》第六条："有下列情形之一的，公民、法人或者其他组织可以依照本法申请行政复议：（一）对行政机关作出的警告、罚款、没收违法所得、没收非法财物、责令停产停业、暂扣或者吊销许可证、暂扣或者吊销执照、行政拘留等行政处罚决定不服的；（二）对行政机关作出的限制人身自由或者查封、扣押、冻结财产等行政强制措施决定不服的；（三）对行政机关作出的有关许可证、执照、资质证、资格证等证书变更、中止、撤销的决定不服的；（四）对行政机关作出的关于确认土地、矿藏、水流、森林、山岭、草原、荒地、滩涂、海域等自然资源的所有权或者使用权的决定不服的；（五）认为行政机关侵犯合法的经营自主权的；（六）认为行政机关变更或者废止农业承包合同，侵犯其合法权益的；（七）认为行政机关违法集资、征收财物、摊派费用或者违法要求履行其他义务的；（八）认为符合法定条件，申请行政机关颁发许可证、执照、资质证、资格证等证书，或者申请行政机关审批、登记有关事项，行政机关没有依法办理的；（九）申请行政机关履行保护人身权利、财产权利、受教育权利的法定职责，行政机关没有依法履行的；（十）申请行政机关依法发放抚恤金、社会保险金或者最低生活保障费，行政机关没有依法发放的；（十一）认为行政机关的其他具体行政行为侵犯其合法权益的。"

（五）　小结

本案属于典型的民事纠纷。公民（本案中是个体工商户）与国有企业因经营行为发生纠纷，在我国现行法律框架下，应当依照《合同法》等相关民事法律解决；法定的救济途径是通过提起民事诉讼，由人民法院依照民事法律纠纷来进行审判。本案原告仅仅因为与其发生纠纷的被告是国有企业，就要求工商机关撤销相关国企的工商登记，不仅不符合我国《公司法》、《公司登记管理条例》、《企业法人登记管理条例》、《企业国有资产法》等相关法律法规关于撤销公司登记的规定，而且此类纠纷事实上也不宜通过行政复议或者行政诉讼来解决。

九、编者：刘文静、方雅然

十、编写时间：2014 年 7 月

焦志刚诉天津市公安局和平分局治安管理处罚决定行政纠纷案

一、案例编号（1－03）

二、学科方向：行政法学

三、案例名称：焦志刚诉天津市公安局和平分局治安管理处罚决定行政纠纷案

四、内容简介

焦志刚因不实举报阻碍国家工作人员依法执行职务，扰乱公共秩序，被天津市公安局和平分局处以罚款200元的行政处罚。该决定已生效并执行完毕。四个月后，天津市公安局和平分局以其上级机关天津市公安交通管理局反映处罚较轻为由，撤销原处罚决定，重新作出对焦志刚治安拘留10日的行政处罚。焦志刚不服，向天津市公安局申请行政复议。复议机关以事实不清为由撤销该拘留处罚决定，并责令天津市公安局和平分局重新作出具体行政行为。事后，和平分局撤销原拘留决定，重新作出对焦志刚治安拘留15日的行政处罚。焦志刚不服，再次向天津市公安局申请行政复议，复议机关维持了拘留15日的处罚决定。焦志刚遂向人民法院提起行政诉讼。

五、关键词：行政处罚；行政行为；法定程序

六、具体案情

（一）当事人

原告：焦志刚

被告：天津市公安局和平分局

（二）行政处罚

2004 年 3 月 30 日 23 时许，原告焦志刚驾驶一辆报废的"夏利"牌汽车途经天津市卫津路与鞍山道交路口时被交警查获。在向民警索要驾驶证未果的情况下，焦志刚拨打 110 报警，谎称民警王心魁酒后执法。

天津市公安局督察处立即赶到现场，并带王心魁、焦志刚做化验鉴定，结论为未查出酒精成分。天津市公安局督察处向王心魁本人及其所在单位发出《公安警务督察正名通知书》，确认原告举报不实，并将其交给被告天津市公安局和平分局。

2004 年 3 月 31 日，和平分局以不实举报阻碍国家工作人员依法执行职务属于扰乱公共秩序为由，作出公（和）决字（2004）第 056 号行政处罚决定书，决定给予原告治安罚款 200 元的行政处罚。

2004 年 7 月 4 日，和平分局告知原告，天津市公安交通管理局反映处罚较轻，撤销 056 号行政处罚决定书。

2004 年 7 月 13 日，和平分局作出公（和）决字（2004）第 047 号行政处罚决定书，决定给予原告治安拘留 10 日的行政处罚。

（三）行政复议

1. 复议请求

原告对天津市公安局和平分局作出的行政处罚不服，向天津市公安局申请复议，请求撤销公（和）决字（2004）第 047 号行政处罚决定书。

2. 复议决定

天津市公安局以事实不清为由撤销了 047 号行政处罚决定书，要求和平分局重新作出具体行政行为。

（四）重新作出行政处罚

2004 年 11 月 19 日，和平分局作出 870 号行政处罚决定书，决定给予原告治安拘留 15 日的行政处罚。

（五）再次申请复议

1. 复议申请

原告对天津市公安局和平分局作出的行政处罚不服，向天津市公安局申请复议，请求撤销 870 号处罚决议，重新作出具体行政行为。

2. 复议决定

天津市公安局维持了 870 号行政处罚决定书。

（六）行政诉讼一审

1. 诉讼请求

原告对天津市公安局和平分局作出的行政处罚不服，向天津市和平区人民法院提起诉讼，请求判决撤销被告作出的 870 号行政处罚决定书。

2. 原告理由要点

被告给予原告的行政处罚生效后，被告任意改变，重新裁决。在原告对新作出的行政处罚申请复议，且该复议被上级机关撤销后，被告在相同的事实基础上加重了对原告的处罚，是滥用职权的违法行为。

3. 被告答辩要点

被告虽然对原告作出过行政处罚，但天津市公安交通管理局向天津市公安局纪检组反映治安处罚过轻，根据公安部《公安机关内部执法监督工作规定》的相关规定重新裁决，作出 870 号行政处罚决定书。

4. 一审判决要点

天津市和平区人民法院认为，056 号行政处罚决定书已经产生法律效力，不能随意改变，870 号行政处罚决定书应当被撤销。主要理由如下：

（1）被告和平分局是有权作出行政处罚的公安机关，行政主体适格。

（2）被告作出的 056 号行政处罚决定书决定给予原告 200 元罚款的行政处罚，事实清楚、证据确凿，处罚在法律规定的幅度内，且执法程序合法。

（3）被告和平分局在 056 号行政处罚决定书已经生效的情况下仅因天津市公安交通管理局认为处罚过轻，即随意自行变更处罚决定，程序明显违法。

（4）原告对被告第二次行政处罚决定不服申请复议后，受到加重处罚，明显违背"行政机关不得因当事人申辩而加重处罚"的规定。

（七）行政诉讼二审

1. 上诉

一审宣判后，和平分局不服，向天津市第一中级人民法院提起上诉。

上诉理由：

（1）根据公安部《公安机关内部执法监督工作规定》第十三条和第十九条第一款的规定，上诉人在接到上级机关要求重新裁决的指令后，撤销056号行政处罚决定书，重新作出870号行政处罚决定书的行为符合法律规定。

（2）根据《行政处罚法》第三十二条规定，行政处罚决定作出前允许当事人申辩，这一程序不适用于行政复议程序。

（3）《行政复议法》没有规定行政处罚决定被撤销后重新作出的裁决不得加重处罚。

2. 二审判决要点

（1）056号行政处罚决定书具有法律效力。根据《治安管理处罚条例》第十九条第（七）项的规定，作出的056号行政处罚决定书，给予被上诉人治安罚款200元的处罚，认定事实清楚，证据确凿，处罚在法律规定的幅度内，且执法程序合法，是合法的行政处罚决定，并已经发生法律效力。

（2）《公安机关内部执法监督工作规定》的目的是防止和纠正违法与不当的执法行为，056号行政处罚决定书合法，不能因为上级机关认为处罚较轻就予以撤销。

（3）上诉人作出047号行政处罚决定书后，被上诉人申请复议是一种申辩行为，复议机关撤销行政处罚决定书后，上诉人在没有新证据的情况下加重对被上诉人的处罚，违反了《行政处罚法》第三十二条第二款的规定。

3. 二审判决

天津市第一中级人民法院依照《行政诉讼法》第六十一条第（一）项规定，于2005年9月6日判决：驳回上诉，维持原判。

七、案例来源

《中华人民共和国最高人民法院公报》2006年第10期，第44～48页。

八、案情分析

（一）争议焦点

（1）056 号行政处罚决定书生效后能否被撤销？

（2）上诉人根据《公安机关内部执法监督工作规定》，以 047 号行政处罚决定书取代 056 号行政处罚决定书，其行为是否合法？

（3）行政处罚决定书被复议机关撤销后，行政机关能否在重新作出的处罚决定中加重对当事人的行政处罚？

（二）法理分析

1. 行政处理行为的确定力

（1）生效的行政处罚决定书能否被撤销，涉及行政处理行为确定力的问题。学术界普遍认为行政处理行为的确定力对行政相对人和行政机关都具有约束性，非经法定程序不能被任意撤销。[①] 行政处理行为是行政机关依照法定权限、遵循法定程序依法作出的处理性决定，因此，基于对程序价值与法律规定的尊重，相关主体不能随意加以改变，或者作出与之相矛盾的决定，[②] 这是法的稳定性、确定性所要求的。如果允许作出行政处理行为的机关任意改变或者撤销作出的合法的行政行为，就会导致行政处理行为作出的随意性增加，损害行政相对人的信赖利益，更会破坏既存的社会秩序，无法实现法的安定性的目的。

当然，行政处理行为的确定力也不是绝对的。《行政诉讼法》第五十一条规定："人民法院对行政案件宣告判决或者裁定前，原告申请撤诉的，或者被告改变其所作的具体行政行为，原告同意并申请撤诉的，是否准许，由人民法院裁定。"最高人民法院《关于执行〈中华人民共和国行政诉讼法〉若干问题的解释》第五十条规定："被告在一审期间改变被诉具体行政行为的，应当书面告知人民法院。"从这些法条可以看出，我国采取的是行政处理行为确定力的相对性理论。也就是说，实质确定力的适用范围是有边界的，并不是所有的行政处理行为都是不能改变的，如果存在着严重并且非常明显的瑕疵，那么这一行为就变成无效的行政行为，不具

---

① 参见［日］盐野宏著，杨建顺译：《行政法》，北京：法律出版社 1999 年版，第 111 页。

② 参看姜明安、余凌云：《行政法》，北京：科学出版社 2010 年版，第 230 页。

有实质的确定力。① 就本案而言，公安机关交通管理部门对原告作出的 056 号行政处罚决定能否被撤销关键在于这一处罚决定是否存在严重且明显的瑕疵。

（2）合法性和合理性是行政机关作出行政处理行为的基本要求。焦志刚谎称执法人员酒后执法，阻碍了国家机关工作人员执行职务，但由于并未造成严重后果，不属于情节严重的情形。因此，天津市公安局和平分局根据《治安管理处罚法》（案件审理时称《治安管理处罚条例》）第五十条 "有下列行为之一的，处警告或者二百元以下罚款；情节严重的，处五日以上十日以下拘留，可以并处五百元以下罚款……（二）阻碍国家机关工作人员依法执行职务的……" 对其作出了罚款 200 元的处罚决定。这一决定是依法作出，事实清楚，证据确凿，处罚在法律允许的范围内，因此是合法有效的，是具有确定力的行政处理行为，行政机关不能随意改变。所以 056 号行政处罚决定书合法生效后不能被随意撤销。

2. 生效的行政处理决定被撤销的合法前提

（1）如前所述，行政处理行为是具有确定力的，只有在其产生严重且明显的瑕疵时，行政机关才能通过法定的方式撤销。《公安机关内部执法监督工作规定》②（以下简称《规定》）第十三条规定："在执法监督过程中，发现本级或者下级公安机关已经办结的案件或者执法活动确有错误、不适当的，主管部门报经主管领导批准后，直接作出纠正的决定，或者责成有关部门或者下级公安机关在规定的时限内依法予以纠正。" 这一条款也是行政行为确定力的相对性的体现。下级行政机关作出的行政处理决定可以被上级机关撤销，但前提应当是 "案件或者执法活动确有错误、不适当的" 才可以撤销，不符合条件的不能任意撤销。在本案中，天津市公安局和平分局仅以上级机关认为对原告焦志刚的处罚较轻为由，便依据第十三条的规定，撤销了 056 号处罚决定书，以 047 号代替。但并没有提出足够的理由和证据证明 056 号处罚决定存在明显且重大的瑕疵，因此不能推翻这一决定的合法合理性，不能改变其确定力，所以，上诉人的行为是违法的。

（2）值得一提的是，二审法院在解释此争议时认为，"《规定》是公安

---

① 参看姜明安、余凌云：《行政法》，北京：科学出版社 2010 年版，第 231 页。

② 《公安机关内部执法监督工作规定》是公安部 1999 年以公安部令第 40 号发布的。该文件于 2000 年 7 月 1 日《立法法》实施前颁布并实施，其颁布机关又具有规章制定权限，在实践中视同部门规章。

部为保障公安机关及其人民警察依法正确履行职责，防止和纠正违法和不当的执法行为，保护公民、法人和其他组织的合法权益而制定的内部规章，只在公安机关内部发挥作用，不能成为作出治安管理行政处罚决定的法律依据"。法院将《规定》定性为作出行政处理行为的依据，这是不恰当的。法律依据应当是指行政机关作出行政处理行为的实体法依据，往往表述为"依据某某条，作出某某决定"。而从上诉人"接到市公安局纪检组根据《规定》的相关规定提出纠正要求的情况下重新裁决"的表述来看，《规定》只是上级部门提出纠正违法行政决定的依据，是重新裁决的启动前提，而非重新裁决的依据。由此可知，法院对第二点争议的说理，是非常不充分的。①

3. 复议禁止不利变更

经过行政复议的案件，复议机关撤销原决定并责令重作后，行政机关能否作出对相对人更为不利的行政行为，现行法律法规的确没有提及。然而，行政复议不应导致相对人面临对自己更为不利的行政决定，这不仅符合《行政复议法》的立法精神，也是《行政处罚法》的基本要求。

首先，《行政复议法》第二十八条规定了行政复议规定的四类情况：①维持（适用于复议机关认为合法的行为）；②责令履行（适用于行政不作为）；③撤销、变更或者确认违法，以及撤销的同时责令重作（适用于复议机关认为原具体行政行为实体或者程序违法或者不当的情形）；④撤销决定（适用于被申请人不依法答复或者举证的情形）。② 其中，撤销并责令重作决定只会发生在复议机关认为原具体行政行为违法或者不当的情形

---

① 参见闫尔宝、王勇：《行政裁判文书说理水平尚待提高——焦志刚诉和平公安分局治安管理处罚决定案判决评析》，《行政法学研究》2009 年第 2 期，第 127 ~ 133 页。

② 《行政复议法》第二十八条："行政复议机关负责法制工作的机构应当对被申请人作出的具体行政行为进行审查，提出意见，经行政复议机关的负责人同意或者集体讨论通过后，按照下列规定作出行政复议决定：（一）具体行政行为认定事实清楚，证据确凿，适用依据正确，程序合法，内容适当的，决定维持。（二）被申请人不履行法定职责的，决定其在一定期限内履行。（三）具体行政行为有下列情形之一的，决定撤销、变更或者确认该具体行政行为违法；决定撤销或者确认该具体行政行为违法的，可以责令被申请人在一定期限内重新作出具体行政行为：1. 主要事实不清、证据不足的；2. 适用依据错误的；3. 违反法定程序的；4. 超越或者滥用职权的；5. 具体行政行为明显不当的。（四）被申请人不按照本法第二十三条的规定提出书面答复、提交当初作出具体行政行为的证据、依据和其他有关材料的，视为该具体行政行为没有证据、依据，决定撤销该具体行政行为。行政复议机关责令被申请人重新作出具体行政行为的，被申请人不得以同一的事实和理由作出与原具体行政行为相同或者基本相同的具体行政行为。"

下。在这种情况下，如果复议请求仅与申请人个人利益相关，则被申请人事后作出对申请人（相对人）更为不利的决定，事实上只会加重违法的情形，这与《行政复议法》第二十八条的立法精神是直接抵触的。2007年实施的《行政复议法实施条例》第五十一条关于"行政复议机关在申请人的行政复议请求范围内，不得作出对申请人更为不利的行政复议决定"的规定，就是直接针对这种情形的（本案发生在2005年，其时《行政复议法实施条例》尚未颁布）。

其次，《行政处罚法》第三十二条第二款规定的"行政机关不得因当事人申辩而加重处罚"中的"申辩"，应当不仅仅适用于单个处罚程序中的申辩，而且也适用于经过复议后重新作出处罚决定的程序，即应当将原处罚程序中的申辩与复议后重新作出处罚的程序中的申辩，视为一个完整的处罚程序中的申辩。无论是行政处罚简易程序中的申辩，还是一般程序中的听证，都属于"申辩"，而申请行政复议乃至提起行政诉讼，更是最正式的申辩程序。经过复议（甚至诉讼）后，当原处罚决定被复议机关（或者法院）撤销后，行政机关作出对相对人更为不利的决定，与行政处罚制度的立法精神以及行政救济制度（包括复议和诉讼）设立的初衷（保护相对人权利）更是直接相抵触的。

在本案中，二审法院将焦志刚申请复议的行为认定为一种申辩行为，认为在行政处罚过程中，应始终贯彻允许当事人陈述和申辩的原则，复议机关在没有新的证据的情况下加重了对被上诉人的处罚，违反了《行政处罚法》第三十二条第二款"行政机关不得因当事人申辩而加重处罚"的规定，该加重处罚应当被撤销。在《行政复议法实施条例》尚未颁布时，人民法院通过认定申辩不加重处罚的方式间接地体现了其对复议禁止不利变更原则的肯定。

（三）法律适用

（1）《中华人民共和国行政诉讼法》第五十一条："人民法院对行政案件宣告判决或者裁定前，原告申请撤诉的，或者被告改变其所作的具体行政行为，原告同意并申请撤诉的，是否准许，由人民法院裁定。"

（2）《公安机关内部执法监督工作规定》第十三条："在执法监督过程中，发现本级或者下级公安机关已经办结的案件或者执法活动确有错误、不适当的，主管部门报经主管领导批准后，直接作出纠正的决定，或者责成有关部门或者下级公安机关在规定的时限内依法予以纠正。"

（3）最高人民法院《关于执行〈中华人民共和国行政诉讼法〉若干问题的解释》第五十条：“被告在一审期间改变被诉具体行政行为的，应当书面告知人民法院。”

（4）《治安管理处罚法》第五十条：“有下列行为之一的，处警告或者二百元以下罚款；情节严重的，处五日以上十日以下拘留，可以并处五百元以下罚款：（一）拒不执行人民政府在紧急状态情况下依法发布的决定、命令的；（二）阻碍国家机关工作人员依法执行职务的；（三）阻碍执行紧急任务的消防车、救护车、工程抢险车、警车等车辆通行的；（四）强行冲闯公安机关设置的警戒带、警戒区的。阻碍人民警察依法执行职务的，从重处罚。”

（5）《中华人民共和国行政处罚法》第三十二条：“当事人有权进行陈述和申辩。行政机关必须充分听取当事人的意见，对当事人提出的事实、理由和证据，应当进行复核；当事人提出的事实、理由或者证据成立的，行政机关应当采纳。行政机关不得因当事人申辩而加重处罚。”

（四）小结

（1）行政机关作出的具体行政行为，非因法定事由、非经法定程序，不得任意变更。

（2）具体行政行为经过行政复议或者行政诉讼被撤销并责令重作的，行政机关不得作出对相对人更为不利的决定。

九、编者：刘文静、王德龙

十、编写时间：2014 年 7 月

邵仲国诉黄浦区安监局安全生产行政处罚决定案

一、案例编号（1-04）

二、学科方向：行政法学

三、案例名称：邵仲国诉黄浦区安监局安全生产行政处罚决定案

四、内容简介

2005年8月10日上午，麦克西饼有限公司员工姜继忠在操作粉糠机时，右手被卷入粉糠机内，造成右手尺、桡骨骨折，右手第2、4掌骨粉碎性骨折。上海市黄浦区安全生产监督管理局（以下简称"黄浦区安监局"）认为姜继忠所受伤害应当为重伤，因此，以邵仲国为麦克西饼有限公司负责人为由，对其处以两万元罚款。原告邵仲国不服被告上海市黄浦区安监局对其作出的安全生产行政处罚决定，向上海市黄浦区人民法院提起行政诉讼。法院审理后维持了黄浦区安监局对原告邵仲国所作的第2120050024号行政处罚决定。宣判后，双方当事人在上诉期内均无提出上诉，一审判决发生法律效力。

五、关键词：安全生产事故重伤标准；主要负责人；行政处罚

六、具体案情

（一）当事人

原告：邵仲国（麦克西饼有限公司经理）
被告：上海市黄浦区安监局

（二）行政处罚

2005年7月6日，姜继忠到麦克西饼有限公司面包糠车间从事烘箱和包装工作。

2005年8月10日上午，姜继忠因该车间一职工缺勤，被安排暂时顶替操作粉糠机。在操作时右手被卷入粉糠机内，经诊断：姜继忠的右手尺、桡骨骨折，右手第2、4掌骨粉碎性骨折。

2005年9月20日，麦克西饼有限公司及其上级部门经过调查，作出了《姜继忠重伤事故调查报告》。报告认定粉糠机结构不符合安全要求，开关设置不合理，留有安全隐患；麦克西饼有限公司安全管理制度有漏洞，盲目安排新手上重点岗位操作；重点岗位无安全操作规程。报告还认为，麦克西饼有限公司的主要负责人邵仲国对此次事故应负主要责任。

2005年10月8日，黄浦区安监局对这起事故立案处理。

2005年10月17日，邵仲国在其撰写的《关于发生姜继忠工伤事故的思想认识》中也承认，事故发生的主要原因是麦克西饼有限公司安全管理工作松懈，安全生产责任制不完善，安全生产规章制度和安全生产操作规程不健全，作为公司的主要负责人，其负有责任。

2005年10月26日，黄浦区安监局向邵仲国发出《行政处罚先行告知书》，告知拟对其进行行政处罚的内容和依据，并告知其在七日内有陈述和申辩的权利。

2005年11月7日，黄浦区安监局作出第2120050024号行政处罚决定书，认定该起事故为重伤事故，对邵仲国处以罚款两万元的行政处罚。

（三）行政诉讼

1. 诉讼请求

原告邵仲国不服被告上海市黄浦区安监局对其作出的安全生产行政处罚决定，向上海市黄浦区人民法院提起行政诉讼，请求法院判令撤销被告作出的行政处罚决定。

2. 原告理由要点

（1）麦克西饼有限公司有安全生产制度，相关生产设备也经过质量检验。

（2）原告只负责经营，生产安全另有他人负责。

（3）姜继忠所受伤害不属于重伤，不能追究主要责任人的法律责任。

3. 被告理由要点

在麦克西饼有限公司此次发生的工伤事故中，员工姜继忠所受伤害根据劳动局意见应当认定为重伤事故，根据《安全生产法》应当对该公司主要负责人邵仲国处以两万元罚款。

4. 一审判决要点

上海市黄浦区人民法院审理后认为，麦克西饼有限公司员工姜继忠所受工伤属于《企业职工伤亡事故报告和处理规定》规定的重伤，邵仲国作为该公司的主要负责人有未及时消除生产安全事故隐患等违法行为，根据《安全生产违法行为行政处罚办法》应当受到行政处罚。主要理由有：

（1）安全生产监管部门从劳动行政管理部门分离出来独立建制后，劳动行政管理部门的工伤事故处理职权，由安全生产监管部门行使，因此，黄浦区安监局是合法的行政处罚主体。

（2）上海市劳动局意见是为了落实国务院制定的《企业职工伤亡事故报告和处理规定》作出的，具有上位法依据，是合法有效的规范性文件。据此，姜继忠的伤情应当被认定为重伤。

（3）根据《姜继忠重伤事故调查报告》和《关于发生姜继忠工伤事故的思想认识》，认定邵仲国作为公司的主要负责人在事故发生前未依法履行安全生产监督管理职责，依法应当承担责任。其提出的只负责经营，生产安全另有他人负责没有相应证据予以证实，不予支持。

（4）上海市黄浦区人民法院依照《中华人民共和国行政诉讼法》第五十四条第（一）项之规定，于2006年4月10日判决：维持被告黄浦区安监局于 2005 年 11 月 7 日对原告邵仲国所作的第 2120050024 号行政处罚决定。

宣判后，双方当事人在上诉期内均未提出上诉，一审判决生效。

七、案例来源

《中华人民共和国最高人民法院公报》2006 年第 8 期，第 43 ~ 48 页。

八、案情分析

（一）争议焦点

（1）姜继忠所受伤害是否属于《安全生产违法行为行政处罚办法》第三十六条第二款第（一）项所指的重伤？

（2）邵仲国是否为麦克西饼有限公司此次工伤事故的主要负责人，是否能成为被处罚的对象？

（3）生产经营单位的主要负责人因未履行安全生产职责，导致发生生产安全事故的，安全生产监管部门是否只能在责令限期改正后才能对其实施行政处罚？

（二）法理分析

1. 关于重伤标准的法律适用问题

（1）法律规范的抽象性往往导致法律概念的不确定性，对于法律规范用语须结合该规范的语境来探寻其性质和含义。相同或类似的法律规范用语在不同的法律部门和法律关系中的内涵和外延可能大相径庭，因此，在探求法律规范的适用问题时，必须结合具体的情形，作出不同的选择。在本案中，当事人提供的关于重伤认定的法律规范，包括《人体重伤鉴定标准》①、《企业职工伤亡事故报告统计问题解答》② 和《上海市劳动局关于贯彻〈企业职工伤亡事故报告和处理规定〉的意见》等文件。以下逐一分析。

---

① 《人体重伤鉴定标准》由司法部、最高人民法院、最高人民检察院、公安部共同发布，见《司法部、最高人民法院、最高人民检察院、公安部关于印发〈人体重伤鉴定标准〉的通知》（司发〔1990〕70 号）。

② 见劳动部办公厅《关于企业职工伤亡事故报告统计问题解答》（劳办发〔1993〕140 号）。

《人体重伤鉴定标准》第九十五条规定"本标准仅适用于《中华人民共和国刑法》规定的重伤的法医学鉴定"。因此，这一标准是定罪量刑的标准，属于刑事法律的范畴，不适用于本案。劳动能力鉴定委员会的鉴定结论是与工伤保险、损害赔偿有关的工伤伤残等级标准，属于民事法律的范畴，也不适用于本案。

《企业职工伤亡事故报告统计问题解答》是原劳动部办公厅发布的规范性文件，该文件只对重伤作了原则上的规定，没有具体的认证标准，同样无法适用于本案。

安全生产重伤事故认定标准是行政机关在进行行政管理过程中确定工伤损害程度，进而确定相关责任人行政责任的标准，属于行政法律关系的范畴。本案中对受伤职工姜继忠工伤程度的认定，正是行政机关对麦克西饼有限公司主要负责人邵仲国进行处罚的依据，属于行政法律范畴。在此，法院选择《上海市劳动局关于贯彻〈企业职工伤亡事故报告和处理规定〉的意见》作为安全生产重伤事故认定标准是恰当的。不同的标准适用于不同的法律范畴，必须根据不同的情形有所区分。

（2）在选定法律规范的前提下，对该规范的适用还会出现另一个问题。《上海市劳动局关于贯彻〈企业职工伤亡事故报告和处理规定〉的意见》第五条的第四款和第六款分别从"严重骨折"和"四肢伤害"两个标准对重伤情形进行定义，这不得不说是立法上的不严谨导致原告对重伤标准适用的选择产生疑问。我们能以体系解释的方式更好地推敲立法者的立法意图。在此，立法者是通过两个角度分别对重伤情形进行定义，二者之间是"或者"的关系，而非"非此即彼"的关系。如果按照某一标准不构成重伤，不能规避通过另一标准确定为重伤，只要满足其一即可。因此被告按照"严重骨折"的标准认定工伤属于重伤的定性是准确的。

2. 生产经营单位的主要负责人认定标准

（1）《中华人民共和国安全生产法》第五条规定，"生产经营单位的主要负责人对本单位的安全生产工作全面负责"，此规定明确了在生产经营中的第一责任人是生产经营单位的主要负责人。《中华人民共和国安全生产法》使用"生产经营单位的主要负责人"这一术语具有高度的概括性，在任何情况下都能适用，但同时这一术语的模糊性，使得适用上操作性不强。笔者认为，法律所称的生产经营单位主要负责人应当是实际领导、指挥生产经营单位日常生产经营活动，能够承担生产经营单位安全生产工作主要领导责任的决策人。① 在本案中，邵仲国是麦克西饼有限公司的经理，是实际领导、指挥生产经营单位日常生产经营活动，能够承担生产经营单位安全生产工作主要领导责任的决策人，因此法院认定其为安全生产经营单位的主要负责人是正确的。

《中华人民共和国安全生产法》第十七条规定："生产经营单位的主要负责人对本单位安全生产工作负有下列职责：（一）建立、健全本单位安全生产责任制；（二）组织制定本单位安全生产规章制度和操作规程；（三）保证本单位安全生产投入的有效实施；（四）督促、检查本单位的安全生产工作，及时消除生产安全事故隐患；（五）组织制定并实施本单位的生产安全事故应急救援预案；（六）及时、如实报告生产安全事故。"对于没有履行上述职责的，国家机关有权追究其法律责任。在本案中，姜继忠所受工伤正是由于麦克西饼有限公司没有健全的安全生产制度、规章制度和操作规程引起的，作为安全生产经营单位主要负责人的邵仲国没有及时消除安全事故隐患，并且在其撰写的《关于发生姜继忠工伤事故的思想认识》中，承认作为公司的主要负责人在事故发生前未依法履行安全生产监督管理职责，对事件负有不可推卸的责任。因此法院认定其承担行政责任是正确的。

（2）值得注意的是，国家安全生产监督管理总局在《关于生产经营单位主要负责人、安全生产管理人员及其他从业人员安全生产培训考核工作的意见》② 第二条将生产经营单位主要负责人定义为"对本单位生产经营负全面责任，有生产经营决策权的人员。具体指有限责任公司或股份有限公司的董事长、总经理，其他生产经营单位的厂长、经理、矿长、投资人等"。《生产经营单位安全培训规定》③ 第三十三条规定："生产经营单位主要负责人是指有限责任公司或者股份有限公司的董事长、总经理，其他生产经营单位的厂长、经理、（矿务局）局长、矿长（含实际控制人）

① 参看石少华：《安全生产第一责任者的法律界定——论生产经营单位主要负责人安全生产责任制度》，《现代职业安全》2003 年第 2 期，第 34～35 页。

② 国家安全生产监督管理总局《关于生产经营单位主要负责人、安全生产管理人员及其他从业人员安全生产培训考核工作的意见》（安监管人字〔2002〕123 号）已被国家安全生产监督管理总局《关于废止 242 件安全生产规范性文件的通知》（发布日期：2010 年 8 月 11 日，实施日期：2010 年 9 月 1 日）废止。但本案发生诉讼和作出判决时，该文件仍然有效。

③ 《生产经营单位安全培训规定》于 2006 年 1 月 17 日由国家安全生产监督管理总局公布，自 2006 年 3 月 1 日起施行。

等。"但从这两个法条的定义中我们只能了解生产经营单位主要负责人包括董事长、总经理及其他人员，无法通过条文清楚地了解每个角色在何种情况下被认定为生产经营单位主要负责人。因此，笔者认为，在《安全生产法》中明确各种角色在何种条件下应当被认定为生产经营单位的负责人，进而对安全生产事故承担责任是必要的。

3. 是否存在前置条件的问题

《安全生产法》第八十一条第一款规定："生产经营单位的主要负责人未履行本法规定的安全生产管理职责的，责令限期改正；逾期未改正的，责令生产经营单位停产停业整顿。"第二款规定："生产经营单位的主要负责人有前款违法行为，导致发生生产安全事故，构成犯罪的，依照刑法有关规定追究刑事责任；尚不够刑事处罚的，给予撤职处分或者处二万元以上二十万元以下的罚款。"从上述条文来看，第八十一条主要存在"未履行本法规定的安全生产管理职责"与"逾期未改正"两个行为，且并没有明确两个行为的关系，原告借助文义解释提出第一个行为是第二个行为的前置条件。针对上海市安全生产监督管理局提出的法律适用问题，国家安全生产监督管理总局办公厅作出了《关于〈安全生产法〉第八十条和第八十一条法律适用问题的复函》。其认定《安全生产法》第八十一条第二款规定的"前款违法行为"是上述两个行为，但对两个行为是否存在先后性依然没有给出答案。既然文义解释不能明确法律条文的内涵，我们只能通过其他的解释方式解释法律，在此我们可以通过目的解释的方法寻求立法初衷。《安全生产法》的立法目的在于防止和减少生产安全事故，保障劳动者的生命、健康和财产安全。如果原告的辩护意见成立，"未履行本法规定的安全生产管理职责"的行为成为"逾期未改正"行为的前置程序，对于已经发生的安全事故，若行政机关没有对安全事故责任人提出改正的要求，或者其已经在给定的期限内予以改正，事故责任人岂不是逃避了应负的法律责任？果真如此，必将放纵生产经营单位主要负责人的违法行为，助长其对安全生产管理职责懈怠履行的不正之风，显然不利于增强生产经营单位主要负责人的安全责任意识，不利于加强企业安全生产，维护企业职工人身和财产安全，更不符合《安全生产法》的立法宗旨。因此基于立法目的，两个行为绝不存在顺序性，而是并列关系。只要生产经营单位主要负责人没有履行上述行为之一，行政机关就可以依法对其进行行政处罚。

在本案中，麦克西饼有限公司的经理邵仲国没有履行法定的安全生产管理职责，行政机关对其进行行政处罚的行为受到法院的支持是符合法律立法本意的。

（三）相关判例①

原告李日华是佛山市顺德区陈村镇潭村华亚不锈钢制品厂的投资人。工人欧阳新伍在配合甘德明对一台压滤机进行检修的过程中被从中弹出的螺母击中胸部，经医院抢救无效死亡。事后，被告佛山市顺德区安全生产监督管理局和顺德区陈村镇安委办、陈村镇潭村资产办、顺德区公安分局陈村派出所、陈村镇劳动管理所等单位成立联合调查组，对事故进行调查。经查明，因当天该压滤机油压过大，且压力表损坏，在未清楚该设备当时实际压力数据的情况下，未能全面考虑其存在压力实际产生的危险性，导致在维修作业中螺母松脱向外弹出击中欧阳新伍的胸部致其死亡。另查明，作为佛山市顺德区陈村镇潭村华亚不锈钢制品厂的主要负责人李日华，未对该厂制定相关的生产安全规章制度和生产设备操作规程，未健全安全生产责任制，对生产设备的压力表损坏所存在的安全隐患，未组织有关人员及时进行消除，未进行日常安全检查。事故调查终结后，被告对原告作出《行政处罚决定书》并送达给原告。原告不服，向佛山市顺德区人民法院提起行政诉讼，法院一审驳回其诉讼请求。原告不服，向佛山市中级人民法院提起上诉，二审法院判决：驳回上诉，维持原判。

（四）法律适用

（1）《上海市劳动局关于贯彻〈企业职工伤亡事故报告和处理规定〉的意见》第五条："根据劳动部《〈企业职工伤亡事故报告和处理规定〉有关问题的解释》第一条'重伤事故仍按劳动部《关于重伤事故范围的意见》执行'的意见，结合本市历来的情况，除头颅骨、胸骨、脊椎骨、股骨、骨盆骨折外，本人其余部位骨头同时造成两根骨折的，属严重骨折，均作重伤事故统计、报告和处理。"

（2）《人体重伤鉴定标准》第九十五条："本标准仅适用于《中华人民共和国刑法》规定的重伤的法医学鉴定。"

（3）《中华人民共和国安全生产法》第五条："生产经营单位的主要负

---

① 《李日华与佛山市顺德区安全生产监督管理局行政处罚纠纷上诉案》。

责人对本单位的安全生产工作全面负责。"

（4）《关于生产经营单位主要负责人、安全生产管理人员及其他从业人员安全生产培训考核工作的意见》第二条："生产经营单位主要负责人是指对本单位生产经营负全面责任，有生产经营决策权的人员。具体指有限责任公司或股份有限公司的董事长、总经理，其他生产经营单位的厂长、经理、矿长、投资人等。"

（5）《生产经营单位安全培训规定》第三十三条："生产经营单位主要负责人是指有限责任公司或者股份有限公司的董事长、总经理，其他生产经营单位的厂长、经理、（矿务局）局长、矿长（含实际控制人）等。"

（6）《中华人民共和国安全生产法》第十七条："生产经营单位的主要负责人对本单位安全生产工作负有下列职责：（一）建立、健全本单位安全生产责任制；（二）组织制定本单位安全生产规章制度和操作规程；（三）保证本单位安全生产投入的有效实施；（四）督促、检查本单位的安全生产工作，及时消除生产安全事故隐患；（五）组织制定并实施本单位的生产安全事故应急救援预案；（六）及时、如实报告生产安全事故。"

（7）《中华人民共和国安全生产法》第八十一条："生产经营单位的主要负责人未履行本法规定的安全生产管理职责的，责令限期改正；逾期未改正的，责令生产经营单位停产停业整顿。生产经营单位的主要负责人有前款违法行为，导致发生生产安全事故，构成犯罪的，依照刑法有关规定追究刑事责任；尚不够刑事处罚的，给予撤职处分或者处二万元以上二十万元以下的罚款。生产经营单位的主要负责人依照前款规定受刑事处罚或者撤职处分的，自刑罚执行完毕或者受处分之日起，五年内不得担任任何生产经营单位的主要负责人。"

（五）小结

（1）本案的实体问题争议集中在原告是否是本单位的负责人，进而是否应当对安全生产事故承担责任，《安全生产法》并无明确规定，① 因此需要参照其他相关法律文件（包括规范性文件）作出认定。

（2）从立法目的分析，《安全生产法》第八十一条规定的"未履行本

---

① 本案适用 2002 年颁布、2009 年第一次修改的《安全生产法》。2014 年 8 月第二次修改后的《安全生产法》（2014 年 12 月 1 日起实施）对本案涉及的争议仍未予以明确。

法规定的安全生产管理职责"与"逾期未改正"两个行为之间不是先后顺序的关系,而是并列关系。只要生产经营单位主要负责人没有履行上述行为之一,行政机关就可以依法对其进行行政处罚。

九、编者:刘文静、王德龙

十、编写时间:2014 年 7 月

张成银诉徐州市人民政府房屋登记行政复议决定案

一、案例编号（1-05）

二、学科方向：行政法学

三、案例名称：张成银诉徐州市人民政府房屋登记行政复议决定案

四、内容简介

原告张成银不服被告徐州市人民政府作出的行政复议决定，该行政复议决定确认徐州市房地产管理局将民安巷31号房屋产权及国有土地使用权确权登记给张成银的具体行政行为违法。本案将第三人曹春芳的复议申请是否超过合理期限以及被告作出该决定时并未以合理的方式通知原告作为利害关系人参加行政复议程序作为争议焦点。人民法院经审判认为：行政机关在行政复议中可能作出不利于他人的决定时，如没有采取适当的方式通知其本人参加行政复议即作出复议决定的，构成严重违反法定程序，应予撤销。

五、关键词：行政复议；通知；正当程序

六、具体案情

（一）当事人

原告：张成银

被告：江苏省徐州市人民政府

第三人：曹春芳、曹春义

原告张成银是第三人曹春义之妻；第三人曹春芳是第三人曹春义之妹。

（二）房屋确权

曹春芳、曹春义的父亲早逝，二人随母亲曹陈氏居住在江苏省徐州市民安巷31号。1954年，张成银与曹春义结婚后迁入民安巷31号居住。1961年左右，曹春芳出嫁，搬出民安巷31号。在曹陈氏与曹春义、张成银夫妇共同居住生活期间，民安巷31号房屋经过了翻建和新建。

1986年1月30日，曹陈氏去世。

1988年9月28日，徐州市鼓楼区房地产登记发证办公室依申请向张成银颁发了鼓房字第1741号房屋所有权证，并加盖徐州市人民政府的印章，将199.78平方米的国有土地使用权登记为张成银使用。

此后，民安巷31号的房屋历经了1991年的新建、1994年的扩建、1997年的赠与和1998年的新建。期间，徐州市房地产管理机关经公告征询无产权异议后，分别为张成银办理了相关产权登记，颁发相应房屋的所有权证。徐州市土地管理局于1996年12月3日向张成银颁发了国有土地使用证。2002年，张成银位于民安巷31号的房屋被依法拆迁。

（三）行政复议

1. 申请复议

2003年10月28日，第三人曹春芳向被告徐州市人民政府申请行政复议，请求撤销1988年将民安巷31号房屋产权和国有土地使用权确权登记给原告张成银的具体行政行为。

2. 复议决定

被告徐州市人民政府于 2004 年 4 月 29 日作出了徐政行决〔2004〕24 号行政复议决定：依据《中华人民共和国行政复议法》第二十八条第一款第（三）项第 1 目、第 5 目之规定，确认徐州市房地产管理局将民安巷 31 号房屋产权及国有土地使用权确权给张成银的具体行政行为违法。

3. 主要理由

民安巷 31 号房屋使用者曹陈氏 1986 年死亡时，张成银不是该房产的合法继承人，原徐州市房地产管理局认定张成银对民安巷 31 号房屋产权属原始取得与事实不符，为张成银颁发鼓房字第 1741 号房屋所有权证违反了《城镇房屋所有权登记暂行办法》第八条的规定，将民安巷 31 号房屋产权和国有土地使用权确权给张成银不当。

（四）行政诉讼一审

1. 诉讼请求

张成银不服前述复议决定，向江苏省徐州市中级人民法院提起行政诉讼，请求撤销徐州市人民政府作出的徐政行决〔2004〕24 号行政复议决定。

2. 原告理由要点

（1）第三人曹春芳申请行政复议的时间已超过法定的申请行政复议的期限。

（2）被告并未通知原告作为利害关系人参与行政复议。

3. 被告答辩意见要点

被告辩称徐州市人民政府曾多次电话通知原告张成银参加复议，但均遭拒绝，故应认定其放弃权利。

4. 一审判决要点

一审法院江苏省徐州市中级人民法院认为徐州市人民政府受理曹春芳的复议申请而作出的徐政行决〔2004〕24 号行政复议决定，严重违反法定程序，依法应予撤销。主要理由如下：

（1）徐州市人民政府受理曹春芳 2003 年 10 月 28 日提出的复议申请并作出复议决定超过了法定期限。

徐州市房地产管理局于 1996 年为张成银颁发该处房屋所有权证前已进行公告，征询有关当事人有无产权异议，曹春芳应当知道徐州市房地产管理机关已将民安巷 31 号的房地产确权登记给张成银。

（2）张成银作为原徐州市房地产管理机关 1988 年颁发的鼓房字第 1741 号房屋所有权证的持证人，徐州市人民政府应当通知张成银参加行政复议，但徐州市人民政府无法证明已采取适当的方式通知张成银参加行政复议，应属严重违反行政程序。

（3）依据《行政复议法》第九条第一款、第十条第三款及《行政诉讼法》第五十四条第（二）项第 3 目的规定，江苏省徐州市中级人民法院于 2004 年 9 月 30 日判决：撤销徐州市人民政府于 2004 年 4 月 29 日作出的徐政行决〔2004〕24 号行政复议决定。

（五）行政诉讼二审

1. 上诉

第三人曹春芳不服，向江苏省高级人民法院提起上诉。

二审中徐州市人民政府辩称：《行政复议法》关于第三人的规定，属于弹性条款，第三人是否参加行政复议由复议机关视情况决定，本案张成银没有参加复议，不能以此认定复议机关违反法定程序，徐州市人民政府作出的徐政行决〔2004〕24 号行政复议决定不违反《行政复议法》规定的程序。

2. 二审判决要点

（1）复议机关未正式通知张成银参加行政复议，违反正当程序。《行政复议法》虽然没有明确规定行政复议机关必须通知第三人参加复议，但根据正当程序的要求，行政机关在可能作出对他人不利的行政决定时，应当专门听取利害关系人的意见。本案中，复议机关审查的对象是颁发鼓房字第 1741 号房屋所有权证的确权登记行为，复议决定结果与现持证人张成银有着直接的利害关系，故复议机关在行政复议时应正式通知张成银参加复议。徐州市人民政府虽声明曾采取了电话的方式口头通知张成银参加行政复议，但无法予以证明，而利害关系人持有异议的，应认定其没有采取适当的方式正式通知当事人参加行政复议，故徐州市人民政府认定张成银自动放弃参加行政复议的理由欠妥。在此情形下，徐州市人民政府未听取利害关系人的意见即作出于其不利的行政复议决定，构成严重违反法定程序。

（2）复议机关在复议决定中处理了民事争议，属越权行为。根据《行政复议法》和《民事诉讼法》的有关规定，复议机关在行使行政复议职权时，应针对申请行政复议的具体行政行为的合法性与适当性进行审查，有关民事权益的纠纷应通过民事诉讼程序解决。本案中，徐州市人民政府所作的复议决定中，直接对有关当事人争议的民事权利予以确认的行为，超越了复议机关的职权范围，缺乏法律依据，应予以撤销。依照《行政诉讼法》第六十一条第（一）项之规定，江苏省高级人民法院于2004年12月10日判决：驳回上诉，维持原判。

七、案例来源

《中华人民共和国最高人民法院公报》2005年第3期。

八、案情分析

（一）争议焦点

（1）第三人曹春芳申请行政复议是否超过了法定期限？

（2）行政机关未通知具有利害关系的当事人参加复议并听取其意见即作出复议决定的，是否违反法定程序？

（3）复议机关是否有权对民事权利进行判断和认定？

（二）法理分析

1. 关于申请行政复议的期限问题

根据《行政复议法》第九条的规定，申请人提起行政复议申请的法定期限是"自知道该具体行政行为之日起六十日内"，除非法律另有规定，或者因不可抗力或其他正当理由耽误法定申请期限（自障碍消除之日起继续计算）。本案争议的具体行政行为是徐州市房地产管理局为张成银颁发的鼓房字第1741号房屋所有权证及相应的国有土地使用权证，该行为发生在1988年9月28日。曹春芳申请行政复议是在2003年10月28日，距离具体行政行为作出的日期已有十四余年。曹春芳称其2003年10月才得知前述具体行政行为的内容，该主张未获一审法院支持。

本案中关于申请行政复议期限的争议，有两个问题值得注意：

（1）行政复议有没有"最长申请期限"？《行政复议法》第九条第二款规定："因不可抗力或者其他正当理由耽误法定申请期限的，申请期限自障碍消除之日起继续计算。"这是对申请行政复议期间的"中断"作了规定。最高人民法院《关于执行〈中华人民共和国行政诉讼法〉若干问题的解释》第四十一、四十二条针对行政机关未告知诉权和未告知具体行政行为内容的情况，分别规定了提起行政诉讼的最长期限（两年；五年和二十年）。但《行政复议法》和后来的《行政复议法实施条例》并未规定申请行政复议的最长期限。

（2）证明责任。2007年8月1日生效的《行政复议法实施条例》第十五条第（六）项规定："被申请人能够证明公民、法人或者其他组织知道具体行政行为的，自证据材料证明其知道具体行政行为之日起计算。"本案发生时，《行政复议法实施条例》尚未颁布；裁判文书未提及行政复议被申请人徐州市房屋管理局申请行政复议时是否超过法定期限的主张。本案的特殊性在于，复议期限的争议是由未参加复议的第三人提出的。如果本案发生在《行政复议法实施条例》生效之后，则《行政复议法实施条例》第十五条第（六）项的规定是否适用于第三人，非常值得关注。

2. 关于具有利害关系的第三人参加行政复议的问题

本案中，原告张成银同被告徐州市人民政府的主要争议焦点是：被告徐州市人民政府作为行政复议机关，在处理有可能直接影响到原告作为利害关系人利益的行政案件时，是否应当通知利害关系人参加复议并听取其意见以及通知的方式。

（1）《行政复议法》第十条的缺陷。我国《行政复议法》第十条第三款规定："同申请行政复议的具体行政行为有利害关系的其他公民、法人或者其他组织，可以作为第三人参加行政复议。"这条规定有明显的缺陷。

首先，该规定并未涉及第三人参加行政复议的具体程序：利害关系人申请参加？还是复议机关通知参加？因此该规定缺乏可操作性。其次，也就无法区分利害关系人申请参加和复议机关通知参加两种情形下复议机关的权利义务分配：如果是利害关系人申请参加，则"可以"属于授权性规定，利害关系人有权决定是否申请参加；而如果是复议机关通知参加，则应当属于复议机关的法定义务，如果可通知可不通知，则此条规定并无实际意义。

我们认为，行政复议作为纠纷解决的一种法定形式，应当充分保证各方当事人在复议中享有的程序性权利（包括参加复议、提交证据、陈述观点和为自己辩护等权利），因此复议机关通知利害关系人参加行政复议应当作为法定义务；否则，不仅有违程序公正的基本理念与原则，而且有可能直接影响行政案件处理结果的实体公正性，甚至带来更多的麻烦——实践中这样的例子并不鲜见。一个典型的例子是，在一起涉嫌故意殴打他人的行政处罚案件中，安徽省怀远县公安局针对加害人程晋玉的行政处罚决定，因被害人程金柱申请行政复议，而被安徽省蚌埠市公安局撤销并责令重作。程晋玉因不服怀远县公安局重作的一个与原处罚决定内容相同的处罚决定而提起行政诉讼，诉讼过程中才得知本案曾经过行政复议，复议机关并未通知作为利害关系人的程晋玉参加复议，程晋玉进而请求撤销相关复议决定。① 我们认为，该案中程晋玉未参加行政复议，是导致怀远县公安局涉嫌重复处罚以及本案简单的争议复杂化的直接原因。

（2）判决依据。在本案中，张成银作为原徐州市房地产管理机关 1988 年颁发的鼓房字第 1741 号房屋所有权证的持证人，与徐州市人民政府对该房屋所有权证的行政复议决定结果有着直接的利害关系，徐州市人民政府应当通知张成银参加行政复议。而事实上，原告张成银在第三人申请行政复议时并不知情，因此自然无从以利害关系人的名义主动申请加入行政复议程序。而被告徐州市人民政府作为复议机关，其作出的复议决定跟原告有明显的利害关系，将会影响原告的相关权益，因此被告应当主动通知其作为第三人参加复议程序，在平等和程序正当的基础上，听取利害关系人的陈述。本案两审法院都认为被告作为复议机关未通知原告作为利害关系人参加行政复议属于程序违法，其中二审法院更是明确指出："《行政复议法》虽然没有明确规定行政复议机关必须通知第三人参加复议，但根据正当程序的要求，行政机关在可能作出对他人不利的行政决定时，应当专门听取利害关系人的意见。"法院对正当程序原则的运用是恰当的。

同时，本案两审法院都对复议机关通知利害关系人参加行政复议的程序以及相应的举证责任作了严格的要求。法院认为被告应当"正式通知"原告参加行政复议，并认定被告对此负举证责任；而被告自述之"电话通知"的主张并未被法院认定属于"正式通知"（我们认为一般意义上的"正式通知"应当是书面的，并且加盖复议机关的公章）。

（3）《行政复议法实施条例》第九条：争议还在继续。2007 年 8 月 1 日起实施的《行政复议法实施条例》第九条对行政复议中利害关系人作为第三人参加复议的程序作了较为详细的规定，但遗憾的是，《行政复议法》第十条的缺陷并未得以纠正，反而更明确地延续了下来。该条第一款规定："行政复议期间，行政复议机构认为申请人以外的公民、法人或者其他组织与被审查的具体行政行为有利害关系的，可以通知其作为第三人参

---

① 参看陈秀明：《行政复议机关未通知利害关系人参加行政复议的法律后果》，蚌埠法院网，http://bbzy.chinacourt.org/public/detail.php? id=15600，2013 年 11 月 22 日。

加行政复议";第二款规定:"行政复议期间,申请人以外的公民、法人或者其他组织与被审查的具体行政行为有利害关系的,可以向行政复议机构申请作为第三人参加行政复议"。其中,第二款关于利害关系人是否申请参加行政复议,用授权性规定("可以")是恰当的;但第一款对复议机构通知第三人参加行政复议也用同样的方式予以规定,再结合该条第三款"第三人不参加行政复议,不影响行政复议案件的审理"的规定,则无法据此认定复议机构具有通知利害关系人参加行政复议的法定义务。仅从《行政复议法实施条例》第九条的条文本身来看,今后再遇到本案类似的情况,"正当程序"原则还得继续发挥作用。

事实印证了上述判断。在一起对斗殴双方都作出行政处罚的案件中,其中一方不服对另一方的处罚而申请行政复议,复议机关未通知另一方参加行政复议而作出的决定,在随后的行政诉讼中被法院以程序违法为由撤销。但复议机关通知利害关系人参加行政复议是否属于法定义务,在案件审结后仍有争议。①

3. 复议机关是否有权对民事权利进行判断和认定

设置行政复议制度的宗旨,首先是"为了防止和纠正违法的或者不当的具体行政行为"(《行政复议法》第一条),因此行政复议审查的是具体行政行为的合法性与合理性。实践中一些具体行政行为可能对公民法人的权利义务产生影响,特别是影响到有利益冲突的两方甚至更多方的公民法人的权利义务,例如本案涉及的房屋登记行为和大量的其他形式的行政确认行为(如工伤认定、婚姻登记、交通事故责任认定、医疗事故责任认定等),以及涉及民间纠纷的行政决定(例如对涉及人身和财产伤害的行政处罚决定)。遇到此类情况时,复议机关应当甄别哪些属于行政争议、哪些属于民事争议;行政复议应当依法对行政争议作出处理,民事争议则应当依法通过民事调解、仲裁或者民事诉讼等途径解决,复议机关不应越权。

就本案而言,房屋权属和国有土地使用权属登记是行政行为。复议机关处理此类案件时,应当依法对登记行为本身的合法性进行审查(此种情况不涉及合理性问题)。如当事人提出房屋所有权取得之合法性等民事争

---

① 参看 2011 年 5 月刘利勋在河南省高级人民法院官网上对该案的评论《复议机关审理行政复议案件一定要通知第三人吗?》和河南省高级人民法院的回复,http://www.hncourt.org/wpfy/look.php? id=12319,2013 年 11 月 22 日。

议时，复议机关并无法定权利作出处理，建议参照《行政复议法实施条例》第四十一条第（七）项的规定中止复议程序，① 告知当事人通过民事调解、仲裁或者民事诉讼等途径解决；待民事争议解决后再恢复行政复议程序。

（三）法律适用

《行政复议法》第十条："依照本法申请行政复议的公民、法人或者其他组织是申请人。有权申请行政复议的公民死亡的，其近亲属可以申请行政复议。有权申请行政复议的公民为无民事行为能力人或者限制民事行为能力人的，其法定代理人可以代为申请行政复议。有权申请行政复议的法人或者其他组织终止的，承受其权利的法人或者其他组织可以申请行政复议。同申请行政复议的具体行政行为有利害关系的其他公民、法人或者其他组织，可以作为第三人参加行政复议。公民、法人或者其他组织对行政机关的具体行政行为不服申请行政复议的，作出具体行政行为的行政机关是被申请人。申请人、第三人可以委托代理人代为参加行政复议。"

（本案审结时《行政复议法实施条例》尚未颁布，本文的相关讨论是针对一般性问题而言，不涉及对本案处理结果的点评。）

（四）小结

（1）行政复议机关在复议过程中可能作出不利于公民、法人或者其他组织的决定，应当以适当的方式通知相关的利害关系人参加行政复议，并听取其意见；否则，属于复议程序违法，相关复议决定应当被撤销。

（2）《行政复议法》第十条第三款关于第三人参加复议的规定，缺乏实际操作程序，是造成本案争议的原因之一。笔者认为立法应当明确复议机关通知利害关系人参加行政复议的法定义务。

（3）行政复议不宜对复议过程中涉及的民事争议作出处理。

九、编者：刘文静、方雅然

十、编写时间：2014 年 7 月

---

① 《行政复议法实施条例》第四十一条规定了行政复议中止的情形，其中适用中止的第（七）项情形是"案件审理需要以其他案件的审理结果为依据，而其他案件尚未审结的"。

中华环保联合会诉贵州省贵阳市修文县环境保护局环境信息公开案

一、案例编号 (1-06)

二、学科方向：行政法学

三、案例名称：中华环保联合会诉贵州省贵阳市修文县环境保护局环境信息公开案

四、内容简介

2011年中华环保联合会向贵州省清镇市人民法院环保法庭提起环境公益诉讼，起诉贵州好一多乳业有限公司（以下简称"好一多公司"）超标排放工业污水。因案件需要好一多公司的环保材料，原告便向被告贵州省贵阳市修文县环保局提出申请，要求被告公开好一多公司的排污许可证、排污口数量和位置、排放污染物种类和数量情况、处罚情况、"三同时"验收文件等有关环境信息。

被告收到该信息公开申请表后，认为原告所申请公开的信息内容不明确，形式要求不具体、不清楚，故一直未答复原告的政府信息公开申请，也未向原告公开其所申请的信息。

原告中华环保联合会因而向贵州省清镇市人民法院环保法庭提起行政诉讼，要求判决修文县环保局依法履行职责，公开相关政府信息。

一审判决修文县环保局败诉，修文县环保局不服，向贵阳市中级人民法院提起上诉，后又表示服从一审判决，向上诉法院撤回上诉。经审查，贵阳市中级人民法院裁定准许撤回上诉。

五、关键词：环境信息公开；公益诉讼

六、具体案情

（一）当事人

原告：中华环保联合会

被告：修文县环保局

（二）政府信息公开

2011 年 10 月，原告中华环保联合会向清镇市人民法院环保法庭提起环境公益诉讼，起诉好一多公司超标排放工业污水。诉讼过程中需调取好一多公司的相关环保资料，原告中华环保联合会便向被告修文县环境保护局提出申请，要求被告向其公开好一多公司的环境影响评价报告、环保设施竣工验收资料、排污许可证、排污费征收等有关环境信息。而被告修文县环保局在法定期限内既未向原告公开上述信息，也未对原告申请给予答复，违反了国务院《政府信息公开条例》和《环境信息公开办法（试行）》的规定，故向环保法庭提起行政公益诉讼，要求判决被告修文县环保局对原告的政府信息公开申请予以答复，并向原告公开相关信息。

被告修文县环境保护局辩称，原告中华环保联合会确实于 2011 年 10 月 28 日以特快专递的方式提交了政府信息公开申请，但申请表未附原告机构代码证等主体材料，也没有明确需要好一多公司哪一个基地的信息，故所申请公开的信息内容不明确，信息形式要求不具体、不清楚，获取信息的方式不明确，同时也未提供相关的检索、复制、邮寄等成本费用。被告便于 2011 年 10 月 31 日电话告知了原告的联系人宋杰彬，要求原告对申请公开的信息内容进行补充说明，以方便被告履行信息公开的职责。故原告诉被告不履行政府信息公开法定职责没有事实依据和法律依据，请求法院依法驳回原告的诉讼请求。

七、案例来源

《中华人民共和国最高人民法院公报》2013 年第 1 期。

八、案情分析

（一）争议焦点

（1）申请人在提交政府信息公开申请时，是否应同时附上申请人的身份证明文件？

（2）原告中华环保联合会向被告贵州省贵阳市修文县环境保护局提交的信息公开申请是否明确具体？

（二）法理分析

本案涉及的是行政机关是否应该根据公民、法人或其他组织的申请而公开政府环境信息，以及在什么期限内、以何种方式公开的问题。

政府信息公开是公众有效参与公共事务管理的前提和基础。在环境保护领域，环境信息公开就是公众参与环境保护的前提和基础，公众参与环境管理必须以公众了解环境的背景状况、现实状况，以及自己享有的权利和应当履行的义务为前提。当前，环境问题越来越引起全社会的广泛关注，公众要求知悉环境信息的呼声越来越高涨，而我国环境信息主要掌握在政府和相关企业手中，环境信息在公众、政府和企业间的分布严重不对称。缺乏环境知情权的立法保障，公众参与就是一句空话。因此，要解决我国日趋恶化的环境问题，必须建立政府环境信息公开制度和企业环境信息公开制度，保障公众环境知情权的实现。[①]

本案是我国要求政府公开环境信息的第一起公益诉讼，具有里程碑式的意义。

1. 关于提交政府信息公开申请时是否需附上身份证明文件

原告中华环保联合会认为，原告为环境公益诉讼案件的需要向被告修文县环境保护局通过特快专递的方式提出了环境信息公开的书面申请，并在申请中载明了申请人的名称、联系方式、申请公开的具体内容、获取信息的方式等，其申请环境信息的内容不涉及国家秘密、商业秘密、个人隐

---

① 严育恩：《论〈环境信息公开办法（试行）〉》，湖南师范大学硕士学位论文，2008 年。

私，属于法定可以公开的政府环境信息，申请环境信息的程序亦符合《政府信息公开条例》第二十条、《环境信息公开办法（试行）》第十六条的规定。

被告则认为，原告在提交政府信息公开申请时，应同时附上原告的身份证明。

法院认为，原告在信息公开申请表中已正确填写了单位名称、住所地、联系人及电话并加盖了公章，而《政府信息公开条例》第二十条明确规定："政府信息公开申请应当包括下列内容：（一）申请人的姓名或者名称、联系方式；（二）申请公开的政府信息的内容描述；（三）申请公开的政府信息的形式要求。"其中并没有强制要求申请人提供身份证明，故被告所提意见没有法律依据。

2. 关于信息公开申请是否明确具体

被告认为好一多公司在修文具有三个基地，原告未明确申请公开哪一个基地的环境信息，故原告所申请的内容不明确、不具体。

法院认为，《政府信息公开条例》第二十一条规定，对于申请内容不明确的，行政机关应当告知申请人作出更改、补充。在本案中，原告在申请表中已经明确提出需要好一多公司的排污许可证、排污口数量和位置、排放污染物种类和数量情况、经环保部门确定的排污费标准、经环保部门监测所反映的情况及处罚情况、环境影响评价文件及批复文件，其申请内容的表述是明确具体的。至于好一多公司在修文县有几个基地，并不妨碍被告公开信息，被告应就其手中掌握的所有涉及好一多公司的相关环境信息向原告公开。另外，《贵州省政府信息公开暂行规定》第二十四条规定："行政机关对申请公开的政府信息，根据下列情况分别作出答复……（六）申请内容不明确或申请书形式要件不齐备的，行政机关应当出具《补正申请告知书》，一次性告知申请人作出更正、补充"，显然被告没有按规定办理。故被告以申请内容不明确为由不公开信息，不符合规定。

3. 关于政府信息公开申请的答复期限

根据《政府信息公开条例》第二十四条的规定，政府信息公开申请的答复期限最长为15个工作日（特殊情况下可以延长至30个工作日）；《环境信息公开办法（试行）》第十八条重复了上述规定。本案直至诉讼期间，被告仍未对原告的政府信息公开申请作出答复，违反了上述规定。

4. 关于政府信息公开申请的费用

《政府信息公开条例》第二十七条规定，行政机关依申请提供政府信息，可以收取检索、复制、邮寄等成本费；《贵州省政府信息公开暂行规定》第二十六条规定，行政机关依申请提供政府信息，可以收取实际发生的检索、复制、邮寄等成本费用。但本案中被告并未向原告提出收费要求，也未告知原告实际发生的费用，原告不可能主动支付并未被告知的费用，被告以此为由不公开环境信息，不符合法律规定。

（三）法律适用

（1）《政府信息公开条例》第十三条："除本条例第九条、第十条、第十一条、第十二条规定的行政机关主动公开的政府信息外，公民、法人或者其他组织还可以根据自身生产、生活、科研等特殊需要，向国务院部门、地方各级人民政府及县级以上地方人民政府部门申请获取相关政府信息。"

（2）《政府信息公开条例》第二十条："公民、法人或者其他组织依照本条例第十三条规定向行政机关申请获取政府信息的，应当采用书面形式（包括数据电文形式）；采用书面形式确有困难的，申请人可以口头提出，由受理该申请的行政机关代为填写政府信息公开申请。政府信息公开申请应当包括下列内容：（一）申请人的姓名或者名称、联系方式；（二）申请公开的政府信息的内容描述；（三）申请公开的政府信息的形式要求。"

（3）《政府信息公开条例》第二十一条："对申请公开的政府信息，行政机关根据下列情况分别作出答复：（一）属于公开范围的，应当告知申请人获取该政府信息的方式和途径；（二）属于不予公开范围的，应当告知申请人并说明理由；（三）依法不属于本行政机关公开或者该政府信息不存在的，应当告知申请人，对能够确定该政府信息的公开机关的，应当告知申请人该行政机关的名称、联系方式；（四）申请内容不明确的，应当告知申请人作出更改、补充。"

（4）《政府信息公开条例》第二十四条："行政机关收到政府信息公开申请，能够当场答复的，应当当场予以答复。行政机关不能当场答复的，应当自收到申请之日起15个工作日内予以答复；如需延长答复期限的，应当经政府信息公开工作机构负责人同意，并告知申请人，延长答复的期限最长不得超过15个工作日。"

（5）《政府信息公开条例》第二十七条第一款："行政机关依申请提供政府信息，除可以收取检索、复制、邮寄等成本费用外，不得收取其他费用。行政机关不得通过其他组织、个人以有偿服务方式提供政府信息。"

（6）《贵州省政府信息公开暂行规定》第二十六条："行政机关依申请提供政府信息，可以收取实际发生的检索、复制、邮寄等成本费用……"

（7）最高人民法院《关于审理政府信息公开行政案件若干问题的规定》第一条："公民、法人或者其他组织认为下列政府信息公开工作中的具体行政行为侵犯其合法权益，依法提起行政诉讼的，人民法院应当受理：（一）向行政机关申请获取政府信息，行政机关拒绝提供或者逾期不予答复的……"

（8）最高人民法院《关于审理政府信息公开行政案件若干问题的规定》第九条："被告对依法应当公开的政府信息拒绝或者部分拒绝公开的，人民法院应当撤销或者部分撤销被诉不予公开决定，并判决被告在一定期限内公开。尚需被告调查、裁量的，判决其在一定期限内重新答复。"

（四）小结

（1）行政机关要求政府信息公开申请人在提出申请时提交身份证明，没有规范性文件的依据。

（2）行政机关对政府信息公开的申请，应当在法定期限内予以答复；认为申请人提交材料不齐全或者对所申请的信息描述不准确的，应当在法定期限内书面告知。

（3）政府信息公开费用的收取只能依法进行，而且必须是在行政机关告知申请人缴纳费用的前提下进行。行政机关不能在未经告知的情况下以申请人未缴费为由不予公开相关信息。

九、编者：刘文静、徐航

十、编写时间：2014年7月

朱红兴等人诉浙江省政府信息公开行政复议案

一、案例编号（1-07）

二、学科方向：行政法学

三、案例名称：朱红兴等人诉浙江省政府信息公开行政复议案

四、内容简介

朱红兴等 13 人向杭州市政府申请公开"收回、注销江干区彭埠镇新风村农村集体土地承包经营权证以及经承包人认证情况"的信息。杭州市政府要求申请人补充、更正所需信息内容的准确描述，申请人以"申请信息内容已十分明确"为由拒绝进行补充或者描述。杭州市政府再次要求申请人对所申请信息进行补充、描述，申请人遂向浙江省人民政府申请行政复议，请求复议机关撤销杭州市政府作出的第二份《政府信息补正申请通知书》，责令杭州市政府明确需补正的具体内容。复议机关以杭州市政府作出的《政府信息补正申请通知书》系政府信息公开工作中的程序性事项，对朱红兴等 13 人的权利义务不产生实际影响，不属于行政复议受案范围为由，作出驳回朱红兴等 13 人复议请求的决定。朱红兴等 13 人遂提起行政诉讼，两审法院均作出维持行政复议

决定的判决。

五、关键词：政府信息公开申请；补正告知行为；行政复议受案范围

六、具体案情

（一）当事人

原告：朱红兴等 13 人
被告：浙江省人民政府

（二）政府信息公开

2011 年 9 月 20 日，朱红兴等 13 人向杭州市政府邮寄《政府信息公开申请表》，要求公开"收回、注销江干区彭埠镇新风村农村集体土地承包经营权证以及经承包人认证情况"的信息。2011 年 9 月 29 日，杭州市政府作出杭政公开办〔2011〕125 号《政府信息补正申请通知书》，告知朱红兴等 13 人"请你们补充、更正所需信息内容的准确描述以后，再行申请"。

2011 年 10 月 12 日，朱红兴等 13 人向杭州市政府邮寄《申请信息公开补正回复书》，告知"我们认为申请信息内容已十分明确，不需再重新进行补充或者描述"。

2011 年 10 月 18 日，杭州市政府作出杭政公开办〔2011〕127 号《政府信息补正申请通知书》，告知朱红兴等 13 人："你们于 10 月 12 日向市人民政府邮寄的《申请信息公开补正回复书》悉。根据《中华人民共和国政府信息公开条例》、《杭州市政府信息公开规定》的有关精神，鉴于本机关难以根据你们的申请确定具体的信息内容，请你们补充、更正所需信息内容的准确描述以后，再行申请。"

（三）行政复议

1. 申请复议

2011 年 11 月 28 日，朱红兴等 13 人向浙江省政府提出《行政复议申请书》，认为杭州市政府作出《政府信息补正申请通知书》不合法，请求浙江省政府撤销杭州市政府作出的杭政公开办〔2011〕127 号《政府信息补正申请通知书》，责令杭州市政府明确需补正的具体内容。

2011 年 12 月 1 日，浙江省政府作出浙政复补字〔2011〕72 号《行政复议申请材料补正通知书》，要求朱红兴等 13 人按照《中华人民共和国行政复议法实施条例》第八条的规定，推选 1～5 名代表参加行政复议。同月 3 日，朱红兴等 13 人收到该通知书，后向浙江省政府提交《行政复议代表推选书》，推选朱红兴、陆金耀为复议代表。浙江省政府于 2011 年 12 月 6 日收到该推选书。

2. 复议决定及主要理由

2012 年 2 月 6 日，浙江省政府根据《中华人民共和国行政复议法实施条例》第四十八条第一款第（二）项的规定，决定驳回朱红兴等 13 人的行政复议申请，并作出浙政复决〔2012〕11 号驳回行政复议申请决定。主要理由如下：

复议机关浙江省政府认为朱红兴等 13 人申请公开"收回、注销江干区彭埠镇新风村农村集体土地承包经营权证以及经承包人认证情况"的信息内容是明确的，杭州市人民政府两次要求朱红兴等 13 人补充、更正所需信息内容的准确描述后再行申请，显属不当，予以指正。但杭州市政府作出的杭政公开办〔2011〕127 号《政府信息补正申请通知书》系政府信息公开工作中的程序性事项，对朱红兴等 13 人的权利义务不产生实际影响，不属于《中华人民共和国行政复议法》第六条规定的受案范围，朱红兴等 13 人提出的行政复议申请不符合《中华人民共和国行政复议法实施条例》第二十八条第（五）项规定的受理条件。另告知朱红兴等 13 人如认为杭州市政府未依法履行信息公开职责，可以依据《中华人民共和国政府信息公开条例》第三十三条第二款的规定申请行政复议。

该决定书于同年 2 月 8 日送达给朱红兴等人。

（四）行政诉讼一审

1. 诉讼请求

2012 年 2 月 20 日，原告朱红兴等人不服上述行政复议决定，向杭州市中级人民法院提起行政诉讼，请求撤销杭州市政府作出的杭政公开办〔2011〕127 号《政府信息补正申请通知书》，责令杭州市政府明确需补正的具体内容。

2. 法院判决要点

杭州市中级人民法院经审理，判决驳回原告朱红兴等13人的诉讼请求，认为浙江省政府作出的浙政复决〔2012〕11号复议决定具有事实和法律依据，符合法定程序。原告的诉讼理由不能成立，其诉讼请求不予支持。主要理由如下：

一审法院杭州市中级人民法院认为，浙江省政府经审查后认为原告申请公开的信息内容是明确的，杭州市政府两次要求原告补正存在不当。浙江省政府认为杭政公开办〔2011〕127号《政府信息补正申请通知书》系程序性事项，不属于行政复议受案范围，并据此驳回原告的行政复议申请，其做法并无不当。浙江省政府按照规定要求原告推选代表参加行政复议，并在法定期限内作出被诉行政复议决定，程序合法。综上，据此判决驳回原告朱红兴等13人的诉讼请求。

（五）行政诉讼二审

1. 上诉

朱红兴等13人不服一审判决，向浙江省高级人民法院提出上诉。

2. 二审判决要点

二审法院经审理认为，本案系因上诉人朱红兴等13人针对杭州市人民政府信息公开补正通知申请行政复议继而引发的诉讼。由于上诉人申请行政复议事项仅为对其权利义务不产生实际影响的程序性告知事项，并不属于《行政复议法》规定的行政复议范围，故被上诉人浙江省人民政府驳回上诉人提出的行政复议申请，并无不当。虽然行政复议被申请人杭州市人民政府重复要求补正行为确有不当，但被上诉人已在其行政复议决定中予以指正，并为上诉人及时获取所需政府信息指明了行政救济途径，故原审判决驳回上诉人的诉讼请求，认定事实清楚，适用法律正确，审判程序合法，依法应予维持。

3. 二审判决结果

2012年9月11日，浙江省高级人民法院终审判决：驳回上诉，维持原判。

七、案例来源

《浙江省高级人民法院行政判决书》（2012）浙杭行初字第29号；

（2012）浙行终字第 98 号。①

八、案情分析

（一）争议焦点

行政机关对相对人申请政府信息公开的补正告知行为，是否属于行政复议的范围？

（二）法理分析

在依申请公开政府信息案件中，明确的信息公开申请内容是政府正式启动信息公开的前提。在依申请公开政府信息的案件中，行政机关首先应当明确申请人要获取的是什么样的信息，接下来才能看该信息是否存在及是否应当公开。② 但是，在对申请内容进行审查的过程中，行政机关不能够简单地以申请不符合法定形式为由拒绝申请人的申请，因为我国现行法律赋予了申请人对申请内容进行补正的权利。

（1）补正告知行为的内涵和性质。2011 年 8 月 13 日正式实施的最高人民法院《关于审理政府信息公开行政案件若干问题的规定》第二条第一项规定："公民、法人或者其他组织对因申请内容不明确，行政机关要求申请人作出更改、补充且对申请人权利义务不产生实际影响的告知行为不服提起行政诉讼的，人民法院不予受理。"从这条规定可以看出，补正告知行为是指在行政机关受理政府信息公开申请之后，经过对申请材料的审查，告知申请人在一定期限内作出更改、补充的行为。理解补正告知行为的性质，应从设置目的上看，它是因为申请人原本所提供的申请材料中有遗漏或不足可能会导致申请内容不全面或者不能够达到申请的目的，所以才要求申请人补充、更正，以力图使得申请内容全面、申请对象的信息更加明确。由此可见，它作为在申请过程中行政机关的一种督促申请人进行补充的动作，属于一种申请阶段的程序性行为，并非最终的行政复议决

---

① 来源于惠忆、马良骥：《补正告知行为是否属于行政复议范围的认定》，中国法院网，http://www.chinacourt.org/article/detail/2012/11/id/789913.shtml，2014 年 2 月 27 日。

② 参看沈丽平、周勇：《政府信息公开"申请内容不明确"时"补正"的法律思考》，上海法院网，http://www.hshfy.sh.cn/shfy/gweb/xxnr.jsp? pa = aaWQ9MTYwOTkwJnhoPTEPdcssz，2014 年 2 月 27 日。

定，而是一种中间阶段的行为。在法理上，根据行政法上的成熟原则①，这种程序性处理、中间阶段的行为是不能直接接受司法审查的。②

（2）补正告知行为不属于行政复议受案范围。细看《行政复议法》第六条和《行政复议法实施条例》第二十八条对行政复议受案范围的规定，并不囊括对申请政府信息公开的申请人权利义务不产生实际影响的程序性告知事项，但对于这些程序性事项究竟哪个可以申请行政复议一直没有明确的法律依据。在本案中，结合前文提及的最高人民法院《关于审理政府信息公开行政案件若干问题的规定》第二条第一项对申请信息公开的行政案件中的告知补正行为不可诉的规定，可以看出现行立法和司法解释明确将此类程序性行为排除在申请行政救济（包括行政复议和行政诉讼）的范围之外。但是，如果行政机关的不当或违法程序性告知行为确实影响了相对人在行政复议中的权利义务，将会对行政复议决定产生实际影响时，这种补正告知行为就应当纳入行政复议和行政诉讼的受案范围，接受司法审查。

（3）对本案中杭州市政府的补正告知行为是否属于复议范围的分析。本案中，原告在收到《政府信息补正申请通知书》后向杭州市政府回复："我们认为申请信息内容已十分明确，不需再重新进行补充或者描述。"原告拒绝进行补正，也就是说，原告认为自己的申请已经再清楚不过了，并且希望杭州市政府可以尽快地进行信息公开。该案法院审理认为：原告的申请内容明确，符合政府信息公开的申请要求。被告两次要求原告在合理期限内补正，属于重复要求补正行为。暂且不论原告的申请内容是否明确，对于认定补正告知行为是否属于行政复议范围，法院都应当首先释明当事人权益实际是否受到了损害，而本案中当事人权益并未受到实际影响，故二审法院认定上诉人申请行政复议的补正告知行为系对其权利义务不产生实际影响的程序性事项，该补正告知行为不属于《行政复议法》规定的行政复议范围，这一判决结果并无不当。我们认为，简单地将补正告知行为或者重复补正告知行为认定为行政复议的受案范围，进而在接下来的诉讼中撤销行政复议决定或者认定行政机关作出的行政复议违法，法律

---

①　行政法的"成熟原则"来源于美国，是指行政程序必须发展到适宜由法院处理的阶段，即已经达到成熟的程序，才能允许进行司法审查。参看王名扬：《美国行政法》（第 2 版），北京：中国法制出版社 2005 年版，第 637 页。

②　参看惠忆、马良骥：《补正告知行为是否属于行政复议范围的认定》，中国法院网，http：//www.chinacourt.org/article/detail/2012/11/id/789913.shtml，2014 年 2 月 28 日。

效果和社会效果均不佳，不仅会损害行政机关的威严形象和稳定地位，也将造成司法资源的浪费。

本案中，被告浙江省人民政府已在其行政复议决定中指明了杭州市人民政府的重复要求补正行为不当，并为原告朱红兴等13人及时获取所需政府信息指明了行政救济途径，原告可以通过要求杭州市政府履行政府信息公开职责的方式来实现其本应得到的合法权益，这么一来补正告知行为最终也并未影响到原告关于信息公开的最初目的，它仍然可以通过行政程序获得必要的救济。① 这一做法更为合理。

（三）相关判例②

原告杨某向被告崇明县规划和土地管理局提出政府信息公开申请，要求获取"原崇明县房屋土地管理局为所属的上海市崇明县土地发展有限公司实施建设项目用地储备要求划拨国有农用地使用权而向崇明县人民政府请示时提交的所有材料"。被告认为原告的申请不符合法律规定，要求原告补正。原告提交了补正书面材料，其内容与原申请一致。崇明县规划和土地管理局以《非政府信息公开申请告知书》的形式告知原告："经审查，您提交的材料不符合《上海市政府信息公开规定》第二十一条规定政府信息公开的申请要求，本机关不再按照《上海市政府信息公开规定》作出答复。"原告对此答复不服，向法院提起诉讼。

一审法院经审理后判决驳回原告的诉讼请求。杨某不服，向上海市第二中级人民法院提起上诉。二审法院经审理，判决驳回上诉，维持原判。

（四）法律适用

（1）《政府信息公开条例》第二十条："政府信息公开申请应当包括下列内容……（二）申请公开的政府信息的内容描述。"

（2）《政府信息公开条例》第二十一条："对申请公开的政府信息，行政机关根据下列情况分别作出答复……（四）申请内容不明确的，应当告知申请人作出更改、补充。"

（3）最高人民法院《关于审理政府信息公开行政案件若干问题的规

---

① 参看惠忆、马良骥：《补正告知行为是否属于行政复议范围的认定》，中国法院网，http://www.chinacourt.org/article/detail/2012/11/id/789913.shtml，2014 年 3 月 2 日。
② 《杨某诉崇明县规划和土地管理局政府信息公开案》，《行政法学研究》2011 年第 3 期。

定》第二条："公民、法人或者其他组织对下列行为不服提起行政诉讼的，人民法院不予受理：（一）因申请内容不明确，行政机关要求申请人作出更改、补充且对申请人权利义务不产生实际影响的告知行为。"

（五）小结

政府信息公开行政复议和行政诉讼都属于新类型的行政争议解决途径。《政府信息公开条例》要求申请人对所申请公开的政府信息内容作描述，是为了更迅速、准确地找到相关政府信息；行政机关要求政府信息公开申请人对所申请的信息进行准确描述，符合《政府信息公开条例》的相关规定，也符合立法宗旨。至于行政机关反复要求申请人对所申请信息的内容描述进行更改、补充的行为是否合法，属于实体争议。就要求对相关信息进行更改、补正的行为本身而言，在不影响政府信息公开申请人法定权利义务（包括程序性权利）的前提下（例如，没有超过政府信息公开申请答复的法定期限），此类行为不适宜进入救济程序（即使进入也无法解决实质）。本案中复议机关实际上已经明确指出被申请人行政机关的不当之处，并告知了申请人依法行使权利的途径。需要注意的是，如果复议机关没有上述行为而单纯作出不予受理的决定，则有助长行政机关滥用职权拖延履行政府信息公开义务之虞，实践中需予以警惕。

九、编者：刘文静、方雅然

十、编写时间：2014 年 7 月

刑法学

Xing fa xue

李宁组织同性卖淫案

一、案例编号（2-01）

二、学科方向：刑法学

三、案例名称：李宁组织同性卖淫案

四、内容简介

2003年1月至8月，被告人李宁以营利为目的，先后伙同刘超、冷成宝等人组织男青年从事同性卖淫活动。本案不仅在具体处理的司法机关之间引起了激烈的争议，在学界和社会上也有不同的声音。争议的焦点在于如何理解"卖淫"一词的含义，背后隐含的是不同刑法解释立场的分歧。笔者认同南京市秦淮区人民法院的一审判决和南京市中级人民法院的终审裁定。对"卖淫"一词的解释应坚持客观主义的解释立场，将其界定为"以营利为目的，向不特定人提供性交或者类似性交服务"的行为，即对卖淫的行为主体和行为对象都不应作出限制。组织这类行为的人，应以组织卖淫罪论处。

五、关键词：刑法解释；组织卖淫罪

六、具体案情

2003年1月至8月，被告人李宁以营利为目的，先后伙同刘超、冷成宝等人经预谋后，采取张贴广告、登报等方式招聘"公关先生"，制定公关人员管理制度，指使刘超、冷成宝对"公关先生"进行管理，并在其经营的"金麒麟"、"廊桥"及"正麟"酒吧内将"公关先生"介绍给同性嫖客，由同性嫖客带至本市"新富城"大酒店从事同性卖淫活动。

一审法院南京市秦淮区人民法院认为，被告人李宁的行为构成组织卖淫罪，依照《中华人民共和国刑法》第六十四条、第三百五十八条第一款之规定，以组织卖淫罪判处被告人李宁有期徒刑八年，罚金人民币六万元；违法所得一千五百元予以追缴。宣判后，被告人李宁不服一审判决，以"组织同性卖淫不构成犯罪和量刑过重"为由，向南京市中级人民法院提出上诉。南京市中级人民法院认为，上诉人李宁以营利为目的，通过招募的手段，控制多人从事卖淫活动，其行为已构成组织卖淫罪，依法应予惩处。原审判决认定李宁的犯罪事实清楚，证据确实、充分，适用法律正确。2004 年 4 月 20 日，南京市中级人民法院作出（2004）宁刑终字第 122号终审裁定，驳回上诉，维持原判。①

本案的追诉过程扑朔迷离。2003 年 9 月，秦淮区警方根据群众举报，根据李宁等人的口供和其他证据，将李宁等人刑事拘留，同时向检察机关申请逮捕令。但检察机关认为，《刑法》对组织卖淫罪的规定，并未提到同性卖淫属于犯罪，按照"法无明文规定不为罪"的原则，检察机关认为李宁等人的行为难以定罪，拒绝批准逮捕。因为拘留期限已经届满，警方只能将李宁等人释放。李宁等人被释放之后，在江苏省的舆论中引起了巨大的反响，许多人对此决定表示不理解。为了平息此案的风波，也为了能在将来此类案件的审判中有一个明确的规范，在江苏政法委的召集下，江苏省的省级政法部门召开了案件协调会，经过讨论之后，会议决定由江苏省高级人民法院向最高人民法院针对此案进行请示。最高人民法院接到请示之后，便向全国人大常委会进行了案件的汇报。由于案情的特殊性，此案引起了全国人大常委会的高度重视。在开会讨论决定后，2003 年 10 月下旬，全国人大常委会下属专业委员会作出口头答复：组织男青年向同性卖淫，比照组织卖淫罪定罪量刑。据此，南京警方再次实施抓捕行动，李宁等人很快便再次落入法网。2004 年 1 月 2 日江苏省南京市秦淮区人民检察院以被告人李宁犯组织卖淫罪向南京市秦淮区人民法院提起公诉。2004

---

① 参见《南京市中级人民法院终审裁定书》（2004）宁刑终字第 122 号。

年2月6日，南京市秦淮区人民法院开庭审理了此案并作出了一审判决。李宁对判决结果不服，提出上诉，但是南京市中级人民法院终审裁定驳回上诉，维持原判。

七、案例来源

江苏省南京市秦淮区人民法院（2004）秦刑初字第11号；江苏省南京市中级人民法院（2004）宁刑终字第122号。

八、案情分析

（一）争议焦点

此案的争议焦点在于应如何理解"卖淫"的含义。卖淫是仅限于女性向男性提供性服务的行为，还是可以包括男性向女性提供性服务的行为，甚至男性向男性、女性向女性提供性服务的行为？其背后隐含的是不同刑法解释立场——主观主义解释立场和客观主义解释立场——的分歧。①

（二）法理分析

1. "卖淫"一词的不同含义

组织卖淫罪规定在我国《刑法》第三百五十八条，该条规定："组织他人卖淫或者强迫他人卖淫的，处……"规定组织卖淫罪的罪状是简单罪状。显然，其中的"他人"可以是女性，也可以是男性，但并没有指明卖淫的行为对象，而且，卖淫的行为内容为何，刑法也没有给予明确界定。这是导致分歧的根源。

目前学界对"卖淫"的解释并不一致。代表性的观点主要有：①卖淫是指以营利为目的，与不特定的异性发生性交或从事其他淫乱活动，如口交、鸡奸、手淫等。② ②卖淫是指以营利为目的，满足不特定对方（不限

---

① 当然，透过本案曲折的追诉过程，还折射出目前司法实践中一些普遍却有违反法治之嫌的司法现象：为什么省政法委可以接受公安机关的汇报？为什么省政法委可以决定法院应该做什么？为什么公、检、法三家竟然坐在一起开会决定某一案件？为什么没有开庭就请示到高级甚至最高人民法院（可能会变相剥夺被告人的上诉权）？为什么是全国人大法工委答复？为什么是口头答复？为什么是"比照"组织卖淫罪定罪量刑？案外思考提问请参见何庆仁：《罪刑法定十年》，载陈兴良主编：《刑事法评论》（第21卷），北京：北京大学出版社2007年版，第236页。

② 参见陈兴良：《罪名指南》（下卷），北京：中国政法大学出版社2000年版，第1334页。

于异性）的性欲的行为，包括与不特定的对方发生性交和实施类似性交行为（如口交、肛交等）；女性向女性、男性向男性实施口交、肛交等类似性交行为的属于卖淫；他人单纯为异性手淫的、女性用乳房摩擦男性生殖器的、女性被特定人"包养"的，不属卖淫。① ③ "卖淫"一词，我国刑法理论界的权威解释是：以与他人发生不正当性关系，以出卖肉体为代价，换取各种物质或非物质利益的行为，通常表现为妇女向男子卖淫，有时也可以是男子向妇女卖淫。同时，大众对"卖淫"一词的通常理解是：妇女出卖肉体。无论是大众的理解，还是权威的解释，都没有把"同性向同性提供性服务的行为"理解或认可为组织卖淫罪中的"卖淫"行为。② 概言之，关于"卖淫"一词的分歧主要体现在两个方面：其一是提供性服务的行为主体和行为对象。具体而言，是否女性和男性都可作为卖淫行为的主体，同性是否可成为卖淫行为的对象。其二是卖淫的行为内容是什么。

在本案中，全国人大法工委之所以最终认为同性卖淫也是卖淫，有学者认为主要是基于以下理由：第一，本罪在旧刑法中的规定是"强迫妇女卖淫"，而在新刑法中已经被改为"强迫他人卖淫"（新增加了组织、引诱、容留、介绍等罪状），从该沿革中可以看出，立法者确实有意要扩大本罪犯罪对象的范围；第二，1992 年 12 月 11 日最高人民法院、最高人民检察院印发的《关于执行〈全国人民代表大会常务委员会关于严禁卖淫嫖娼的决定〉的若干问题的解答》的通知中第九条规定，"组织、协助组织、强迫、引诱、容留、介绍他人卖淫中的'他人'，主要是指女人，也包括男人"；第三，2001 年 1 月 28 日公安部下发的《关于对同性之间以钱财为媒介的性行为定性处理问题的批复》（下文称为《批复》）中规定："不特定的异性之间或者同性之间以金钱、财物为媒介发生不正当性关系的行为，包括口淫、手淫、鸡奸等行为，都属于卖淫嫖娼行为，对行为人应当依法处理。"③ 全国人大法工委以类似"立法解释"的方式承认了"同性卖淫"行为。不过，卖淫的含义即性服务的内容问题仍悬而未决。如上述观点所呈现出的一样，卖淫是指性交服务，还是包括类似性交服务（如口

---

① 参见张明楷：《刑法学》（第 4 版），北京：法律出版社 2011 年版，第 1021 页。

② 参见王北京：《"类推定罪"借同性卖淫案"复活"？》，《南方周末》，2004 年 2 月 26 日第 6 版。

③ 何庆仁：《罪刑法定十年》，载陈兴良主编：《刑事法评论》（第 21 卷），北京：北京大学出版社 2007 年版，第 235 页。

交、肛交等），甚至还包括其他猥亵行为，仍存在争议。笔者认为，2001年1月28日公安部下发的《批复》对卖淫含义的确定失之过宽，也许作为《治安管理处罚法》上的卖淫是合适的，在刑法上引用该含义难免引发社会争论。在目前情况下，基于刑法谦抑的精神，将"卖淫"的内容确定为性交或者类似性交服务是妥当的。

2. 解释《刑法》应遵循什么样的立场

在李宁案的追诉和讨论过程中，关于"卖淫"含义的争议，实质上涉及刑法解释基本立场上的分歧。主张"卖淫"仅限于女性向男性或者男性向女性提供性服务的观点，立足于立法当时对"卖淫"的理解；主张"卖淫"应包括同性之间提供性服务行为的观点，立足于社会当下对"卖淫"的理解。前者坚持的是主观解释论的立场，后者坚持的是客观解释论的立场。

主观解释论认为，刑法解释应追求立法原意或者立法本意，如果解释的结论与立法原意不符，就违反了罪刑法定原则。然而，从理论上讲，主观解释论存在许多弊端。首先，在许多情况下，立法原意是无从知晓的。尽管有些条款的立法原意会通过类似立法草案说明等文件体现出来，但这些文件未必会对所有条文的立法原意作出说明，在这种情况下，追寻立法原意就变成了一项不可能的工作。在某些情况下，社会或者媒体还会以某些参与立法的人员的解释作为解释有关条文的根据，把部分参与立法的人员当作了立法机关或者立法者。这种对《刑法》的解释是违背法治精神的。其次，主观解释论忽视了语词含义的变异性。《刑法》条文所使用的语词，其含义未必固定不变，相反，许多语词的含义随着社会的发展变化而变化。尤其是罪刑规范条文中存在许多规范的构成要件要素，其含义的不确定性即是其特征，如果要求对规范的构成要件要素的理解只能以立法时的含义为准，那将使刑法与社会的发展脱节，刑法适用中将充满冲突和矛盾。例如，"数额较大"是规范的构成要件要素，在盗窃罪中，构成犯罪的数额标准随着社会的发展进行适时的调整是不可避免的现象，如果"数额较大"的标准永远采用立法时的标准，数额型盗窃罪将难以适用。再次，刑法具有稳定性，而社会却是发展变化的，《刑法》条文要适应社会的发展变化，必须对其作出符合时代要求的解释，如果人为地使《刑法》条文的含义局限于立法原意，将极大限制刑法功能的发挥，扼杀刑法的生命力。"'一个词的通常含义是在逐渐发展的，在事实的不断出现中形成的'；活生生的正义还需要从活生生的社会生活中发现；制定法的真实含义不只是隐藏在法条文字中，同样隐藏在具体的生活事实中。"①

客观解释论认为，应以规范目的为指导来解释《刑法》条文，只要解释结论未超出语词的客观含义的范围，就不违背罪刑法定原则。其理论根据刚好与主观解释论相反。概言之，立法原意是不可靠的；刑法解释也应与时俱进，当语词的客观含义发生变化时，为了使刑法能够适应新形势和新情况，必须作出新的解释；只有适时对《刑法》条文作出与时俱进的解释，才能保持刑法的生命力，实现刑法的使命；罪刑法定原则禁止类推解释，但并不禁止扩张解释，只要新解释未超出字面客观含义的范畴，新解释就不会违背罪刑法定的要求。

笔者认同客观解释论的立场。具体到李宁同性卖淫案，也许立法者或者社会大众理解的"卖淫"，其本来含义是妇女向男性提供性交服务，但随着社会的发展，社会生活中确实出现了男性向妇女提供性交服务的现象，甚至出现了同性之间提供类似性交服务的行为，这些行为尽管在行为主体和行为内容上有所变化，但都是对社会善良性风俗的破坏行为，在本质上并无差异，其社会危害性甚至要大于传统的妇女向男性提供性交服务的行为。在这种情况下，如果拘泥于"卖淫"的"本来含义"，就难以对这些行为作出公正的处理，造成处罚上的不公平。因此，笔者认为，秦淮区人民法院和南京市中级人民法院对李宁组织同性卖淫案的判决是适当的。

（三）相关判例

自李宁组织同性卖淫案发生之后，全国又发生多起类似案件。2008 年10 月 21 日，以郑书义为首的浙江首个男性卖淫团伙在浙江省湖州市被判刑。4 名团伙成员被湖州市吴兴区人民法院判处 1 年 6 个月至 5 年 6 个月不等的有期徒刑，罪名为组织卖淫罪和传播性病罪。②

2012 年 4 月，江西省南昌市青山湖区人民法院也审结了一起组织同性卖淫案，主犯谢某因采用招募、容留等手段控制多人从事卖淫，被法院以组织卖淫罪判处有期徒刑 6 年，并处罚金 1 万元。③

----

① 张明楷：《刑法分则的解释原理》（序说），北京：中国人民大学出版社 2004 年版，第 5 页。

② 参见《法制日报》，2008 年 10 月 22 日。

③ 参见法制网，http://www.legaldaily.com.cn/index/content/2012 - 04/24/content_3525133.htm? node=20908，2014 年 9 月 22 日。

在这些案件中，如何解释"卖淫"一词的含义以及对组织同性卖淫行为以组织卖淫罪论处是否违反罪刑法定原则，仍是审理过程中争论的焦点。

（四）法律适用

《中华人民共和国刑法》第三百五十八条："组织他人卖淫或者强迫他人卖淫的，处五年以上十年以下有期徒刑，并处罚金；有下列情形之一的，处十年以上有期徒刑或者无期徒刑，并处罚金或者没收财产：（一）组织他人卖淫，情节严重的；（二）强迫不满十四周岁的幼女卖淫的；（三）强迫多人卖淫或者多次强迫他人卖淫的；（四）强奸后迫使卖淫的；（五）造成被强迫卖淫的人重伤、死亡或者其他严重后果的。有前款所列情形之一，情节特别严重的，处无期徒刑或者死刑，并处没收财产。"

（五）小结

李宁案过去十年了，但对于"卖淫"一词含义的争议仍未结束。这也从一个侧面说明，刑法使用的某些语词，其含义不是固定不变的。笔者认为，应基于客观主义的解释立场，以保护法益为指导对刑法作出与时俱进的解释。如此，方能赋予刑法新的生命力。

九、编者：贾学胜

十、编写时间：2013 年 12 月

马尧海聚众淫乱案

一、案例编号（2-02）

二、学科方向：刑法学

三、案例名称：马尧海聚众淫乱案

四、内容简介

2006 年夏至 2009 年 8 月间，马尧海等人多次在家中、宾馆房间等地方从事多人参与的淫乱活动，案件经媒体报道后引发社会各界的热烈讨论。"有罪论"和"无罪论"的争论难分伯仲，并引发了聚众淫乱罪的存废之争。笔者认为：从比较法的视角考察，国外刑法一般只处罚公然实施的性行为；从法益保护的立场看，私密的聚众淫乱行为并没有侵犯公共秩序；从刑法对性行为规制的逻辑进路观之，强制性行为和公开性行为应受到刑罚惩罚，私密性行为不具有刑事可罚性，换言之，惩罚性行为应以是否强制或者公开为标准，而不应以人数多少即是否聚众为标准；站在人权保障的立场，成年人自愿参与秘密的聚众淫乱是行为人行使性权利的行为方式，不具有可罚性。因此，应将聚众淫乱罪中的"聚众进行淫乱活动"限制解释为"公然进行聚众淫乱活动"，马尧海等人的行为不构成聚众淫乱罪。

五、关键词：限制解释；聚众淫乱罪

六、具体案情

2009 年 8 月 17 日下午一点左右，南京市秦淮区公安分局白鹭洲派出所在一家连锁酒店 120 房间抓获了 5 名网民，通过对这 5 名网民的分头审讯，获知他们正在从事"换偶"活动，即他们称的"夫妻旅游交友"。随着警方审讯的深入，焦点指向同一个人——网名为"阳火旺"的南京某大学副教授马尧海。在警方的侦讯中，马尧海承认建了一个名为"夫妻旅游交友"的 QQ 群，通过这个 QQ 群，网友平时聚在一起，相互间自愿进行性行为。2010 年 4 月 7 日，秦淮区检察院对马尧海等 22 名被告人以聚众淫乱罪提起公诉。秦淮区法院以不公开方式审理了此案。

在审理阶段，法院查明的案件事实是：2006 年夏至 2009 年 8 月间，马尧海等 22 名被告人通过被告人马尧海创建的"夫妻旅游交友"、被告人向某创建的"南京派对"、被告人苏某创建的"蓝玫瑰"等 QQ 群结识后，分别结伙先后在本市鼓楼区中山北路 200 - 2 号 9 幢 301 室被告人马尧海家、探花楼宾馆、城市名人酒店等处进行聚众淫乱活动。其中被告人马尧海组织或参加聚众淫乱活动 18 起；被告人肖某组织或参加聚众淫乱活动 16 起；被告人苏某参加聚众淫乱活动 8 起；被告人邓某参加聚众淫乱活动 7 起；被告人向某、何某组织或参加聚众淫乱活动 6 起；被告人张某参加聚众淫乱活动 6 起；被告人陈某参加聚众淫乱活动 5 起；被告人汪某、冯某、唐某、夏某、甘某、滕某参加聚众淫乱活动 4 起；被告人孔某、王某、陈某、杨某、施某、潘某参加聚众淫乱活动 3 起；被告人吴某组织或参加聚众淫乱活动 3 起；被告人张某组织或参加聚众淫乱活动 2 起。2010 年 5 月 20 日，南京市秦淮区法院公开宣判，马尧海等 22 名被告人以聚众淫乱罪追究刑事责任，马尧海获刑 3 年 6 个月，18 名被告人被处以 1 年至 2 年 6 个月不等的刑罚，其中 12 名被告被宣告缓刑，另有 3 名被告人被免于刑事处罚。

七、案例来源

《南京市秦淮区人民法院刑事判决书》（2010）秦刑初字第 66 号；《江苏省南京市中级人民法院刑事裁定书》（2010）宁刑终字第 130 号。

八、案情分析

（一）争议焦点

本案发生后，社会舆论予以极大的关注，形成了"有罪论"和"无罪论"两大针锋相对的阵营。由此引发了如下疑问：

（1）什么是"聚众淫乱"？

（2）刑法是否应废止聚众淫乱罪？

（3）应以什么样的立场和方法解释适用刑法条文？

（二）法理分析

1. 聚众淫乱罪存废的诸种观点

马某案①经媒体广泛报道后，"聚众淫乱罪"这一罪名在学界和实务界引起激烈争论，大致而言有三种观点：其一是认为聚众淫乱罪不适应时代的需要，应予废除；其二是为了维护社会秩序，应保留聚众淫乱罪；其三是认为应保留聚众淫乱罪，但应进行修正，只处罚公然进行的聚众淫乱行为。

李银河教授是第一种观点的主要倡导者。其理由可归纳为以下三个方面：第一，现代社会公民有支配自己身体的自由，法律不应干涉公民在私密场所进行的性行为。她认为："公民对自己的身体拥有所有权，他拥有按自己的意愿使用、处置自己身体的权利。如果有人愿意在私人场所穿着衣服打扑克，他有这样做的权利；如果有人愿意在私人场所不穿衣服打扑克，他也有这样做的权利，不管在场的有几个人。国家法律干涉这种私人场所的活动，就好像当事人的身体不归当事人自己所有，而是归国家所有。如果当事人脱去衣服，损害的不是当事人自己的尊严，而是损害了国家的尊严，这种立法思想本身就是错的。"② 第二，与淫秽物品相关的行为和卖淫行为相比，私密聚众淫乱不具有可罚性。她说："如果说淫秽物品和卖淫两项虽然没有受害者，但却属于商业化的性活动，那么'聚众淫乱'就不仅是无受害者的性活动，而且没有商业性，只不过是一些个人违反社会道德的私下行为。这类行为的处理是现行刑法与性有关的法律条文

---

① 为叙述方便，下文将本节开头所述案例简称为"马某案"。

② 李银河：《中国当代性法律批判》，《南京师范大学学报》2004年第1期。

中问题最大的一项。"① 第三，聚众淫乱罪是以一部分公民的道德标准惩罚另一部分公民，是过时的罪名，应予废除。她说："不能以一部分公民的生活方式为准订立法律来惩罚另一部分公民的生活方式。聚众淫乱罪就是以一部分公民的生活方式为准订立的惩罚另一部分公民的生活方式的法律，所以应当废除。""一项过时的错误的法律一方面可以错误地惩罚不该惩罚的人（这是聚众淫乱罪在 1950—1980 年代的实际效果）；另一方面可以造成有法不依从而降低法律在人们心目中的权威性的局面（这是该罪1990—2010 年代的实际效果）。""对于一个'中世纪'性质的过时法律，对于一个有大量普通公民不时参与违背其规定的活动和行为的法律，对于一个在实践中实际上已经不再实行的法律，应当及时予以取消，以维护法律的权威性和严谨性。"②

支持第二种观点的学者认为应以刑法来保护社会的道德风尚，从而维持社会秩序。著名刑法学家马克昌教授认为：以换偶或者性聚会的形式在一起淫乱，是对传统良好风俗习惯的破坏；一旦取消聚众淫乱罪，会引发更多的人效仿，从而破坏社会秩序。③ 著名学者屈学武也反对废除聚众淫乱罪："我并不赞同取消聚众淫乱罪。举个例子，美国的刑法有一条叫公然猥亵罪，即便是夫妻，在公众场合，做出猥亵的行为，都是触犯法律的。因为你在公众场合，做一些猥亵的动作，对青少年、对一般的少女都会有不良的影响，破坏了整个社会的公众法则，也是为社会所不容的。一个社会是有一定社会准则要求的，群男群女在一起淫乱，对社会有很不好的示范效应，会引起婚姻家庭的混乱、社会的混乱，难道这是我们所推崇和允许的吗？《刑法》第三百零一条规定聚众淫乱罪是必要的。"④ 贾宇教授认为："这一罪名立法的初衷是为了保护一夫一妻制的家庭制度和社会道德风尚……如果我们从一开始并没有把这种行为写进刑法，如果没有规定为犯罪，那么可以在道德领域进行调整，而现在既然把它列进刑法，要取消它，就要再进行调查和研究。随着社会开放程度越来越高，这种罪名取消的可能性很大。在法律界和法学界，对'聚众淫乱罪'这条罪名并没有引起过多的讨论，因为真正进入司法程序、判刑阶段的很少；而在目前

---

① 李银河：《中国当代性法律批判》，《南京师范大学学报》2004 年第 1 期。

② 李银河：《关于取消聚众淫乱罪的提案》，《法制资讯》2010 年第 4 期。

③ 参见汪万里、唐红杰：《17 岁少女被控聚众淫乱罪事件继续发酵》，《广州日报》，2010 年6 月 9 日。

④ 屈学武：《聚众淫乱罪与刑法过剩无关》，《法制资讯》2010 年第 4 期。

的情况下，到底有多少民众要求取消该条规定，也不是很清楚。作为立法的规律来说，现阶段全国人大作出决策，取消该条规定的可能性不大。"①尤其是欧爱民教授在《法商研究》2011 年第 1 期上发表的《聚众淫乱罪的合宪性分析——以制度性保障理论为视角》一文中认为，聚众淫乱对婚姻家庭的生育功能、约束功能、纽带功能、情感功能和经济功能都造成了严重威胁，即便惩罚聚众淫乱违背多数民意，立法者仍有责任以刑罚惩治此类行为，因为"法律是公共意志的体现，而非民众一时情绪的宣泄。法律所反映的只能是理性的民意，而非短视的民粹……为了防止人们被贪婪欲望迷惑而做出让聚众淫乱非犯罪化的短视行为，立宪者需深谋远虑，将婚姻家庭制度纳入宪法的制度性保障范围，使之具有对抗多数民意的力量"，进而罕见地、旗帜鲜明地提出对私密性淫乱与公然性淫乱不加区分地进行刑罚制裁。②

第三种观点认为不应笼统地主张废除和保留聚众淫乱罪。淫乱可分为公然性淫乱和秘密性淫乱。公然性淫乱会引起不自愿旁观者情感上的羞耻甚至感到人格受到侮辱，是一种有害的行为，应受到刑事处罚；而私密性淫乱没有被害人，没有足够的社会危害性，不应以刑法制裁。因此，聚众淫乱罪的法条设计有严重缺陷，应予以修改完善，只惩罚公然的聚众淫乱行为。③

马某案发生后，引发了公众对聚众淫乱罪的广泛关注。搜狐网对"你认同换妻案被告犯聚众淫乱罪吗"所做的调查显示：在参与投票的172 296人中，反对的占 51.45%，认同的占 33.71%，不关心的占 14.85%。④北京师范大学刑事法律科学研究院的一项在线调查显示：自 2010 年 4 月 9 日至 5 月 30 日，参与投票的 976 人中，支持对马某组织换妻以聚众淫乱罪起诉的比例为 33.81%，反对以聚众淫乱罪起诉的比例为 64.86%，处于模棱两可状态的比例为 1.33%。⑤福特基金资助的《中国人的性行为与性关系：

① 贾宇：《聚众淫乱罪暂不应废除》，《法制资讯》2010 年第 4 期。

② 参见欧爱民：《聚众淫乱罪的合宪性分析——以制度性保障理论为视角》，《法商研究》2011 年第 1 期。

③ 参见李拥军：《性权利研究》，吉林大学博士学位论文，2007 年，第 147 页。

④ 《你赞成取消聚众淫乱罪吗？》，http：//news. survey. sohu. com/poll/result. php?% 20poll_id =25702#，2013 年 10 月 25 日。

⑤ http：//www. criminallawbnu. cn/criminal/poll/pollresult. asp? view = Y&pollid = 12，2010 年 5 月 31 日。

历史发展 2000—2006》中对聚众淫乱罪的调查显示：在 50 岁以下的各个年龄组之间，在不同文化程度、不同职业之间，在城市人口、流动人口与农村人口之间，在高中低的收入者之间，在直辖市、省会、地级市、县级市、县城与村镇之间，在党员与非党员之间，人们对于刑法规定的聚众淫乱罪的态度基本是一致的，均有 30% ~40% 的人认为它不是犯罪，50% ~60% 的人认为法律处罚过重。①

2. 争议观点评析

对第一种观点的评析。李银河教授对聚众淫乱罪的批评的基础是其提出的性行为三原则，即"成年、自愿、私密"。李银河教授认为："自西方性革命后，有一个逐渐被广泛接受的新的人权观念，那就是人类性活动中的三原则，只要不违背这三个原则的性行为就属于人权范畴，就不应受到制裁。这三个原则是：第一，自愿；第二，在秘密场所；第三，当事人均为成年人。换言之，一切在自愿的成年人之间在私密场所发生的性行为将不受制裁，属于应受保护的人权范畴。"② 可见，她反对的是将成年人私密、自愿进行的性行为定罪，而并不否定公开性行为的有害性。如果以此逻辑来评价刑法中的聚众淫乱罪，则应反对的是将成人间的私密聚众淫乱行为入罪，而不是对聚众淫乱罪全面否定。因为从字面客观含义看，聚众淫乱罪中的客观行为既包括私密的淫乱行为，也包括公然的淫乱行为，以李银河教授的论述基础和逻辑思路，不能得出全面废除聚众淫乱罪的结论。

对第二种观点的评析。第一，一些刑法学者站在刑法的秩序维持机能的立场，将刑法视作维护所谓传统主流道德的工具，忽视了刑法的谦抑性和法益保护机能，笼统地认为公然聚众淫乱和私密聚众淫乱行为都应受到刑法的规制，有以公权力推行主流道德观的嫌疑。第二，如果认为公开聚众淫乱行为值得刑法处罚，则应将聚众淫乱罪的客观要件解释为"公然聚众淫乱行为"，而不能以公然聚众淫乱行为的可罚性来证明私密聚众淫乱行为的可罚性。笼统地谈论聚众淫乱罪的存废问题是不严谨的。第三，聚众淫乱并没有破坏婚姻家庭的各种功能。因为参与聚众淫乱的行为者，未必都是婚姻家庭关系的参与者；即便是有婚姻家庭关系者，参与换偶者一

① 参见潘绥铭：《"聚众淫乱罪"不合民意》，http://blog.sina.com.cn/psm1950，2010 年 10 月 25 日。

② 李银河：《性权利三原则》，http://blog.sina.com.cn/liyinhe，2010 年 10 月 20 日。

般均是基于自愿原则，甚而可能有利于维护婚姻家庭关系；通奸、未婚同居、丁克、离婚、同性恋等行为可谓破坏了传统的婚姻家庭制度，可是现代国家不会认为这些行为值得动用刑法进行规制；即便认为聚众淫乱行为破坏了他人的婚姻价值观，那也难以认为私密的聚众淫乱行为能够破坏他人的婚姻价值观。认为（私密的）聚众淫乱行为破坏了婚姻家庭的核心功能纯属子虚乌有，给人以"欲加之罪，何患无辞"之感。欧爱民教授"义正词严的论述颇具德夫林勋爵家长主义式的风范。然而，家长主义正是专制主义的底蕴。'对抗多数民意'的说法本身就经不起人民主权原则和人权保障原则的推敲"①。

对第三种观点的评析。第三种观点看到了公然聚众淫乱和私密聚众淫乱的区别，认为前者值得动用刑法予以规制，应通过修法活动将后者非犯罪化。这值得肯定。但在笔者看来，修法并非实现聚众淫乱罪部分非犯罪化的唯一途径，完全可以通过刑法解释的方法，将聚众淫乱罪解释为仅处罚公然聚众淫乱行为，从而实现聚众淫乱罪审判上的部分非犯罪化。

3. 聚众淫乱罪的罪名简史

聚众淫乱行为的刑法规制渊源于 1979 年《刑法》中的流氓罪。1979年《刑法》第一百六十条规定："聚众斗殴，寻衅滋事，侮辱妇女或者进行其他流氓活动，破坏公共秩序，情节恶劣的，处七年以下有期徒刑、拘役或者管制。流氓集团的首要分子，处七年以上有期徒刑。"罪状中原本并无关于"聚众淫乱行为"的直接规定。但是，"流氓"一词，对人时原指无业游民，后来指不务正业、为非作歹的人；对事时指施展下流手段放刁、撒泼等恶劣行为；在日常生活中也指那些与非法性行为相联系的人或者事。② 20 世纪 80 年代以后，随着改革开放的推进和深入，聚众淫乱行为开始在社会中出现和蔓延，其特点是首要分子纠集多名男女，不以营利为目的，为追求性的刺激而进行性交、群奸群宿、跳裸体舞等。为了规制和打击此类行为，1984 年最高人民法院和最高人民检察院在《关于当前办理流氓案件中具体应用法律的若干问题的解答》中，将"聚众淫乱行为"归入"其他流氓活动"的范围。聚众淫乱行为自此正式被纳入流氓罪的规制

---

① 杨春磊：《聚众淫乱罪的违宪性分析——兼与欧爱民教授商榷》，《湖北警官学院学报》2013 年第 2 期。

② 参见陈兴良：《刑法的人性基础》（第 3 版），北京：中国人民大学出版社 2006 年版，第406 页。

范围。因为流氓罪将一些不同类型的行为规定在一个罪名中，加之实践中"其他流氓活动"往往难以认定，在十余年的司法实践中，流氓罪饱受"口袋罪"的质疑。1997年《刑法》修正时，将流氓罪分解为强制猥亵、侮辱妇女罪、猥亵儿童罪、聚众斗殴罪、寻衅滋事罪和聚众淫乱罪五个罪名。现行《刑法》第三百零一条第一款规定："聚众进行淫乱活动的，对首要分子或者多次参加的，处五年以下有期徒刑、拘役或者管制。"聚众淫乱罪作为一个独立的罪名，正式走进我国刑法典。

4. 审判上的非犯罪化之具体理由

笔者的基本观点是：应通过审判活动，将司法实践中历来按照聚众淫乱罪处理的私密聚众淫乱行为非犯罪化。具体理由如下：

第一，比较法视角的考察。世界主要国家的刑法典仅处罚公然聚众淫乱行为，如《德国刑法典》第13章183条a（激起公愤）中规定："公然实施性行为，故意引起公众厌恶的，处1年以下自由刑或罚金。"《日本刑法典》第22章第17条规定："公然为猥亵之行为者，处科料。"《韩国刑法典》第22章第240条规定了"公然淫秽罪"罪条："公然进行淫秽行为的，处一年以下劳役、四十万元以下罚金、拘留或者科料。"《奥地利联邦共和国刑法典》第10章第218条规定："公然为淫乱行为，或在可通过直接的感知而引起正当的公愤的情况下为淫乱行为的，处6个月以下自由刑，或360单位以下日额金的罚金刑。"《加拿大刑事法》第5章第173条（1）规定："于下列情况故意进行猥亵行为者，构成按简易定罪处罚的犯罪：（a）于公共场所一人以上在场；或（b）于任何场所意图污辱或触摸他人。"由此可见，性（淫乱）行为不论是否聚众，只要是公然进行的，就构成犯罪；性（淫乱）行为侵犯的并不是性行为参与者的利益，而是公众或者可能看到的利益（羞耻感）。反之，私密淫乱行为并不属于刑法的规制对象。以国外的立法经验来审视我国《刑法》第三百零一条第一款的规定，笔者认为，应将法条中的"聚众进行淫乱"限制解释为"公然聚众淫乱"。换言之，在立法未作修改的情况下，审判机关应对聚众淫乱罪中私密聚众淫乱犯罪实行审判上的非犯罪化。

第二，基于法益保护立场的省思。在违法性的本质上，历来存在法益侵害说和规范违反说的争论。规范违反说认为，违法性的本质是违反了法规背后的社会伦理规范。宾丁认为，违法性是指"违反在伦理上先行于刑法法规的不成文的规范"；迈耶认为，违法性是指"违反文化规范"，是"与国家承认的文化规范不相容的态度"。如果站在这一立场，犯罪化与非犯罪化的界限就在于是否违反了社会伦理规范。

　　然而，道德作为一种行为规范和标准又是多元的和易变的。比如，若干年前，同性恋被视为邪恶和异端，如今，其基本被社会接受和认可。道德的多元性和易变性要求我们在社会生活中必须充分尊重其他人的道德认知，不能将自己的道德标准强加到别人身上。① 人类发展的历史经验表明，不能用法律尤其是刑法来解决道德问题。"即使是基于维护性风俗、性秩序等社会法益，刑事立法干预的重点也应该是公共道德领域而非私人道德领域。"② 在现代国家，宪政基础上的刑法目的，是借助于法益保护的方式来实现人权保障。"一切法律均是为了人的缘故而制定的。制定法律的宗旨就是为了保护人们的生存利益。保护人们的利益是法的本质特征；这一主导思想是制定法律的动力。"③ 职是之故，将法益侵害说而不是规范违反说作为违法性的本质，已成为多数人的共识。法益侵害说认为，犯罪的本质是对法益的侵害或者威胁。因此，"在实施犯罪化之际，应充分认清其保护法益，只有在作为保护该种法益的方法，除了创制刑事法规，诉诸刑罚手段之外别无选择的情况下，才能进行犯罪化。非犯罪化也应当如此"④。

　　站在法益保护主义的立场，聚众淫乱罪是否应该被（部分）非犯罪化，取决于该罪是否侵犯了某种法益。在我国，传统观点认为，"淫乱"指的是"群奸群宿、性变态行为，如鸡奸、兽奸等严重破坏社会主义善良风俗的行为"⑤。因此，聚众淫乱罪侵犯的客体是社会的善良性风俗。笔者认为，聚众淫乱罪规定在我国《刑法》第六章"妨害社会管理秩序罪"第一节"扰乱公共秩序罪"中，很显然，扰乱公共秩序罪侵犯的法益无疑是社会公共秩序。"所谓的公共秩序，是指根据社会规范所维持的正常的公共生活状态。"⑥ 而社会的善良性风俗，应该是正常的公共生活状态中的一种子秩序。如前文所述，聚众淫乱行为包括公开的聚众淫乱行为和秘密的聚众淫乱行为，只有公开的聚众淫乱行为才会破坏作为公共生活状态之内

---

① 沈海平：《聚众淫乱：罪与非罪的追问》，《人民检察》2010 年第 13 期。

② 滕燕萍：《性自主权、道德与法律干预——以"南京换偶案"为例》，《杭州师范大学学报》2011 年第 3 期。

③ ［德］弗兰茨·冯·李斯特著，徐久生译：《德国刑法教科书》，北京：法律出版社 2000 年版，第 3 页。

④ ［日］大谷实著，黎宏译：《刑法总论》，北京：法律出版社 2003 年版，第 90 页。

⑤ 参见高铭暄、马克昌主编：《刑法学》，北京：北京大学出版社 2005 年版，第 609 页。

⑥ 王作富：《刑法分则实务研究》（中），北京：中国方正出版社 2010 年版，第 1151 页。

容的善良性风俗。"因为在公共场所实施聚众淫乱行为，侵犯了我国法律关于社会秩序的规定，也就是说侵犯了法益，符合法益侵害说的条件，构成了犯罪，自然应当追究刑事责任。"① 而成人间自愿、私密的聚众淫乱行为是不可能侵犯公共生活秩序的。

现实社会中，国家往往站在刑事政策的立场上，借着维持秩序之名干预公民的性行为。其中隐含的逻辑是：如果对私密的聚众淫乱行为放任不管，待该行为在社会上扩散时，势必严重伤害社会风化，破坏社会秩序。具体而言，对私密聚众淫乱行为的担心体现在三个方面：其一，以换偶形式体现的聚众淫乱行为直接破坏了一夫一妻的婚姻制度；其二，聚众淫乱行为会影响未成年人的身心健康，诱使心智尚不成熟的未成年人误入歧途；其三，聚众淫乱的蔓延会败坏社会风气。这种处罚逻辑的错误在于，以虚拟的"危险"处罚现实的行为。刑法肯定某行为的可罚性应基于该行为本身的危害性，而不是臆想出来的可能的危险。

笔者认为，站在法益保护主义的立场，以公权力干预私密的聚众淫乱行为不具有正当性，首先，将一夫一妻制或配偶权作为聚众淫乱罪的保护法益并不妥当。因为该罪是侵犯公共秩序的犯罪，并没有如同重婚罪一样规定在侵犯公民人身权利、民主权利罪章中。其次，聚众淫乱的参与者并非都是婚姻关系的参与者，而且参与聚众淫乱是成年人的自决行为，认为该行为侵犯了一夫一妻制或者配偶权没有根据。再次，若在参与者中存在未成年人，应根据具体情况进行处理。如果其中的成年参与者存在引诱未成年人参与聚众淫乱活动的行为，应以"引诱未成年人参与聚众淫乱活动罪"惩处；如果成年参与者不知有未成年参与者或者不存在引诱未成年人参与聚众淫乱活动的行为，因为成年参与者缺乏罪过，既不能以聚众淫乱罪也不能以引诱未成年人参与聚众淫乱活动罪追究其刑事责任。最后，在现代社会的道德观趋于多元的背景下，我们应该对人们的道德自觉性抱有信心，刑法不干涉私密的聚众淫乱行为会引发竞相效仿的负面效应的担心是不必要的。"法律与道德作为两种社会调控方式，聚众换偶以无涉社会危害性的现实告诉我们，它需要留待道德进行调整，这既是对公民个人自

---

① 王恩海：《无被害人犯罪与非犯罪化》，载游伟主编：《华东刑事司法评论》（第7卷），北京：法律出版社2004年版，第21页。

由权利的承认，也是对法律治理社会模式的一种自信与信任。"①

总之，站在法益保护的立场，惩罚私密聚众淫乱行为缺乏法理根据。因此，应将私密聚众淫乱行为从聚众淫乱罪的规制范围剔除出去。

第三，基于刑法规制性行为的逻辑进路之批判。考察域外刑法对性行为的刑法规制，可以发现以下规范思路：首先，强制的性行为具有刑事可罚性，如强奸罪、强制猥亵妇女罪就是针对此类行为所设的罪名；其次，在合意或者自愿的情况下，公开的性行为具有刑事可罚性，如公然猥亵罪；再次，成年人间自愿且私密的性行为不具有刑事可罚性。概言之，强制性行为和公开性行为具有可罚性，其余则不具有可罚性。在我国《刑法》中，规定了实施强制性行为的强奸罪、强制猥亵、侮辱妇女罪和猥亵儿童罪，却没有规定实施公开性行为的公然猥亵罪，而是规定了聚众淫乱罪。这背后的逻辑似乎是：在合意或者自愿的基础上，是否公开并不重要，重要的是参与者的人数。如有学者指出："现实中存在多种形式的换偶，一种情形是，两对或多对配偶经过相互协商达成换偶合意后，交换过的性伴侣各自回到特定场所从事性活动，显然此种情形不符合聚众淫乱罪的构成特征，不构成犯罪；另一种情形是，两对或多对配偶达成换偶意向后，在同一场所集体进行性活动，此种情形因具备'聚众'特征而在法律上构成聚众淫乱罪。南京某大学副教授马某等人的换偶行为就是因为'聚众'而受到刑罚制裁。就此而言，法律所制裁的其实并非是换偶，而是'聚众'的性行为，只不过该聚众性行为是以换偶的形式出现。所以，在现行法律之下，在实然层面，南京司法机关对于马某等人换偶案的处理没有太多可质疑的余地。"② 将是否"聚众"而不是"公开"作为惩治性行为的标准，不仅使我国的刑法规定背离国际社会的通行做法，也会导致司法适用中出现不公平现象，如三人以上私密的聚众淫乱行为的危害性显然要小于二人公然进行的性行为，但根据上述解释思路，前者构成犯罪，而后者却不构成犯罪。这实不足取，笔者反对这一解释思路。

笔者认为，在合意或者自愿的前提下，应以是否"公然"而不是"聚众"作为惩治性行为的标准。因此，公然进行的性行为具有可罚性，私密进行的性行为不可罚；因为我国《刑法》中并未规定公然猥亵罪，因此，

---

① 陈伟：《"虚幻的道德"抑或"真实的法律"——以"南京换偶案"为视角》，《法制与社会发展》2010 年第 6 期。

② 沈海平：《聚众淫乱：罪与非罪的追问》，《人民检察》2010 年第 13 期。

对于二人公然进行的性行为仍不罚，但三人以上公开进行性行为时，则以聚众淫乱罪处罚；成人间自愿且私密进行的性行为，不论是否聚众，均不具有可罚性。根据这一解释思路，上述不公平的司法适用可以避免：三人以上私密的聚众淫乱行为的危害性小于二人以上公然进行的性行为，既然后者不构成犯罪（因为我国没有规定公然猥亵罪），前者当然也不构成犯罪。

前文多次强调和论证，聚众淫乱罪只限于"公然"聚众淫乱行为，因此，有必要对"公然"的含义稍作说明。所谓"公然"，是指处于不特定或者多数人认识或者可能认识的状态。"公然"须结合行为发生的具体情况进行判断：在家中进行的聚众淫乱行为，如果行为实施的时间和所采取的措施是不特定或多数人通常难以发现的方式，就不具有公然性；反之，则具有公然性。回到马某案来说明"公然"的含义。马某等人的淫乱行为是在封闭的酒店房间或者自家房间里进行的，他们采取了足够的措施来避免外界知晓，因此不具有公然性，不应以聚众淫乱罪论处。也许有人会质疑：现在公众知道了这一行为，就不能说善良性风俗没有被侵犯。但这与其说是马某等人的行为具有公然性，倒不如说是媒体的报道使这一事件公知天下；判断一个行为是否构成犯罪的基准是行为当时的社会危害性，只要行为实施时是隐秘的，就不能认为具有社会危害性；不能将媒体行为所导致的后果归责于马某等人。

第四，追究私密的聚众淫乱行为违背人权保障的要求。人权是当今世界的普世价值，保障人权是国际社会和现代国家的共同要求。《世界人权宣言》第三条规定："人人有权享有生命、自由和人身安全"；第十二条规定："任何人的私生活、家庭、住宅和通信不得任意干涉，他的荣誉和名誉不得加以攻击。人人有权享受法律保护，以免受这种干涉或攻击。"这里的"自由"和"私生活"无疑包括性权利在内。作为《世界人权宣言》的缔约国，保障人权是我国应尽的国际义务。我国《宪法》第三十三条第三款规定："国家尊重和保障人权。"性权利是人权的重要内容。"撇开道德优劣的评价不谈，如果参与换偶的双方同意，各自基于真实的意愿表达支配自己的身体，在此情形下，仍然属于公民个人自由权利行使的范围。原因在于，性的自由属于身体自由的内涵之一，行为人支配自己的身体且不危害他人外在权利行使的条件下，理当属于可以允许之事……需要明确的是，是否属于公民自由行使的范围，与是否符合道德价值的正面评价不是同等话语……尽管聚众淫乱行为是不道德的，但是在不侵犯外部利益的前提下，仍然是公民可以自由行使的。"① 因此，"成年人自愿参与秘密的聚众淫乱是行为人行使性权利的行为方式，不具有可罚性"②。以刑法来惩罚聚众淫乱行为不符合人权保障的要求。

5. 结论：聚众淫乱罪之审判上的部分非犯罪化

刑法学界有不少学者意识到惩罚私密的聚众淫乱行为不符合刑法法益保护的目的，不具有正当性，因此提出了将私密聚众淫乱犯罪非犯罪化的建言。如有学者提出：欲完善《刑法》第三百零一条之规定，除了应当将秘密性的聚众淫乱行为除罪化外，还应将在公共场合下，两人间的淫乱行为予以犯罪化，从而更好地达到《刑法》第三百零一条第一款欲维护社会良好风尚的目的。③ 有学者认为：处罚组织者而不处罚参加者、处罚公开者而不处罚隐秘者和处罚再犯者而不处罚初犯者，是实现聚众淫乱罪部分去犯罪化的必然选择。④ 不过，尽管看到了对私密聚众淫乱行为非犯罪化的必要性，但尚未有学者提出可以通过审判活动来实现聚众淫乱罪的部分非犯罪化。在笔者看来，刑法的适用离不开刑法解释，而解释刑法是法院的职责；不应将法律条文上的所有"不如意"都寄望于立法修止；法院完全有可能和有必要通过创造性的法律适用活动，对聚众淫乱罪实行审判上的部分非犯罪化，将私密聚众淫乱行为排除在刑法的干预范围之外。

（三）相关判例⑤

被告人邹某等（2女3男）于1986年10月20日晚上到胡某住处玩扑克牌，事先规定输者让赢者亲嘴。当晚5人同睡一床，互相玩弄，群奸群宿一夜。另一晚，邹某等4人（2男2女）又在一起玩扑克牌，为了助兴，4名被告人竟先后各自脱光衣服，一男对一女，赤身裸体玩扑克牌一夜。检察院以流氓罪起诉，法院以同罪对被告人作了有罪判决。

① 陈伟：《聚众实施性行为的非犯罪化考量——徘徊于去留之间的聚众淫乱罪》，《中国人民公安大学学报》（社会科学版）2012年第6期。

② 黄京平、陈鹏展：《无被害人犯罪非犯罪化研究》，《江海学刊》2006年第4期。

③ 参见彭文华：《性权利的国际保护及我国刑法立法之完善》，《法学论坛》2002年第5期。

④ 姜涛：《刑法中的聚众淫乱罪该向何处去》，《法学杂志》2010年第6期。

⑤ 最高人民检察院《刑事犯罪案例丛书》编委会：《刑事犯罪案例丛书》（流氓罪），北京：中国检察出版社1990年版。

（四）法律适用

《中华人民共和国刑法》第三百零一条："聚众进行淫乱活动的，对首要分子或者多次参加的，处五年以下有期徒刑、拘役或者管制。"

（五）小结

在司法实践中，聚众淫乱罪有被滥用的危险。这提示我们，要认真解读聚众淫乱罪的构成要件。在解释罪刑规范的构成要件时，应以保护法益为指导，灵活运用论理解释的不同解释方法，同时不应忘记谦抑性、人权保护等刑法的基本观念。

九、编者：贾学胜

十、编写时间：2013 年 11 月

梁丽"拾"金案

一、案例编号（2-03）

二、学科方向：刑法学

三、案例名称：梁丽"拾"金案

四、内容简介

梁丽误将他人占有的黄金当成遗忘物拾捡，并在得知真相时企图将黄金据为己有。梁丽的行为在客观上符合盗窃罪的客观构成要件，主观上只有侵占的故意，系抽象事实认识错误。根据法定符合说，因两罪同质，可认定成立轻罪的既遂犯，故梁丽的行为依法构成侵占罪。

五、关键词：抽象的事实认识错误；侵占罪；盗窃罪

六、具体案情

梁丽，女，1969 年出生，河南开封人，某清洁公司员工，负责深圳机场候机楼 B 楼出发大厅的清洁卫生工作。

2008 年 12 月 9 日，为同事顶岗的梁丽如常在机场

候机大厅里打扫卫生。上午8时许，东莞市某珠宝公司员工王某在19号柜台前办理行李托运手续时，因被告知贵重东西不能予以托运，于是到距19号柜台22米远的10号柜台找值班主任咨询，却把装有14公斤左右黄金首饰的纸箱放在行李车上。根据公安机关调查结果显示，该行李手推车位于距19号柜台前1米的黄线处，与最近的垃圾桶尚有约11米的距离。距王某离开纸箱约半分钟时，打扫卫生的梁丽看到了无人看管的上述纸箱，其以为是乘客丢弃的，就顺手把小纸箱当作丢弃物清理到清洁车上，然后放置在机场一残疾人洗手间内。随后梁丽继续在大厅里工作。王某4分钟后返回，发现纸箱不见了，随即向公安机关报警。9时左右，梁丽走到大厅北侧距案发现场约79米远的16号卫生间处，告诉同事曹某自己"捡"到一个纸皮箱，里面可能是电瓶，表示如果有人认领就还给人家。9时40分左右，梁丽在和其他清洁工一起吃早餐期间又重述其"捡"到一个纸箱之事。清洁工马某就提议开箱查看，表示如是电瓶就希望梁丽送给自己用于电鱼。于是马某和曹某就到楼下放置纸箱的残疾人洗手间内查看纸箱内容，发现里面竟然是一包包的黄金首饰。两人取出两包首饰一人分一半后就离去了。

快下班时曹某看到梁丽，告诉她捡到的纸箱内装的可能是黄金首饰。13点40分，下班后的梁丽就把小纸箱带回自己家中。到了16时，同事曹某告知梁丽，机场候机楼有旅客丢失了黄金且已报警。梁丽告诉曹某，说明天上班交上去不就行了。18时许，3名办案警察来到梁丽家中，出示工作证件表明身份后，依法对梁丽是否从机场带回财物进行盘问，梁丽予以否认。警察遂对其进行了长达20余分钟的规劝，期间警察发现梁丽家中客厅床下存放的纸箱，梁丽才承认该纸箱就是旅客在机场丢失的纸箱，但其依然没有交出藏于其他地方的另一部分黄金饰品，民警经细查才得以找回。

当天晚上，机场派出所便衣民警分别在梁丽、曹某、马某处找回了这批黄金。经鉴定，在梁丽处找回的首饰均为足金首饰，总重13 599.1克，价值人民币2 893 922元；在曹某、马某处找回的黄金首饰分别价值106 104元和66 048元。

七、案例来源

（1）柯学东：《清洁工"捡"14公斤金饰或被起诉》，《广州日报》，2009年5月11日A10版；转引自《半月选读》2009年第12期。

（2）《深圳检察机关不起诉梁丽》，《新快报》，2009年9月26日A15版。

八、案情分析

（一）争议焦点

第一种观点认为，梁丽乃"盗金"而非"拾金"，其行为构成盗窃罪。

韩玉胜教授认为："梁丽知道了箱子里是一种财物。而这个财物呢，是她在机场捡到的，这个东西是她不应该占有的，但是她把它拿回家去了。从刑法上讲，盗窃罪是以秘密窃取的方式，来非法占有公私财物的行为。所谓秘密窃取，当然是指运用别人不知觉的方式。按照我们《说文解字》里面讲，什么叫偷，不告而取谓之偷。就是你不打招呼把东西拿走了，这就叫盗窃。"①

持同样观点的论者列举出以下几点理由：①行为对象——纸箱并非遗忘物。因为案发地点是在机场候机大厅，物品被失主放置在行李推车上，该行李推车位于距19号柜台前1米的黄线处，与最近的垃圾桶尚有约11米的距离，而非梁丽所说的垃圾桶附近。再者当时失主是在距19号柜台仅仅22米远的10号柜台询问相关事宜，该距离完全在一个有着正常视力的人之视野范围内，涉案纸箱并没有脱离失主的控制，故这个纸箱是失主的暂放物，不是遗忘物。②行为人具有明显的非法占有意图。作为一个理性人，梁丽明明意识到涉案物品不是垃圾（纸箱与最近的垃圾桶尚有约11米的距离），而应该是他人有价值的物品。在涉案物品暂时无人看管的情况下，未经询问私自将其转移带走，且事后既不按照规定报告上级领导，也不上交到失物招领处，而是私自将其放置在厕所里，可见梁丽具有一定的非法占有目的。另外，梁丽在事后明知涉案财物数额巨大，仍未返还，足见其非法占有的故意明显。③行为人有秘密窃取的行为。盗窃罪中的秘密窃取仅指行为人的心理状态，而非指行为人以外的"众人"不知晓，其行为符合用秘密手段窃取财物的盗窃罪本质，应该构成盗窃罪。

第二种观点认为，梁丽的"拾金"行为构成侵占罪，这亦是检察机关撤诉后认定的罪名。

吴学斌教授认为："梁丽主观认识上发生了错误，她以为纸箱是他人的遗忘物或者是他人的遗弃物，那么根据我们刑法学界的这种观点来看的话，行为人想犯轻罪，可是实际上犯了重罪。这两个罪的性质是一样的，

---

① 引自2009年5月15日韩玉胜教授在中央电视台新闻频道《法治在线》栏目组的发言。

就可以在轻罪的范围内肯定犯罪的事实，轻罪就是侵占罪。"① 黎宏教授也认为，梁丽行为之性质在于其知道纸箱内装有黄金而私自带回家中藏匿，没有上交，其行为已构成侵占罪。②

第三种观点认为，梁丽的"拾金"行为不构成犯罪，这是大多数公众所持有的观点。

赵秉志教授认为，从刑法关于侵占罪的规定来看，侵占罪的客观方面表现为将代为保管的他人财物或者合法持有的他人遗忘物、埋藏物非法占为己有、拒不退还或交出的行为，梁丽的行为并不符合侵占罪客观方面的构成要件，不应令其承担侵占罪的刑事责任。梁丽的行为系不当得利，属于民事违法性质的行为。因为梁丽没有基于合法根据而取得了利益，依法负有返还不当所得的义务。然而，当其得知纸箱内容物是或者可能是黄金首饰后，非但没有履行返还义务，反而将黄金首饰私自带回家中企图占为己有，显然是具有民事违法性的。③

（二）法理分析

1. 梁丽的行为虽然在客观上符合盗窃罪的客观构成要件，主观上却缺乏盗窃的故意

盗窃罪，指基于非法占有的目的，窃取他人占有的数额较大的公私财物，或者多次盗窃、入户盗窃、携带凶器盗窃、扒窃的行为。

首先，盗窃罪的对象为他人占有的财物。占有不仅包括物理上的支配，也包括社会观念上的支配。④ 根据该观点，只要财物处于他人支配能力所及的范围，即使他人短暂遗忘或者短暂离开，也应认为属于他人占有。在本案中，涉案纸箱被放置在距离19号柜台前1米的黄线处的行李推车上，并且当时失主是在距19号柜台仅仅22米远的10号柜台，22米远的距离完全在失主的视野范围内，纸箱并没有脱离失主的控制，故涉案纸箱明显属于他人支配管理的财物。其次，盗窃罪的行为是窃取他人占有的公私财物，盗窃行为可归纳为绝对秘密型窃取、相对秘密型窃取和行为人明知财物占有人已经觉察而以平和手段取得

---

① 引自2009年5月15日吴学斌教授在中央电视台新闻频道《法治在线》栏目组的发言。

② 参见黎宏：《梁丽构成侵占罪》，《法制日报》，2009年6月10日。

③ 参见赵秉志、王政勋、张青松、许兰亭：《"偷"还是"捡"? 有罪还是无罪? ——专家学者深刻解读梁丽涉嫌盗窃案》，《法制资讯》2009年第5期。

④ 参见［德］Ingeborg Puppe 著，蔡圣伟译：《法学思维小学堂》，台北：元照出版公司2010年版，第108页。转引自张明楷：《刑法学》（第4版），北京：法律出版社2011年版，第873页。

这三种情形。① 其中，秘密型窃取是指行为人以外的人皆未察觉到的窃取行为，相对秘密型窃取是指行为人自以为没被本人以外的人察觉，而实际上已被其他人发现的窃取行为。窃取行为通常表现为秘密性，但不等同于秘密窃取。梁丽作为负责机场清洁卫生的工作人员，其工作身份及工作性质在一定程度上可以降低案发现场第三者的警觉性。换言之，哪怕现场有第三者目睹了梁丽私自转移纸箱的全过程，恐怕当时也不会认识到这是盗窃行为。不管梁丽的行为是否具有秘密性，正如韩玉胜教授所言，不告而取谓之偷，即违背他人之意志将他人占有的财物转移为自己或第三人占有。本案中，梁丽未询问任何人，擅自将小纸箱搬到自己的清洁手推车上，以非暴力的平和手段破坏了原占有人对财物的占有关系，将他人占有物转移为自己占有，建立了新的财物支配关系，其行为在客观上符合盗窃罪的构成要件。

然而装载巨额黄金的纸箱只是普通纸箱，据梁丽陈述，该纸箱的外观与一般方便面纸箱的外观无异。从常理推断，梁丽在私自转移涉案纸箱时，并不知纸箱内装有贵重物品，梁丽在行为当时并不存在以秘密窃取手段非法占有纸箱内价值不菲的黄金首饰之目的，不具有盗窃贵重黄金的故意。这一事实还可由梁丽将纸箱随意放置在残疾人厕所、同意马某的附条件赠与的提议，以及放任马某和曹某前往放置地开箱查看等行为判断得知。至于梁丽是否具有盗窃小额财物的故意之问题，可从梁丽数次主动告知同事关于纸箱之事的行为来判断。正如梁丽的同事所言，常理下实施了盗窃行为的人是不可能会将其盗窃行为公之于众的。不可否认，世间违背常理的事时有发生，但在没有其他证据辅以证明梁丽具有盗窃小额财物故意的情况下，秉着"存疑时有利于被告"原则，应当认为梁丽主观上没有窃取他人占有的数额较小之公私财物的故意。因此，梁丽主观上没有盗窃的故意。

2. 梁丽主观上虽有侵占故意，其客观行为却不符合侵占罪的客观构成要件

侵占罪是指将代为保管的他人财物非法占为己有，数额较大，拒不退还的行为；或者将他人的遗忘物或者埋藏物非法占为己有，数额较大，拒不交出的行为。我国刑法理论通说认为，侵占罪的本质特征在于"以合法的他主占有转为非法的自主占有"。侵占罪的行为构成包括以下三个条

---

① 孙国祥：《刑法学》，北京：科学出版社 2008 年版，第 523 页；转引自黎宏：《刑法学》，北京：法律出版社 2012 年版，第 743 页。

件①：①核心要件：非法占为己有表现为主观上将代他人合法持有物或者遗忘物、埋藏物变为己不法所有的意图，客观上必须具有以物之所有人自居、享受物之所有权的行为。当然，这里的"己有"包括行为人与第三人所有；②前提条件：合法持有他人财物。侵占罪与盗窃罪区别的关键在于行为人在实施非法占为己有行为之前是否已经持有财物。这里所指的持有财物是指合法持有财物，如基于委托关系而持有，拾得遗忘物，发现埋藏物；③附加要件：拒不退还或者拒不交出。通说认为，非法占为己有之后，经要求退还交出而不退还交出的才构成侵占罪，拒不退还或者拒不交出是指行为人能够退还或者交出而不退还或交出。张明楷教授则提出这样一种观点，"非法占为己有"和"拒不退还"所表达的含义是将自己占有的他人财物变为自己所有的财物。换言之，行为人将代他人合法持有转变为为己不法所有后，即使行为人后来退还了财物，其行为也具有科处刑罚的法益侵害性。② 纵观大陆法系各国刑法关于侵占罪的规定，亦不以"经要求退还而拒不退还"为要件，然而该观点还没有得到普遍的认可。

参考赵秉志教授的观点，可以将梁丽行为发展变化的过程分为两个阶段：一是从其发现并转移小纸箱，至知悉小纸箱内装的是黄金首饰前；二是从其知悉纸箱内装的是黄金首饰并将其带回家中，到最后派出所民警找上门时退还财物。③

在第一阶段，虽然梁丽辩称案发当时，见到一名年老女子带着一个小孩，小孩坐在一行李手推车的篮子上，后两人与另一名年轻女子匆忙进入安检口离开。当时，篮子内放着一个小纸箱（即涉案纸箱），过了三四分钟后其见无人来取，以为是旅客不要的，才未询问任何人便将小纸箱搬到自己的清洁手推车上。但根据公安机关补充侦查后所提供的被害人陈述、相关证人证言和现场监控视频等证据显示，并不存在上述情形。而且，涉案纸箱被放置在行李手推车上，与最近的垃圾桶尚有约11米的距离，可判断涉案纸箱并不是丢弃物，也不足以被一般理性人理解成丢弃物。现实生活中，因机场候机厅流动人员较多，频繁发生乘客遗忘小额物品后弃之不管的事件。从梁丽未询问任何人即擅自将小纸箱搬到自己的清洁手推车上的行为可推断，梁

---

① 参见刘薇：《关于梁丽拾金案的思考》，《网络财富》2010 年第 12 期。

② 参见张明楷：《刑法学》（第 4 版），北京：法律出版社 2011 年版，第 903 页。

③ 参见赵秉志、王政勋、张青松、许兰亭：《"偷"还是"捡"？有罪还是无罪？——专家学者深刻解读梁丽涉嫌盗窃案》，《法制资讯》2009 年第 5 期。

丽极有可能将涉案纸箱当成了遗忘物。梁丽曾经将其拾捡手机上交，表明其是知道处理遗忘物的规定的。但是梁丽既不按照规定报告上级领导，也不上交到失物招领处，而是将纸箱移至机场一厕所中后告知曹某并表示如有人认领便归还失主，表明梁丽是将涉案纸箱当成了小额遗忘物，并意图在无人认领的情况下占为己有。通俗的说法就是梁丽基于占小便宜的心理转移了纸箱，并作出了两种备选方案：其一，失主返回机场寻找失物，便予以归还；其二，失主放弃失物，便占为己有。基于上述意图的梁丽尚无拒不退还、拒不交出的念头，然而梁丽随后同意了马某提出的附条件赠与请求则说明她已经具备了将纸箱内容"非法占为己有"及"拒不退还、交出"的故意。因为行为人未经权利人许可，私自处分财物而导致无法退还交出的，如变卖、赠与等处分行为，亦属拒不退还、拒不交出。在这一阶段，梁丽的种种行为表明了其具有非法侵占他人小额财物的意图，具有侵占的故意。

然如上所述，涉案纸箱仍处于干某的支配能力所及的范围内，属于他人占有物，而非遗忘物，因行为对象不符，故第一阶段中梁丽的行为在客观上就不构成侵占罪。

在第二阶段，梁丽在知悉小纸箱内装的（可能）是黄金首饰后，其不但不主动上交归还，反而将该纸箱带回家中。虽然期间表示日后将返还失主，但是这一承诺不影响行为人"非法占有他人财物的意图"事实之认定。因为在派出所民警来访调查，依法对梁丽是否从机场带回财物进行盘问时，梁丽一开始是予以否认的。警察遂对其进行了长达20余分钟的规劝，期间警察发现梁丽家中客厅床下存放的纸箱，梁丽才承认该纸箱就是旅客在机场丢失的纸箱，但其依然没有交出藏于其他地方的另一部分黄金饰品。梁丽之行为构成拒不退还或拒不交出这一侵占罪之客观构成要件，由此足以认定行为人的主观心态发生了转化，其行为显示其产生了侵占他人数额巨大的财物之意图，具有侵占的故意。

如上所述，构成侵占罪的前提条件是合法持有他人财物，虽然第二阶段存在梁丽持有黄金的事实，但她的持有行为应被认定为非法持有行为。因为该黄金既不是梁丽基于委托关系代为保管的，也非遗忘物、埋藏物，而是被非法转移的他人占有物，梁丽的持有行为没有合法依据。既然梁丽在实施非法占为己有行为前并没有合法持有他人财物，那么其第二阶段的行为在客观上亦不构成侵占罪。

综上所述，梁丽主观上具有侵占的故意，其客观行为却不符合侵占罪的客观构成要件。

3. 抽象的事实认识错误及其处理方法

抽象的事实认识错误，是指非同一犯罪事实构成中的事实认识错误。即行为人意图实现的犯罪事实与现实所发生的犯罪事实分别属于不同的构成要件。本案中，梁丽发生了认识错误，将他人占有之物误以为是遗忘物，实施了非法占为己有的符合盗窃罪之客观构成要件的行为。梁丽意图实现侵占的事实，却将他人占有之物当成遗忘物，因对象错误发生了盗窃的事实，此属于抽象事实认识错误的范畴。

抽象的事实认识错误存在两种类型：其一，行为人主观上想犯轻罪，客观上却触犯了重罪的规定；其二，行为人主观上想犯重罪，客观上却是轻罪的犯罪事实。梁丽属于第一种类型，因为梁丽主观上只有侵占他人遗忘物的故意，客观上却实施了盗窃行为。根据我国《刑法》的规定，侵占罪的最高法定刑为五年以下有期徒刑，而盗窃罪的最高刑罚为无期徒刑，梁丽主观上想犯轻罪而客观上触犯了重罪。

抽象的事实认识错误的处理有法定符合说以及抽象符合说两种理论。抽象符合说倾向于在行为人所认识的构成要件事实和所实现的构成要件事实相一致的范围内承认故意犯罪的既遂。抽象符合说因其将行为人的危险性格或危险意思作为故意的认识对象，与故意的认识对象是符合犯罪构成的客观事实的宗旨不一致，违背各国现行刑法的规定与基本理论，故而现今鲜有学者支持该说。[①] 法定符合说则认为，原则上非同一犯罪事实构成间的错误阻却故意犯罪的既遂，但同质犯罪可在重合限度内成立轻罪的故意犯罪既遂。即尽管梁丽主观认识的侵占事实（侵害对象是遗忘物）和现实发生的盗窃事实（侵害对象是他人占有物）之间不一致，但盗窃罪和侵占罪都是财产型犯罪，所保护的是同一性质的法益，两罪同质。并且侵占罪的故意包含在盗窃罪的故意之内，故两罪在非法占有他人之物之主观要件的重合范围内成立侵占罪的既遂。

按照法定符合说，可认定梁丽的行为构成侵占罪的既遂。

（三）相关判例[②]

2011 年 12 月 2 日 7 时许，保姆张某因不满雇主拖欠工资，将雇主价

---

① 参见黎宏：《刑法学》，北京：法律出版社 2012 年版，第 213 页。

② 参见：《郑州保姆偷窃天价手机案重审宣判　原审 10 年改判 2 年》，法制网，http://www. legaldaily. com. cn/index/content/2012－12/31/content_4100509. htm，2014 年 9 月 25 日。

值 6 万多元但张某误以为价值仅 2 000 余元的一部手机偷走。2012 年 6 月 27 日，管城区法院认定张某的行为构成盗窃罪且"数额巨大"，判处有期徒刑十年，并处罚金两万元。张某随即表示不服，提出上诉。随后，郑州市中级人民法院经过审理认为，原审判决存在认定事实不清，将此案发回重审。12 月 28 日，管城区法院重审此案，也给出了新的判决结果：张某对于所盗手机的价值存在重大认识错误，盗窃的物品累计属于数额较大，故以盗窃罪判处有期徒刑二年，并处罚金 3 000 元。

（四）法律适用

（1）《中华人民共和国刑法》第二百六十四条："盗窃公私财物，数额较大的，或者多次盗窃、入户盗窃、携带凶器盗窃、扒窃的，处三年以下有期徒刑、拘役或者管制，并处或者单处罚金；数额巨大或者有其他严重情节的，处三年以上十年以下有期徒刑，并处罚金；数额特别巨大或者有其他特别严重情节的，处十年以上有期徒刑或者无期徒刑，并处罚金或者没收财产。"

（2）《中华人民共和国刑法》第二百七十条："将代为保管的他人财物非法占为己有，数额较大，拒不退还的，处二年以下有期徒刑、拘役或者罚金；数额巨大或者有其他严重情节的，处二年以上五年以下有期徒刑，并处罚金。将他人的遗忘物或者埋藏物非法占为己有，数额较大，拒不交出的，依照前款的规定处罚。本条罪，告诉的才处理。"

（五）小结

梁丽的行为属抽象事实认识错误，因盗窃罪与侵占罪同质，根据法定符合说，可在轻罪的范围内肯定故意犯罪的事实。根据刑法的规定，盗窃罪最高可判处无期徒刑，属重罪；侵占罪告诉才处理，系轻罪。故梁丽的行为依法构成侵占罪。

九、编者：贾学胜、杨宇文

十、编写时间：2014 年 12 月

张筠筠、张筠峰运输毒品案

一、案例编号：（2-04）

二、学科方向：刑法学

三、案例名称：张筠筠、张筠峰运输毒品案

四、内容简介

张筠筠、张筠峰误以尸体为毒品进行运输的行为被法院认定构成运输毒品罪（未遂），这不能不引发我们对不能犯（抑或未遂犯）认定标准的思考。笔者认为，在认定不能犯的诸标准中，纯粹主观说和抽象危险说的理论基础本身存在缺陷，在实践运用中容易导致刑罚权的膨胀。具体危险说以一般人的危惧感作为判断危险的根据，使得危险的有无不是取决于客观事实，而是取决于一般人的感觉，在实践中会造成处罚范围扩大或者缩小的情况。客观危险说的基本立场应予坚持。对客观危险说的质疑并非不能化解，客观危险说也不需要修正。深入研究行为时存在的一切客观事实和阻止结果发生的事实因素的性质，可以发现事后危险是存在的。绝对不能和相对不能的区分可以通过以下三个步骤来完成：第一，确定"犯罪"的着手。第二，找出导致着手却不能既遂的事实因素。第三，分析阻止结果发生的事实因素的性质，该事实因素具有行为人不能控制和变易性两个

特质时，就说明尽管结果没有发生，但行为时存在结果发生的可能性，属相对不能，成立未遂犯；反之，如果该因素在着手之后必然以阻止结果发生的面貌出现，则意味着没有危险，属绝对不能，应认定为不能犯。

五、关键词：未遂犯；不能犯

六、具体案情

被告人胡斌，男，1966年10月8日生，汉族，于1998年4月13日被刑事拘留，同年5月19日被逮捕。

被告人张筠筠，女，1961年4月21日生，汉族，于1998年4月13日被刑事拘留，同年5月19日被逮捕。

被告人张筠峰，男，1963年7月24日生，汉族，于1998年4月13日被刑事拘留，同年5月19日被逮捕。

上海市铁路运输中级法院经公开审理查明：被告人胡斌因赌博、购房并进行装修等而负债。1997年11月初，胡得知被害人韩尧根有巨额钱款，遂起图财害命之念，先后准备了羊角铁锤、纸箱、编织袋、打包机等作案工具，并以合伙做黄鱼生意为名，骗得韩尧根的信任。1997年11月29日14时许，韩携带装有190 000元人民币的密码箱，按约来到被告人胡斌的住处。被告人胡斌将韩留至晚饭后，胡乘隙在其茶杯中放入5片安眠药，韩喝后昏睡于沙发上，胡即用事先准备的羊角铁锤对韩的头部猛击数下，见韩倒地后又用尖刀对其背部乱刺数刀，致韩因暴力致颅脑损伤合并血气胸而死亡。

次日晨，被告人胡斌将190 000元赃款分别转移至胡蓉（另行处理）和张筠峰两家，随后又回到住处，用羊角铁锤和菜刀将被害人韩尧根的尸体肢解为五块，分别套上塑料袋并分装于两只印有"球型门锁"字样的纸箱内，以印有"申藤饲料"字样的编织袋套上并用打包机打包；又将被害人韩尧根的手机电池及鞋等物塞入韩携款带来的密码箱中，也用编织袋套住。然后以"毒品"和"假币"等为名，授意被告人张筠筠、张筠峰将上述物品于11月30日中午从余姚乘出租车运至南京，寄存于南京火车站小件寄存处，直至1998年4月8日案发。案发后，追缴人民币120 399.30元，现已发还被害人韩尧根的家属。

上海市铁路运输中级法院认为，被告人胡斌为谋求私欲、贪图钱财而杀害被害人，并肢解尸体，已构成故意杀人罪，且手段残忍，情节严重，社会危害极大，应依法予以严惩。被告人张筠筠、张筠峰明知是"毒品"，仍帮助运往异地，均已构成运输毒品罪，但因其意志以外的原因而未得逞，系未遂，应依法从轻处罚。公诉机关对被告人胡斌、张筠筠、张筠峰的指控，事实清楚，证据确凿，定性正确。被告人张筠峰及被告人张筠筠、张筠峰的辩护人均否认被告人明知是毒品，提出不构成运输毒品罪（未遂），经查，被告人胡斌、张筠筠、张筠峰曾多次供述，且相互印证，被告人的辩解及辩护人的辩护与事实不符，不予采纳。附带民事诉讼原告人及其诉讼代理人提出的诉讼请求中的合理部分，可依法予以支持。为了维护社会治安秩序，保护公民的人身权利不受侵犯，依照《中华人民共和国刑法》第二百三十二条，第三百四十七条第一、四款，第二十五条，第二十三条，第五十七条第一款，第六十四条，第三十六条第一款和《中华人民共和国民事诉讼法》第一百零八条之规定，判决如下：

（1）被告人胡斌犯故意杀人罪，判处死刑，剥夺政治权利终身；

（2）被告人张筠筠犯运输毒品罪，判处有期徒刑二年，并处罚金人民币二千元，于判决生效后一个月内一次缴清；

（3）被告人张筠峰犯运输毒品罪，判处有期徒刑一年六个月，并处罚金人民币一千元，于判决生效后一个月内一次缴清；

（4）查获的作案工具予以追缴；

（5）被告人胡斌赔偿附带民事诉讼原告人王冠芬经济损失计人民币十四万六千元。

一审宣判后，被告人张筠筠不服，向上海市高级人民法院提出上诉，但在二审时又表示服判，要求撤回上诉；附带民事诉讼原告人王冠芬以原判赔偿金不足为由，亦提出上诉。

上海市高级人民法院经审理认为：原审被告人胡斌为贪图钱财，谋杀被害人韩尧根并肢解尸体，已构成故意杀人罪，且手段残忍、社会危害性极大，依法应予严惩；上诉人张筠筠、原审被告人张筠峰明知是"毒品"仍帮助运输，均已构成运输毒品罪，依法应予处罚；原判鉴于张筠筠、张筠峰运输"毒品"的行为因意志以外的原因而未得逞，系未遂，依法予以从轻处罚并无不当；上诉人张筠筠提出撤回上诉的请求予以准许；原审对附带民事部分的判决于法有据；附带民事诉讼原告人王冠芬的上诉理由不能成立。上海市高级人民法院依照《中华人民共和国刑事诉讼法》第一百八十九条第（一）项、最高人民法院《关于执行〈中华人民共和国刑事诉

讼法〉若干问题的解释》第二百三十九条的规定，于 1999 年 8 月 23 日裁
定如下：

（1）准许上诉人张筠筠撤回上诉；

（2）驳回王冠芬的上诉；

（3）维持原审各项判决。

上海市高级人民法院依法同时裁定核准对原审被告人胡斌判处死刑、
剥夺政治权利终身的判决。

七、案例来源

（1998）沪铁中刑初字第 31 号。

八、案情分析

（一）争议焦点

误以尸体为毒品而予以运输的，是成立运输毒品罪（未遂），还是属
于不可罚的不能犯？

（二）法理分析

1. 我国的不能犯理论之现状

不能犯，又称为不能未遂、不能犯未遂、不能未遂犯，是指尽管行为
人主观上有犯罪意思，但其行为客观上不具有侵犯法益危险的情形。我国
《刑法》中并没有直接规定不能犯，不能犯是教义刑法学自未遂犯概念中
研析出的犯罪形态。通说观点认为，只要是基于犯罪故意实施一定行为，
即便该行为客观上完全不可能达致既遂，也成立犯罪，但是迷信犯除外。[①]
这种不管行为是否具有侵犯法益的危险而仅根据行为人主观上的危险性认
定犯罪，但又将迷信犯排除在外的观点，是纯粹主观说的立场。有学者站
在客观未遂论的立场上，对通说观点提出质疑。批评者认为：通说观点没
有考虑行为在客观上是否具有法益侵犯的危险，而将仅有犯意但客观上完
全没有侵犯法益危险的行为认定为未遂，有主观归罪之嫌；应以是否具有
法益侵犯的客观危险认定未遂犯和不能犯，有危险时成立未遂犯，无危险

---

① 参见马克昌：《犯罪通论》，武汉：武汉大学出版社 1991 年版，第 458～459 页；高铭暄、
马克昌：《刑法学》（第 5 版），北京：北京大学出版社 2011 年版，第 156 页。

时则成立不能犯；法益侵犯客观危险的判断必须以行为时所存在的全部事实为基础，站在行为时的立场上，按照科学的因果法则进行判断。[①] 同样基于客观未遂论立场，有学者则认为：并不存在绝对客观的危险，危险的判断应考虑一般人的危险感觉；如果根据具体情状，一般人感觉行为人具有发生结果的危险性，则成立未遂犯，反之，则应成立不能犯。[②] 前者可谓修正客观危险说的立场，后者则是具体危险说的立场。

面对客观未遂论者的批评，有学者站在维护通说观点的立场主张抽象危险说，认为通说以抽象危险说作为划定未遂圈的标准是妥当的，即应以行为人在行为当时所认识的事实为基础，从一般人的立场来判断行为有无危险，如果一般人认为按照行为人的计划实施行为具有发生结果的危险，那么就是未遂犯，反之，则是无罪行为。[③] 然而，通说在认定不能犯时，根本不考虑一般人的认识，而是认为除迷信犯之外在犯罪故意支配下实施的行为都具有可罚性，将通说观点理解为抽象危险说是理论上的误读。因此，与其认为该观点在维护通说立场，不如认为其在倡导抽象危险说。

目前，在我国大陆学界，纯粹主观说仍处于通说地位，在司法实践中有广泛的影响力；修正客观危险说的观点和具体危险说已开始受到越来越多的关注和支持，[④] 但二者在主要方面都存在尖锐的对立。不能犯领域已初步形成了纯粹主观说、抽象危险说、具体危险说和修正客观危险说"百家"争鸣的局面。不能犯的立场选择，涉及主观违法论和客观违法论、行为无价值论与结果无价值论、刑法的裁判规范机能和行为规范机能等重大问题的对决和博弈。究竟何种观点是我们在未遂犯与不能犯的界分上应该坚持的立场？本文力图解决这一问题。

2. 主观主义诸观点之评析

第一，纯粹主观说。纯粹主观说以行为人所认识到的事实为基础，以行为人的认识（经验、知识、阅历等）为基准来判断危险的有无。该观点认为，只要行为人以犯罪的意思实施一定的行为，即使没有发生构成要件

---

① 参见张明楷：《刑法学》（第 2 版），北京：法律出版社 2003 年版，第 300～301 页；黎宏：《刑法总论问题思考》，北京：中国人民大学出版社 2007 年版，第 460 页。

② 参见周光权：《刑法总论》，北京：中国人民大学出版社 2007 年版，第 274 页。

③ 参见陈家林：《不能犯初论》，北京：中国人民公安大学出版社 2005 年版，第 172～173 页。

④ 我国著名学者赵秉志教授近年来在不能犯问题上的立场也由纯粹主观说转向了具体危险说。参见赵秉志：《犯罪未遂形态研究》（第 2 版），北京：中国人民大学出版社 2008 年版，第 193～194 页。

的结果，也应以未遂犯论处，但是迷信犯不可罚。

纯粹主观说是我国传统通说的观点，在司法实践中有广泛的影响力。其经典表现是将"行为人误以尸体为毒品而运输的行为"认定为运输毒品罪。① 纯粹主观说的实质是根据主观罪过内容认定犯罪的性质，即只要行为人在犯罪故意支配下实施一定的行为，即便具体行为根本不是该罪客观要件的行为，但只要该行为不属于超自然的荒谬行为，就成立未遂犯。因此，行为人误将尸体当作毒品运输时，即便客观上根本不是运输毒品的行为，运输毒品罪仍然成立。

然而，纯粹主观说存在两个致命缺陷。其一，将迷信犯排除在未遂犯之外，理论上难以自圆其说。该观点一方面将行为人的犯罪意思作为处罚根据，另一方面又认为迷信犯不可罚。有学者认为，迷信犯之所以不可罚，是因为迷信犯的行为人性格怯懦，不敢采取自然方法，这种行为人在性格上没有以现实手段实施犯罪行为的危险，因此不可罚。② 但迷信犯的行为也充分展现了行为人的犯罪性格，与其说其是因为性格怯懦而采取了超自然的方法，毋宁说是因为认识上的错误，误认为其现实采取的方法也可达致犯罪目的。其二，纯粹主观说将不能犯作为未遂犯处罚，过度扩大了犯罪圈。

第二，抽象危险说。鉴于纯粹主观说存在上述缺陷，抽象危险说在危险判断的根据上引入了一般人的认识，试图以此来限缩未遂犯的范围。该观点主张，是否存在危险，应以行为人所认识的事实为基础，以一般人的认识（知识、经验、阅历等）为基准进行判断：行为人的犯罪计划如果在一般人看来有实现犯罪的危险性，就成立未遂犯，反之，则成立不能犯。

抽象危险说的特色在于，根据一般人的认识来判断行为人的犯罪计划的危险性。除了为迷信犯的不可罚找到了理论根据外，抽象危险说还可以将一些不具有危险性的犯罪计划和行为均合理排除在未遂犯之外。例如：

案例1：甲因为不了解咖啡的特性，听说咖啡味苦，以为过量饮用咖啡会致人死亡，而欺骗关系不睦的妻子乙过量饮用咖啡。

甲的犯罪计划是使乙过量饮用咖啡死亡，这一犯罪计划在一般人看来没有危险，因而成立不能犯。有学者认为，按照抽象危险说的观点，只有

---

① 参见前述案例。

② 参见［日］宫本英修：《刑法大纲》（第4版），东京：弘文堂1935年版，第192~193页。

迷信犯不可罚，其余不论是对象不能还是手段不能，均成立未遂犯。① 这是对抽象危险说的曲解，本案例按照抽象危险说即应成立不能犯。

但是，仅根据行为人的犯罪计划认定犯罪，完全不考虑客观行为是否具有法益侵犯性，容易不当扩大处罚的范围。例如：

案例 2：甲欲杀害乙，某夜在乙家窗外朝乙的床上射击，但事实上乙当晚外出，躺在乙床上的是乙的宠物狗，甲的射击致宠物狗死亡，但乙安然无恙。

甲的犯罪计划是持枪射杀乙，这一计划在一般人看来是危险的，因而成立未遂犯。但甲持枪朝床上射击时，乙远离枪支的打击范围，甲的行为根本不可能对乙的生命构成威胁，认定为未遂犯仍难脱仅根据主观故意认定犯罪的嫌疑。

尤其在行为人因为认识错误，其犯罪计划与实际行为效果南辕北辙的情况下，抽象危险说的不合理更为明显。

案例 3：甲到售卖老鼠药的商店购买老鼠药，欲毒杀自己的妻子，但店主在交付老鼠药时，误将自己刚购买、放在售货柜台上的面糖交付给甲，甲将面糖投放到妻子的饭菜中，妻子吃后当然生命无虞。

案例 4：甲以为饮用砂糖会致人死亡，但在投毒时误用了老鼠药，被害人服用老鼠药后因抢救及时未死亡。

案例 3 中，甲的犯罪计划是以老鼠药毒杀妻子，客观行为却是向妻子饭菜中投放面糖，投放面糖的行为没有法益侵犯的危险性，但因甲的犯罪计划是投放老鼠药，具有危险性，因而应成立未遂犯；案例 4 中，甲的犯罪计划是让他人饮用砂糖死亡，但客观上是投放了老鼠药，尽管客观行为是对法益有危险的行为，但因犯罪计划没有危险性，只能成立不能犯。在这两例中，抽象危险说明显将不应认定为犯罪的行为认定为犯罪（案例 3），而将应当认定为犯罪的行为认定为无罪（案例 4）。

尽管有学者认为，抽象危险说具有明确性，其标准统一、结论唯一，易于司法操作，② 但如果理论本身欠缺科学性，尤其在犯罪计划所设想的行为和实际行为效果不一致时，依据该理论认定犯罪则进退失据，"明确"、"统一"、"唯一"又有何益？

纯粹主观说和抽象危险说都是主观未遂论的产物，他们都将行为人主

---

① 参见陈家林：《不能犯初论》，北京：中国人民公安大学出版社 2005 年版，第 223 页。

② 参见陈家林：《为我国现行不能犯理论辩护》，《法律科学》2008 年第 4 期。

观上的犯罪意思作为处罚的根据。纯粹主观说导致处罚范围过度扩大，抽象危险说和重大无知说都试图限缩处罚范围，但并不成功。总之，以主观未遂论为基本立场的不能犯诸观点，不应成为我们认定不能犯的根据。

3. 具体危险说之评析

19 世纪 70 年代之后，德国刑事立法和司法向主观未遂论的全面转向使客观未遂论面临空前的不利环境，这迫使部分支持客观危险说的学者调整立场。以 Franz V. Liszt 和 Robert V. Hippel 为代表的学者，主张以一般人可能认识的事实和行为人特别认识的事实为基础，由一般人于行为当时进行事前预测，如果认为有危险，就是未遂犯，没有危险就是不能犯。这种观点在德国被称为新客观说，以区别于客观危险说（旧客观说）的本来立场，传至日本后被称为具体危险说。

对具体危险说的主张，可从危险的判断基础或资料、危险判断时点和危险判断根据三个方面加以认识。首先，在判断基础或资料方面，具体危险说主张以一般人可能认识的事实和行为人特别认识的事实为基础。具体而言，一般情况下，应以一般人可能认识到的事实作为危险判断的基础；但如果行为人特别认识到了一般人没有认识到的客观事实，则以行为人特别认识到的事实作为判断危险的基础。其次，在判断时点方面，具体危险说主张在行为时点对危险进行事前预测。所谓事前预测，是在行为时点对未来发生法益损害结果的预测，即事前危险。再次，在判断根据方面，具体危险说主张根据一般人的认识来判断危险。这里的一般人，不是科学的一般人，而是社会普通的一般人。

具体危险说强调以一般人可能认识到的事实和行为人特别认识到的客观事实作为危险判断的基础，表明其对危险判断基础客观化的不懈追求。因此，在有些甚至通常情况下，一般人在行为时点对行为是否会导致危险发生的预测，与客观的损害流程并无二致，或者说，其结论与客观危险说的处理结论是一致的。如下两例：

案例 5：甲误以为乙是重度糖尿病患者，便给乙注射葡萄糖，意欲造成乙死亡，但乙外表根本不像糖尿病患者，事实上也没有糖尿病。

案例 6：学生甲外表与常人无异，事实上却患有严重心脏病，剧烈运动可能引发猝死。体育教师乙知道这一事实，某日却要求甲必须参加短跑测试。甲当天短跑后果然引发心脏病，后因抢救及时，侥幸未死。

案例 5 中，乙外表根本不像糖尿病患者，一般人可能认识到的事实只能是乙身体健康，甲认识到的事实是乙患有严重糖尿病（虚假事实）。根据具体危险说，以一般人认识到的事实作为危险判断的基础，一般人在行为时不会认为给健康人注射葡萄糖是危险的，因此甲的行为是不能犯。案例6中，一般人认为学生甲是健康人，参加短跑测试并无危险，但体育教师乙特别认识到甲有心脏病，参加短跑测试有猝死的危险。乙特别认识到的事实是真实的。因此，一般人根据乙特别认识到的事实来判断其行为的危险性时，答案是肯定的，因而成立未遂犯。如依客观危险说，从案例5和案例6中也会得出相同的结论。

然而，一般人和行为人可能都未认识到客观事实，一般人的事前预测也表明危险有无的结论不是取决于客观事实，而是取决于一般人的感觉。一方面，有时候危险其实并不存在，但一般人感觉有危险，此时的危险事实上是子虚乌有，但具体危险说主张根据一般人的感觉认定未遂犯的成立。这不当地扩大了处罚范围。另一方面，有时行为事实上存在危险，但行为人所认识的事实与一般人所认识的事实可能都不是客观事实，从而否定了事实上存在危险，不当地认定为不能犯。这又缩小了处罚范围。这正是具体危险说常为人所诟病之处。如同下列两例所表明的那样：

案例7：甲男有女性倾向，留长发，带假胸，穿高跟鞋，乙男误认为甲男为女性而欲强奸，实施强制性手段后方发现甲男为男性，遂悻悻离去。

案例8：甲以为向他人静脉中注射任何东西都会导致他人死亡，于是向外表正常但实际上患有重度糖尿病的乙的静脉中注射了葡萄糖，导致乙血糖急剧升高，后因抢救及时而未死亡。

在案例7中，乙男和一般人都认为甲男为女性，以此认识为基础，一般人会感觉到乙行为的危险性，因此成立未遂犯。但强奸罪的保护法益事实上并不存在。案例8中，甲所认识的事实和一般人所认识的事实都是向正常人静脉中注射了葡萄糖，尽管行为人有犯罪故意，但一般人不认为有危险，因此只能成立不能犯，但乙患有重度糖尿病，甲的行为事实上是有危险的。

根据具体危险说，之所以会出现处罚范围不当扩大或者缩小的情况，根源在于具体危险说所谓的"危险"实际上并不是客观存在的危险，仍然是一种"主观上的危险"。具体危险说的"危险"，虽然相比于抽象危险说的"危险"具有客观性，但相比于真正客观的危险，在某些情况下仍具有"主观危险"的属性。这在一般人的认识与科学知识不一致的情况下至为明显。

案例 9：甲在不可能再接近乙的情况下，于隐蔽处朝站立于 100 米外的乙射击，但该枪支的有效射程只有 70 米远，不可能打到乙。

如果根据一般人的认识判断持枪朝人射击行为的危险性，当然是有危险的；但站在科学知识的立场，子弹根本不可能打到乙，因此，生命法益遭受损害的危险事实上是不存在的。但具体危险说却主张根据一般人的感觉认定危险存在，从而成立未遂犯。这足以说明，尽管具体危险说来源于客观未遂论，但事实上已经背离了客观未遂论的基本立场。

具体危险说内部还存在自相矛盾的地方，理论上的自洽性不足。具体表现为：既然主张一般人在行为时点对危险作事前预测，逻辑上的判断资料应是一般人可能认识到的客观事实。但是，如果纯粹以一般人可能认识到的事实作为危险判断的基础，容易将行为人特别认识到危险而一般人没有认识到危险的行为排除在犯罪认定之外，这会导致处罚上的漏洞。因此，具体危险说主张行为人特别认识到了一般人所没有认识到的客观事实时，以行为人认识到的事实作为危险判断的基础，从而得出有危险的结论（如案例 6 表明的那样）。然而，由于一般人并没有认识到该客观事实，因此一般人在行为人实施行为时并没有感到具体危险；具体危险说此时所谓的“危险”在一般人眼里事实上是不存在的，是虚拟出来的危险。在这种情况下，对行为人的惩罚，与其说是为了实现积极的一般预防，不如说是为了实现特殊预防。概言之，具体危险说在危险判断基础和判断根据方面存在左支右绌的割裂现象。

4. 客观危险说之证成

现代犯罪未遂理论起源于 18 世纪末 19 世纪初的刑法学派之争，而不能犯学说中的客观危险说萌芽于客观未遂论。19 世纪初，费尔巴哈基于客观未遂论的基本立场，将不能犯分为手段不能犯（Untauglichkeit des Mittels）与客体不能犯（Untauglichkeit des Objekts），并将之进一步区分为绝对的和相对的手段不能犯，或绝对的和相对的客体不能犯。“根据该观点，如果行为所使用的手段和攻击的客体不可能达到目的，即为绝对不能犯（如用未上膛的手枪杀人未遂，杀死已经死亡之人未遂）；如果所选择的手段或所攻击的客体虽在一般情况之下是适当的，但在具体情况下由于情况的特殊性而表明是不适当的，即为相对不能犯（如用击发时已经损坏的手枪谋杀未遂，被害人穿有防弹衣而杀人未遂）。该观点的主张者（包括普鲁士、巴伐利亚、奥地利以及罗马的一些邦的司法判决）认为，应处罚相对不能犯，而不处罚绝对不能犯。"① 不过，尽管费尔巴哈提出了绝对不能和相对不能区分的一般原则，但并未提出具体的可操作性方法，其对绝对不能和相对不能的区分存在令人困惑之处。例如，为什么用未上膛的手枪杀人未遂是绝对不能，而用击发时已损坏的手枪谋杀未遂却是相对不能，其中区分的关键是什么，费尔巴哈并未作出详尽的论述。

创始于费尔巴哈的客观危险说又被称为绝对不能/相对不能说、旧客观说。该观点主张，以行为当时存在的一切客观事实为基础，根据科学的因果法则进行事后判断：如果行为人所意欲侵害的结果一开始就不可能实现时，是绝对不能，成立不能犯；如果行为虽然具有实现侵害结果的可能性，但在特定状况下未能实现结果时，是相对不能，成立未遂犯。对客观危险说的批评集中表现在两个方面：第一，如果主张事后以科学的因果法则判断危险的有无，当事后综合行为当时的所有客观情况进行判断时，既然事态已经结束，结果当然不会发生。如此一来，则所有的未遂犯都是不能犯。第二，客观危险说透过绝对不能/相对不能来区分可罚的未遂与不可罚的不能犯，但是以全部已发生的事实为判断基础来讨论结果未发生时，什么情况是结果自始都不会发生，什么情况是结果偶然未发生，其定义和界限并不明确。②

质疑客观危险说的观点，简而言之表现为两点：第一，不存在事后危险；第二，绝对不能和相对不能的界限模糊，难以区分。但笔者认为，事后危险是客观存在的，绝对不能与相对不能也并非不可区分。

（1）事后危险的客观性。反对客观危险说的学者认为，事后综合行为时所有客观情况进行判断时，只能得出没有危险的结论，因此，并不存在事后危险。这也是许多修正论者将危险判断时点提前至行为时的主要原因。然而，在笔者看来，否认事后危险的存在，是因为没有深入分析事后危险的概念和行为时阻止结果发生的事实因素的具体性质。

以俄罗斯转盘为例可以说明事后危险是客观存在的。

俄罗斯转盘是一个残忍的游戏，游戏规则是游戏者往左轮手枪的弹夹里放一颗子弹，然后将弹夹随机旋转，游戏者自行拿起手枪，对自己的太阳穴开一枪。如果子弹没有射出，则游戏者可以获得一大笔巨款，如果子

---

① ［德］李斯特著，徐久生译：《德国刑法教科书》（修订译本），北京：法律出版社 2006 年版，第 340 页。

② 参见许恒达：《论不能未遂——旧客观说的古酒新酿》，《清华法学》2011 年第 4 期。

弹射出，游戏者将一命呜呼。[①] 假设游戏的工具是一把六弹孔的左轮手枪和一颗子弹，游戏进行时的事实因素包括：a. 向左摆出弹夹；b. 将子弹随机装入某个弹孔；c. 推入弹夹；d. 旋转弹夹；e. 装有子弹的弹孔处于/不处于枪管位置；f. 举枪瞄准太阳穴；g. 扣动扳机。站在行为时对危险进行判断，因为行为人旋转弹夹的力度难以绝对控制，加之子弹是随机装入弹孔的，因此 e 项的内容是不确定的。如果装有子弹的弹孔处于枪管位置，则一定会发生死亡事件，即 $a+b+c+d+e+f+g=$ 死亡；如果装有子弹的弹孔不处于枪管位置，则一定不会发生死亡事件，即 $a+b+c+d+e+f+g\neq$ 死亡。站在事后对危险进行判断时，因为 e 项的内容已经最终确定，是否发生人命伤亡也就显而易见了。

如果以上述方式思考，显然事前危险是存在的，而事后危险是不存在的。这是因为在事前判断的情况下，e 项的内容是不确定的，而在事后判断的情况下，e 项的内容已经确定。但是，危险是指结果发生的可能性，"可能性"是危险的核心内涵。事后危险的判断实质是对结果发生"可能性"的判断。在死亡结果没有发生的情况下，我们需要判断的是在行为当时有没有死亡结果发生的可能性；如果游戏进行时，装有子弹的弹孔有处于枪管位置的可能性，就应该肯定危险的存在。这种可能性与行为人或者一般人的认识无关，而是游戏规则所决定的一种客观事实。对于六个弹孔的左轮手枪而言，将子弹随机装入一个弹孔后旋转弹夹，装有子弹的弹孔处于枪管位置的概率是六分之一。这意味着即便事后查明，某次游戏中装有子弹的弹孔没有处于枪管位置，但不能否认该弹孔在旋转弹夹时有处于枪管位置的可能性。这种可能性是由 e 项内容的随机性特质决定的，在事后判断的情况下也仍然存在。只要这种可能性存在，即便进行事后判断，也不能否定行为时发生死亡结果的危险。

可见，事前危险判断和事后危险判断的内容和方法有所不同。事前危险是在没有掌握所有事实资料的情况下，对结果发生可能性的一种预测；而事后危险是在掌握了所有事实资料和确定结果没有发生的情况下，探讨阻止结果发生因素的性质，从而决定是否存在结果发生的可能性，有这种可能性时即意味着存在危险。在俄罗斯转盘游戏中，事后危险是由 e 项的内容决定的。而 e 项事实之所以可以决定危险的有无，是因为其具有两个特质：其一是该事实情况是行为人难以控制的事实情节；其二是该事实情

---

① 参见《俄罗斯转盘》，百度百科，http://baike.baidu.com/view/1032079.htm。

节具有变易性，这种变易性是指在一次游戏中它可能表现为装有子弹的弹孔不处于枪管位置，但在另一次游戏中，它却可能表现为装有子弹的弹孔处于枪管位置，装有子弹的弹孔处于枪管位置的概率是六分之一。正是在这种行为人难以控制的变易情节中蕴藏着结果发生的可能性。

总之，事后危险是一种客观存在。未遂犯的本质是实行行为具有发生法益损害结果的具体危险。这种具体危险即是在行为实施完毕、结果确定未发生的情况下，以行为时的一切客观情况为基础，根据科学因果法则确定的事后危险。

（2）绝对不能与相对不能的区分方法。根据客观危险说，行为实施时绝对不能实现结果的是绝对不能，行为实施时具有实现结果可能性的是相对不能；绝对不能是不能犯，不可罚，相对不能是未遂犯，具有可罚性。事后危险的有无，决定了行为是属于绝对不能还是相对不能。

笔者认为，未遂犯和不能犯均是存在于犯罪实行阶段的罪与非罪形态，换言之，事后危险存在的时间范围只能是着手之后至确定结果未发生之时。因此，区分绝对不能和相对不能的第一步应是确定犯罪的"着手"。"着手"的实质是指开始实施对法益产生具体危险或者使法益面临紧迫现实危险的行为，"着手"的形式是指开始实施具体犯罪构成客观方面的行为。"着手"是二者的有机统一。未遂犯的"着手"认定，当然应从实质和形式两个方面加以把握，但不能犯是对法益不存在客观危险的行为，因此其"着手"的认定，只能从形式上加以理解。

区分绝对不能和相对不能的第二步是找出导致"着手"却不能既遂的事实因素。阻止结果发生的事实因素一般包括：①行为人不具有身份犯的身份；②行为人自身的原因，如选择犯罪工具和行为对象上的错误等；③被害人的原因，如被害人不在犯罪现场等；④第三人的原因，如第三人对被害人的及时救助、第三人对犯罪行为的制止等。也可能是多个原因竞合在一起阻止了结果的发生。

第三步是具体分析阻止结果发生的事实因素的性质。阻止结果发生的事实因素必须具有上文所述的两个特质，才能肯定事后危险的存在，即第一，该因素是行为人不能控制的因素；第二，该因素具有变易性，具有从阻止结果发生因素转变为促使或者不阻止结果发生的事实因素的性质。如果该因素是行为人不能控制的，且在"着手"之后有不以阻止结果发生因素的面貌出现的可能性，则意味着行为具有危险性，应成立未遂犯，反之，如果该因素在"着手"之后必然以阻止结果发生的面貌出现，则意味着没有危险，应认定为不能犯。这种可能性与行为人或者一般人的认识无关，而是一种行为时的环境和条件所决定的客观存在。

在上述阻止结果发生的事实因素中，身份犯中的身份是行为人"着手"之后，不具有变易性的因素，即该因素不可能在"着手"之后改变其阻止结果发生的性质。因此，行为人缺乏身份时，只能成立不能犯；而其他因素在阻止结果发生的情况下，行为是成立不能犯还是未遂犯，只能综合案件具体情况通过上述三个步骤加以判断。

案例10：甲以为手枪中有子弹而开枪射杀乙，但实际上手枪中没有子弹。

本案中的"着手"是举枪瞄准的行为；导致结果不发生的事实因素是枪中没有子弹；而自"着手"之后，"没有子弹"不是变易性的因素，即"没有子弹"在着手之后不可能转变为有子弹。因此，该行为只能成立不能犯。但是，需要具体分析的类似情况是，在枪夺警察手枪意欲杀死警察的情况下，如果虽然枪中没有子弹，但警察身上携带了子弹，则应成立未遂犯。此时成立未遂犯的判断过程是：抢夺枪支是"着手"行为；不能既遂的原因是枪中没有子弹；因为警察身上携带有子弹，则抢夺过程中行为人有可能发现子弹，这意味着阻止结果发生的原因——枪中没有子弹，可能转变为"枪中装上子弹"。因此事后看来，该抢夺警察手枪朝警察射击的行为具有危险性，应成立未遂犯。

案例11：甲以杀人故意将掺有没有达到致死量毒药的饮料给他人饮用，他人饮用后未死。

在被害人在现场的情况下，取有毒饮料的行为是"着手"行为；导致被害人未死亡的事实因素是毒药未达致死量；该因素在"着手"之后不再具有变易性，即不可能转变为达到致死量的毒药。因此，此种情况应成立不能犯。但如果造成了身体伤害，则可以构成故意伤害罪。此时的伤害，仅指轻伤害的情况。如果毒药未达致死量但造成了被害人重伤，则意味着该毒药有致死的可能性，此时就不应成立故意伤害罪，而应成立故意杀人的未遂犯。可见，此处讨论的毒药未达致死量，是指绝对不可能导致被害人死亡的情况。与此相关的情况是，如果当时的具体行为状况是：行为人已调制好了两杯掺有毒药的饮料，其中一杯所含毒药达到了致死量，另一杯未达到致死量，行为人递给被害人时，随机取了掺有未达致死量毒药的饮料，此时则应成立未遂犯。因为"着手"是行为人取饮料，着手时，行为人有可能取到含有达到致死量毒药的饮料，从而导致被害人死亡。因此这种情况应成立未遂犯。

案例 12：甲以杀人故意向穿着防弹衣的警察射击，因子弹打在防弹衣上，警察未受到伤害。

举枪瞄准是"着手"；导致结果未发生的事实因素是子弹射在防弹衣上；"着手"之后，子弹有打在防弹衣未遮盖部分的可能性，存在事后危险，因此应成立未遂犯。

案例 13：甲在一公交车上将手伸向乙的左口袋窃取钱财，但乙的左口袋刚好没有任何钱财，装有现金的钱包放在右口袋。

甲伸手是盗窃的"着手"；导致未达既遂的事实因素是甲将手伸向了乙的左口袋，而钱装在右口袋中；盗窃的情况下，盗取哪个口袋不是行为人的特殊嗜好，换言之，尽管事实上甲将手伸向了没有钱包的左口袋，但存在将手伸向装有钱包的右口袋的可能性。因此甲的行为有事后危险，应成立未遂犯。须展开说明的是，即便乙的左右口袋均无钱财，但乙周围他人身上有钱财时，甲的行为也应成立未遂犯。因为盗窃罪并不是保护特定人的财产，甲也不是非乙不偷，因此，即便乙身上没有钱财，但甲的行为威胁到了乙周围他人的财产安全，换言之，自"着手"时起，甲有将手伸向乙身旁他人装有钱财的口袋的可能性。因此应成立未遂犯。

案例 14：甲为化学实验室工作人员，擅自将有剧毒的化学原料 a 带出实验室，欲毒杀与己同室但关系不睦的乙，但乙在喝了掺入该化学原料的饮用水后，安然无恙。原来甲在实验室误将在外形上与 a 相似的无毒原料 b 带出了实验室。

甲将无毒原料 b 掺入饮用水的行为结束之时即为"杀人"的"着手"；导致未达既遂的事实因素是乙饮用的是含有无毒原料 b 的饮用水；该因素自"着手"之后不具有变易性，即无毒原料 b 不可能变为有毒原料，因此只能成立不能犯。

案例 15：甲于深夜潜入妇女乙的房间，乘该妇女"熟睡"与其发生了性关系。但事后查明，该妇女已在发生性关系前死亡。

这是以"其他方式"实施的"强奸"行为。甲开始利用被害人不知反抗状态的行为是"着手"；导致未达既遂的事实因素是被害人在"强奸着手"之前已经死亡；这一因素在"着手"之后不具有变易性，即被害人不可能死而复活。因此甲的行为不可能侵犯妇女性的羞耻心，只能成立不能犯。

案例 16：甲误以为田地里穿着其仇人乙的衣服的稻草人是仇人乙，遂使用猎枪朝稻草人射击，其时乙不在射击现场。

甲举枪瞄准是"杀人"的"着手"行为；导致未达既遂的事实因素是行为对象为稻草人；自甲"着手"之后，稻草人不会转变为有生命的人。因此，甲的行为不是对生命具有紧迫现实危险的行为，只能成立不能犯。尽管稻草人不是乙，但如果乙当时在射击现场，则甲的行为对乙的生命构成危险，应该成立未遂犯。

案例17：甲欲杀死自己的妻子乙，一天晚上在乙睡前饮用的牛奶中放入老鼠药后出门上夜班，乙喝牛奶时虽感觉味道有点不对，但也没有过多怀疑。半夜时腹部剧痛，自己打电话叫救护车，因抢救及时未死。

甲向牛奶中投放老鼠药的行为是故意杀人的"着手"；未达既遂的原因是乙的及时求救和救护人员的及时抢救；但乙的及时求救或者救护人员的及时抢救属于行为人不能控制的变易因素，亦即存在乙求救不及时和救护人员抢救不及时的可能性。因此，乙的生命因为甲的行为而面临危险，甲的行为应属于未遂犯。

以绝对不能和相对不能的区分方法分析前文案例。

案例1中，咖啡对他人生命不构成危险，案例中"着手"之后，咖啡也没有转变为致死毒药的可能性，因此只能成立不能犯。

案例2中，举枪朝床上瞄准时即为"着手"；导致未达既遂的事实因素是乙不在床上且外出；这是一个非变易性因素，即自"着手"之后乙不可能在床上或者在射击现场出现。因此只能成立不能犯。如果乙不是外出，而是起床上洗手间，或者虽然不在床上，但在另一个房间，总之乙仍处于射击现场，有在枪支的打击范围内出现的可能性，则甲的射击行为对乙的生命构成威胁，应该成立未遂犯。

案例3中，将面糖投放到妻子饭菜中的行为是"着手"行为；导致未达既遂的事实因素是面糖不能致死；这是一个在"着手"之后虽属行为人不能控制但不具有变易性的事实因素，亦即在行为现场，面糖没有转变为老鼠药从而威胁被害人生命的可能性。因此只能成立不能犯。

案例4中，使用老鼠药投毒是"着手"；导致未达既遂的事实因素是抢救及时；但抢救及时是"着手"后具有变易性的因素，即被害人有可能因抢救不及时而死亡。因此应成立未遂犯。

案例5中，注射是"着手"；自"着手"时起注射葡萄糖的行为不具有变易性，因此应属不能犯。

案例6属未遂犯，理由与案例4类似。

案例7中，实施强制性手段时是"强奸"的"着手"；导致未达既遂的事实因素是行为对象为男性；因为自"着手"后行为对象不可能转变为女性，因此本案属不能犯。如果行为现场有其他女性存在，则行为人的行为具有危险性，应成立未遂犯。

案例8中，向患有重度糖尿病的患者注射葡萄糖的行为是"着手"行为；导致未达既遂的事实因素是抢救及时；但如同案例4和案例6一样，抢救及时是具有变易性的因素，即存在抢救不及时的可能性。因此本案成立未遂犯。需要注意的是，本案中行为人对犯罪对象和犯罪工具的性能存在错误认识，但这种错误认识并没有妨碍行为人犯罪意志的实现，因此不应影响犯罪的认定。

案例9中，举枪瞄准是"着手"；导致未达既遂的事实因素是行为人与被害人之间的距离超出了枪支的有效射程；因自"着手"后，行为人不可能再接近被害人，因此本案只能成立不能犯。在具体案件中，如果行为人和被害人之间的距离在"着手"之后存在缩短至枪支有效射程的可能性，则成立未遂犯。例如，行为人在隐蔽处举枪瞄准的同时，被害人正朝行为人的方向飞奔而来，或者在被害人未察觉的情况下，行为人一边瞄准，一边跑向被害人，则行为人的行为对被害人的生命构成威胁，应成立未遂犯。

（三）法律适用

（1）《中华人民共和国刑法》第二十三条："已经着手实行犯罪，由于犯罪分子意志以外的原因而未得逞的，是犯罪未遂。对于未遂犯，可以比照既遂犯从轻或者减轻处罚。"

（2）《中华人民共和国刑法》第三百四十七条："走私、贩卖、运输、制造毒品，无论数量多少，都应当追究刑事责任，予以刑事处罚。走私、贩卖、运输、制造毒品，有下列情形之一的，处十五年有期徒刑、无期徒刑或者死刑，并处没收财产：（一）走私、贩卖、运输、制造鸦片一千克以上、海洛因或者甲基苯丙胺五十克以上或者其他毒品数量大的；（二）走私、贩卖、运输、制造毒品集团的首要分子；（三）武装掩护走私、贩卖、运输、制造毒品的；（四）以暴力抗拒检查、拘留、逮捕，情节严重的；（五）参与有组织的国际贩毒活动的。走私、贩卖、运输、制造鸦片二百克以上不满一千克、海洛因或者甲基苯丙胺十克以上不满五十克或者其他毒品数量较大的，处七年以上有期徒刑，并处罚金。走私、贩卖、运输、制造鸦片不满二百克、海洛因或者甲基苯丙胺不满十克或者其他少量毒品的，处三年以下有期徒刑、拘役或者管制，并处罚金；情节严重的，处三年以上七年以下有期徒刑，并处罚金。单位犯第二款、第三款、第四款罪的，对单位判处罚金，并对其直接负责的主管人员和其他直接责任人员，依照各该款的规定处罚。利用、教唆未成年人走私、贩卖、运输、制造毒品，或者向未成年人出售毒品的，从重处罚。对多次走私、贩卖、运输、制造毒品，未经处理的，毒品数量累计计算。"

（四）小结

目前，在我国大陆学界存在的不能犯诸观点中，立足于主观未遂论的纯粹主观说和抽象危险说均将行为人的危险性格作为科处刑罚的根据，实践中容易导致刑罚权的膨胀，不利于人权保障。具体危险说虽然是来自于客观未遂论的观点，但其以一般人的危惧感作为判断危险的根据，使得危险的有无不是取决于客观事实，而是取决于一般人的感觉，在实践中会造成处罚范围不当扩大或者缩小的情况。具体危险说以行为无价值论为理论基底，但行为无价值论的式微及其与结果无价值论的趋同，注定了具体危险说的未来命运不乐观。客观危险说将纯粹客观危险作为处罚的根据，使得刑罚权的发动具有了科学根据。客观危险说对刑罚权的合理规范和制约以及因此而具有的人权保障价值，使得其历经两个世纪的历史洗礼，仍然散发着迷人的光芒。

笔者倡导客观危险说（绝对不能/相对不能说、旧客观说）。对客观危险的质疑并非不能化解，客观危险说也不需要修正。深入研究行为时存在的一切客观事实和阻止结果发生的事实因素的性质，可以发现事后危险是存在的。绝对不能和相对不能可依照以下三个步骤加以区分：第一，确定"犯罪"的"着手"。第二，在行为时的所有事实资料中，找出导致"着手"却不能既遂的事实因素。第三，分析阻止结果发生的事实因素的性质，该事实因素具有行为人不能控制和变易性两个特质时，就说明尽管结果没有发生，但行为时存在结果发生的可能性，属相对不能，成立未遂犯；反之，如果该因素在"着手"之后必然以阻止结果发生的面貌出现，则意味着没有危险，属绝对不能，应认定为不能犯。

这是一个呼唤法治的时代。吾辈后学应不懈追求危害行为定性上的科学和严谨，尽力消除刑罚适用中的不确定现象。在不能犯和未遂犯的界分上，客观危险说可以帮助我们实现这一价值目标。通过细致设计绝对不能和相对不能区分的具体标准，客观危险说在未遂犯领域忠实践行了人权保障理念，因此是我们在不能犯问题上应保持的基本立场。

九、编者：贾学胜

十、编写时间：2013 年 6 月

刘涌组织、领导黑社会性质组织罪等案

一、案例编号（2-05）

二、学科方向：刑法学

三、案例名称：刘涌组织、领导黑社会性质组织罪等案

四、内容简介

刘涌以其建立的企业为依托，非法持有枪支和管制刀具，采取暴力等非法手段聚敛钱财，收买国家工作人员，在一定区域和行业范围内有组织地进行违法犯罪活动。该组织同时具备黑社会性质组织的四个基本特征，依法认定为黑社会性质组织。刘涌作为该黑社会性质组织的首要分子，应为该组织所犯的全部罪行承担刑事责任。

五、关键词：共同犯罪；黑社会性质组织；首要分子；责任承担

六、具体案情

1995 年底至 2000 年 7 月，刘涌纠集宋健飞、吴静

明、董铁岩、李志国、程健等人，在朱赤、刘军、孟祥龙、房霆（均系警察）的参与及纵容下，逐步形成以其为首，以其建立的企业为依托的违法犯罪组织，非法持有枪支和管制刀具，采取暴力等非法手段聚敛钱财，收买国家工作人员马向东、刘实、焦玫瑰、高明贤、凌德秀、姜新本、杨礼维等人为其提供非法帮助，在一定区域和行业范围内有组织地进行违法活动。具体事实如下：

1998 年 2 月 25 日，刘涌指使宋健飞等人将盛京饭店经理刘燕砍成重伤，伤残程度五级。

1998 年 4 月 20 日，刘涌因不满赔偿，指使宋健飞等人于同年 5 月 1 日下午打砸滚石迪厅，致赵智轻伤，金长发轻微伤，损毁的物品价值人民币 11 340 元。

1998 年 10 月 30 日，因包房纠纷，刘涌在大卫营指使张晓伟等人故意伤害周刚，致周刚重伤，伤残程度五级。

1999 年 1 月的一天晚上，朱赤等人在刘涌经营的沈阳娱乐城饮酒时与李俊岩发生争执，刘涌持朱赤的手枪向李俊岩左腿部位连开两枪，致其轻伤。

1999 年 1 月 8 日晚，刘涌带领宋健飞、吴静明到第四人民医院报复黄刚，持刀在手术室门口砍刺陪同黄刚的孙岩，致孙岩轻伤。

1999 年初，在刘涌的授意下，同年 2 月 24 日 17 时许，宋健飞、吴静明等人将农行副行长范振斌砍刺十余刀，致范振斌轻伤。

1999 年 4 月，刘涌授意宋健飞、吴静明以暴力手段强行拆迁该用地范围内的建筑。同年 5 月 14 日上午，在刘涌的指使下，宋健飞、吴静明等人打砸中街大药房。

1999 年 10 月，刘涌得知有人销售"云雾山"牌香烟，影响其经销同种香烟后，指使程健去市场查看并"收拾"销售"云雾山"牌香烟的业户，故意伤害致王永学死亡。

2000 年 5 月 3 日下午，刘涌因不满算命人崔岩说其身体不好，指使宋健飞进行报复，致崔岩重伤。

1995 年末，刘涌与程健、石鹏预谋后，指使吴静明等人对吴迪及其家人进行殴打、骚扰、恐吓，并直接出面威胁，迫使吴迪出让经营场所。

1997 年 4 月 21 日，刘涌带领宋健飞、吴静明等人在和平区交警二大队院内殴打并持刀刺伤韩孺，致其轻微伤。

1997 年 8 月 7 日，刘涌带领宋健飞、张建奇等人殴打盛京饭店经理翁玉珠，并砸坏办公室内物品。

1997 年秋，刘涌指使吴静明等人对销售"黄山"牌香烟的李玲、张敏进行殴打。

1998 年 5 月的一天，刘涌指使宋健飞等人打砸刘志兰经销的服装店。

1998 年 6 月 11 日上午，刘涌指使吴静明等人殴打伤害检查人员郭金喜、刘建勋和章军，致郭金喜、章军轻微伤。

1998 年 9 月 22 日，刘涌授意宋健飞、吴静明帮助白而为解决与罗伦特经理高洪雁的经济纠纷和让罗伦特更名问题。宋健飞、吴静明等人威胁高洪雁限期更名、还款，并殴打周维杰，砸毁办公室内物品。

1998 年 10 月，刘涌指使程健、刘凯峰等人殴打销售"红黄山"牌香烟的刘慕林，后程健向刘慕林索要人民币 9 000 元。

1998 年 10 月 20 日，刘涌授意程健让吴静明、宋健飞等人殴打经销"恭喜发财"牌香烟的葛亮，砸坏烟摊。

1998 年 11 月，刘涌与一同饮酒的张凡发生争执，刘涌持房霆的手枪向天棚鸣放一枪。

1997 年上半年，刘涌送给时任沈阳市中级人民法院院长刘实人民币 20 万元。同年 11 月，刘实为刘涌办理了以该法院工作人员身份赴美国的相关手续。后刘涌又送给刘实 3 万美元。

1995 年初，刘涌通过沈阳市和平区劳动局原局长凌德秀、原副局长高明贤的帮助，承包了该局下属的中华商场，1996 年、1997 年，又经二人推荐，先后当选为沈阳市和平区政协委员和沈阳市人大代表。刘涌于 1996 年至 1998 年，每年春节送给高明贤人民币 2 万元，共计人民币 6 万元；于 1995 年、1996 年，每年春节送给凌德秀人民币 1 万元，共计人民币 2 万元。

1998 年，承包百佳自选商场的刘涌在和平区劳动局原局长姜新本的帮助下，以"零买断"的方式获得了该商场企业产权。刘涌为了感谢姜新本减免房产使用费，于 1999 年 5 月送给姜新本人民币 10 万元。

1998 年 8 月，刘涌送给沈阳市原副市长马向东 2 万美元。在此期间，刘涌的百佳集团转接了沈阳市中街中段筹建购物广场项目。同年 12 月，经马向东批准，该项目免交综合配套费和国有土地出让金等费用。1999 年 5 月，刘涌又送给马向东 2 万美元。

1999 年上半年，辽宁省农行欲购买嘉阳大厦部分房产建立营业网点。同年 7 月，刘涌邀请负责此项工作的时任省农行营业部副总经理杨礼维等人赴香港考察，送给杨礼维港币 5 万元。同年底，经杨礼维提议，省农行用在建工程款人民币 2 000 万元先行垫付了购房款。2000 年 1 月，刘涌又送给杨礼维 5 000 美元。

1999 年八九月间，沈阳市中级人民法院原副院长焦玫瑰利用职务上的便利，对涉及刘涌利益的穆某某诉沈阳市土地局一案不予立案，尔后又将该案变更管辖。刘涌于 1999 年 10 月、11 月，先后送给焦玫瑰价值人民币 21 700 元的四个拼图凳子、一面镜子及价值人民币 4 000 元的手机一部；于 2000 年春节前，先后送给焦玫瑰 2 万美元和人民币 3 万元。

1997 年 6 月 9 日、1998 年 3 月 25 日，刘涌伙同程健等人利用私刻的辽中县烟草公司印章、法定代表人名章和假介绍信，非法开立两个经营香烟的专用账户，非法签订烟草交易合同。1997 年 6 月至 2000 年 7 月，异地购进香烟 22 598 件，在沈阳市内批发销售，非法经营金额达人民币 7 200 万元。

2000 年 7 月 1 日，刘涌指使高伟、安晶涛将其非法持有的一支庆华牌小口径运动手枪和子弹八发，藏匿于刘军的办公室。

刘涌在其黑社会性质组织形成之前，还进行了下列违法活动：

1989 年 9 月 11 日晚 8 时许，刘涌纠集宋健飞等人故意伤害宁勇，致宁勇重伤，伤残程度五级。

1991 年 7 月 15 日下午 4 时许，刘涌伙同杨建国、陈文斌等人持凶器闯入雷蒙时装店。刘涌枪击、陈文斌等人刺砍佟俊森，致佟俊森重伤，伤残程度六级。

1992 年 7 月的一天晚上，刘涌指使吴静明持火药枪击伤孙树鹏左大腿，致孙树鹏轻伤。

1992 年 10 月 6 日晚 7 时许，刘涌伙同吴静明、袁庆友等人持凶器砍刺张少波，刘涌还枪击前来制止的警察刘宝贵，致其轻伤。

七、案例来源

最高人民法院《刘涌组织、领导黑社会性质组织，故意伤害，抢劫，敲诈勒索，私藏枪支、弹药，妨害公务，非法经营，偷税，行贿案刑事判决书》（2003）刑提字第 5 号。

八、案情分析

（一）争议焦点

1. 如何认定黑社会性质组织

刘涌及其辩护人认为刘涌的行为不构成组织、领导黑社会性质组织罪，而三级法院经审理，皆认为刘涌的行为符合组织、领导黑社会性质组织罪的构成要件。这一争议的关键在于黑社会性质组织的认定问题。

最高人民法院认为：①自 1995 年以来，刘涌先后纠集宋健飞、吴静明、董铁岩、李志国、程健、张建奇、刘凯峰、朱赤、刘军等人，形成了以刘涌为首，以宋健飞、吴静明、董铁岩、李志国、程健为骨干，以张建奇、刘凯峰、朱赤、刘军等人为主要成员的犯罪组织；②该组织以刘涌建立的企业为依托，通过非法经营、欺行霸市等违法犯罪活动或其他非法手段获取经济利益，具有较强的经济实力；③在刘涌领导、指使、授意下，为了刘涌及该组织的利益，长期在一定区域内采用暴力、威胁或者其他手段，有组织地多次进行故意伤害、毁坏公私财物、非法经营、行贿、妨害公务、非法持有枪支等违法犯罪活动，为非作恶，欺压、残害群众；④通过实施违法犯罪活动，并利用国家工作人员的包庇、纵容、帮助，称霸一方，在当地形成恶劣影响，严重破坏了当地经济、社会生活秩序。根据全国人民代表大会常务委员会《关于〈中华人民共和国刑法〉第二百九十四条第一款的解释》，以刘涌为首的犯罪集团符合黑社会性质组织的特征，刘涌的行为构成组织、领导黑社会性质组织罪。

2. 刘涌是否犯"故意伤害（致人死亡）罪"

辽宁省高级人民法院的终审判决撤销了一审判决中对刘涌故意伤害（致人死亡）罪的量刑部分。对此，在最高人民法院再审期间，控辩双方围绕这一问题展开举证、辩论。公诉人认为刘涌涉嫌故意伤害罪，并举证指出刘涌"指使"程健等去打人，认为刘涌的"指使"就是参与其中。2002 年 4 月铁岭市中级人民法院的一审判决也认定王永学的死与刘涌有直接关系，是刘涌指使他人对王永学"故意伤害"。但刘涌的律师则指出刘涌没有指使宋健飞等人去故意伤害他人。①

我国《刑法》第二十六条第一款规定："组织、领导犯罪集团进行犯罪活动的或者在共同犯罪中起主要作用的，是主犯。"第三款规定："对组织、领导犯罪集团的首要分子，按照集团所犯的全部罪行处罚。"刘涌作为该黑社会性质组织的首要分子理所应当要对"集团所犯的全部罪行"负责。所以，对于上述问题的争论，关键在于如何理解和认定"集团所犯的全部罪行"。

---

① 《刘涌案庭审出现两大焦点，最高法院将择日宣判》，《东方新报》，2003 年 12 月 19 日。

（二）法理分析

1. 如何认定黑社会性质组织

黑社会性质组织为非作恶，欺压、残害群众，在一定区域和行业范围内有组织地进行违法活动，严重破坏了当地经济、社会生活秩序。严厉打击黑社会性质组织犯罪，遏制并最大限度地减少此类犯罪案件的发生，维护社会稳定，促进社会和谐，是我国政法机关的重要任务之一。为此，必须准确把握黑社会性质组织的特征，即如何认定黑社会性质组织的问题显然至关重要。

在《刑法修正案（八）》出台以前，我国刑法并没有明确界定黑社会性质组织的详细特征，仅仅对其作了简要描述。《刑法》第二百九十四条关于"以暴力、威胁或者其他手段，有组织地进行违法犯罪活动，称霸一方，为非作恶，欺压、残害群众，严重破坏经济、社会生活秩序"的规定只是片面地描述了黑社会性质组织的一般行为特征，没有全面概括出黑社会性质组织的本质特征，司法工作人员在认定黑社会性质组织犯罪时往往很被动，不利于严厉打击黑社会性质组织犯罪。

为依法惩治黑社会性质组织的犯罪活动，2000 年 12 月 4 日，最高人民法院审判委员会通过了《关于审理黑社会性质组织犯罪的案件具体应用法律若干问题的解释》（以下简称《司法解释》），规定黑社会性质组织一般应具备以下特征："（一）组织结构比较紧密，人数较多，有比较明确的组织者、领导者，骨干成员基本固定，有较为严格的组织纪律；（二）通过违法犯罪活动或者其他手段获取经济利益，具有一定的经济实力；（三）通过贿赂、威胁等手段，引诱、逼迫国家工作人员参加黑社会性质组织活动，或者为其提供非法保护；（四）在一定区域或者行业范围内，以暴力、威胁、滋扰等手段，大肆进行敲诈勒索、欺行霸市、聚众斗殴、寻衅滋事、故意伤害等违法犯罪活动，严重破坏经济、社会生活秩序。"其中，第三点特征被认为是黑社会性质组织的"保护伞"特征，但现实中很多违法犯罪组织本质上就是黑社会性质组织，却因为其不具有或者不明显具有这一"保护伞"特征，而得以逃脱司法制裁，因此上述司法解释在实践中引起了很大的争议。

为此，2002 年 4 月 28 日第九届全国人民代表大会常务委员会第二十七次会议通过了《关于〈中华人民共和国刑法〉第二百九十四条第一款的解释》（以下简称《立法解释》），明确"黑社会性质的组织"应当同时具备以下特征："（一）形成较稳定的犯罪组织，人数较多，有明确的组织者、领导者，骨干成员基本固定；（二）有组织地通过违法犯罪活动或者其他手段获取经济利益，具有一定的经济实力，以支持该组织的活动；（三）以暴力、威胁或者其他手段，有组织地多次进行违法犯罪活动，为非作恶，欺压、残害群众；（四）通过实施违法犯罪活动，或者利用国家工作人员的包庇或者纵容，称霸一方，在一定区域或者行业内，形成非法控制或者重大影响，严重破坏经济、社会生活秩序。"该《立法解释》明确将"保护伞"特征排除在黑社会性质组织的必备要件之外。

《刑法修正案（八）》第四十三条第五款完全承袭了《立法解释》关于黑社会性质组织行为特征的界定，从组织结构、经济实力、行为表现以及危害性四方面界定了黑社会性质组织的基本特征。①

本案中，要认定以刘涌为首的集团是否是黑社会性质组织，必须证明该集团同时具备黑社会性质组织之组织结构、经济实力、行为表现以及危害性四个方面的基本特征。

第一，组织结构特征。自 1995 年以来，刘涌犯罪集团在前后历经十余年的纠集过程中形成了以刘涌为首要分子，以宋健飞、吴静明、董铁岩、李志国、程健为骨干，以张建奇、刘凯峰、朱赤、刘军等人为主要成员的犯罪组织。犯罪集团内的成员无论年龄大小，一律称呼刘涌为"二哥"。集团主要成员和骨干分子大多无正当职业，主要生活来源均由刘涌供给。平日里，他们除了在刘涌所开设的大型娱乐场所沈阳娱乐城内聚集，免费吃喝玩乐，扎吸毒品之外，还可以得到刘涌给予的数量可观的定期资助。②上述特征符合"形成较稳定的犯罪组织，人数较多，有明确的组织者、领导者，骨干成员基本固定"的特征规定。

第二，经济实力特征。刘涌犯罪组织以其所经营的嘉阳集团为依托，刘涌组织、领导黑社会性质组织实施违法犯罪活动 27 起。其中，刘涌因不满沈阳市盛京饭店起诉其公司拖欠购房款，而指使宋健飞、张建奇等人故意伤害该饭店经理刘燕；刘涌在取得沈阳市沈河区中央二段的一块国有土地使用权准备建百佳购物广场后，授意宋健飞、吴静明以暴力手段强行尽快拆迁该用地范围内的建筑；刘涌因其经销的同种香烟受到影响，指使程健"收拾"销售"云雾山"牌香烟的业户王永学，致其死亡；刘涌为筹办

---

① 参见阴建峰、万育：《黑社会性质组织行为特征研析》，《政治与法律》2011 年第 7 期。

② 林达、高安：《刘涌犯罪集团内幕》，《法律与生活》2001 年第 9 期。

沈阳市百佳超市连锁店，指使吴静明等人对吴迪及其家人进行殴打、骚扰、恐吓，并直接出面威胁，迫使吴迪出让了经营场所；刘涌因不满检查人员郭金喜等人要其到技术监督部门接受调查处理，指使吴静明、宋健飞等人殴打郭金喜等人；刘涌为筹建百佳购物广场，先后向马向东行贿4万美元……该犯罪集团有组织地通过非法经营、欺行霸市等违法犯罪活动或其他非法手段获取经济利益。刘涌所经营的嘉阳集团已拥有26个企业、数亿元资产，具有较强的经济实力，成为集团主要成员和骨干分子主要生活来源，以支持该组织的活动。

第三，行为表现特征。在刘涌领导、指使、授意下，为了刘涌及该组织的利益，该组织长期在一定区域内采用暴力、威胁或者其他手段实施违法活动27起。其中，刘涌直接参与或者指使、授意他人故意伤害9起，致1人死亡，3人重伤并造成2人严重残疾，5人轻伤；指使他人故意毁坏财物4起，毁坏财物价值共计人民币33 090元；非法经营1起，经营额人民币7 200万元；向国家工作人员行贿6起，行贿金额人民币41万元、港币5万元、美元95 000元，行贿物品价值人民币25 700元，共计折合人民币1 275 497元；指使他人妨害公务1起；非法持有枪支1支。为非作恶，欺压、残害群众。

第四，危害性特征。通过实施违法犯罪活动，并利用国家工作人员的包庇、纵容、帮助，称霸一方，刘涌直接参与或者指使、授意他人故意伤害致1人死亡，3人重伤并造成2人严重残疾，5人轻伤；指使他人故意毁坏财物，价值共计人民币33 090元；非法经营所得人民币7 200万元；向国家工作人员行贿共计折合人民币1 275 497元，得以承包某局下属的中华商场，破坏社会主义市场经济秩序；当选为沈阳市和平区政协委员和沈阳市人大代表，破坏选举制度；指使他人妨害公务1起；非法持有枪支1支。在当地造成恶劣影响，严重破坏了当地经济、社会生活秩序。

因此，以刘涌为首的犯罪集团同时具备黑社会性质组织的四个基本特征，应依法认定为黑社会性质组织。

2. 如何理解和认定"集团所犯的全部罪行"

我国《刑法》第二十六条第三款规定："对组织、领导犯罪集团的首要分子，按照集团所犯的全部罪行处罚。"这一法条明文规定了犯罪集团首要分子应负刑事责任的范围。如何理解和认定"集团所犯的全部罪行"，便成为集团首要分子的定罪量刑之关键所在。

刑法之所以规定首要分子须按照集团所犯的全部罪行处罚，是因为在组织性较强的犯罪集团中，首要分子的意志代表着集团的意志，集团的故意内容就是首要分子的故意内容。集团成员在集团故意支配下实施的行为，可视为首要分子的行为。换言之，集团所犯的全部罪行，是由首要分子组织、策划、指挥实施的。所以，集团所犯的全部罪行不等同于集团全体成员所犯的全部罪行。因为集团全体成员所犯的全部罪行并不全部体现集团意志，集团成员所犯的部分罪行极有可能纯粹是私人意志的产物，是私人故意内容的外在表现，而完全与集团利益无关。如果要求首要分子承担"全体成员"所犯的全部罪行，则违背了个人责任原则。[①]

由于犯罪集团是相对稳定的犯罪组织，人数较多，有明确的组织者、领导者，骨干成员基本固定，并且经过有组织地长时期多次进行违法犯罪活动，使得集团成员足以大体把握首要分子宏观上的、概括性的犯罪意图，使得双方的犯意联络明显并且充分。所以首要分子的组织、策划、指挥，既包括对具体犯罪的直接组织、策划、指挥，也包括对具体犯罪的总体组织、策划、指挥，还包括对不具体犯罪的概括组织、策划、指挥行为。

综上所述，集团所犯的全部罪行就是指首要分子总体性、概括性的故意范围之内的，属于首要分子总体策划、指挥下的全部罪行。即使是不知详情，首要分子也应当对此承担刑事责任。[②]

就本案而言，刘涌作为黑社会性质组织的首要分子自然要对组织所犯的全部罪行承担刑事责任。然而在再审时，刘涌提出了涉及部分犯罪事实认定的辩解。其中，刘涌辩称：未指使程健等人殴打被害人王永学；未指使他人打砸沈阳中街大药房。结合前面有关"集团所犯的全部罪行"的结论，我们将对刘涌的上述辩解作出如下辩驳。

第一，刘涌指使了程健等人殴打被害人王永学。如案情所述，当刘涌得知有人销售"云雾山"牌香烟，影响其经销同种香烟后，指使程健去市场查看并"收拾"销售"云雾山"牌香烟的业户。虽然刘涌没有明确指明要殴打销售"云雾山"牌香烟的业户，也没有具体指明要"收拾"的业户就是王永学，但如前所述，黑社会性质组织的成员经过长期、多次有组织的犯罪活动，已经能够很好地了解首要分子宏观上、概括性的犯罪意图，与首要分子之间的犯意联络足以达到明显、充分的程度。程健等人作为该

---

① 张明楷：《犯罪集团首要分子的刑事责任》，《法学杂志》2004 年第 3 期。
② 张明楷：《犯罪集团首要分子的刑事责任》，《法学杂志》2004 年第 3 期。

组织的骨干，跟随刘涌的时间较久，已经能够很好地明白刘涌所谓的"收拾"是包含殴打等故意伤害行为的。刘涌指使程健去市场查看并"收拾"销售"云雾山"牌香烟的业户，而王永学就是在该市场销售"云雾山"牌香烟的业户，那么刘涌的指使里就概括性地包含了殴打王永学的故意。程健等人殴打王永学的行为是出于维护组织利益的目的，没有超出刘涌概括性故意的内容，且属于刘涌总体指挥下实施的罪行。

同时，程健等人对销售"云雾山"牌香烟的业户王永学进行殴打，致王永学因右肺门、右心房破裂，急性失血性休克合并心包填塞而死亡。首要分子刘涌应对王永学的死亡结果负责。因为如果首要分子策划或指挥实施某种基本犯罪行为时，能够预见加重结果但没有预防该加重结果的发生，当集团成员在实施基本犯罪时造成加重结果的，首要分子应承担由该加重结果产生的刑事责任。本案中刘涌对故意伤害致王永学死亡的加重结果是完全具有预见可能性的，却没有采取有效措施防止死亡结果的发生，对此至少是存在过失的。故此，刘涌需要对王永学的死亡结果承担刑事责任。

第二，刘涌是否指使他人打砸沈阳中街大药房。如果黑社会首要分子指使组织成员可以采取暴力手段维护其组织的经济利益，那么只要该组织成员是为了维护黑社会性质组织经济利益而实施犯罪行为的，都应当认为该犯罪行为是首要分子策划、指挥的罪行。本案中，刘涌在取得沈阳市沈河区中央二段的一块国有土地使用权准备建百佳购物广场后，授意宋健飞、吴静明以暴力手段强行尽快拆迁该用地范围内的建筑。宋健飞等人拆迁至刘凤江经营的中街大药房并与药房职工发生冲突的行为，应该被认为是受刘涌指挥的。因为，"以暴力手段强行尽快拆迁该用地范围内的建筑"所体现的就是刘涌为使组织获得经济利益所下达的不具体犯罪总体性、概括性的组织、策划、指挥。刘凤江经营的中街大药房就属于上述百佳购物广场用地范围内的建筑，宋健飞、吴静明等人使用暴力手段企图达到迫使中街大药房拆迁的目的，没有超出刘涌的故意范围。

如果首要分子限定了组织成员的犯罪内容程度，但未明确限定具体目标、具体罪名，当组织成员实施的犯罪行为仍然处于首要分子确定、指示的范围之内时，就认为首要分子仍应承担刑事责任。[①] 本案中，在刘涌的指使下，宋健飞、吴静明、董铁岩、李志国等人持枪支、砍刀、棒球棒冲

---

① 张明楷：《犯罪集团首要分子的刑事责任》，《法学杂志》2004 年第 3 期。

进药房，追打药房经理代翼，致代翼面部、腿部轻伤，并砸毁药房物品，毁坏财物价值人民币 14 670 元。虽然刘涌只是指使了宋健飞、吴静明等人冲入药房，可能未直接明示宋健飞、吴静明等人打砸药房，但可以肯定的是，刘涌已经限定了其组织成员犯罪的内容程度，即使用暴力手段逼迫药房搬迁，该暴力手段达到足以迫使药房搬迁的程度。所以，宋健飞等人追打药房经理代翼并砸毁药房物品的行为仍然处于首要分子确定、指示的范围之内，可以认定是刘涌指使他人打砸沈阳中街大药房。

（三）相关判例

（1）河南省驻马店市中级人民法院《韩进良、陈永刚犯组织、领导黑社会性质组织罪、故意杀人罪、寻衅滋事罪、聚众斗殴罪、敲诈勒索罪、故意伤害罪，被告人张二华犯参加黑社会性质组织罪、故意杀人罪案刑事判决书》（2012）驻刑少初字第 38 号。

（2）河南省郑州市中级人民法院《吴金友组织、领导黑社会性质组织罪案刑事裁定书》（2012）郑刑二终字第 209 号。

（四）法律适用

（1）《中华人民共和国刑法》第二十六条一款："组织、领导犯罪集团进行犯罪活动的或者在共同犯罪中起主要作用的，是主犯。"

（2）《中华人民共和国刑法》第二十六条第三款："对组织、领导犯罪集团的首要分子，按照集团所犯的全部罪行处罚。"

（3）《中华人民共和国刑法》第二百九十四条："组织、领导黑社会性质的组织的，处七年以上有期徒刑，并处没收财产；积极参加的，处三年以上七年以下有期徒刑，可以并处罚金或者没收财产；其他参加的，处三年以下有期徒刑、拘役、管制或者剥夺政治权利，可以并处罚金……黑社会性质的组织应当同时具备以下特征：（一）形成较稳定的犯罪组织，人数较多，有明确的组织者、领导者，骨干成员基本固定；（二）有组织地通过违法犯罪活动或者其他手段获取经济利益，具有一定的经济实力，以支持该组织的活动；（三）以暴力、威胁或者其他手段，有组织地多次进行违法犯罪活动，为非作恶，欺压、残害群众；（四）通过实施违法犯罪活动，或者利用国家工作人员的包庇或者纵容，称霸一方，在一定区域或者行业内，形成非法控制或者重大影响，严重破坏经济、社会生活秩序。"

（五）小结

刘涌所组织、领导的集团具备黑社会性质组织的四个基本特征，依法认定为黑社会性质组织。集团所犯的全部罪行就是涵盖在首要分子总体性、概括性的故意范围内的，属于首要分子总体策划、指挥下的全部罪行。刘涌作为黑社会性质组织的首要分子须按该组织所犯的全部罪行处罚。

九、编者：贾学胜、杨宇文

十、编写时间：2014 年 1 月

药家鑫故意杀人案

一、案例编号（2-06）

二、学科方向：刑法学

三、案例名称：药家鑫故意杀人案

四、内容简介

药家鑫交通肇事后为避免麻烦，将被害人张妙杀害，随后被法院依法判处死刑立即执行。笔者认为虽然药家鑫犯罪情节极其严重，犯罪手段残忍，主观恶性较大，但其具有自首、坦白悔罪以及积极赔偿等情节，即人身危险性并非极大，故可依法判处死刑缓期两年执行。

五、关键词：死刑适用条件；死缓；故意杀人罪

六、具体案情

2010 年 10 月 20 日 22 时 30 分许，被告人药家鑫驾驶陕 A419NO 号红色雪佛兰小轿车从西安外国语大学长安校区由南向北行驶返回西安市区。当行至西北大学西围墙外翰林南路时，道路突然变得有些漆黑，药家鑫想

这样的路应该很少有人经过，于是加速前进，结果将前方在非机动车道上骑电动车同方向行驶的被害人张妙撞倒。药家鑫下车查看，见张妙倒地呻吟。此时张妙并未死亡，伤势是左腿骨折、后脑磕伤，如抢救及时不至于丧命。因发现张妙试图记住其车牌号，药家鑫担心被索要高额赔偿，为避免日后麻烦，便拿出其背包中的一把尖刀，向张妙胸、腹、背等处捅刺数刀，致张妙主动脉、上腔静脉破裂大出血当场死亡。杀人后，药家鑫驾车逃离，当行至翰林路郭南村口时，又将行人马海娜、石学鹏撞伤。西安市公安局长安分局交警大队郭杜中队接警后，将肇事车辆扣留待处理。同月22日，长安分局交警大队郭杜中队和郭杜派出所分别对药家鑫进行了询问，药家鑫否认杀害张妙之事。同月23日，药家鑫在其父母的陪同下到公安机关投案，如实供述了杀人事实。经法医鉴定：死者张妙系胸部锐器刺创致主动脉、上腔静脉破裂大出血而死亡。

七、案例来源

陕西省西安市中级人民法院《药家鑫故意杀人案刑事附带民事判决书》(2011) 西刑一初字第 68 号。

八、案情分析

(一) 争议焦点

药家鑫故意杀人案件案情简单，不存在重大定性争议问题，该案的死刑适用问题才是社会各界热议的焦点。

绝大多数社会公众认为药家鑫犯罪动机极其卑劣，主观恶性极深，表现为药家鑫在开车将张妙撞伤后，不但不施救，反而杀人灭口，且仅仅因为怕被害人记住其车牌号，日后会有民事赔偿麻烦这些不确定的猜测而行凶杀人。药家鑫犯罪手段特别残忍，罪行极其严重，表现为药家鑫持尖刀在被害人前胸、后背等部位连捅数刀，致被害人当场死亡，情节特别恶劣。故药家鑫依法应被判处死刑立即执行。

陕西省中级人民法院、陕西省高级人民法院经依法审理，也认为药家鑫犯罪动机极其卑劣，手段特别残忍，情节特别恶劣，属罪行极其严重，虽系初犯、偶犯，并有自首情节，亦不足以对其从轻处罚。

较少数人认为，药家鑫不应被判处死刑，至少不应被判处死刑立即执行。以王新为代表的五名西安高校教授认为药家鑫案的审理为社会舆论所影响，并非处在一个很公平的舆论环境中进行。大众在非理性、非平和的心态下对药家鑫进行审判，没有体现出对个人生命的尊重。同时，药家鑫有自首情节，有忏悔行为，本人及其父母愿意对被害人家属进行赔偿，显示药家鑫具有改造好的可能。① 故认为不应对药家鑫适用死刑立即执行的刑罚。

药家鑫的辩护律师路刚提出药家鑫不应被判处死刑立即执行的上诉理由有以下几点②：第一，药家鑫是激情和瞬间作案，持刀杀人是由平时的抑郁和压力所致，不应被定性为"犯罪手段特别残忍，情节特别恶劣，罪行极其严重"；第二，药家鑫具有法定自首情节，依法应予以减轻处罚；第三，药家鑫是初犯、偶犯，其父母又积极地进行赔偿；第四，判处药家鑫死刑立即执行的量刑有违国家目前针对死刑的慎重态度。

（二）法理分析

1. 关于药家鑫是否应当适用死刑问题之事实分析

药家鑫交通肇事后怕日后会有麻烦，为逃避责任，连捅六刀将张妙残忍杀害，案件事实清楚、证据确实充分。根据我国《刑法》第二百三十二条的规定，药家鑫的行为依法构成故意杀人罪。《刑法》第六十一条规定："对于犯罪分子决定刑罚的时候，应当根据犯罪的事实、犯罪的性质、情节和对于社会的危害程度，依照本法的有关规定判处。"同时，《刑法》第四十八条规定："死刑只适用于罪行极其严重的犯罪分子。"因此，关于药家鑫是否应该适用死刑的争议，根据上述《刑法》法条的规定并结合2010年2月8日印发的最高人民法院《关于贯彻宽严相济刑事政策的若干意见》（以下简称《意见》），笔者认为应该在全面考察犯罪的事实、案件性质、犯罪情节和对社会危害程度的基础上，结合被告人的主观恶性、人身危险性、社会治安状况等因素，综合作出分析判断。

第一，药家鑫故意杀人案件的性质。故意杀人行为侵害的是他人的生命法益，社会危害大，依法应予以严惩。然而实践中的故意杀人案件，案情复杂多变，若不加以区别处理、区别对待，则会违背罪刑相适应的刑法原则。最高人民法院刑三庭为贯彻《意见》的精神，在结合审判实践的基

---

① 《西安五名教授联名呼吁免除药家鑫死刑》，新浪网，http：//news. sina. com. cn/c/2011 - 05 - 26/171622536061. shtml，2014 年 4 月 3 日。

② 参见《药家鑫案》，维基百科，http：//zh. wikipedia. org/wiki/% E8% 8D% AF% E5% AE% B6% E9% 91% AB#. E8. 82. 87. E4. BA. 8B. E8. 80. 85，2014 年 4 月 3 日。

础上，于 2010 年 4 月在《在审理故意杀人、伤害及黑社会性质组织犯罪案件中切实贯彻宽严相济刑事政策》（以下简称《政策》）中将故意杀人、伤害案分为两类性质：一类是严重危害社会治安、严重影响人民群众安全感的案件，如极端仇视国家和社会，以不特定人为行凶对象；一类是因婚姻家庭、邻里纠纷等民间矛盾激化引发的案件。对于前者应予以严惩，依法判处犯罪分子重刑直至死刑。本案中，药家鑫与张妙原不相识，素无恩怨纠纷。事情的起因源于一场普通的交通事故，被撞者张妙负伤倒地，因怕肇事者逃逸故而试图记住车牌号以便日后维权。药家鑫由张妙这一合法行为联想、猜测日后会被农村出身的张妙索要高昂的赔偿费用，为逃避民事赔偿责任，遂产生杀人灭口的犯罪念头，持刀将被害人残忍杀害。整个案件过程与民间矛盾无关。药家鑫肇事有过错在先，不但不承担责任，反而基于个人私念故意杀害一名陌生女子的藐视生命的行为，严重影响人民群众的安全感，严重危害社会治安，故而应属于第一类性质的案件。从案件性质出发，依法应对药家鑫予以严惩。

第二，药家鑫故意杀人案的犯罪情节及其对社会的危害程度。犯罪情节是适用刑罚的基础，主要包括犯罪动机、犯罪手段、犯罪行为、犯罪对象、犯罪场所以及犯罪所造成的后果等因素。不同的犯罪情节所体现出的社会危害程度也不一样。一般而言，犯罪情节愈恶劣，社会危害愈大，刑罚愈重。本案中，药家鑫有过错在先，不但不履行救助被害人的义务，反而因看见被害人记其车牌号这一合法行为而将被害人残忍杀害。药家鑫因想逃避自己肇事撞人后产生的赔偿责任而杀人灭口，其犯罪动机不可谓不卑劣；药家鑫持尖刀在被害人前胸、后背等部位连捅数刀，致张妙主动脉、上腔静脉破裂大出血当场死亡，其犯罪手段残忍，犯罪后果严重。在各种犯罪情节中，犯罪行为是犯罪构成事实之一，在刑罚裁量中居于绝对的核心地位。犯罪行为采取的方式或侵害的次数在一定程度上影响死刑的适用。药家鑫连续捅刺被害人张妙六刀，实际上便成为影响其死刑裁量的重要因素之一。[1] 犯罪对象也叫行为客体，一般是犯罪行为直接作用的物、人与组织。[2] 一般认为杀害老、弱、病、残、孕、幼等特殊弱势群体的，社会危害性较大，因此对于此类犯罪行为应当酌予从重处罚。药家鑫杀害的对象是弱势群体中的妇女，并且是被其开车撞伤倒地致左腿骨折、后脑磕伤的妇女，又是在邻近校区的道路这

---

[1] 赵秉志：《关于中国现阶段慎用死刑的思考》，《中国法学》2011 年第 6 期。

[2] 参见张明楷：《刑法学》（第 4 版），北京：法律出版社 2011 年版，第 163 页。

种公共场所实施的杀人行为，可见其社会危害性较大。

第三，药家鑫的人身危险性。人身危险性即指再犯可能性，也是衡量被告人改造可能性的标准之一，可以综合考虑被告人有无前科（累犯或者初犯）、平时表现以及悔罪情况等方面。《政策》中提到，要依法从重处罚人身危险性大的被告人；人身危险性小的被告人依法从宽处罚。例如被告人平时表现好，激情犯罪，系初犯、偶犯的或者被告人杀人后有抢救被害人行为的，在量刑时应该酌情予以从宽处罚。药家鑫无犯罪前科，系初犯、偶犯，这一点毫无疑问。而药家鑫是否是激情杀人呢？我国《刑法》中虽然没有关于激情杀人内容的规定，但我国相关刑事政策指导文件和司法实践中往往将激情杀人作为一种从宽处罚的酌定事由。如《意见》第二十二条规定，因被害方过错或者基于义愤引起的或者具有防卫因素的突发性犯罪，应酌情从宽处罚。激情杀人须具备以下条件①：其一，必须先行存在被害人严重过错，行为人的情绪因该严重过错产生强烈波动；其二，行为人因精神上受到强烈刺激，暂时性地丧失或减弱了自我的辨识、控制能力；其三，激情状态与实行行为之间无间隔的冷静期。尽管药家鑫的辩护律师提出药家鑫是激情杀人，但该说法并没有得到法院的认可。赵秉志教授也认为，以下案件情节可证明药家鑫的行为不可能构成激情杀人②：①药家鑫在肇事致人伤害后又开出一百多米，突然觉得有些不对，于是掉头查看；②在下车查看时，药家鑫并无普通人发生交通事故后的慌张，还能记得随身携带放在副驾驶位置上内装作案凶器的包；③发现张妙躺着有呻吟声，他既没有询问伤情，也没有与伤者说话，而是在过了短短两三秒后，就抽刀开始连续刺杀被害人。

然而，判断其人身危险性大小，不能仅仅根据某单一情节进行判断，而是要结合罪前、罪中和罪后情节，予以综合分析判断。

第一，药家鑫罪前的表现：平时表现良好。罪前情节主要包括犯罪人的一贯表现、犯罪动机等方面内容。药家鑫成长的经历、上学期间所获得的十三份奖励以及药家鑫校友、同学、邻居为其写的四份请愿书，从这些材料可判断出药家鑫平时表现良好，且其无犯罪前科，系初犯、偶犯，具有改造的可能性。

第二，药家鑫罪中的表现：犯罪手段残忍、后果严重，但犯罪的发生具有偶然性，非预谋犯罪。药家鑫交通肇事致张妙左腿骨折、后脑磕伤。

① 参见吴允锋：《药家鑫案死刑适用分析》，《青少年犯罪问题》2011年第3期。
② 赵秉志：《关于中国现阶段慎用死刑的思考》，《中国法学》2011年第6期。

本来药家鑫有过错在先，只要其承担起肇事责任，事件便会终止于一起普通的交通肇事案件。但是药家鑫不但不予以及时救治，竟然因怕被张妙记住车牌号、日后会被要求赔偿、会很麻烦此类毫无依据的主观判断而直接杀人灭口，连续六刀捅向被害人的胸、腹、背等处，致张妙主动脉、上腔静脉破裂大出血当场死亡，可谓手段残忍、后果严重。但犯罪毕竟是在偶发性交通事故过程中发生的，相比于预谋犯罪，其人身危险性并非高至不杀不足以保护社会利益的程度。

第三，药家鑫罪后的表现：自首悔罪、愿意积极赔偿，表明其改造的可能性大，人身危险性较小。罪后情节包括法定情节和酌定情节，前者如行为人自首、立功等情节，后者如行为人赔偿、获得被害方谅解等情节。法院经审理，认为药家鑫在公安机关未对其采取任何强制措施的情况下，于作案后第四日在父母的陪同下到公安机关投案，并如实供述了犯罪事实，其行为具备自首的构成要件，依法属于自首；案发后药家鑫主动递交悔过书，在庭审过程中数次悔罪落泪并一度向被害人家属下跪乞求原谅，以及药家鑫本人及其父母表示愿意积极赔偿被害人家属，从以上这些自首悔罪的行为来看，至少在表面上可看出药家鑫已经认识到其罪行并知道悔改，显示其具有较大的改造可能性，再犯的可能性较小。

综上分析，虽然药家鑫所犯罪行的社会危害性极其严重，但人身危险性并非极高。因此存在适用死刑缓期两年执行的事实可能性。

2. 关于药家鑫是否应当被判处死刑立即执行问题的法律分析

我国《刑法》第四十八条规定，"……对于应当判处死刑的犯罪分子，如果不是必须立即执行的，可以判处死刑同时宣告缓期二年执行"。此外，《意见》第二十八条指出，"……对于罪行极其严重的犯罪分子，论罪应判处死刑的，要坚决依法判处死刑……对于罪行极其严重，但只要是依法可不立即执行的，就不应当判处死刑立即执行"。《政策》对此进一步补充："对于罪行极其严重，但只要具有法定、酌定从轻情节，依法可不立即执行的，就不应当判处死刑立即执行。"关于"依法可不立即执行"的情形，《政策》补充性作出说明："对于自首的故意杀人、故意伤害致人死亡的被告人，除犯罪情节特别恶劣，犯罪后果特别严重的，一般不应考虑判处死刑立即执行。"如前所述，药家鑫在家人的陪同下到公安机关投案，如实供述了杀人事实，且供述相对稳定无任何反复。法院经审理，认定这一行为具备自首的构成要件，依法属于自首。本案中的药家鑫就是自首的故意杀人的被告人，依照《政策》的解释，除非犯罪情节特别恶劣同时犯罪后果特别严重，否则不应判处死刑立即执行。药家鑫在肇事致人伤害后，不但不救助被害人，反而基于私念持尖刀在被害人前胸、后背等部位连捅数刀，致被害人当场死亡，其犯罪情节确实达到了特别恶劣的程度。但药家鑫持刀杀人致一人死亡的后果尚未达到犯罪后果特别严重的程度。因为在司法审判实践中，一般认为故意杀人致一人死亡的为后果严重，致二人以上死亡的为犯罪后果特别严重。本案中的药家鑫在故意杀人后自首，虽然犯罪情节特别恶劣，犯罪后果却尚未达到特别严重的程度。根据上述规定，药家鑫的行为没有同时具备上述两个条件，不应考虑判处死刑立即执行。此外，药家鑫平时表现较好，系初犯、偶犯，愿意积极赔偿受害人家属并在庭审过程中当庭向受害人家属下跪道歉。这些自首悔罪情节亦属于酌定的从轻情节。最高人民法院 2007 年 1 月 15 日发布的《关于为构建社会主义和谐社会提供司法保障的若干意见》明确规定："案发后真诚悔罪并积极赔偿被害人损失的案件，应慎用死刑立即执行。"本案中，药家鑫案发后真诚悔罪并有积极赔偿被害人家属的意愿，休现了其认罪、悔罪的心态。法院在判决时不应仅因为被害人家属断然拒绝接受赔偿而简单地否定被告人行为所构成的酌定从轻情节，更不应因此排除慎用死刑立即执行的可能。

所以笔者认为，药家鑫不应当被判处死刑立即执行，而是应当判处其死刑同时宣告缓期二年执行。此外，鉴于其犯罪手段残忍、罪行极其严重，可以决定对其限制减刑。

（三）相关判例

（1）云南省昆明市中级人民法院《马加爵故意杀人案刑事附带民事判决书》（2004）昆刑一初字第 107 号。

（2）山东省高级人民法院《王志才犯故意杀人案刑事判决书》（2010）鲁刑四终字第 2 - 1 号。

（3）黑龙江省高级人民法院《李飞故意杀人案刑事判决书》（2011）黑刑三终字第 63 号。

（四）法律适用

（1）《中华人民共和国刑法》第四十八条："死刑只适用于罪行极其严重的犯罪分子。对于应当判处死刑的犯罪分子，如果不是必须立即执行的，可以判处死刑同时宣告缓期二年执行。死刑除依法由最高人民法院判决的以外，都应当报请最高人民法院核准。死刑缓期执行的，可以由高级人民法院判决或者核准。"

（2）《中华人民共和国刑法》第五十条："判处死刑缓期执行的，在死刑缓期执行期间，如果没有故意犯罪，二年期满以后，减为无期徒刑；如果确有重大立功表现，二年期满以后，减为二十五年有期徒刑；如果故意犯罪，查证属实的，由最高人民法院核准，执行死刑。对被判处死刑缓期执行的累犯以及因故意杀人、强奸、抢劫、绑架、放火、爆炸、投放危险物质或者有组织的暴力性犯罪被判处死刑缓期执行的犯罪分子，人民法院根据犯罪情节等情况可以同时决定对其限制减刑。"

（3）《中华人民共和国刑法》第六十一条："对于犯罪分子决定刑罚的时候，应当根据犯罪的事实、犯罪的性质、情节和对于社会的危害程度，依照本法的有关规定判处。"

（4）《中华人民共和国刑法》第六十七条第一款："犯罪以后自动投案，如实供述自己的罪行的，是自首。对于自首的犯罪分子，可以从轻或者减轻处罚。其中，犯罪较轻的，可以免除处罚。"

（5）《中华人民共和国刑法》第二百三十二条："故意杀人的，处死刑、无期徒刑或者十年以上有期徒刑；情节较轻的，处三年以上十年以下有期徒刑。"

（五）小结

宽严相济刑事政策已经实施多年，但重刑主义思想仍然根深蒂固。表现在死刑的适用上，司法实践仍以死刑立即执行为原则、死刑缓期两年执行为例外，人身危险性因素在死刑适用标准上未受到应有的重视。为真正贯彻宽严相济刑事政策，在对《刑法》第四十八条的解释上，笔者主张以死缓为原则、死刑立即执行为例外的基本立场，重视人身危险性因素的地位和作用，慎用死刑立即执行。唯有如此，才能真正控制我国死刑的实际执行数量。

九、编者：贾学胜、杨宇文

十、编写时间：2014 年 2 月

习水嫖宿幼女案

一、案例编号（2-07）

二、学科方向：刑法学

三、案例名称：习水嫖宿幼女案

四、内容简介

2007 年至 2008 年间发生于贵州习水的公务人员嫖宿幼女的案件，引发各界对嫖宿幼女罪与强奸罪关系的讨论。公众认为强奸罪是重于嫖宿幼女罪的罪名，对犯罪嫌疑人以嫖宿幼女罪定罪，罚不当罪。实则不然，嫖宿幼女罪的法定最高刑虽然低于强奸罪，但法定最低刑却高于强奸罪。对实践中发生的嫖宿幼女罪一律以强奸罪论处未必就能做到罚当其罪。处理两罪关系的正确之道在于，在正确理解两罪构成要件的基础上，将两罪之间的关系定位为法条竞合，并灵活运用特别法优于普通法和重法优于轻法的法条适用原则。即对于嫖宿幼女的行为，没有加重情节时，根据特别法优于普通法的适用原则，选择嫖宿幼女罪定罪量刑；有加重情节时，根据重法优于轻法的适用原则，选择强奸罪定罪量刑。如此，才能符合罪刑相适应的基本原则，更好地保护幼女的权益。

五、关键词：法条竞合；强奸罪；嫖宿幼女罪

六、具体案情

2007 年 10 月，被告人袁荣会（无业）指使未成年人刘某某（女，1994 年 6 月 1 日出生）、袁某某（男，1993 年 3 月 18 日出生。另案处理）采用威胁等手段，找未成年女学生到袁荣会的住处卖淫以谋利。自 2007 年 10 月至 2008 年 6 月，刘某某、袁某某以"散布隐私"、"注射毒针"、"拍裸照"等言语相威胁，多次强行将贵州省习水县中小学女学生张某（1994 年 9 月出生）、肖某（1994 年 5 月出生）、范某某（1995 年 5 月出生）、罗某、罗某某、李某某、王某某、袁某某、陶某某、何某等十人先后带到袁荣会位于习水县东皇镇佳和市场租住房和东皇镇新华路农贸巷 96 号附 11 号家中，由袁荣会联系他人嫖宿。

2008 年 5 月的一天晚上，被告人冯支洋（习水县第一职业高级中学教师）应袁荣会邀约，到袁的住处嫖宿了幼女张某，支付 100 元。后冯支洋欲再次嫖宿张某，因张身体不适未发生性行为，冯支洋仍支付 100 元。同月另一天，冯支洋到袁的住处嫖宿了幼女范某某，支付 100 元。

2007 年 6 月的一天，被告人陈村（习水县同民镇司法所干部）应袁荣会邀约，到袁的住处嫖宿了幼女范某某，支付 100 元。后陈村欲再次嫖宿范某某，因范身体不适而未发生性行为，陈村仍支付 100 元。

2008 年 5 月，被告人母明忠（习水县人大代表、利民房地产开发公司经理）应袁荣会邀约，先后到袁的住处嫖宿了幼女肖某、张某，分别支付 1 600 元、100 元。

2008 年 5 月的一天，被告人李守明（习水县移民开发办公室主任）应袁荣会邀约，到袁的住处嫖宿了幼女张某，支付 100 元。

2008 年 4 月的一天晚上，被告人黄水亮（习水县人事劳动和社会保障局干部）应袁荣会邀约，到袁的住处嫖宿了幼女张某，支付 100 元。

2008 年 7 月的一天晚上，被告人陈孟然（习水县马临工业经济区土管所副所长）经刘某某联系后，在习水县东方人酒店嫖宿了幼女张某，支付 100 元。

2008 年 5 月的一天，被告人冯勇（个体驾驶员）应袁荣会邀约，到袁的住处嫖宿了幼女范某某，支付 1 500 元。

贵州省遵义市中级人民法院经审理认为，被告人袁荣会以营利为目的，指使、教唆未成年人采取威胁手段，实施精神强制，迫使他人卖淫，其行为已构成强迫卖淫罪。袁荣会先后强迫十名中小学女学生多次卖淫，其中三名为不满十四周岁的幼女，并教唆不满十八周岁的人犯罪，犯罪情节特别严重，社会危害性大，应依法从重处罚。袁荣会及其辩护人所提袁荣会主观上不具有强迫卖淫的故意，其行为应认定为容留卖淫罪的辩解和辩护意见，与查明的事实和在案证据不符，不予采纳。被告人冯支洋、陈村、母明忠、李守明、黄水亮、陈孟然、冯勇嫖宿不满十四周岁的幼女并支付嫖资，其行为均已构成嫖宿幼女罪。冯支洋、陈村、李守明、黄水亮、陈孟然身为国家工作人员，知法犯法，其犯罪行为严重侵害幼女的身心健康和社会管理秩序，犯罪情节恶劣，危害后果严重，严重败坏了国家工作人员的声誉，社会影响极坏。其中，冯支洋嫖宿幼女2人3次；陈村嫖宿幼女1人2次；母明忠嫖宿幼女2人2次；冯勇、李守明、黄水亮、陈孟然分别嫖宿幼女1人1次，均应依法惩处。母明忠协助公安机关抓获李守明，具有立功表现，可依法从轻处罚。冯支洋等七人及其辩护人所提没有嫖宿幼女，不知道对方是不满十四周岁的幼女以及公安机关有刑讯逼供行为等辩解和辩护意见，与查明的事实、在案证据以及相关法律规定不符，均不予采纳。依照《中华人民共和国刑法》第三百五十八条第一款、第三百六十条第一款、第二十九条第一款、第五十五条第一款、第五十六条第一款、第五十七条第一款、第六十八条第一款之规定，判决如下：

（1）被告人袁荣会犯强迫卖淫罪，判处无期徒刑，剥夺政治权利终身，并处没收个人全部财产；

（2）被告人冯支洋犯嫖宿幼女罪，判处有期徒刑14年，剥夺政治权利4年，并处罚金人民币1.5万元；

（3）被告人陈村犯嫖宿幼女罪，判处有期徒刑12年，剥夺政治权利2年，并处罚金人民币1.2万元；

（4）被告人母明忠犯嫖宿幼女罪，判处有期徒刑10年，并处罚金人民币1万元；

（5）被告人李守明犯嫖宿幼女罪，判处有期徒刑7年，并处罚金人民币7 000元；

（6）被告人黄水亮犯嫖宿幼女罪，判处有期徒刑7年，并处罚金人民币7 000元；

（7）被告人陈孟然犯嫖宿幼女罪，判处有期徒刑7年，并处罚金人民币7 000元；

（8）被告人冯勇犯嫖宿幼女罪，判处有期徒刑 7 年，并处罚金人民币 7 000 元。

一审宣判后，冯支洋、陈村、母明忠、李守明、黄水亮、陈孟然、冯勇均向贵州省高级人民法院提出上诉。

贵州省高级人民法院经二审审理认为，原审判决认定的事实清楚，证据确实、充分，定罪准确，量刑适当，审判程序合法。依照《中华人民共和国刑事诉讼法》第一百八十九条第（一）项的规定，裁定驳回上诉，维持原判。①

七、案例来源

《贵州省遵义市中级人民法院刑事判决书》（2009）遵市法刑一初字第 42 号。

八、案情分析

（一）争议焦点

习水嫖宿幼女案经媒体报道后，引发了社会公众的强烈愤慨，纷纷呼吁司法机关对犯罪分子严加惩处。遵义市政法委书记要求司法机关对嫖宿幼女罪的法定刑顶格处理。然而，许多民众和学者认为对犯罪嫌疑人的行为不应按嫖宿幼女罪定罪，而应按照强奸罪论处。司法机关认为，强奸罪的起点刑是三年有期徒刑，而嫖宿幼女罪的起点刑是五年有期徒刑，按照嫖宿幼女罪处理是为了严厉打击犯罪分子，保护幼女权益。但批评者认为，尽管强奸罪的起点刑是三年有期徒刑，但最高刑是死刑，而嫖宿幼女罪的起点刑虽然高于强奸罪，但最高刑只有十五年有期徒刑，"所谓量刑起点更高的嫖宿幼女罪很可能是一个道貌岸然的幌子"②。以上争议的本质在于如何认识刑法中的强奸罪与嫖宿幼女罪以及它们之间的关系，具体到本案，就是对案件中嫖宿幼女的行为到底应以何罪论处。

---

① 案号：一审，（2009）遵市法刑一初字第 42 号；二审，（2009）黔高刑一终字第 245 号。转引自徐琛：《习水嫖宿幼女案的审查与认定》，《人民司法》2010 年第 6 期。

② 参见雷成：《此案还有没有漏网之鱼——贵州习水 5 名公职人员涉嫌嫖宿幼女案开庭审理》，《中国青年报》，2009 年 4 月 9 日。

（二）法理分析

1. 嫖宿幼女罪的构成要件

《刑法》第三百六十条第二款规定："嫖宿不满十四周岁的幼女的，处五年以上有期徒刑，并处罚金。"据此，本罪的客观构成要件是：行为是嫖宿；行为对象是不满十四周岁的幼女；主观构成要件是嫖宿的故意，具体内容是明知对方是不满十四周岁的幼女，而与之发生嫖宿关系的心理态度。

正确理解嫖宿幼女罪的构成要件，关键是如何认定"嫖宿"的具体含义。有学者认为，嫖宿幼女，是指以交付金钱或者其他财物为代价，与卖淫幼女发生性交或者从事其他猥亵活动。[①] 有学者认为，嫖宿幼女，是指以交付金钱或者其他财物为代价，与卖淫幼女性交或者实施类似性交的行为；嫖宿行为以对方主动、自愿卖淫或者基于某种原因正在进行卖淫活动为前提。[②] 还有学者认为，嫖宿幼女的行为可以分解为以下构成要素：行为对象为卖淫幼女，行为前提为卖淫幼女事先同意，行为性质为钱色交易，行为方式为性交、类似性交和猥亵。[③] 在笔者看来，认定"嫖宿"含义需要从以下两个方面着手：第一，在"嫖宿"的具体内容上，嫖宿的行为内容是否包括类似性交和其他猥亵行为；第二，嫖宿是否以自愿为原则。

"嫖宿"的含义。嫖宿的本来含义是指嫖妓并在一起过夜的行为，然而，嫖宿幼女罪的保护法益是善良性风俗和幼女的身心健康，以保护法益为指导来解释该罪的构成要件要素，嫖宿幼女罪中的嫖宿行为，显然重点在于"嫖"而不是"宿"。具体而言，嫖宿幼女罪中的"嫖宿"，既包括了"嫖"且"宿"的行为，也包括只"嫖"不"宿"的行为，但不能包括不"嫖"只"宿"的行为。

既然嫖宿的重点在于"嫖"，则嫖宿与嫖妓、嫖娼在刑法学上的实质含义相同，而嫖妓、嫖娼是与卖淫相对的行为，二者尽管指称的行为主体不同，但行为的实质内容相同。因此，刑法上如何理解卖淫的内容，就应该如何理解嫖宿的内容。卖淫的原本含义是指女性以营利为目的，向不特

---

① 高铭暄、马克昌：《刑法学》（第5版），北京：北京大学出版社2011年版，第602页。

② 张明楷：《刑法学》（第4版），北京：法律出版社2011年版，第1026页。

③ 参见叶良芳：《存与废：嫖宿幼女罪罪名设立之审视》，《法学杂志》2009年第6期。

定男性提供性交服务以满足对方性欲的行为。后来，随着女权主义和男女平等观念等的日益普及，社会观念逐渐认为男性也可成为卖淫的主体。1992 年 12 月 11 日最高人民法院、最高人民检察院《关于执行〈全国人民代表大会常务委员会关于严禁卖淫嫖娼的决定〉的若干问题的解答》中指出：组织、协助组织、强迫、引诱、容留、介绍他人卖淫中的"他人"，主要是指女人，也包括男人。至此，男性也可成为卖淫的主体有了明确的依据。2003 年 1 月至 8 月，犯罪嫌疑人李宁组织男性向同性恋者提供性服务，2004 年 2 月 17 日南京市秦淮区人民法院作出（2004）秦刑初字第 11 号刑事判决，认定李宁的行为构成组织卖淫罪，同年 4 月 20 日南京市中级人民法院维持了该判决。至此，同性之间提供类似性交服务的行为也构成卖淫。因此，关于"卖淫"行为内容的下述界定，应是目前理论界和实务界主流的观点：卖淫，是指以营利为目的，满足不特定对方（不限于异性）的性欲的行为，包括与不特定的对方发生性交和实施类似性交行为（如口交、肛交等）。组织女性向女性、男性向男性实施口交、肛交等类似性交行为的，也成立本罪；但是，组织他人单纯为异性手淫的，组织女性用乳房摩擦男性生殖器的，组织女性被特定人"包养"的，不应认定为组织卖淫罪。①

如果"卖淫"的行为内容包括了性交和类似性交行为，那"嫖宿"的行为内容也应是指性交和类似性交行为，其他性服务归入猥亵的范畴，在目前暂属社会治安法的规制范围，不宜纳入刑法的规制范围。从行为主体上看，嫖宿当然不限于男性，既然男性可作为卖淫的行为主体，嫖宿的行为主体当然也应该包括女性。对嫖宿幼女罪而言，行为主体既可为男性也可为女性，其行为内容是指与幼女发生性交或者类似性交关系的行为。

关于"自愿"。嫖宿幼女是否以幼女自愿为前提，学界大都持肯定的观点。② 然而，如果嫖宿幼女罪以自愿为原则，那就意味着在与卖淫幼女发生性关系且没有《刑法》第二百三十六条第三款所规定的情形时，行为人的行为构成嫖宿幼女罪，应处以五年以上十五年以下有期徒刑，而在行为人与不自愿幼女发生性关系时，其行为构成奸淫幼女型强奸罪，应处以

---

① 参见张明楷：《刑法学》（第 4 版），北京：法律出版社 2011 年版，第 1021 页。

② 参见高铭暄、马克昌：《刑法学》（第 5 版），北京：北京大学出版社 2011 年版，第 602 页；张明楷：《刑法学》（第 4 版），北京：法律出版社 2011 年版，第 1026 页；车浩：《强奸罪与嫖宿幼女罪的关系》，《法学研究》2010 年第 2 期。

三年以上十年以下有期徒刑。前行为的危害性明显轻于后行为，但后者的刑罚却轻于前者，这违反罪刑相适应的原则。而且，众所周知，在奸淫幼女型强奸罪中，立法上并不承认幼女有"同意"的能力，因此，即便在幼女同意的情况下与幼女发生性关系，也可构成强奸罪。为什么在强奸罪中不承认幼女有"同意"能力，而在嫖宿幼女罪中却承认幼女有"同意"能力？站在法益保护的立场上，不论幼女是否同意，嫖宿幼女的行为都侵犯了善良性风俗和幼女的身心健康，因此，没有理由将"自愿"作为构成嫖宿幼女罪的前提。笔者认为，在嫖宿成年妇女的场合，嫖宿以妇女同意为前提，换言之，如果在妇女同意的情况下与成年妇女发生性关系或者类似性交关系的行为，是嫖宿；如果在该妇女不同意的情况下与妇女发生性关系或者类似性交关系的行为，则应以强奸罪或者强制猥亵、侮辱妇女罪论处；如果行为对象为幼女时，则不论幼女是否同意，其支付对价而与幼女发生性交或者类似性交关系的行为，都属于嫖宿幼女的行为。换言之，嫖宿幼女，并不以"自愿"为前提。

综上所述，嫖宿幼女罪，是指与卖淫幼女发生性交或者类似性交关系的行为；不论卖淫幼女是否自愿，支付对价与卖淫幼女发生性交或者类似性交关系的行为，都构成嫖宿幼女罪。

2. 强奸罪与嫖宿幼女罪之间的关系

关于奸淫幼女型强奸罪（即《刑法》第二百三十六条第二款）与嫖宿幼女罪之间的关系，目前主要有三种观点：其一是通说的观点，认为二者是法条竞合的关系，其中规定奸淫幼女型强奸罪的法条是普通法条，嫖宿幼女罪的法条是特别法条，二者的法条适用规则是特别法优于普通法适用；① 其二认为，嫖宿幼女罪与奸淫幼女型强奸罪之间是互斥关系，认为应以是否存在有效同意为界，将与幼女发生性关系的行为分别认定为嫖宿幼女罪和强奸罪，而有效同意的判断则取决于行为对象是否为卖淫幼女，如为卖淫幼女，则肯定其有性同意能力，反之，则否定其有性同意能力；② 其三认为，嫖宿幼女罪与奸淫幼女型强奸罪之间存在想象竞合或者法条竞合的关系，作为想象竞合犯处理时，应适用从一重处断的原则；作为法条竞合处理时，通常应适用特别法，但例外情况下，应适用重法优于轻法的

① 参见童德华：《嫖宿幼女行为的法条竞合问题》，《法学杂志》2009 年第 6 期。
② 参见车浩：《强奸罪与嫖宿幼女罪的关系》，《法学研究》2010 年第 2 期。

规则。①

根据第一种观点，行为人嫖宿幼女的行为既符合嫖宿幼女罪的犯罪构成，也符合奸淫幼女型强奸罪的犯罪构成，应选择特别法适用，即以嫖宿幼女罪论处；即便行为人嫖宿幼女且具有《刑法》第二百三十六条第三款规定的情形，即嫖宿幼女多人，在公共场所当众嫖宿幼女，二人以上嫖宿幼女，致使被嫖宿幼女重伤、死亡等情况下，也应以嫖宿幼女罪论处。这明显有违罪刑相适应的原则。

根据第二种观点，则奸淫幼女型强奸罪与嫖宿幼女罪是完全不存在重合的两种犯罪，但这不符合立法和司法现实。首先，两罪的客观行为均是与幼女发生性关系，均侵犯幼女的身心健康，尽管《刑法》将嫖宿幼女罪规定在"妨害社会管理秩序罪"一章中的"组织、强迫、引诱、容留、介绍卖淫罪"一节，意在保护社会善良性风俗，但立法规定的只是嫖宿幼女罪而不是嫖宿妇女罪，说明立法者还要保护幼女的身心健康。换言之，嫖宿幼女的行为，不仅侵犯了社会善良性风俗，也侵犯了幼女的身心健康。这也是为什么立法者规定嫖宿幼女罪的法定刑重于不具有加重情节的奸淫幼女型强奸罪的法定刑的原因。因此，无视二者之间的重合性，将二者界定为互斥关系是不妥的。其次，按照互斥论的观点，致使卖淫幼女重伤、死亡的嫖宿幼女行为也只能按照嫖宿幼女罪处罚，这有违罪刑相适应的原则。此一缺陷前文已有论述，此不赘述。再次，互斥论还导致事实认识错误的处理难题。根据互斥论的观点，行为人意欲嫖宿幼女，但事实上与非卖淫幼女发生性关系的，因为客观上没有与卖淫幼女发生性关系的行为，因此只能构成嫖宿幼女罪未遂或者不构成犯罪。反之，行为人意欲奸淫幼女，但事实上与卖淫幼女发生性关系的，只能成立强奸罪未遂或者不以犯罪论处。行为人具有犯罪故意，客观上也实施了侵犯法益的行为，结局却是以未遂犯或不以犯罪论处，这难以获得人们的认同。如果将嫖宿幼女罪与奸淫幼女型强奸罪认定为法条竞合的关系，就可以合理处理这一问题，即对于第一种和第二种情形，均应以强奸罪既遂论处。

笔者基本同意第三种观点。

法条竞合情况下的法条适用规则分为三种情况。第一，在法律明文规定特别法优于普通法适用时，应适用特别法。例如，《刑法》第二百六十六条规定的诈骗罪与《刑法》分则第三章第五节规定的金融诈骗罪之间是

---

① 参见张明楷：《刑法学》（第4版），北京：法律出版社2011年版，第1026～1027页。

普通法与特别法的关系，但第二百六十六条在规定了诈骗罪的罪状和法定刑之后，明文规定"本法另有规定的，依照规定"。此即《刑法》明文规定了法条竞合的适用规则是"特别法优于普通法"。第二，在法律明文规定重法优于轻法适用时，适用重法。例如，《刑法》分则第三章第一节规定了"生产、销售伪劣商品罪"，其中第一百四十条规定了生产、销售伪劣产品罪，第一百四十一条至第一百四十八条规定的是生产、销售特定伪劣产品的犯罪，第一百四十九条第二款规定："生产、销售本节第一百四十一条至第一百四十八条所列产品，构成各该条规定的犯罪，同时又构成本节第一百四十条规定之罪的，依照处罚较重的规定定罪处罚。"此即《刑法》明文规定法条竞合的情况下"重法优于轻法"的适用规则。第三，在法律未明文规定法条竞合的适用规则时，通常应选择特别法，但适用普通法更符合罪刑相适应的要求时，应选择适用普通法。例如，《刑法》第二百二十四条规定合同诈骗罪的法条与第一百九十八条规定保险诈骗罪的法条之间是一般法与普通法的关系，但合同诈骗罪的法定最高刑是无期徒刑，而保险诈骗罪的法定最高刑是十五年有期徒刑。在保险诈骗犯罪中，在骗取财物数额特别巨大的情况下，如果仍以保险诈骗罪论处无疑不符合罪刑相适应的原则，而合同诈骗罪条款中又没有"本法另有规定的，依照规定"的禁止适用普通法的规定，因此，对实施保险诈骗数额特别巨大的情形，就应以合同诈骗罪论处。之所以如此处理，是因为法条竞合可分为两种类型，其一，立法者有明确的适用特别法的意图时，会在普通法条款中作出"本法另有规定的，依照规定"的规定；其二，立法者没有明确的适用特别法的意图，此时要么明确规定"重法优于轻法适用"，要么未作任何规定。此时，应根据罪刑相适应的基本原则选择法条适用，在适用特别法能满足罪刑相适应的要求时，基于特别法是特殊规定的立法精神，应适用特别法，但适用特别法与罪刑相适应相悖时，则应适用普通法。

截然区分想象竞合和法条竞合，是理论上的难题。但一般而言，想象竞合是因具体犯罪事实的发生而使法条之间产生关系，法条竞合是指法条之间本来就存在的竞合关系。例如，盗窃罪与破坏交通设施罪的法条之间本来是没有关系的，但如果行为人盗窃了正在使用的公路上的井盖，则使盗窃罪法条和破坏交通设施罪的法条之间产生了关系，这就属于想象竞合的情况；而盗窃罪与盗窃枪支罪的法条之间，即便没有具体的犯罪事实，两个法条之间也存在竞合关系，此即法条竞合。从这一立场出发，应该认为奸淫幼女型强奸罪与嫖宿幼女罪之间存在法条竞合的关系，二者在明知行为对象是幼女而与幼女发生性关系这一点上是重合的，而不应以想象竞合犯的观点来解释两罪之间的关系。

在认定《刑法》第三百六十条第二款的嫖宿幼女罪和第二百三十六条第三款的奸淫幼女型强奸罪之间是法条竞合关系的前提下，对于实践中发生的嫖宿幼女行为，应按照下列情况认定和处理：①行为人嫖宿幼女，未发生《刑法》第二百三十六条第三款规定的加重情形的，应按照嫖宿幼女罪定罪量刑，即处五年以上有期徒刑，并处罚金；②行为人嫖宿幼女，且发生了《刑法》第二百三十六条规定的加重情形之一的，应按照奸淫幼女型强奸罪定罪量刑，即处十年以上有期徒刑、无期徒刑或者死刑。嫖宿幼女不以幼女同意为前提条件。

3. 对法院判决的评价

根据上文关于嫖宿幼女罪和奸淫幼女型强奸罪关系的界定，本案中被告人冯支洋、陈村、母明忠因嫖宿幼女多人，因此应按照奸淫幼女型强奸罪定罪，适用加重处罚的法定刑；被告人李守明、黄水亮、陈孟然、冯勇应以嫖宿幼女罪论处。法院对冯支洋、陈村、母明忠处以嫖宿幼女罪，没有看到他们行为的本质是对幼女的奸淫行为。如果有人在嫖宿幼女过程中致幼女重伤、死亡，也许就会体会到将其行为认定为奸淫幼女型强奸罪的必要性了。因为只有看到嫖宿幼女罪奸淫幼女的本质，才可能对犯罪嫌疑人适用十年以上有期徒刑、无期徒刑或者死刑的法定刑。

（三）相关判例[①]

2011 年 10 月，陕西略阳县发生了一起多名镇干部嫖宿幼女的案件，法院最终也以嫖宿幼女罪对各被告人处以 5—7 年不等的刑罚。

（四）法律适用

（1）《中华人民共和国刑法》第二百三十六条："以暴力、胁迫或者其他手段强奸妇女的，处三年以上十年以下有期徒刑。奸淫不满十四周岁的幼女的，以强奸论，从重处罚。强奸妇女、奸淫幼女，有下列情形之一的，处十年以上有期徒刑、无期徒刑或者死刑：（一）强奸妇女、奸淫幼女情节恶劣的；（二）强奸妇女、奸淫幼女多人的；（三）在公共场所当众

---

① 参见《陕西略阳嫖宿幼女案》，百度百科；《陕西略阳嫖宿幼女案 7 名被告获刑 3 至 7 年》，http：//news. sina. com. cn/c/2012－03－03/040924051214. shtml，2014 年 9 月 24 日。

强奸妇女的；（四）二人以上轮奸的；（五）致使被害人重伤、死亡或者造成其他严重后果的。"

（2）《中华人民共和国刑法》第三百六十条第二款："嫖宿不满十四周岁的幼女的，处五年以上有期徒刑，并处罚金。"

（五）小结

实践中，时常听到对刑法条文的批评，这种批评多源于对法律条文的不当解读。嫖宿幼女罪的命运也是如此。在笔者看来，将嫖宿幼女罪与奸淫幼女型强奸罪之间的关系解读为法条竞合关系，这不仅是罪刑相适应的基本要求，也能满足社会大众通过罪刑规范更好保护幼女权益的吁求。

九、编者：贾学胜

十、编写时间：2013 年 12 月

许霆盗窃案

一、案例编号（2-08）

二、学科方向：刑法学

三、案例名称：许霆盗窃案

四、内容简介

2006 年 4 月 21 日晚 9 时许至 22 日凌晨 1 时左右，许霆在得知自动柜员机出错且自己账户内只有 170 多元的情况下，在三个时间段内从银行自动柜员机取款 17 万多元。广州市中级人民法院认为许霆的行为已构成盗窃罪，属于盗窃金融机构数额特别巨大的盗窃罪，对许霆处以无期徒刑。判决公布后，舆论一片哗然。围绕不当得利、盗窃罪、侵占罪、信用卡诈骗罪，社会各界对许霆行为的性质展开了激烈的争论。最终该案经过再审后被改判为五年有期徒刑。笔者认为：许霆的行为构成盗窃罪，且属于盗窃金融机构数额特别巨大的盗窃罪；银行的过错或许可以成为对许霆减轻处罚的理由，但不能由此否定许霆行为的性质；法院改判后的刑期选择不严谨，有违立法精神。

五、关键词：盗窃罪；侵占罪；信用卡诈骗罪；不当得利

六、具体案情

2006 年 4 月 21 日 21 时许，被告人许霆到广州市天河区黄埔大道西平云路 163 号的广州市商业银行自动柜员机（ATM）取款，同行的郭安山（已判刑）在附近等候。许霆持自己不具备透支功能、余额为 176.97 元的银行卡准备取款 100 元。当晚 21 时 56 分，许霆在自动柜员机上无意中输入取款 1 000 元的指令，柜员机随即出钞 1 000 元。许霆经查询，发现其银行卡中仍有 170 余元，意识到银行自动柜员机出现异常，能够超出账户余额取款且不能如实扣账。许霆于是在 21 时 57 分至 22 时 19 分、23 时 13 分至 19 分、次日零时 26 分至 1 时 6 分三个时间段内，持银行卡在该自动柜员机指令取款 170 次，共计取款 174 000 元。许霆告知郭安山该台自动柜员机出现异常后，郭安山亦采用同样手段取款 19 000 元。同月 24 日下午，许霆携款逃匿。

广州市商业银行发现被告人许霆账户交易异常后，经多方联系许霆及其亲属，要求退还款项未果，于 2006 年 4 月 30 日向公安机关报案。公安机关立案后，将许霆列为犯罪嫌疑人上网追逃。2007 年 5 月 22 日，许霆在陕西省宝鸡市被抓获归案。案发后，许霆及其亲属曾多次与银行及公安机关联系，表示愿意退赔银行损失，但同时要求不追究许霆的刑事责任。许霆最终并未退还赃款。

另查明，2006 年 4 月 21 日 17 时许，运营商广州某公司对涉案的自动柜员机进行系统升级。4 月 22 日、23 日是双休日。4 月 24 日（星期一）上午，广州市商业银行对全行离行式自动柜员机进行例行检查时，发现该机出现异常，即通知运营商一起到现场开机查验。经核查，发现该自动柜员机在系统升级后出现异常，1 000 元以下（不含 1 000 元）取款交易正常；1 000 元以上的取款交易，每取款 1 000 元按 1 元形成交易报文向银行主机报送，即持卡人输入取款 1 000 元的指令，自动柜员机出钞 1 000 元，但持卡人账户实际扣款 1 元。

潜逃一年的许霆，17.5 万元赃款因投资失败而挥霍一空，2007 年 5 月在陕西宝鸡火车站被警方抓获。广州市中级人民法院审理后认为，被告许霆以非法侵占为目的，伙同同案人采用秘密手段，盗窃金融机构，数额特别巨大，行为已构成盗窃罪，遂判处无期徒刑，剥夺政治权利终身，并处

没收个人全部财产。

一审法院判处的无期徒刑一经曝光，公众和法律界人士对广州市中级人民法院一审判决的结果进行了严厉且高度一致的批评，并且引发了社会舆论的强烈讨论。舆论普遍认为银行在案件发生的过程中是有过错的，对于盗窃17万多就判处无期徒刑，与贪污或者受贿数百万甚至上千万的职务犯罪的量刑形成了巨大反差。此外，还有人提出，许霆的行为不应构成盗窃罪，有的认为应属不当得利，有的认为属于侵占罪，还有的认为属于信用卡诈骗罪。在舆论的巨大压力下，广东省高级人民法院在接到许霆的上诉后，将案件上报给了最高人民法院。最高人民法院认为，本案情况特殊，尽管许霆的行为属于盗窃金融机构，但刑不致无期，批准可以适用《刑法》第六十三条第二款的"减轻处罚"规定。得到最高人民法院核准后，广东省高级人民法院以"法律适用不当"为由，将案件发回广州市中级人民法院重新审理。

2008年3月，广州市中级人民法院经重新审理后认为，被告人许霆以非法占有为目的，采用秘密手段窃取银行经营资金的行为，已构成盗窃罪。许霆案发当晚21时56分第一次取款1 000元，是在正常取款时，因自动柜员机出现异常，无意中提取的，不应视为盗窃，其余170次取款，其银行账户被扣账的174元，不应视为盗窃，许霆盗窃金额共计173 826元。公诉机关指控许霆犯罪的事实清楚，证据确实、充分，指控的罪名成立。许霆盗窃金融机构，数额特别巨大，依法本应适用"无期徒刑或者死刑，并处没收财产"的刑罚。鉴于许霆是在发现银行自动柜员机出现异常后产生犯意，采用持卡窃取金融机构经营资金的手段，其行为与有预谋或者采取破坏手段盗窃金融机构的犯罪有所不同；从案发具有一定偶然性看，许霆犯罪的主观恶性尚不是很大。根据本案具体的犯罪事实、犯罪情节和对于社会的危害程度，对许霆可在法定刑以下判处刑罚。依照《中华人民共和国刑法》第二百六十四条、第六十三条第二款、第六十四条和最高人民法院《关于审理盗窃案件具体应用法律若干问题的解释》第三条、第八条的规定判决如下：

（1）被告人许霆犯盗窃罪，判处有期徒刑五年，并处罚金两万元。刑期从判决执行之日起计算。判决执行以前先行羁押的，羁押一日折抵刑期一日，即自2007年5月22日起至2012年5月21日止。罚金自本判决发生法律效力的第二日起一个月内向本院缴纳。

（2）追缴被告人许霆的犯罪所得173 826元，发还受害单位。

　　许霆不服，再度提出上诉。2008 年 5 月 23 日，广东省高级人民法院驳回上诉，维持原判。

七、案例来源

　　《广东省广州市中级人民法院刑事判决书》（2008）穗中法刑二重字第 2 号；《广东省高级人民法院刑事裁定书》（2008）粤高法刑一终字第 170 号。

八、案情分析

（一）争议焦点

　　本案的争议焦点主要体现在两个方面：其一是许霆行为的法律性质到底为何？是民法上的不当得利，还是盗窃罪、侵占罪，抑或是信用卡诈骗罪？其二是应当如何看待法院对许霆案的量刑（包括第一次无期徒刑的量刑和重新审理后的五年有期徒刑的量刑）？

　　第一种观点认为许霆的行为构成盗窃罪，但量刑过重。在支持盗窃罪定性方面，因为对盗窃是否限于"秘密窃取"存在不同的看法，因此又存在两种说明的理由。其一认为，许霆客观上实施了秘密窃取取款机内资金的行为，主观上具有非法占有的目的，符合盗窃罪的主客观要件。他第一次想取 100 元时取款机却吐出 1 000 元，是出乎他的预料的。即使他将多取的钱占为己有，也是属于善意取得，即民法上的不当得利。但是，在他明知取款机出现故障，如此操作有利可图时，遂连续操作 170 次，累计取款 17 余万元。显然，他是产生了非法占有银行资金的目的，在此目的的支配下，利用取款机出现故障之机，以合法形式占有了银行的巨额资金，而这一过程都是在资金所有者——银行不知情的情况下进行的。因此，许霆的行为构成盗窃罪。[①] 其二认为，盗窃是指以非法占有为目的，违反被害人的意志，将他人占有的财物转移给自己或者第三者占有的行为。许霆的行为符合盗窃的特征。首先，非法占有的目的是指利用财物和排除他人权利的意思，许霆在发现了 ATM 机的故障后取走 17 余万元的行为，明显具有利用意思和排除意思，因此具有非法占有的目的；其次，许霆的行为是

---

　　① 参见王作富：《许霆构成盗窃罪》，《人民法院报》，2008 年 4 月 2 日；陈兴良：《许霆案的法理分析》，《人民法院报》，2008 年 4 月 1 日。

违反银行管理者意志的行为；再次，盗窃的对象，只能是他人事实上占有的财物，只要行为人事实上没有占有某财物，即使其法律上占有了该财物，该财物也能成为行为人盗窃的对象，本案中许霆盗窃的是银行占有的现金；最后，盗窃的行为特征是转移财物的占有，其方式没有特别限定，就转移占有的取得型财产罪而言，只要不是符合其他财产罪特征的行为，就可能被评价为盗窃行为，许霆的行为符合盗窃的行为特征。①

在量刑方面，有学者认为，许霆的行为确实属于盗窃金融机构、数额巨大的行为，按照《刑法》规定和相关司法解释，应判处无期徒刑或者死刑，但该案件具有特殊性，适用该法定性量刑过重，本案又无法定的减轻处罚情节，因此应考虑适用《刑法》第六十三条的规定，根据本案特殊情况，报请最高人民法院核准在法定刑以下判处刑罚。② 有学者认为，之所以应对许霆适用特殊减刑规定，一是因为银行明显存在过错；二是因为许霆行为的违法程度轻，许霆是利用自动取款机的故障而窃取财物，这和采用破坏自动取款机甚至非法潜入金融机构的盗窃行为相比，客观违法程度轻；三是责任程度轻，银行的过错产生了巨大的金钱诱惑，从而诱发了许霆的犯罪，许霆行为的期待可能程度有所降低。③ 还有学者认为，许霆案件的量刑过重，有两个避免这一结果的途径，一是适用《刑法》第六十三条第二款减轻处罚；二是认定许霆的行为属于盗窃金融机构，但不认为其盗窃数额特别巨大。采取这一途径时法官必须作出说明：司法解释所规定的数额特别巨大的标准，是就一般盗窃而言。至于在盗窃金融机构的案件中，应当适用"无期徒刑或者死刑"这一法定刑的"数额特别巨大"标准是多少，司法解释并无明确规定，考虑本案的特殊情况，判处无期徒刑过重，故可以认为许霆盗窃金融机构的数额，并没有达到应当判处无期徒刑或者死刑的"特别巨大"标准，因而只能适用"十年以上有期徒刑或者无期徒刑"的法定刑。④

第二种观点认为许霆的行为应构成诈骗罪。具体又分为两种，其一是认为构成信用卡诈骗罪，其二是认为构成普通诈骗罪。有学者认为，许霆的行为构成信用卡诈骗罪。理由是：第一，相对于普通诈骗罪以自然人因

---

① 参见张明楷：《许霆案的定罪与量刑》，《人民法院报》，2008 年 4 月 1 日。
② 参见王作富：《许霆构成盗窃罪》，《人民法院报》，2008 年 4 月 2 日。
③ 陈兴良：《许霆案的法理分析》，《人民法院报》，2008 年 4 月 1 日。
④ 参见张明楷：《许霆案的定罪与量刑》，《人民法院报》，2008 年 4 月 1 日。

被欺诈陷于错误而交付（处分）财物为成立条件，使用计算机诈骗、信用卡诈骗是特殊的诈骗类型，在后者的情况下，机器本身并不能受骗，只是由于机器是按人的意志来行事的，机器背后的人可能受骗，受欺骗具有间接性；同时，人处分财物也具有间接性，即由计算机代替人处分财物，并非是人直接处分财物。正因为如此，各国才会在立法上专门设立使用计算机诈骗、信用卡诈骗罪。第二，许多国家（如德国、日本等国）在刑法中增设了"利用计算机诈骗罪"，将其视为诈骗罪的一种特殊类型（但并未用"使用计算机盗窃"的罪名，也未将其作为盗窃罪的一种特殊类型看待）。有些没有单独设罪的国家，刑法对使用计算机诈骗也是明文规定以诈骗罪论处（并非是以盗窃罪论处）。如瑞典《刑法》第9章第1条第2款规定："输入不正确或不完整的信息，或者修改程序或记录，或者使用其他手段非法影响自动数据处理或其他类似自动处理的结果，致使行为人获利而他人受损的，也以欺诈罪论处。"日本《刑法》中规定了利用计算机诈骗罪，但该罪仅限于利用计算机骗取财产性利益这一种情形，因此，恶意非法利用信用卡在ATM机上直接取款的行为只能构成盗窃罪，但这不具有合理性，不足以成为盗窃论者的理由。第三，直接拿走他人占有的财物与经他人交付拿走其财物，是盗窃与诈骗的重要区别所在，而非法使用信用卡在ATM机上恶意取款，是将有关信用卡的信息资料输入ATM机的信息系统，ATM机按人事先设定的程序作出判断后，才将钱送到ATM机外部窗口的，实际上是机器把钱送到取款人手中的，或者说是机器代替银行工作人员将钱款交付给取款者的。第四，刑法中的信用卡包括借记卡，普通的借记卡并不具有透支的功能，但许霆所用借记卡事实上已具有了透支功能，因此，许霆的行为属于"恶意透支"行为。第五，根据有关司法解释，在信用卡诈骗罪中，信用卡诈骗数额在20万元以上才算"数额特别巨大"，许霆案的数额还只是在"数额巨大"的范围内，应在五年以上十年以下的法定刑幅度内量刑，如此法律适用不会遭受量刑过重的质疑。①

还有学者提出：智能机器人具有一定的人的思维能力与认识能力乃至情感表达能力，具有"人"的诸多特征，已经在越来越广泛的领域事实上扮演了有关人员的角色，ATM机实际上就是柜员制度中的负责存取款的自动柜员（机器人），由于ATM机完全代行了银行职员的职能，对ATM机器人的欺骗本质上就是对银行柜员的欺骗；许霆的行为实质上是对ATM机

---

① 参见刘明祥：《在ATM机上取款行为不应定盗窃罪》，《检察日报》，2008年1月8日。

进行了不诚实的欺诈性操作，但不符合《刑法》第一百九十六条规定的行为之一，因此，只能按照普通诈骗罪定罪；其诈骗数额属于诈骗罪中的"数额巨大"，应适用的量刑幅度是三年以上十年以下。①

第三种观点认为许霆的行为应构成侵占罪。侵占罪论者认为：代为保管既包括双方当事人之间明确的委托保管关系，还应包括行为人未经委托而自行保管他人财物的情况，不当得利属于代为保管的一种情况；许霆取得款项后即为获得了不当得利，获得款项后逃匿，即为拒不退还保管物，因此构成侵占罪。②

第四种观点认为许霆的行为属于民法上的不当得利，不构成犯罪。无罪论者认为：从事件的形成原因来看，许霆的行为起因是 ATM 机出现故障，责任无疑在银行，而不在许霆；许霆并不是以故意破坏 ATM 机的手段而获取非法利益的，而是利用银行本身的过错顺便获得非法利益的；这一钱款本非许霆所有，许霆也无获取这一钱款的合法根据。因而，许霆的行为属于民法上的不当得利，许霆应及时归还失款银行。③

（二）法理分析

1. 本案的定性问题

首先，许霆的行为不属于民法上的不当得利。《民法通则》第九十二条规定："没有合法根据，取得不当利益，造成他人损失的，应当将取得的不当利益返还受损失的人。"构成不当利益须具备四个条件：第一，一方获得利益；第二，另一方遭受损失；第三，所获利益与所受损失之间具有因果关系；第四，获得利益没有法律上的根据，也无合同上的约定。不当得利是民法上的一种债，其产生是基于一方或双方的误解，或者由于第三人的原因所致。换言之，不当得利的发生，并非获利者预谋的结果。详言之，在获得不当利益之前，获利人主观上没有非法占有他人财物的目的和故意，客观上没有积极实施获取不当利益的行为，而是被动获得利益。正因为如此，不当得利之债的履行，仅仅是返还不当得利而已，不会因此

---

① 参见谢望原：《许霆案的深层解读：无情的法律与理性的诠释》，《法制日报》，2008 年 1 月 20 日。

② 参见李飞：《析许霆案重审判决之两大错误》，载谢望原、付立庆：《许霆案深层解读——无情的法律与理性的诠释》，北京：中国人民公安大学出版社 2008 年版，第 109～111 页。

③ 参见杨兴培：《许霆案的行为性质认定和法理思考》，载谢望原、付立庆：《许霆案深层解读——无情的法律与理性的诠释》，北京：中国人民公安大学出版社 2008 年版，第 128～129 页。

而受到制裁，遭受经济损失。在许霆案中，许霆的银行卡上有余额176.97元，其第一次在自动柜员机上无意中输入1 000元的指令，柜员机随即出钞1 000元，而交易记录上显示只扣取了1元，此时，因许霆第一次所获得的多余款项（999元）是被动获得的，因而应属于不当得利。但其后170次取款行为，是非法占有他人财产目的支配下的行为，已经超出了不当得利的范畴。如果非法占有目的支配下实施的获取他人财产的行为都构成不当得利的话，那所有取得型财产犯罪都属于不当得利。这显然是不可思议的！

其次，许霆的行为不构成侵占罪。《刑法》第二百七十条规定："将代为保管的他人财物非法占为己有，数额较大，拒不退还的，处二年以下有期徒刑、拘役或者罚金；数额巨大或者有其他严重情节的，处二年以上五年以下有期徒刑，并处罚金。将他人的遗忘物或者埋藏物非法占为己有，数额较大，拒不交出的，依照前款的规定处罚。本条罪，告诉的才处理。"主张对许霆行为以侵占罪论者主要是"看中"了该罪的法定刑，认为许霆的行为违法性和罪责程度都较轻，如果以盗窃罪论处显然惩罚过重（无期徒刑或者死刑），而以侵占罪论处显然可以解决对许霆惩罚过重的问题。这种以法定刑来反推行为性质的做法并非全无道理。根据罪刑相适应的原则，重罪重罚、轻罪轻罚，立法者所配置的法定刑的轻重是指导我们解释其所对应犯罪的构成要件的重要依据。但本案的关键是，侵占罪的对象是特定的，即限于保管物、遗忘物和埋藏物。许霆从ATM机里所获取的款项是属于保管物、遗忘物或者埋藏物吗？答案显然是否定的。被告律师认为，许霆在柜员机出错而取得款项后，银行有足够的时间追回款项，只是因为周末而错过，因此可以将这17.5万元视为"遗忘物"，许霆的行为仅构成侵占罪。① 还有人认为，"代为保管的他人财物"既包括"他人自愿交给的财物"，也包括"他人错误交给"的财物，ATM机出错付款就属于后者，因此，ATM机多吐出的款项可视为银行错误交给许霆保管的财物。这两种观点都是错误的。侵占罪可分为两种类型，其一是委托物侵占，其二是脱离占有物侵占。在委托物侵占中，侵占对象是代为保管的他人财物。"代为保管"是指基于委托关系对他人财物具有事实上或者法律上的支配力的状态，不论是事实上的占有，还是法律上的占有，都应以财物的所有

---

　① 参见黄琼、李斯璐：《男子趁ATM机出错恶意提款171次被判无期》，《新京报》，2007年12月17日。

人与行为人之间存在委托关系为前提。换言之，委托物侵占的成立，是以行为人已合法占有财物为前提的。而在许霆案中，银行显然没有委托许霆保管 ATM 机里的款项。遗忘物和埋藏物的本质在于脱离他人占有，有学者主张对遗忘物作规范意义的解释，即遗忘物是指非基于他人本意而脱离他人占有，偶然（即不是基于委托关系）由行为人占有或者占有人不明的财物，如他人因认识错误而交付给行为人的财物、邮局误投的邮件、楼下飘落的衣物、河流中的漂流物、死者身上的财物等，只要他人没有放弃所有权的，均属于遗忘物。^① 从表面上看，许霆占有的款项是 ATM 机错误交付的，但这种错误交付，是许霆非法占有目的支配下的违法行为导致的，其本质已不是 ATM 机的错误交付，而是许霆的违法取得。事实上，现金放在 ATM 机里，银行从未遗忘，如果不是许霆的恶意操作，该款项仍应该在 ATM 机里，处于银行的占有之下，而不可能成为脱离占有物。埋藏物是指埋于地下或者藏于他物之中的，他人所有但未占有，偶然由行为人发现的财物，款项放在 ATM 机里，表面上是"埋于他物之中"，但实质上是处于银行占有之下的物，这种所有人和占有都明确的物，不应被视作埋藏物。

综上所述，许霆所获得的多余款项，不属于侵占罪的对象，因而不能将许霆的行为认定为侵占罪。

再次，许霆的行为不构成诈骗类犯罪。有学者认为许霆的行为构成信用卡诈骗罪，理由如前所述。但笔者认为这些理由都难以成立。第一，尽管计算机发展到当下水平，电脑或者其程序已具备了一定的思维能力，但仍然不应该将机器被骗视作或等同于其背后的人被骗，更不能赋予机器或者电脑（包括 ATM 机）人的身份。这一方面不符合现实，另一方面，如果因为机器具有人脑的部分特征而把其等同于银行的工作人员，那毁坏机器是不是就可以构成故意杀人罪呢？第二，比较法上的资料也难以作为例证构成信用卡诈骗罪的根据。各国都承认诈骗的本质特征在于自然人因被欺诈陷于错误而处分财产，部分国家考虑到使用计算机诈骗的客观现实，而在立法上专门规定了利用计算机诈骗罪，即便如此，在规定了利用计算机诈骗罪（仅限于诈骗财产性利益的场合）的日本，利用计算机骗取金钱的行为仍构成盗窃罪。根据相关立法例，利用计算机诈骗不以盗窃罪论处的前提是立法上对该行为专门规定了独立的罪名。而在我国没有专门规定利用计算机诈骗罪的情况下，解释上难以将不符合诈骗犯罪基本特征的行

① 参见张明楷：《刑法学》（第 4 版），北京：法律出版社 2011 年版，第 904 页。

为以诈骗犯罪论处。第三，在我国没有专门规定利用计算机诈骗罪的情况下，也难以因为我国《刑法》规定了信用卡诈骗罪而对"欺骗"ATM机的行为以信用卡诈骗罪处理。我国《刑法》第一百九十六条规定的信用卡诈骗罪的行为方式有如下四种：①使用伪造的信用卡，或者使用以虚假的身份证明骗领的信用卡的；②使用作废的信用卡的；③冒用他人信用卡的；④恶意透支的。许霆使用自己的储蓄卡的行为显然不属于前三种情况。事实上，也难以认定许霆的行为属于"恶意透支"行为。所谓"恶意透支"，是指"持卡人以非法占有为目的，超过规定限额或者规定期限透支，并且经发卡银行两次催收后超过三个月仍不归还的"行为。① 在恶意透支的场合，行为人的实际透支数额和保留在银行的透支记录应当是一致的，透支人透支的金额一目了然，但在许霆案中，许霆每次输入1 000元，取款也是1 000元，但取款记录上只扣取1元。这不符合恶意透支的特征。

综上所述，许霆的行为既不能构成诈骗罪，也不能构成信用卡诈骗罪。

最后，笔者支持第一种观点，即对许霆的行为应以盗窃罪论处。在盗窃罪的研究领域，目前的激烈争论主要集中于"秘密窃取"和"公开盗窃"的对立上。但在笔者看来，本案并不涉及盗窃罪的这一分歧，换言之，不论是站在"秘密窃取"论还是"公开盗窃"论的立场，对许霆案都能得出盗窃罪的结论。"秘密窃取"论认为，盗窃罪是指以非法占有为目的，秘密窃取公私财物的行为；"公开盗窃"论认为，盗窃罪是指以非法占有为目的，违反被害人意志，将他人财物转移为自己或者第三者占有。在许霆案中，许霆在2006年4月21日21时57分至22时19分、23时13分至19分、次日零时26分至1时6分三个时间段内，共计取款170次174 000元，在行为当时，许霆认为银行并不知情，因此，其行为符合"秘密"的特征，其行为客观上也是违反被害人意志转移财物占有的行为。因此，不论是否承认公开盗窃，对许霆的行为都应以盗窃罪论处。

2. 金融机构问题

在许霆案中，许多人质疑：自动取款机是金融机构吗？质疑者认为：机构是指机关、团体等单位，ATM机显然不属于单位；金融机构的设立需要金融主管部门批准，而ATM机是金融机构自行决定设立的。因此，ATM

---

① 参见2009年12月3日最高人民法院、最高人民检察院《关于办理妨害信用卡管理刑事案件具体应用法律若干问题的解释》第六条。

机不属于金融机构。然而，1997 年 11 月 4 日最高人民法院《关于审理盗窃案件具体应用法律若干问题的解释》第八条规定："'盗窃金融机构'，是指盗窃金融机构的经营资金、有价证券和客户的资金等，如储户的存款、债券、其他款物，企业的结算资金、股票，不包括盗窃金融机构的办公用品、交通工具等财物的行为。"可见，盗窃金融机构的实质在于盗窃金融机构的资金；只要是金融机构的资金，不论其存放于何处，均不影响"盗窃金融机构"的认定。此外，从用语使用习惯上看，盗窃金融机构并不意味着盗窃金融机构本身，如同张三对李四说：我们去偷王五家，张三的意思实质是盗窃王五家的财产，而不是盗窃王五家本身。因此，将许霆的行为认定为"盗窃金融机构"，并无疑问。

3. 量刑问题

许霆案之所以引起公众的强烈关注和质疑，主要是因为认为法院的量刑畸重。在当今社会，贪污受贿动辄成百上千万，所量刑罚一般也为无期徒刑，一介平民在 ATM 机出错的情况下一时难遏贪念，仅因盗窃 17 余万就要面对终身监禁，确实让人难以接受。这其中涉及两个问题，其一是平民盗窃和官吏贪污受贿，为什么会有如此悬殊的量刑？不得不承认的是，这种量刑上的不均衡根源在于不均衡的立法。以贪污罪为例，其行为方式之一为窃取，与盗窃罪的行为方式并无二致。但数额型盗窃罪构成标准是 500～2 000 元，而贪污罪的构成数额标准通常在 5 000 元以上，这其中就存在巨大的差距。贪污受贿犯罪的危害性当然要大于单纯侵犯财产利益的盗窃罪，立法上应为其配置相对更重的法定刑而不是相反。其二是立法者为什么要对盗窃金融机构数额较大的行为配置无期徒刑或死刑的法定刑？有学者认为，刑法规定的"盗窃金融机构"着重在于金融机构的资金在国家经济建设中具有不同于一般单位或个人的资金的重要功能及意义，所以，需要给予特殊的保护。① 这种理由未免牵强。法律面前人人平等，应对同样的利益给予同样的保护。因此，资金不论是属于国家所有、银行所有还是公民个人所有，其占有应该受到法律的平等保护。② 不过，这两个问题主要是在立法层面的讨论。在法的适用层面，1997 年 11 月 4 日最高人民法院《关于审理盗窃案件具体应用法律若干问题的解释》第二条规定："个人盗窃公私财物价值人民币三万元至十万元以上的，为'数额特

① 参见王作富：《许霆构成盗窃罪》，《人民法院报》，2008 年 4 月 2 日。
② 2011 年《刑法修正案（八）》对盗窃罪的修正中已删除了对银行财产给予特殊保护的规定。

别巨大'"；第八条规定："'盗窃金融机构'，是指盗窃金融机构的经营资金、有价证券和客户的资金等，如储户的存款、债券、其他财物，企业的结算资金、股票，不包括盗窃金融机构的办公用品、交通工具等财物的行为。"因此，许霆的行为确属"盗窃金融机构数额特别巨大"的行为。在规范适用的领域内，解决量刑畸重的途径一如前述学者的观点，只能依据《刑法》第六十三条第二款的规定，启动特别减刑程序了。然而，法院的最终判决在适用《刑法》第六十三条第二款的规定后，将许霆的刑期定格为五年有期徒刑，这又是一个走向另一个极端的判决。许霆案中，许霆在2006年4月21日21时57分至22时19分、23时13分至19分、次日零时26分至1时6分三个时间段内先后盗窃170次，盗取金额17余万元，其客观危害不可谓不大，相比于一次盗窃17余万巨款，主观恶性不可谓不深。即便按照一般盗窃，其量刑也应在"十年以上有期徒刑或者无期徒刑，并处罚金或者没收财产"这一幅度内选择主刑的适用。而法院却跨越了这一量刑幅度，直接适用了"三年以上十年以下有期徒刑，并处罚金"这一量刑幅度。在犯罪事实相同的情况下，判决从无期徒刑巨变为五年有期徒刑，法院这一判决完全无视盗窃罪的审判历史和现实，无视具体的犯罪事实，无怪乎判决一出，又招致许多"判决过轻"的质疑和批评。在笔者看来，许霆案的审判过程和法律适用过程，反映出法院在适用法律时的机械性和随意性：前者是指对许霆案的刑法适用局限于《刑法》第二百六十四条关于"盗窃金融机构，数额特别巨大的"的规定和法定刑，不知根据案件的具体情况适用《刑法》第六十三条第二款的规定；后者是指在舆论压力下，将刑期直接从无期徒刑改为五年有期徒刑，无视具体犯罪行为的危害性程度，滥用自由裁量权，缺乏对法律的必要尊重。也许是为了避免以后类似情况下法院减轻处罚的随意性，2011年2月25日全国人大常委会在《中华人民共和国刑法修正案（八）》第五条中对《刑法》第六十三条第一款作了修正，修正后的条文规定："本法规定有数个量刑幅度的，应当在法定量刑幅度的下一个量刑幅度内判处刑罚。"

4. 特别减刑的理解和适用

特别减刑是指，《刑法》第六十三条第二款规定："犯罪分子虽然不具有本法规定的减轻处罚情节，但是根据案件的特殊情况，经最高人民法院核准，也可以在法定刑以下判处刑罚。"有人认为，这里的"特殊情况"，应当是指因为国家政治、国防以及外交方面等原因而有特别需要的情况。①
笔者认为，不应对特别减刑作如此狭隘的解释。《刑法》第六十三条第一
款规定："犯罪分子具有本法规定的减轻处罚情节的，应当在法定刑以下
判处刑罚"；第二款规定的是不具有本法规定的减轻处罚情节时的减刑。
从体系解释的立场上，应将第二款规定的减轻处罚作为第一款规定的"兜
底性"规定，即对于法律没有规定但根据案件的特殊情况确需减刑的情
况，报最高人民法院核准后可以减刑。有学者以假释规定中的"特殊情
况"的含义来例证减刑中的特殊情况：1997 年最高人民法院《关于办理减
刑、假释案件具体应用法律若干问题的规定》第十一条，将假释适用中的
"特殊情况"明确规定为"有国家政治、国防、外交等方面特殊需要的情
况"，因此，减刑中的"特殊情况"也应指这种情况。② 但是，减刑和假释
属于两种不同的制度，二者在内容上毫无逻辑关联，以彼"特殊情况"来
限定此"特殊情况"是毫无根据的解释。事实上，司法实践中已出现了对
判处法定最低刑仍然嫌重最终报请最高人民法院核准后在法定刑以下判处
刑罚的判例。③ 因此，在许霆案中，完全可以动用《刑法》第六十三条第
二款的规定在法定刑以下判处刑罚。

5. 银行过错问题

有许多人认为，是取款机的错误，才使许霆产生了非法占有的想法，
并多取了 ATM 机里的钱，银行在这一事件过程中负有责任，不应追究许霆
的刑事责任。许霆的辩护律师在开庭时甚至如此质问："柜员机，你知罪
吗？你是不是魔鬼？"然而，从犯罪学上讲，被害人的过错是犯罪产生的
一种原因，但在刑法学上，被害人的过错与犯罪人的行为性质是两个问
题。被害人的过错或许可成为减轻犯罪人罪责的考量因素，但不能因此否
定其行为的性质。

6. 立法的最新发展

2011 年 2 月 25 日全国人大常委会《中华人民共和国刑法修正案

---

① 参见胡康生、郎胜主编：《中华人民共和国刑法释义》（第 3 版），北京：法律出版社
2006 年版，第 61 页。

② 参见谢望原：《许霆案的再思考：刑事司法需要怎样的解释?》，载谢望原、付立庆主编：
《许霆案深层解读——无情的法律与理性的诠释》，北京：中国人民公安大学出版社 2008 年版，第
93~99 页。

③ 参见《程乃伟绑架案——特殊情况下减轻处罚的适用》，载最高人民法院刑一庭、刑二庭
编：《刑事审判参考》（第 4 卷·上），北京：法律出版社 2004 年版，第 119 页。

（八）》第三十九条对盗窃罪进行了修正。该修订增加了"多次盗窃、入户盗窃、携带凶器盗窃、扒窃"成立盗窃罪的规定，并删除了1997年《中华人民共和国刑法》原条文中"盗窃金融机构，数额特别巨大"或者"盗窃珍贵文物，情节严重"的"处无期徒刑或者死刑，并处没收财产"的规定，从而彻底废除了盗窃罪的死刑。如果许霆案发生在今天，尽管其盗窃数额仍属"数额特别巨大"，但不再属于"盗窃金融机构"，因此其所应该适用的法定刑是"十年以上有期徒刑或者无期徒刑，并处罚金或者没收财产"，如果法院在这一范围内量刑，应该就不会引发轰动了。

（三）相关判例①

2001年3月2日，还在云南公安专科学校读书的何鹏持账面金额10元的金穗储蓄卡到ATM自动柜员机上查询存款余额，因农行云南省分行计算机系统发生故障造成ATM机失控，在何鹏随意按键输入取款100元的指令后，ATM机如数出款，被告人何鹏见状又连续按键6次，取出现金4 300元。

次日上午，何鹏再次持金穗储蓄卡到ATM机上，连续取款215次，共取现金425 300元。两日共取现金429 700元。当日下午，被告人何鹏将钱送回陆良县马街镇家中藏匿，并在返昆途中打电话通知其母到农业银行陆良县支行挂失。

案发以后，2001年3月5日何鹏即被陆良县公安机关刑事拘留。何鹏家属也向司法机关退赔了何鹏取出的所有款项。2002年7月12日，曲靖市中级人民法院经审理后以何鹏构成盗窃罪，判处无期徒刑。宣判后，何鹏不服提出上诉。2002年10月17日，云南省高级人民法院二审驳回上诉，维持原判。

许霆案的二审判决也改变了何鹏的命运。2009年11月18日，云南省高级人民法院作出再审判决，判决书认定的事实和罪名与之前的判决虽然一样，但刑期由无期徒刑改判为8年零6个月。

（四）法律适用

（1）《民法通则》第九十二条："没有合法根据，取得不当利益，造成他人损失的，应当将取得的不当利益返还受损失的人。"

---

① 参见，《何鹏刑期由无期减为8年零6个月，"云南许霆案"出现惊人逆转》，云南网，http：//society. yunnan. cn/html/2009 - 12/15/content_1010654. htm, 2014年9月24日。

（2）《刑法》第一百九十六条："有下列情形之一，进行信用卡诈骗活动，数额较大的，处五年以下有期徒刑或者拘役，并处二万元以上二十万元以下罚金；数额巨大或者有其他严重情节的，处五年以上十年以下有期徒刑，并处五万元以上五十万元以下罚金；数额特别巨大或者有其他特别严重情节的，处十年以上有期徒刑或者无期徒刑，并处五万元以上五十万元以下罚金或者没收财产：（一）使用伪造的信用卡，或者使用以虚假的身份证明骗领的信用卡的；（二）使用作废的信用卡的；（三）冒用他人信用卡的；（四）恶意透支的。前款所称恶意透支，是指持卡人以非法占有为目的，超过规定限额或者规定期限透支，并且经发卡银行催收后仍不归还的行为。盗窃信用卡并使用的，依照本法第二百六十四条的规定定罪处罚。"

（3）《刑法》第二百六十四条："盗窃公私财物，数额较大的，或者多次盗窃、入户盗窃、携带凶器盗窃、扒窃的，处三年以下有期徒刑、拘役或者管制，并处或者单处罚金；数额巨大或者有其他严重情节的，处三年以上十年以下有期徒刑，并处罚金；数额特别巨大或者有其他特别严重情节的，处十年以上有期徒刑或者无期徒刑，并处罚金或者没收财产。"

（4）《刑法》第二百七十条："将代为保管的他人财物非法占为己有，数额较大，拒不退还的，处二年以下有期徒刑、拘役或者罚金；数额巨大或者有其他严重情节的，处二年以上五年以下有期徒刑，并处罚金。将他人的遗忘物或者埋藏物非法占为己有，数额较大，拒不交出的，依照前款的规定处罚。本条罪，告诉的才处理。"

（五）小结

不曾想到，盗窃罪这个历史悠久的常见罪名，在适用上竟然会引起如此大的分歧。这再次鲜活地说明：对刑法的解释永无止境，我们应时常怀着谨慎和敬畏之情，将目光逡巡于规范与事实之间，去探求刑法条文的真义。

九、编者：贾学胜

十、编写时间：2013 年 9 月

李志远诈骗、招摇撞骗案

一、案例编号（2-09）

二、学科方向：刑法学

三、案例名称：李志远诈骗、招摇撞骗案

四、内容简介

　　被告人李志远多次冒充人民法院法官，骗得他人信任后，骗取他人钱财以及其他非法利益的行为，应如何定罪量刑？这涉及对《刑法》第二百六十六条诈骗罪和第二百七十九条招摇撞骗罪构成要件及其关系的正确理解。招摇撞骗罪与诈骗罪之间界限的关键是：当行为人冒充国家机关工作人员骗取数额较大和巨大的财物时，诈骗罪与招摇撞骗罪之间是法条竞合的关系，而按照特别法优于普通法的适用原则（《刑法》第二百六十六条中"本法另有规定的，依照规定"），此时该行为构成招摇撞骗罪；而当行为人冒充国家机关工作人员骗取数额巨大的财物时，则已超出了招摇撞骗罪的规制范围（即招摇撞骗罪的罪刑规范不能涵括这一事实），此时应以诈骗罪论处。根据这一处理规则，对于案中李志远的行为，应以招摇撞骗罪定罪量刑。

五、关键词：诈骗罪；招摇撞骗罪；法条竞合

六、具体案情

被告人：李志远，男，46 岁，汉族，中专文化，无业。1995 年因犯诈骗罪、招摇撞骗罪被判有期徒刑三年六个月，1997 年 8 月刑满释放。因涉嫌犯招摇撞骗罪，于 1999 年 10 月 9 日被逮捕。

陕西省西安市碑林区人民检察院以被告李志远犯诈骗罪、招摇撞骗罪向西安市碑林区人民法院提起公诉。

西安市碑林区人民法院经公开审理查明：

1999 年 4 月，被告人李志远经人介绍认识了居住在西安市冶金家属区的郭某某（女），李谎称自己是陕西省高级人民法院处级审判员，可帮郭某某将两个儿子安排到省法院汽车队和保卫处工作，骗取了郭某某的信任，不久两人非法同居几个月。期间，李志远还身着法官制服将郭某某带到陕西省法院及渭南市的公、检、法机关，谎称办案，使郭对李深信不疑。

1999 年 7 月初，被告人李志远认识了某法院干部（已亡两年）的遗孀周某某，李谎称自己是陕西省法院刑庭庭长，因吸烟烧毁了法官制服，遂从周处骗取法官制服两件及肩章、帽徽。随后李志远因租房认识了房东邵某某（女），李身着法官制服自称是省法院刑一庭庭长并谎称和陕西省交通厅厅长关系密切，答应将邵的女儿调进省交通厅工作，以需要进行疏通为名，骗取了邵人民币 4 000 元。

1999 年 8 月，王某某（女）因问路结识了身着法官制服的被告人李志远，李自称是陕西省法院刑一庭庭长，可帮王的表兄申诉经济案件，骗得王的信任，并与王非法同居。

1999 年 9 月 18 日，被告人李志远身着法官制服到陕西省蓝田县马楼镇玉器交易中心，因躲雨与该中心经理郭某某闲聊，李自称是陕西省法院刑一庭庭长，骗得郭的信任，答应可帮郭的妹夫申诉经济案件，骗得了郭的玉枕一个、项链一条（价值共计 240 元）。

1999 年 9 月 22 日，与李志远非法同居的王某某到陕西省法院询问李的情况，得知李骗人的真相，遂向公安机关报案并协助公安机关将李志远抓获。

被告人李志远对其所犯的罪行供认不讳。其辩护人辩称，李志远冒充

法庭庭长骗财骗色的犯罪是一个行为触犯两个法条，属法条竞合，不应定两罪，而只构成招摇撞骗罪一罪。

西安市碑林区人民法院认为，被告李志远冒充人民法院法官，骗得他人信任后，多次骗取他人钱财以及其他非法利益，情节严重，其行为已构成招摇撞骗罪。其中，被告人李志远骗取他人钱财的行为又触犯了刑法诈骗罪的规定，但属于法条竞合，应从一重处罚。因被告人李志远骗取的财物数额相对较少，以诈骗罪处刑较轻，故应以招摇撞骗罪一罪进行处罚而不适用数罪并罚。被告人李志远曾因犯诈骗罪、招摇撞骗罪被判处有期徒刑三年六个月，刑满释放后五年内又犯应判处有期徒刑刑罚之罪，属累犯，应从重处罚。据此，依照《中华人民共和国刑法》第二百七十九条、第六十五条的规定，判决被告人李志远犯招摇撞骗罪，判处有期徒刑四年。

七、案例来源

《陕西省西安市碑林区人民法院刑事判决书》（2000）碑刑初字第14号；最高人民法院刑一、二庭：《刑事审判参考》（第1辑），北京：法律出版社2002年版。

八、案情分析

（一）争议焦点

本案在起诉和审理过程中，对于被告人李志远的行为到底构成招摇撞骗罪一罪还是构成招摇撞骗罪与诈骗罪两罪，存在两种不同的观点。一种观点认为，李某多次冒充国家机关工作人员，既骗财又骗色，其行为同时触犯了《刑法》两个法条规定，属于《刑法》理论中的法条竞合，对此应从一重罪处罚。由于本案中李某骗取他人财物的数额刚刚达到诈骗罪的起刑点，以诈骗罪定罪处刑较轻，故应对其行为以招摇撞骗罪一罪处罚，而不适用数罪并罚。另一种观点认为，被告人李某冒充省法院刑一庭庭长，骗得他人信任后先后骗取了他人财物和其他非法利益，其中骗取他人财物的行为构成诈骗罪，骗取其他非法利益的行为构成招摇撞骗罪，应当对其适用数罪并罚。

归结争议的焦点，就是李志远冒充国家机关工作人员骗取他人财物的行为构成何罪，是招摇撞骗罪还是诈骗罪。而要解决这个问题，就必须正确认识《刑法》第二百六十六条诈骗罪和第二百七十九条招摇撞骗罪之间的关系，进而把握二者之间的界限。

（二）法理分析

1. 招摇撞骗罪与诈骗罪之间的关系

关于《刑法》第二百六十六条诈骗罪与第二百七十九条招摇撞骗罪之间关系的争论由来已久，但至今仍无定论。目前，学界关于二者之间的关系主要有以下三种观点：

第一种观点认为，招摇撞骗罪与诈骗罪都包含有骗取他人财物的行为。如果行为人冒充国家机关工作人员实施诈骗犯罪行为的，属于法条竞合的情况。对此，应按照刑法理论上处理法条竞合的原则来解决行为人的定罪与量刑问题。[①]

第二种观点认为，招摇撞骗罪的构成对所骗取的财物数额没有什么要求，而诈骗罪的构成则要求只有诈骗数额较大的，才以诈骗罪论处。如果行为人冒充国家机关工作人员的身份或职称去骗取数额较大的财物，一行为同时触犯了两个罪名，属于想象竞合犯，应按照从一重罪处断的原则处理。[②]

第三种观点认为，冒充国家机关工作人员招摇撞骗，原则上不包括骗取财物的现象，即使认为可以包括骗取财物，但也不包括骗取数额巨大财物的情况。宜将招摇撞骗罪解释为不包含骗取财物的情况，如果认为招摇撞骗罪不括骗取财物，则二者之间没有法条竞合关系。[③]

上述观点的争议主要表现在：招摇撞骗罪是否包括骗取财物的情况，如果包括，则《刑法》第二百六十六条和第二百七十九条之间是法条竞合或者想象竞合的关系，如果不包括，则第二百六十六条和第二百七十九条之间不存在法条竞合的关系。[④]

两个法条之间要么是法条竞合的关系，要么是想象竞合的关系，不可能既是法条竞合的关系又是想象竞合的关系。因此，要分析上述前两个观

---

① 参见高铭暄、马克昌主编：《刑法学》，北京：北京大学出版社 2000 年版，第 536 页。

② 参见马克昌等主编：《刑法学全书》，上海：上海科学技术文献出版社 1993 年版，第 377 页；赵秉志：《扰乱公共秩序罪》，北京：中国人民公安大学出版社 2003 年版，第 82 页。

③ 张明楷：《刑法分则的解释原理》，北京：中国人民大学出版社 2004 年版，第 116～117 页。

④ 但可能存在想象竞合的关系。例如行为人只实施一次冒充国家机关工作人员行骗的行为，但从同一个被害人处骗取了非法利益和数额较大财物的情况，即是适例。

点，首先须分析法条竞合和想象竞合之间的关系。

法条竞合是指一个犯罪行为因法律错综复杂的规定，使得数个法条对其所规定的构成要件在内容上具有从属或者交叉的情形。想象竞合是指行为人基于一个罪过，实施一个犯罪行为，而触犯两个以上异种罪名的犯罪形态。法条竞合与想象竞合的区分标准，是理论界尚未完全解决的问题。通常认为，想象竞合犯所触犯的规定不同种罪名的数个法条之间，不存在重合或者交叉关系，法条竞合所涉及的规定不同种罪名的数个法条之间，必然存在重合或者交叉关系；想象竞合犯中规定不同种罪名的数个法条发生关联，是以行为人实施特定的犯罪行为为前提或者中介的，法条竞合所涉及的规定不同种罪名的数个法条之间的重合或者交叉关系，并不以犯罪行为的实际发生为转移。① 当然，所谓"存在重合或者交叉关系"，是根据对法条直观的感觉和经验的判断而得出的。即如果根据直观的感觉和经验的判断能够认识到两个法条之间存在重合或者交叉，则该两个法条之间就是法条竞合的关系；如果根据直观的感觉和经验的判断不能认识到两个法条之间存在重合或者交叉，则该两个法条之间不是法条竞合的关系。进一步而言，"法条竞合时，不能认定行为触犯了数个罪名，只能认定行为触犯了所应适用的法条的罪名；而想象竞合时，应当认为行为触犯了数个罪名，只是按照一个重罪（定罪）处罚而已"②。

以上述理论作为分析《刑法》第二百六十六条与第二百七十九条之间关系的根据，不难发现，这两个条文之间的关系应为法条竞合的关系。因为在第二百六十六条规定的一般诈骗行为和第二百七十九条规定的招摇撞骗行为中均包含了冒充国家机关工作人员骗取财物的情况，而当骗取的财物属于数额较大、数额巨大、数额特别巨大时，两个法条的构成要件之间存在着交叉的部分，这部分交叉是根据对法条的直观的感觉和经验的判断就可以认识到的；当行为人冒充国家机关工作人员骗取数额较大的财物时，只能认定行为触犯了第二百七十九条规定的招摇撞骗罪，而不能认为行为既触犯了第二百六十六条的诈骗罪，又触犯了第二百七十九条的招摇撞骗罪。因此，如果认为招摇撞骗罪包括骗取财物的情况，那么，第二百六十六条与第二百七十九条之间也只能是法条竞合的关系，而不能是想象竞合的关系。因此，第二种观点不妥。

---

① 高铭暄主编：《刑法学原理》（第 2 卷），北京：中国人民大学出版社 1993 年版，第 530 页。
② 张明楷：《刑法分则的解释原理》，北京：中国人民大学出版社 2004 年版，第 286 页。

在肯定招摇撞骗罪包含骗取财物的前提下，法条竞合的观点相对于想象竞合的观点具有合理性。但承认第二百六十六条和第二百七十九条之间是法条竞合的关系，仍然会造成一些难以解决的矛盾和困惑。将招摇撞骗罪解释为包含骗取财物，就会形成以下局面：其一，当行为人冒充国家机关工作人员骗取他人财物，为窝藏赃物、抗拒抓捕或者毁灭罪证，而当场使用暴力或者以暴力相威胁时，因为行为人所犯的不是诈骗罪，难以适用《刑法》第二百六十九条关于转化型抢劫罪的规定，进而造成"采用其他方法骗取财物的，可能转化为抢劫罪，而冒充国家机关工作人员骗取财物的，不可能转化为抢劫罪"的不公平现象。其二，如果认为招摇撞骗罪包含骗取财物，则因为《刑法》第二百六十六条明文规定了特别法优于普通法的适用原则（"本法另有规定的，依照规定"）而导致处罚上的不公平。① 例如当行为人骗取数额特别巨大的财物时，依第二百六十六条的规定，最高刑可能被判处无期徒刑，并处罚金或者没收财产，而依第二百七十九条的规定，最高刑只能被判处十年有期徒刑，因为第二百六十六条规定了"特别法优于普通法"的适用原则，因此只能适用第二百七十九条的规定。如此，采用一般手段骗取数额特别巨大的财物最高可能被判处无期徒刑，而冒充国家机关工作人员骗取数额特别巨大的财物时，其社会危害性要大于前者，最高刑却只可能被判处十年有期徒刑，这是不公平的。

有坚持上述法条竞合观点的学者提出："在招摇撞骗骗取数额较大的公私财物的情况下，本罪与诈骗罪之间存在法条竞合关系，应按照重法优于轻法的原则适用法条。"② 如果依此观点处理第二百六十六条和第二百七十九条之间的竞合问题，就不会出现上述不公平的问题。但是，在这种情况下，能按照"重法优于轻法"的原则适用法条吗？如何处理"特别法优于普通法"和"重法优于轻法"的关系？

法条竞合所要解决的问题是一个犯罪行为符合数个法条规定的犯罪构成的情况下，应该适用哪个法条。法条竞合的法律适用原则是：

第一，如果是刑法典的法条和特别刑法的法条之间存在竞合关系，应适用特别法优于普通法的原则处理。因为特别刑法是适用于特定范围的刑法，既然立法者在刑法典之外制定特别刑法，说明立法者希望对特定的犯

---

① 详细论述请参见张明楷：《刑法分则的解释原理》，北京：中国人民大学出版社 2004 年版，第 117～118 页。

② 陈兴良：《刑法疏议》（第 2 版），北京：中国人民公安大学出版社 1997 年版，第 457 页。

罪适用特别的法律。如果对符合特别刑法的犯罪行为仍适用刑法典的规定，就会使特别刑法的制定失去意义。

第二，同一法律文件中的普通法条和特别法条之间的竞合关系，应分别适用特别法优于普通法和重法优于轻法的原则处理。具体而言，在通常情况下，当一个行为同时触犯普通法条与特别法条时，应依照特别法优于普通法的原则论处。因为立法者在普通法条之外设立特别法条的目的是对特定犯罪给予特定处罚，既然行为符合特别法条，就应适用特别法条。但是在特殊情况下，对同一法律的普通法条和特别法条之间的竞合关系应适用重法优于轻法的原则处理。这里的"特殊情况"是指以下两种情况：其一，法律明文规定按重罪定罪量刑。如《刑法》第一百四十九条第二款规定："生产、销售本节第一百四十一条至第一百四十八条所列产品，构成各该条规定的犯罪，同时又构成本节第一百四十条规定之罪的，依照处罚较重的规定定罪处罚。"该节第一百四十条规定的是生产、销售一般伪劣产品的行为，第一百四十一条至第一百四十八条规定的是生产、销售特定伪劣产品的行为。第一百四十条是普通法条，第一百四十一条至第一百四十八条是特别法条，行为既符合第一百四十一条至第一百四十八条的规定，又符合第一百四十条的规定时，原则上适用特别法条的规定，但如果普通法条的处刑较重时，就适用普通法条的规定处理。其二，法律虽然没有规定重法优于轻法的原则，但对此也没有禁止性的规定，如果按特别法条定罪不能做到罪刑相适应时，按照重法优于轻法的原则定罪量刑。

可见，适用重法优于轻法的原则必须同时符合以下三个条件：其一，行为触犯的是同一法律的普通法条与特别法条，否则，应严格适用特别法条优于普通法条的原则。其二，同一法律的特别法条规定的法定刑，明显低于普通法条规定的法定刑，而且，根据案件的情况，适用特别法条违反罪刑相适应原则。其三，刑法没有禁止适用普通法条，或者说没有指明必须适用特别法条。否则，必须适用特别法条。即当刑法条文规定了"本法另有规定的，依照规定"时，禁止适用普通法条，或者虽然没有这样的规定，但从立法精神来看，明显只能适用特别法条时，禁止适用普通法条。①因为《刑法》第二百六十六条有"本法另有规定的，依照规定"的规定，因此，认为招摇撞骗罪与诈骗罪之间是法条竞合的关系并可以根据"重法优于轻法"原则适用法条的观点是错误的。

---

① 张明楷：《刑法分则的解释原理》，北京：中国人民大学出版社 2004 年版，第 284 页。

综上，认为招摇撞骗罪包含骗取财物并进而认为第二百六十六条和第二百七十九条之间是法条竞合关系的观点也有不妥之处。

然而，将招摇撞骗罪解释为不包含骗取财物的情况也有缺陷，即导致冒充国家机关工作人员骗取少量财物的行为既不能构成诈骗罪，又不能构成招摇撞骗罪。正是看到了这个漏洞，持第三种观点的学者指出："在冒充国家机关工作人员招摇撞骗过程中，偶然骗取少量财物的，不影响本罪的认定，但本罪不包括骗取数额巨大财物的情况。"① 但是如果在招摇撞骗罪中只是不包括骗取数额巨大和数额特别巨大财物的情况，就断然否定第二百六十六条和第二百七十九条之间的法条竞合关系，仍有不妥之处。因为在行为人冒充国家机关工作人员骗取数额较大财物的情况下，仍然不能排除第二百六十六条和第二百七十九条之间的法条竞合关系。

2. 招摇撞骗罪与诈骗罪之间的界限

招摇撞骗罪与诈骗罪在构成特征上的区别表现为：①招摇撞骗罪侵犯的客体是国家机关的威信和国家对社会的正常管理秩序，以及公共利益或者公民的合法权益；诈骗罪侵犯的客体是公私财产所有权。②招摇撞骗罪在客观方面表现为冒充国家机关工作人员进行种种欺骗活动的行为；诈骗罪在客观方面表现为虚构事实、隐瞒真相骗取公私财物的行为，而不限于冒充国家机关工作人员。③招摇撞骗罪在客观方面对骗取财物的数额没有限制；诈骗罪的构成要求达到数额较大的程度。④招摇撞骗罪中行为人的犯罪目的是骗取非法利益，其内容既包括财物，又包括其他非法利益；诈骗罪的犯罪目的是不法占有他人财物。

上述二罪的第三个区别是厘清二罪界限的关键。根据上文所论，司法实践中主要应从以下四个方面把握二罪之间的界限：

第一，当行为人冒充国家机关工作人员骗取财物数额特别巨大时，诈骗罪的法定刑是十年以上有期徒刑或者无期徒刑，并处罚金或者没收财产，而招摇撞骗罪只有两个量刑幅度，其最高刑是十年有期徒刑。此时，诈骗罪是重法条。为了不违反《刑法》第二百六十六条"本法另有规定的，依照规定"之规定，同时不违背罪刑相适应的基本原则，宜将招摇撞骗罪解释成不包含骗取数额特别巨大财物的情况。

第二，当行为人冒充国家机关工作人员骗取财物数额巨大时，诈骗罪的法定刑为三年以上十年以下有期徒刑，并处罚金，而情节严重的招摇撞

① 张明楷：《刑法学》（第 2 版），北京：法律出版社 2003 年版，第 800 页。

骗罪的法定刑为三年以上十年以下有期徒刑，没有罚金的规定。此时，诈骗罪是重法条。为了不违反《刑法》第二百六十六条"本法另有规定的，依照规定"之规定，同时不违背罪刑相适应的基本原则，宜将招摇撞骗罪解释成不包含骗取数额巨大财物的情况。

第三，如上文所述，当行为人冒充国家机关工作人员骗取财物数额较大时，既符合第二百六十六条的犯罪构成，又符合第二百七十九条的犯罪构成，两个法条之间仍存在法条竞合的关系。招摇撞骗罪有两档法定刑：情节一般的，法定刑为三年以下有期徒刑、拘役、管制或者剥夺政治权利；情节严重的，法定刑为三年以上十年以下有期徒刑。而诈骗罪的法定刑为三年以下有期徒刑、拘役或者管制，并处或者单处罚金，重于情节一般的招摇撞骗罪的法定刑，又轻于情节严重的招摇撞骗罪的法定刑。通常情况下，如果行为人冒充国家机关工作人员骗取少量财物的行为构成招摇撞骗罪且应适用该罪的第一个量刑幅度时，则行为人冒充国家机关工作人员骗取数额较大财物的行为就应该属于招摇撞骗罪"情节严重"的情形，此时，招摇诈骗罪是重法条，按照招摇撞骗罪论处既符合第二百六十六条关于法条竞合适用原则的规定，又符合罪刑相适应的原则。但实践中不排除在某些情况下，行为人冒充国家机关工作人员骗取数额较大财物的情况仍属于招摇撞骗罪的一般情节。此时，诈骗罪的法条是重法条。但对行为人按招摇撞骗罪处理并不会造成明显的不公平，因此，应维护特别法优于普通法适用的原则。

第四，当行为人冒充国家机关工作人员骗取的财物未达到数额较大且其行为实质上达到了应受刑罚处罚的程度时，符合招摇撞骗罪的犯罪构成，按该罪定罪处罚即可。

3. 对本案裁判的评价

总结前文所论，招摇撞骗罪与诈骗罪之间界限的关键就是：当行为人冒充国家机关工作人员骗取数额较大的财物时，诈骗罪与招摇撞骗罪之间是法条竞合的关系，而按照特别法优于普通法的适用原则（《刑法》第二百六十六条中"本法另有规定的，依照规定"），此时该行为构成招摇撞骗罪。本案中，被告人李志远多次冒充人民法院法官，骗得他人信任后，多次骗取他人钱财以及其他非法利益的行为，构成招摇撞骗罪。其中李志远冒充法官以帮邵某某的女儿调动工作需要疏通关系为名骗取人民币4 000

元的行为，也符合诈骗罪的犯罪构成，① 但因为此时诈骗罪与招摇撞骗罪的规定属于法条竞合的关系，根据"特别法优于普通法"的适用原则，该行为依然只构成招摇撞骗罪。

西安市碑林区人民法院的判决中认为"被告人李志远骗取他人钱财的行为又触犯了刑法诈骗罪的规定，但属于法条竞合"是正确的，但认为"应从一重处罚"直接违背了《刑法》第二百六十六条规定的"特别法优于普通法"的适用原则。在被告人骗取的钱财属于"数额较大"的情况下，认为此时招摇撞骗罪的规定是重法条是不准确的。因为当行为人冒充国家机关工作人员骗取数额较大财物时，如果属于招摇撞骗罪中的一般情节，则诈骗罪的法条是重法条；如果属于招摇撞骗罪中的"情节严重"，则招摇撞骗罪的法条是重法条。但如前文所述，不管此时哪个法条是重法条，均应根据"特别法优于普通法"的原则适用法条。因此，认为"应从一重处罚"是错误的。

（三）相关判例

（1）《卢联贷款诈骗、招摇撞骗案》，《广东省广州市中级人民法院刑事裁定书》（2004）穗中法刑二终字第419号。

（2）河南省固始县人民法院《朱长江诈骗、招摇撞骗案》一审判决书。

（3）河南省新乡市红旗区人民法院《赵志强诈骗、招摇撞骗案》一审判决书。

（四）法律适用

（1）《刑法》第二百六十六条："诈骗公私财物，数额较大的，处三年以下有期徒刑、拘役或者管制，并处或者单处罚金；数额巨大或者有其他严重情节的，处三年以上十年以下有期徒刑，并处罚金；数额特别巨大或者有其他严重情节的，处十年以上有期徒刑或者无期徒刑，并处罚金或者没收财产。本法另有规定的，依照规定。"

（2）《刑法》第二百七十九条："冒充国家机关工作人员招摇撞骗的，处三年以下有期徒刑、拘役、管制或者剥夺政治权利；情节严重的，处三

---

① 根据1996年12月24日最高人民法院《关于审理诈骗案件具体应用法律的若干问题的解释》，个人诈骗公私财物2 000元以上不满30 000元的，属于诈骗罪的"数额较大"。

年以上十年以下有期徒刑。冒充人民警察招摇撞骗的，依照前款的规定从重处罚。"

（五）小结

招摇撞骗罪包括了骗财的情况，由此应该认识到该罪与诈骗罪法条存在法条竞合的关系。在这一基础上，第一，不应忽视《刑法》第二百六十六条最后一句"本法另有规定的，依照规定"的规定，这指明了法条竞合的情况下应选择特别法适用；第二，不应忽视二罪法定刑的差异，即诈骗罪的法定最高刑是无期徒刑，而招摇撞骗罪的法定最高刑是十年有期徒刑，这决定了招摇撞骗罪中的骗财构成要件不能包括骗取财物数额特别巨大的情况，否则会违反罪刑相适应的原则，造成处罚上的不均衡。掌握这两点，才能正确认识实践中涉及骗取财物的招摇撞骗案件。

九、编者：贾学胜

十、编写时间：2013 年 6 月

赵中华编造、故意传播虚假恐怖信息案

一、案例编号（2 - 10）

二、学科方向：《刑法》学

三、案例名称：赵中华编造、故意传播虚假恐怖信息案

四、内容简介

赵中华因在网上发帖要去炸广州火车站而被以编造、故意传播虚假恐怖信息罪追诉。但该案在追诉过程中暴露出诸多疑点。笔者认为：编造、故意传播虚假恐怖信息罪是侵犯公共秩序的犯罪，一般并不会危害公共安全；该罪的客观要件包括行为要件和结果要件，结果要件的规定说明该罪是实害犯而不是抽象危险犯；司法实践中要避免仅根据行为要件定罪而忽略结果要件的倾向，否则就会违反罪刑法定原则，侵犯公民的言论自由。

五、关键词：编造、故意传播虚假恐怖信息罪；行为要件；结果要件

六、具体案情

因买不到回家过年的火车票，供职于天河某电子公司的硕士工程师赵中华于 2007 年 2 月 6 日晚上 7 点半在 ChinaRen 网站闲聊区以网名"zzhuachia"发了一个题为"我买不到火车票，我要去炸广州火车站"的帖子，说："我一年辛苦工作，想回家看看家乡父母。但是多少年的纳税都改变不了背井离乡过年的现实。高房价，黑医院，乱收费，贪污官员，让我心情一年到头无法安心。现在我买不到火车票，我要去炸广州火车站，请大家支持我一下。17 号之前大家等我消息。"帖子一经公布，两天时间内引来 28 人浏览并回帖。公安局网监处随即展开调查，2 月 7 日下午 4 点，ChinaRen 将此帖删除。当天晚上 10 点许，警方将赵中华抓获。

庭审过程中，公诉人称：广州铁路公安处接到报案后，先后出动警力500 余人次对广州火车站的广场、候车室、站台及开出的列车进行清查、侦查。辩护律师称：该帖只有 28 人回帖，点击率低；而且也没有引起恐慌，没有造成严重后果，而警方称出动 500 警力缺乏证据。在最后陈述时赵中华说，自己工作压力很大，排队三天都买不到票，特别想回家，没想到无意中造成这样严重的后果。他表示非常后悔，也愿意承担责任。4 月30 日上午，广州铁路运输法院作出一审判决，被告人赵中华因编造、故意传播虚假恐怖信息罪被判有期徒刑 1 年。被告人赵中华提起上诉，5 月 30日广州铁路运输中级法院作出终审判决，维持原判。

七、案例来源

《南方都市报》，2007 年 4 月 25 日 A12 版，5 月 1 日 A12 版和 6 月 3日 A08 版。

八、案情分析

（一）争议焦点

（1）该案中，赵中华的行为是行使言论自由的基本宪法权利，还是犯罪行为？

（2）应该如何理解编造、故意传播虚假恐怖信息罪的犯罪构成？

（3）铁路公安局、铁路检察院和铁路运输法院是否为了维护广州火车站的安全秩序而联手以牺牲赵中华言论自由和人身自由的代价来警示社会？

（二）法理分析

1. 关于本罪法益

《刑法修正案（三）》将本罪规定在分则第六章第一节，从犯罪同类客体的解释立场上，本罪是侵犯公共秩序的犯罪，这在理论上并无争议。但本罪是否危害公共安全？司法实践对此持肯定的观点，请看以下案例：

2001年9月13日，被告人金建平先后两次拨打上海市公安局"110"指挥中心的电话，编造有人将劫持上海飞往广州的航班撞毁上海金茂大厦的虚假信息，并称如将100万美元汇入户名为"金凡"、卡号为60142853120116903的交通银行太平洋卡，其将提供详情。同日下午，被告人金建平两次拨打电话至广东省深圳市公安局"110"指挥中心，编造有人将劫持深圳飞往上海的飞机撞毁深圳世贸中心大厦的虚假信息，要求公安机关将100万美元或800万元人民币汇入名为"金凡"、卡号为4563516204009264486的中国银行长城电子借记卡内，其将提供详情。同日晚，当被告人金建平再次拨打上海市公安局总机电话时，被公安人员当场抓获。上海市人民检察院第二分院以以危险方法危害公共安全罪提起公诉。法院审理后认为，被告人的行为按行为时法构成以其他危险方法危害公共安全罪，但依审判时法构成编造虚假恐怖信息罪，按照《刑法》从旧兼从轻原则，以编造虚假恐怖信息罪，判处有期徒刑二年。[①]

本案中，检察机关提起公诉时，《刑法修正案（三）》尚未出台，于是公诉机关以"以危险方法危害公共安全罪"对被告人金建平提起公诉，法院虽然最终没有以该罪定罪，但也认为该行为构成以危险方法危害公共安全罪，只是因为"从旧兼从轻"原则的适用，而将该行为认定为编造、故意传播虚假恐怖信息罪。

从世界各国的立法例来看，编造、故意传播虚假恐怖信息行为一般是作为破坏公共秩序或者危害公共安宁的犯罪来规定的，如《德国刑法典》第126条（以实施犯罪相威胁扰乱公共秩序）第2款规定：违背良知，伪称将要实施第1款所规定犯罪行为（包含了恐怖犯罪——笔者注），足以

---

① 参见（2002）沪二中刑初字第4号《金建平编造虚假恐怖信息案》。引自："北大法意—刑事—妨害社会管理秩序罪—编造、故意传播虚假恐怖信息罪"，http://www.lawyee.net/Case/Case_List_Reason.asp? ChannelID = &Reason_Class = 1006020000000，2007年6月24日。

扰乱公共安全的，处 3 年以下自由刑或罚金。① 该罪属妨害公共秩序的犯罪。《西班牙刑法典》第 561 条规定：以破坏公共秩序为目的，虚报存在爆炸物或者可以引起相同效果的物品的，根据其虚报行为所实际造成的秩序的混乱或者动荡程度，处 6 个月以上 1 年以下有期徒刑或者 6 至 18 个月罚金。② 该罪属于《西班牙刑法典》第 12 辑"破坏公共秩序罪"中第 3 章"扰乱公共秩序罪"的一个具体罪名。《瑞士联邦刑法典》第 12 章"危害公共安宁的重罪和轻罪"中第一个罪名就是第 258 条规定的惊吓居民的犯罪："以有身体、生命或财产危险对居民进行恐吓或欺骗，使居民处于惊恐之中的，处 3 年以下重惩役或监禁刑。"③

与上述立法例不同的是俄罗斯刑法典的规定。《俄罗斯联邦刑法典》将该犯罪规定在第 24 章"危害公共安全的犯罪"中，第 207 条规定："故意虚假地举报有人正在准备爆炸、纵火或其他造成人员死亡、导致重大财产损失或发生其他危害社会后果的危险的行为的，处数额为最低劳动报酬 200 倍至 500 倍或被判刑人 2 个月至 5 个月的工资或其他收入的罚金，或处 1 年以上 2 年以下的劳动改造，或处 3 个月以上 6 个月以下的拘役，或处 3 年以下的剥夺自由。"④ 但立法和司法在解释本罪的法益时均认为：故意虚假举报恐怖行为可能使机构的正常活动发生瘫痪，分散执法机关和在紧急情势下提供帮助的部门（医疗急救、消防部门等）的力量，被迫中止生产活动，特别是流水线上的活动，会造成重大经济损失，使人们产生惊恐，引起人们的不满情绪。可见，这里所谓的公共安全，其实质内容仍然是公共秩序。

从编造、故意传播虚假恐怖信息行为的实质内容来看，编造恐怖信息或者故意加以传播，并不是将恐怖信息付诸实施的行为，实质上并不会危害公共安全；但可能因该恐怖信息而使负有维护社会安全职责的有关机关处于高度戒备状态并采取安全措施，使有关单位或组织停止工作或生产，使公众产生恐慌心理，从而扰乱社会公共秩序。当然，如果在人员高度集中的场合，恐怖信息的编造或传播可能造成瞬间秩序打乱、人员踩踏等惨剧的发生，从而危害公共安全，此时，编造、故意传播虚假恐怖信息就存

① 参见徐久生、庄敬华译：《德国刑法典》，北京：中国法制出版社 2000 年版，第 123 页。

② 参见潘灯译：《西班牙刑法典》，北京：中国政法大学出版社 2004 年版，第 196 页。

③ 徐久生译：《瑞士联邦刑法典》，北京：中国法制出版社 1999 年版，第 84 页。

④ 黄道秀译：《俄罗斯联邦刑法典释义》（下册），北京：中国政法大学出版社 2000 年版，第 562 页。

在同时构成"以其他危险方法危害公共安全罪"的问题，此时，应按照想象竞合犯来处理。总的来讲，本罪只是扰乱公共秩序的犯罪，基本不涉及危害公共安全的问题。

回到上述金建平编造恐怖信息案。笔者认为，2001年9月被告人编造恐怖信息向公安机关勒索财物，不能以"以危险方法危害公共安全罪"来评价该行为，因为在该案件中，行为人的行为实质上是不可能危害公共安全的；但该行为构成敲诈勒索罪，属敲诈勒索罪的未遂形态。因此，对于本罪的处理来说，不是以"从旧兼从轻原则"在以危险方法危害公共安全罪与编造虚假恐怖信息罪之间的选择适用问题，而是在敲诈勒索罪与编造虚假恐怖信息罪之间的选择适用问题。

2. 关于本罪的犯罪构成

第一，客观要件。可将本罪的客观要件概括为行为要件要素和结果要件要素两部分。其中，行为要件要素的把握需要准确认定"编造、传播虚假恐怖信息"，其中又可分为编造、传播含义的界定和恐怖信息的界定两个问题，结果要件要素的把握需要准确认定"严重扰乱社会秩序"。

（1）"编造"和"传播"的含义。正确适用罪名是准确适用罪刑规范的一部分，也是罪刑法定原则的基本要求。但因为对编造和传播的含义认识不清，实践中出现了罪名适用混乱的情况。请看以下两个案例：

案例1：2004年3月27日，被告人张某在湖北的家中打电话给广东惠州市某商场，声称有人出29万元雇他在商场投放砒霜，如果老板出钱给他，他就可以摆平此事。之后的四天内，张某多次打电话威胁该商场。3月31日晚，惠州警方在湖北警方的配合下将张某抓获。惠州市某区法院审理认为，被告人张某故意编造并传播虚假恐怖信息，严重扰乱社会秩序，已构成编造、故意传播虚假恐怖信息罪，判处有期徒刑四年。[①]

案例2：被告人黄群威于2003年4月25日至27日，借当时北京市"非典型性肺炎"疫情高发期易引起人们心理恐慌之机，编造题为"绝对可靠消息，上海隐瞒了大量非典病例"、"中国已因非典而正式进入了经济危机"的文章，多次上网传播，谎称我国上海市已因"非典型性肺炎"死亡数百人、全国死亡3 000多人，鼓动尽快储备物品，制造恐怖气氛，严重扰乱了社会秩序。北京市人民检察院第一分院以指控被告人黄群威犯编

---

① 于同志、陈伶俐：《编造、故意传播虚假恐怖信息罪若干问题研究》，《人民司法》2005年第12期。

造虚假恐怖信息罪向北京市第一中级人民法院提起公诉。法院经审理后认为，被告人既有编造虚假恐怖信息的行为，又有上网传播的行为，因此公诉机关指控的罪名不够准确。以编造、故意传播虚假恐怖信息罪，判处被告人黄群威有期徒刑三年。①

案例 1 中法院将张某编造恐怖信息并向某商场告知的行为认定为编造、故意传播虚假恐怖信息罪，案例 2 中公诉机关将被告人黄群威编造恐怖信息并在互联网上发布的行为认定为编造虚假恐怖信息罪，而法院认定为编造、故意传播虚假恐怖信息罪。造成这种适用罪名混乱的原因在于对编造和传播的含义认识不清。

理论上一般认为编造是指无中生有、凭空捏造的行为，有学者认为还包括对某些信息进行加工、修改的行为。② 笔者认为，这两方面的含义都是编造的本来含义，但是在编造恐怖信息罪中，编造还应包括向特定机关或单位告知的行为。因为，如果不包括向特定机关或单位告知编造的恐怖信息的行为，编造是不可能严重扰乱社会秩序的，这样的编造就没有刑法意义，不会成为刑法关注和规制的对象；既然刑法将编造作为一种犯罪行为进行规定，说明编造必然是能够危害社会的，这就要求行为人将编造的恐怖信息告知特定单位，从而使被告知单位的正常工作秩序被扰乱。至于在编造、故意传播虚假恐怖信息罪中，编造既可以是指凭空捏造行为，也可以是指对某些信息进行修改的行为，还可以包括向特定机关或单位的告知行为。

尽管在上述案例 1 中，法院将被告人向特定单位告知恐怖信息的行为认定为传播行为，在案例 2 中，公诉机关将被告人在互联网上发布恐怖信息的行为认定为编造行为的一部分，但事实上不论在理论上还是在实践上，传播的含义都是比较容易界定的，即传播就是指将恐怖信息向不特定或者多数人散布或传达的行为，向特定人传达但怂恿其向其他人传达的行为，也属于传播。

在准确界定"编造"与"传播"含义的基础上，案例 1 的准确罪名应是

---

① 参见北京市第一中级人民法院（2003）一中刑初字第 1499 号《黄群威编造、故意传播虚假恐怖信息案》，引自"北大法意—刑事—妨害社会管理秩序罪—编造、故意传播虚假恐怖信息罪"，http：//www.lawyee.net/Case/Case_List_Reason.asp? ChannelID=&Reason_Class=1006020000000，2007 年 6 月 24 日。

② 参见张明楷：《刑法学》（第 2 版），北京：法律出版社 2003 年版，第 811 页。

编造恐怖信息罪,① 案例2的准确罪名应是编造、故意传播虚假恐怖信息罪。

（2）"恐怖信息"的界定。恐怖信息是指使人产生恐慌和不安的事情。《刑法》第二百九十一条之一规定的恐怖信息是指"爆炸威胁、生化威胁、放射威胁等恐怖信息"，这里的"等恐怖信息"说明：应将恐怖信息的范围理解为包括但不限于爆炸威胁信息、生化威胁信息、放射威胁信息。因为"爆炸、生化、放射"能直接造成人员的大量死伤和重大财产损失，所以爆炸威胁、生化威胁、放射威胁等恐怖信息能够直接地引起可能发生"爆炸、生化、放射"之公共区域、场所、交通工具等场合人员的极大恐慌。编造、故意传播这类信息的，直接而现实地侵害了公众的心理安宁和社会公共秩序。

恐怖信息是本罪的一个客观构成要件要素，正确认定恐怖信息直接决定行为人的行为是否构成本罪。但是，如何认定这里的恐怖信息？笔者认为，这里的恐怖信息应具有以下两个特征：①虚假性。本罪的恐怖信息是编造的，因而说明本罪的恐怖信息必然是虚假的，具有虚假性。如果行为人向特定机关、单位告知或向不特定或多数人传达的是真实的恐怖信息，即便造成了公共秩序的严重混乱，也不能构成本罪。当然，行为人自己向特定机关或单位表达了其要实施爆炸等恐怖犯罪，或者向不特定或多数人传达了其要实施爆炸等恐怖犯罪的，如果有证据证明该行为人的意图是真实的（即已经有实施犯罪的预备行为），应按照其将要实施的具体恐怖犯罪的预备犯处罚；如果没有证据证明其犯罪意图是真实的，应作为虚假的恐怖信息对待。②现实可能性。这个特性其实是"恐怖"这一词语本身的要求，只有具有可能性的爆炸威胁、生化威胁、放射威胁等信息才会让人觉得恐怖，对其的编造、传播才会扰乱公共秩序。换言之，如果爆炸威胁等信息本身并不具有实现的可能性，就不会引起公众的恐慌心理，也就不能成为本罪所要求的恐怖信息。例如，本文上文中所引述的案件一审判决公布后，有网友在网上留言："告诉公安局，我5.1准备炸掉月球，月球渣掉下来砸在动力组车上，请大家支持。""我是火星人，准备在5.1炸掉小行星带的部分大行星，改变运行轨迹，瞄准地球，来一场陨石攻击。请大家支持。"② 这两则信息，显然不能

---

① 其实，本案属于想象竞合犯的情况，即被告人张某的行为既触犯了编造恐怖信息罪，又触犯了敲诈勒索罪，应按照想象竞合犯的处断原则处理，但法院在法律适用过程中忽略了这一点。

② 引自搜狐 ChinaRen 社区关于赵中华案的回帖，http://club.chinaren.com/query/query_adv.jsp? type=3，2007年6月24日。

成为恐怖信息，因为其不具有现实可能性。

判断恐怖信息是否虚假，应采用客观的事后判断标准，即事后没有发现行为人有准备和实现恐怖犯罪活动的证据时，就应认定该恐怖信息是虚假的。判断恐怖信息是否具有现实可能性有主观标准和客观标准之别，前者是行为人标准，即行为人自己认为是恐怖信息，就是恐怖信息；后者是一般人标准，即社会公众认为是恐怖信息才是恐怖信息。因为本罪是扰乱公共秩序的犯罪，所以判断恐怖信息是否具有现实可能性的标准应采用客观标准，即社会上一般人认为具有现实可能性时才应认定为恐怖信息。

准确认定"编造恐怖信息"还应注意其与犯意表示的区隔。犯意表示是指以口头、书面或者其他方法，将真实的犯罪意图表现于外部的行为。尽管犯意表示是一种行为，但犯意表示仅是真实犯罪意图的表露，犯意表示尚处于犯罪预备的前阶段，不是刑法规制的对象。问题是行为人将其"真实的"（姑且称其为真实的）将要实施爆炸、生化、放射等恐怖犯罪的意图告知特定机关或单位、组织的行为，是属于编造恐怖信息行为，还是犯意表示？如果是后者的话，那意味着这种行为严重扰乱社会秩序，其社会危害性与编造恐怖信息罪并无不同，却无法以刑法来惩处，这将造成刑法适用的不公平。笔者认为，对这种情况应分两种情况来处理：如果行为人在有犯意表示之后，已有为实施爆炸等恐怖犯罪制造条件的行为，则按其拟实施的具体恐怖犯罪的预备犯来认定和处理；如果尚无任何犯罪的预备行为，换句话说，并没有证据证明行为人的犯罪意图是真实的，那么就可将其认定为编造恐怖信息的行为，在严重扰乱社会秩序的情况下，应以编造恐怖信息罪追究其刑事责任。

（3）"严重扰乱社会秩序"的认定。本罪的结果要件要素体现为行为人的行为严重扰乱了社会秩序。编造、故意传播虚假恐怖信息行为一定会造成一定人群的心理恐慌，因而扰乱社会秩序，但只有严重扰乱社会秩序的行为才可能构成本罪。至于严重扰乱社会秩序的判断标准，《刑法修正案（三）》以及司法解释并没有作出规定。

编造、故意传播虚假恐怖信息罪的犯罪对象可分为两类，一类是特定的机关、团体、企事业单位，另一类是一定区域内的社会公众。进一步而言，本罪的法益侵犯主要体现为特定机关、团体、企事业单位正常的工作、生产、经营等秩序被迫严重破坏和扰乱（这当中包括了因虚假恐怖信息的编造或传播而使公安机关、武警、卫生检疫部门等负有维护社会安全秩序责任的职能机关的正常工作秩序被严重扰乱），或者一定区域内的社会公众心理恐慌，正常的生活和工作秩序被严重扰乱。在司法实践的认定中，对于前者，应该有特定机关秩序被严重扰乱的证据，如公安机关的接处警记录，单位工作、生产或经营中断的记录或证言等；对于后者，笔者认为不妨采取社会调查的方式来取得相关证据。严重扰乱社会秩序是构成本罪的要件，造成严重后果是提升法定刑的条件，实践中发生的编造、故意传播虚假恐怖信息的行为是否达到严重扰乱社会秩序的程度或者造成了严重后果，都应该从这两个方面来加以把握和认定。

尽管严重扰乱社会秩序是刑法规定的本罪在客观方面的构成要件要素，但司法实践中对本罪的认定有将其忽略的倾向，表现在公诉机关提起公诉的证据和法院采信的证据方面，多为证明编造、故意传播虚假恐怖信息行为是行为人所为的证据，而鲜有证明社会秩序被严重扰乱的证据。①这种司法适用事实上改变了编造、故意传播虚假恐怖信息罪的构成要件，使本罪从实害犯变为抽象危险犯，即只要行为人实施了编造、故意传播虚假恐怖信息的行为，就认定社会秩序被严重扰乱了；"严重扰乱社会秩序"因此成为一个只具有形式意义的规定。这种做法违背了罪刑法定的基本原则，为使用刑法侵犯公民言论自由，压制和打击社会不满情绪开了方便之门。

第二，主观要件。编造、故意传播虚假恐怖信息罪主观方面是故意，即行为人故意编造恐怖信息，或者明知是编造的恐怖信息而进行传播，并且希望或者放任社会秩序被严重扰乱的结果发生。误将真实的恐怖信息当作虚假的恐怖信息进行传播，只能按照故意的未遂犯处理；误将虚假的恐怖信息当作真实的恐怖信息进行传播，因为不具有犯罪故意，只能按照过失犯或者意外事件处理，因为本罪不处罚过失犯，所以这种情况不能构成本罪。

---

① 例如，前文所引《黄群威编造、故意传播虚假恐怖信息案》中，法院采信的证据有：黄怀威（被告人哥哥）证明被告人经常上网下载和发表关于"非典"言论的证言、搜查笔录和扣押物品清单证明、从被告人家中扣押电脑一台、北京市公安局公共信息网络安全监察处出具的网监鉴字〔2003〕28 号鉴定结果、搜狐爱特信信息技术（北京）有限公司出具的证明材料和下载备份资料等共九份证据，均为证明被告人黄群威实施了编造、故意传播虚假恐怖信息的行为的证据，而没有一份证明社会秩序被严重扰乱的证据。参见北京市第一中级人民法院（2003）一中刑初字第 1499 号《黄群威编造、故意传播虚假恐怖信息案》，引自"北大法意—刑事—妨害社会管理秩序罪—编造、故意传播虚假恐怖信息罪"，http：//www. lawyee. net/Case/Case_List_Reason. asp? ChannelID = &Reason_Class = 1006020000000，2007 年 6 月 24 日。

3. 结论

总结以上分析，可以得出如下几个有助于对编造、故意传播虚假恐怖信息罪进行正确司法适用的结论：第一，本罪是选择性罪名；第二，本罪是侵犯公共秩序的犯罪，一般与危害公共安全犯罪不存在想象竞合的情况；第三，编造、故意传播虚假恐怖信息行为只有在严重扰乱社会秩序时才能构成本罪，换句话说，本罪是实害犯而非抽象危险犯，司法实践中应避免将没有严重扰乱社会秩序的编造、故意传播虚假恐怖信息的行为按本罪处理。这包括两层含义：其一是编造、故意传播虚假恐怖信息行为尚未达到严重扰乱社会秩序时，不能按本罪处理；其二是在举证不能的情况下，即如果公诉机关只是证明编造、故意传播虚假恐怖信息行为是行为人实施的，但不能证明该行为严重扰乱了社会秩序，也不能按本罪处理。

第三个结论是本罪与非罪——一定程度上也是言论自由与构成本罪——重要的界分点。在本文的赵中华案中，尽管赵中华编造并且故意传播了虚假恐怖信息，但28人的浏览量不足以证明该行为严重扰乱了社会秩序；如果公诉机关能够证明其出动 500 警力在火车站进行过炸弹排查的工作，也足以证明赵中华的行为严重扰乱了社会秩序（表现为扰乱了公安机关正常的工作秩序）；公诉机关还有一个举证渠道，那就是看广州火车站的客流量在特定的时间段内是否因赵中华的行为而明显减少，或者在火车站的客流中进行抽样调查。遗憾的是，公诉机关在这些能够证明赵中华的行为严重扰乱社会秩序的事实上举证不能，然而广州铁路运输法院仍然判处赵中华有期徒刑 1 年。法院仅依据编造、故意传播虚假爆炸威胁的行为是赵中华所为的证据作出判决，违反了《刑法》关于编造、故意传播虚假恐怖信息罪的犯罪构成，并因此而违反了罪刑法定原则。相关司法机关试图以这一判决起到"杀一儆百"的作用，然而错误的判决向世人昭示的恐怕不是刑法禁止行为的不可为，而是被滥用的公权力对公民言论自由和人身权利的肆意践踏。这从该判决公开后，网上留言多数对判决不满而对赵中华表示同情的舆论中可见端倪。① 如果一个判决结果超出了国民的预测可能性，并因此而丧失了民意基础，那么这种判决的公正性及其所追求的

---

① 在搜狐 ChinaRen 社区中输入"我买不到火车票，我要去炸广州火车站"搜索，共有十个关于院判决的帖子或转帖，逐一打开后，共有二十一个关于法院判决的回帖，其中有十五个帖子对法院判决明显持反对意见，剩余帖子中有一个支持法院判决，五个持中立态度。部分言论前文有所引，其余请参见 http：//club. chinaren. com/query/query_adv. jsp? type =3，2007 年 6 月 24 日。

一般预防效果就非常值得怀疑了。

（三）相关判例①

被告人李泽强，男，河北省人，1975 年出生，原系北京欣和物流仓储中心电工。2010 年 8 月 4 日 22 时许，被告人李泽强为发泄心中不满，在北京市朝阳区小营北路 13 号工地施工现场，用手机编写短信"今晚要炸北京首都机场"，并向数十个随意编写的手机号码发送。天津市的彭某收到短信后于 2010 年 8 月 5 日向当地公安机关报案，北京首都国际机场公安分局于当日接警后立即通知首都国际机场运行监控中心。首都国际机场运行监控中心随即启动紧急预案，对东、西航站楼和机坪进行排查，并加强对行李物品的检查和监控工作，耗费大量人力、物力，严重影响了首都国际机场的正常工作秩序。

（四）法律适用

《刑法》第二百九十一条之一："……编造爆炸威胁、生化威胁、放射威胁等恐怖信息，或者明知是编造的恐怖信息而故意传播，严重扰乱社会秩序的，处五年以下有期徒刑、拘役或者管制；造成严重后果的，处五年以上有期徒刑。"

（五）小结

德国著名刑法学家冯·李斯特指出：刑法不仅是善良公民的大宪章，也是犯罪人的大宪章。对我国当下的司法实践而言，后者更具现实意义。它警示我们：刑法具有人权保障的机能，而不能仅作为惩治犯罪的工具使用。以刑法来保障人权，意味着追诉机关的侦查、起诉和审判行为，应谨遵刑法规范，不能为了追诉犯罪而无视或者僭越刑法的规定。

九、编者：贾学胜

十、编写时间：2013 年 7 月

---

① 参见《李泽强编造、故意传播虚假恐怖信息案》，http：//www.spp.gov.cn/zdgz/201305/t20130529_59170.shtml，2014 年 9 月 25 日。

民法学

Min fa xue

高空抛物（坠物）案

一、案例编号（3-01）

二、学科方向：民法学

三、案例名称：高空抛物（坠物）案

四、内容简介

原告袁正敏在一高层楼下摆摊售卖时被楼上掉下的带金属叉头的叉衣棍戳伤，在寻找真正肇事人未果后，袁正敏将本楼可能造成伤害的4至27层61名业主告上法庭，要求损害赔偿。

五、关键词：高空抛物（坠物）；民事责任；

补偿责任；共同危险责任

六、具体案情

2008年11月24日11时许，原告袁正敏在重庆市九龙坡区石新路33号渝洲新城2幢楼7号、9号户型阳台下面的小区通道摆摊经营小百货和影碟时，一根带金属叉头的叉衣棍突然从天而降，插进她的头顶，伤及脑组织。在花掉7万元的医疗费后，袁正敏暂时出院回家继续治疗，每周要花去近百元的医药费。事发后，袁正敏的丈夫凌勇多次去现场找寻"肇事凶手"未果。后来通过袁正敏家属和辩护律师的实地调查，将被告范围锁定在叉衣棍落下可能性最高的渝州新城2幢楼4至27层的7号、9号户型业主。当年11月28日，袁正敏向重庆市九龙坡区法院提起诉讼，要求61名业主赔偿40万元。

一审法院审理查明，原告袁正敏在重庆市九龙坡区石新路33号渝洲新城2幢楼小区消防通道摆摊时被空中坠落的叉衣棍致伤。经鉴定，袁正敏目前轻度智力缺损、左侧肢体不全瘫均属七级伤残，颅骨缺损属十级伤残。袁正敏在事故发生时虽为农村户口，但其与丈夫从2007年10月开始一直在城市生活居住。本案中因不能确定叉衣棍的实际所有人，根据社会日常生活经验，可以确定致伤原告的叉衣棍是从侵权行为发生地周围合理范围内的建筑物中坠落，而本案被告所有的房屋所在的位置均在这一合理范围内。

被告王艾堂所有的九龙坡区石新路33号渝洲新城2幢4-7号房屋未装修，一直无人居住使用，故被告王艾堂不应承担责任。对其余被告，因不能排除具备使用叉衣棍的可能性或举示的证据不能充分证明事发时房屋内无人实施侵权行为或未能向法院提供相关证据排除实施加害行为的可能性，故除被告王艾堂之外的其余被告应对原告的损害后果承担相应责任。

由此，重庆市九龙坡区法院作出一审判决：赔偿原告袁正敏的医疗费、住院伙食补助费、护理费、误工费、残疾赔偿金、被扶养人生活费、续医费、鉴定检查费、交通费合计259 580.57元，除被告王艾堂不承担赔偿责任外，其余60名业主共计48户各赔偿原告4 326元；其余费用由原告自行承担；驳回原告袁正敏其他诉讼请求。

部分业主对一审判决不服向重庆市第五中级人民法院提起上诉。

二审法院审理认为，本案中的侵权人不能确定，但可以确定侵权是该幢楼中的某一户。在高空抛物或高空坠物的特殊案例中，牺牲个别正义能更好地保护受害人权利，维护社会正义。出于对公共安全的考虑和利益衡量，让相关主体承担相应责任也有利于促使建筑物的所有人、使用人加强管理，积极履行对建筑物及相关物品的保管、维护和注意义务，以预防此类事故的发生。因此，楼房的相应住户都有实施侵权的可能性，除能证明自己不是侵权人外，应当由可能加害的建筑物所有人或使用人对受害人进行按份补偿。本案中渝州新城2幢7号、9号户型业主或使用人是可能的加害人，应当对受害人进行按份补偿。袁正敏在事故发生时虽为农村户口，但已连续在城市生活居住一年以上，且有正当的收入来源，应按照其经常居住地和生活消费地标准计算相关损失，参照城镇居民标准计算袁正敏的残疾赔偿金和被扶养人生活费。致伤袁正敏的叉衣棍属于建筑物专有部分内的日常生活用品，物管公司进行物业管理的范围不及于建筑物的专有部分。物管公司是否允许袁正敏占道经营、应否安装监控摄像头等均与本案事故的发生没有直接因果关系。因此重庆东航物业管理公司不是必须共同进行诉讼的当事人。渝州新城2幢5－7号房屋，其阳台在本案事故发生时被灯箱广告牌完全封闭，不具备抛掷或坠落叉衣棍的客观条件，故对5－7号房屋所有权人刘毅上诉称不应承担责任的理由予以支持。其余上诉人的辩称事由和相关证据均未达到充分的证明标准，不能排除由其房内坠落或抛掷叉衣棍的可能性。

由此，二审法院判决，袁正敏的医疗费、残疾赔偿金等合计259 580.57元，应由除王艾堂、刘毅外的其余59名被告共计47户平均分担80%的责任，即每户补偿袁正敏因伤残所产生的医疗费、残疾赔偿金等合计259 580.57元（每户补偿袁正敏4 418.4元），王艾堂、刘毅不承担补偿责任。

七、案例来源

《重庆天降叉棍案终审判决两被告不承担补偿责任》，http：//news. 163. com/11/0531/21/75DP64AR00014AEE. html。

八、案情分析

（一）争议焦点

（1）原告的损害应由侵权人本人负责还是由可能住户共同负责？

（2）如果是共同负责，其承担的责任性质如何？是共同危险责任、连带责任还是补偿责任？适用合众归责原则吗？

（二）法理分析

在侵权法颁布施行前，法院对高空抛物或坠物案无法找到致害人时的判决可谓五花八门，有判决驳回受害人诉讼请求的，有判决开发商单独承担安全保障责任的，有判决物管公司和可能住户共同赔偿的，有判决可能住户承担共同危险的连带责任的，还有判决可能住户按过错推定原则承担补偿责任的。

我国侵权法颁布后，这类案件有了统一的法律标准。《侵权责任法》第八十七条规定："从建筑物中抛掷物品或者从建筑物上坠落的物品造成他人损害，难以确定具体侵权人的，除能够证明自己不是侵权人的外，由可能加害的建筑物使用人给予补偿。"即按照过错推定归责原则，由可能加害的建筑物使用人承担补偿责任。社会对这一条的评价也是褒贬不一，有认为这是新时代的邻里连坐，不公平；有认为这体现了法律的人文关怀和利益衡量。

按照传统侵权行为法中"为自己行为负责"的理论和过错责任的基本归责原则，由造成损害的责任人负责是最公平的结果，但这需要受害人请求公安机关启动刑事侦查程序，实际结果可能是耗费了巨大社会成本，最终得不到任何结果，重庆是这类案件的高发区，也曾启动过几次侦查程序，最后都无果而终。在我国目前保险覆盖面不宽，国家社会保障程度低下的情况下，受害人不能得到及时治疗，可能会使受害人的身体损害和家庭经济状况陷入更大危机。

此类案件也不能按共同危险来处理。《侵权责任法》第十条规定："二人以上实施危及他人人身、财产安全的行为，其中一人或者数人的行为造成他人损害，能够确定具体侵权人的，由侵权人承担责任；不能确定具体侵权人的，行为人承担连带责任。"最高人民法院《关于民事诉讼证据的若干规定》第四条第七款规定："因共同危险行为致人损害的侵权诉讼，由实施危险行为的人就其行为与损害结果之间不存在因果关系承担举证责任。"重庆有一个案件一审即以共同危险责任要求所有被告向原告损害承担连带责任。然而根据共同危险的法理，其构成要件应包括以下几个方面：①存在数个行为人或者参与人，且数人之间并没有共同故意或者共同过失；②数人都实施了危及他人人身安全或者财产安全的行为；③数人的行为与损害后果之间的事实因果关系属于"不确定的因果关系"。而在本案中，实际上只有一个人实施了加害行为，其他人根本没有实施任何具有危险性的行为，更不存在共同故意或共同过失，也不存在所谓"不确定的因果关系"，因此不应当构成共同危险行为。

本案判决发生在《侵权责任法》实施之前，但基本是符合《侵权责任法》第八十七条的规定。其在法理上的合理性在于：其一，这类案件符合举证责任倒置的适用情形。在高空抛物（坠物）致人损害的案件中，公安机关采取侦查手段都无法确定真正的加害人，受害人凭借自身的力量更不可能知道，由可能住户就自己无过错或者与损害事实间不存在因果关系来承担证明责任比之要求受害人证明具体的加害人来说更容易些，如果由受害人对侵权行为的全部构成要件负举证责任，在受害人难以按照上述要求提供确实充分的证据来证实自己的主张时，其遭受的损失往往就难以得到赔偿，不利于受害人权益的保护。因此法律将举证责任倒置给被告方，给予处于弱势地位的原告方一种保护。其二，有助于对受害人的救济，避免受害人陷入更大危机。让多数人来承担责任可以分散风险。其三，有助于发现真正的行为人，法律如此规定，那些没有实施侵权行为的人为了避免"背黑锅"，就会想办法去找出真正的责任人。也许有人本来就知道谁是真正的抛物行为人，如果这个知情人要为真正行为人承担责任，他就会有动力揭发；反之，他更可能选择保持沉默。

对于此类案件，有以下几点需要改进：其一，关于"利益平衡"、"维护社会正义"的表述有失妥当，如果是真正的"公平正义"和"利益平衡"，其结果应当由加害人负责，找不到加害人应由受害人自己负责，或者由国家社会保障制度加以救济，而《侵权责任法》这种规定对没有实施加害行为的人实际上是不公平的，他们只有损失没有利益，他们和受害人之间是利益失衡。因此判决理由中"利益平衡"、"维护社会正义"的表述不能让人信服，可以表述为考虑国家社会保障现状和保险制度普及状况，由可能加害的不动产使用人给予受害人一定的道义上的补偿。这样一方面更符合事实，让被告心理上容易接受判决；另一方面在将来国家社会保障制度和保险制度全面覆盖时，受害人的损失由社会保障制度和保险制度来补偿，这时，由于受害人的损害得到了填补，自然不会再判决由可能加害的不动产的使用人来赔偿。这样，法院的判决与法律的规定就不会发生冲突。其二，为对可能加害的不动产使用人尽可能公平，综合考虑社会成本的付出，公安机关应当在支付小成本和相当的范围内提供必要的侦查协助。其实作为政府，本来有义务救助社会贫困、陷入生活和健康危机、遭受意外身体伤害的弱势群体，而此类案件实际上是无辜的住户为真正的加害人和政府买了单，因此，政府有义务在合理的成本支出范围内尽可能地减少无辜的其他住户的负担，公安机关根据受伤情况，至少可以侦查检验出坠物和抛物来源的大致方向、高度，把可能的加害人确定在更加合理的范围内，减少无辜承担责任人的范围。其三，关于补偿标准，既然补偿在很大程度上是出于道德层面的帮助和救济，就不应该按实际损害全面补偿的标准。试想，如果造成的损害极其严重，而住户数量很少，每个住户要承担几万元甚至几十万元的损失时，这样的判决结果是很难得到执行的。

（三）相关判例

原告蒋祥发原是中国十八冶金建设公司第三工程公司的电工。2001年9月27日早晨6时许，当他途经文华大厦B座路段时，被该楼一住户抛下的一个装满重达两公斤左右泥土的塑料花盆击中头部，当即倒地昏死过去。之后，蒋被人送到医院抢救治疗，先后花去医药费7.1余万元。2002年9月25日，经市法医验伤所鉴定，蒋有轻度智能障碍，且伴有外伤性癫痫，属七级伤残。由于出事之后一直查不出是哪家住户扔下的花盆，7万多元的医药费使蒋祥发背上了沉重的债务。于是，他一纸诉状将文华大厦B座55户住户全部告上了法庭，要求这些住户共同赔偿医疗费、后续医疗费等各项费用25余万元。法庭上，蒋祥发的代理律师认为，花盆是从文华大厦3、4单元抛下的，由于这起高空抛物伤人案一直无法查到肇事者，按照法律规定，该民事案件应由文华大厦整栋楼的住户共同承担相关法律责任。渝中区人民法院　审，判令此楼的50名住户承担赔偿责任，受害人获赔14余万元。住户们随即提出上诉。市第一中级人民法院二审裁决，撤销原一审判决，发回重审。渝中区人民法院对此案重新作出一审判决，认为蒋祥发始终不能举证证明谁是伤人花盆的所有人、管理人或实施侵害行为的加害人，将该楼所有住户一并起诉，证据不足，驳回其诉讼请求。

（四）法律适用

（1）《民法通则》第一百一十九条："侵害公民身体造成伤害的，应当赔偿医疗费、因误工减少的收入、残废者生活补助费等费用；造成死亡的，并应当支付丧葬费、死者生前扶养的人必要的生活费等费用。"

（2）《民法通则》第一百二十六条："建筑物或者其他设施以及建筑物上的搁置物、悬挂物发生倒塌、脱落、坠落造成他人损害的，它的所有人或者管理人应当承担民事责任，但能够证明自己没有过错的除外。"

（3）《侵权责任法》第八十七条："从建筑物中抛掷物品或者从建筑物上坠落的物品造成他人损害，难以确定具体侵权人的，除能够证明自己不是侵权人的外，由可能加害的建筑物使用人给予补偿。"

（五）小结

关于高空抛物（坠物）无法确定加害人的责任承担，我国《侵权责任法》实行过错推定补偿责任原则，尽管对无辜的住户不公平，但在我国目前情况下也不失为一种现实可行的选择，体现了众人拾柴火焰高、集众人之力救助受害人、分散风险的良好社会风气。也可以想见，待到我国社会经济生活进一步提高，社会保障制度和保险制度进一步完善时，这一条立法也会随之改变。

九、编者：李莉

十、编写时间：2014 年 4 月

房管局登记错误责任案

一、案例编号（3－02）

二、学科方向：民法学

三、案例名称：房管局登记错误责任案

四、内容简介

当事人提供虚假材料，房管局未尽审慎审查义务，致使原告具有合法产权的房屋被错误转移至他人名下，法院判决房管局承担一定比例的责任。

五、关键词：登记错误；民事责任；归责原则；过错推定

六、具体案情

原告陈自克与岳湘景系夫妻关系，1992 年 6 月原告双方共同向原工作单位万宝电器集团公司购买了房改房（广州市东兴南路 29 号 801 房），并由被告广州市国土资源和房屋管理局颁发了产权证。2006 年 7 月 3 日，案外人廖建华向被告提交了陈自克委托饶美美、林锦辉出卖房屋的公证书，饶美美作为陈自克代理人签名的《广州市房地产转移登记申请书》、廖建华委托公证书、身

份证、穗房地证字第 15××65 号房地产权证、房地产买卖合同等材料，申请办理上述房屋的产权转移登记，被告经审查后，于 2006 年 7 月 13 日向廖建华核发了粤房地证字第 C46××31 号房地产权证，同时注销了原穗房地证字第 15××65 号房地产权证。原告岳湘景于 2009 年 9 月 11 日向广州市越秀区人民法院提起行政诉讼，请求确认被告作出的上述核发房产证行为违法。该案审理过程中，广州市公证处证明陈自克的委托公证书是伪造的，且登记时，原产权人陈自克并没有到现场。另外上述房屋属于房改房，根据《广州市已购公有住房上市规定》第九条规定，产权共有的已购公有住房，其他共有人不同意上市的，不得上市。因此，被告准予涉案房屋办理变更登记，不符合上述规定。故法院于 2010 年 3 月 15 日作出（2009）越法行初字第 423 号行政判决：确认被告广州市国土资源和房屋管理局于 2006 年 7 月 13 日核发粤房地证字第 C46××31 号房地产权证的行政行为违法。

广州市国土资源和房屋管理局不服，向广州市中级人民法院提起上诉，广州市中级人民法院经审理，于 2010 年 8 月 18 日作出（2010）穗中法行终字第 448 号行政判决：驳回上诉，维持原判。原告根据上述生效的行政判决向广州市国土资源和房屋管理局要求国家赔偿，没有得到处理。于是 2012 年 5 月 15 日，原告陈自克、岳湘景以广州市国土资源和房屋管理局为被告，向广州市越秀区法院提起行政赔偿诉讼，要求赔偿因登记错误造成丧失房屋产权的损失。

本案一审法院认为，被告作为房地产行政管理部门，在办理房地产过户登记时，具有高于一般人的审查注意义务。现被告于 2006 年 7 月 13 日向廖建华核发粤房地证字第 C46××31 号房地产权证时，未能发现陈自克委托饶美美、林锦辉的公证书为不真实材料，未尽审慎审查义务；且在办理产权变更登记时，没有征得共有人同意，不符合《广州市已购公有住房上市规定》第九条的规定。根据《中华人民共和国国家赔偿法》、《广东省城镇房地产权登记条例》第九条规定，另根据最高人民法院《关于审理房屋登记案件若干问题的规定》第十二条规定："申请人提供虚假材料办理房屋登记，给原告造成损害，房屋登记机构未尽合理审慎职责的，应当根据其过错程度及其在损害发生中所起作用承担相应的赔偿责任。"因此被告应承担 80% 的赔偿责任。被告于 2006 年 7 月 13 日进行了变更房屋产权的转移登记，而原告直至 2009 年 3 月才发现房地产权证丢失，原告对其持有的房地产权证未尽妥善管理义务，在该产权证丢失近 3 年甚至更长时间之后才发觉，这也是导致其权利受损的重要原因之一，原告对产权证未尽妥善保管义务，应自行对损失承担20%的责任。

综上，依照《中华人民共和国国家赔偿法》第二条、第四条、第七条、第三十二条、第三十六条的规定，判决：

（1）被告广州市国土资源和房屋管理局应于本判决发生法律效力之日起十日内向原告陈自克、岳湘景支付赔偿金227 590.4元及利息（利息以227 590.4元为本金，从2006年7月13日起按中国人民银行公布的同期活期存款利率计至清偿完毕之日止）；

（2）驳回原告陈自克、岳湘景的其他赔偿请求。

一审判决后，原被告双方都向广州市中级人民法院提起上诉，原审原告的主要上诉理由是：根据（2009）越法行初字第423号和（2010）穗中法行终字第448号行政判决，法院将房屋违法过户的过错完全归责于房管局，而法院判决原审原告承担20%的过错责任，违背事实和法律。另外赔偿金数额以2006年损害行为发生时的涉讼房屋的评估价为标准不公平。被告上诉的主要理由是：一审判决责任分担比例不公。本案涉讼房产被转移是多种原因造成的，一审已经查明，饶美美等不法分子持被上诉人的产权证、伪造的公证材料，是造成本案损害的主要原因，我局未尽审慎审查义务是造成损害后果的次要原因，而陈自克、岳湘景在房产被转移3年后才发现房地产权证丢失，导致房产被多次流转、无法追回，对本案的损害后果也有较大责任，一审判决忽略了饶美美等不法分子的责任，也未对陈自克、岳湘景的过错进行合理分配，对原审被告的责任判定畸重。

二审广州市中级人民法院经审理认为，一审判决对广州市国土资源和房屋管理局应否承担赔偿责任的问题、房管局应承担的责任比例问题以及涉案房屋价格评估费的负担问题处理正确，予以维持。但在损失金额的认定方面，二审法院认为，虽然涉案房屋第一次转移发生在2006年，但2010年11月1日才是确认广州市国土资源和房屋管理局的转移登记行为违法之日，广州市国土资源和房屋管理局的错误转移登记行为给陈自克、岳湘景造成的损害也一直持续到上述日期，故应当以2010年11月1日［（2010）穗中法行终字第448号行政判决书发生法律效力的时间］作为评估时点赔偿陈自克、岳湘景的损失，即622 080元×80%＝497 664元。另外，广州市国土资源和房屋管理局在二审过程中向本院提交《中止审理申请书》，表示公安已对饶美美等诈骗嫌疑人刑事立案，公安机关的侦查有利于查明涉案房屋被转移的真实原因及分清各方的过错程度，故向本院申请本案中止审理。二审法院认为，因本案对广州市国土资源和房屋管理局的过错已作认定和划分，且广州市国土资源和房屋管理局在先行赔偿之后，如存在追偿情形，可再另向相关人追偿，本案的审理不影响其合法权益的维护，故本院不同意广州市国土资源和房屋管理局的中止审理申请。

七、案例来源

广州市中级人民法院（2013）穗中法行终字第711号。

八、案情分析

（一）争议焦点

（1）广州市国土资源和房屋管理局是否要承担责任？

（2）依据什么归责原则承担责任？

（3）承担什么性质的责任？

（4）承担多大比例的责任？

（二）法理分析

我国《物权法》第二十一条第一款规定：“当事人提供虚假材料申请登记，给他人造成损害的，应当承担赔偿责任。”第二款规定：“因登记错误，给他人造成损害的，登记机构应当承担赔偿责任。登记机构赔偿后，可以向造成登记错误的人追偿。”这是我国《物权法》关于登记机构登记错误的责任的规定，但关于登记机构因登记错误损害赔偿的归责原则没有规定。这直接导致一些案件在责任分担时出现不同意见。

《物权法》颁布前关于登记机构登记错误的归责原则主要有三种观点：

第一，过错责任说。认为在不动产错误登记损害赔偿责任中造成登记错误的原因，既包括登记机构工作人员故意以及疏忽大意等过错，也包括当事人提供虚假材料欺骗登记机构等情形。而无过错责任主要针对的是特殊侵权责任，不动产登记错误的赔偿责任属于一般侵权行为，因此应当是过错责任。

第二，无过错责任说。认为登记机构承担赔偿责任的条件有二：一是登记错误，二是因为登记错误给他人造成损害。即只要登记错误，给他人造成损害，登记机构就应当承担赔偿责任，而无论错误的原因如何。

第三，过错推定责任说。认为只要登记机构违反有关登记的规定，给他人造成损失，就推定其有过错，如果登记机构能够举证证明自己无过错，则可以免除责任。

《物权法》颁布后，多数学者根据第二十一条规定，认为采取的是严格责任加过错责任的归责原则，即原则上只要是登记错误给他人造成损失的，无论登记机构是否有过错，都应承担赔偿责任。但如果是当事人提供虚假材料导致登记错误，给他人造成损失的，由提供虚假材料的当事人承担赔偿责任，即此时登记机构因没有过错而不承担责任。但实践中的情况往往不是理论设想的那样简单，至少存在以下问题：

首先，如何看待当事人提供虚假材料？

《物权法》第十二条规定："登记机构应当履行下列职责：（一）查验申请人提供的权属证明和其他必要材料；（二）就有关登记事项询问申请人；（三）如实、及时登记有关事项；（四）法律、行政法规规定的其他职责……需要进一步证明的，登记机构可以要求申请人补充材料，必要时可以实地查看。"而且《物权法》第二十一条第一款规定，当事人提供虚假材料的，由提供虚假材料的当事人承担赔偿责任。从上述规定看，我国登记机构的审查责任是形式审查，房管局审查转移登记所需的材料是否齐全、形式是否合法，至于材料的真伪只有在登记机构认为需要进一步证明时（比如有明显的瑕疵、隐瞒、与常理或事实不符等），才可以要求补充材料，甚至实地查看。可见，登记机构对材料的真伪并不负有审查义务。试想，如果委托出卖房屋的公证书都要求房管局保证其真实性，公证还有何意义？进一步而言，房管局是否也要对当事人提供的身份证是否与本人一致等其他情况进行真实性调查？这样房管局就等于承担了实质审查义务，这与我国的立法本意、世界的发展趋势以及房管局收费要求、人员配备等其他情况不相对应。因此当事人提供虚假材料造成的登记错误还应该坚持由当事人承担责任。当然，本案中陈自克委托饶美美、林锦辉出卖房屋的公证书应该由陈自克和其妻子岳湘景共同签字，房管局应该就这一点提出异议，并要求当事人提供陈自克、岳湘景共同的委托公证（遗憾的是，本案的当事人和法院并没有就这一点提出异议）。既然法律规定了登记机构的形式审查责任，那么登记机构就尽到了形式审查义务，又有什么理由要登记机构承担责任？

最高人民法院《关于审理房屋登记案件若干问题的规定》第十二条规定："申请人提供虚假材料办理房屋登记，给原告造成损害，房屋登记机构未尽合理审慎职责的，应当根据其过错程度及其在损害发生中所起作用承担相应的赔偿责任。"如果按本案的理解，可以说，任何申请人提供虚假材料办理房屋登记，只要登记机构办理了转移登记，必然都可以归结为审查不严，其结果也必然按其过错程度承担相应的赔偿责任，那么《物权法》第二十一条第一款的规定就没有任何意义，而且也容易科登记机构以过重的责任。所以，对该司法解释的正确理解应该是：只要登记机构尽到了《物权法》第十二条规定的形式审查义务，就不具有过错，比如委托他人出卖是否提供了委托公证书；本人出卖时，是否提供了本人的身份证等必要的材料等。至于公证书、身份证的真伪，除非明显看得出是伪造的，或者出卖人本人与身份证明显不是同一人，才能视为登记机构有过错。本案中如果说登记机构有过错，其过错只在于没有审查出委托卖房的公证书没有陈自克夫妻二人的签字。至于公证书的真假，除非明显造假，否则登记机构不负有审查真伪的义务。这样一来，《物权法》第十二条和第二十一条第一款的规定才有了意义。

其次，在不是当事人提供虚假材料的情况下，登记机构应当承担什么责任？

综合《物权法》第十二条和第二十一条第一、二款以及最高人民法院《关于审理房屋登记案件若干问题的规定》第十二条的规定，我们认为采取过错推定责任比较合理。

第一，《物权法》第十二条列举了登记机构的责任，这意味着登记机构举证证明尽到了这些注意义务时，应视为无过错，可以免责，否则对登记机构不公平。从理论上讲也难以科以严格责任。

第二，如果采取过错原则，即登记机构如果尽到了法律规定的审查义务，就不需要承担相应的赔偿责任，就需要由受害方来举证证明登记机构有过错，这不仅增加了处于弱势地位的申请登记人的责任，也会使处于强势地位、掌握强大信息资源的登记机构的责任降低，疏于公平。

第三，符合权利与责任相适应原则。如果是严格责任，则与登记机构收费要求不符。同时，与其行使形式审查的工作也不符合。如此会增加登记机构的负担，甚至使登记机关陷于诉累而影响其正常工作，登记机构也会将由此增加的成本转嫁到申请登记一方，增加申请登记人的负担。如果不增加登记费用，在目前我国按件收取很少的登记费用，又没有登记赔偿责任保险的情况下，对登记机构也不公平。

第四，从法理上讲，严格责任是只要符合法律规定的情况，不考虑过错与否和过错程度，一律由加害方承担责任，而第二十一条第一款却规定了当事人提供虚假材料的例外情况，这是否违背严格责任的法理，有待商榷。而如果理解为过错推定责任，把第二十一条第一款作为登记机构的免责事由，而把第二十一条第二款"因登记错误"作为兜底性的条款，即在不是当事人提供虚假材料的情况下，除了登记机构能够证明自己无过错之外，其他都属于"登记错误"，登记机构应当承担责任，这样则更符合法理和逻辑。

综上，本案原告的损害主要是由当事人提供虚假材料造成的，房管局的过错在于没有审查出当事人提供的公证书应该由两人签字（而不在于公证书的真假，除非公证书明显造假），因此房管局只应承担与自己的过错比例相应的责任（我们认为本案中的80%责任过重）。本案中原告、公证机构和提供虚假材料的当事人都应当承担一定比例的责任。

（三）相关判例

在号称"新中国成立以来最大一宗国家行政赔偿案"的深圳市有色金属财务有限公司诉深圳市规划国土局违法登记一案中，被告深圳市规划国土局在对抵押登记未予注销且未收回产权证书的情况下，又向同一物业的土地及地上的建筑发放了新的产权证书，于是便出现了同一物业产权证书重叠、抵押登记重复的异常情况。由于被告深圳市规划国土局的违法颁证、违法抵押登记行为，原告深圳市有色金属财务有限公司在不知事实真相的情况下，与深圳百胜公司签订了870万元的抵押贷款合同，而深圳百胜公司在骗取了巨额贷款后不久就宣布破产，人去楼空。最后法院判决深圳市规划国土局向深圳市有色金属财务有限公司支付赔偿款870万元。

（四）法律适用

（1）《物权法》第十二条："登记机构应当履行下列职责：（一）查验申请人提供的权属证明和其他必要材料；（二）就有关登记事项询问申请人；（三）如实、及时登记有关事项；（四）法律、行政法规规定的其他职责。申请登记的不动产的有关情况需要进一步证明的，登记机构可以要求申请人补充材料，必要时可以实地查看。"

（2）《物权法》第二十一条："当事人提供虚假材料申请登记，给他人造成损害的，应当承担赔偿责任。因登记错误，给他人造成损害的，登记机构应当承担赔偿责任。登记机构赔偿后，可以向造成登记错误的人追偿。"

（3）《广州市已购公有住房上市规定》第九条："下列已购公有住房不

得上市：（一）司法机关和行政机关依法裁定、决定查封或者以其他形式限制房地产权利的。（二）产权共有的房屋，其他共有人不同意上市的。（三）国家、省、市规定不能上市的。"

（4）《中华人民共和国国家赔偿法》第二条："国家机关和国家机关工作人员行使职权，有本法规定的侵犯公民、法人和其他组织合法权益的情形，造成损害的，受害人有依照本法取得国家赔偿的权利。"

（5）《广东省城镇房地产权登记条例》第九条："权利人办理房地产权登记应当向房屋所在地的房地产管理部门提交下列文件：（一）申请人的身份证明；（二）房地产权属来源证明或者权利证书；（三）房地产转移、转让、变更或者设定他项权的协议书、合同书或者批准文件；（四）缴纳房地产税的证明。"

（6）最高人民法院《关于审理房屋登记案件若干问题的规定》第十二条："申请人提供虚假材料办理房屋登记，给原告造成损害，房屋登记机构未尽合理审慎职责的，应当根据其过错程度及其在损害发生中所起作用承担相应的赔偿责任。"

（五）小结

总之，在登记机构登记错误时，如果完全是由登记机构的错误造成的，登记机构应当负完全的责任；如果是由当事人提供虚假材料造成的，应该区分实际情况；如果登记机构确实没有尽到形式审查义务，或明显的可疑情况都没有审查出来，则按最高人民法院《关于审理房屋登记案件若干问题的规定》第十二条的规定，由登记机构和提供虚假材料的当事人各自承担与自己的过错比例相适应的责任；如果登记机构已经尽到了形式审查义务，则由提供虚假材料的当事人承担赔偿责任；如果是提供虚假材料的当事人与登记机构恶意串通造成的登记错误，则由登记机构和虚假材料提供人承担连带责任。《物权法》第二十一条第一款的规定仅仅是登记机构向提供虚假材料的当事人进行追偿的法律依据。由此案判决我们也应该反思我国司法审判中，为了追求和谐和容易执行，牺牲一定程度的公正，判决由国家承担责任的思路。

九、编者：李莉

十、编写时间：2013 年 10 月

违约责任与侵权责任竞合辨析案

一、案例编号（3－03）

二、学科方向：民法学

三、案例名称：违约责任与侵权责任竞合辨析案

四、内容简介

一个案件中既包含违约责任又包含侵权责任，很多人认为凡是这类案件都是违约责任与侵权责任的竞合，而对于我国《合同法》第一百二十二条之规定，很多专家和学者也一致认为是违约责任与侵权责任竞合的条款，仔细分析，这里有很多误解，有必要进行辨析。

五、关键词：违约责任；侵权责任；竞合；加害给付

六、具体案情

案例1：甲在电视机销售商乙处购得彩色电视机一台，售价2 000元。不料该电视机是粗制滥造产品，因质量问题发生爆炸，致使正在观看节目的甲受伤，甲因此花去医疗费2 000元，电视机亦告报废。问：甲如何

请求商家赔偿，此案是不是违约责任与侵权责任的竞合？

案例2：甲在医院做整容手术，花去整容费1万元，在手术过程中，由于医生操作失误，致使甲面部毁容，共花去医疗费、误工费、营养费等费用5万元。问：甲应如何向医院请求赔偿？此案是不是违约责任与侵权责任的竞合？

案例3：甲有一个祖传的陶瓷花瓶委托乙有偿保管，乙小心翼翼加以保管，结果一天乙的母亲收拾房间，不小心将该花瓶打烂。问：甲应如何请求赔偿？此案是不是违约责任与侵权责任的竞合？

七、案例来源：自编

八、案情分析

（一）争议焦点

（1）上述三个案件中都存在违约责任与侵权责任，是否都是违约责任与侵权责任的竞合？

（2）受害人应如何要求赔偿？

（3）我国《合同法》第一百二十二条是不是单纯的违约责任与侵权责任竞合的条款？

（二）法理分析

现代社会法律应用的一个重要特点是分工愈加详细，对同一违法行为会从不同角度运用不同法律加以调整，于是生活中会出现造成一种损害的同一违法行为同时被两个或两个以上的法律规范调控，而这两个法律规范的责任又不完全相同的情况，于是就产生了受害人如何适用法律保护自己、追究对方责任的问题，这就是责任竞合。所谓违约责任与侵权责任竞合就是造成一种损害的同一违法行为既符合违反合同的构成要件，又符合侵权的构成要件，但实践中对这一问题经常有误解。违约责任与侵权责任竞合应该符合以下条件：

首先，违反义务的同一性。违约是由违约方没有履行或违反合同义务（包括法定的合同义务，如附随义务）产生的，侵害的是对方合同上的权益；侵权是违反了法律规定的义务，侵犯了对方受法律保护的固有利益。那么如果同时构成违约与侵权，违反的义务应该既是合同中约定的义务，同时也是法律赋予每一个民事主体对任何人都应承担的义务。案例1中，商店出售质量不合格的电视机违反的是《合同法》中的义务（此义务并不是《侵权法》中的义务），而质量不合格的电视机爆炸炸伤甲的行为，侵犯了甲的健康权，违反的是《侵权法》中的义务（此义务又不是《合同法》中的义务）。

其次，侵害对象的同一性。违法行为侵害的对象不但是合同中双方约定的权益，同时也是法律规定所保护的权益。只有当这两种条件同时满足时，才可能构成违约责任与侵权责任的竞合。如保管人的故意或过失致使被保管的物品本身毁损，承租人的过错致使出租的房屋受损，承运人的过错致使承运的货物受损，医疗事故致使患者的生命、身体和健康受损等，在这些例子中被侵害的对象既是合同上的期待利益，也是法律所保护的固有利益，具有同一性。案例1中，甲的合同中的权利是要求乙交付符合质量要求的电视机，而乙交付了质量不合格产品，甲的期待利益落空。但是存在质量问题的电视机并不是甲的受法律保护的固有利益。即违约所侵犯的对象并不是法律所保护的固有利益，而身体受到的伤害又不是合同所约定的利益，两者完全是错开的。即违反合同约定的义务虽然侵害了对方的固有利益，但是违约是在标的物交付时产生的，而甲受伤花去医疗费的固有利益损害是在违约后产生的，是违约造成的结果，不是违约本身所侵害的固有利益，其间有一个时间差。因此这一案件不是违约责任与侵权责任的竞合。

再次，违法行为的同一性。即必须是同一主体实施的同一行为，如果是不同主体或同一主体实施的不同行为，即使是发生在同一事件过程中，也不构成竞合。如案例3尽管有违约、有侵权，但违约是由乙造成的，侵权是由乙的母亲造成的，因此不是违约责任与侵权责任的竞合。而案例1中，虽然受害人可以向商店要求赔偿，但商店实施的是两个行为，故也不是违约责任与侵权责任的竞合。

综上，只有案例2符合"同一违法行为同时符合两个责任的构成要件"，它才是真正的违约责任与侵权责任的竞合。

众多专家学者把案例1误认为是违约责任与侵权责任的竞合的原因，与对《合同法》第一百二十二条的误解同出一源，我国《合同法》第一百二十二条规定："因当事人一方的违约行为，侵害对方人身、财产权益的，受损害方有权选择依照本法要求其承担违约责任或者依照其他法律要求其承担侵权责任。"即使是权威的立法者——全国人大常委会法制工作委员会编的《中华人民共和国合同法释义》也明确"本条规定了违约责任与侵权责任的竞合"①，似乎对这一条款的性质作了定论。按此规定，受害人只能选择一种请求权行使，这会导致实践中出现一些不适当的法律后果，如：选择侵权，则履行利益损失得不到赔偿；选择违约，则有些侵权责任特有的责任方式赔偿（如精神损害赔偿和赔礼道歉、消除影响等精神性质的赔偿）不得主张；在无偿保管人和赠与人没有故意和重大过失造成被保管人和受赠人损害时，受害人如果提出违约诉讼，按《合同法》第三百七十四条和第一百九十一条规定得不到赔偿，但是同样的行为同样的损害，受害人转而按第一百二十二条规定，依据《侵权法》应该得到赔偿，这明显有规避法律之嫌。编者认为问题出在对第一百二十二条的误解上，第一百二十二条不能被界定为单纯的违约责任与侵权责任竞合的条款，而是包含竞合和加害给付两种情况。案例 1 即是典型的加害给付案。

加害给付是从德国的积极侵害债权理论发展而来的，因《德国民法典》履行障碍只包括履行不能和履行迟延两种，远不能涵盖所有的违约现象。德国律师史韬伯举出了 14 个德国民法实施后实务上发生的特殊案例，这 14 个案例既不构成给付不能，亦不构成给付迟延。给付不能和给付迟延的特点是债务人应有所为而不为，而这些案例是债务人应有所不为但仍然为之。即债务人虽已提出其所应为之给付，但其给付具有瑕疵，致使债权人受到损害，属积极侵害契约。该理论被认为是"法学上的伟大发现"。此后积极侵害债权成为德国司法实务认可并适用的第三种给付障碍类型。我国台湾学者称积极侵害债权为不完全给付，而加害给付正是不完全给付的一种，在德国称附带损害。加害给付，是合同一方违反了合同义务，侵害了另一方的履行利益，同时使其履行利益之外的固有利益受到损失。中国台湾学者钱国成认为："因债务人不为完全给付，致债权人受原来债务范围以外之损害，即在不完全给付中为加害给付。"② 德国拉伦茨认为："不完全给付具有瑕疵，除该给付本身减少或丧失价值或效用外，尚对债权人人身或其他财产法益，肇致损害，易言之，即为履行利益以外其他权益之侵害，德国学者称之为附带损害，台湾地区学者则称之为加害给

---

① 胡康生主编：《中华人民共和国合同法释义》（第 3 版），北京：法律出版社 2013 年版，第 213 页。

② 钱国成：《不完全给付与物之瑕疵担保责任》，《法令月刊》第 29 卷第 6 期，第 4 页。

付。"① 因此案例1是典型的加害给付情形。

综上，《合同法》第一百二十二条规定的"因当事人一方的违约行为，侵害对方人身、财产权益的"其实包括两种情况：第一种情况是，因当事人一方违约，侵害对方的人身、财产权益（同时也是对方的固有利益）时，构成违约责任与侵权责任的竞合，如案例2。第二种情况是，如果当事人一方违约，侵害对方合同利益之外的固有人身、财产权益的，则属于加害给付，如案例1。可以说，我国理论界和实务界混淆了违约责任与侵权责任竞合和加害给付的概念，认为只要违约行为造成了侵权即是两者的竞合，甚至还有人认为只要在一个案件中同时有违约和侵权就构成两者的竞合（如案例3），这更是一种完全的误解。

（三）相关判例

原告张某在浙江花7 000元技术转让费学得机制抛光水泥葫芦技术后，自行办厂生产，被告程某于2005年在张某厂内做工，2006年10月程某盗取原告厂里的模具和技术，私自生产机制抛光水泥葫芦，原告张某发现后向公安机关报案，在公安机关的主持下，双方达成调解协议，依据协议规定，程某不得在两年之内变相办厂和安装机制抛光水泥葫芦，不得传授从张某处学得的技术，并约定违约金为2万元。然而，程某未遵守调解协议的约定，于2007年初再次在上饶县茶亭镇下州村变相办厂并生产机制抛光水泥葫芦。张某诉至法院，要求法院判令程某立即停止制造生产和赔偿损失7 000元，并支付违约金2万元。法院审理后认为，张某的机制抛光水泥葫芦技术系从他人处付出技术转让费而来，且该技术不为公众所知悉，并能为所有人带来经济利益，张某对该技术信息亦采取了保密措施，因此该技术应属张某的商业秘密。程某在张某厂内做工了解了该技术后，未经张某允许擅自进行生产的行为构成侵犯，应承担侵权责任，同时，程某也违反了双方达成的调解协议之约定，构成违约，应承担相应的违约责任。因此法院判令程某向张某支付2万元违约金，因7 000元赔偿损失请求所依据的诉讼事实、诉讼理由与给付违约金的诉讼请求所依据的诉讼理由、诉讼事实相同，程某不应基于同一诉讼事实、同一诉讼理由既承担违反合同之违约责任又承担民事侵权责任。故此，法院审理后作出判决：程某立即停止制造生产机制抛光水泥葫芦；由程某给付张某违约金2万元；驳回张

---

① 王泽鉴：《民法学说与判例研究》，北京：中国政法大学出版社1998年版，第85页。

某其他诉讼请求。

（四）法律适用

对于违约责任与侵权责任竞合的法律适用，我国司法实践一般适用《合同法》第一百二十二条规定："因当事人一方的违约行为，侵害对方人身、财产权益的，受损害方有权选择依照本法要求其承担违约责任或者依照其他法律要求其承担侵权责任。"即案例 1 和案例 2 都符合第一百二十二条规定，都只允许受害人选择一种请求权要求赔偿。也正是因为这种简单化一的处理方法不公，第一百二十二条才备受诟病，专家学者们也才纷纷提出各种解决方案。

从理论上讲，这种择一行使请求权的方法存在以下问题。

首先，选择一种请求权行使违背基本法理。违约责任与侵权责任竞合时其实只产生一种请求权。请求权理论是德国温德沙伊德从罗马法的"诉权"概念中抽离出实体性的因素发展出来的实体法上的权利，后来被纳入《德国民法典》的第 194 条，表述为：要求他人为或不为一定行为的权利。请求权属于原权利的救济权，原权利背后表彰的是利益，由此可以推出请求权救济的是一种利益，当违约责任与侵权责任竞合时，受侵害的利益只有一种，因此表彰这种利益的原权也只有一种，只不过违约和侵权二元体系的划分，使这一种权利在《侵权法》上叫固有权利，在《合同法》上叫合同权利。因此这一种原权对应的只能是一种请求权，而不是两种请求权。因此，违约责任与侵权责任的竞合并不是请求权的竞合，而是两种责任的竞合。

其次，选择一种请求权使法律的特殊规定失去意义。我国《合同法》第一百九十一条规定："赠与的财产有瑕疵的，赠与人不承担责任。附义务的赠与，赠与的财产有瑕疵的，赠与人在附义务的限度内承担与出卖人相同的责任。赠与人故意不告知瑕疵或者保证无瑕疵造成受赠人损害的，应当承担损害赔偿责任。"第三百七十四条规定："保管期间，因保管人保管不善造成保管物毁损、灭失的，保管人应当承担损害赔偿责任，但保管是无偿的，保管人证明自己没有重大过失的，不承担损害赔偿责任。"就是说，赠与人和无偿保管人因轻过失给对方造成的损害可以免责。那么此时，按第一百二十二条规定，受害人却可以通过侵权诉讼得到赔偿。或者当事人在合同中约定了免责条款，按《侵权法》的规定却可以得到赔偿。在这些情况下，似乎受害人都可以绕开法律的特殊规定取得赔偿，有规避法律之嫌。事实上，法律之所以在普通规定之外进行特殊规定，一定是有其非常正当的理由：或者倡导一种社会风尚（如赠与和无偿保管的免责条款），或者基于特殊情况考虑（如人身伤害等较短时效的主要考虑取证问题）等，如果允许受害人绕开这些特殊规定取得赔偿，就会使法律的特殊目的考虑落空。

再次，逻辑推理、体系分割的法学方法在很大程度上影响了法律的公平适用。霍姆斯大法官的名言"法律的生命在于经验而不在于逻辑"是对这一问题的最好诠释——生活的需要和法律对正义的追求永远高于逻辑和体系化的思考。同一个国家立法机关颁布的有效的法律，只有在与其他法律有冲突时，立法机关才能指定法院和当事人必须适用哪部法律，或者按特殊法优于普通法的法理适用特殊法或特殊规定，除此之外，诉讼过程中当事人可以适用任何对自己有利的法律。而且在我国司法实践中，法院和当事人在诉讼中一般都不会只限于适用一部法律。退一步讲，即使是按体系化思考方法，对履行利益的违反部分应该适用《合同法》，而对固有利益的违反部分应适用《侵权法》，在违约责任与侵权责任聚合时，受害人也可以同时请求，其结果必然是在一个案件中同时适用了两部法律。

最后，与我国现行民事责任体系和相关立法相悖。《民法通则》第一百一十一条规定："当事人一方不履行合同义务或履行合同义务不符合约定条件的，另一方有权要求履行或者采取补救措施，并有权要求赔偿损失。"第一百一十二条第一款又规定："当事人一方违反合同的赔偿责任，应当相当于另一方因此所受到的损失。"《合同法》第一百一十三条第一款规定："当事人一方不履行合同义务或者履行合同义务不符合约定，给对方造成损失的，损失赔偿额应当相当于因违约所造成的损失，包括合同履行后可以获得的利益，但不得超过违反合同一方订立合同时预见到或者应当预见到的因违反合同可能造成的损失。"可见，我国法律规定的合同责任实行的是"赔偿损失"责任，而且强调赔偿的范围是"因此（因违约）所受到的损失"或"相当于因违约所造成的损失"。可见，无论是《民法通则》还是《合同法》在损害赔偿问题上都没有区分违约和侵权，而是采取实际赔偿的原则。试想，如果按《合同法》第一百二十二条，当事人只能选择一种请求权提起诉讼，这必然与《民法通则》第一百一十一条、第一百一十二条和《合同法》第一百一十三条第一款的规定产生冲突，而一部法律内部的法条冲突在法理上是绝对不允许的。而且在我国《合同法》颁布前的司法实践中一直是采取实际赔偿全部损失的做法，也没有觉得有什么困扰，而《合同法》把体系化的思考方法应用到立法中反倒造成了法律适用的不公和诉讼上的困扰，这只能让我们反思《合同法》第一百二十二条规定的科学性和合理性。

因此，对第一百二十二条的第二种情况（即在案例 1 的情况下，属于加害给付，本来就是责任的聚合），受害人可以同时提起违约诉讼和侵权诉讼，好在我国司法实践中对这样的案件一般是按《民法通则》第一百一十一条、第一百一十二条和《合同法》第一百一十三条第一款的规定，在赔偿损失时，不区分违约和侵权，而是按实际损失进行赔偿。

对《合同法》第一百二十二条的第一种情况（即案例 1 属于违约责任与侵权责任竞合），在赔偿范围上可以实行统一的损害赔偿，即不区分违约造成的损害和侵权造成的损害，也不区分违约的责任承担方式和侵权的责任承担方式，完全按实际损害进行赔偿，损害什么，赔偿什么；损害多少，赔偿多少。其法律依据是《民法通则》第一百一十一条、第一百一十二条和《合同法》第一百一十三条第一款。英国学者也认为："解决责任竞合的制度只是某种诉讼制度，它主要涉及诉讼形式的选择权，而不涉及实体法请求权的竞合问题。"如果原告属于双重违法行为的受害方，则他既可以获得侵权之诉的附属利益，也可以获得合同之诉的附属利益。《美国产品责任法》的赔偿范围很广，其中包括人身伤害赔偿、精神损害赔偿、财产损害赔偿、商业性赔偿和惩罚性赔偿。可见，在英国和美国司法实务中已经不严格区分违约请求权和侵权请求权，在赔偿范围上也把两种赔偿汇集在了一起。《国际商事合同通则》（以下简称《通则》）对同一违约行为所造成的合同责任和侵权责任也不采用"择一请求"方式，而是采用充分赔偿原则。《通则》第 7.4.2 条规定的赔偿内容包括：①受损害方当事人对由于不履行而遭受的损害有权得到完全赔偿。此损害既包括该方当事人遭受的任何损失，也包括其被剥夺的任何收益，但应考虑到受损害方当事人由于避免发生成本或损害而得到的任何收益。②该损害可以是非金钱性质的，例如包括肉体或精神上的痛苦。在请求权问题上《通则》第 7.4.1 条规定，除非根据本通则对不履行应予免责，受损害方当事人对任何不履行既可单独行使损害赔偿请求权，也可同时行使其他要求救济的权利。

（五）小结

《合同法》第一百二十二条规定不是单纯的违约责任与侵权责任的竞

合条款，其实际包括两种情况，其一是因当事人一方违约，侵害对方的人身、财产权益（同时也是对方的固有利益）时，构成违约责任与侵权责任的竞合。其二是如果当事人一方违约，侵害对方合同利益之外的固有人身、财产权益的，则属于加害给付。对于违约责任与侵权责任竞合时的法律适用，理论上应该打破择一行使的做法，实行统一的损害赔偿。对于加害给付，则按请求权聚合理论，允许受害人同时追究违约责任和侵权责任。

九、编者：李莉

十、编写时间：2013 年 9 月

国旅（深圳）国际旅行社有限公司与庄海燕等旅游合同纠纷上诉案

一、案例编号：（3－04）

二、学科方向：民法学

三、案例名称：国旅（深圳）国际旅行社有限公司与庄海燕等旅游合同纠纷上诉案

四、内容简介

原告与被告一国旅（深圳）国际旅行社有限公司（以下简称"国旅公司"）签订旅游合同，国旅公司包租被告二深圳市友盟旅运有限公司（以下简称"友盟公司"）的车提供运输服务，由于司机的全责，原告遭受人身和财产损害，原告要求两被告进行损害赔偿。

五、关键词：旅游合同；补充责任；不真正连带责任

六、具体案情

2010 年 5 月 13 日，原告庄海燕由其所在单位比亚迪汽车销售有限公司（以下简称"比亚迪公司"）统一报名参加了由国旅公司负责组织的阳朔 3 天游旅行团（2010 年 5 月 21 日至 23 日），并签订了旅游合同。旅程

开始前，比亚迪公司已向国旅公司缴纳了 14 700 元的旅游团款。2010 年 5 月 14 日，国旅公司与案外人深圳市大洲旅行社有限公司签订合同，约定由深圳市大洲旅行社有限公司作为地接社具体承办上述旅游活动。深圳市大洲旅行社有限公司与友盟公司又签订《旅游包车租赁协议书》，约定 2010 年 1 月 1 日至 12 月 31 日期间，友盟公司为深圳市大洲旅行社有限公司所承办的旅游活动提供旅游交通服务，亦包含本案旅游活动。2010 年 5 月 22 日，原告等 19 人乘坐由友盟公司的司机刘涛驾驶的旅游车辆（粤 BF24××号大型普通客车）行驶至广西平乐县时，司机刘涛驾驶车辆在雨天路湿路滑的恶劣条件下行驶，没有按照操作规范安全驾驶，未保持安全车速，且措施不当，从而导致车辆横滑翻车，发生交通事故，致使原告身体多处受伤。广西公安厅交通警察总队高速公路管理支队二十六大队对该交通事故作出了认定：司机刘涛对事故承担全部责任，原告无责任。

原告受伤后住院 34 天，出院时医生建议全休 21 天。友盟公司已支付原告在桂林的住院费、门诊医疗费及交通费。原告以国旅公司和友盟公司为共同被告向深圳市罗湖区人民法院提起诉讼要求损害赔偿。双方当事人最终确定了原告的损失范围及数额，包括误工费 5 012.15 元、财物损失 400 元，共计 5 412.15 元。

原审认为，虽然原告由其所在单位比亚迪公司统一与国旅公司订立旅游合同，但依据最高人民法院《关于审理旅游纠纷案件适用法律若干问题的规定》第二条规定："以单位、家庭等集体形式与旅游经营者订立旅游合同，在履行过程中发生纠纷，除集体以合同一方当事人名义起诉外，旅游者个人提起旅游合同纠纷诉讼的，人民法院应予受理。"原告起诉两被告，法院予以受理。原告与国旅公司之间形成了旅游合同关系，国旅公司与友盟公司之间形成了旅游辅助关系，三者的法律地位为原告是旅游者、国旅公司是旅游经营者、友盟公司是旅游辅助服务者。国旅公司未保障原告等人在旅行中的人身安全，违反了旅游合同约定，对于原告所受损失应承担赔偿责任。友盟公司的驾驶员未按操作规范安全驾驶造成交通事故，友盟公司对原告所受损失亦应承担赔偿责任。原告既可依据旅游合同要求国旅公司赔偿，亦可依据乘车途中所受伤害要求友盟公司赔偿，国旅公司与友盟公司对原告负不真正连带赔偿责任。两被告在本案中所承担的赔偿数额一致，其中一方赔偿完毕，则两被告与原告的债务均归于消灭。原告所受伤害是友盟公司的驾驶员未按操作规范安全驾驶所致，故国旅公司赔偿后可向友盟公司追偿，友盟公司承担的是终局责任。根据双方当事人最终确定的损失范围及数额，对原告要求两被告共同赔偿 5 412.15 元损失的主张，法院予以支持，对原告超出该部分的主张，法院不予支持。根据最高人民法院《关于审理旅游纠纷案件适用法律若干问题的规定》第二条、第三条、第七条第一款（旅游经营者、旅游辅助服务者未尽到安全保障义务，造成旅游者人身损害、财产损失，旅游者请求旅游经营者、旅游辅助服务者承担责任的，人民法院应予支持）规定，罗湖区人民法院作出（2011）深罗法民一初字第 294 号民事判决：

（1）被告国旅公司、被告友盟公司应于判决生效之日起三日内向原告庄海燕共同赔偿各项损失共计 5 412.15 元。被告国旅公司赔偿后有权向被告友盟公司追偿。

（2）驳回原告庄海燕的其他诉讼请求。如果被告未在本判决指定的期间履行给付金钱义务，应当依照《中华人民共和国民事诉讼法》第二百二十九条之规定，加倍支付迟延履行期间的债务利息。案件受理费 500 元，由被告国旅公司、被告友盟公司共同负担。

一审宣判后，上诉人国旅公司不服原审判决，向深圳市中级人民法院提起上诉，主要理由是：①侵权责任和违约责任是两种不同的法律责任。在本案中，原告选择侵权责任起诉，本案原审判决也是侵权赔偿，是侵害健康权，被告不存在侵权行为，应驳回原告起诉。②国旅公司作为旅游经营者选择友盟公司提供交通运输，而友盟公司为具有合法资质的运输公司，其司机亦有合法资质。被告已履行谨慎选择义务，依法不应对因友盟公司的原因造成的旅游者人身损害承担侵权赔偿责任。③即使原告提出的理由成立，也不能主张连带责任，只能依最高人民法院法释（2010）13 号《关于审理旅游纠纷案件适用法律若干问题的规定》第十四条，判决上诉人承担相应的补充责任，不能承担连带责任。

二审法院认为上诉人国旅公司与被上诉人友盟公司作为旅游经营者和旅游辅助服务者，对旅游者有安全保障义务。被上诉人庄海燕作为旅游者，亦有理由信赖上诉人国旅公司与被上诉人友盟公司在旅游过程中能够保障其人身、财产安全。本案中，被上诉人庄海燕在没有任何过错的情况下，因上诉人国旅公司选任的旅游辅助服务者——被上诉人友盟公司司机在雨天路湿路滑的恶劣条件下行驶，没有按照操作规范安全驾驶，未保持安全车速，且措施不当，受到人身伤害。上诉人国旅公司作为旅游经营者亦未阻止旅游辅助服务者——被上诉人友盟公司司机在雨天路湿路滑的恶劣条件下高速行驶。根据最高人民法院《关于审理旅游纠纷案件适用法律若干问题的规定》第七条第一款规定，被上诉人庄海燕有权要求上诉人国旅公司与被上诉人友盟公司承担责任。考虑到被上诉人友盟公司司机违规驾驶是造成损害的直接原因，原审认定上诉人国旅公司承担责任后可以向被上诉人友盟公司追偿并无不当，本院予以确认。由于本案属于旅游经营者、旅游辅助服务者违反安全保障义务的情形，原审判决适用最高人民法院《关于审理旅游纠纷案件适用法律若干问题的规定》第七条第一款规定而未适用最高人民法院《关于审理旅游纠纷案件适用法律若干问题的规定》第十四条规定，并无不当。上诉人国旅公司关于其无须承担责任的上诉理由不能成立，本院不予支持。综上所述，原审判决认定事实清楚，适用法律正确，实体处理适当。依据《中华人民共和国民事诉讼法》第一百五十三条第一款第（一）项之规定，判决驳回上诉，维持原判。

七、案例来源

《广东省深圳市中级人民法院民事判决书》（2011）深中法民一终字第1883号。

八、案情分析

（一）争议焦点

（1）本案争议的焦点是原审被告国旅公司承担不真正连带责任还是补充责任？

（2）旅游经营者、旅游辅助服务者在旅游活动中应承担的安全保障义务如何界定？

（二）法理分析

一审法院适用最高人民法院《关于审理旅游纠纷案件适用法律若干问题的规定》第二条、第三条、第七条第一款规定判决原审被告国旅公司和友盟公司共同承担连带责任。从理论上讲，两被告承担的是不真正连带责任。

所谓不真正连带责任，是指数个债务人基于不同的发生原因而分别对债权人负有以同一给付为标的的数个债务责任，因一个债务人的履行，其他债务因债权人法益实现（目的达到）而全部消灭的一种法律责任。司法实践中常见的不真正连带债务类型有：数个独立的侵权行为因偶然竞合而产生；一人的债务不履行行为与他人的债务不履行行为发生竞合而产生；

一人的债务不履行行为与他人的侵权行为发生竞合而产生；因合同上约定的债务与其他债务不履行行为或侵权行为发生竞合而产生。我国关于不真正连带责任的法律规定有：《保险法》第四十五条、第四十六条规定的保险标的由第三人损害时，保险人与该第三人的赔偿责任；《消费者权益保护法》第三十五条第二款规定的消费者受到损害时，销售者和生产者的赔偿责任；最高人民法院《关于审理人身损害赔偿案件适用法律若干问题的解释》第十一条规定的雇员在从事雇佣活动中遭受人身损害时，雇主和第三人承担的赔偿责任；《侵权责任法》第五十九条规定的医疗器械的生产者、血液提供机构、医疗机构对输血受感染者的赔偿责任；《侵权责任法》第六十八条规定的环境污染者和第三人对受害者的赔偿责任；《侵权责任法》第八十三条规定的动物饲养人、管理人和第三人对受害人的赔偿责任等。以上均属不真正连带债务的规定。

不真正连带责任落到实处是连带责任，即受害人可以同时或先后要求一个或一部分义务人履行一部分或全部义务，而每一个义务人都有义务履行一部分或全部义务，一个人履行义务后，可以向他方追偿。只是由于此种义务或损害是由不同原因各自发生的，而不是由同一原因造成的，因此被称为不真正连带责任。实质上不真正连带责任是加强对受害人的保护，使受害人得到更多赔偿机会的制度，也可以说是加重义务人责任的法律政策考量的结果。普通的连带责任尚且以法律规定为限，举重若轻，不真正连带责任就更应该以法律规定为限。观察我国关于不真正连带责任的规定可以看出，其表述往往是受害人"可以向……请求赔偿，也可以向……请求赔偿；……赔偿后，可以向……追偿"。

本案的一审判决两被告承担连带责任是根据最高人民法院《关于审理旅游纠纷案件适用法律若干问题的规定》第二条、第三条、第七条第一款规定："旅游经营者、旅游辅助服务者未尽到安全保障义务，造成旅游者人身损害、财产损失，旅游者请求旅游经营者、旅游辅助服务者承担责任的，人民法院应予支持。"其实根据这一条规定，并不能推断出旅游经营者和旅游辅助服务者承担连带责任，因为从法律表述上，没有受害人"可以向……请求赔偿，也可以向……请求赔偿"，也没有"……赔偿后，可以向……追偿"。而最高人民法院《关于审理旅游纠纷案件适用法律若干问题的规定》第十四条明确规定："因旅游辅助服务者的原因造成旅游者人身损害、财产损失，旅游者选择请求旅游辅助服务者承担侵权责任的，人民法院应予支持。旅游经营者对旅游辅助服务者未尽谨慎选择义务，旅游者请求旅游经营者承担相应补充责任的，人民法院应予支持。"按这一条规定，因旅游辅助服务者的原因造成旅游者人身损害、财产损失时，旅游经营者如果对旅游辅助服务者未尽谨慎选择义务，旅游经营者承担补充责任。也就是说，如果旅游经营者尽到了谨慎选择义务，就不用承担补充责任。很明显，本案符合第十四条的规定，如果此种情况要旅游经营者和旅游辅助服务者承担连带责任，第十四条规定就失去了意义。综上可以判断，对最高人民法院《关于审理旅游纠纷案件适用法律若干问题的规定》第七条规定的正确理解是，旅游经营者未尽到安全保障义务，造成旅游者人身损害、财产损失，旅游者请求旅游经营者承担责任的，人民法院应予支持；旅游辅助服务者未尽到安全保障义务，造成旅游者人身损害、财产损失，旅游者请求旅游辅助服务者承担责任的，人民法院应予支持。只不过法律以旅游经营者、旅游辅助服务者并列的表达方式造成了误解，而且第七条第二款规定："因第三人的行为造成旅游者人身损害、财产损失，由第三人承担责任；旅游经营者、旅游辅助服务者未尽安全保障义务，旅游者请求其承担相应补充责任的，人民法院应予支持。"按语法解释、逻辑解释，第二款是讲由第三人行为造成旅游者损害时的责任问题，则第一款应该是讲旅游经营者和旅游辅助服务者自身未尽到安全保障义务时的责任问题。所以本案应以最高人民法院《关于审理旅游纠纷案件适用法律若干问题的规定》第十四条规定作出判决，国旅公司不应该承担不真正连带责任。

补充责任是我国司法实践的产物，是从"90年代以来，由法官针对股东出资不实等情况，在实践中总结提炼出来的，进而在审判实务中得到广泛推行，该名称也是由法官在判决中创设，并在若干司法解释中得到确认"①。理论上，学者将补充责任定义为，"在责任人的财产不足以承担其应负的民事责任时，由有关的人对不足部分依法予以补充的责任"②。补充责任人并未造成直接损害，是一种间接责任。责任人违反义务的行为只是与直接损害之间具有一定程度的联系。补充责任是出于加强对受害人的保护的政策考量而强加于责任人的责任，这是与现代侵权法从自己责任原则到违反保护义务的发展趋势相符合的。由于补充责任人"代人受过"的特征，在责任的承担方式上采取了顺序限制，即受害人必须首先向直接责任

---

① 袁秀挺：《论共同责任中补充责任的确认与适用——兼与非真正连带责任的比较》，《法治论丛》2005年第6期。

② 魏振瀛主编：《民法》，北京：北京大学出版社2000年版，第48页。

人主张，在得不到充分赔偿后才能行使该权，补充责任人享有先诉抗辩权，补充责任人的给付范围仅仅在于补充直接责任人赔偿不足的部分。

补充责任是一种独立的责任形态，与不真正连带责任在发生原因上有一定的相似性，即责任人都是基于不同的原因发生的责任，其中一方的责任往往是基于法律规定，或者与损害结果有一定的联系，但都与损害结果没有直接联系，正因如此，有些学者认为补充责任是不真正连带责任的一种，[①]其实两种责任有着本质的不同。首先，不真正连带责任的承担方式与连带责任相同，即每个债务人都有义务就全部损害进行赔偿，各个赔偿义务人对外的赔偿顺序是相同的，范围也是相同的、重叠的；而补充责任人承担的是第二位的责任，只补偿直接责任人赔偿不足的部分，因而是不确定的。其次，在结果上，不真正连带责任有终局责任人，赔偿责任人在履行完赔偿义务后可以向终局责任人追偿；而补充责任在是否追偿问题上，《侵权责任法》并没有规定。

关于补充责任的赔偿范围及追偿问题，我国立法有一定的变化。

1986年的《民法通则》第一百三十三条第二款规定："有财产的无民事行为能力人、限制民事行为能力人造成他人损害的，从本人财产中支付赔偿费用。不足部分，由监护人适当赔偿，但单位担任监护人的除外。"

2003年最高人民法院《关于审理人身损害赔偿案件适用法律若干问题的解释》第六条第二款规定："因第三人侵权导致损害结果发生的，由实施侵权行为的第三人承担赔偿责任。安全保障义务人有过错的，应当在其能够防止或者制止损害的范围内承担相应的补充赔偿责任。安全保障义务人承担责任后，可以向第三人追偿。赔偿权利人起诉安全保障义务人的，应当将第三人作为共同被告，但第三人不能确定的除外。"第七条第二款规定："第三人侵权致未成年人遭受人身损害的，应当承担赔偿责任。学校、幼儿园等教育机构有过错的，应当承担相应的补充赔偿责任。"

2009年的《侵权责任法》确立了补充责任制度。具体规定在第三十七条第二款："因第三人的行为造成他人损害的，由第三人承担侵权责任；管理人或者组织者未尽到安全保障义务的，承担相应的补充责任。"第三十四条规定："劳务派遣期间，被派遣的工作人员因执行工作任务造成他人损害的，由接受劳务派遣的用工单位承担侵权责任；劳务派遣单位有过错的，承担相应的补充责任。"第四十条规定："无民事行为能力人或者限

---

① 杨立新：《论不真正连带责任类型体系及规则》，《当代法学》2012年第3期。

制民事行为能力人在幼儿园、学校或者其他教育机构学习、生活期间，受到幼儿园、学校或者其他教育机构以外的人员人身损害的，由侵权人承担侵权责任；幼儿园、学校或者其他教育机构未尽到管理职责的，承担相应的补充责任。"但未规定安全保障义务人的补充责任的承担方式及限额。

综上可见，我国关于补充责任赔偿范围和追偿问题的立法是有变化的，从《民法通则》的"适当赔偿"，到《关于审理人身损害赔偿案件适用法律若干问题的解释》的"有过错""在过错范围内承担相应的补充责任"，同时赋予补充责任人以"追偿权"，总体上采取了限制补充责任人的责任范围的思路。《侵权责任法》与《关于审理人身损害赔偿案件适用法律若干问题的解释》相比，取消了"过错"的限制，同时也取消了"追偿权"，笔者认为取消"过错"的限制是科学的，因为如果补充责任人有过错，那么他承担的就是与自己的过错相适应的过错责任，补充责任人与直接责任人承担的就是按份责任，而不是补充责任，既然是与自己的过错相适应的责任，也就不能赋予补充责任人以追偿权，因此《关于审理人身损害赔偿案件适用法律若干问题的解释》在强调"有过错"和"在过错范围内承担相应的补充责任"的同时又赋予补充责任人以"追偿权"，就犯了法理上和逻辑上的错误。而从补充责任的立法目的来讲，补充责任实质上并不是基于过错，而是基于一定的间接联系，为了加强对受害人的保护，基于政策考量强加于补充责任人的义务，因此"相应"的补充责任的主观基础不是根据"过错的大小"，而是根据"原因力的大小"。既然不是基于过错承担的道义上的责任，就应该赋予补充责任人以追偿权，因此，《侵权责任法》不应该取消"追偿权"的规定。

综上，我们认为本案一审依据最高人民法院《关于审理旅游纠纷案件适用法律若干问题的规定》第七条第一款判决两被告承担不真正连带责任是不妥的，应判决上诉人国旅公司承担补充责任。但是，国旅公司是否有过错的问题，要根据实际情况判断，如果其有过错就不应该承担补充责任，而是过错责任，此时也不应该有追偿权；如果其没有过错，则只应该根据原因力判决其承担补充责任，并赋予其追偿权。

（三）相关判例

2009年5月中旬，华某某报名参加中闻旅行社组织的浙江仙华五日游，双方未订立书面合同，口头约定团费530元/人（包括吃住），日程为2009年5月18日至22日。5月18日华某某随团赴仙华旅游，19日晚华某某在住宿房间的卫生间内摔倒，致人身受损。华某某受伤后即被住宿地工作人员及中闻旅行社工作人员送至当地浦江县中医院，经诊断，右股骨颈骨折。华某某于次日返回上海并入上海长海医院住院治疗，同年 6 月 1 日出院。嗣后，华某某多次复诊并至上海市黄浦区外滩街道社区卫生服务中心就诊。期间，华某某共支付医疗费 18 930.08 元。2009 年 11 月 13 日，复旦大学上海医学院法医学鉴定中心接受上海市华通律师事务所的委托对华某某受伤后的伤残等级及休息、营养、护理期限进行评定，复医（2009）伤鉴字第 1687 号鉴定意见书结论为："华某某外伤致右下肢功能障碍已构成九级伤残。另须遵医嘱择期行内固定取出术。考虑两次手术，伤后可予以休息八个月，营养三个月，护理四个月。"华某某支付鉴定费1 600元。

原审法院另查明，2009 年 5 月 15 日，中闻旅行社向中国太平洋人寿保险股份有限公司投保了旅游安全人身意外伤害保险，保险期间自 2009 年 5 月 18 日起至 22 日止，投保人数为 45 人，保费合计 126 元。

一审法院审理后认为，从事住宿、餐饮、娱乐等经营活动或者其他社会活动的自然人、法人、其他组织，未尽合理限度范围内的安全保障义务致使他人遭受人身损害，安全保障义务人应承担相应的赔偿责任。据此，本案的中闻旅行社是否存在侵权损害赔偿的过错责任？要弄清这一问题必须明确中闻旅行社是否已尽到合理限度范围内的安全保障义务，这也正是双方当事人所争议的焦点。华某某摔倒在其住宿房间的卫生间内，从空间上讲该事发地具有相对的私密性；而中闻旅行社既不是卫生间的管理者，上卫生间也不是旅游项目，因此中闻旅行社安排华某某等住宿的行为，同华某某摔倒的后果之间并没有因果关系。更何况，华某某作为一名具备生活经验的完全民事行为能力人，对上卫生间可能会有的风险应当完全具备相关的认知和避免能力。中闻旅行社作为旅游业的经营者须尽的安全保障义务并非是无条件、无限制的，而是限定在合理限度范围内的。由此，华某某主张要求中闻旅行社承担赔偿责任，缺乏事实和法律依据。鉴于华某某的诉讼请求不符合最高人民法院《关于审理人身损害赔偿案件适用法律若干问题的解释》第六条第一款的规定，据此，作出判决：对华某某要求中闻旅行社赔偿医疗费、误工费、护理费、营养费、残疾赔偿金、鉴定费、住院伙食补助费、交通费、物损费、查档费、精神损害抚慰金并保留后续治疗权利的诉讼请求，不予支持。案件受理费 3 561.36 元，减半收取计1 780.68元，由华某某负担。

一审判决后，原告不服，提起上诉，二审法院驳回上诉，维持原判。

（四）法律适用

（1）《民法通则》第一百一十九条：“侵害公民身体造成伤害的，应当赔偿医疗费、因误工减少的收入、残废者生活补助费等费用；造成死亡的，并应当支付丧葬费、死者生前扶养的人必要的生活费等费用。”

（2）最高人民法院《关于审理人身损害赔偿案件适用法律若干问题的解释》第十七条：“受害人遭受人身损害，因就医治疗支出的各项费用以及因误工减少的收入，包括医疗费、误工费、护理费、交通费、住宿费、住院伙食补助费、必要的营养费，赔偿义务人应当予以赔偿。受害人因伤致残的，其因增加生活上需要所支出的必要费用以及因丧失劳动能力导致的收入损失，包括残疾赔偿金、残疾辅助器具费、被扶养人生活费，以及因康复护理、继续治疗实际发生的必要的康复费、护理费、后续治疗费，赔偿义务人也应当予以赔偿。受害人死亡的，赔偿义务人除应当根据抢救治疗情况赔偿本条第一款规定的相关费用外，还应当赔偿丧葬费、被扶养人生活费、死亡补偿费以及受害人亲属办理丧葬事宜支出的交通费、住宿费和误工损失等其他合理费用。”

（3）最高人民法院《关于审理人身损害赔偿案件适用法律若干问题的解释》第十八条：“受害人或者死者近亲属遭受精神损害，赔偿权利人向人民法院请求赔偿精神损害抚慰金的，适用最高人民法院《关于确定民事侵权精神损害赔偿责任若干问题的解释》予以确定。精神损害抚慰金的请求权，不得让与或者继承。但赔偿义务人已经以书面方式承诺给予金钱赔偿，或者赔偿权利人已经向人民法院起诉的除外。”

（4）最高人民法院《关于审理人身损害赔偿案件适用法律若干问题的解释》第十九条：“医疗费根据医疗机构出具的医药费、住院费等收款凭证，结合病历和诊断证明等相关证据确定。赔偿义务人对治疗的必要性和合理性有异议的，应当承担相应的举证责任。医疗费的赔偿数额，按照一审法庭辩论终结前实际发生的数额确定。器官功能恢复训练所必要的康复费、适当的整容费以及其他后续治疗费，赔偿权利人可以待实际发生后另行起诉。但根据医疗证明或者鉴定结论确定必然发生的费用，可以与已经发生的医疗费一并予以赔偿。”

（5）最高人民法院《关于审理人身损害赔偿案件适用法律若干问题的解释》第二十条：“误工费根据受害人的误工时间和收入状况确定。误工时间根据受害人接受治疗的医疗机构出具的证明确定。受害人因伤致残持续误工的，误工时间可以计算至定残日前一天。受害人有固定收入的，误工费按照实际减少的收入计算。受害人无固定收入的，按照其最近三年的平均收入计算；受害人不能举证证明其最近三年的平均收入状况的，可以参照受诉法院所在地相同或者相近行业上一年度职工的平均工资计算。"

（6）最高人民法院《关于审理人身损害赔偿案件适用法律若干问题的解释》第二十一条："护理费根据护理人员的收入状况和护理人数、护理期限确定。护理人员有收入的，参照误工费的规定计算；护理人员没有收入或者雇佣护工的，参照当地护工从事同等级别护理的劳务报酬标准计算。护理人员原则上为一人，但医疗机构或者鉴定机构有明确意见的，可以参照确定护理人员人数。护理期限应计算至受害人恢复生活自理能力时止。受害人因残疾不能恢复生活自理能力的，可以根据其年龄、健康状况等因素确定合理的护理期限，但最长不超过二十年。受害人定残后的护理，应当根据其护理依赖程度并结合配制残疾辅助器具的情况确定护理级别。"

（7）最高人民法院《关于审理人身损害赔偿案件适用法律若干问题的解释》第二十条："交通费根据受害人及其必要的陪护人员因就医或者转院治疗实际发生的费用计算。交通费应当以正式票据为凭；有关凭据应当与就医地点、时间、人数、次数相符合。"

（8）最高人民法院《关于审理人身损害赔偿案件适用法律若干问题的解释》第二十三条："住院伙食补助费可以参照当地国家机关一般工作人员的出差伙食补助标准予以确定。受害人确有必要到外地治疗，因客观原因不能住院，受害人本人及其陪护人员实际发生的住宿费和伙食费，其合理部分应予赔偿。"

（9）最高人民法院《关于审理人身损害赔偿案件适用法律若干问题的解释》第二十四条："营养费根据受害人伤残情况参照医疗机构的意见确定。"

（10）最高人民法院《关于审理旅游纠纷案件适用法律若干问题的规定》第二条："以单位、家庭等集体形式与旅游经营者订立旅游合同，在履行过程中发生纠纷，除集体以合同一方当事人名义起诉外，旅游者个人提起旅游合同纠纷诉讼的，人民法院应予受理。"

（11）最高人民法院《关于审理旅游纠纷案件适用法律若干问题的规定》第三条："因旅游经营者方面的同一原因造成旅游者人身损害、财产损失，旅游者选择要求旅游经营者承担违约责任或者侵权责任的，人民法院应当根据当事人选择的案由进行审理。"

（12）最高人民法院《关于审理旅游纠纷案件适用法律若干问题的规定》第七条第一款："旅游经营者、旅游辅助服务者未尽到安全保障义务，造成旅游者人身损害、财产损失，旅游者请求旅游经营者、旅游辅助服务者承担责任的，人民法院应予支持。"

（13）最高人民法院《关于审理旅游纠纷案件适用法律若干问题的规定》第十四条："因旅游辅助服务者的原因造成旅游者人身损害、财产损失，旅游者选择请求旅游辅助服务者承担侵权责任的，人民法院应予支持。旅游经营者对旅游辅助服务者未尽谨慎选择义务，旅游者请求旅游经营者承担相应补充责任的，人民法院应予支持。"

（14）《中华人民共和国旅游法》第七十一条："由于地接社、履行辅助人的原因导致违约的，由组团社承担责任；组团社承担责任后可以向地接社、履行辅助人追偿。由于地接社、履行辅助人的原因造成旅游者人身损害、财产损失的，旅游者可以要求地接社、履行辅助人承担赔偿责任，也可以要求组团社承担赔偿责任；组团社承担责任后可以向地接社、履行辅助人追偿。"

（15）《中华人民共和国民事诉讼法》第六十四条第一款："当事人对自己提出的主张，有责任提供证据。"

（16）《中华人民共和国民事诉讼法》第一百二十八条："合议庭组成人员确定后，应当在三日内告知当事人。"

（五）小结

不真正连带责任应该以法律明确规定为限，最高人民法院《关于审理旅游纠纷案件适用法律若干问题的规定》并没有规定旅游经营者和旅游辅助服务者承担不真正连带责任，本案应该按最高人民法院《关于审理旅游纠纷案件适用法律若干问题的规定》第十四条判决国旅公司承担补充责任。

九、编者：李莉

十、编写时间：2014 年 4 月

明某诉王某人身损害赔偿协议纠纷案

一、案例编号（3－05）

二、学科方向：民法学

三、案例名称：明某诉王某人身损害赔偿协议纠纷案

四、内容简介

原告被被告骑摩托车撞伤，经双方协商，被告向原告出具了一张欠条，约定赔偿原告医药费 15 000 元。后因被告未及时履行，原告诉至法院，要求被告偿付医疗费、误工费、护理费等损失 30 000 元。原告主张协议无效，法院最终判决双方履行原协议。

五、关键词：人身损害赔偿；人身损害赔偿协议书；交通事故；举证责任

六、具体案情

2011 年 1 月 15 日，被告王某骑摩托车自东向西行驶至北甘泉原告明某处，将明某撞伤，王某便陪同明某到河北省故城县人民医院进行检查，明某的伤情被诊断为 S5 椎体骨折。经双方进行协商达成协议，被告王某向

原告明某出具了一张欠条，约定赔偿原告医药费 15 000 元。后因被告没有及时履行该笔款项，原告将被告诉至人民法院，要求被告王某偿付原告明某医疗费、误工费、护理费等损失30 000 元。原告为证明自己的主张向法庭提交了四份证据：医院进行检查的报告，证明原告受到的损害是脊椎骨第五节骨折；被告出具的欠条一张，证明原告受伤后，双方对赔偿事宜达成了协议；市医院门诊处方、复查的情况及收据，证明原告受伤后的用药情况及在门诊复查所需的费用；原告及其子的乡村医生职业证书各一份，证明原告的误工费及护理费的计算问题，原告及护理人员均系乡村医生，误工费及护理费均应当按照同行业工资参照标准（即每日 100 元）计算。原告申请三名证人出庭作证，证明事发当天原告被被告撞伤。被告未向法庭提供书面证据。

法院经审理认为，原被告发生碰撞后，经协商双方就医疗费的支付达成了协议，即被告支付原告医疗费 15 000 元。此债因被告侵害原告的身体而形成，为侵权之债，被告应当偿还。该欠条是原被告双方就碰撞事件达成的结论性协议，是原告对自己权利的处分，对原告超过协议的诉讼主张不予支持。法院依照《民法通则》第一百零八条之规定，判决如下：被告王某自本判决书生效之日起十日内给付原告明某医药费 15 000 元；驳回原告明某的其他诉讼请求。

七、案例来源

中国法院网，http：//www.chinacourt.org/article/detail/2013/02/id/893966.shtml。

八、案情分析

（一）争议焦点

（1）王某与明某签订的《人身损害赔偿协议书》是否有效？
（2）法院应否判决王某按照明某主张的费用予以赔偿？

（二）法理分析

本案中涉及的有关人身损害赔偿问题到底能否允许双方当事人之间以订立协议的方式予以约定？对此，有两种观点。

第一种观点认为，当事人之间达成的人身损害赔偿协议无效。理由如下：

其一，《关于审理涉及人民调解协议的民事案件的若干规定》规定，经人民调解委员会调解达成的，具有民事权利义务内容，并由双方当事人签字或盖章的调解协议，具有民事合同性质，当事人应按照约定履行自己的义务，不得擅自变更或解除调解协议。因此，只有经过人民调解委员会调解达成的协议才具有民事合同的性质，不能类推说当事人自愿达成的人身损害赔偿协议也当然有效。

其二，从人身损害赔偿纠纷的性质来看，侵害方所负担的是一种侵权责任，侵权责任是一种法定责任，侵权的类型、应承担责任的方式等均基于法律的直接规定产生，而不取决于当事人个人意愿，既然法律对于赔偿的项目和计算方法都有规定，赔偿权利人又主张相关权利，法院应当根据法律的规定予以判定，以平衡双方的利益关系。

第二种观点认为，当事人之间达成的人身损害赔偿协议有效。理由如下：

其一，当事人之间签订人身损害赔偿协议的行为是一种法律行为，会发生行为人所预期的法律效果。根据民法的基本理论，认定民事法律行为无效的关键取决于三点：①行为人不具有民事行为能力；②当事人的意思表示不真实；③法律行为内容违反法律和社会公共利益。如果不存在以上三种情况，应当认定为有效法律行为，赔偿义务人应当依协议履行赔偿义务，赔偿权利人也应当依协议要求赔偿。

其二，在民法领域，诚实信用原则为帝王条款。民事主体在实施民事法律行为时，应当诚实守信。如果允许赔偿义务人对人身损害赔偿协议随意反悔，不利于受害者权利的保护；如果赔偿权利人随意反悔，会造成赔偿义务人诉累。由此看来，当事人之间达成的人身损害赔偿协议如果不存在可撤销或无效的情形，应当认定为有效。

其三，《中华人民共和国民事诉讼法》规定，当事人有权在法律规定的范围内处分自己的民事权利和诉讼权利。但当事人根据自己的意愿处分了自己的权利后，当事人应当对自己的承诺负责，不得随意违反自己的承诺。根据《中华人民共和国民事诉讼法》自认规则的规定，当事人可以对自己的民事权利和诉讼权利自由支配，承认对方的诉讼权利构成自认，未经对方同意不得反悔。因此，当事人对人身损害赔偿达成的协议，构成对自己民事权利的处分，双方均不得随意反悔。赔偿权利人应当按照协议的约定主张权利，赔偿义务人也应当按照协议约定履行义务。

其四，人身损害一旦发生，便产生了侵权之债，该债务因法律的直接规定而产生，但当双方对该债务进行协商并达成了一致性协议时，该债务便转化为合同之债，只要双方在达成协议时不存在欺诈、胁迫、乘人之危、显失公平等可撤销、可变更情形以及无效情形，那么该协议就应当认定为合法有效，双方均应当按照该协议履行。

我们认为对人身损害赔偿协议的效力问题可以从以下几方面分析。

首先，人身损害赔偿问题是否可以签订合同。合同是当事人就某一问题意思表示一致达成的协议，是人意思自治、行为自由私法理念的体现，法律限制当事人签订合同的自由无异于限制了人的意思和行为的自由。现代社会，法律没有理由规定当事人不得签订合同，如果说法律为了实现公平正义、达到社会控制的目的必须进行限制，也只能从合同的主体、合同的内容和合同的形式上加以限制，而不能从签合同的行为上加以限制。所以，按法不禁止则自由的私法理念，人身损害赔偿的当事人是可以就赔偿问题达成协议的，这是当事人行使和处分私权的重要渠道。

其次，人身损害赔偿协议的效力。既然是协议、合同，其效力就应该按我国《合同法》的规定来认定。《合同法》第五十二条规定："有下列情形之一的，合同无效：（一）一方以欺诈、胁迫的手段订立合同，损害国家利益；（二）恶意串通，损害国家、集体或者第三人利益；（三）以合法形式掩盖非法目的；（四）损害社会公共利益；（五）违反法律、行政法规的强制性规定。"第五十三条规定："合同中的下列免责条款无效：（一）造成对方人身伤害的；（二）因故意或者重大过失造成对方财产损失的。"本案中当事人签订合同时并不存在上述情况，至于原告最后发生的损失超过了合同规定的赔偿额，也不能看成是第五十三条免除人身伤害的条款，因为免除人身伤害的条款是指当事人事先在合同中约定的一旦造成人身伤害即免责的条款。而本案是在人身伤害发生后，双方达成的赔偿协议，因此不能认定这一合同无效。此外，本案中的赔偿协议也不属于效力待定合同。

为了弥补合同生效后的不公平结果，保证法律对正义的维护，我国《合同法》规定了合同可撤销和可变更的情况。《合同法》第五十四条规定："下列合同，当事人一方有权请求人民法院或者仲裁机构变更或者撤销：（一）因重大误解订立的；（二）在订立合同时显失公平的。一方以欺诈、胁迫的手段或者乘人之危，使对方在违背真实意思的情况下订立的合同，受损害方有权请求人民法院或者仲裁机构变更或者撤销。当事人请求变更的，人民法院或者仲裁机构不得撤销。"

在本案中，原告的损失远远超过了协议预定的赔偿额，原告可以以显失公平为由要求变更或撤销合同。相信法院也会根据实际情况，根据显失公平的条件，斟酌受害人的实际损失适当调整赔偿数额。同样，如果协议赔偿的数额过高，加害方也可以以显失公平为由要求减少赔偿数额。遗憾的是，本案的原告主张的是合同无效，自然得不到法院的支持。

所以，维持人身损害赔偿协议的效力，是对当事人意思自由的尊重，是贯彻诚实信用民法原则的要求。因为试想本案还有可能是受害人在签订协议时以为自己的伤势不重，最多只需花三五千，自己得到了超过实际损失的赔偿，而加害人出于息事宁人、避免麻烦或对受害人的补偿心理而认可超额补偿，而结果超出了实际损失，受害人即要求认定合同无效，那么法律的公平何在，维护诚实信用的宗旨何在？

所以，从法律的立法精神出发，尊重当事人对其自身权利的处分，从建立诚信社会出发来适用法律是正确的。但是也应该看到，由于每个法官的职业素质、职业积累、社会阅历、人文修养、审判理念的不同，不同的法官对法律精神、社会正义及公序良俗的理解有所差异，导致对人身损害赔偿协议的效力存在不同的观点。目前，在一、二审法院中均存在不同的法官或合议庭对涉及类似人身损害赔偿协议的效力的案件，对实体处理不一致，甚至造成同一案件的处理存在截然不同的判决结果，这有待于法官对此类问题进一步达成一致意见。

（三）相关判例

原告李某诉称：原告看到葛洲坝集团妇幼保健院关于 OK 镜的广告，于是在交了 3 050 元预订金后，到该院配了一副 OK 镜。戴上之后原告即发现眼睛产生不适，被迫先后在宜昌、武汉、北京的医院做了两次角膜移植手术。原告因此停学一年。其后原告与第二被告达成协议，由第二被告一次性补偿原告 30 000 元。原告左眼经法医鉴定，已有左眼角膜术后改变，构成了十级伤残。由于原告的损失现已远远大于 30 000 元，原协议显失公平，不能保障原告的合法权益。且第一被告与第二被告实属"一套班子、两块牌子"，第一被告并无独立的人事、财产权，其人事、财产权全部属于第二被告。故原告诉请：①判令撤销原告与第二被告签订的协议；②判令第一被告赔偿原告经济损失 72 330.45 元；③判令第一被告赔偿原告精神损失费 100 000 元；④判令第一被告承担原告以后因此而发生的治疗费用；⑤判令第二被告承担连带赔偿责任；⑥判令被告承担本案诉讼费用。第一被告与第二被告在庭审中辩称愿意共同对该案承担责任，同时辩称：①我单位提供的 OK 镜，产品质量是合格的；②我们没有对 OK 镜作虚假的宣传，对 OK 镜的宣传目前还没有强制性的规定，也不存在所谓的违法宣传行为；③我单位下属东山门诊有眼科这个诊疗范围；④原告的损害结果与被告没有因果关系，故应当驳回原告的诉讼请求。同时提出反诉称：因原告诉至法院，故要求原告返还30 000 元。原告李某针对被告提起的反诉，辩称被告仅支付 28 000 元，而不是 30 000 元，并表示愿意返还 28 000 元。

宜昌市中级人民法院判决撤销原告与第二被告签订的补偿协议，原告向被告返还 28 000 元的补偿费及 3 050 元的配镜费。被告向原告赔偿双倍配镜费 6 010 元；挂号费、医疗费 20 489.52 元；住院伙食补助费 70 天按两人每人每天 15 元计 2 100 元；护理费按护理人员的实际损失计算（原告母亲 5 191.1 元，原告父亲 980 元）为 6 171.1 元；残疾人生活补助费按11 元/天计算 20 年乘以 10% 为 8 030 元；交通费 6 955 元；鉴定费 600 元及损害后的配镜费 1 008 元，以上共计 51 363.62 元。被告应向原告赔偿20 313.62 元。被告赔偿原告精神抚慰金 20 000 元。驳回原告要求后期治疗费的诉讼请求。

（四）法律适用

（1）《中华人民共和国民事诉讼法》第六十四条："当事人对自己提出的主张，有责任提供证据。当事人及其诉讼代理人因客观原因不能自行收集的证据，或者人民法院认为审理案件需要的证据，人民法院应当调查收集。人民法院应当按照法定程序，全面地、客观地审查核实证据。"

（2）《中华人民共和国民事诉讼法》第六十八条："证据应当在法庭上出示，并由当事人互相质证。对涉及国家秘密、商业秘密和个人隐私的证据应当保密，需要在法庭出示的，不得在公开开庭时出示。"

（3）《中华人民共和国民事诉讼法》第七十条："书证应当提交原件。物证应当提交原物。提交原件或者原物确有困难的，可以提交复制品、照片、副本、节录本。提交外文书证，必须附有中文译本。"

（4）《中华人民共和国民事诉讼法》第一百六十四条："当事人不服地方人民法院第一审判决的，有权在判决书送达之日起十五日内向上一级人民法院提起上诉。当事人不服地方人民法院第一审裁定的，有权在裁定书送达之日起十日内向上一级人民法院提起上诉。"

（5）《合同法》第五十二条："有下列情形之一的，合同无效：（一）一方以欺诈、胁迫的手段订立合同，损害国家利益；（二）恶意串通，损害国家、集体或者第三人利益；（三）以合法形式掩盖非法目的；（四）损害社会公共利益；（五）违反法律、行政法规的强制性规定。"

（6）《合同法》第五十三条："合同中的下列免责条款无效：（一）造成对方人身伤害的；（二）因故意或者重大过失造成对方财产损失的。"

（7）《合同法》第五十四条："下列合同，当事人一方有权请求人民法院或者仲裁机构变更或者撤销：（一）因重大误解订立的；（二）在订立合同时显失公平的。一方以欺诈、胁迫的手段或者乘人之危，使对方在违背真实意思的情况下订立的合同，受损害方有权请求人民法院或者仲裁机构变更或者撤销。当事人请求变更的，人民法院或者仲裁机构不得撤销。"

（五）小结

人身损害赔偿协议和普通协议并无实质差别，对该协议的效力应按普通合同的效力来认定，这是尊重当事人意思自治、尊重契约自由的反映，也是维护诚实信用原则的要求。至于赔偿数额是否合理，是否符合民事责任的补偿性要求，也应该按《合同法》的相关规定进行处理，通过显失公平条款对合同进行一定的变更或撤销。

九、编者：李莉、李冬梅

十、编写时间：2014 年 4 月

杭州某甲公司诉杭州某乙公司建设工程合同纠纷案

一、案例编号（3－06）

二、学科方向：民法学

三、案例名称：杭州某甲公司诉杭州某乙公司建设工程合同纠纷案

四、内容简介

甲公司与乙公司于2010年2月26日签订了《建设工程施工合同》一份，并依法办理了施工许可证等全部手续。该工程于2010年11月30日竣工验收合格，于2011年6月29日经杭州市萧山区建设局同意竣工验收备案。经决算，双方确定工程总价款为4 530 892元，现乙公司已支付工程款2 100 000元，余款2 430 892元至今未付。现在甲公司起诉乙公司，要求：①乙公司支付甲公司工程款及利息损失共计3 035 269元（利息损失为604 377元）；②甲公司对涉案建设工程经折价或者拍卖的价款享有优先权。因本案处理结果与某某银行瓜沥支行有法律上的利害关系，故某某银行瓜沥支行作为第三人参加诉讼。

五、关键词： 第三人；质证；财产保全；诉讼请求；陪审；
拍卖；折价；诉讼时效

六、具体案情

2010 年 2 月 26 日，被告某乙公司作为发包方，原告某甲公司（具有房屋建筑工程施工总承包二级资质）作为承包方，双方签订《建设工程施工合同》一份，合同约定某乙公司将框架为二层局部三层，总建筑面积为 5 766.34 平方米的车间工程发包给某甲公司施工，承包范围包括施工图纸内的土建、水电安装、在建车间周边排水管道和窨井工程（按投标预算书内的所有工程量）；开工日期以开工报告为准，竣工日期以竣工验收为准，工期为 150 天；发包方派驻工程师李某某作为代表行使相关职权；合同价款采用一次性包干方式确定，为 3 800 000 元；工程款支付进度为基础工程完成付 500 000 元，一层现浇板完成付 1 300 000 元，竣工五方验收付 1 000 000 元，余款竣工验收合格后一年内一次性付清（余款 1 000 000 元发包方支付给承包方月利息 3.5%）；如遇工程变更，双方按确认的工程变更联系单进行结算；发包方同意承包方将钢结构屋面工程分包给其他单位施工。合同签订后，原告于 2010 年 4 月 2 日开工建设，期间将钢结构制作安装工程分包给杭州某丙公司施工，全部工程于 2010 年 11 月 30 日竣工验收。2011 年 6 月 29 日，杭州市萧山区建设局同意被告的车间工程竣工验收备案。被告于 2010 年 8 月 12 日支付工程款 1 500 000 元，于 2011 年 1 月 31 日支付工程款 600 000 元。原告于 2010 年 11 月 11 日向被告开具 1 500 000 元的建筑业统一发票一份。

2010 年 5 月 5 日的基础工程结构验收记录、2010 年 8 月 11 日的分包单位开工报告、2010 年 8 月 20 日的主体工程结构验收记录、2010 年 11 月 10 日的建筑装饰装修工程验收记录、2010 年 11 月 10 日的瓦屋面工程验收记录、2010 年 11 月 20 日的钢结构子分部工程交工验收证书以及 2010 年 11 月 30 日的单位（子单位）工程质量竣工验收记录等材料中均由案外人洪某某在建设单位项目负责人处签名确认，并盖有被告某乙公司的印章。2011 年 2 月 18 日，经原告与洪某某协商，洪某某同意原告对涉案车间工程经折价享有优先受偿权。此外，被告某乙公司于 2011 年 10 月 26 日与第三人某某银行瓜沥支行签订借款合同一份，约定被告向第三人借款 1 000

万元，借款期限自 2011 年 10 月 26 日起至 2012 年 4 月 26 日止。同日，被告某乙公司与第三人某某银行瓜沥支行又签订最高额抵押合同一份，载明在 2011 年 10 月 26 日至 2013 年 10 月 26 日期间，第三人允许被告以涉案房产及相应范围内的土地使用权作为抵押，在该行最高融资 1 400 万元。次日，双方在杭州市住房保障和房产管理局办理了涉案房屋抵押手续（建筑面积：5 766.34 平方米；房屋所有权证号：杭房权证萧字第 00134656号；他项权证号：杭房他证萧字第 00114813 号）。另外，李某某与张某某系夫妻关系。2011 年 7 月 4 日，某乙公司的法定代表人由李某某变更为张某某，同年 11 月起，因某乙公司经营状况恶化，李某某与张某某均出走。现原告起诉要求：①被告支付原告工程款及利息损失共计 3 035 269 元（利息损失为 604 377 元）；②原告对涉案建设工程经折价或者拍卖的价款享有优先权。

七、案例来源

浙江省杭州市萧山区（市）人民法院（2011）杭萧义民初字第510 号。

八、案情分析

（一）争议焦点

（1）涉案工程价款是 3 800 000 元还是 4 530 892 元？
（2）原告甲公司主张的逾期付款利息损失是否合理？
（3）原告是否有权对涉案建设工程经折价或拍卖的价款优先受偿？

（二）法理分析

对于第一个争议焦点涉案工程价款是 3 800 000 元还是 4 530 892 元的问题，原告主张，根据原被告双方盖章确认的建筑工程决算书可以认定，本案实际发生的工程价款为 4 530 892 元。第三人认为，原被告签订的《建设工程施工合同》载明该工程采用一次性包干的方式发包，即工程总价为3 800 000 元。而原告提供的建筑工程决算书中载明的部分工程未由被告盖章确认，存在较大瑕疵，该决算书并非一个合法有效的证据，加之原告也未提供建设工程量增加的相关证据，故决算书不能作为认定工程价款的依据。对于这个问题，原被告双方约定的 3 800 000 元工程款仅包括施工图纸内的土建、水电安装、在建车间周边排水管道和窨井工程（按投标预算书内的所有工程量），同时合同第八条还约定如遇工程变更，双方按确认的工程变更联系单发生的工程量按实进行结算。结合原告提供的建筑工程决算书，该份证据的出处为杭州萧山城建档案馆，决算书的首页明确载明工程名称、工程造价、建筑面积，落款处有原被告公司盖章确认，应视为双方对工程最终造价的确认。故在被告放弃抗辩而第三人所持异议无充分有效证据予以证明的情况下，应确认涉案工程的实际价款为 4 530 892 元。

对于第二个争议焦点原告主张的逾期付款利息损失是否合理的问题，依据《合同法》的规定，工程价款的支付，有约定的依照约定，没有约定的或约定不明的，且依照该法第六十一条的规定仍不能确定的，则价款应当在交付工作成果时支付。根据原被告约定的工程款付款进度：基础工程完成付 500 000 元（基础工程验收为 2010 年 5 月 5 日），一层现浇板完成付 1 300 000 元（原告未提供现浇板完成时间的证据，故以主体工程验收 2010 年 8 月 20 日为时间点计算），竣工五方验收付 1 000 000 元（竣工五方验收为 2010 年 11 月 30 日），余款竣工验收合格后一年内一次性付清（余款 1 000 000 元发包方支付给承包方月利息 3.5%）。对此被告应根据合同约定及时支付上述款项，现被告于 2010 年 8 月 12 日支付工程款 1 500 000 元，于 2011 年 1 月 31 日支付工程款 600 000 元。依据原告诉讼主张的损失天数，经本院核算，被告应承担的逾期付款利息损失为 328 121 元（500 000 元自 2010 年 5 月 6 日起按年利率 4.86% 计算至同年 8 月 12 日止；300 000 元自 2010 年 8 月 21 日起按年利率 4.86% 计算至 2011 年 1 月 31 日止；1 000 000 元自 2010 年 12 月 1 日按年利率 4.86% 计算至 2011 年 1 月 31 日止；700 000 元自 2011 年 2 月 1 日起按年利率 4.86% 计算至 2011 年 11 月 30 日止；1 000 000 元自 2010 年 12 月 1 日起按年利率 6.1% 的四倍计算至 2011 年 11 月 30 日止；对于增加工程量的部分价款，因双方对支付时间未作明确约定，故依法应从工程竣工验收，即工程交付之日起计算付款利息损失，即以 730 892 元为基数，自 2010 年 11 月 30 日起按年利率 4.86% 计算至 2011 年 11 月 30 日止）。

对于第三个争议焦点原告是否有权对涉案建设工程经折价或拍卖的价款优先受偿的问题。首先，《建设工程施工合同》的通用条款载明："竣工日期是指发包人、承包人在协议中约定，承包人完成承包范围内工程的绝对或相对的日期。"而根据 2010 年 11 月 30 日五方验收报告的记载，该验收为涉案工程的综合验收，且各项目验收合格，表明合同范围内的工程已全部完工，故 2010 年 11 月 30 日即为工程的竣工时间。其次，纵观全案，虽然洪某某曾多次在工程验收记录上签字，表明其具有一定职权的外观表象，但就洪某某是否有权代表被告对一些重大事项，如工程价款结算、工程款优先受偿等事项进行处分，原告未能提供充分的证据予以证实，加之原告也未能证明其与洪某某在 2011 年 2 月 18 日签订的协议书事后获得被告追认，故洪某某无权代表被告对涉案工程优先权作出处分。同时，根据原被告签订的建设工程合同，发包方派驻施工现场的工程师为李某某，并由李某某作为发包方代表行使相关职权，原告对此是明知的，现原告向洪某某主张工程款优先权，系对象错误，不发生给予被告主张优先权的效力。再次，《合同法》第二百八十六条规定："发包人未按照约定支付价款的，承包人可以催告发包人在合理期限内支付价款。发包人逾期不支付的，除按照建设工程的性质不宜折价、拍卖的以外，承包人可以与发包人协议将该工程折价，也可以申请人民法院将该工程依法拍卖。建设工程的价款就该工程折价或者拍卖的价款优先受偿。"最高人民法院《关于建设工程价款优先受偿权问题的批复》（以下简称《批复》）进一步明确了优先受偿权的行使期限为建设工程竣工之日或者建设工程合同约定的竣工之日起六个月，该规定旨在督促承包人及时主张权利。本案中，根据原被告关于支付工程价款的进度约定，在涉案工程款中，除 1 000 000 元应在工程竣工验收合格后一年内支付外，其余工程价款在给付日到期后，原告依法应当自工程竣工之日起六个月内及时行使优先权，现原告未在法定期限（六个月）内主张优先权，对该部分工程价款，原告已超过工程价款优先权行使期限，优先权丧失。但对于工程竣工验收合格后一年内支付工程款 1 000 000 元的优先权主张是否成立的问题，本院认为，最高人民法院的《批复》指的是在发包人未按约定支付价款的情形下，承包人行使优先权的期限为六个月，并自建设工程竣工之日或者建设工程合同约定的竣工之日起计算。而在本案中，根据双方在合同中关于付款进度的约定，因付款时间尚未到期，被告尚不存在《合同法》第二百八十六条规定的"未按照约定支付价款"的情形，故就剩余工程价款 1 000 000 元，不宜依据最高人民法院《批复》第四条之规定，以工程竣工之日作为承包人行使优先权的起算点，据此认定原告超过《合同法》第二百八十六条规定的工程价款行使优先权的期限。同时，鉴于建筑工程价款优先权应仅包括建设工程应当支付的工作人员报酬、材料款等实际支出的费用，不包括承包人因发包人违约所造成的损失，故对被告迟延支付工程价款的利息损失，原告依法不能优先受偿。

我们发现本案中法院根据法律的规定，将该笔债务分开来看，严格根据法律和最高人民法院下达的《批复》来作裁判，我们可以看到法官很好地回避了本案中的冲突。但是，我们这里还是需要讨论一个问题，当承包人享有的优先权与其所建的建筑物上设定的抵押权发生冲突时，到底哪个在先，哪个在后。

我国法律之所以规定优先权，是为了：

（1）保护人权，维护弱势群体利益的需要。现代国际上一般都承认职工工资优先权，这是因为职工工资是其生活的主要来源，是实现其他权利的物质基础。因此，法律必须全面体现对社会弱势群体的保护。民法上规定的劳工工资和报酬优先权旨在推行保护劳工的社会政策。

（2）基于效率或债权人权利实现的方便。某些优先权的设定往往与权利人对债务人的特定财产已经形成直接占有有关，例如建筑工程承包人对建筑工程的优先权，因为对建筑工程，承包人已经投入了一定的劳动并对之形成了直接占有，如果不允许其享有优先权，施工单位就有可能什么都得不到，那在法律上很难执行。

（3）为保障实现实质正义的需要。债权人平等主义强调的是一种形式主义，而优先权更强调一种实质正义。可以说，优先权制度涉及国计民生以及社会的稳定，体现着公平正义的理念与精神，实现民法以人为本的价值，符合现代民法的发展趋势。因此，目前世界大多数国家或地区均设立优先权制度。

《中华人民共和国合同法》第二百八十六条规定："发包人未按照约定支付价款的，承包人可以催告发包人在合理期限内支付价款。发包人逾期不支付的，除按照建设工程的性质不宜折价、拍卖的以外，承包人可以与发包人协议将该工程折价，也可以申请人民法院将该工程依法拍卖。建设工程的价款就该工程折价或者拍卖的价款优先受偿。"此外，2002年6月20日，最高人民法院在《批复》中规定："人民法院在审理房地产纠纷案件和办理执行案件中，应依照《合同法》第二百八十六条的规定，认定建筑工程的承包人的优先受偿权优于抵押权和其他债权。""建设工程承包人行使优先权的期限为六个月，自建设工程竣工之日或者建设工程合同约定的竣工之日起计算。""建筑工程价款包括承包人为建设工程应当支付的工作人员报酬、材料款等实际支出的费用，不包括承包人因发包人违约所造成的损失。"

法律赋予建筑商工程款优先受偿权的意图在于保护劳动者的利益，鼓励创造社会财富。因为工程款优先权所担保的债权中相当部分是建筑工人的劳动工资，建设工程是靠承包人付出劳动和垫付资金建造的。但是，法律赋予承包人工程款优先权却使得贷款银行抵押权的优先受偿处于"有名无实"的境地，当二者发生冲突时该如何平衡双方法益之冲突呢？

笔者认为，在二者发生冲突的时候应该对涉案的建设工程进行拍卖或者变卖，该部分价款足额偿还承包人及抵押权人之债务，即无争议。当此价款无法清偿双方的债务时，则应当对双方的利益进行平衡。一方涉及的是工程价款，进一步而言是劳动者的工资，而另一方涉及的是银行的资金损失。如果一味地保护劳动者的合法权益，势必会损害到银行的利益，银行是一个金融机构，如此大数额的损失频繁出现几次就会使其运营受到一定的影响，2002 年最高人民法院下发的《批复》，就是对双方的利益进行协调的产物，为保护劳动者工资的优先受偿权规定六个月的除斥期间，过期不再享有此权利。可见这仅仅是一刀切的调节方式，至于六个月合不合适，这种规定势必会使得劳动者及时行使优先权，从而损害到银行的利益。那么我们到底该如何协调二者的冲突呢？笔者认为：方案一，将优先受偿权明示化。即劳动者享有优先受偿权需要去相关部门进行登记备案。这样银行若在知道的情况下，还想在该建筑物上设定抵押权，那么要自担风险。方案二，在现有制度不变的情况下，当双方利益发生冲突时，按照比例原则对建设工程的拍卖或者变卖之价款在劳动者和银行之间进行赔偿。

（三）相关判例

2005 年 1 月 12 日，原告蚌埠市 A 建筑公司（以下简称"A 公司"）与被告蚌埠市 B 房地产开发公司（以下简称"B 公司"）签订一份《建设施工工程承包合同》。双方在合同中约定：原告 A 公司承建被告 B 公司开发的商品房新新花园小区，工程款预算 1 056.65 万元，以结算为准；原告进入场地，被告 B 公司给付原告 A 公司工程款 50 万元，工程完成 50%，被告 B 公司给付原告 A 公司工程款 300 万元，工程竣工结算后十五日内，被告 B 公司一次性付清工程余款；原告 A 公司应于 2006 年 10 月 12 日前，将经竣工验收合格的商品房交付给被告 B 公司。合同签订后，原告 A 公司立即组织施工。2006 年 8 月 20 日，原告 A 公司将经竣工验收合格的商品房交付给被告 B 公司。同时原告 A 公司向被告 B 公司提交了该商品房的《工程结算书》及相关资料。2006 年 8 月 22 日，被告 B 公司委托蚌埠市××审计事务所对原告 A 公司提交的《工程结算书》及相关资料进行审计。审计结果：减去被告已给付的工程款、提供的原材料、管理费及水电费等，被告 B 公司尚应给付原告 A 公司工程款 650 万元。

2006 年 9 月 30 日，被告 B 公司因资金短缺，向蚌埠市××银行借款 800 万元，并将其开发的新新花园小区为该笔借款设置了抵押。原告 A 公司因催收工程余款 650 万元未果，于 2006 年 12 月向法院提起诉讼：①要求被告给付工程余款 650 万元及其逾期付款的利息；②要求对被告开发的新新花园小区商品房拍卖的价款享有优先受偿权。法院判决：①被告 B 公司给付原告 A 公司工程余款 650 万元及其逾期付款利息，该款在本判决生效后十日内付清；②原告 A 公司对被告 B 公司开发建设的新新花园小区商品房拍卖的价款享有优先受偿权。

（四）法律适用

（1）《合同法》第六十一条："合同生效后，当事人就质量、价款或者报酬、履行地点等内容没有约定或者约定不明确的，可以协议补充；不能达成补充协议的，按照合同有关条款或者交易习惯确定。"

（2）《合同法》第一百零七条："当事人一方不履行合同义务或者履行合同义务不符合约定的，应当承担继续履行、采取补救措施或者赔偿损失等违约责任。"

（3）《合同法》第二百六十三条："定作人应当按照约定的期限支付报酬。对支付报酬的期限没有约定或者约定不明确，依照本法第六十一条的规定仍不能确定的，定作人应当在承揽人交付工作成果时支付；工作成果部分交付的，定作人应当相应支付。"

（4）《合同法》第二百八十六条："发包人未按照约定支付价款的，承包人可以催告发包人在合理期限内支付价款。发包人逾期不支付的，除按照建设工程的性质不宜折价、拍卖的以外，承包人可以与发包人协议将该工程折价，也可以申请人民法院将该工程依法拍卖。建设工程的价款就该工程折价或者拍卖的价款优先受偿。"

（5）最高人民法院《关于民事诉讼证据的若干规定》第二条："当事人对自己提出的诉讼请求所依据的事实或者反驳对方诉讼请求所依据的事实有责任提供证据加以证明。没有证据或者证据不足以证明当事人的事实主张的，由负有举证责任的当事人承担不利后果。"

（6）最高人民法院《关于建设工程价款优先受偿权问题的批复》第四

条："建设工程承包人行使优先权的期限为六个月，自建设工程竣工之日或者建设工程合同约定的竣工之日起计算。"

（7）最高人民法院《关于审理建设工程施工合同纠纷案件适用法律问题的解释》第十八条："利息从应付工程价款之日计付。当事人对付款时间没有约定或者约定不明的，下列时间视为应付款时间：（一）建设工程已实际交付的，为交付之日；（二）建设工程没有交付的，为提交竣工结算文件之日；（三）建设工程未交付，工程价款也未结算的，为当事人起诉之日。"

（8）《中华人民共和国民事诉讼法》第六十四条："当事人对自己提出的主张，有责任提供证据。当事人及其诉讼代理人因客观原因不能自行收集的证据，或者人民法院认为审理案件需要的证据，人民法院应当调查收集。人民法院应当按照法定程序，全面地、客观地审查核实证据。"

（9）《中华人民共和国民事诉讼法》第一百四十四条："被告经传票传唤，无正当理由拒不到庭的，或者未经法庭许可中途退庭的，可以缺席判决。"

（10）《中华人民共和国民事诉讼法》第二百五十三条："被执行人未按判决、裁定和其他法律文书指定的期间履行给付金钱义务的，应当加倍支付迟延履行期间的债务利息。被执行人未按判决、裁定和其他法律文书指定的期间履行其他义务的，应当支付迟延履行金。"

（五）小结

本案中涉及抵押权与优先权冲突时如何解决的问题。笔者在综合衡量各方利益的保护之后得出两套解决方案，针对方案一来讲，如果银行在明知建设工程已经设有优先权的基础上仍然设定抵押权，那么银行要自己承担因此而带来的风险。假若银行为了自保其利益，不设定抵押权，那么必然会引起资金的使用率降低，不利于资金的运转。在此情况下的优点是，将会保护到劳动者的合法权益，因为建设工程上设定的仅仅只有优先权。对于方案二，因为在现有制度不变的情况下，当劳动者在工程竣工之日起六个月内主张优先权时，那么银行此时为了自保其利益不受损失亦可主张，此时法院应该衡量各方的损失，按照比例原则进行分配，方为上策。

九、编者：李莉、李冬梅

十、编写时间：2014年4月

市质量技术监督局与天象公司买卖合同缔约过失纠纷案

一、案例编号（3-07）

二、学科方向：民法学

三、案例名称：市质量技术监督局与天象公司买卖合同缔约过失纠纷案

四、内容简介

市质量技术监督局将自己划拨土地上的办公大楼和附属楼以 700 万元的价格卖给天象公司，并约定天象公司分几次将购楼款支付给市质量技术监督局。在期限内，天象公司只支付了 150 万元的购楼款，市质量技术监督局也没有办理相应政府报批和补偿地价的手续，致使市质量技术监督局解除合同。法院判决合同无效，双方根据各自过错大小负缔约过失责任，赔偿信赖利益。

五、关键词：缔约过失责任；信赖利益赔偿；划拨使用权转让；合同无效

六、具体案情

2003 年 12 月 29 日，某市质量技术监督局（甲方，以下简称"技术监督局"）与天象公司（乙方）签订一份《房地产转让合同》，约定：甲方以700万元的价格转让其位于淮南路109号的一栋办公大楼、办公大楼东侧门面房及后院一栋小楼的所有权给乙方；乙方在合同签订后十日内汇入甲方账户50万元，2004年2月29日、5月31日、12月31日前分别再汇入甲方账户100万元、200万元、350万元；若乙方在2004年12月31日前未付清所有款项，甲方有权将一楼大厅以及后院小楼三至四层使用权收回。合同签订后，天象公司于2004年1月8日、4月29日两次支付技术监督局购房款50万元、100万元，技术监督局按约定向天象公司交付了办公楼一楼大厅和后院小楼三至四层。2004年2月，天象公司将一楼办公大楼以每年45万元的租金出租给了中国联通某分公司（以下简称"联通公司"），租期5年，联通公司先行支付了3年租金135万元。前述合同约定的付款期限届满后，技术监督局于2005年3元25日给天象公司发出《关于处理解除房地产转让合同遗留问题的函》，称双方已于2005年3月1日达成了解除合同的口头协议，要求天象公司于2005年3月30日前与该局协商解决合同解除后的遗留问题。天象公司接函后回复《关于继续履行房地产转让合同的函》，认为技术监督局所称的双方于2005年3月1日达成的解除合同的口头协议等与事实不符，要求技术监督局继续履行合同。因双方对是否解除合同未达成一致，技术监督局遂以天象公司没有履行合同的主要义务，严重违约为由，于2005年4月8日诉至一审法院，请求判令解除合同并由天象公司承担违约责任。

安徽省淮北市中级人民法院经审理认为：技术监督局与天象公司签订的《房地产转让合同》所涉土地使用权为划拨性质，该合同未报经有批准权的人民政府审批，应为无效合同。技术监督局转让该房地产时在明知其土地使用权系划拨而来的情况下没有履行报批手续，且在诉讼过程中怠于补办相关手续，对合同无效应承担主要责任。天象公司签订合同时没有尽到注意义务，对合同无效亦有一定责任。双方应当根据各自过错大小，承担相应的责任。根据法律的规定，合同无效后，双方因合同取得的财产，应当相互予以返还，有过错的一方应当赔偿对方因此所受到的损失。遂判决：①天象公司于判决生效后十五日内将技术监督局一楼大厅和后院小楼三至四层的使用权及一楼大厅出租租金135万元返还给技术监督局，技术监督局在接收上述权利及款项的同时返还天象公司已付房地产转让款150万元，相互折抵后技术监督局于判决生效后十五日内给付天象公司15万元；②技术监督局于判决生效后十五日内赔偿天象公司损失280万元；

③驳回天象公司的其他诉讼请求。

技术监督局与天象公司均不服一审判决,向安徽省高级人民法院提起上诉。技术监督局上诉称:天象公司作为专业的房地产经营与开发企业,其未尽基本的审慎和注意义务导致合同无效,应承担主要责任;一审判决将房屋升值部分的利益认定为天象公司的实际损失并判决该局赔偿天象公司可得利益损失违反《合同法》的规定;一审判决该局赔偿对方 280 万元损失没有事实依据。天象公司上诉称:案涉合同无效的全部责任应由技术监督局承担,天象公司并无过错;135 万元租金全部归技术监督局所有不合理;一审所判的 280 万元远未弥补天象公司的损失,涉案房产 2005 年 12 月 16 日的市场价值为 1 275. 696 5 万元,已高出 700 万元的合同价 575. 696 5 万元。

安徽省高级人民法院经审理认为:①涉案合同项下的土地系划拨性质,技术监督局作为出让方有义务在合同签订前或至提起诉讼前,对转让房产涉及的土地履行相关审批手续,其未履行该项义务构成缔约过失,对导致合同无效负有主要责任。天象公司作为受让方未尽到必要的注意义务,对导致合同无效应承担次要责任。②合同无效或者被撤销后,因该合同取得的财产,应当予以返还。故天象公司应将技术监督局办公大楼一楼大厅、后院小楼三至四层的使用权返还技术监督局,技术监督局应将收取的购房款 150 万元返还天象公司。租金是使用房屋取得的收益,租金上涨的主要原因是市场因素。在房屋出租过程中,天象公司虽存在经营成本支出,但其未提供相应的证据加以证明,故一审将 135 万元租金全部作为该公司因合同取得的财产而判令其予以返还,并无不当。天象公司关于其出租收益超出技术监督局自行出租所得的部分不应返还的上诉主张,该院不予支持。③由于技术监督局对导致合同无效存在过错,依照《合同法》第四十二条的规定,应承担缔约过失的损害赔偿责任,赔偿天象公司信赖利益损失。其赔偿范围不仅包括对方实际支出的缔约和履行费用等直接损失,还应包括由于信赖合同有效,从而丧失与第三人订立有效合同可能获得的利益。综合考虑涉案房地产的性质和价值及天象公司实际付款情况、双方过错责任的大小等因素,可确定由技术监督局赔偿天象公司 100 万元。一审判令技术监督局赔偿 280 万元,没有充分考虑天象公司未按期足额付款的事实,有失公允。技术监督局关于赔偿损失数额过高的上诉理由部分成立,该院予以支持。

据此,本案经审判委员会讨论决定,依照《中华人民共和国民事诉讼法》第一百五十三条第一款第（一）、（二）项和《中华人民共和国城市房地产管理法》第三十九条第一款，《中华人民共和国合同法》第五十八条、第四十二条的规定，判决：维持一审判决主文第一项、第三项；变更一审判决主文第二项为技术监督局于判决生效之日起十五日内偿付天象公司 100 万元。

七、案例来源

安徽省高级人民法院（2007）皖民一终字第 144 号判决书。

八、案情分析

（一）争议焦点

（1）本案中因缔约过失所订立的合同，其主要责任应该由谁承担？
（2）承担缔约过失责任的赔偿范围如何？
（3）对于房地产的增值损失是否要赔偿？

（二）法理分析

本案双方当事人买卖的房产所涉土地使用权属于划拨性质，必须要报政府批准，并且要补偿低价后才可以进行交易。而本案当事人没有履行上述手续，属于《合同法》第五十二条规定的违反法律、行政法规的强制性规定的合同，因此其买卖合同无效。按《合同法》原理，合同无效后，当事人应该承担缔约过失责任。对于上述合同的无效，双方当事人都有一定的过错，应当各自承担相应的责任。因此本案中双方当事人承担的责任在性质上属于缔约过失责任，其赔偿的性质是信赖利益的损失。

信赖利益的损失，即无过错的当事人信赖合同成立，但因法定事由发生，致使合同无效，合同被变更或被撤销、不成立等而造成的损失。一般认为，信赖利益的损失包括所受损害和所失利益两类。所受损害，即积极的损害或直接损害，具体包括：①缔约费用，指信赖人为准备签订合同而支出的费用，包括必要的邮电费用、差旅费、资料费、租用场地费等。②准备履行合同而支出的费用，如为保管标的物而租赁或修建仓库的费用、为准备加工而购买原材料的费用等。③信赖人因向银行融资而支付的利息（不应减少而减少）。所失利益，即消极的损害或间接损害，指因损害事故之发生，信赖人之财产应增加而未增加，或丧失缔约机会，或即使没有丧失，再缔约的利润也减少。

对于直接损失的赔偿比较好理解，一般不会发生争议，也容易操作。但对于间接损失，我国现行法律没有明确规定，目前理论界仍存在较大的争议，实务界普遍感到操作起来有相当大的难度，各法院判决很不一致。本案可以说是一起典型案例。

对于缔约机会的损失，由于具有不确定性，各国仍保持谨慎的态度，规定各异。德国以履行利益限制其不确定性。法国将缔约机会损失纳入侵权法保护之中，并以可预见规则抑制其不确定性的弊端。英国则以侵权法弥补缔结阶段所造成的缔约机会损失，但以侵权人主观恶意为要件。美国也将缔约机会损失赔偿归入侵权法，强调以行为人主观过错的程度作为责任考量依据，借此制约缔约机会损失的不确定性。

王利明老师认为"信赖利益的损失限于直接损失"，不包括机会利益。其理由是信赖利益必须是一种合理的能够确定的损失，而机会所形成的利益很难合理确定，如果允许基于缔约过失赔偿机会损失，则缔约过失赔偿范围过大，这不利于确定责任。而且，机会损失在举证上存在困难，也会诱发当事人与第三人恶意串通，索赔巨大机会损失的费用。

另有学者认为，判断"与第三方订立合同的机会"利益是否赔偿不应绝对化，而应具体分析：一是如果"与第三人订立合同的机会"是在缔约过程中曾经真实客观地存在的，而不是基于信赖人的主观愿望而存在的；二是此机会是指一种必然的机会，即若这个机会没有与相对方的缔约就不会错过；三是此机会在请求赔偿时已不存在，即已经完全丧失不可逆转；四是机会损失可以量化。具备以上四种情况的机会利益损失是可以赔偿的。

我国最高人民法院《关于审理〈房地产管理法〉施行前房地产开发经营案件若干问题的解答》规定："预售商品房因预售方的过错造成合同无效的，应根据房地产市场价格变化和预购方交付房款等情况，由预售方承担返还财产、赔偿损失的责任。房屋未建成或未交付的，参照签订合同时的房价和法院裁判、调解时的房价之间的差价，确定预购方的损失数额。"可见我国在房地产纠纷中承认了机会利益的损失。

信赖利益的赔偿应否以履行利益为限？对此有两种观点。

其一，不应以履行利益为限：①如果以履行利益为限，势必鼓励允诺人反悔或违约，可能放纵缔约过错，不利于交易安全；②在合同不存在时，仍以履行利益作为承担缔约过失责任的依据和限度，不仅难以确定，而且毫无依据可言；③缔约过失方应全面赔偿受害人因信赖所受的损失，才能体现诚信原则的要求和缔约过失制度的立法宗旨；④有时履行利益也不可量化，如旅游合同等。

其二，应以履行利益为限：①消极损害的赔偿，已经为一方施加了比较重的责任，如果对赔偿的范围不予限制的话，则会利益失衡；②缔约人订立合同就是为了取得履行利益，如果信赖利益的赔偿超过了履行利益，则应属于信赖人的意外获利，这与信赖人预期目的也并不相符合；③在信赖利益赔偿中，如果允许信赖利益的赔偿超过履行利益，则有可能出现一方将从事交易的亏本转嫁给另一方的情况。

德国民法规定，赔偿范围不得超过意思表示有效或契约成立时相对人所可得之利益；如果信赖利益的赔偿超过了履行利益，则应属于受害人的意外获利。信赖利益也应该以可预见为标准。

我们认为，信赖利益的赔偿应该以履行利益为限，因为缔约人缔结合同的目的就在于获取最后的履行利益，这种履行利益实际上也是缔约人所要获取的最高利益，如果赔偿的结果高于当初期待的履行利益，势必使一方获得额外利益。此外，法律承认缔约一方的信赖利益的同时，也必然应该承认另一方的信赖利益，而另一方的信赖利益即他对其相对方的信赖利益保护应限定在其所能合理预见的范围内，这种合理预见的范围，一般不能超过其所能预见的履行利益。因此，除人身损害赔偿外，信赖利益损害的赔偿均不能高于相应的履行利益。当然，若缔约人已经知悉相对方存在缔约上过失后，仍然不采取积极措施以避免其信赖利益受损害，或者致使损害扩大的，不得就该部分损失请求赔偿。双方均存在缔约上过失以致信赖利益受损害的，应该根据各自享有的信赖利益及受损害程度来确定各自应获得损害赔偿额，再分别根据各自的过错程度来确定应承担的相应责任。

本案中，一、二审法院对这起案件的裁判结果虽有差异，但处理思路是一致的、正确的，即技术监督局应对合同的相对方天象公司承担缔约过失责任，赔偿因房屋涨价造成天象公司 575.696 5 万元的可得利益（或机会利益）损失。这也符合后来最高人民法院《关于审理〈房地产管理法〉施行前房地产开发经营案件若干问题的解答》的规定，是正确的。但是对双方的过错大小的认定，还应看到：技术监督局系将其在划拨土地上建筑的房屋转让给天象公司，双方签订合同后，该合同尚处于未生效状态，作为转让方和划拨土地的使用权人，技术监督局应及时履行相应的报批手续促使合同生效，但技术监督局至起诉前均怠于履行上述义务并致使合同被法院认定为无效，故技术监督局是以不作为的方式违反了合同义务，是使合同无效的重要原因。天象公司应在约定的期限届满前支付给技术监督局700万购楼款，而实际上只支付了150万，即主要义务没有履行，这也是导致技术监督局解除合同的重要原因。法院应该重点调查技术监督局未办理相关手续是不是因为对方支付房款过少，从而确定导致合同无效和解除的双方的过错程度和比例。很遗憾，二审法院并没有围绕这一问题进行调查。

（三）相关判例①

2010年7月7日，苏州海纳房地产经纪公司（以下简称"海纳公司"）与江苏海安经济开发区管理委员会（以下简称"管委会"）签订合作意向书一份，双方就在海安经济开发区新建"苏中招商总部大厦"项目达成协议，协议对项目地点、项目结构、运营时间等内容进行了约定。同年7月16日，海纳公司即以南通逸龙置业有限公司（以下简称"逸龙公司"）的名义向管委会缴纳合作意向金100万元。2011年2月，逸龙公司注册成立，支付注册登记费24 000元。2011年9月15日，管委会与逸龙公司、海纳公司共同签订补充协议，协议主要对项目用途进行了调整。2012年2月，海安县人民政府对案涉项目用地的用途进行变更，双方合作意向项目无法实施。此后，管委会退还给逸龙公司合作意向金100万元。后逸龙公司向海安县人民法院提起诉讼，主张管委会应承担因其过失致合同无法订立的赔偿责任，一审驳回了原告的诉讼请求，逸龙公司不服该判决遂上诉到南通市中级人民法院。

（四）法律适用

（1）《物权法》第一百三十七条："设立建设用地使用权，可以采取出让或者划拨等方式。工业、商业、旅游、娱乐和商品住宅等经营性用地以及同一土地有两个以上意向用地者的，应当采取招标、拍卖等公开竞价的方式出让。严格限制以划拨方式设立建设用地使用权。采取划拨方式的，应当遵守法律、行政法规关于土地用途的规定。"

（2）《物权法》第四十二条："建筑物、构筑物及其附属设施转让、互

---

① 《南通逸龙置业有限公司与江苏海安经济开发区管理委员会缔约过失责任纠纷上诉案》。

换、出资或者赠与的，该建筑物、构筑物及其附属设施占用范围内的建设用地使用权一并处分。"

（3）《合同法》第四十二条："当事人在订立合同过程中有下列情形之一，给对方造成损失的，应当承担损害赔偿责任：（一）假借订立合同，恶意进行磋商；（二）故意隐瞒与订立合同有关的重要事实或者提供虚假情况；（三）有其他违背诚实信用原则的行为。"

（4）《合同法》第一百一十三条："当事人一方不履行合同义务或者履行合同义务不符合约定，给对方造成损失的，损失赔偿额应当相当于因违约所造成的损失，包括合同履行后可以获得的利益，但不得超过违反合同一方订立合同时预见到或者应当预见到的因违反合同可能造成的损失。经营者对消费者提供商品或者服务有欺诈行为的，依照《中华人民共和国消费者权益保护法》的规定承担损害赔偿责任。"

（5）最高人民法院《关于适用〈中华人民共和国合同法〉若干问题的解释（二）》第八条："依照法律、行政法规的规定经批准或者登记才能生效的合同成立后，有义务办理申请批准或者申请登记等手续的一方当事人未按照法律规定或者合同约定办理申请批准或者未申请登记的，属于合同法第四十二条第（三）项规定的'其他违背诚实信用原则的行为'，人民法院可以根据案件的具体情况和相对人的请求，判决相对人自己办理有关手续；对方当事人对由此产生的费用和给相对人造成的实际损失，应当承担损害赔偿责任。"

（6）《中华人民共和国城市房地产管理法》第四十条："以划拨方式取得土地使用权的，转让房地产时，应当按照国务院规定，报有批准权的人民政府审批。有批准权的人民政府准予转让的，应当由受让方办理土地使用权出让手续，并依照国家有关规定缴纳土地使用权出让金。以划拨方式取得土地使用权的，转让房地产报批时，有批准权的人民政府按照国务院规定决定可以不办理土地使用权出让手续的，转让方应当按照国务院规定将转让房地产所获收益中的土地收益上缴国家或者作其他处理。"

（7）《中华人民共和国城市房地产管理法》第六十一条："以出让或者划拨方式取得土地使用权，应当向县级以上地方人民政府土地管理部门申请登记，经县级以上地方人民政府土地管理部门核实，由同级人民政府颁发土地使用权证书。在依法取得的房地产开发用地上建成房屋的，应当凭土地使用权证书向县级以上地方人民政府房产管理部门申请登记，由县级以上地方人民政府房产管理部门核实并颁发房屋所有权证书。房地产转让或者变更时，应当向县级以上地方人民政府房产管理部门申请房产变更登记，并凭变更后的房屋所有权证书向同级人民政府土地管理部门申请土地使用权变更登记，经同级人民政府土地管理部门核实，由同级人民政府更换或者更改土地使用权证书。法律另有规定的，依照有关法律的规定办理。"

（8）《中华人民共和国民事诉讼法》第一百六十四条："当事人不服地方人民法院第一审判决的，有权在判决书送达之日起十五日内向上一级人民法院提起上诉。当事人不服地方人民法院第一审裁定的，有权在裁定书送达之日起十日内向上一级人民法院提起上诉。"

（9）《中华人民共和国民事诉讼法》第一百七十条："第二审人民法院对上诉案件，经过审理，按照下列情形，分别处理：（一）原判决、裁定认定事实清楚，适用法律正确的，以判决、裁定方式驳回上诉，维持原判决、裁定；（二）原判决、裁定认定事实错误或者适用法律错误的，以判决、裁定方式依法改判、撤销或者变更；（三）原判决认定基本事实不清的，裁定撤销原判决，发回原审人民法院重审，或者查清事实后改判；（四）原判决遗漏当事人或者违法缺席判决等严重违反法定程序的，裁定撤销原判决，发回原审人民法院重审。原审人民法院对发回重审的案件作出判决后，当事人提起上诉的，第二审人民法院不得再次发回重审。"

（五）小结

缔约过失的损失需要赔偿，我国《合同法》对此已有规定，但如何赔偿，赔偿多少，尤其是机会利益是否赔偿，信赖利益的赔偿是否以履行利益为限，法律没有明确规定，司法实践也做法不一。我们认为，如果机会利益是现实存在的、能确定的，是应该赔偿的。信赖利益的赔偿应该以履行利益为限。

九、编者：李莉、李冬梅

十、编写时间：2014 年 4 月

杨武、吴苹夫妇反抗房屋被强制拆迁案

一、案例编号（3－08）

二、学科方向：民法学

三、案例名称：杨武、吴苹夫妇反抗房屋被强制拆迁案

四、内容简介

重庆市九龙坡区政府拟在鹤兴路社区进行旧城区改造，重庆正升置业有限公司（以下简称"正升公司"）作为该片区的商业开发商，拟在该片区建一商业购物中心。该片区的居民杨武、吴苹夫妇以"公民合法的个人财产神圣不可侵犯"、"开发目的是商业利益"为由拒绝搬迁，正升公司以"公共利益"为由向九龙坡区房管局提交行政裁决申请，房管局裁决要求杨武夫妇自收到该行政裁决书之日起十五日内搬迁，后向法院发出强制拆迁申请，法院迫于舆论压力未予执行。

五、关键词：房屋征收；房屋拆迁；公共利益；商业利益；个人财产权保护

六、具体案情

杨武、吴苹夫妇居住于重庆市九龙坡区鹤兴路 17 号

的两层砖混结构房屋。2004 年，重庆市九龙坡区政府拟在鹤兴路社区进行旧城区改造。同年 9 月，包括杨武夫妇在内的鹤兴路片区约 280 户的居民都接收到了政府要求他们主动撤离的通知。2005 年，正升公司成为该片区的商业开发商，拟在该片区建一商业购物中心。至 2005 年 9 月，该片区只剩下杨武夫妇未同意搬离。期间，杨武夫妇多次与正升公司协商拆迁赔偿事宜，但均无果。其中，正升公司曾承诺将在购物中心建成之后给杨武夫妇一间面积与他们房屋相当的商铺店位或对杨武夫妇进行适当补偿，但均遭到杨武夫妇以补偿价款不能接受为由的拒绝。由此，双方长达两年多的对峙开始了。2007 年 1 月，正升公司向九龙坡区房管局提交行政裁决申请，称该开发属于"公共利益"，杨武夫妇拒不搬离的做法违法。九龙坡区房管局召开听证会后，于 1 月 11 日作出裁决，要求杨武夫妇自收到该行政裁决书之日起十五日内搬迁，但杨武夫妇依然拒绝执行该行政裁决。为了保证施工进度，正升公司在杨武夫妇房屋周边开展了基地开挖，令杨武夫妇的房屋独自矗立在基坑中央高达十余米的"孤岛"上，当然杨武夫妇的供水供电管道也被迫切断。杨武夫妇在守卫房屋的同时，在房屋外挂起了写有"公民合法的个人财产神圣不可侵犯"等字句的横幅以作示威抗争，吴苹也联络了多家中外媒体对此事进行全程采访与记录。一时间，重庆最牛"钉子户"事件引起了国内外的广泛关注，当事人双方的关系也剑拔弩张。2007 年 2 月 1 日，九龙坡区房管局向九龙坡区人民法院提请了《先予强制拆迁申请书》，法院于 2007 年 3 月 19 日召开司法强拆听证会后，要求被拆迁人最迟于 3 月 22 日晚 24 时搬离房屋。但在外界媒体的强烈关注下，当地法院及政府迫于舆论压力，直至同月 30 日仍未强制拆迁杨武夫妇的房屋。同年 4 月 2 日，事件迎来转折性的发展，杨武夫妇同意接受正升公司提供的位于沙坪坝区的一间安置房，并接受由正升公司提供的额外的赔偿款。

七、案例来源

中国法院网，http：//www. chinacourt. org/article/detail/2007/09/id/267780. shtml。

八、案情分析

（一）争议焦点

（1）"公共利益"如何界定？

（2）开发商的开发行为是公共利益还是商业利益？

（3）政府认为商业开发属于发展公共利益是否合理？

（4）个人财产权保护与公共利益、商业利益冲突如何协调？

（二）法理分析

在此有必要厘清"公共利益"的概念。可以说"公共利益"是一个众说纷纭的概念，至今没有形成通说，其实质触及了法律深层次的问题，不同的法律思想学派之间、不同法律部门语境之间都会有各自不尽相同的理解。我国法学界也相应对这一概念形成了"个人利益总和论"、"整体利益论"、"多数人利益论"、"价值论"、"弱势群体利益论"、"非商业利益论"、"统治阶级利益论"等观点。这些观点大多从间接受益主体（这里意为公共利益中的"公共"群体）的角度去考究。但是，编者认为，由于受益主体本身有其广泛性、不确定性和可发展变化性等特点，以这样一个动态变化的因素作为唯一的考量标准似乎不能完满解决何为"公共利益"的难题。

既然征收行为是国家公权力，那么现实情形中大致上可分为两种情形：一是国家直接作为征收行为的主体对拆迁户的房屋进行征收；二是私人开发商借助政府公权力的辅助来达成征收目的。

第一，国家作为征收主体的情形。在这种情况下，现实中并没有太多的争议，只要国家是出于对国防、卫生、医疗、教育、交通、水电等基本设施的考虑，在经过了法定的行政决策程序并且符合比例原则等情形下，应当认定征收的目的是满足公共利益。值得注意的是，有学者指出，符合政府或具体政府部门的利益不等于公共利益，纳入政府规划中的利益也未必是公共利益。①

第二，也就是本案的争议焦点——私人开发商借助政府公权力的辅助来达成征收目的。编者认为，在这种情况下，除非开发商满足"必要性"和"征收后开发商、征收片区和当地公众的收益将会明显大于现状"这两个条件，才成立满足"公共利益"的目的。

首先，协议或合同双方的地位不平等，必须要求法律对开发商更为严苛。两个平等主体之间的物质利益交换问题，属于民法调整的领域。本来

---

① 徐海燕：《公共利益与拆迁补偿：从重庆最牛"钉子户"案看〈物权法〉第42条的解释》，《法学评论》2007年第4期。

开发商和拆迁户应该就拆迁赔偿问题自由协商一致，以合同的形式履行即可，倘若双方谈不拢，那也是双方自由意志决定下的结果，国家在其中只是扮演中立、不干预、不作为的角色。但是，《城市房屋拆迁管理条例》等法规的规定，使得在现实中开发商和拆迁户不能协商一致的情况下，一方（通常为开发商）得向房屋拆迁管理部门提交行政裁决申请。其实，在这种情况下，合同双方的地位将不再平等，拆迁户将处于一个极度危险的境地。一方面，开发商在拉动当地 GDP、增加当地税收、扩大当地就业等问题上，对当地政府而言都具有极大的诱惑力。政府很难有足够的"定力"去拒绝开发商的开发项目。另一方面，拆迁户或许是个贫困户，或许其房子处于城市破败区，需要政府投入相当大的资源去管理与整治，政府当然不大情愿去站在拆迁户的一边。再加上开发商的大规模开发项目，一般而言，本来就是建立在当地政府的政策文件上的。而且，虽然我们还有司法保护——行政诉讼等，但现实状况是当地司法部门的人力、经济收入等都跟当地财政和当地税收收入有一定联系。可见，拆迁户的谈判资本是微乎其微的。因此，在最后的司法保护防线上，我们需要对政府的行政裁决中所声明的"公共利益"的裁决理由进行反复推敲，应当以更严格的要求去审视其是否成立。这就产生了"公共利益"至少在司法认定上应该如何严格限制的问题。一般大众的直觉或许是将"公共利益"粗略地认为，在当地建立一家大商场，有利于发展当地经济，增加旅游收入，扩大就业人口等。但是建一家商场也有可能导致当地诸如环境破坏、治安混乱等各方面的问题。而且，假如被征收的地方是一片高档的别墅住宅区，那么有必要为了建商场推倒一大片价值连城的别墅吗？如果推倒的是贫民区，那么建立起来的高档商场也不会直接改变当地居民的经济收入，用一家高级商场去换几千户贫困居民的颠簸劳累，其正当性又如何论证呢？因此，开发商必须负有严格的规划义务、举证责任。

其次，开发商在开发项目里属于直接受益者，拆迁户和公众往往只能是间接受益者。如果政府强行介入这一问题必须非常谨慎和小心。只有在直接受益将会显而易见地、必然地带动间接受益者的利益提升时，该征收行为才有正当性。编者认为，对于上述问题，或许来自美国司法实践的经验能给予我们一些参考和启发。房屋拆迁问题，在世界各国都是大量存在的。学界普遍认为，房屋拆迁这个问题，因其反映的是发展公共利益和保护私人财产两种价值的冲突，所以大多数国家在此问题上均采取较为保守谨慎的做法。美国关于房屋征收及拆迁等问题均设置了极为严格的条件。

在美国，私有财产仅仅在满足下列条件时才能被国家予以征收：①公共用途；②合理的补偿（其又包括三个条件：迅速、充分而足够、有效）；③正当法律程序。[①] 在这里我们需要注意的是，美国采取的标准是"公共用途"，而非我们所说的"公共利益"或"公共目的"。虽然美国联邦最高法院在著名的《美国基洛诉新伦敦市一案》（*Kelo v. City of New London*）中，9 位大法官以 5：4 这样极具争议性的意见比例将"公共用途"扩大解释为"公共利益"或"公共目的"，但美国当时上至总统布什下至各州议会都对该判决采取了批评的态度，很快引起了全美极大的反弹。反对者认为，符合公共利益的事项不一定就符合公共用途，公共用途只是包含于公共利益之内的一个下位概念。执笔该案持反对意见的奥康纳大法官认为，公权力者从一个私人的手中夺取其财产去馈赠给另一个私人的做法是错误和违宪的，哪怕这个受益的私人个体能在后来带来一些间接性质的回报。她进一步提到，尽管美国司法实践中曾经承认过政府这样的做法是合宪的，但先例中的征收目的是消除被征收财产所产生的积极危害，如该房屋片区是破败区，危房丛立、治安堪忧、卫生恶劣等。总而言之，"为经济发展而动用征收权只有在为了避免坏的财产变得更坏时才是合宪的；而为了使好的财产变得更好则不足以支撑此种征收权的合宪性"[②]。编者认为，奥康纳大法官的这一观点实际上就是要求国家在行使征收权的时候必须满足比例原则。比例原则可以说是行政法乃至于公法上的一个最为重要的原则。而征收作为一种国家公权力，在行使的时候必然要具备适当性、必要性和相称性三个特点。

至于何为"收益将会明显大于现状"，编者认为，如此这类问题不能量化，而要以一定的判断标准去评价利弊。托马斯大法官的观点或许能解答这个问题。他在上述的基洛一案中，也是少数意见持有者。他认为，"如果国家将征用的财产给予了某个私人，而公众在理论上却没有权利去使用或者在实际中连用的机会都没有的时候，不论该受益私人的征收能为虚拟的'公众'带来多少'利益'，都不能视为有公共利益"[③]。

因此，在本案中，正升公司并没有在行政部门和当地法院面前，严格

---

① 高玉泉：《英美法律与社会》，台北：新学林出版股份有限公司 2009 年版，第 91 页。

② 林彦、姚佐莲：《美国土地征收中公共用途的司法判定——财产权地位降格背景下的思考兼对我国的启示》，《交大法学》2010 年第 1 期。

③ 秋风：《公共用途不一定等于公共利益》，《21 世纪经济报道》，2007 年 5 月 2 日第 3 版。

地举证说明该征收行为的必要性、比例原则性、收益明显提高性等要素。事实上在征收行为结束后，鹤兴路社区建成的百老汇商圈也未见有明显、必要、重大的收益。因此该案中相关公权力的认定是欠缺正当性的，私人利益也难以明确划分。过于注重个人财产权利的保护也确实会影响城市建设的发展进程，在这种情况下解决权利的冲突不得不遵循一定的价值导向。本案中公共利益与个人权利保护的冲突实质是公平与效率法律价值的冲突，在我国当下这两种法律价值冲突的导向应该是在保障基本公平的前提下，效率优先。具体到本案，就是允许拆迁，但是要足够、充分、有效地进行补偿。事实上，本案中杨武、吴苹夫妇阻碍拆迁的真正理由也并不是捍卫自己的私有财产，而是对补偿不满意。而且反观我国很多拆迁纠纷，几乎都是针对补偿问题的，所以建立一个有效的补偿机制和程序就更为重要。当然，当我国旧城改造结束后，真正的个人权利保护与公共利益冲突也应该像美国一样经过严格的程序论证来解决。

（三）相关判例①

美国辉瑞大药厂拟在康奈迪克州的新伦敦市的一块土地上投资设立研究中心。由于新伦敦市并不富裕，当地政府接到项目书后表示非常欢迎，遂出资设立"新伦敦开发公司"，以借此机会拉动当地经济的发展。拆迁户基洛（Susette Kelo）及其他若干住户坚持不搬，认为当地政府并非出于公共用途的目的而进行征收，当地政府涉嫌违反了《宪法增修条文》第五条。案件诉至联邦最高法院，最后 9 位大法官以 5∶4 的票数判决市政府的征收行为符合宪法。多数意见的法官认为，一项经济开发项目如果能够带动经济发展、促进当地税收、扩大当地就业等，就可以被视为符合公共用途。而该开发公司在政府这种促进公共利益的前提下继受这些征收财产，是符合程序和未违反法律规定的。

该判决随后迅速在全美引起反弹。各州议会怕此举会造成更多的开发商来申请投资开发进而导致人民财产动荡，纷纷在征收问题上设立种种严格的限制和条件。乃至于总统布什也颁布行政命令限制联邦政府的征收行为，以回应对联邦最高法院判决的不满。台湾学者高玉泉教授认为，此案的错误判决造成了三个方面的得不偿失：一是基洛等拆迁户被迫搬走，二是政府出钱帮忙征收土地后要求开发商回馈利润而吓跑开发商，三是政府

---

① 《美国基洛诉新伦敦市一案》（*Kelo v. City of New London*）。

与联邦法院的公信力下降。①

（四）法律适用

（1）《中华人民共和国宪法》第十三条："公民的合法的私有财产不受侵犯。国家依照法律规定保护公民的私有财产权和继承权。国家为了公共利益的需要，可以依照法律规定对公民的私有财产实行征收或者征用并给予补偿。"

（2）《民法通则》第七十五条："公民的个人财产，包括公民的合法收入、房屋、储蓄、生活用品、文物、图书资料、林木、牲畜和法律允许公民所有的生产资料以及其他合法财产。公民的合法财产受法律保护，禁止任何组织或者个人侵占、哄抢、破坏或者非法查封、扣押、冻结、没收。"

（3）《中华人民共和国物权法》第四十二条："为了公共利益的需要，依照法律规定的权限和程序可以征收集体所有的土地和单位、个人的房屋及其他不动产。征收集体所有的土地，应当依法足额支付土地补偿费、安置补助费、地上附着物和青苗的补偿费等费用，安排被征地农民的社会保障费用，保障被征地农民的生活，维护被征地农民的合法权益。征收单位、个人的房屋及其他不动产，应当依法给予拆迁补偿，维护被征收人的合法权益；征收个人住宅的，还应当保障被征收人的居住条件。"

（4）《城市房屋拆迁管理条例》第三条："城市房屋拆迁必须符合城市规划，有利于城市旧区改造和生态环境改善，保护文物古迹。"

（五）小结

法律作为社会控制的工具，必然会面临特定时空下法律价值、权利、利益冲突的选择，优秀的法律应该是使各方的利益达到最大限度平衡的法律。从 1991 年的《城市房屋拆迁管理条例》到 2001 年的《城市房屋拆迁管理条例》，再到 2011 年的《国有土地上房屋征收与补偿条例》的变化，在拆迁问题上，我们看到从最初的完全由政府主导、命令、执行，不顾被拆迁人的利益，没有足够充分补偿，暗箱操作等不公平的情况逐步过渡到尊重被拆迁人的权利和利益，强调公开、公平，强调足够、充分、有效的补偿的变化；在立法观念导向上，从坚决维护国家政府的权力有效运作转向逐步限制政府的权力，强调依法依程序拆迁的变化。不容否认，早期立

---

① 高玉泉：《英美法律与社会》，台北：新学林出版股份有限公司 2009 年版。

法确实存在诸多问题，但也确实在高效建设现代化城市方面起到了一定作用。如果说最大的不公平，那就是补偿问题，即使到现在绝大多数拆迁纠纷仍然是因为补偿问题，目前我国还没有哪一起拆迁纠纷纯粹是拆迁户为了捍卫自己的私有财产权，无论给多少补偿款都拒绝搬迁的，所以，我国目前和美国的状况并不完全一样。当然，当社会经济生活发展到一定水平时，探讨公共利益和个人权利的冲突就更有实际意义，目前我国拆迁纠纷的最关键问题还是建立一个公开公正透明、足额充分有效的补偿制度和程序。

九、编者：李莉、覃豪

十、编写时间：2014 年 4 月

张学英诉蒋伦芳关于黄永彬遗嘱无效案

一、案例编号（3-09）

二、学科方向：民法学

三、案例名称：张学英诉蒋伦芳关于黄永彬遗嘱无效案

四、内容简介

黄永彬在临终前将自己的财产和妻子蒋伦芳的部分财产赠与长期婚外同居的第三者张学英，张学英起诉蒋伦芳要求执行遗赠，一审法院以遗嘱违反法律和社会公共利益为由判决驳回原告诉讼请求，二审法院以遗嘱违反公序良俗原则为由，驳回上诉，维持原判。

五、关键词：公序良俗；道德；婚姻伦理；遗嘱自由

六、具体案情

现年60岁的蒋伦芳与四川省泸州市纳溪区某厂职工黄永彬于1963年6月经恋爱登记婚姻，婚后夫妻关系一直较好。因双方未能生育子女，便收养一子（黄勇，现年31岁，已成家另过）。1990年7月，蒋伦芳因继承父

母遗产取得原泸州市市中区顺城街 67 号房屋所有权，面积为 51 平方米。1995 年，因城市建设，该房被拆迁，由拆迁单位将位于泸州市江阳区新马路 6－2－8－2 号的 77.2 平方米住房一套作补偿安置给了蒋伦芳，并以蒋伦芳个人名义办理了房屋产权登记手续。1996 年，年近六旬的黄永彬与比他小近 30 岁的张学英相识后，便一直在外租房公开同居。2000 年 9 月，黄永彬与蒋伦芳将蒋伦芳继承所得的位于泸州市江阳区新马路 6－2－8－2 号的房产，以 8 万元的价格出售给陈蓉。双方约定在房屋交易中产生的税费由蒋伦芳承担，故实际卖房得款不足 8 万元。2001 年春节，黄永彬、蒋伦芳夫妇将售房款中的 3 万元赠与其养子黄勇另购买商品房。2001 年初，黄永彬因肝癌晚期住院治疗，张学英去医院准备照顾黄永彬，但遭到蒋伦芳及其亲友的怒骂，并相互发生抓扯。黄永彬于 2001 年 4 月 18 日立下书面遗嘱，将其所得的住房补贴金、公积金、抚恤金、卖泸州市江阳区新马路 6－2－8－2 号住房所获款的一半（计 4 万元）及自己所用的手机一部，总计 6 万元的财产赠与"朋友"爱姑（张学英）。2001 年 4 月 20 日，泸州市纳溪区公证处对该遗嘱出具了（2000）泸纳证字第 148 号公证书。2001 年 4 月 22 日，黄永彬因病去世。张学英以蒋伦芳控制了全部财产，拒不给付原告受赠的财产为由起诉至泸州市纳溪区人民法院，请求法院判令被告给付原告接受遗嘱的约 6 万元的财产，并承担本案诉讼费用。

　　泸州市纳溪区人民法院经审理认为，遗赠人黄永彬因肝癌晚期立下书面遗嘱，将其财产赠与原告爱姑，并经泸州市纳溪区公证处公证，该遗嘱形式上是遗赠人黄永彬的真实意思表示，但实质在赠与财产的内容上存在以下违法之处：①抚恤金不是个人财产，它是死者单位按照国家有关规定对死者直系亲属的抚慰金，不属遗赠财产的范围；②遗赠人黄永彬的住房补贴金、公积金是黄永彬与蒋伦芳夫妻关系存续期间所得，应为夫妻共同财产，按照《中华人民共和国继承法》第十六条和司法部《遗嘱公证细则》第二条规定，遗嘱人生前在法律允许的范围内，只能按照法律规定的方式处分其个人财产。遗赠人黄永彬在立遗嘱时未经共有人蒋伦芳同意，单独对夫妻共同财产进行处理，其无权处分部分应属无效。③位于泸州市江阳区新马路 6－2－8－2 号住房一套，系被告蒋伦芳继承其父母遗产所得，该财产系遗赠人黄永彬与蒋伦芳婚姻关系存续期间蒋伦芳所得的财产，应为夫妻共同财产。蒋伦芳将该房以 8 万元的价格卖给陈蓉，遗赠人黄永彬是明知的，且该 8 万元售房款还应扣除房屋交易时蒋伦芳承担的税费，实际售房款不足 8 万元。此外，在 2001 年春节，黄永彬与蒋伦芳夫妇将该售房款中的 3 万元赠与其养子黄勇用于购买商品房，对售房款部分已进行了处理。遗赠人黄永彬在立遗嘱时对该房屋住房款的处理显然违背了客观事实。泸州市纳溪区公证处在未查明事实的情况下，仅凭遗赠人的陈述，便对其遗嘱进行了公证显属不当，违背了《四川省公证条例》第二十二条"公证机构对不真实、不合法的行为、事实和文书，应作出拒绝公证的决定"的规定。对该公证遗嘱本院不予采信。《中华人民共和国民法通则》第七条明确规定，民事活动应当尊重社会公德，不得损害社会公共利益。本案中遗赠人黄永彬与被告蒋伦芳系结婚多年的夫妻，无论从社会主义道德角度，还是从《中华人民共和国婚姻法》的规定来讲，均应相互扶助、互相忠实、互相尊重。但在本案中，遗赠人从 1996 年认识原告爱姑以后，长期与其非法同居，其行为违反了《中华人民共和国婚姻法》第一条规定的一夫一妻的婚姻制度和第三条禁止有配偶者与他人同居的法律规定，是一种违法行为。遗赠人黄永彬基于与原告爱姑有非法同居关系而立下遗嘱，将其遗产赠与原告爱姑，是一种违反公共秩序和社会公德的行为。从另一个角度来讲，本案被告蒋伦芳在遗赠人黄永彬因肝癌晚期住院直至去世期间，一直对其护理照顾，履行了夫妻扶助的义务，遗赠人黄永彬却无视法律规定，违反社会公德，漠视结发妻子的忠实与扶助，将财产赠与与其非法同居的原告爱姑，实质上损害了被告蒋伦芳合法的财产继承权，破坏了我国实行的一夫一妻制度，败坏了社会风气。

遗赠人黄永彬的遗赠行为违反了法律的原则和精神，损害了社会公德，破坏了公共秩序，应属无效行为，故原告爱姑要求被告蒋伦芳给付受遗赠财产的主张本院不予支持。被告蒋伦芳要求确认该遗嘱无效的理由成立，本院予以支持。据此，纳溪区人民法院依照《中华人民共和国民法通则》第七条的规定，认为遗嘱的内容和目的均违反了法律和社会公共利益，不符合遗嘱成立要件，应属无效遗嘱，判决驳回原告的诉讼请求。张学英不服一审判决，上诉至泸州市中级人民法院，二审法院认为，若支持张学英的诉讼请求，则会变相鼓励婚外同居这种不道德的社会现象，会使得不道德的第三者不正当地谋取原属于死者配偶的合法财产权益。据此二审法院认定"遗赠人黄永彬的遗赠行为的内容和目的违反了公序良俗原则，应属无效民事行为"，判决维持一审判决，驳回张学英上诉请求。

七、案件来源

《四川省泸州市中级人民法院民事判决书》（2001）泸民一终字第

621 号。

八、案情分析

（一）争议焦点

（1）黄永彬的遗嘱是否无效？

（2）法律原则能否替代法律规则？

（二）法理分析

本案判决后，引起了很大社会反响。支持者认为本案应当以《民法通则》的规定来衡量遗嘱是否具有法律效力。理由是：

其一，依据《立法法》第五章的规定，《民法通则》是基本法，《民法通则》的效力等级仅次于宪法，高于一般法律、法规和规章；《继承法》是一般法律，《民法通则》与《继承法》之间是上位法与下位法的关系。上位法的效力高于下位法的效力。因此，一、二审法院适用《民法通则》第七条判案，而不适用《继承法》的相关规定判案是正确的。

其二，遗嘱人黄永彬将遗产遗赠给与其婚外同居的张学英的内容违反公序良俗，属于违反社会公德的行为，不具有合法性，不应受法律保护。

其三，如果支持遗嘱就会剥夺法定继承人蒋伦芳的财产继承权。《婚姻法》第二十四条第一款规定："夫妻有相互继承遗产的权利。"黄永彬的遗嘱实质上剥夺了其妻蒋伦芳依法享受的合法财产继承权。

我们认为，以《民法通则》第七条为依据判案是适用法律不当。理由是：

第一，《民法通则》与《继承法》是同位法的关系，不是上位法与下位法的关系。根据《立法法》第七十八条至第八十二条的规定，我国法律的效力等级分为：第一级是宪法；第二级是法律；第三级是行政法规。级别高的为上位法，级别低的为下位法。《民法通则》和《继承法》都是全国人大通过的法律，两者是同位法之间的关系，其效力等级相同，故以《民法通则》的规定判决是不恰当的。

第二，《民法通则》与《继承法》是普通法与特别法的关系，按照特别法优于普通法的法理，《民法通则》中有关基本原则的规定与《继承法》中有关遗嘱效力的具体规定是一般规定与特别规定的关系，《立法法》第八十三条规定：同一机关制定的法律、行政法规、地方性法规、自治条例和单行条例、规章，特别规定与一般规定不一致的，适用特别规定。

第三，在法律原则和法律规则的关系上，在法律规则有明确规定的情况下，绝对不能轻易弃规则而用原则。因为法律原则是一部法律的指导性规则，具有很强的抽象性，其目的在于弥补法律漏洞，而具体法律规则是在原则指导下对一些具体问题，在进行了充分的利益衡量后作的立法选择，道德已经在一定程度上纳入了法律的范畴，就不应该再成为法官裁判的理由。而且，在有明确具体规则的情况下，抛弃规则而适用抽象的、受人为因素极大影响的原则来判案，就会赋予法官过大的裁量权，也会使人们的行为失去相对清晰的标准。而且一旦开了这一先例，以后法官在很多案件中都如此判决，不但是对法制的巨大破坏，也将使立法失去意义。加之公序良俗更是道德准则的法律化，其本身更依赖不同人的主观认识，对这一原则的适用则更要谨慎掌握，否则容易以德乱法。

第四，如果适用《继承法》，婚外同居行为并不必然导致遗嘱无效。因为婚外同居行为与遗嘱行为显然是不同的法律关系，二者并无必然联系。不能以当事人婚外同居行为的违法性，推论出当事人的其他民事行为也都违法。难道婚外同居的人购物的行为也违法吗？至于说《继承法》对受遗赠人的第三者身份未作限制是不是法律的漏洞，或者是否可以通过最高人民法院颁布司法解释，则是另外的问题。也正是因为考虑到当事人动机的多样性与道德标准的不确定性，《继承法》在遗嘱遗赠的效力问题上并没有对受遗赠人的身份或与遗赠人的关系进行限制，也正是因为"人类行为的不确定性导致因果关系并非明确表现的，因而各国的继承法都不审查遗嘱行为理由的合法性"[1]。这也是法律行为的效力要件的要求。因此梅迪库斯说："由于真实意图难以查明，因此动机不论是否与性有关，遗嘱的法律行为一般来说均为有效。"[2]

第五，法律行为是否有效要根据行为本身和法律的规定来判断，在婚外同居者间的赠与问题上，德国同样也是就当事人的目的或动机加以区别对待的："在已婚男人对于其情妇所支付或赠与的行为，如果这样的支付构成不道德关系的开始、继续或者重新开始，或者是酬劳的话，它是无效

---

① 萧瀚：《被架空的继承法：张××诉蒋伦芳继承案的程序与实体评述》，载易继明主编：《私法》（第2辑第1卷），北京：北京大学出版社2002年版。

② ［德］迪特尔·梅迪库斯编，邵建东译：《德国民法总论》，北京：法律出版社2000年版，第527页。

的。"但是假如黄永彬的妻子蒋伦芳在其夫患病期间不尽任何扶助义务，而张学英拿出自己的积蓄，对黄永彬进行经济上、精神上和身体上的照顾，我们又该如何看待这份遗嘱呢？因此，如果我们用黄永彬与张学英同居事实的性质去否定黄永彬将遗产遗赠于张学英的独立的行为效力的话，因果关系将会被无边无际地扩大，造成社会生活秩序的混乱。

第六，黄永彬处分遗产的内容符合遗嘱的有效条件，也没有剥夺法定继承人蒋伦芳的继承权。首先，在《继承法》中，本案中黄永彬所立遗嘱并不符合遗嘱无效条件；其次，《继承法》规定，遗嘱人处分自己的遗产，要为胎儿和缺乏劳动能力又没有生活来源的继承人保留必要的遗产份额。本案中黄永彬的法定继承人并不具备上述条件，而且遗嘱继承和遗赠优先于法定继承，黄永彬并没有剥夺蒋伦芳的继承权。

当然，该案主审法官判决的另一主要理由是，如果判决张学英胜诉，将会鼓励"包二奶"、"当小三"的不良社会风气，损害其无过错配偶的合法财产继承权。对此我们可以在现行法律规定下，通过其他方面法律规定进行调整，比如在对夫妻共同财产进行分割时，由于黄永彬属过错方，在分割时可以多分给蒋伦芳。但无论如何，张学英的受遗赠权利应当得到法律的保护和肯定。这并不是说法律要保护张学英与黄永彬的不道德婚外同居关系，而是要求法律人要在理性、冷静中寻找一条法律与道德之间的界线，构筑起法律不同于生活的世界。

（三）相关判例①

1965 年，在德国有一名已婚男子去世。他在去世前曾立下遗嘱，将自己的遗产全部赠与一位与自己以夫妻形式共同生活了 23 年的情妇 M 女士。而后 M 女士提出继承财产的申请，但遭到了该男子的配偶 P 女士及该男子的两位姐姐的反对。此案从柏林州法院、柏林州高级法院一直打到德国联邦最高法院。最后联邦最高法院驳回了该男子的两位姐姐的诉讼请求，并确定了 M 女士合法的继承权利。最高法院在判决中写道："《德国民法典》的继承法受遗嘱自由原则支配。除了特留份权，婚姻和亲属关系相对于被继承人的遗嘱自由居于次要位置。即使被继承人的动机并不值得特别受到尊重，其最终意思也应当受到保护，并对之作出善意解释。并且在判断善

---

① 引用郑永流：《道德立场与法律技术：中德情妇遗嘱案的比较和评析》，《中国法学》2008年第 4 期。

良风俗的时候，应着眼于法律行为的本身。对被继承人和其情妇的生活方式进行道德上的谴责，不能对案件产生决定性的影响。即在该法律行为的内容、动机和宗旨中表明的法律行为的整体性质，才是道德秩序衡量的对象。"

（四）法律适用

（1）《继承法》第五条："继承开始后，按照法定继承办理；有遗嘱的，按照遗嘱继承或者遗赠办理；有遗赠扶养协议的，按照协议办理。"

（2）《继承法》第十六条："公民可以依照本法规定立遗嘱处分个人财产，并可以指定遗嘱执行人。公民可以立遗嘱将个人财产指定由法定继承人的一人或者数人继承。公民可以立遗嘱将个人财产赠给国家、集体或者法定继承人以外的人。"

（3）《继承法》第十七条："公证遗嘱由遗嘱人经公证机关办理。自书遗嘱由遗嘱人亲笔书写，签名，注明年、月、日。代书遗嘱应当有两个以上见证人在场见证，由其中一人代书，注明年、月、日，并由代书人、其他见证人和遗嘱人签名。以录音形式立的遗嘱，应当有两个以上见证人在场见证。遗嘱人在危急情况下，可以立口头遗嘱。口头遗嘱应当有两个以上见证人在场见证。危急情况解除后，遗嘱人能够用书面或者录音形式立遗嘱的，所立的口头遗嘱无效。"

（4）《继承法》第二十六条："夫妻在婚姻关系存续期间所得的共同所有的财产，除有约定的以外，如果分割遗产，应当先将共同所有的财产的一半分出为配偶所有，其余的为被继承人的遗产。遗产在家庭共有财产之中的，遗产分割时，应当先分出他人的财产。"

（5）《婚姻法》第十七条："夫妻在婚姻关系存续期间所得的下列财产，归夫妻共同所有：（一）工资、奖金；（二）生产、经营的收益；（三）知识产权的收益；（四）继承或赠与所得的财产，但本法第十八条第三项规定的除外；（五）其他应当归共同所有的财产。夫妻对共同所有的财产，有平等的处理权。"

（五）小结

通过此案，我们需要认真去考虑和反思民法上各项原则、个体意思自治和法律规则的关系。法官不拘泥于刻板的条文而去主动寻求与尝试法律原则的适用的思路值得我们认可，但我们也需要意识到适用原则给裁判带来的风险与后果。除非是有强而有力的论证前提，否则我们还是需要回归到法律规则上来。社会关系的纷繁复杂也要求我们在用因果关系来判断法律行为效力的时候，需要更加冷静和谨慎。不道德的关系当然是要遭受责难的，但是当不道德的关系派生出其他事实或行为，并且这些事实与行为进入到法律领域的时候，我们不能先入为主地一概拒绝，这本来就是与法律的理性不相吻合的。

九、编者：李莉、覃豪

十、编写时间：2014 年 4 月

出租车拒载民事责任案

一、案例编号（3－10）

二、学科方向：民法学

三、案例名称：出租车拒载民事责任案

四、内容简介

朱妙金在家发病晕倒，其家属欲将其送往医院，在路边拦下出租车后，司机陈某得知朱妙金随时有生命危险，并看到朱妙金有大小便失禁的状况，便拒绝朱妙金及其家属上车。由于地处偏僻，又过了很久才打到下一辆出租车，最后朱妙金因抢救不及时而死亡。朱妙金家属将司机陈某及其所在公司起诉到法院。法院判决司机陈某所在公司构成违约，承担违约责任。

五、关键词：强制缔约义务；侵权责任；缔约过失责任

六、具体案情

2003 年 1 月 5 日，上海市市民朱妙金在家发病晕倒。及后，其家属欲将其紧急送往医院救治。朱妙金及其家属来到自家楼下马路边时，看到一辆由上海市衡山

公司经营的出租车经过，朱妙金的家属急忙招手示意要坐车。该出租车司机陈某得知朱妙金随时有生命危险，并看到朱妙金有大小便失禁的状况，便以朱妙金会弄脏出租车为由拒绝朱妙金及其家属上车。无奈之下，朱妙金的家人只能焦急等待下一辆车。由于地址较为偏僻，在等待了很久之后，朱妙金及其家人才又拦下一辆出租车前往医院。但由于抢救不及时，朱妙金抢救无效死亡。朱妙金的家人认为衡山公司及司机陈某拒载的行为导致了朱妙金无法得到及时的抢救而死亡的后果，应负民事赔偿责任，请求法院判令衡山公司和司机陈某赔偿18.6万余人民币。陈某和衡山公司辩称，司机陈某当时已明确拒绝承载乘客，并且未拍下计费器，因此双方并未形成合同关系。另外，司机陈某拒载的行为并不是侵权行为，其行为与朱妙金的死亡也没有直接因果关系，因此也不构成侵权责任。因此衡山公司及司机陈某拒绝赔偿。

法院认为，根据行业交易习惯，乘客的招手视为要约，出租车停车视为承诺，因此原被告双方已经形成了合同关系。司机陈某在停车后又表示拒载的行为，构成违约，应负违约责任。但朱妙金的家人在陈某表示拒载后并没有及时采取相应措施，而是与陈某就此问题争吵了十多分钟，因此原告对朱妙金的死亡结果也负有一定的责任。据此，法院判决衡山公司对朱妙金的家人赔偿2万元人民币。

七、案件来源

《法制日报》，2003年8月19日。

八、案情分析

（一）争议焦点

出租车司机违反强制缔约义务的民事责任，是违约责任还是侵权责任？

（二）法理分析

我国《合同法》第二百八十九条规定："从事公共运输的承运人不得拒绝旅客、托运人通常、合理的运输要求。"由此可见，我国《合同法》中要求城市出租车行业负有强制缔约的义务。强制缔约义务，是指公民或法人依据法律的规定，负有应相对人的请求，而与其订立合同的义务。但是，我国法律却并未规定违反强制缔约义务的责任形式。我们裁判该案件时，必须回答两个问题：一是乘客朱妙金的死亡是否应被出租车司机违反强制缔约义务的责任评价，即拒载与受害人死亡之间有无法律上的因果关系；二是出租车司机的强制缔约责任应以违约责任、侵权责任还是其他责任形式予以认定。对于第一个问题，笔者认为这实际上是原被告双方在诉讼中的证据和证明问题，本文对此不拟论述。故笔者将在下文对第二个问题进行法理分析。

目前学界对违反强制缔约义务的责任类型认定有如下四种学说：

（1）缔约过失责任说。此学说的代表人是王利明教授。该学说认为，违反强制缔约义务的责任符合缔约过失责任的两个构成要件：发生于缔约前的协商阶段和造成合同相对人信赖利益的受损。

（2）违约责任说。该学说在早期为学界所不采，究其致命缺陷是无法解释在违反强制缔约义务的情形下，当事人双方并未形成有效的合同关系，故违约责任无适用的空间。后期经过修正，该学说认为基于法律的强制性规定，受要约人对要约的拒绝应视作无效，即受要约人收到要约后，法律便拟制双方已成立有效的合同法律关系。因此要约人可以请求受要约人继续履行合同。在本案例中，该案法官并未采用后期违约责任说，而是直接将出租车停车这一行为视为承诺，强行推定合同关系已经成立生效，否定了出租车公司主张的"拍下计费器视为承诺"的答辩理由。事实上，在出租车行业中，究竟司机的何种行为被视为对要约人的承诺是有争议的。甚至如经修正的违约责任说所说，司机是否有承诺的必要都是值得探讨的。因此笔者认为该案法官的判断理由是不够充分的，而且将出租车的停车行为视为承诺也是不合理的。司机往往会由于各种各样的理由而被迫停车，一刀切地将其认为是对要约人的承诺，明显不利于保护出租车行业的利益。

（3）侵权责任说。该学说现为较多成文法国家或地区所采，如德国、中国台湾等。该说认为违反强制缔约义务是对另一方当事人的利益的侵害，或是生命健康利益，或是人格尊严利益，或是财产利益等。受要约人应对要约人利益遭受到的损害进行补救赔偿。

（4）独立责任说。该说认为违反强制缔约义务的责任，是一种糅合了违约责任和侵权责任的救济途径的新型民事责任。该学说认为，大多数情形下要约人并无直接的损失，法院只需要判令受要约人继续履行合同即可，如市民与供水、电、气、热等公司，此刻违反强制缔约义务的责任是一种违约责任。但有时候要约人会因为受要约人的拒绝而遭受损失，而此时已经无继续履行合同的必要，此时法院应将其视为侵权责任，判令受要约人补偿要约人的损失。

笔者认为，上述说法都从不同的层面分析了强制缔约义务的特征，但在救济的实践效果上都不尽如人意。首先，缔约过失责任说与侵权责任说都要求证明受要约人主观上具有过错，明显违背了强制缔约义务制度的立法目的——保护要约人。其次，在要约人利益未直接受损的情况下，二者无法解决要约人请求受要约人继续履行合同的问题。违约责任说也无法在要约人遭到直接损害的情况下，给要约人提供全面的救济保护。从理论层面上说，前三种学说也有矛盾之处。缔约过失责任说中的"信赖"利益，是基于合同双方在缔约前的不断协商、谈判、接触等行为，而强制缔约义务中要约人的"信赖"利益，更多是指对公共服务单位和法律强制规定的信任，二者的具体语义是不相同的。违约责任说也无法从理论上区分强制缔约义务和命令契约。王泽鉴先生就认为，"即使是强制缔约下也仍然需要要约和承诺两个阶段"。笔者也认同这一观点。《合同法》的基础是双方意思表示真实一致，是个体的自主意志体现。近现代民法对弱者的保护应着眼于调整合同的内容与其他形式，而非直接剥夺受要约人承诺的权利。因此，强制缔约义务责任与缔约过失责任说在体系上并不兼容，与侵权责任说和违约责任说二者的统一体更为接近。

因此，笔者认为，新型独立责任说更能体现强制缔约义务的制度价值。侵权责任和违约责任作为民事责任体系的重要组成部分，在实践中已有逐渐模糊界限的趋势。过于泾渭分明地区别侵权责任与违约责任，已逐渐无法适应社会日益产生的新型利益和法律上的新型制度。强制缔约义务所涉及的理论前提，恰好均涉及了传统意义上的《合同法》与《侵权法》。因为公用事业领域的垄断性，要约人无从选择合同相对人，又因公用事业涉及市民基本的生活保障和人格尊严，所以在合同关系的大背景下，受要约人非常容易侵犯要约人的人身权利，这是传统财产法意义上的合同所不具备的因素。在本案例中，原告已无要求被告出租车公司继续履行合同的必要，因而可请求出租车公司负损害赔偿责任。在其他强制缔约责任案件中，如希望供水公司承诺给自己提供供水服务等，可请求供水公司继续履行合同。

（三）相关判例

关于强制缔约义务的侵权责任属性，有下面一则案例：

2003 年 7 月 25 日，范后军参加航空安全员转空中警察的考试未能通过。厦航停止了范后军的空勤工作，双方产生争议。范后军在 2004 年 8 月写给厦航福州分公司章总的信中自认存在过激言论，多次向组织和他人讲恐吓威胁言语，严重违纪，打人致伤。2005 年，厦航开始拒绝范后军乘坐厦航的飞机，并在具体操作流程上对范后军采取了一定的措施：①在购票环节，如果范后军去购票，售票口的计算机系统会弹出对话框显示"是否卖给范后军机票应征得厦航保卫部门的同意"；②如果售票口没有给厦航打电话征求此事，而将机票售予范后军，厦航也能了解到范后军购票的情况，厦航可以直接在公司的系统中取消范后军所订机票，或者允许范后军登机，但加强内部警力。2005 年 3 月 6 日，厦航向各航空公司驻福建营业部、各机票销售代理单位发出《商请不要售予范后军各航空公司的任何航班机票》，内容为：为防止范后军采取偏激行为危害航空安全，危害社会，商请各机票销售单位，不要售予范后军各航空公司的任何航班机票，以策安全。但其他航空公司对该商请函的内容未予执行。2006 年 2 月 6 日，范后军因其与厦航发生争议在厦航福州分公司殴打厦航福州分公司书记胡某和保卫处副处长程某，致二人轻微伤。为此，范后军受到民航福州长乐国际机场公安分局公安行政处罚。2006 年 3 月 20 日，范后军与厦航经福建省福州市劳动争议仲裁委员会调解达成协议，在作为该调解书附件备案的双方自行达成的协议书中，范后军承诺："今后自愿在没有子女前放弃选择乘坐厦门航空公司航班的权利。"2008 年 6 月 29 日，范后军的女儿范某某出生。2008 年 8 月 16 日，范后军打电话口头通知厦航其女儿出生的情况。范后军于 2008 年 8 月 26 日至 2008 年 9 月 4 日分四次购买厦航机票后，厦航拒绝其登机。2008 年 9 月 9 日，范后军将其女儿出生证明传真给了厦航。厦航于 2008 年 9 月 9 日确认范后军女儿出生的事实。此后，厦航仍未完全取消对范后军乘坐厦航飞机的限制。2008 年 9 月 11 日，范后军在中国旅行社总社中旅大厦售票处（以下简称"中旅售票处"）购买厦航 MF8102 航班北京前往厦门的机票后，厦航用人工换取登机牌的方式允许其登机，但范后军拒绝登机。2008 年 9 月 15 日，范后军再次购买厦航机票，厦航拒绝其登机。范后军认为厦航存在下列侵犯其人格尊严权的事实：①2005 年 3 月 6 日厦航的发函行为。②厦航胁迫范后军与其于 2006

年 3 月 20 日签署的调解意见书中含有对范后军的侮辱性条款。③厦航前后七次对范后军拒载。范后军另认为，厦航对媒体宣称其是潜在的危险分子，且存在过激言行和性格缺陷等，使其社会评价降低，甚至导致其离婚，侵犯了其名誉权。

北京市第二中级人民法院认为，公民享有名誉权，公民的人格尊严受法律保护，禁止用侮辱、诽谤等方式损害公民的名誉。范后军原为厦航航空安全员，2003 年参加航空安全员转空中警察考试未通过，此后其与厦航发生劳动争议，但范后军未能采取恰当的方式正确处理双方之间的纠纷。因范后军在与厦航产生矛盾后曾作出一些非理性行为，并受到公安机关的行政处罚，厦航据此对范后军能否正常乘坐厦航航班产生怀疑是合理的，且此后双方已就范后军乘坐厦航航班问题达成了协议，故厦航在 2008 年 9 月 9 日之前对范后军乘坐厦航航班采取的取消订票、订座等限制性措施并无不妥，不应认定构成侵权。鉴于范后军在 2008 年 9 月 11 日厦航允许其登机后又拒绝登机，且范后军此前曾在短时间内多次要求乘坐厦航航班，综合此前范后军与厦航之间产生的矛盾冲突，厦航在无法排除范后军的行为对航空安全产生威胁的可能性的前提下，拒绝其登机，具有一定的合理性，其上述行为不构成侵权。2008 年 9 月 9 日之后，厦航并未再对范后军采取拒绝售票、取消订票、取消订座、拒绝换取登机牌的硬性限制性措施，仅是保留了在内部流程上对范后军订票、乘机的一些操作程序上的谨慎措施，如人工换取登机牌。基于双方的矛盾尚未完全化解，厦航采取的上述谨慎措施并未超出合理范围，不构成侵权。故驳回范后军的诉讼请求。

本案中法院虽然未明确指出违反强制缔约义务的民事责任类型，但是在判决理由中承认了强制缔约责任是有可能侵犯公民财产权利和人身权利的。因此，适用侵权责任作为请求权基础是得到我国法院承认的。

关于强制缔约义务的违约责任属性，有下面一则案例：

原告朱兰英系高位截瘫人员。2011 年 10 月 7 日晚，原告委托朋友帮其预定一张 2011 年 10 月 8 日早晨从昆明飞往成都的航班机票，其朋友于当晚 23 时 36 分在昆明航艺贸易机票售票处（KMG342）成功订购了被告成都航空有限公司的 EU2224 航班，机票总价格为人民币 860 元，起飞时间为上午 7 时 45 分，购票时未申明原告是残疾旅客。2011 年 10 月 8 日早上 6 时，原告独自一人到达昆明机场并于 6 时 41 分办理了登机手续，之后原告到昆明机场总服务台申请专用窄型轮椅服务，经机场工作人员与被告成都航空有限公司电话联系，被告成都航空有限公司表示须提前申请，临时申请原告需有人陪同或者有医院证明，原告目前情况不能申请轮椅，只能改签。机场工作人员向原告进行了解释说明，原告就离开了总服务台，独自通过安检到达登机口准备登机。在登机口，被告成都航空有限公司工作人员以原告不具备该次航班乘机条件为由，决定对原告不予承运。原告得知情况后对被告的决定不能接受，同机场工作人员发生了争执，并滞留候机厅。后被告成都航空有限公司委托其地面服务代理人被告云南机场地面服务有限公司协调为原告改签航班，免费安排原告食宿，并送原告两次就医，与原告沟通后续处理事宜。2011 年 10 月 13 日，经被告成都航空有限公司委托，云南机场地面服务有限公司以成都航空有限公司的地面服务代理人身份，向原告出具一份《告知函》，称原告的客票有效期为一年，可以无条件改签，也可以免收退票手续费办理退票手续，给予人民币 1 000 元的人道主义救助，以及帮助解决原告父亲陪同原告返回成都的机票，并表示如原告不同意上述解决意见，可以通过正规法律途径和程序解决此事。原告对被告的处理意见不同意，双方协商未果。

《合同法》第一百二十二条规定："因当事人一方的违约行为，侵害对方人身、财产权益的，受损害方有权选择依照本法要求其承担违约责任或者依照其他法律要求其承担侵权责任。"本案原告是选择以航空旅客运输合同纠纷提起民事诉讼，在审理过程中经人民法院询问原告亦明确按航空旅客运输合同纠纷来主张其权益，故本案属合同之诉，应适用《合同法》及相应法律、法规来处理。根据《合同法》第二百九十三条规定："客运合同自承运人向旅客交付客票时成立，但当事人另有约定或者另有交易习惯的除外。"本案中，原告向被告成都航空有限公司购买了航班客票，从机票订购成功时起，双方即建立了航空旅客运输合同关系。根据合同相对性原则，与原告建立航空旅客运输合同法律关系的应当只是被告成都航空有限公司，故与原告发生合同纠纷时，只应由合同相对方即被告成都航空有限公司来承担相应民事责任。被告云南机场地面服务有限公司不是合同一方当事人，作为被告成都航空有限公司的地面服务代理人，所实施的代理行为应由被代理人即成都航空有限公司来承担民事责任，故在本案中不应承担责任。原告要求被告云南机场地面服务有限公司承担连带责任的主张及诉请无事实及法律依据，人民法院不予支持。

关于被告成都航空有限公司拒载是否构成违约，导致原告被拒载其自身是否存在过错。根据中国民航局制定的《残疾人航空运输办法（试行）》

的相关规定，原告作为残疾乘客，其一人乘坐飞机需要航空公司提供机上专用窄型轮椅等服务或者登离机协助时，应在订座时提出，最迟不能晚于航班离站前 72 小时，并应提前 3 小时在机场办理乘机手续。本案中，原告系高位截瘫人员，其自身一人显然不能正常登离机，需要航空公司提供相应的服务和帮助才能正常登离机，从本案原告具体购票的情况看，原告从订票到登机时间不超过 12 小时，且在订票时未申明其因身体健康状况需要航空公司提供专门服务和帮助，也未提前 3 小时到达机场办理乘机手续，在登机过程中也无人陪同，故被告成都航空有限公司以原告不具备该次航班乘机条件为由，决定对原告不予承运的行为并未违反中国民航局规范性文件的规定，也符合其经民航四川监管局批准的《国内客运手册》的操作规程。从原被告具体订立并履行航空旅客运输合同来说，直接约束双方当事人的应当是具体合同条款确定的权利义务。本案中，关于中国民航局规范性法律文件中对残疾旅客的具体要求和规定，以及被告成都航空有限公司制定的《国内客运手册》中的具体操作规程，被告成都航空有限公司自身是明知且必须遵守的，但作为合同相对方的普通旅客是不够清楚的，通常旅客订票选择的只是具体的航班时间和价格。《合同法》第二百八十九条规定："从事公共运输的承运人不得拒绝旅客、托运人通常、合理的运输要求。"第二百九十八条规定："承运人应当向旅客及时告知有关不能正常运输的重要事由和安全运输应当注意的事项。"故我国法律规定对于公共运输中可能会导致不能正常运输的重要事由和安全运输应当注意的事项，应当由承运人明确告知旅客，而不是要求旅客主动告知承运人。原告作为残疾旅客，有必要了解一些民航部门的相关规定，以方便其出行。其在订座时未明确告知其身体健康状况，自身存在不当之处，但因被告成都航空有限公司在与原告具体订立运输合同时，未明确告知购票人对于病残等特殊旅客的一些特殊规定和要求，亦未主动询问其是否属于病残等特殊旅客，且其在电子客票上未明确标明对残疾旅客的具体要求和规定，其订票网站亦未开设针对病残旅客的专门订票通道或者窗口，以便和普通旅客有所区分，应视为原被告双方在合同中未约定特别条款，对原告没有提出特殊要求。故原告在购买了机票后，在被告未明确告知其对病残旅客的特殊规定和要求的情况下按正常程序和时间登机属正常行使合同权利，原告的行为达不到民法意义上的过错，不构成违约。《合同法》第二百九十九条规定："承运人应当按照客票载明的时间和班次运输旅客。承运人迟延运输的，应当根据旅客的要求安排改乘其他班次或者退票。"本案中，原告从成功订购被告成都航空有限公司机票时起，双方的航空旅客运输合同关系即生效并成立。在未约定特别条款时，被告应当按照电子客票上载明的被承运人、承运时间和航班履行承运义务。但被告成都航空有限公司并未按合同约定的时间和航班承运原告，在原告到达登机口乘机时也未提供必要的协助，导致原告被拒载，其行为已构成违约，依法应承担相应民事责任。

（四）法律适用

（1）《中华人民共和国合同法》第一百零七条："当事人一方不履行合同义务或者履行合同义务不符合约定的，应当承担继续履行、采取补救措施或者赔偿损失等违约责任。"

（2）《中华人民共和国合同法》第二百八十九条："从事公共运输的承运人不得拒绝旅客、托运人通常、合理的运输要求。"

（3）《中华人民共和国侵权责任法》第十六条："侵害他人造成人身损害的，应当赔偿医疗费、护理费、交通费等为治疗和康复支出的合理费用，以及因误工减少的收入。造成残疾的，还应当赔偿残疾生活辅助具费和残疾赔偿金。造成死亡的，还应当赔偿丧葬费和死亡赔偿金。"

（五）小结

面对"请求权基础"这一法学人永远的话题，我们需要以开放、兼容的态度来思考日益呈现出来的新型制度和新型权利。强制缔约义务与知识产权制度一样，是一个多种法律制度共同调整下的产物。我们不应该去讨论强制缔约责任是什么，而更应该去思考如何才能将强制缔约义务制度的最大价值发挥出来。违约责任与侵权责任二者在司法实践中互有利弊，如何在二者之间搭建一座桥梁，让更多请求权得以充分全面地在上面"通行"，是我们面对当今世界民法的一个大问题。

九、编者：李莉、覃豪

十、编写时间：2014 年 4 月

经济法学

Jing ji fa xue

韦富诉佛山市永华玩具厂人身损害赔偿案

一、案例编号（4-01）

二、学科方向：经济法学

三、案例名称：韦富诉佛山市永华玩具厂人身损害赔偿案

四、内容简介

原告小韦富的父母于2001年购买了被告佛山市永华玩具厂生产的"小明星"牌童车一辆。2002年，小韦富在骑车玩耍过程中不慎被童车链罩卡断手指。协商无果后，原告诉至法院，主张童车设计存在缺陷，其链罩没有全封闭是造成原告受伤的原因，要求被告承担损害赔偿责任，并赔偿一切损失。被告则辩称其所生产的童车既符合国家强制标准又已在童车及说明书上予以警示，损害完全是由原告父母过失所引起的。法院最后判决，支持了原告的诉求。

五、关键词：产品缺陷；国家标准；监护责任

六、具体案情

韦富是覃燕兰夫妇的掌上明珠。2001年初，覃燕兰

夫妇为小韦富购买了一辆链罩和齿轮没有固封的"小明星"牌童车作为他的四岁生日礼物。2002 年 1 月 20 日，陪小韦富骑了一会儿童车后，覃燕兰把自行车放到家门口，回到屋里整理账目，丈夫韦汉春坐在一边看电视，小韦富一个人在外边玩耍。上午 11 点钟左右，覃燕兰忽然听到孩子的哭声，赶忙和丈夫一起跑了出去。原来小韦富在独自玩耍过程中，将手指伸进自行车链罩内，被链罩卡住，夹断了大拇指。覃燕兰夫妇赶忙把小韦富送到芳村人民医院。医院立即为小韦富进行了接驳手术，可是一个礼拜之后接驳手术失败，小韦富的拇指只剩下半截。这给小韦富幼小的心灵留下了难以抹平的创伤。

2002 年 6 月 1 日，广东省消委会在省内各大报纸发出消费警示，指出目前市场上出售的儿童单车链罩大多存在安全隐患，建议生产厂家将问题童车召回，消除安全隐患，免费为消费者更换符合国家标准的链罩，对于因童车链罩不符合国家标准要求导致消费者身体受伤的，应积极妥善处理，依法给予赔偿。看了这个消费警示后，覃燕兰夫妇发现小韦富的受伤正是童车链罩封闭不严造成的，于是他们决定向发布这个消费警示的广东省消委会投诉，当他们打电话给消委会后，才知道被童车夹伤的不止小韦富一个人。

接到小韦富父母的投诉后，广东省消委会消费指导部副主任左冬云马上赶到小韦富的家里进行调查，并按照产品标志上标称的电话和童车生产厂家佛山市永华玩具厂取得联系。但佛山市永华玩具厂的态度很坚决，自己不应对此事负责。

厂家的态度令覃燕兰夫妇很气愤，2002 年 9 月 26 日，小韦富向广州市芳村区人民法院提起诉讼，要求佛山市永华玩具厂赔偿医疗费、后续医疗费、残疾赔偿金等各项费用共计 124 125 元。

被告永华玩具厂辩称：根据 1993 年 12 月 11 日颁布的中华人民共和国国家标准《童车安全要求》的规定，给小韦富造成伤害的这辆"小明星"牌 16 寸儿童自行车既可以安装一只全封闭的链罩，也可以安装半封闭的链罩。而厂家给童车安装的是"F"型半封闭链罩，是符合国家标准的。不仅如此，永华玩具厂还在法庭上出示了一份检验报告。2001 年 5 月 11 日深圳市计量质量检测研究院曾经受广东省质量技术监督局委托，对永华玩具厂生产的"小明星"牌 16 寸的童车质量情况进行了抽样检验，检验结论为"该样品经检验，所检项目符合国家标准要求，本次检验合格"。除此之外，被告永华玩具厂还辩称，自己生产的所有"小明星"牌童车在车身及包装箱上都印有"要在成年人看护下使用"及"不得在道路上行驶"的警告字样。此外出厂的每辆童车都附有详细的《使用说明书》，在说明书中厂家警告该童车不适合3岁以下儿童使用，小孩骑玩时必须有成人陪同方可使用，不可离开成人视线范围。因此永华玩具厂认为正是小韦富的父母没有按照警示去做，没尽到监护责任，才导致悲剧的发生。因此，被告主张驳回原告的诉讼请求。

原告律师辩称：产品符合国家标准，不等于不存在缺陷。如果产品存在不合理的危险，造成消费者人身和财产损害，生产者仍须承担责任。《产品质量法》强调对产品给人身、财产造成损害的不合理危险加以规制，对由此产生的损失加以补偿。从这个角度来讲产品是否存在缺陷并不以其是否符合国家标准为原则，而是要从客观上看产品是不是存在缺陷。永华玩具厂生产的"小明星"牌童车已经给小韦富造成损害，所以生产存在缺陷童车的永华玩具厂应承担赔偿责任。

2003年10月27日，广州市芳村区人民法院作出了一审判决：法院认为，被告永华玩具厂生产的造成原告损害的"小明星"牌童车存在不合理的危险，属于有缺陷的产品，依法应承担产品责任。原告的受伤与其父母疏于监护有一定的关系，因而原告父母对于原告的损害也须承担一定的责任。法院判决佛山市永华玩具厂赔偿小韦富损失92 789元。

七、案例来源

《咬人的童车》，央视国际，http：//www.cctv.com/program/jjyf/20031201/101278.shtml。

八、案情分析

（一）争议焦点

本案是一起典型的产品侵权案件，结合本案的案情事实与相关法律规定，分析本案的关键在于确定以下几个争议焦点：

（1）本案中致消费者损害的童车是否存在缺陷，如果有，存在的是什么缺陷？

（2）生产者是否应当承担产品侵权责任？

（3）原告的法定监护人应不应该承担一定的监护责任？

（二）法理分析

基于本案的性质，即本案属于生产者产品侵权案件。结合案情，其中涉及的法律原理包括：

1. 在产品缺陷的认定中，应该占主导地位的因素

认定产品有无缺陷的根据为《产品质量法》第四十六条："本法所称缺陷，是指产品存在危及人身、他人财产安全的不合理危险；产品有保障人体健康和人身、财产安全的国家标准、行业标准的，是指不符合该标准。"对于这条规定，理论界与实务界存在两种不同的理解：一种理解认为产品只要符合保障人体健康和财产安全的国家标准的就不存在缺陷，至于是否存在"不合理危险"则不加严查。即这种观点认为在产品缺陷认定中，"标准"应该占主导地位，是否存在"不合理危险"只是一个辅助参考，在产品缺陷认定中居于次要地位。另一种理解则认为，产品符合国家标准、行业标准并不足以证明产品不存在缺陷。符合"标准"的产品仍有可能存在不合理危险。显然，这种观点认为在产品缺陷认定中，产品是否存在"不合理危险"应居于主导地位。

笔者认为，第一种理解是不准确的，不利于公平地保护消费者合法权益，今后的司法实务中应采取第二种观点，将产品是否存在"不合理危险"作为缺陷产品的认定标准，理由如下：

（1）根据利益衡量的补充方法，应将产品存在"不合理危险"作为产品是否存在缺陷的主导因素。所谓利益衡量，是指对于某些"边界案件"，其判决结论多数情形并非取决于对法律条文作逻辑形式的推论，而是取决于实质的判断，即对当事人双方利益及当事人与社会利益所作的利益衡量。① 产品缺陷的认定中所涉及的利益包括消费者利益、生产者利益以及社会利益。当采用上述第一种理解，即将是否符合"标准"作为认定产品有无缺陷的主导因素时，则不仅消费者利益受损，更重要的是社会利益受到损害，因为即使产品符合"标准"也不能保证产品不存在危及消费者人身、财产安全的不合理危险。而采用上述第二种理解时，即将产品是否存在"不合理危险"作为认定缺陷的主导因素，则消费者利益与社会利益均得到了有效保护。因此，应将"不合理危险"作为产品是否存在缺陷的主导认定因素。

---

① 梁慧星：《电视节目预告表的法律保护与利益衡量》，《法学研究》1995 年第 2 期。

（2）依据《产品质量法》的立法目的，应将产品存在"不合理危险"作为认定产品存在缺陷的主导因素。《产品质量法》第一条便开宗明义地阐明了该法的立法目的："为了加强对产品质量的监督管理，提高产品质量水平，明确产品质量责任，保护消费者的合法权益，维护社会经济秩序，制定本法。"现阶段，《产品质量法》已成为消费者合法权益的"保护伞"而不再倾向于对生产者、销售者的保护。众所周知，基于"标准"的种种缺陷（这些缺陷将在下文中阐明），生产者生产出的产品即使符合"标准"亦可能存在危及消费者人身、财产安全的"不合理危险"。如果认为产品符合"标准"就认定其合格，则无疑为产品生产者推卸责任提供了借口，加大了消费者维权的难度，明显不利于消费者合法权益的保护。只有将产品存在"不合理危险"作为认定产品存在缺陷的主导因素，方能最大限度地维护消费者合法权益。

（3）基于"标准"的种种缺陷，应将存在"不合理危险"作为认定产品存在缺陷的主导因素。客观而言，只要产品符合"标准"就认为其合格这种方法使得对产品是否存在缺陷的认定变得简单明确，增加了可操作性、可预防性。[1] 但事实上，"标准"本身存在诸多先天不足，使得这一目的难以达到。首先，产品"标准"的制定有滞后性，一项产品标准的出台，往往是在生产该产品的技术工艺已经相当成熟、相当普及的结果。然而随着科技水平的发展以及新产品的不断出现，很多产品存在的"不合理危险"难以被"标准"所约束，这些新情况的出现，使得"标准"的制定与修改具有滞后性，无法切实保护消费者利益。其次，受现有科技水平、生产水平和制定者认识水平等诸多因素的制约，一项产品"标准"的制定，难以将产品的性能、功能和品质安全等因素都考虑进去。因此，这些标准不一定是最先进、最合理的。最后，产品"标准"的制定与生产者的参与是分不开的。尤其是行业标准，在很大程度上有赖于企业的积极参与，这就容易造成制定出来的"标准"偏袒生产者与销售者，不利于保护消费者。因此，符合强制标准的产品，仍有可能具有安全标准以外的不合理危险，[2] 这样势必出现缺陷产品认定的漏洞，从而使受害人利益保护受局限。

由此可见，产品符合保障人体健康、财产安全的国家标准、行业标

---

①　刘静：《产品责任论》，北京：中国政法大学出版社 2000 年版，第 134 页。

②　王利明主编：《民法·侵权行为法》，北京：中国人民大学出版社 1993 年版，第 427 页。

准，只是产品不存在缺陷的必要条件，而不是充分条件。① 在我国认定产品存在缺陷，应以产品存在"不合理危险"为基本含义。而具体的标准只能作为认定产品是否存在缺陷的评判依据，并不能取而代之。

2. 本案中致人损害的童车是否存在缺陷，存在哪些缺陷

前述已经阐明，应将产品存在"不合理危险"作为产品存在缺陷认定的主导因素。那么，何为"不合理危险"，又怎么去认定呢？不合理危险，是指产品设计效用范围外的，经生产者谨慎设计和制造本能够避免、有替代解决方案的危险。学理上及司法实务中认为产品缺陷表现在三个方面：产品设计上的缺陷，产品制造上的缺陷以及产品警示缺陷。结合本案的基本案情以及双方的争辩焦点，可确定致人损害的童车存在设计的缺陷与警示说明的缺陷，下面笔者对这两种缺陷结合案情加以论述。

（1）构造设计缺陷是指产品在形状、结构设计上存在不合理危险。其具体表现为防范不当使用功能缺失，这是指产品不具有针对不当使用的防范功能设计。通常情形下，产品理应按照其设计的正当方式使用，消费者对于产品的不当使用可能成为生产者和销售者据以减免责任的理由。但为了增强产品的安全性，在某些情形中，产品的设计可能需要考虑到该产品被人不按其原定目的使用时可能导致的危险防范。例如，如果磁盘被反方向插入会导致损坏，设计时是否应考虑反方向插不进去的措施？如果产品的设计满足对某些不当使用的适用性，亦可能构成缺陷。② 本案中，童车生产厂家永华玩具厂辩称自己的产品完全合格，其产品符合 1993 年国家标准《童车安全要求》，涉事车辆按照该标准，既可以安装封闭链罩，亦可以安装半封闭链罩。故其安装"F"型半封闭链罩并不违反国家标准，不存在不合理危险。根据上述分析，可知被告的辩解理由站不住脚。因为其生产的童车明显存在设计上的缺陷，该童车并不存在防范不当使用的功能，厂家完全可以在生产过程中改变童车的设计方案，为童车安装一个全封闭的链罩，以此来将使用危险降至最低，这些都是生产厂家在日常生产制造过程中不难办到的。被告生产的童车虽符合国家标准，但因其存在设计使用缺陷而仍旧存在不合理危险。被告的辩解不能成为其免责的理由。

（2）警示缺陷，我国《产品质量法》第二十七条第（五）项对产品的警示作了相关规定："使用不当，容易造成产品本身损坏或者可能危及

---

① 刘静：《产品责任论》，北京：中国政法大学出版社 2000 年版，第 134 页。

② 陈璐：《产品责任》，北京：中国法制出版社 2010 年版，第 10 页。

人身、财产安全的产品，应当附有警示标志或者中文警示说明。"产品警示缺陷为产品缺陷的一个重要类型，主要包括警示内容缺陷与警示方式缺陷。警示内容缺陷具体表现为：指示不全或有误；警告事项不全或有误。警示方式缺陷主要体现为：警示位置不合理；未合理使用警示文字、图形、标志；未合理使用警示载体；未合理选择警示对象。一般认为，只要替代的警示对既有警示的改进能够增进社会福利，那么该替代警示就有合理性，能够认定既有警示存在缺陷。[①] 结合本案的案情来看，被告永华玩具厂辩称：童车本身就属于有一定危险性的产品，其生产的童车符合国家标准，况且企业已经作出了警示，在车身及包装上都印有"要在成年人看护下使用"及"不得在道路上行驶"字样。并在《使用说明书》中警告：该童车不适合3岁以下儿童使用，小孩骑玩时必须有成人陪同方可使用，不可离开成人视线范围。故认为其生产的车辆并无警示缺陷。笔者认为，被告的辩解不能成立。首先，虽然被告在童车车身、包装以及《使用说明书》上都对童车的危险性作出了警示，但其警示的位置不尽合理，被告并未在童车的链罩位置作出警示标志或写上警示标语。其次，被告的警示也存在警告事项不全的情况，因为其只是笼统地说明了"小孩骑玩时必须有成人陪同方可使用，不可离开成人视线范围"，而未对链罩存在危险作出警示。以上缺陷都足以认定被告永华玩具厂所作的警示不足以防止链罩部分危险的发生。最后，笔者认为，《产品质量法》第二十七条第（五）项规定适用于产品质量合法部分，即要求作必要警示的产品首先必须是合格产品，不适用于有缺陷产品。反之，只要产品有缺陷，即使生产者对该缺陷附了警示标志或者中文警示说明，亦不足以减轻其全部责任。[②] 综上所述，被告生产的童车存在警示缺陷无虞。

以上，笔者详细地论述了涉案童车是否存在缺陷的问题，我国法律除了规定国家或行业强制标准外，并无详细规定产品存在"不合理缺陷"的认定标准。司法实践中，对于产品存在不合理缺陷的认定主要依靠法官的自由裁量，标准不一。这种状况也导致了国家标准或强制标准在产品缺陷认定中占主导地位。在此，笔者提供两种思路，仅供读者参考，以启迪思维。至于立法上的考量，留待日后立法者的努力。

[①]　赵国勇：《产品缺陷认定标准的法理学探讨》，《黑龙江政法管理干部学院学报》2010年第3期。

[②]　徐贵一主编：《经济法案例研究》，北京：法律出版社2006年版，第157页。

（1）消费者期望标准，是指对产品是否有不合理危险是以普通消费者以人所共知的常识对该产品的特性所能预见的程度为标准进行判断。如果该产品的危险程度超过了消费者所能预见的程度，则具有危险性，因而该产品存在缺陷。该标准将注意力集中在产品自身条件而非制造者的行为上，也就是说在判断缺陷时，集中考虑的是产品是否缺乏作为普通消费者所期望的性能、质量或指示等。结合本案来看，童车的购买者一般为未成年儿童的家长或者成年长辈。从普通人的认知能力而言，购买者自然希望购买的童车使用起来安全、正常。且生产该童车的厂家应知其生产的童车作为玩具，其消费对象为认知能力有限的未成年儿童，故生产过程中厂家应尽比生产成年人用品更强的注意义务。然而，该案中的被告永华玩具厂并未尽注意义务，其本可以将链罩换成全封闭式的。玩具厂在生产过程中并未达到消费者的期望，可以认定其存在缺陷。

（2）危险效用分析，这种方法最初是美国法官用来确定过失的方法，将此方法运用于产品缺陷的认定，具体有三个步骤。第一，认定原设计方案中产品具有的功能和存在的致害危险。第二，如果原设计方案中产品效用与危险并存，则继续考察是否存在可以消除原设计方案的危险但同时又可维持原设计方案效用的技术可行替代方案。如果不存在此种替代方案，则可认定设计没有缺陷。第三，如果存在此种替代方案，那么确定实施该替代方案的成本，并将其与替代方案效用相比较，如果替代方案效用大于成本，则应采取替代方案，原设计方案存在缺陷；反之，则原设计方案不存在缺陷。① 具体到本案，被告永华玩具厂如能在生产童车的过程中，将"F"型半封闭链罩换成全封闭链罩，则可大大降低消费者的使用危险性，况且这种替代的方案实施的成本低，技术上完全具有可行性。但遗憾的是，被告并没有这样做，故应认定其生产的童车存在缺陷。综上所述，不难看出产品缺陷的认定具有极高的复杂性与困难性。实务中应采取何种方法以策万全，尚须理论界与实务界共同努力。

3. 本案中，生产者是否应该承担产品侵权责任

被告永华玩具厂生产的"小明星"牌童车存在缺陷，根据《产品质量法》第四十一条："因产品存在缺陷造成人身、缺陷产品以外的其他财产损害的，生产者应当承担赔偿责任。"可知，产品侵权责任中生产者承担的是无过错责任，且原告小韦富所受的伤害也是由被告生产的缺陷童车所

---

① 陈璐：《产品责任》，北京：中国法制出版社 2010 年版，第 23 页。

引起的。两者之间存在因果关系，故生产者应承担产品侵权责任无虞。

4. 本案中，原告的法定监护人是否承担一定的监护责任

根据《民法通则》第十八条："监护人应当履行监护职责，保护被监护人的人身、财产及其他合法权益。除为被监护人的利益外，不得处理被监护人的财产。监护人依法履行监护的权利，受法律保护。监护人不履行监护职责或者侵害被监护人的合法权益的，应当承担责任；给被监护人造成损失的，应当承担损失。人民法院可以根据有关人员或者有关单位的申请，撤销监护人的资格。"可知，监护人对被监护人有监护职责。本案中，原告的监护人即小韦富的父母应当履行监护职责，管理好、教育好原告，保护其身体不受伤害。在小韦富骑玩自行车的过程中，应该在一旁陪同，而不应该让其独自玩耍。原告父母亦应注意童车车身及说明书上的警示标语。但在损害发生时，原告父母并未在身边陪同，以致惨剧发生。原告的监护人在监护过程中存在过失，但这一过失并非造成原告受伤害的主要原因，主要原因应是被告生产的童车存在缺陷。故原告的法定监护人对损害承担次要责任。

（三）相关判例

本案为一起典型的产品侵权案件，日常生活中，与此相关的案件也非常多，不胜枚举。各地法院对这些案件的判决结果也大同小异。这里，笔者再引用国内国外各一个案例，希望这两个案例能引起读者的思考，并提供一种参照，能为读者学习相关知识提供帮助。

1. 案例一：吴孟璇诉贝亲株式会社等产品责任案①

原告的母亲郑钦从被告上海丽婴房婴童用品有限公司设在被告上海第一八佰伴有限公司的柜台处购买了一个由被告贝亲株式会社生产的奶瓶消毒盒。2005 年 4 月 17 日，郑钦使用该奶瓶消毒盒为奶瓶消毒时，原告伸手不慎触及奶瓶消毒盒的盒盖，致使容器内的沸水流下，使原告颈部大面积烫伤。原告母亲认为涉案奶瓶消毒盒存在严重的设计缺陷和警示缺陷，该缺陷与原告被烫伤之间具有因果关系。贝亲株式会社作为生产商应当承担侵权赔偿责任。经销商存在未履行告知义务的过错，亦应承担侵权赔偿责任。被告贝亲株式会社辩称，涉案奶瓶消毒盒确为其所生产，但该产品为合格产品，并不存在任何设计缺陷。产品所附中文说明书已经明确说明

---

① 本案例来自：http://case.mylegist.com/1716/2009 - 10 - 10/4371.html。

所涉产品的正确使用方法，对注意事项尤其是防止被烫更是在多处作了警示说明。让婴幼儿远离热的物品对任何一个有独立思考能力的成年人来说都是一个常识问题，并非需要通过"勿让儿童靠近"的警示说明进行提示。本案原告的烫伤事故，完全是原告的监护人之过错所致。故此，原告的诉求缺乏事实和法律的依据，不应得到法院的支持。被告上海丽婴房婴童用品有限公司辩称，本案所涉产品确系其销售的产品，但是该产品并不存在设计缺陷和警示缺陷。原告遭烫伤系原告的家人严重违反操作规程以及未对原告尽到监护义务所致。故此，不同意原告的诉讼请求。被告上海第一八佰伴有限公司辩称，涉案产品确系其出售，但该产品并不存在警示缺陷。原告的监护人未遵守基本的操作规程，疏忽大意才是导致原告被烫伤的原因。被告已经尽到了告知义务，不存在过错。故此，不同意原告的诉讼请求。

上海市浦东新区人民法院经审理认为：本案所涉奶瓶消毒盒，其工作原理为通过微波炉加热盒内给水盘的水，使之产生高温水蒸气，以达到消毒的效果。经过加热的消毒盒在一段时间内尚处于高温状态，此时该消毒盒无疑存在一定的危险，但该危险是消毒盒达到其功能的必然结果，故属于合理的危险。作为本身具有一定合理危险的产品，其使用规程具有相当之重要性，判断其是否存在缺陷不能与使用规程相分离，尤其是不能与防范危险转化为现实的基本规程相分离。本案所涉消毒盒的中文说明书，明确指示了两个重要的操作步骤：一是要求消毒后消毒盒继续置于微波炉内一段时间等待冷却；二是要求将消毒盒放在水平面上，打开放水栓并倾斜盒身将残积的水放出。并且这两个操作步骤均作了防烫警示。同时，中文说明书注意事项部分还对从微波炉中取出消毒盒时一定要保持水平作了专门提示。上述操作步骤和注意事项提示，系为防止烫伤事件发生而设定的关键的，也是基本的使用规程，而且操作起来并无难度。使用者应当遵守产品的基本使用规程，这是生产者合理的期待；对生产者在产品设计方面是否已经尽到足够的审慎注意义务的衡量，不能脱离这一合理期待。故此，本院认定，本案所涉产品并无设计上的缺陷。原告之所以被烫伤，是因为事故当日原告的家人未遵守奶瓶消毒盒的基本操作步骤，而且也没有尽到监护的注意义务。该事故的发生，与三被告无法律上的因果关系。故此，原告要求三被告承担产品责任，缺乏事实和法律的依据，本院难以支持。

上海市浦东新区人民法院依照《中华人民共和国产品质量法》第四十

六条之规定，判决对原告吴孟璇的诉讼请求不予支持。

2. 案例二：博伊尔诉加利福尼亚化工公司①

被告是一家化学药剂制造商，该厂商制造并销售一种名为"三牛"（Triox）的液体除草剂，该除草剂的主要市场是那些"花园自主清理"的消费者。原告购买和使用了被告的上述产品，由于被告警示上存在过失，原告受到严重的人身伤害。原告起诉被告，并要求被告承担责任。

法院判定被告存在警示过失，并向原告支付 7 910.6 美元损害赔偿金。地区法官伊斯特（East）发表了判决意见。

1960 年 5 月 27 日（星期五），原告开始使用该产品。在原告阅读完容器上的标签和警示后，她穿上了手套和头巾之类的防护服，站在迎风的位置，利用一个后背式的压力喷雾器向车道周围喷洒该药剂。

原告用完了在喷雾箱里大部分的"三牛"除草剂后，立即用浇花园的皮管中的清水清洗了喷雾器的箱子，而且把清洗箱子的水和其中剩余的药物倒在了后院和一个与干净的平台毗邻的"荒废区"（杂草丛生的地方）中。

当天下午，原告和她的家人驱车到了俄勒冈的海岸，度过他们的"纪念日"周末。原告回忆说，当天晚上她除了感觉到剧烈的头痛以外，喷药行为并没有引起其他生理上或者是身体上的不适。

在接下来的周三的下午，天气晴朗并且温度适宜。原告身穿一身超短样式的日光浴装，当她把洗过的衣服晾晒到平台上的晾衣架上后，便无意识地趴在了原来她倾倒清洗除草剂残液的杂草上晒太阳。

在很短的时间内，她感到了"突然发热"，并且大腿非常的痒。半小时后，她身上开始出现点状的麻疹，之后，她的状况开始恶化，身体开始大面积的肿胀。下午 6∶00，她开始眩晕并且意识变得模糊，与此同时，肌肉开始颤抖和痉挛。到了晚上 7∶00 至 8∶00，她被送往医院，并在此后的 3 天里留在医院里接受治疗。在第一个 24 小时内，医院根据她恶化的身体状况下了病危通知书。无须过多描述原告的症状、生理机能障碍和持续了 18 个月的治疗，伊斯特法官从医学专家那里得知：原告发现使她病情迅速加重并在缓慢的恢复中导致其残疾的原因正是她躺在因倾倒清洗除草剂残液而受到污染的地面上时，大量有毒的亚砷酸钠通过皮肤吸收和呼吸进入了其供血系统。

---

① 本案例来自：http：//ielaw. uibe. edu. cn/html/guojijingjifalvfagui/guowaianli/20080525/9541. html。

　　伊斯特法官认为，被告根据其经验和专业知识，已经知道或者说应当知道，在其产品中含有的并残留在地面上的亚砷酸钠的稳定性、长时间持续污染的特性以及接触被其污染的土壤后，动物和人体将会产生的危害和危险。

　　进一步说，一个生产对人来说具有潜在威胁产品的谨慎的生产者，应当能够合理预见消费者在按照产品的生产和销售目的使用该产品后，因为产品缺乏安全处理清洗产品残液的合理提示和警告而遭受如本案中原告所遭受的损害。

　　一个面向公众生产和销售对人体有高度危险产品的生产者，应当有义务向公众提供该产品详细的规格说明书、使用说明以及详细的警告。这样才能保证普通的使用者不仅在其适用产品生产销售目的时，而且在其他一切必要的附带性或从属性使用中（如储存、销毁）安全合理地使用该产品。另外，还要给出关于产品使用后或其迟发效果，及其潜在或存留危险，这些效果和危险不为普通消费者所知道或合理预见，却是生产者依据其专业的知识"可以预见"的。

　　通过对"三牛"除草剂瓶罐上的警告和说明的研究阅读，我们可以看到：它以一些确定的词汇表述，"三牛"除草剂是一种"砷化物"，其中包含了大量的"亚砷酸钠"，这种溶液是具有毒性的，这是人所共知的。这里的警告也告知了我们一种误食误用后的解毒方法，并且也有保护使用者在使用和利用这种液体时免受伤害的说明。然而，没有任何一种这样的警告或者保护性建议被提供或可经推断：对液体的处理、液体的稳定性和持续污染性、液体在转化成干态或固态后继续存有的危险性。事实上，关于产品使用的说明、避免皮肤和其他身体部位接触液体的建议、避免吸入含有除草剂的喷雾的建议、使用者在使用完药剂后要清洗的建议、对残液的处理说明的完全缺乏，很容易使使用者得出在用完药物和净化空气之后，该药剂就不再具有继续存留的危险的结论。

　　综上所述，伊斯特法官认为，被告因没有给予原告关于接触处理除草剂残液的土壤对其人身安全可能构成威胁或危险的合理的提示或警告而存在过失，被告的此项过失是造成原告生理机能障碍以及残疾的近因。

　　最终原告胜诉，损害赔偿金为 7 910.6 美元。

（四）法律适用

　　(1)《产品质量法》第二十六条："生产者应当对其生产的产品质量负

责。产品质量应当符合下列要求：（一）不存在危及人身、财产安全的不合理的危险，有保障人体健康和人身、财产安全的国家标准、行业标准的，应当符合该标准；（二）具备产品应当具备的使用性能，但是，对产品存在使用性能的瑕疵作出说明的除外；（三）符合在产品或者其包装上注明采用的产品标准，符合以产品说明、实物样品等方式表明的质量状况。"

（2）《产品质量法》第二十七条："产品或者其包装上的标识必须真实，并符合下列要求：（一）有产品质量检验合格证明；（二）有中文标明的产品名称、生产厂厂名和厂址；（三）根据产品的特点和使用要求，需要标明产品规格、等级、所含主要成分的名称和含量的，用中文相应予以标明；需要事先让消费者知晓的，应当在外包装上标明，或者预先向消费者提供有关资料；（四）限期使用的产品，应当在显著位置清晰地标明生产日期和安全使用期或者失效日期；（五）使用不当，容易造成产品本身损坏或者可能危及人身、财产安全的产品，应当有警示标志或者中文警示说明。裸装的食品和其他根据产品的特点难以附加标识的裸装产品，可以不附加产品标识。"

（3）《产品质量法》第四十一条："因产品存在缺陷造成人身、缺陷产品以外的其他财产损害的，生产者应当承担赔偿责任。"

（4）《产品质量法》第四十六条："本法所称缺陷，是指产品存在危及人身、他人财产安全的不合理的危险；产品有保障人体健康和人身、财产安全的国家标准、行业标准的，是指不符合该标准。"

（5）《民法通则》第十八条："监护人应当履行监护职责，保护被监护人的人身、财产及其他合法权益，除为被监护人的利益外，不得处理被监护人的财产。监护人依法履行监护的权利，受法律保护。监护人不履行监护职责或者侵害被监护人的合法权益的，应当承担责任；给被监护人造成财产损失的，应当赔偿损失。人民法院可以根据有关人员或者有关单位的申请，撤销监护人的资格。"

（五）小结

透过本案，我们不难发现，实务中关于缺陷产品的认定，是一个复杂的问题，不能一味地以产品是否符合"标准"为主导因素来加以判断，而应以存在"不合理危险"作为认定产品存在缺陷的主导因素，且还应运用各种方法综合加以判断。当然，这一切都有赖于法官作出的正确裁量。本案中，被告生产的童车虽然符合国家标准，但其存在设计、警示上的缺陷，构成"不合理危险"，故应对原告受到的损害承担主要责任，原告的监护人在监护过程中存在过失，可以适当地减轻被告的责任。法院的判决认定事实清楚，认定责任准确，判决结果合情合理。

九、编者：郭宗杰、余亚君

十、编写时间：2014 年 5 月

买 11 瓶假茅台酒，消费者要求双倍赔偿获胜诉

一、案例编号（4 - 02）

二、学科方向：经济法学

三、案例名称：买 11 瓶假茅台酒，消费者要求双倍赔偿获胜诉

四、内容简介

李女士花 15 378 元从超市买回 11 瓶茅台酒，事后却发现是假酒，一次起诉胜诉后，李女士了解到自己可以依法要求双倍赔偿，于是再次起诉售卖假酒的超市。但超市负责人认为，李女士买酒之前已知道其所销售的是假酒，属于"知假买假"，因此拒绝对李女士双倍赔偿。2013 年 3 月 28 日，河南省巩义市人民法院审结了这起买卖合同纠纷案。

五、关键词：知假买假；欺诈；双倍赔偿

六、具体案情

2010 年 12 月 27 日，李女士在巩义市万家乐超市有限公司（化名，以下简称"万家乐超市"）以每瓶 1 398 元的价格买了 11 瓶 53 度贵州茅台酒，总价款为 15 378

元，并于当天取得了万家乐超市为其出具的购物发票。但事后，李女士发现这些自己花了上万元买来的酒极有可能是假酒。花了买真酒的钱，谁知买到的竟然是假酒，气愤之余，李女士决定依法维护自己的合法权益。在超市拒不承认其所售卖的茅台酒是假酒之后，李女士向巩义市工商局进行了投诉。而后，巩义市工商局委托贵州茅台酒股份有限公司对李女士在万家乐超市所购买的 11 瓶茅台酒进行鉴定，结论为这 11 瓶酒不是贵州茅台酒股份有限公司生产。但万家乐超市拒不认可这一鉴定结果，辩称送检过程有纰漏。

多次协商无果后，无奈之下，2011 年 1 月，李女士起诉至巩义市人民法院，请求法院判令万家乐超市退还其购酒款 15 378 元。巩义市人民法院审理后，于 2011 年 10 月 12 日作出判决，支持了李女士的诉讼请求。

判决生效后，万家乐超市虽然退还了李女士的购酒款，但其拒不承认这 11 瓶酒是假酒的态度让李女士感到非常生气。事后，李女士了解到依据《中华人民共和国消费者权益保护法》，自己可以要求双倍赔偿。2011 年 12 月，李女士再次将万家乐超市告上法庭，请求法院判令万家乐超市对其进行增加一倍赔偿 15 378 元。

面对李女士的二次起诉，万家乐超市认为李女士在买酒之前就已获知其所售茅台酒为假酒，属于"知假买假"，因此不应对李女士增加赔偿。法官经审理认为：我国民商法上的赔偿是以补偿性赔偿为原则，惩罚性赔偿为例外。基于经营者与消费者的不同地位，立法在价值衡量的时候采取了向消费者利益保护倾斜的原则。经营者如出售虚假商品，构成欺诈，如消费者要求，则需要对消费者进行双倍赔偿。同时，公民应当合理地理解法律、合理地行使自己的权利，不应通过他人的违法行为获利。在明知商品是虚假商品的情况下购买以获取双倍赔偿的，不属于合理行使权利，不会得到法律的支持。但该案中，万家乐超市没有证据证明李女士的行为属于"知假买假"，李女士对这一说法也表示否认。因此，万家乐超市的这一辩护意见法院不予采纳。

巩义市人民法院审理后认为：有原告李女士提供的购物发票及贵州茅台酒股份有限公司的鉴定结论为证，法院认定被告万家乐超市出售给李女士的 11 瓶茅台酒为假酒。万家乐超市作为经营者出售假冒商品系违约行为，侵犯了李女士的合法权益，应赔偿给李女士造成的经济损失。

《中华人民共和国消费者权益保护法》第四十九条规定："经营者提供商品或者服务有欺诈行为的，应当按照消费者的要求增加赔偿其受到的损失，增加赔偿的金额为消费者购买商品的价款或者接受服务的费用的一倍。"最终，巩义市人民法院依法支持了李女士的二次诉讼请求。

七、案例来源

引自中国法院网，http：//www. chinacourt. org/article/detail/2013/03/id/932598. shtml。

八、案情分析

（一）争议焦点

本案是一起典型的经营者在日常经营过程中故意欺诈消费者，致使消费者权益受到损失的案件，这一案件主要有四个争议焦点值得注意。

（1）本案中，消费者李女士的行为是否属于"知假买假"，举证责任又由谁来承担，是商家还是消费者？

（2）本案中，商家提出的"知假买假"者不属于消费者的辩解，是否有法律依据？

（3）本案中，商家是否存在欺诈行为？

（4）本案中，李女士能否得到商家的双倍赔偿？

（二）法理分析

本案属于经营者提供商品或服务有欺诈行为而侵害消费者财产权的损害赔偿案件，其中涉及的法律原理包括：

1. 消费者的知情权

《消费者权益保护法》第八条规定："消费者享有知悉其购买、使用的商品或者接受的服务的真实情况的权利。消费者有权根据商品或者服务的不同情况，要求经营者提供商品的价格、产地、生产者、用途、性能、规格、等级、主要成分、生产日期、有效期限、检验合格证明、使用方法说明书、售后服务，或者服务的内容、规格、费用等有关情况。"

本案中，万家乐超市在李女士购买茅台酒的过程中，并未告知李女士其所购买茅台酒的真实情况，导致其购买了假酒，明显侵害了其知情权。

2. 消费者是否属于"知假买假"，举证责任又由谁来承担

本案中，李女士事先并不知道万家乐超市所售的茅台酒为假酒，其购买假茅台酒的行为是万家乐超市的欺诈行为使其陷入了错误的判断所造成

的，其本身并无购买假酒的故意。且鉴于商品消费中买卖双方实力相差悬殊，故为倾斜保护消费者合法权益，对于消费者是否为知假买假，由商品经营者负举证责任。本案中，万家乐超市并无证据证明李女士知假买假，因此，李女士并不是知假买假。

3. "知假买假"者是否属于消费者

对于知假买假者是否属于消费者，依我国的《消费者权益保护法》恐怕难以回答，我国《消费者权益保护法》第二条对消费者下了定义："消费者为生活需要购买、使用商品或者接受服务，其权益受本法保护。"由此可见，《消费者权益保护法》对于消费者的定义，强调了生活消费的目的，排除了对商业经营者的适用，然而我们不禁要问，知假买假者呢？其既非纯粹的"为生活消费需要"而购买商品的消费者，更非为了生产经营目的而牟利的生产经营者，他的权益是否受《消费者权益保护法》保护呢？法律并没有给出答案，这不能不说是法律漏洞。

笔者认为，对于这一法律漏洞，无论是司法实务还是理论研究，在立法者对法律进行修订弥补前，应通过法律解释的方法加以补充：

首先，用法律目的解释的解释方法，应将知假买假者界定为消费者。

所谓目的解释，指以法律规范目的为依据，阐释法律疑义的一种解释方法，作目的解释时，不可局限于法律之整体目的，应包括个别规定，个别制度之规范目的。《消费者权益保护法》第一条便开宗明义地指出了该法的立法宗旨，即："为保护消费者的合法权益，维护社会经济秩序，促进社会主义市场经济健康发展，制定本法。"由此可见，《消费者权益保护法》最主要的目的便在于保护消费者的合法权益。因此，将知假买假者认定为消费者，并且支持其向商家进行索赔，不仅有利于维护消费者的合法权益，更有利于保护与净化市场，符合《消费者权益保护法》的立法目的。因此，应将知假买假者界定为消费者。

其次，依利益衡量的补充方法，应将知假买假者视为消费者。

所谓利益衡量，是指对于某些"边界案件"，其判决结论多数情形并非取决于对法律条文作逻辑形式的推论，而是取决于实质的判断，即对当事人双方利益及当事人与社会利益所作的利益衡量。[①] 知假买假所涉及的利益包括购买者的利益、售假经营者的利益以及社会利益。当将知假买假者解释为经营者时，则不仅会使知假买假者利益受损，更重要的是会使社

---

① 梁慧星：《电视节目预告表的法律保护与利益衡量》，《法学研究》1995 年第 2 期。

会利益受到损害，售假行为难以得到有力制止。当将知假买假者解释为消费者时，则售假经营者得到有力制裁，社会利益获得保护。因此，应将知假买假者解释为消费者。

最后，不应单纯将消费者一次性购买商品的数量作为判断是否为消费者的标准。

针对知假买假者是否为消费者的推论，理论界又多出了一种反对的声音，即认为消费者一次性购买过量的商品，不应认定为是为生活消费目的，进而不应认定为消费者，对此笔者有不同见解。

以一次性购买商品数量来判断是否为消费者，是依照"经验法则"作出的推论，即认为依照一般生活经验，一个人一次性购买一定量的商品足矣，如过量购买，则明显不为生活消费需要。这种观点值得商榷，理由如下：单纯以"经验法则"来判断购买者是否为消费者，极易造成"一刀切"的结果，即将真正为生活消费需要而购买商品的消费者排除在《消费者权益保护法》保护范围之外（如一个人为了馈赠亲友就会一次性购买大量同种类消费品）。这样一来，岂不是"宁枉勿纵"，实非立法之本意。因此，司法实务中，以数量决定购买性质的"经验法则"的适用应十分慎重。①

4. 欺诈消费者行为的认定

《消费者权益保护法》没有规定欺诈消费者行为的认定标准，在国家工商行政管理局 1996 年 3 月发布的《欺诈消费者行为处罚办法》中，规定了欺诈消费者行为的认定：欺诈消费者行为，是指经营者在提供商品或服务中，采取虚假或其他不正当手段，欺骗、误导消费者，使消费者合法权益受到损害的行为。此外，欺诈行为不仅仅出现在侵害消费者权益纠纷中，更多的是出现在民事侵权纠纷中。笔者相信，为大家所熟知的是民法学中关于欺诈行为的定义，即欺诈是指"一方当事人故意告知对方虚假情况，或者故意隐瞒真实情况，诱使对方当事人作出错误的意思表示的行为"。综合以上两个关于欺诈行为的定义，我们一般认为欺诈行为有如下构成要件：①欺诈一方存在欺诈故意；②欺诈一方有欺诈的行为，包括故意告知虚假情况与故意隐瞒真实情况；③受欺诈一方因欺诈而陷入错误判断，即欺诈中之因果关系；④受欺诈一方因错误判断而行为。具体来说，上述 4 个要件中，第一个要件即何为欺诈故意，较难理解，有必要加以详

---

① 李艳芳主编：《经济法案例分析》，北京：中国人民大学出版社 2006 年版，第 224 页。

述，其余 3 个要件，均不难理解，故不必详细介绍。主观故意为欺诈行为的应有之义，根据《欺诈消费者行为处罚办法》第四条规定："经营者在向消费者提供商品中，有下列情形之一，且不能证明自己确非欺骗、误导消费者而实施此种行为的，应当承担欺诈消费者行为的法律责任：（一）销售失效、变质商品的；（二）销售侵犯他人注册商标权的商品的；（三）销售伪造产地、伪造或冒用他人的企业名称或者姓名的商品的；（四）销售伪造或者冒用他人商品特有的名称、包装、装潢的商品的；（五）销售伪造或者冒用认证标志、名优标志等质量标志的商品的。"即经营者如果能证明其非出于欺骗或误导消费者的故意，其上述 5 种行为就不构成欺诈消费者的行为。另外，考虑到经营者与消费者双方实力的巨大差距，消费者在与经营者的对抗中处于弱者地位，如果坚持"谁主张，谁举证"原则，恐难充分保护消费者利益，因为消费者很难就经营者的欺诈故意提供充分的证据。故此采取过错推定原则。由经营者证明自己没有主观故意，不能证明的则推定其存在故意，构成欺诈。判断经营者的行为是否误导消费者，应以一般消费者的认知水平与识别能力为准，而不能以个别消费者认知水平与识别能力为准。

　　本案中商家即万家乐超市并没有提供足够证据以证明自己在销售茅台酒的过程中不存在主观故意，根据过错推定原则，应推定其为故意销售假茅台酒的行为，而且该行为使李女士认为其销售的茅台酒为真酒，致使她陷入了错误判断，并购买了 11 瓶假茅台酒。李女士买假酒的行为与商家的欺诈行为存在因果关系，至此，万家乐超市存在欺诈行为无疑。

　　经过以上论述，我们分析了在一个非"知假买假"的案件中商家或者说经营者欺诈行为构成要件的认定。但不可忽视的是，在案情中，商家万家乐超市辩称："李女士为知假买假者，其并没有陷入错误认识。因此，其销售假酒的行为并不构成欺诈，故请求法院驳回原告李女士的请求。"虽然根据案情以及法院的判决结果，我们知道万家乐超市的辩解理由并不成立，但是这不得不引起我们的思考，在社会生活中大量"知假买假"所引起的纠纷已然出现，在这些案件中，商品经营者欺诈行为的构成要件又是怎样呢？下面笔者对此作出分析。

　　对于"知假买假"案件中欺诈行为构成要件的认定问题，学者间存在激烈的争论与明显的分歧。其中，最核心的争论点就在于欺诈是否应考虑"消费者陷入错误认识"这一要件。王利明教授认为："在一般情况下，只要消费者发现其购买的商品有假，即可初步认定经营者存在欺诈。若无相反证据，则认为欺诈要件满足。"① 韩世远教授则认为，由于《消费者权益保护法》并没有作出特别界定，应采用与《民法通则》和《合同法》中欺诈概念相同的解释，即欺诈应包含相对方陷入错误认识这一要件。显然，这便将知假买假者排除在《消费者权益保护法》第四十九条的求偿权利人范围之外。因为知假买假者并没有因为经营者欺诈而陷入错误的认识，进而认定经营者并不构成欺诈。②

笔者认为，在知假买假案件中欺诈构成要件认定的问题上，应作与《民法通则》关于欺诈构成要件认定不同的理解。理由如下：

首先，基于消费者与经营者双方实力相差悬殊，在经营者是否构成欺诈的问题上，应只考虑"经营者存在故意"这一主观要件即可。且在此应采取举证责任倒置的方法，由经营者来举证其在商品经营过程中并没有欺诈故意，如不能举证，则认为其存在欺诈行为，在此对消费者进行特殊保护的必要性，正是在于消费者与经营者信息不对称，经营者有足够的信息资源，而消费者既缺少信息，又力量单薄，如果在此非要考虑"消费者陷入错误认识"这一要件，则不利于对处于弱势地位的消费者进行保护。

其次，从第四十九条的立法目的来看，该条文立法的目的在于防止经营者欺诈，其通过惩罚与赔偿的手段，试图达到遏制不法行为的目的。③因此，主观上仅满足"经营者具有欺诈故意"这一要件即可，而不必考虑消费者"因欺诈而陷入错误的认识"。因为如果考虑这一要件，则无疑复杂了对经营者欺诈行为的认定，也为经营者辩驳自身并未进行欺诈提供了口实。因为"消费者陷入错误认识"这一要件难以外在，极难把握。若在判断经营者是否构成欺诈过程中予以考虑，难以论断。同时也加大了对处于弱势群体的消费者的保护难度。

再次，《消费者权益保护法》第四十九条所规定的"经营者提供商品或者服务有欺诈行为的"只能理解为是针对经营者单方面行为的规定，并未明确要求消费者作出错误的意思表示为本条适用条件。

最后，《消费者权益保护法》第四十九条的立法宗旨为确立与民法上民事行为制度完全不同的惩罚性赔偿制度。因此，对该条的理解应贯彻其

---

① 王利明：《违约责任论》（修订版），北京：中国政法大学出版社 2003 年版，第 601 页。
② 韩世远：《合同法总论》，北京：法律出版社 2004 年版，第 213 页。
③ 宋彪编著：《经济法案例研习教程》，北京：中国人民大学出版社 2008 年版，第 215 页。

特别法的宗旨与解释原则。①

综上所述，笔者认为，《消费者权益保护法》第四十九条的"欺诈"只需具备经营者故意与欺诈行为即可，消费者是否限于错误认识不影响欺诈构成。因此，知假买假者的行为仍然可以适用第四十九条。

5. 本案中，消费者即李女士能否得到商家的双倍赔偿

我国《消费者权益保护法》第四十九条规定："经营者提供商品或者服务有欺诈行为的，应当按照消费者的要求增加赔偿其受到的损失，增加赔偿的金额为消费者购买商品的价款或者接受服务的费用的一倍。"本案中，李女士购买了11瓶假茅台酒所遭受的损失是万家乐超市有意隐瞒其所售的茅台酒为假酒的事实所致，万家乐超市方面存在商品销售中的欺诈行为，因此，依照第四十九条规定，李女士可以获得双倍赔偿。

（三）相关判例

本案为一起典型的在日常商品销售过程中，经营者故意隐瞒自己所售商品的真实情况，而导致消费者购买相应商品受损，进而适用《消费者权益保护法》第四十九条要求双倍赔偿的案件。在生活中，与此相关的案例也非常之多，不胜枚举，各地法院在判决中争论亦不大，判决结果也是大同小异，至此，已无讨论必要。在相关判例这个部分，笔者想引用两个案例，希望这两个案例能引起读者的思考，并提供一种参照，能为读者学习相关知识提供帮助。

1. 案例一：王海打假案

该案件是我国法学理论界、司法实务界长期以来争论激烈、分歧严重的消费者维权案件。其典型的情况是：个体购买者在购买之前已了解到商场销售的商品具有假冒伪劣等情形后，而购买一定数量的该种商品，然后以商场在销售该种商品的过程中有故意隐瞒真实情况的欺诈行为为由，而主张要求商家双倍赔偿。现将该案的主要案情及判决结果介绍如下：

1998年9月，王海起诉至一审法院称：其在华联商厦购得电话台灯40个，电话部分无入网证，灯具部分有四项不符合国家强制性标准，故要求华联商厦向其赔礼道歉，并双倍返还购灯价款，共4 480元，电话台灯由法院予以收缴。一审法院经审理查明，1998年6月11日，王海在华联商厦购买TL-200型电话台灯40个，每个单价56元，总价款为2 240元。

---

① 李艳芳主编：《经济法案例分析》，北京：中国人民大学出版社2006年版，第227页。

该电话台灯电话部分无入网标志；台灯部分经他人于 1998 年 3 月 25 日在国家电光源质量监督检验中心检测，其中标志、外部线路及连接方式、内部线路、耐热项目不符合国家强制性标准。王海购灯当日即持国家电光源质量监督检验中心（92）量认（国）字（C0781）号 N098035 检测报告，要求华联商厦双倍赔偿其经济损失。华联商厦提出：王海购买电话台灯十分钟后便手持检测报告及发票来索赔，其行为不是为了生活消费。王海提供的检测报告只说明该产品存在质量问题，不符合双倍返还的有关规定，故不同意王海之诉讼请求，只同意退货还款。一审法院经审理确认，华联商厦所售无入网标志的电话台灯有几项指标不符合产品的质量标准，对此华联商厦应承担相应的民事责任。故于 1998 年 11 月判决：①自判决生效之日起 3 日内，被告北京华联商厦有限公司给付原告王海人民币 2 240 元，原告王海同时将其所购 TL－200 型电话台灯 40 个退还被告北京华联商厦有限公司。②驳回原告王海其他诉讼请求。判决后，王海不服，以华联商厦之行为已构成欺诈为由，上诉至二审法院，要求撤销原判。二审法院认为，华联商厦作为商品销售者，应依产品质量法的有关规定，承担产品质量责任。现华联商厦所售电话台灯，电话部分无入网标志，台灯部分不符合国家安全标准，对此华联商厦应承担相应的民事责任，将王海购灯款予以返还。因王海是在得知有关部门对电话台灯的检测结果后，即其在明知该产品不符合国家强制性标准、禁止生产和销售的情况下购买，随后要求华联商厦双倍赔偿其损失，依照我国消费者权益保护法之规定，本法所保护的对象是为生活消费需要购买、使用商品或者接受服务的消费者，故王海之行为不适用消费者权益保护法。据此对王海之上诉请求法院不予支持。鉴于华联商厦之行为违反国家有关规定，故其所销售的电话台灯应移送有关部门予以处理，不宜退还华联商厦。二审判决北京华联商厦有限公司返还王海购灯款 2 240 元，在王海处的 TL－200 型电话台灯 40 个移交工商行政管理机关予以处理。①

2. 案例二：镀银当作纯银卖　消费者获双倍赔偿②

时值中秋，正惆怅不知该准备些什么作为中秋节礼品的张女士经邻居介绍得知，北京某文化传播有限公司出售"银元大系"产品。于是张女士

---

① 参见宋征、胡明：《从王海打假案看知假买假者是否消费者——法解释学意义上的分析》，《当代法学》2003 年第 1 期。

② 参见中国法院网，http://www.chinacourt.org/article/detail/2012/12/id/800201.shtml。

于 2012 年 8 月 16 日来到该公司询问"银元大系"产品情况。最终张女士与该公司商定了每套 6 000 元的购买价格，并在当天支付了 2 万元的订金，该公司的销售人员及经理向张女士承诺其所购买的产品"含银 99%"，并在发票上注明了含银量。

2012 年 8 月 21 日，张女士将刚刚购买的 9 套"银元大系"产品送到国家有色金属及电子材料分析测试中心进行了检测，检测结果显示：送检制品表面镀银，内部基体成分为铜和锌。即张女士所购买的注明含银量为99% 的银币只是镀银制品。就此张女士认为，商家将镀银制品当作纯银制品出售给自己的行为属于欺诈行为，一纸诉状将出售该产品的北京某文化传播有限公司告上了法庭。

在庭审过程中，作为被告的北京某文化传播有限公司辩称，原告张女士在起诉书中所陈述的事实与实际情况不符。镀银制品和纯银制品在被告公司均有销售，二者价格相差悬殊。纯银制品的市场单价是公开透明的，是一般消费者应该掌握的常识。原告张女士在购买时主动要求购买镀银产品，为了送礼用还选择了纯银产品的包装。因此，被告公司在向原告张女士销售产品的过程中不存在销售欺诈的行为，不应该进行赔偿。

法官在查明事实后认为，原告张女士在被告公司处购买 9 套"银元大系"产品，原告支付了货款，被告公司交付了产品并出具了订金收据及专用发票，双方之间的买卖合同关系成立。消费者的合法权益应当受到法律保护。消费者在购买、使用商品时，其合法权益受到损害的可以向销售者要求赔偿。

被告公司在给原告出具的订金收据和发票上均注明含银 99%，但后来经检测机构的检测，证明该产品为镀银制品。鉴于产品成分与订金收据、发票上的记载严重不符，商家的行为已经构成欺诈。根据法律的相关规定，经营者提供商品有欺诈行为的，应按照消费者的要求增加赔偿其受到的损失，增加赔偿的金额为消费者购买商品的费用的一倍。最终，法院判决被告公司退还原告张女士 54 000 元货款，并赔偿张女士 54 000 元。原告因检测产品而支付的检测费用 200 元由被告承担。

（四）法律适用

（1）《消费者权益保护法》第八条："消费者享有知悉其购买、使用的商品或者接受的服务的真实情况的权利。消费者有权根据商品或者服务的不同情况，要求经营者提供商品的价格、产地、生产者、用途、性能、规格、等级、主要成分、生产日期、有效期限、检验合格证明、使用方法说明书、售后服务，或者服务的内容、规格、费用等有关情况。"

（2）《消费者权益保护法》第四十九条："经营者提供商品或者服务有欺诈行为的，应当按照消费者的要求增加赔偿其受到的损失，增加赔偿的金额为消费者购买商品的价款或者接受服务的费用的一倍。"

（3）《欺诈消费者行为处罚办法》第三条："经营者在向消费者提供商品中，有下列情形之一的，属于欺诈消费者行为：（一）销售掺杂、掺假，以假充真，以次充好的商品的；（二）采取虚假或者其他不正当手段使销售的商品分量不足的；（三）销售'处理品'、'残次品'、'等外品'等商品而谎称是正品的；（四）以虚假的'清仓价'、'甩卖价'、'最低价'、'优惠价'或者其他欺骗性价格表示销售商品的；（五）以虚假的商品说明、商品标准、实物样品等方式销售商品的；（六）不以自己的真实名称和标记销售商品的；（七）采取雇佣他人等方式进行欺骗性的销售诱导的；（八）作虚假的现场演示和说明的；（九）利用广播、电视、电影、报刊等大众传播媒介对商品作虚假宣传的；（十）骗取消费者预付款的；（十一）利用邮购销售骗取价款而不提供或者不按照约定条件提供商品的；（十二）以虚假的'有奖销售'、'还本销售'等方式销售商品的；（十三）以其他虚假或者不正当手段欺诈消费者的行为。"

（4）《欺诈消费者行为处罚办法》第四条："经营者在向消费者提供商品中，有下列情形之一，且不能证明自己确非欺骗、误导消费者而实施此种行为的，应当承担欺诈消费者行为的法律责任：（一）销售失效、变质商品的；（二）销售侵犯他人注册商标权的商品的；（三）销售伪造产地、伪造或者冒用他人的企业名称或者姓名的商品的；（四）销售伪造或者冒用他人商品特有的名称、包装、装潢的商品的；（五）销售伪造或者冒用认证标志、名优标志等质量标志的商品的。"

（五）小结

被告万家乐超市在向原告李女士出售茅台酒时存在欺诈行为，应当依据《消费者权益保护法》第四十九条的规定，按照原告的要求增加赔偿其受到的损失，增加赔偿的金额为其已付货款的一倍。本案中原审法院认定万家乐超市在销售茅台酒的过程中存在欺诈行为，判决支持了李女士的赔偿请求，该判决认定事实清楚，证据确实充分，适用法律正确。本案及其判决堪称消费者维权案件的典型。但笔者认为，更值得我们关注的，应是

"王海打假"案及以其为代表的一系列"知假买假"的维权案件。尽管这些案件现时仍然存在诸多纷争与观点，但是在中国法制环境逐步完善的过程中，"知假买假"者赢得了社会的公正评价，并且强化了社会对消费者"弱势群体"倾斜保护的舆论与观念。然而我们仍应从中发现《消费者权益保护法》存在的诸多不足。解决这些不足的根本途径，是在该法的修订过程中，由立法者对"知假买假"问题作出明确的规定。

九、编者：郭宗杰、余亚君

十、编写时间：2014 年 5 月

乔占祥诉铁道部票价上浮案

一、案例编号（4-03）

二、学科方向：经济法学

三、案例名称：乔占祥诉铁道部票价上浮案

四、内容简介

2000年12月21日，铁道部下发《关于2001年春运期间部分旅客列车票价实行上浮的通知》（以下简称《通知》）。该通知规定2001年春节前10天及春节后23天北京铁路局、上海铁路局、广州铁路（集团）公司等始发的部分直通列车实行票价上浮20%~30%。由于票价上浮，河北省律师乔占祥两次乘车共多支付9元。乔占祥认为铁道部发布的通知侵害了其合法权益，向铁道部提起行政复议。铁道部在复议中维持了票价上浮行为。乔遂以铁道部上浮票价未经价格听证程序为由，诉至北京市第一中级人民法院，请求判决铁道部撤销复议决定，撤销票价上浮通知。

北京市第一中级人民法院一审经公开审理，判决乔占祥败诉。乔占祥不服，上诉至北京市高级人民法院。

五、关键词：票价；听证程序；政府定价

六、具体案情

2000 年 12 月 21 日，铁道部下发《关于 2001 年春运期间部分旅客列车票价实行上浮的通知》。该通知规定 2001 年春节前 10 天及春节后 23 天北京铁路局、上海铁路局、广州铁路（集团）公司等始发的部分直通列车实行票价上浮 20% ~ 30%。由于票价上浮，河北省律师乔占祥两次乘车共多支付 9 元。乔占祥认为铁道部发布的通知侵害了其合法权益，向铁道部提起行政复议。铁道部在复议中维持了票价上浮行为。乔占祥遂以铁道部上浮票价未经价格听证程序为由，诉至北京市第一中级人民法院，请求判决铁道部撤销复议决定，撤销票价上浮通知。

北京市第一中级人民法院一审经公开审理，判决乔占祥败诉。乔占祥不服，上诉至北京市高级人民法院。

北京市高级人民法院在二审审理过程中，查明了上诉人与被上诉人对铁道部所作《通知》的合法性争议和举证、质证的主要内容是：

1. 铁道部所作《通知》的法律依据问题

被上诉人铁道部向法庭出示的证据是：证据 1，国家物价局有关部门分工重要商品的目录，证明旅客票价为政府定价范围；证据 2，国家计委对部分旅客列车实行国家指导价的请示（计价格〔1999〕1862 号）；证据 3，国务院对国家计委〔1999〕1862 号请示的批复（国办〔2921〕号），证明旅客票价由政府定价改为政府指导价已经国务院批准并授权国家计委行使审批权；证据 4，国家公文处理办法（国法办〔1993〕81 号），证明国家计委〔1999〕1862 号请示和国务院的批复符合国务院公文处理的相关规定；证据 5，《实施方案》，证明铁道部履行了报批程序；证据 6，国家计委对铁道部《实施方案（〔2000〕253 号）》的批复，即：计价格〔2000〕1960 号《关于部分旅客列车票价实行政府指导价有关问题的批复》，证明铁道部关于 2001 年春运旅客列车票价上浮所作的《通知》内容已经得到有权机关批准；证据 7，国家计委就有关问题的复函；证据 8，附件 2 客运价目表，证明铁道部经调查确定对旅客列车票价实行政府指导价的条件已经具备。上诉人乔占祥表示上述证据材料在一审时交换过，但认为证据 1 与《中华人民共和国铁路法》（以下简称《铁路法》）、《中华人民共和国价格法》（以下简称《价格法》）相抵触；证据 2 未经听证，未获

国务院批准；证据 3 只有领导圈阅，没有明确签署意见，不能证明国务院批准授权国家计委审批，且没有证据证明证据来源合法；证据 4，国务院办公厅批复不符合国务院公文处理办法规定；证据 5 与证据 6，因为不存在国务院授权的行政法律行为，不能证明证据 5 的合法性；证据 7，该函内容应由国家计委行使而不是国家计委办公厅；证据 8 无异议。

对以上证据，北京市高级人民法院确认被上诉人提供的上述证据合法有效，能够证明其所作《通知》符合《价格法》和《铁路法》规定的实行政府指导价的范围，得到了有权机关的批准。

2. 铁道部所作《通知》的程序合法性问题

被上诉人认为铁路旅客票价不是依法应当听证的三种价格之一，证据 1 是国务院关于重要生产资料和交通暂行的规定，证据 2 是第十个五年计划纲要。上诉人乔占祥认为，证据 1 仅仅指三种定价，不能证明不属《价格法》第二十三条的范围；证据 2 中规定的听证会铁道部没有按照规定办理。

北京市高级人民法院在审理过程中确认上述证据对该案没有直接的证明效力，不予采用。

3. 铁道部在复议过程中是否存在不履行职责的问题

上诉人乔占祥提供的证据 1 行政复议申请书，证明其要求铁道部转送审查国家计委〔2000〕1960 号文的合法性；证据 2 铁道部国复〔2001〕2 号行政复议书，证明铁道部没有履行转送职责。被上诉人铁道部经质证认为证据 1 中乔占祥没有提出转送要求，证据 2 中铁道部经复议认为不符合转送条件，不存在不履职的问题。

北京市高级人民法院确认上述证据不能证明上诉人的要求成立。

北京市高级人民法院同时认为铁道部所作《通知》，是铁路行政主管部门对铁路旅客票价实行政府指导价所作的具体行政行为，该行为对于铁路经营企业和乘客均有行政法律上的权利义务关系。乔占祥认为该具体行政行为侵犯其合法权益向人民法院提起行政诉讼，是符合行政诉讼法规定的受案范围的。但其在对原具体行政行为提起诉讼的同时一并请求确认复议机关不履行转送的法定职责，不符合行政诉讼法的规定，且其在复议申请中亦未提出转送审查的请求，故一审判决驳回上诉人的该项请求并无不当。

铁路列车旅客票价直接关系群众的切身利益，依照《价格法》第十八条的规定，政府在必要时可以实行政府指导价或者政府定价。根据《铁路法》第二十五条"国家铁路的旅客票价……由国务院铁路主管部门拟订，报国务院批准"的规定，铁路列车旅客票价调整属于铁道部的法定职责。铁道部上报的《实施方案》所依据的计价格〔1999〕1862号文已经国务院批准，其所作《通知》是在经过市场调查的基础上又召开了价格咨询会，在向有权机关上报了具体的实施方案，并得到了批准的情况下作出的，应视为履行了必要的正当程序。虽然，《价格法》第二十三条规定，"制定关系群众切身利益的公用事业价格、公益性服务价格、自然垄断经营的商品价格等政府指导价、政府定价，应当建立听会证制度"。但由于在铁道部制定《通知》时，国家尚未建立和制定规范的价格听证制度，要求铁道部申请价格听证缺乏具体的法规和规章依据。据此，上诉人乔占祥请求认定被上诉人铁道部所作《通知》程序违法并撤销该具体行政行为理由不足。综上，一审判决认定事实清楚，适用法律正确，遂依法驳回乔占祥的上诉请求，维持一审判决。

七、案例来源

乔占祥诉铁道部票价上浮案行政判决书，http：//www.66law.cn/goodcase/5957.aspx。

八、案情分析

（一）争议焦点

乔占祥诉铁道部一案是在当时以至于现在都有着较大影响的案件，一度被称为中国价格诉讼第一案。通过案情可知，本案涉及行政诉讼的受案范围、政府公共管理职能变迁、政府定价权等方面的问题。具体而言，本案的争议焦点在以下几个方面：

（1）铁道部的通知是抽象行政行为还是具体行政行为？是否具有可诉性？

（2）火车票价格是否属于政府定价范围？

（3）火车票价格由铁道部制定是否恰当？

（4）铁道部是否应该就票价上涨一事举行听证会？

（二）法理分析

在前述部分，笔者已经列举了该案所存在的争议焦点，下面对此作出具体的法理分析。

1. 铁道部的《通知》是抽象行政行为还是具体行政行为，是否具有可诉性

铁道部《通知》是属于抽象行政行为还是具体行政行为，是关于行政法的问题，由于笔者主要是从经济法的层面上对本案展开剖析，故对这一问题不展开详细论述。对于《通知》的性质，有两种观点，一种观点认为该《通知》属于抽象行政行为。其理由在于该《通知》是针对不特定的消费群体即旅客作出的，无法确定具体的行政相对人。故属于抽象行政行为，不具有可诉性。另一种观点认为该《通知》属于具体行政行为。其理由在于该《通知》所针对的对象是全国各铁路局（公司）与购票旅客。铁路局（公司）不用多说，自然是具体确定的，而广大旅客貌似是不特定对象，但其购票后便与铁路部门确定了合同关系，所以实质上仍属于具体对象，故该《通知》属于具体行政行为，具有可诉性。笔者认为，将该《通知》视为具体行政行为较为可取，一来其作用对象确实是特定的铁路局（公司）与购票旅客。二来这样也使得旅客可以对该《通知》提起行政诉讼，对保护相对人的合法权益以及约束行政主体的行为都有积极意义。

2. 火车票是否属于政府定价范围

在市场经济中，商品的价格作为市场机制运作所依赖的信号，对于经济的运转极为重要。一般而言，在市场经济体制中，政府一般较少涉及价格管理，价格行为向来是经营者的自主行为，这样不仅有利于经济效率的提高，亦有利于保持经济活力。然而，并不是所有商品均由市场主体自主定价，某些具有特殊性质的商品仍须仰仗于政府定价与政府指导价，这样不仅有利于经济稳定运行，亦有利于维护广大消费者利益。公共物品便是这样一种有特殊性质的商品。公共物品的性质是任何一个人对某种物品的消费不会减少别人对该物品的消费，即只要一定数量的公共物品被生产或者被提供，社会所有成员都可以对其消费，具有消费的非排他性与非竞争性，同时公共物品的生产还具有较高甚至无法计量的私人交易成本，这使得关于公共物品的定价和收费在现实中存在私人技术操作的不可能性，鉴于公共物品的以上特殊性质，由政府提供部分公共物品并结合社会需求和生产成本对公共物品进行定价是有必要的，这样政府可以根据公众与社会需要，对公共物品资源进行合理配置，能够做到社会福利最大化。《价格法》第十八条规定："下列商品和服务价格，政府在必要时可以实行政府指导价或者政府定价：（一）与国民经济发展和人民生活关系重大的极少

数商品价格；（二）资源稀缺的少数商品价格；（三）自然垄断经营的商品价格；（四）重要的公用事业价格；（五）重要的公益性股份价格。"由此可见，火车票价格作为一种公共物品属于政府定价范围无疑。

3. 火车票价格由铁道部制定是否恰当

火车票价格是否可由铁道部制定，这一点存在较大争议，《铁路法》第二十五条与《价格法》第二十条均作了不同程度的规定，根据国家计委（现国家发改委）有关政府指导价、政府定价的相关规章，我们可以认定：火车票上涨作为一项与人民生活关系重大的行为，应当征得国务院审批后方可实行。因此，乔占祥的起诉是具有法律依据的。然而，其后铁道部于1997年12月1日发布了《铁路客运运价规则》，其中第四条明确规定在国务院批准的价格内，经物价主管部门同意，国务院铁路运输主管部门可根据运输市场的需求实行浮动票价。对在铁路局内运行的旅客列车的票价，可根据具体情况，赋予铁路局自行浮动的权力。同时，在实际生活中，国务院已于1999年开始将票价上浮的审批权部分下放给国家计委，计委审查同意铁道部的票价上浮方案后，铁道部可上涨票价。从实际做法上来看，铁道部在审判中的辩论理由存在合理性。那么现实生活中法律的滞后性与实际做法的矛盾应该怎样处理呢？从本案的判决结果我们可以看出，法院选择了支持后者，即尊重实际做法所带来的改变。这种做法将改革开放中的创新措施赋予"准法律"身份，发挥法官对现实中法律的自我创造功能，具有积极意义。但这无疑会削弱现行立法的严肃性，降低民众对法律的认同感。① 故今后我们的立法还应不断与时俱进，以期符合社会生活需要。

4. 铁道部是否应该就票价上涨一事举行听证会

关于价格听证会的问题，《价格法》第二十三条作了明确规定："制定关系群众切身利益的公用事业价格、公益性服务价格、自然垄断经营的商品价格等政府指导价、政府定价，应当建立听证会制度，由政府价格主管部门主持，征求消费者、经营者和有关方面的意见，论证其必要性、可行性。"由此可见，价格主管部门建立价格听证制度是其职责所在。因此，乔占祥以此为诉求，是合理的。二审中，法院以铁道部在制定票价上浮通知时，国家尚未建立与规范价格听证制度，要求铁道部申请价格听证缺乏具体的法规和规章依据为由，驳回原告上诉请求的做法实属欠妥。国家没

---

① 宋彪编著：《经济法案例研习教程》，北京：中国人民大学出版社2008年版，第288页。

有建立相应的听证制度不能作为政府在上涨铁路票价时可以不举行听证会的理由。因此，笔者认为，铁道部应就上涨票价一事举行听证会。值得欣慰的是，2001年10月《国家计委价格听证目录》颁布，2002年1月12日，铁道部首次举行铁路价格听证会。对于这一进步，可以说乔占祥功不可没，其精神可嘉。

（三）相关判例

以上笔者围绕争议焦点对该案进行了详细的分析，为使读者更好地理解本案所透视的法律问题，下面提供两个案例，以飨读者。

1. 案例一：城际公交票价谁来定　郑州市民较真状告物价局①

河南郑新城际公交运营不久后，各种投诉声、质疑声盖过了曾经在市民间流传不断的溢美之词。其中，对票价不断上涨的反响最为强烈。城际公交票价该是多少、到底该由哪个部门制定票价让市民困惑不已。市民赵正军为此起诉了郑州市物价局，要求物价局对郑新城际公交的价格违法行为进行处罚。中原区法院对此作出一审判决，驳回了赵正军的诉讼请求，目前，该判决已生效。

2009年4月1日，赵正军乘坐河南神象城际客运公交有限公司开通的郑新城际公交，被收取12元票价，经向河南省发改委咨询后收到答复称城际公交属于政府定价范围，而郑新城际公交未经政府定价。赵正军向物价局举报上述违法行为，请求处罚。

物价局答复，不存在价格违法行为，不予处罚。

赵正军向河南省发改委申请复议后，物价局于2010年12月2日再次回复，不予处罚。赵正军坚持认为，河南神象城际客运公交有限公司在郑新城际公交线路上存在擅自定价的问题，物价局应对其进行处罚，因此于2011年3月28日向法院起诉，要求物价局撤销对郑新城际公交涉嫌价格违法行为不予处罚的决定，并重新作出处理决定。

法院审理后认为：第一，郑州市物价局作为地方人民政府价格主管部门，负责本行政区域内的价格工作是其法定职责。河南神象城际客运公交有限公司在经交通部门许可开行郑州到新乡客运班线后，由郑州华豫站务有限责任公司在郑州市汽车北站按12元价格销售该线路的车票。该12元票价是在物价部门核定的上述线路最高限价15元的范围内，而且该跨市对

开的客运价格已由对开双方的郑州市物价局、郑州市交通委员会与新乡市发展和改革委员会、新乡市交通运输局确定下浮幅度最高不超过20%。因此城际公交公司不存在擅自定价的价格违法行为。郑州市物价局作出不予处罚的决定符合《价格行政处罚程序规定》。第二，针对赵正军提出的郑州到新乡客运线路是城际公交，属政府定价范围，虽然提供了之前已经开通的郑新城际公交属于政府定价的证据，但不能证明郑新客运班线已经过省级价格主管部门核定并进行政府定价，所以物价局认为城际公交公司不存在擅自定价行为而不予处罚，不违反法律规定。

基于以上两点认识，中原区法院判决驳回了赵正军的诉讼请求。案件宣判后，市民、物价局均未上诉，该判决已生效。

2. 案例二：新疆石河子市物价局违反法定文件被撤销①

近日，新疆生产建设兵团农八师中级人民法院作出终审行政判决：依法撤销石河子市物价局《关于4号小区幸福苑经济适用住房销售价格的批复》即石价非发〔2003〕54号价格文件。从而使该案在历经3年之后，终有结果。

自2001年始，新疆联合置地开发有限公司（当时为石河子章氏房产公司）获准在石河子市4号小区开发建设"幸福苑"经济适用住房五栋，同年石河子市人民政府发文确定经济适用房控制价为980元/平方米，石河子市物价局为该开发商批准经济适用房预售价为1 200元/平方米。该开发商遂以此价格预售房屋。

2002年10月，"幸福苑"经济适用住房竣工并交付购房户入住使用。2003年6月28日，石河子市物价局在对该开发商价格报告进行审核后，作出石价非发〔2003〕54号价格文件，确定该经济适用住房价格为1 224.31元/平方米，但未依法向社会公布。

以季克章为代表的"幸福苑"业主，通过上访获得该价格文件后，对此提出异议：①该价格文件未向社会公示，暗箱操作，程序违法。②价格构成严重失实，价格"注水"，弄虚作假：以429万元小区干道路（建设路）为例，2003年6月28日，即该价格文件形成之日，此路并未修建。开发商所谓投资修建此路属无中生有（实际此路由石河子市人民政府于2005年9月投资229万元修建）。以184万余元的拆迁补偿费为例，开发商移花接木，虚构拆迁事实。因为所谓拆迁房不仅不在"幸福苑"楼区

① http://www.chinacourt.org/article/detail/2006/07/id/213361.shtml.

内，而且至今仍然"健在"，未被拆迁。基于上述事实，季克章等人就该价格文件的合法性、真实性向石河子市人民政府申请行政复议，请求予以撤销。石河子市人民政府对该价格文件未进行认真复核，作出了维持该价格文件的决定。季克章等人遂向石河子市人民法院提起行政诉讼。

此案经石河子市人民法院和生产建设兵团农八师中级人民法院两级法院审理后认为：石河子市物价局作为本市价格行政主管部门，有权对经济适用住房预、销售价格进行（审查）核实，并作出符合规定的价格确认，但其在对"幸福苑"经济适用住房进行价格核定时，未能认真履行其职责，对联合置地公司申报的材料中有关"建设路"的修建费用问题，在无相关依据的情况下，仍作出了价格确认，显然与"建设路"由石河子市人民政府投资修建（这一客观）事实不符，该价格确认明显缺乏事实依据，应予撤销。两级法院依据行政诉讼法的规定判决撤销了石河子市物价局于2003年6月28日作出的《关于4号小区幸福苑经济适用住房销售价格的批复》（石价非发〔2003〕54号）的具体行政行为，一、二审诉讼费由石河子市物价局承担。

（四）法律适用

（1）《价格法》第十八条："下列商品和服务价格，政府在必要时可以实行政府指导价或者政府定价：（一）与国民经济发展和人民生活关系重大的极少数商品价格；（二）资源稀缺的少数商品价格；（三）自然垄断经营的商品价格；（四）重要的公用事业价格；（五）重要的公益性服务价格。"

（2）《价格法》第二十条第一款："国务院价格主管部门和其他有关部门，按照中央定价目录规定的定价权限和具体适用范围制定政府指导价、政府定价；其中重要的商品和服务价格的政府指导价、政府定价，应当按照规定经国务院批准。"

（3）《价格法》第二十三条："制定关系群众切身利益的公用事业价格、公益性服务价格、自然垄断经营的商品价格等政府指导价、政府定价，应当建立听证会制度，由政府价格主管部门主持，征求消费者、经营者和有关方面的意见，论证其必要性、可行性。"

（4）《铁路法》第二十五条第一款："国家铁路的旅客票价率和货物、包裹、行李的运价率由国务院铁路主管部门拟订，报国务院批准。国家铁路的旅客、货物运输杂费的收费项目和收费标准由国务院铁路主管部门规定。国家铁路的特定运营线的运价率、特定货物的运价率和临时运营线的运价率，由国务院铁路主管部门商得国务院物价主管部门同意后规定。"

（5）《铁路客运运价规则》第三条："国家铁路的旅客票价率和行李、包裹运价率由国务院铁路主管部门拟定，报国务院批准。客运杂费由国务院铁路主管部门规定。经国务院铁路主管部门商国家物价主管部门同意，特殊取段可实行特殊运价。"

（6）《铁路客运运价规则》第四条："在国务院批准的价格内，经国家物价主管部门同意，国务院铁路主管部门可根据运输市场的需求实行浮动价格；对在铁路局内运行的旅客列车的票、运价，可根据具体情况，赋予铁路局自行浮动的权力。"

（五）小结

本案为一起普通市民不满铁道部票价上浮，率先就此事挑战"铁老大"的案件，乔占祥律师也成为就票价上浮状告铁道部的第一人，虽然法院最后判决原告乔占祥败诉，但我们不得不说其带来的后续影响远远大于其判决结果本身，该案不仅推动了《国家计委价格听证目录》的颁布，使日后因票价上涨举行听证会成为惯例，更重要的是使我们思考：法律的原则性规定就一定能对政府机关形成具体现实的义务吗？必须有待于相关配套规定、实施细则的出台吗？而我国法律中原则性的、不具有操作性的规制实在太多了。

九、编者：郭宗杰、余亚君

十、编写时间：2014 年 5 月

山东省食品进出口公司、山东山孚集团有限公司、山东山孚日水有限公司与马达庆、青岛圣克达诚贸易有限公司不正当竞争纠纷案

一、案例编号（4-04）

二、学科方向：经济法、反不正当竞争法

三、案例名称：山东省食品进出口公司、山东山孚集团有限公司、山东山孚日水有限公司与马达庆、青岛圣克达诚贸易有限公司不正当竞争纠纷案

四、内容简介

原告山东省食品进出口公司（以下简称"山东食品"）、山东山孚集团有限公司（以下简称"山孚集团"）、山东山孚日水有限公司（以下简称"山孚日水"）是山东省著名的对日本出口海带的企业。被告马达庆自1986年至2005年先后进入三原告公司工作。工作期间，马达庆参与并在后期负责对日海带出口业务，得以接触、掌握了海带业务的全部流程、技术和客户信息。2006年12月，马达庆未办理正式离职手续即擅自离职。2006年9月，陈庆荣（马达庆的外甥）注册成立

被告圣克达诚公司。2007 年日本北海道渔业协同组合联合会（以下简称"日本北海道渔联"）书面表示将原告海带业务转由圣克达诚公司经营。后被告大量向海带养殖户收购海带并准备向日本出口。2007 年，原告以被告不正当竞争为由向山东省青岛市中级人民法院起诉。本案经青岛市中级人民法院一审，山东省高级人民法院二审，最高人民法院再审，最终法院认定被告的行为不构成不正当竞争，判决驳回原告的诉讼请求。

五、关键词：山孚；圣克达诚；不正当竞争；一般条款

六、具体案情

山东食品成立于 1982 年。2000 年，山东食品与山东山孚得贸易有限公司职工持股会、刘汉涛、李玉春、李杰共同出资成立山东山孚得贸易有限公司，山东食品占该公司注册资木的 40%。但自 2005 年 5 月至今，山东食品不再是山孚集团的股东。2004 年 5 月 24 日，山东山孚得贸易有限公司申请将企业名称变更为山孚集团。2004 年 6 月 16 日，山孚集团出资与日本水产株式会社共同成立山孚日水。

马达庆于 1986 年进入山东食品工作，1988 年开始从事海带加工和出口工作。2000 年 8 月 1 日开始，马达庆与山东山孚得贸易有限公司两次签订劳动合同，期限自 2000 年 8 月 1 日至 2006 年 7 月 31 日。2005 年 1 月 4 日起，马达庆与山孚日水两次签订劳动合同，期限自 2005 年 1 月 4 日至 2006 年 12 月 31 日。合同期限届满前，山孚日水通知包括马达庆在内的员工于 2006 年 12 月 1 日前协商续签劳动合同，逾期不办理的视为不再与公司续签合同，双方劳动合同自行终止。马达庆未与山孚日水续签劳动合同。

2007 年 6 月 1 日，马达庆向青岛市劳动争议仲裁委员会提出劳动仲裁，请求裁决山孚日水为其办理终止劳动合同手续及转移档案手续，赔偿失业保险待遇 7 032 元。山孚日水提出仲裁反请求，请求裁决马达庆办理资料交接手续并对协议履行情况进行书面说明、赔偿经济损失 1 200 元。

2006 年 9 月 22 日，圣克达诚公司（以下简称"圣克达诚"）成立，企业类别为自然人独资的一人有限责任公司，法定代表人为陈庆荣。陈庆荣为该公司执行董事兼经理；颜素贞担任该公司的监事。其中，颜素贞为马达庆的配偶，陈庆荣系马达庆的外甥。陈庆荣时系青岛大学纺织服装学院 2004 级服装系学生。马达庆现在圣克达诚任职。

中国粮油食品进出口公司山东省食品分公司（山东食品的前身）1979

年开始经营海带出口业务。1999 年、2000 年，中粮果菜水产进出口公司委托山东食品收购淡干海带并代办出口手续，马达庆代表山东食品在相关协议书上签字。

中粮集团自 2001 年起，每年采取下发《关于下达××年海带出口数量配额的通知》的方式，分别向有关单位分配特定区域产海带出口日本的数量配额。其中 2001 年由山东食品、烟台市食品进出口公司、大连同盛实业总公司和中国食品（北京）食品贸易部等四家单位获得配额；2002 年和 2003 年由山东食品、烟台凯迪食品进出口有限公司、大连同盛实业总公司和中粮国际（北京）有限公司等四家单位获得配额；2005 年和 2006 年由山东食品、烟台凯迪食品进出口有限公司、大连观宇食品有限公司和中粮国际（北京）有限公司等四家单位获得配额。2005 年大连观宇食品有限公司获得大连地区对日出口海带配额后，大连同盛实业总公司此后再未获得该配额。

上述配额下达后，主要由马达庆代表山东食品或者山孚集团与日本东海水产贸易（株）等公司签订《中日贸易合同》，办理海带出口业务，合同约定的信用证受益人为山东食品或者山孚集团。

《关于下达××年海带出口数量配额的通知》还持续提出：根据中粮集团与日本北海道渔联达成的协议，日本北海道渔联委托中粮集团对海带配额、质量、数量统一进行管理，日方认可中粮集团是其在华的海带贸易的唯一窗口，各公司有关海带出口贸易事宜，请直接与中粮集团联系。

自 2000 年开始至 2005 年，山东食品、山东山孚得贸易有限公司（山孚集团）与威海海带产区的长岛县大钦岛乡养殖供销站等单位及养殖海带业户签订《农副产品购销合同》，从上述单位和业户收购淡干海带用于对日海带出口，马达庆作为代理人在大部分合同上签字。

山东食品是"海带加工方法及设备"专利的专利权人。2006 年 9 月 5 日，马达庆曾签署过落款为"水产二部"的有关海带专利的文件，该文件中提到"海带专利没必要花钱再续"。该专利即一种名为"海带加工方法及设备"的专利，专利权至今有效。

2007 年 1 月 10 日，中粮国际（北京）有限公司向山东食品发出《关于报送海带经营计划的通知》称：山东食品原经营海带出口业务主要人员变动，引起日方客户关注，为保证海带出口业务持续有序发展，要求山东食品于 2007 年 1 月 17 日前报送海带出口工作计划，中粮国际（北京）有限公司将根据实际情况决定海带出口经营公司。根据中粮国际（北京）有限公司与日本北海道渔联签订的协议，日方委托中粮国际（北京）有限公司对海带配额、质量、经营公司进行统一管理，日方认可该公司是其在华海带贸易的唯一窗口。

同日，中粮国际（北京）有限公司向圣克达诚发出《关于报送海带经营计划的通知》称：圣克达诚请求经营出口日本海带贸易传真悉，要求圣克达诚于 2007 年 1 月 17 日前报送海带出口工作计划。

2007 年 2 月 14 日，中粮国际（北京）有限公司向山东食品发出《关于调整 2007 年海带出口经营权的通知》称："我司于 1 月 30 日派员专程到青岛就有关具体问题进行调查、了解之后，就有关情况多次与日本客户进行交流、研究，经征求日方意见，我司现正式通知贵司：从 2007 年起，威海海带出口日本业务不再交由贵司执行。"此后，国内有关政府部门和行业组织曾就山东食品的对日出口海带问题表示过关切。

2007 年 3 月 23 日，山东省国际经济贸易联合会致函日本北海道渔联商请解决对日海带出口配额的分配问题。同年 4 月 3 日，日本北海道渔联代表理事副会长宫村正夫回函称："1. 通过北京中粮公司作为窗口，长期以来我们与山东食品之间存在着贸易关系；……4. 马氏及其他职员辞职后的山东食品，是否能够保证威海海带的品质稳定和数量，对此我们感到不安和疑虑，另一方面，因马氏长期从事威海海带的业务，拥有丰富的经验和知识，已被日本海带业界承认和信赖。我们与日本、国内的海带厂商进行了多次慎重的协商，并且依据中粮公司在当地听取、比较了山东食品和圣克达诚这两家公司业务计划后提供给我方的资料。我们判定，从 2007 年起的威海海带业务，圣克达诚为最适合的从事威海海带业务的公司；5. 对于我们来说，在和中国进行的海带贸易中确保规定的数量和质量的均一稳定性是大前提，因此要求北京中粮公司将马氏的新公司（圣克达诚）作为威海海带的窗口企业。"

2007 年 4 月，中粮集团发出《关于下达 2007 年海带出口数量配额的通知》，圣克达诚获得 310 吨威海地区产海带出口配额。

2007 年 7 月，山东食品根据中粮集团发出的《关于下达 2007 年海带出口数量配额的通知》，最终取得 320 吨威海地区产海带出口配额。

2007 年 7 月 30 日，山东食品、山孚集团、山孚日水向山东省青岛市中级人民法院起诉，请求确认圣克达诚和马达庆构成不正当竞争，并请求判令圣克达诚和马达庆返还与海带业务有关的所有文件、资料，停止利用三原告的收购出口渠道经营海带业务，赔偿三原告经营利润损失 600 万元，为处理本案所花费的交通费、律师费及其他实际支出 10 万元。

一审认为二被告对山东食品构成不正当竞争，判令二被告 3 年内不得采取与山东食品相同的经营方式开展对日出口海带贸易。圣克达诚赔偿山东食品 211 万余元经济损失。二被告对一审判决不服，向山东省高级人民法院提起上诉。二审认为二被告获取贸易机会的行为是正当行为，而认定二被告的行为不是不正当竞争，也是符合《反不正当竞争法》的立法目的的。判决撤销一审判决，驳回三原告的诉讼请求。

三原告对二审判决不服，向最高人民法院提出再审申请。最高人民法院审查认为，本案主要涉及如下六个问题：涉案对日出口海带配额的交易性质以及是否属于《反不正当竞争法》所保护的法益；涉案被控不正当竞争行为能否被证实以及是否具有不正当性；一、二审法院适用法律是否正确，主要是《反不正当竞争法》第二条作为一般条款的适用条件及其在本案中的具体适用；二审判决有关竞业限制和商业秘密问题的认定是否超出了原告的诉讼请求；二审判决对被申请人获得涉案交易机会的手段的正当性的举证责任分配是否正确；本案的处理结果与山东食品争取对日出口海带配额交易机会的关系。最终裁定维持二审结果，驳回三原告的再审申请。

七、案例来源

中华人民共和国最高人民法院民事裁定书（2009）民申字第 1065 号。

八、案情分析

（一）争议焦点

（1）对日出口海带配额的交易性质是什么？
（2）本案能否适用《反不正当竞争法》第二条？
（3）二被告的行为是否构成不正当竞争？

（二）法理分析

1. 对日出口海带配额的交易性质是什么

由于本案中原被告双方是围绕对日本出口海带配额的纠纷，我们首先要搞清楚的第一个问题就是这种对日出口海带配额的交易性质是什么，它是否归《反不正当竞争法》管，是否属于《反不正当竞争法》所保护的法益。

本案中，对日出口海带配额其实是日本政府设定的我国对日本出口海带产品的被动配额，该进口配额的分配由日本北海道渔联负责，北海道渔联委托中粮集团对其统一进行管理，从中粮集团获得该配额的国内企业可以就相关区域产特定数量海带对日出口。在本案的一审、二审及再审的认定中可以看出，三法院都把这种配额的性质认定为一种商业机会或者是交易机会。但不同之处在于，正如原告所主张的，一审法院认为这种商业机会是原告在市场竞争中通过自身的企业优势和良好的企业信用获得的市场优势地位。换句话说，一审法院认为这种商业机会是秘密的，不是任何一个企业可以通过申报计划书等方式公开获得的。而再审法院认为这种商业机会虽然具有相对的稳定性，但是这种商业机会不是秘密的，而是可争夺的，可以合理预期的，具有竞争性和开放性。

笔者赞同再审法院的意见，对日出口海带配额是一种具有竞争性和开放性的商业机会。由于山东食品的前身是中国粮油食品进山口公司山东省食品分公司，而对日出口海带的配额一直由中粮集团控制，中粮集团的全称是中国粮油食品进出口（集团）有限公司，所以山东食品的前身就是中粮集团的分公司，并且山东集团1979年就开始经营海带出口业务，已经经营多年。在这种情况下，可以把这种对日出口海带的配额看成是一种由中粮集团所垄断和控制的商业机会，而山东食品的前身作为中粮集团的分公司自然就是这种垄断商业机会的获益者，因此，在山东食品看来，这种商业机会是秘密的，不是任何一家进出口公司能够公开获得的，或者说，这是一种由于国企垄断而产生的市场优势。但是这种垄断并不利于促进市场竞争，反而可能导致缺乏竞争者造成的产品质量的下降并影响公司的活力和发展，也会影响到市场消费者的利益。因此，即使这种商业机会被认定为一种竞争优势，也会因为与《反不正当竞争法》的宗旨不符而不被《反不正当竞争法》保护。

从1999年上半年开始，为了适应市场竞争的需要，中粮集团实施了重组、改制和上市的发展战略。从相关事实当中也可以看出，中粮集团自2001年起，每年采取下发《关于下达××年海带出口数量配额的通知》，而根据通知的内容，自2001年至2006年，获得出口海带配额的企业也不是固定的，而是变动的。2005年大连观宇食品有限公司获得大连地区对日出口海带配额后，大连同盛实业总公司此后再未获得该配额。从这一事实当中可以看出，这种商业机会开始从垄断走向市场化，不再为传统几家公司所垄断占有，而是变得公开和有竞争性，可以由其他有竞争力的进出口公司去争取。而这一变化也符合市场竞争的规则，是有利于公平竞争的。而山东食品也于 1982 年脱离中粮集团的分公司独立出来。因此，在案件审理时，对日出口海带配额应当认定为一种具有竞争性和开放性的商业机会。

这种竞争性和开放性的商业机会应当属于我国《反不正当竞争法》所保护的法益。法益是法律所保护的利益或价值。根据我国《反不正当竞争法》第一条的规定，我国《反不正当竞争法》的立法目的有四个：保障社会主义市场经济健康发展；鼓励和保护公平竞争；保护经营者的合法权益；保护消费者的合法权益。① 由此可以推知，我国《反不正当竞争法》所保护的法益是公平竞争以及经营者和消费者的合法权益。而这种竞争性和开放性的商业机会和鼓励、保护公平竞争的内在要求是一致的，也能够保护经营者的合法权益，促进市场竞争。因此，它是属于《反不正当竞争法》所保护的法益范围之内的。

此外，从再审的裁定书中也可以看出，最高人民法院认为，商业机会虽然作为一种可以受到《反不正当竞争法》所保护的法益，但本身并非是一种法定权利。一种利益应受保护并不构成该利益的受损方获得民事救济的充分条件。利益受损方要获得民事救济，还必须证明竞争对手在争夺商业机会时不遵循诚实信用的原则，违反公认的商业道德，通过不正当的手段攫取他人可以合理预期获得的商业机会，这才是《反不正当竞争法》所禁止的重点所在。这也为其他法院以后在处理类似案件时提供了一个很好的参考。

2. 本案能否适用《反不正当竞争法》第二条

本案中，上诉人认为一审判决适用《反不正当竞争法》第二条，认定圣克达诚和马达庆构成不正当竞争，适用法律错误。上诉人认为，判定一个具体行为是否构成不正当竞争时，在有法律具体条款可以参照适用的前提下，法院应该直接适用法律具体条款规定，而不能依据《反不正当竞争法》第二条的原则性条款扩大保护范围。圣克达诚和马达庆根本就不构成任何具体条款规定的不正当竞争。而一审原告认为一审判决适用法律正确。山东食品、山孚集团及山孚日水要求保护的是以其在 30 余年经营中形成的对日出口海带的贸易机会为载体的可保护利益，一审判决基于该主张，对本案进行定性是完全正确的。"一种新类型的不正当竞争纠纷案件"

---

① 孙晋：《竞争法原论》，武汉：武汉大学出版社 2011 年版，第 283 页。

构成本案法律关系的性质与本案的审理基础。对法律未作明确规定的非类型化不正当竞争行为进行规制，是《反不正当竞争法》第二条最大的法律价值。知识产权专门法未作穷尽性保护的，当然可以适用《反不正当竞争法》予以保护。本案争议的"对日出口海带的贸易机会"属于"知识产权专门法未作穷尽性保护的"的情况。据此，能否适用《反不正当竞争法》第二条成为本案需要考虑的第二个问题。

《反不正当竞争法》第二条规定："经营者在市场交易中，应当遵循自愿、平等、公平、诚实信用的原则，遵守公认的商业道德。本法所称的不正当竞争，是指经营者违反本法规定，损害其他经营者的合法权益，扰乱社会经济秩序的行为。本法所称的经营者，是指从事商品经营或者营利性服务（以下所称商品包括服务）的法人、其他经济组织和个人。"这条规定是认定不正当竞争行为的一般条款，属于原则性条款。它规定了认定不正当竞争行为的抽象条件，是一种开放式的兜底条款，当某种行为不在《反不正当竞争法》具体列举的范围之内时法院可以据此认定为不正当竞争行为。但值得注意的是，该条款是一种授权条款，也是一种竞合条款，也就是说，即使是法律已有明文规定的不正当竞争行为，也可以同时适用一般条款进行判断和认定，两者并不存在排斥关系，并不严格适用特别规定优于一般规定。① 因此，上诉人的理由是错误的，法院将《反不正当竞争法》第二条作为本案的法律依据并无不妥。此外，由于本案确实不属于《反不正当竞争法》所具体规定的任何一种不正当竞争行为，原告也没有依据具体的不正当竞争行为起诉，所以本案是可以引用《反不正当竞争法》的一般条款的。

但是法律对于《反不正当竞争法》第二条作为一般条款予以适用的基本条件并未进行具体规定，这种适用就交由法官决定。本案中，一审法官认为第二款的适用条件包括两点：第一，正当经营者通过自身的努力获得了某种竞争优势；第二，其他经营者通过不正当手段获取了该竞争优势并给正当经营者造成了损失。只要符合这两条，那么法院就可以援用一般条款进行救济。但这种适用条件似乎有过于宽泛之嫌，并且里面的"竞争优势"、"不正当手段"等词语是难以定义其内涵和外延的。如果这样就适用，那么可能会对市场造成过多不恰当的干预，不符合《反不正当竞争法》的促进竞争的宗旨。再审法院在适用一般条款时采取了谨慎的态度，

---

① 孔祥俊：《反不正当竞争法原理》，北京：知识产权出版社 2005 年版，第 81 页。

认为"应当注意严格把握适用条件，以避免不适当干预而阻碍市场自由竞争。凡是法律已经通过特别规定作出穷尽性保护的行为方式，不宜再适用《反不正当竞争法》的一般规定予以管制"。对于适用的基本条件，最高人民法院则给出了三条件：一是法律对该种竞争行为未作出特别规定；二是其他经营者的合法权益确因该竞争行为而受到了实际损害；三是该种竞争行为因确属违反诚实信用原则和公认的商业道德而具有不正当性或者说可责性。最高人民法院适用一般条款的条件没有拘泥于个案，基本上是围绕立法的本意和法条作出的解释，并且遵循的是特别优于一般的规定。此外，还对一审认定中的不正当之处给出了判断标准，即违反诚实信用原则和公认的商业道德。笔者认为这里还是作为竞合条款比较好，有利于对个案的判断，但最高人民法院的适用条件对审理类似案件还是有指导价值的。

3. 二被告的行为是否构成不正当竞争

二被告的行为是否构成不正当竞争是本案另一个重要的争议焦点。一审二被告认为自己的行为不构成不正当竞争。主要基于以下几点理由：第一，对日出口海带配额是公开的可竞争的商业机会，且并不需要以公开招标为前提；第二，由于2000年8月后马达庆已离职，他运用自己的知识和技能取得的竞争优势就不再属于山东食品；第三，由于整个交易过程日方是明知的，故二被告争取海带配额的行为没有违反诚实信用原则和公认的商业道德。

而一审原告认为，二被告的行为是恶意攫取涉案商业机会和竞争优势，违背诚实信用原则和公认的商业道德，给山东食品造成了巨大的损失，构成了不正当竞争行为。

而对于这一争议焦点各级法院也存在不同的看法。一审法院认为对日出口海带配额的商业机会是原告多年来形成的竞争优势，马达庆将本属于山东食品的竞争优势获为圣克达诚所有，属于滥用日本客户对自己基于履行职务行为所产生的信赖，严重违背了诚实信用的原则，也违背了公认的商业道德。圣克达诚作为法人，其业务的操作均由马达庆实际实施，因此该公司明知马达庆违背商业道德但仍允许其这样行为，主观上构成明知，该公司亦违背了公认的商业道德。

而二审法院认为马达庆在为圣克达诚争取经营出口海带贸易时，明确表示其代表圣克达诚，没有利用山东食品的名义。在离开山东食品后，马达庆以正当的方式，帮助圣克达诚获取了贸易机会，不违反诚实信用等原则，其行为不具有不正当性，属于正当竞争。圣克达诚争取贸易机会的行为仅仅是向中粮集团提出经营出口日本海带贸易的请求，上述配额的分配是中粮集团、日本北海道渔联综合双方能力确定的结果。在竞争过程中，圣克达诚没有违反公认的商业道德，没有违反诚实信用原则，其行为不具有不正当性。

再审法院从申请再审人指控的六种马达庆实施的行为出发，逐一进行分析，认为马达庆的竞争优势是自己努力工作形成的，在没有证据表明他负有竞业禁止和约定保守商业秘密义务的情况下，他的行为也没有违反诚实信用原则和公认的商业道德，海带出口配额的变化是日方在基于了解真实情况的基础上自愿选择双方合意的结果，最终认定二被告的行为并没有违反《反不正当竞争法》的一般条款，不构成不正当竞争。

根据前面的分析可以知道，对日出口海带配额的性质是一种公开的可竞争性的商业机会，并且《反不正当竞争法》一般条款是可以适用的。那么根据各方的观点来看，这里要判断二被告的行为是否构成不正当竞争，其关键就是判断二被告的行为有无违反诚实信用原则和公认的商业道德。而这个问题又可以分为两个小问题进行分析：第一，马达庆是否将三原告的竞争优势据为己有？第二，马达庆在职期间筹划设立圣克达诚和离职之后利用圣克达诚与山东食品开展竞争是否违反了诚实信用的原则和公认的商业道德？

第一，马达庆的竞争优势是其在长期工作当中形成的个人能力，并不是获取三原告的竞争优势。任何一个职工在工作的过程中都会通过学习掌握相关的知识、技能和经验，但不能说这种个人能力的提高是对所属公司竞争优势的攫取，否则所有的职工都无法学习相关的职业技能，学习了之后也无法进行正常的市场人员流动。这种能力也不同于具有财产权益的职务发明创造，职务发明创造应当归属于所在公司和单位。有实力的劳动者是一种人力资源，人力资源是公司所看重的，但是公司只能利用在职员工的人力资源，而不能把这种人力资源永久地作为一种财产权益归属于公司，否则既不利于劳动者个人知识技能的提高，也不利于市场的健康发展。因此，劳动者在工作当中积累的经验、知识和技能应当是一种个人能力，是其生存能力和劳动能力的基础，应当归属于劳动者自己。也正如再审法院所言，"职工离职后有自主利用其自身的知识、经验和技能的自由，因利用其自身的知识、经验和技能而赢得客户信赖并形成竞争优势的，除侵犯原企业的商业秘密的情况外，并不违背诚实信用的原则和公认的商业道德"。具体到本案，马达庆在三原告公司中都工作过，具有长期对日出口海带的工作经验，并充分掌握了相关的知识和技能，他在离职后创立自己的公司，在没有侵犯原公司商业秘密和商誉的情况下与原公司争夺商业机会，也是一种正当的商业行为，利用的是自己的能力，并没有攫取原公司的竞争优势。

第二，马达庆在职期间筹划设立圣克达诚和离职之后利用圣克达诚与山东食品开展竞争没有违反诚实信用的原则和公认的商业道德。在企业管理中，往往倡导员工要忠于自己的公司，在某种程度上要求员工不能背信弃义，不能做和自己企业利益相冲突的事情，在日本的企业管理中，更是倡导员工终身忠诚和服务于自己的公司这样一种理念。但是这种倡导是一种比较高的对道德的要求，而法律是最低限度的道德。根据《公司法》和《劳动法》的相关规定，员工的忠诚义务大致包括保守企业商业秘密，不得谋取非法收入，不得侵占企业的财产，高管的竞业禁止义务、勤勉义务等。而在《反不正当竞争法》中，就是不能违反诚实信用原则和公认的商业道德。具体到本案中，并没有证据显示马达庆曾经是三公司的高管，也没有证据显示他负有竞业禁止和保守相关商业秘密的义务，他的做法对一个曾长期信任他的公司来说可能是不符合高尚的个人品格的标准，但是企业的一般劳动者在职期间筹划设立新公司为离职后的生涯作准备，属于市场常见现象，法律上对此行为本身也无禁止性规定。很多新公司的发展和社会的进步也是在这种情况下出现的，这种做法也是有利于促进市场竞争和符合《反不正当竞争法》的立法宗旨的，更具体地说，"在市场经济环境下，任何人只要不违反法律都可以和其他任何人开展竞争，劳动力或者说人才的流动也是市场竞争的必然要求和重要方面，人才流动或者说'职工跳槽'后与原企业争夺商业机会，可以有效地形成和促进竞争"。因此，马达庆的做法即使不符合个人高尚道德品德的要求，也并没有违反诚实信用原则和公认的商业道德。

（三）相关判例

1. 百度在线网络技术（北京）有限公司与北京三七二一科技有限公司不正当竞争纠纷案①

1998 年，北京三七二一科技有限公司（以下简称"三七二一公司"）

---

① 详见北京市朝阳区法院（2003）朝民初字第 24224 号民事判决书；北京市第二中级人民法院（2004）二中民终字第 02387 号民事判决书。

推出地址栏搜索软件——"3721 网络实名"，供用户免费下载安装。后该软件不断升级，并于 2003 年 6 月包含 cnsminkp 文件。

2002 年 6 月，百度在线网络技术（北京）有限公司（以下简称"百度公司"）在其网站上推出地址栏搜索软件——"百度 IE 搜索伴侣"，供用户免费下载安装。之后即出现只要"百度 IE 搜索伴侣"软件和"3721 网络实名"软件均安装在计算机中，则"3721 网络实名"软件不能正常运行，且"3721 网络实名"软件在 IE 中设置的"启用网络实名"等 3 个选项被取消的情况。之后这种情况越来越严重，2003 年 11 月，在安装"3721 网络实名"软件的前提下，下载安装"百度 IE 搜索伴侣"，则弹出提示用户卸载"3721 网络实名"或者"上网助手"的对话框。卸载"3721 网络实名"软件后，再登录百度网站，可以通过点击鼠标左键方式下载"百度 IE 搜索伴侣"软件，且能正常安装运行。

2003 年，百度公司以三七二一公司不正当竞争为由将其起诉至北京市朝阳区人民法院。一审认为三七二一公司进一步阻止"百度 IE 搜索伴侣"软件安装的行为，减少了对方的交易机会，以不正当手段谋取竞争优势，违反了公平、诚实信用原则，三七二一公司实施的行为构成不正当竞争。判令三七二一公司不得妨碍"百度 IE 搜索伴侣"软件以点击鼠标左键的方式正常安装并支付百度公司诉讼费 5 150 元。

三七二一公司对一审结果不服，向北京市第二中级人民法院提起上诉。二审法院认为经营者在市场交易中，应当遵循自愿、平等、公平、诚实信用的原则，遵守公认的商业道德。互联网行业也是如此。百度公司与三七二一公司属于同行业竞争者，具有竞争关系。根据互联网行业竞争规范，修改他人软件注册表信息的技术措施具有不正当竞争行为的性质。三七二一公司的行为阻碍了"百度 IE 搜索伴侣"软件的正常下载、安装和运行。不仅使用户不能正常行使其选择权，而且使百度公司的"百度 IE 搜索伴侣"软件不能接受用户的平等选择，从而使软件权利人丧失了相应的交易机会，因此，三七二一公司的行为构成了不正当竞争。

2. 马克·布雷克展示公司诉被告上海喜马拉雅广告公司不正当竞争纠纷案①

原告马克·布雷克展示公司系专营展示器材的瑞典公司，制作的展示器材畅销世界各地。1997 年原告制造的产品进入上海市场，享有良好的声

---

① 详见上海市第一中级人民法院（1998）沪二中知字第 93 号民事判决书。

誉。被告于1998年初从原告设立在上海的经销商路遥广告公司购得原告制造的产品，并由此获取原告制作的广告。之后，被告大量抄袭、模仿原告制作的广告，包括图片、广告语等，除了部分文字说明和公司名称之外，被告广告的版面设计以及所使用的照片、图片、图案及排列组合，与原告广告几乎完全相同。被告还在其广告中使用与原告"展灵"注册商标相近似的"展佳"商标。被告制作的侵权广告主要有两种形式：一种样式为单页广告，由被告广为散发；另一种样式刊登于1999年2月出版的《检察风云》杂志。原告认为被告抄袭、模仿原告广告的行为足以造成消费者的混淆，并造成原告经济损失100万元。据此，依照《反不正当竞争法》和《巴黎公约》，请求判令被告的行为构成不正当竞争，要求其停止侵权，赔偿损失等。

被告辩称，原告制造的产品并未获得外观设计专利，被告有权制作同类产品；原告的广告并非艺术作品，不享有著作权；被告在广告中使用的插图、广告语以及商标、企业名称等均与原告广告中的相关部分有明显区别，不会引起消费者的混淆等。

一审法院认为，原被告均在中国经营展示器材，作为经营者，应当遵守《反不正当竞争法》。原被告所在国均系《巴黎公约》成员国，原被告经营过程中的工业产权纠纷，应当适用该公约的有关规定。经营者对其设计、制作、传播过程中具有独创性、显著性和区别性特征的广告，在依照《著作权法》的规定享有著作权的同时，还享有禁止其他经营者抄袭、模仿以及利用抄袭、模仿广告与其进行不正当竞争的权利。抄袭、模仿竞争者广告的行为，是一种不正当地利用和享有竞争者的商品声誉和商业信誉，从而不正当地利用和享有竞争者竞争优势的行为，其后果足以使消费者对两种不同经营者制作的广告发生混淆。因此，依照《反不正当竞争法》和《巴黎公约》的规定，被告的行为已经构成对原告的不正当竞争。

（四）法律适用

（1）《反不正当竞争法》第一条："为保障社会主义市场经济健康发展，鼓励和保护公平竞争，制止不正当竞争行为，保护经营者和消费者的合法权益，制定本法。"

（2）《反不正当竞争法》第二条："经营者在市场交易中，应当遵循自愿、平等、公平、诚实信用的原则，遵守公认的商业道德。本法所称的不正当竞争，是指经营者违反本法规定，损害其他经营者的合法权益，扰乱社会经济秩序的行为。本法所称的经营者，是指从事商品经营或者营利性服务（以下所称商品包括服务）的法人、其他经济组织和个人。"

（3）《反不正当竞争法》第十条："经营者不得采用下列手段侵犯商业秘密：（一）以盗窃、利诱、胁迫或者其他不正当手段获取权利人的商业秘密；（二）披露、使用或者允许他人使用以前项手段获取的权利人的商业秘密；（三）违反约定或者违反权利人有关保守商业秘密的要求，披露、使用或者允许他人使用其所掌握的商业秘密。第三人明知或者应知前款所列违法行为，获取、使用或者披露他人的商业秘密，视为侵犯商业秘密。本条所称的商业秘密，是指不为公众所知悉、能为权利人带来经济利益、具有实用性并经权利人采取保密措施的技术信息和经营信息。"

（五）小结

本案是一起典型的在《反不正当竞争法》没有具体列举和作出规定时利用《反不正当竞争法》一般条款作出判决的案例。在实践当中，有很多公司职工积累多年工作经验后跳槽或者自立门户，又发生和原公司争夺商业机会的情形。在本案中确立了这种商业机会是一种具有竞争性的、开放的商业机会。职工的个人技能属于个人而非公司所有。商业道德不同于个人品格和社会公德，要按照经济人的伦理标准来判断。本判决还确立了适用《反不正当竞争法》一般条款的适用条件。本判决的作出是有利于市场的自由健康竞争和劳动者的个人发展的，具有一定的指导意义。

九、编者：郭宗杰、罗旭

十、编写时间：2014 年 5 月

蒙特莎公司与费列罗公司、天津正元公司不正当竞争纠纷案

一、案例编号（4-05）

二、学科方向：经济法、反不正当竞争法

三、案例名称：蒙特莎公司与费列罗公司、天津正元公司不正当竞争纠纷案

四、内容简介

原告费列罗公司1986年在中国取得"FERRERO ROCHER"商标的注册并于1993年开始正式在中国的主要大城市进行销售并为此作了大量的广告宣传。2000年6月，"FERRERO ROCHER"商标被国家工商行政管理部门列入全国重点商标保护名录。被告蒙特莎公司自1990年以来一直仿冒原告产品，并使用与原告几乎相同的外包装。被告还于1991年抢注了"金莎"文字商标并在其产品上使用了这一商标（金莎巧克力）。金莎巧克力在质量、口味、价格等方面都与"FERRERO ROCHER"有较大差距。2004年，原告以被告的行为构成反不正当竞争为由向法院起诉，要求被告停止侵权并赔偿损失。本案经过天津市中级人民法院一审、天津市高级人民法院二审、最高人民法院再审三个阶段，最后法院判决被告不正当竞争行为成立，赔偿原告50万元损失。

五、关键词：费列罗；蒙特莎；反不正当竞争；仿冒行为；知名商品

六、具体案情

费列罗公司于 1946 年在意大利成立，1982 年其生产的 "FERRERO ROCHER" 巧克力投放市场，曾在亚洲多个国家和地区的电视、报纸、杂志进行过广告宣传。1984 年 "FERRERO ROCHER" 巧克力进入中国市场，主要在免税店和机场商店等当时政策所允许的场所销售。1986 年费列罗公司在中国核准注册 "FERRERO ROCHER" 商标。自 1993 年开始，费列罗公司以广东、上海、北京地区为核心逐步扩大 "FERRERO ROCHER" 巧克力在国内的报纸、期刊和室外广告上的宣传，相继在一些大中城市设立专柜进行销售，并通过赞助一些商业和体育活动，提高其产品的知名度。2000 年 6 月，其 "FERRERO ROCHER" 商标被国家工商行政管理部门列入全国重点商标保护名录。

蒙特莎公司是 1991 年 12 月张家港市乳品一厂与比利时费塔代尔有限公司合资成立的生产、销售各种花色巧克力的中外合资企业。1990 年 4 月 23 日，张家港市乳品一厂申请注册 "金莎" 文字商标，1991 年 4 月经国家工商行政管理局商标局核准注册。费列罗公司在 1994 年曾向国家工商行政管理局商标评审委员会提出撤销该商标，但未获支持。1993 年以前，使用 "金莎" 商标的巧克力（以下简称 "金莎巧克力"）获得的荣誉均颁发给了张家港市乳品一厂。

张家港市乳品一厂自 1990 年开始生产金莎巧克力，经过广泛宣传，金莎巧克力（TRESOR DORE）的市场占有率在国内巧克力产品中名列前茅，并多次获得国家政府部门和相关协会的褒奖，成为在中国知名度较高的商品。在《中国食品报》公布的由中华全国商业信息中心或者全国连锁店超市信息办公室等单位发布的全国食品市场调查及全国连锁店销售统计、监测排行中，1997 年至 2002 年，金莎巧克力排名靠前。该统计排名中未出现 "FERRERO ROCHER" 巧克力。

2002 年张家港市乳品一厂向蒙特莎公司转让 "金莎" 商标（2002 年 11 月 25 日提出申请，2004 年 4 月 21 日经国家工商管理总局商标局核准转让），蒙特莎公司开始生产、销售金莎巧克力。正元公司为蒙特莎公司生产的金莎巧克力在天津市的经销商。

2003 年 1 月，费列罗公司经天津市公证处公证，在天津市河东区正元公司处购买了被控侵权产品。之后，费列罗公司以被告蒙特莎公司不正当竞争为由将其诉至法院。原告费列罗公司认为被告多年来一直仿冒原告产品，擅自使用与原告知名商品特有的包装、装潢相同或近似的包装、装潢，误导消费者，使消费者产生混淆。而且，原告一推出新产品或时节性产品马上就会遭到蒙特莎公司仿冒，甚至在欧洲推出的新产品尚未进入中国市场即遭仿冒。蒙特莎公司的上述行为及被告正元公司销售仿冒产品的行为已经给原告的生产和销售造成了恶劣的影响，并侵害了广大消费者的合法利益，造成原告重大经济损失。请求判令蒙特莎公司不得生产、销售，正元公司不得销售符合前述费列罗公司巧克力产品特有的任意一项或者几项组合的包装、装潢的产品或者任何与费列罗公司的上述包装、装潢相似的足以引起消费者误认的巧克力产品，并赔礼道歉、消除影响、承担诉讼费用，蒙特莎公司赔偿原告经济损失 300 万元人民币。

2005 年 2 月 7 日，天津市第二中级人民法院一审判决：驳回费列罗公司对蒙特莎公司、正元公司的诉讼请求。一审法院认为，① "FERRERO ROCHER" 巧克力在国内成名时间晚于金莎巧克力。②金莎巧克力知名度高于 "FERRERO ROCHER" 巧克力。③消费者在接受双方广告宣传并在两种商品的明显位置看到商标后，能够分辨两种巧克力。由此认定蒙特莎公司生产的金莎巧克力使用的包装、装潢不构成对费列罗公司的不正当竞争。

费列罗公司对一审判决不服，提起上诉。2006 年 1 月 9 日，天津市高级人民法院撤销一审判决，判令蒙特莎公司立即停止侵权，赔偿费列罗公司的损失；正元公司立即停止销售侵权的金莎巧克力。二审法院认为，第一，对商品的知名状况的评价应根据其在国内外特定市场的知名度综合判定。费列罗公司在国际巧克力市场具有较高的知名度，"FERRERO ROCHER" 巧克力在中国市场长期销售，已为相关公众知晓，因此，应当认定为知名商品。第二，"FERRERO ROCHER" 巧克力商品特有的包装、装潢整体上具有显著的视觉特征和效果，且其表达了特定的含义，形成特有的包装、装潢形式。第三，蒙特莎公司的包装和装潢是通过不正当竞争手段擅自使用的 "FERRERO ROCHER" 巧克力特有的包装、装潢，其不能作为商品知名度的评价依据。因此，蒙特莎公司的金莎巧克力使用了与 "FERRERO ROCHER" 巧克力基本相同的包装、装潢的行为构成不正当竞争行为。蒙特莎公司应当停止侵权并向原告赔偿 70 万元人民币。

蒙特莎公司不服二审判决，向最高人民法院提出再审申请。最高人民法院认为：第一，认定知名商品，应当考虑该商品的销售时间、销售区域、销售额和销售对象，进行任何宣传的持续时间、程度和地域范围，作为知名商品受保护的情况等因素，进行综合判断；也不排除适当考虑国外已知名的因素。根据"FERRERO ROCHER"巧克力进入中国市场的时间、销售情况以及费列罗公司进行的多种宣传活动，认定其属于在中国境内的相关市场中具有较高知名度的在先知名商品。第二，费列罗公司请求保护的"FERRERO ROCHER"巧克力使用的包装、装潢系由一系列要素构成。"FERRERO ROCHER"巧克力所使用的包装、装潢因其构成要素在文字、图形、色彩、形状、大小等方面的排列组合具有独特性，形成了显著的整体形象，且与商品的功能性无关，经过长时间使用和大量宣传，已足以使相关公众将上述包装、装潢的整体形象与费列罗公司的"FERRERO ROCHER"巧克力商品联系起来，具有识别其商品来源的作用，应当属于《反不正当竞争法》第五条第（二）项所保护的特有的包装、装潢。第三，由于"FERRERO ROCHER"巧克力使用的包装、装潢的整体形象具有区别商品来源的显著特征，蒙特莎公司在其巧克力商品上使用的包装、装潢与"FERRERO ROCHER"巧克力特有包装、装潢又达到在视觉上非常近似的程度，即使双方商品存在价格、质量、口味、消费层次等方面的差异和厂商名称、商标不同等因素，仍不免使相关公众易于误认金莎巧克力与"FERRERO ROCHER"巧克力存在某种经济上的联系。因此，相关公众很容易对"FERRERO ROCHER"巧克力与金莎巧克力产生混淆、误认。综上，二审认定蒙特莎公司构成不正当竞争，判令其立即停止不正当竞争行为并赔偿费列罗公司50万元人民币。

七、案例来源

中华人民共和国最高人民法院民事判决书（2006）民三提字第3号。

八、案情分析

（一）争议焦点

（1）费列罗巧克力是否为在先知名商品？

（2）费列罗巧克力的包装、装潢是否为特有的包装、装潢？

（3）蒙特莎公司生产的金莎巧克力是否会使相关公众对其与费列罗巧

克力产生混淆、误认？

（二）法理分析

1. 费列罗巧克力是否为在先知名商品

本案中需要考虑的第一个问题就是费列罗巧克力是否为知名商品。只有将费列罗巧克力认定为知名商品，它的名称、包装和装潢才会被《反不正当竞争法》所保护，否则，即使被仿冒了，仿冒者也无法利用其竞争优势，从而影响竞争秩序，获得不正当的利益。

在这一问题的认定上，本案的一、二审给出了截然不同的意见。一审认为，在原、被告的巧克力商品均为我国知名商品的情况下，二者商品知名的时间先后及知名度的高低应当作为普通消费者能否将被告商品误认为原告商品的具体认定因素。由于蒙特莎公司生产的金莎巧克力成名时间早于费列罗，知名度高，知名持续时间长，从而认定被告不构成不正当竞争。而二审认为对商品的知名状况的评价应根据其在国内外特定市场的知名度综合判定，不能理解为仅指在中国境内知名的商品。由于费列罗巧克力在进入中国前在国外早已为相关公众所知晓，具有较高的知名度。并且，根据诚实信用原则和公认的商业道德准则，知名商品应当是诚实经营的成果。在法律上不能把使用不正当竞争手段获取的经营成果作为商品知名度的评价依据。因此判定被告构成不正当竞争。其一、二审在这一问题上实质的区别就在于二审引入了国外地域范围和诚实信用原则作为认定在先知名商品的标准。

再审时法院对二审的认定标准进行了纠正，认为在国际已知名的商品，我国法律对其特有名称、包装、装潢的保护，仍应以在中国境内为相关公众所知悉为必要。认定知名商品，应当考虑该商品的销售时间、销售区域、销售额和销售对象，进行任何宣传的持续时间、程度和地域范围，作为知名商品受保护的情况等因素，进行综合判断；也不排除适当考虑国外已知名的因素。

本案的再审发生在2006年，由于《反不正当竞争法》没有对知名商品进行定义，根据1995年国家工商行政管理局公布的《关于禁止仿冒知名商品特有的名称、包装、装潢的不正当竞争行为的若干规定》（以下简称《禁止仿冒规定》）第三条第一款："本规定所称知名商品，是指在市场上具有一定知名度，为相关公众所知悉的商品。"而如何才能构成"知名"，该规定采取了逆推的方法，根据《禁止仿冒规定》第四条第一款的规定，商品的名称、包装、装潢被他人擅自作相同或者近似使用，足以造成购买者误认的，该商品即可认定为知名商品。由于知名商品很难认定，这一逆推的判定方法降低了执法的难度，在工商系统的执法活动中被广泛采用。但这一标准事实上是一种低度标准。[①] 并且采用逆推标准可能会背离法律的原意，在特殊情况下将仿冒行为扩大化。因此，在司法实践中，认定知名商品的主流做法并不是简单地采取"反推"，而是根据个案情况进行认定。本案中，也很难采取逆推的方法认定费列罗就是知名商品。因为蒙特莎是否擅自使用了与费列罗相同或相似的包装、装潢并足以造成购买者误认，这一点并不确定。

最高人民法院的再审实际上是采取了以中国市场为主、国际市场为参考的观点对费列罗是否构成知名商品进行判定。而这一认定标准实际上是对2007年出台的司法解释作出的扩大解释。[②] 因为与2007年的司法解释比较，这里增加了"也不排除适当考虑国外已知名的因素"。这里就涉及两个问题：一是认定知名商品的标准发生了变化，由逆推标准转为多种因素综合考虑的标准；二是知名商品的地域性的问题，也就是认定知名商品时是否应该考虑国外已知名的因素。

就第一个问题来说最高人民法院判定标准的转化应当是更为合理的。但是最高人民法院的根据却不够有说服力。根据最高人民法院的再审判决书，最高人民法院认为"根据'FERRERO ROCHER'巧克力进入中国市场的时间、销售情况以及费列罗公司进行的多种宣传活动，认定其属于在中国境内的相关市场中具有较高知名度的知名商品正确"。首先，进入市场的时间并不等同于销售时间，而且即使先开始销售也不能认定其先成为知名商品，也有可能有的产品后销售但知名度更高。本案中，虽然费列罗巧克力从1984年就开始进入中国市场，而蒙特莎1990年才开始销售，但这并不足以说明费列罗是知名商品。其次，从销售区域、销售额和销售对象来看，1984年"FERRERO ROCHER"巧克力通过中国粮油食品进出口总公司采取寄售方式进入了国内市场，主要在免税店和机场商店等当时政策所允许的场所销售，直到1993年才开始以广州、上海、北京等地区为核

---

① 孔祥俊：《反不正当竞争法原理》，北京：知识产权出版社2005年版，第129页。

② 2007年最高人民法院《关于审理不正当竞争民事案件应用法律若干问题的解释》第一条："人民法院认定知名商品，应当考虑该商品的销售时间、销售区域、销售额和销售对象，进行任何宣传的持续时间、程度和地域范围，作为知名商品受保护的情况等因素，进行综合判断。原告应当对其商品的市场知名度负举证责任。"

心进行扩大销售。而金莎巧克力在 1990 年销售对象就面向全国，并从 1992 年开始就进行了持续的宣传，销售情况也名列前茅。以免税店和机场为销售区域来说，金莎巧克力的确晚于费列罗，但如果以全国为销售区域，似乎更容易得出金莎巧克力更早进入市场并且更早取得知名度的结论。并且从当时的情况来看，费列罗只在较小的区域面对高端客户进行销售，销售额也并不大，很难说在当时是知名商品。

　　就第二个问题来说是否应当考虑国外知名的因素也是有待商榷的。因为并不是所有在国外知名的商品在国内也是同样知名的。有的商品可能在生产国是知名的，可是在销售国并不知名；有的商品在生产国并不知名，但是在销售国知名；有的商品只在某些销售国是知名的，在另一些销售国并不知名，因此考虑国外是否知名似乎并没有太大的参考价值。就本案而言，不能说费列罗公司 1946 年在意大利成立，1964 年进军欧洲市场，之后在国外知名就认定其在中国也知名并具有竞争优势。而且就"金莎"而言，费列罗巧克力在 1990 年 6 月和 1993 年才分别在我国台湾地区和香港地区注册"金莎"商标，而蒙特莎在 1990 年 4 月就在国内注册了"金莎"商标，并且经过广泛宣传在中国迅速有了很高的知名度。即使费列罗的"金莎"巧克力在台湾和香港知名对国内有影响也是晚于蒙特莎公司生产的金莎巧克力在国内的影响。从这一点看，费列罗似乎有搭蒙特莎便车的嫌疑。知识商品具有地域性，只有在其知名的地域范围内，才有可能发生混淆问题，从而为《反不正当竞争法》所保护。因此，在判断是否为知名商品时，还是应该坚持以中国市场的知名情况为准。当然，在经济全球化以及网络电商日益普及的今天，很多国外知名的商品被介绍到中国并成为知名商品，"不排除适当考虑国外已知名的因素"在某些情况下还是可以适用的，只是在本案中，笔者认为从费列罗在国外已知名就得出在国内也知名似乎有失公允。

　　2. 费列罗巧克力的包装、装潢是否为特有的包装、装潢

　　本案中，蒙特莎公司认为"FERRERO ROCHER"巧克力使用的包装、装潢是国际巧克力行业通用的包装、装潢，不具有特有性。蒙特莎公司使用的金莎巧克力产品的包装、装潢是委托专业人员自主开发设计的。蒙特莎公司自 1990 年起对此包装、装潢已经使用了长达 15 年，且此种包装、装潢现已被国内外众多巧克力生产企业采用。而费列罗公司认为自己的包装、装潢由一系列要素构成，并且是一种立体商标，具有特有性。

　　一审认为费列罗的包装属于通用包装，但装潢具有特有性。而二审和

再审均肯定了费列罗包装、装潢的特有性。根据《禁止仿冒规定》第三条第二款的规定："特有，是指商品名称、包装、装潢非为相关商品所通用，并具有显著的区别性特征。"另外，根据该规定，如果两个以上企业均使用了某个知名商品的特有名称、包装、装潢，则依照使用在先的原则，保护在先权利人的利益。显然，无论是定义还是判定标准都着眼于具有区别来源功能的显著性特征这一点。[①] 也就是说，《反不正当竞争法》并不保护包装、装潢的功能，其保护的是能够区别商品来源的包装、装潢。只有仿冒这样的包装、装潢，才有可能造成消费者的误认而扰乱市场，取得不当的市场优势。[②]

通用的商业包装、装潢是指在某一领域内已被特定行业普遍使用、为交易者共同承认的商品包装、装潢。直接用以表示本商品的质量、主要原料、功能、用途、数量等的文字、图形通常都是通用的。[③] 法规规定，国家或行业标准采用的，同行业经营者约定俗成的也是通用的。通用的商业包装、装潢相当于公共财富，不能让特定的经营者垄断使用，故《反不正当竞争法》不予保护。

再审中，法官详尽地论述了费列罗巧克力的包装、装潢为何具有特殊性，再审认为："费列罗公司请求保护的'FERRERO ROCHER'巧克力使用的包装、装潢系由一系列要素构成。如果仅仅以锡箔纸包裹球状巧克力，采用透明塑料外包装，呈现巧克力内包装等方式进行简单的组合，所形成的包装、装潢因无区别商品来源的显著特征而不具有特有性；而且，这种组合中的各个要素也属于食品包装行业中通用的包装、装潢元素，不能被独占使用。但是，锡箔纸、纸托、塑料盒等包装材质与形状、颜色的排列组合有很大的选择空间；将商标标签附加在包装上，该标签的尺寸、图案、构图方法等亦有很大的设计自由度。在可以自由设计的范围内，将包装、装潢各要素独特排列组合，使其具有区别商品来源的显著特征，可以构成商品特有的包装、装潢。"在论述了显著的区别性之后，法院又根据使用在先原则确定了费列罗包装、装潢的特有性。再审的认定是区别知名商品特有性和通用性的一个典型的例子。其对特有性的判定方法也是类似

① 孙晋：《竞争法原论》，武汉：武汉大学出版社 2011 年版，第 308 页。

② 范晓宇：《在先知名商品特有名称、包装、装潢的认定与保护：费列罗案引发的思考》，《兰州大学学报》（社会科学版）2009 年第 1 期。

③ 孔祥俊、刘泽宇、武建英编著：《反不正当竞争法 原理·规则·案例》，北京：清华大学出版社 2006 年版，第 67 页。

于《商标法》中对商标的显著性的判定，突出了区别来源功能。个案中对特有性的判定是一个难题，而最高人民法院的这一思路应当说是一个好的借鉴和参考。

3. 蒙特莎公司生产的金莎巧克力是否会使相关公众对其与费列罗巧克力产生混淆、误认

本案的第三个争议焦点为蒙特莎公司生产的金莎巧克力是否会使相关公众对其与费列罗巧克力产生混淆、误认。一审认为，由于金莎巧克力产品外观显著性强，并且与费列罗产品的消费群不同，商标显著且不同，因此不会使消费者产生混淆、误认。再审认为，模仿是可以的，但是必须在通用的要素上进行创新，否则会构成不正当竞争。我国《反不正当竞争法》中规定的混淆、误认，是指足以使相关公众对商品的来源产生误认，包括误认为与知名商品的经营者具有许可使用、关联企业关系等特定联系。本案中，由于"FERRERO ROCHER"巧克力使用的包装、装潢的整体形象具有区别商品来源的显著特征，蒙特莎公司在其巧克力商品上使用的包装、装潢与"FERRERO ROCHER"巧克力特有包装、装潢又达到在视觉上非常近似的程度，即使双方商品存在价格、质量、口味、消费层次等方面的差异和厂商名称、商标不同等因素，仍不免使相关公众易于误认金莎巧克力与"FERRERO ROCHER"巧克力存在某种经济上的联系。

对于混淆的具体判断标准，我国《反不正当竞争法》并没有涉及，根据《禁止仿冒规定》第五条，对使用与知名商品近似的名称、包装、装潢，可以根据主要部分和整体印象相近，一般购买者施以普通注意力会发生误认等综合分析认定。一般购买者已经发生误认或者混淆的，可以认定为近似。最高人民法院的判决其实是对这一判断标准的细化和扩展，其精神和2007年的司法解释是一致的。根据2007年的司法解释第四条的规定，足以使相关公众对商品的来源产生误认，包括误认为与知名商品的经营者具有许可使用、关联企业关系等特定联系的，应当认定为《反不正当竞争法》第五条第（二）项规定的"造成和他人的知名商品相混淆，使购买者误认为是该知名商品"。当然，仅仅是近似，还不足以证明不正当竞争行为的存在，还需要有市场混淆的后果或者表现。但足以造成相关公众混淆，并不意味着原告必须提供实际混淆的证据，原告只需要证明存在混淆的可能性即可。①

① 孙晋：《竞争法原论》，武汉：武汉大学出版社2011年版，第309页。

本案中，根据双方提出的证据及法庭调查结论，蒙特莎公司的金莎巧克力的包装、装潢和费列罗公司的巧克力的包装、装潢除了商标不同（金莎的商标为"金莎 TRESOR DORE"，费列罗的商标为"FERRERO ROCHER"），其他基本是一致的。若只从商标的角度考虑，消费者是能够区别两种商品的，因为两者商标名有着显著的不同。但是由于费列罗在香港和台湾注册的商标名就是"金莎"，因此，对于熟悉这些商品的相关公众而言，是可能会引起混淆和误认的。并且，金莎巧克力产品定位于高端产品而非低端产品，并且以低于"FERRERO ROCHER"巧克力的价格进行销售，在机场的免税店里也有销售。对于机场免税店的消费者而言，的确会引起混淆和误认。因为费列罗是有产品系列的，包括费列罗榛果威化巧克力（即"FERRERO ROCHER"巧克力）、拉斐尔椰蓉杏仁威化酥球和朗姆脆球黑皮威化巧克力等，都是由不同颜色的纸进行球状包裹，在香港被称为金莎、银莎和黑莎，并且它们在名称和售价上都不同。虽然对于当时不熟悉甚至不认识费列罗的相关公众来说，金莎巧克力的存在并没有造成他们的混淆和误认，但是对于购买过或是熟悉费列罗的相关公众来说，金莎巧克力确实会使他们对商品的来源产生误认，包括误认为与知名商品的经营者具有许可使用、关联企业关系等特定联系。由于《反垄断法》并没有对相关公众的范围进行界定，而原告只需要证明存在混淆的可能性即可，因此，蒙特莎公司生产的金莎巧克力的确会使相关公众对其与费列罗巧克力产生混淆、误认。

（三）相关判例

1. 广东伟雄集团有限公司与佛山顺德正野电器有限公司、佛山顺德光大企业集团有限公司不正当竞争纠纷案①

2001 年 8 月 31 日，一审原告广东伟雄集团有限公司（以下简称"伟雄集团公司"）、高明正野公司、广东正野公司向广东省佛山市中级人民法院起诉称，第一原告伟雄集团公司的前身顺德伟雄集团公司于 1996 年获准注册"正野 GENUIN"商标，在第 6、7、9、11、28、32、39、42 类商品上使用，且许可第二原告、第三原告作商标和企业名称中的字号使用。第一原告于 1994 年 6 月 25 日成立佛山顺德正野电器有限公司（以下简称"顺德正野公司"），并将"正野"二字许可其作商标、企业名称、外观设

---

① 最高人民法院民事判决书（2008）民提字第 36 号。

计使用。"正野"二字通过多种方式被广大消费者知悉，成为原告产品与其他产品区别的标志。三原告通过长期、大量的宣传，"正野"商标及其产品在市场上具有较高的知名度、信誉度、美誉度。第一被告顺德正野公司明知"正野"是三原告创立的知名商标和商号，在原告属下顺德正野公司于 1998 年 5 月 14 日从顺德搬迁到高明时，成立了与原告原顺德正野公司完全相同的公司。第二被告佛山顺德光大企业集团有限公司（以下简称"顺德光大集团公司"）公司于 1997 年 6 月在开关插座等商品上申请注册"正野 ZHENGYE"商标，并许可第一被告使用。第一被告自 1999 年起一直在其产品、包装、宣传资料、广告等方面使用"（中日合资）正野电器有限公司"，引起相关公众的误认。两被告的行为违反了诚实信用原则，给原告带来严重损害。请求法院判令被告停止不正当竞争，赔偿经济损失等。

本案经过一审、二审法院形成了被告构成与不构成不正当竞争两种不同的意见。三原告不服二审判决申请再审，最高人民法院认为顺德正野公司使用与伟雄集团公司注册商标"正野 GENUIN"文字部分相同的"正野"字号，虽未突出使用，但仍构成不正当竞争行为。顺德光大集团公司、顺德正野公司使用"正野 ZHENGYE"商标的行为，足以使相关公众对商品的来源产生误认，侵犯高明正野公司在先"正野"字号权益，构成不正当竞争。顺德正野公司与伟雄集团公司、原顺德正野公司均在同一地区，知道"正野"商标和"正野"字号的知名度，却使用与高明正野公司企业名称字号相同的"正野"字号，生产经营电风扇、插头插座、空调器等，足以使相关公众对商品或者服务的来源产生混淆，构成不正当竞争行为。

2. 台福食品有限公司与泰山企业股份有限公司不正当竞争纠纷上诉案①

泰山企业股份有限公司（以下简称"泰山公司"）于 1950 年在台湾省彰化县登记设立。1986 年，泰山公司将其生产的"仙草蜜"饮品的由"草绿色仙草胶冻方块"构成的包装图案及"泰山"文字作为商标在台湾注册，并于同年生产"八宝粥"。上述两种饮品在台湾等地区享有较高的知名度。1993 年底至 1994 年底，泰山公司将带有上述包装、装潢的"仙草蜜"和"八宝粥"饮品通过香港进口到大陆，先后在厦门和汕头免税商场进行销售。

---

① 最高人民法院民事判决书（1998）知终字第一号。

台福食品有限公司（以下简称"台福公司"）于 1994 年申请"仙草蜜"外观设计专利和"八宝粥"外观设计专利并获准。但 1997 年中国专利局专利复审委员会对台福公司取得的上述两项专利作出宣告专利权无效的终局决定。1994 年 8 月，台福公司开始生产、销售"仙草蜜"、"八宝粥"饮品，两种产品使用的包装、装潢与泰山公司的基本相同，其中，台福公司生产的"仙草蜜"饮品包装罐上所署的英文制造商名称和地址为泰山公司的名称和地址。

泰山公司以台福公司擅自使用其知名商品"仙草蜜"和"八宝粥"两饮品的特有包装、装潢构成不正当竞争为由，向福建省高级人民法院提起诉讼。台福公司则以泰山公司侵犯其外观设计专利权为由，向法院提起反诉。

一审法院认为：泰山公司生产的"仙草蜜"和"八宝粥"饮品早于台福公司专利申请日以前已在台湾生产销售，90 年代初销往大陆地区。台福公司生产与泰山公司相同的产品，其包装图案、色彩、文字结构与泰山公司的相似，足以误导消费者，造成两者混淆。台福公司取得的专利权已被宣告无效，其专利权视为自始即不存在，台福公司已构成不正当竞争。台福公司反诉请求，缺乏证据，不予支持。判决台福公司停止侵权行为，并赔偿泰山公司 21 000 元及律师费 2 000 元。

台福公司向最高人民法院提起上诉。最高人民法院认为：被上诉人泰山公司从 1986 年起至今，一直连续生产、销售"泰山"牌"仙草蜜"、"八宝粥"饮品，并使用前述包装、装潢，该两种产品在台湾地区享有较高的知名度。1993 年底，泰山公司即将其生产的带有前述包装、装潢的"仙草蜜"、"八宝粥"饮品开始在厦门商场销售，早于台福公司在大陆市场首先使用上述两产品的包装、装潢，因此，泰山公司在大陆地区对"仙草蜜"、"八宝粥"两产品的特有的包装、装潢享有专用权，应依法予以保护。台福公司构成不正当竞争。判决驳回上诉，维持原判。

（四）法律适用

（1）《反不正当竞争法》第五条："经营者不得采用下列不正当手段从事市场交易，损害竞争对手：……（二）擅自使用知名商品特有的名称、包装、装潢，或者使用与知名商品近似的名称、包装、装潢，造成和他人的知名商品相混淆，使购买者误认为是该知名商品。"

（2）国家工商行政管理局《关于禁止仿冒知名商品特有的名称、包装、装潢的不正当竞争行为的若干规定》第二条："仿冒知名商品特有的名称、包装、装潢的不正当竞争行为，是指违反《反不正当竞争法》第五条第（二）项规定，擅自将他人知名商品特有的商品名称、包装、装潢作相同或者近似使用，造成与他人的知名商品相混淆，使购买者误认为是该知名商品的行为。前款所称使购买者误认为是该知名商品，包括足以使购买者误认为是该知名商品。"

（3）国家工商行政管理局《关于禁止仿冒知名商品特有的名称、包装、装潢的不正当竞争行为的若干规定》第三条："本规定所称知名商品，是指在市场上具有一定知名度，为相关公众所知悉的商品。本规定所称特有，是指商品名称、包装、装潢非为相关商品所通用，并具有显著的区别性特征。本规定所称知名商品特有的名称，是指知名商品独有的与通用名称有显著区别的商品名称。但该名称已经作为商标注册的除外。本规定所称包装，是指为识别商品以及方便携带、储运而使用在商品上的辅助物和容器。本规定所称装潢，是指为识别与美化商品而在商品或者其包装上附加的文字、图案、色彩及其排列组合。"

（4）国家工商行政管理局《关于禁止仿冒知名商品特有的名称、包装、装潢的不正当竞争行为的若干规定》第四条："商品的名称、包装、装潢被他人擅自作相同或者近似使用，足以造成购买者误认的，该商品即可认定为知名商品。特有的商品名称、包装、装潢应当依照使用在先的原则予以认定。"

（5）国家工商行政管理局《关于禁止仿冒知名商品特有的名称、包装、装潢的不正当竞争行为的若干规定》第五条："对使用与知名商品近似的名称、包装、装潢，可以根据主要部分和整体印象相近，一般购买者施以普通注意力会发生误认等综合分析认定。一般购买者已经发生误认或者混淆的，可以认定为近似。"

（6）最高人民法院《关于审理不正当竞争民事案件应用法律若干问题的解释》第一条："在中国境内具有一定的市场知名度，为相关公众所知悉的商品，应当认定为《反不正当竞争法》第五条第（二）项规定的'知名商品'。人民法院认定知名商品，应当考虑该商品的销售时间、销售区域、销售额和销售对象，进行任何宣传的持续时间、程度和地域范围，作为知名商品受保护的情况等因素，进行综合判断。原告应当对其商品的市场知名度负举证责任。在不同地域范围内使用相同或者近似的知名商品特有的名称、包装、装潢，在后使用者能够证明其善意使用的，不构成

《反不正当竞争法》第五条第（二）项规定的不正当竞争行为。因后来的经营活动进入相同地域范围而使其商品来源足以产生混淆，在先使用者请求责令在后使用者附加足以区别商品来源的其他标识的，人民法院应当予以支持。"

（7）最高人民法院《关于审理不正当竞争民事案件应用法律若干问题的解释》第四条："足以使相关公众对商品的来源产生误认，包括误认为与知名商品的经营者具有许可使用、关联企业关系等特定联系的，应当认定为《反不正当竞争法》第五条第（二）项规定的'造成和他人的知名商品相混淆，使购买者误认为是该知名商品'。在相同商品上使用相同或者视觉上基本无差别的商品名称、包装、装潢，应当视为足以造成和他人知名商品相混淆。认定与知名商品特有名称、包装、装潢相同或者近似，可以参照商标相同或者近似的判断原则和方法。"

（五）小结

本案被称为中国法院适用《反不正当竞争法》保护外企知识产权第一案，虽然距今已有7年时间，但是仍有着重大的意义。在本案的审理过程中，对于知名商品的认定标准，造成相关公众混淆、误认的判定标准都发生了重大变化，对以后类似案件的审理有着重要的指导意义。本案也反映了中国在知识产权保护上日益国际化和对外企一视同仁的趋势，对引进外资有着一定的促进作用。但是，中国作为"山寨大国"，还有着很多像蒙特莎这样的公司，本案对于这些公司而言，提醒了它们应当从仿冒走向模仿最终自主创新，从而真正在市场竞争中成为强者。

九、编者：郭宗杰、罗旭

十、编写时间：2014年5月

嘉能可、斯特拉塔经营者集中案

一、案例编号（4-06）

二、学科方向：经济法、反垄断法

三、案例名称：嘉能可、斯特拉塔经营者集中案

四、内容简介

2012年4月1日，商务部收到嘉能可收购斯特拉塔经营者集中反垄断申报。2012年11月20日嘉能可收购斯特拉塔通过。11月23日申报方向商务部重新提出反垄断申报。11月29日，商务部予以立案。商务部对此项经营者集中进行了审查，认为其在铜、锌和铅精矿市场可能具有排除、限制竞争的效果。但嘉能可于2013年4月12日向商务部提交的交易救济承诺方案能够减少此项经营者集中对竞争产生的不利影响。最终，商务部决定基于嘉能可《最终救济方案》的承诺附加限制性条件批准此项经营者集中。限制性条件主要包括嘉能可应当出售位于秘鲁的一处铜矿项目，以及在未来8年内维持集中前铜精矿的交易条件。在锌精矿和铅精矿市场方面，未来8年内嘉能可应当提供公平、合理的报盘条件。

五、关键词：嘉能可；斯特拉塔；反垄断；经营者集中

六、具体案情

嘉能可国际（Glencore International Plc）是一家成立于 1974 年，在泽西注册成立，总部位于瑞士的公司，同时也是全球大宗商品交易巨头。该公司已经在伦敦证交所和香港联交所上市。嘉能可的经营范围主要包括有色金属及矿石、能源和农产品。在有色金属及矿产品方面，嘉能可是全球最大的供货商，全球营运经验和营销网络成熟，并且在全球的铜、锌和铅精矿第三方贸易市场具有较强的控制力。嘉能可在中国设有七家从事贸易和仓储的实体，但没有生产或运营性资产。

斯特拉塔（Xstrata Plc）是一家成立于 1926 年，在伦敦注册成立，总部位于瑞士的公司，同时也是全球重要的实体资产运营商。该公司已经在伦敦证交所和瑞士证交所上市。斯特拉塔是全球第五大多元化矿业集团及金属公司，主要从事合金、煤炭、铜、镍和锌等大宗商品的生产。斯特拉塔是全球最大的烙铁生产商和全球第四大铜生产商。该公司有着丰富的矿山储量和较强的冶炼能力。斯特拉塔在中国从事焦煤、动力煤、铁合金、精铜、铜精矿等商品的销售。斯特拉塔在中国设有两家从事贸易的实体和一家生产不锈钢产品的合营企业。

2012 年 2 月 7 日，嘉能可与斯特拉塔就合并达成协议，将通过换股的方式进行合并，每股斯特拉塔股票可换得 2.8 股嘉能可新股。嘉能可目前持有斯特拉塔 33.65% 的股权。通过这次交易，嘉能可将收购其未持有的斯特拉塔全部已发行在外的股份。交易完成后，嘉能可将持有斯特拉塔 100% 的股份。但这项协议遭到了 QIA（卡塔尔主权财富基金）、NBIM（挪威央行投资管理公司）等股东的反对。2012 年 9 月，嘉能可将收购价提升为每股斯特拉塔股份可换得 3.05 股嘉能可新股。2012 年 11 月 20 日，收购协议获得股东 99.4% 的压倒性通过。

2012 年 4 月 1 日，商务部收到嘉能可收购斯特拉塔经营者集中反垄断申报。5 月 17 日，商务部确认经补充的申报文件、资料符合《反垄断法》第二十三条的要求，对此项经营者集中申报予以立案并开始初步审查。6 月 15 日，商务部决定对此项经营者集中实施进一步审查。经进一步审查，商务部认为此项经营者集中对铜精矿、锌精矿和铅精矿市场可能具有排除、限制竞争的效果。9 月 14 日，经申报方同意，商务部决定延长进一步

审查期限，截止时间为 11 月 13 日。在上述审查期间，申报方就商务部提出的竞争问题提交了两轮解决方案，经审查均不能有效解决该案竞争问题。11 月 6 日，申报方申请撤回案件并于 11 月 23 日重新申报。11 月 29 日，商务部予以立案。12 月 28 日，商务部决定对此项经营者集中实施进一步审查。2013 年 3 月 29 日，经申报方同意，商务部决定延长进一步审查期限。

商务部按照《反垄断法》及配套规定，对此项经营者集中进行了审查，深入分析了此项经营者集中对市场竞争的影响，认为其在铜精矿、锌精矿和铅精矿市场可能具有排除、限制竞争的效果。

在铜精矿市场，商务部认为这项经营者集中完成后，嘉能可控制的含铜资源量将大幅度提高，斯特拉塔丰富的矿山储量和冶炼能力将进一步强化嘉能可的铜产业链优势，增强嘉能可对铜精矿生产、供应和贸易等环节的控制力，可能改变现有竞争格局下的供应条件，提高市场进入难度，最终损害下游消费者利益。

在锌精矿市场，商务部认为斯特拉塔虽然目前在中国市场没有供应锌精矿，但此项经营者集中完成后，斯特拉塔的锌精矿生产能力将增强嘉能可在锌精矿供应和贸易市场的控制力，强化嘉能可对锌产业链的整合，对中国下游锌冶炼企业将产生不利影响。

在铅精矿市场，商务部认为斯特拉塔虽然目前在中国市场没有供应铅精矿，但此项经营者集中完成后，斯特拉塔的铅精矿生产能力将增强嘉能可在铅精矿供应和贸易市场的控制力，强化嘉能可对铅产业链的整合，增强嘉能可对铅精矿的价格影响力，对中国铅冶炼企业具有不利影响。

总之，此项经营者集中将消除中国铜精矿、锌精矿和铅精矿市场的重要竞争者或潜在竞争者斯特拉塔，显著增加嘉能可掌握的相应矿产资源量，进一步强化嘉能可在相关产业的纵向整合程度，提高其对铜精矿、铅精矿和锌精矿等大宗商品市场的控制力。此项经营者集中对铜精矿、铅精矿和锌精矿市场可能具有排除、限制竞争的效果。

审查期间，商务部向申报方指出了此项经营者集中可能具有的排除、限制竞争的效果，并就如何减少集中对竞争产生的不利影响进行了多轮商谈。嘉能可先后提出多个解决方案。经评估，商务部认为，嘉能可于 2013 年 4 月 12 日向商务部提交的《嘉能可国际公司收购斯特拉塔公司全部已发行股份的交易救济承诺方案》（以下简称《最终救济方案》）能够减少此项经营者集中对竞争产生的不利影响。

最终，商务部决定基于嘉能可《最终救济方案》的承诺附加限制性条件批准此项经营者集中。嘉能可和斯特拉塔应履行如下义务：

（一）铜精矿市场

1. 剥离铜精矿资产

嘉能可应当剥离斯特拉塔开发的位于秘鲁的拉斯邦巴斯（Las Bambas）铜矿项目中持有的全部权益。除非经商务部同意延期，2014 年 9 月 30 日之前，嘉能可应当与经商务部同意的买方签订具有约束力的出售协议，并于 2015 年 6 月 30 日之前完成项目的转让交割。若嘉能可未完成上述要求，嘉能可应当委托剥离受托人，分别自 2014 年 10 月 1 日或者 2015 年 7 月 1 日起三个月内，无底价拍卖商务部指定的坦帕坎（Tampakan）、芙蕾达河（Frieda River）、埃尔帕琼（El Pachón）或阿伦布雷拉（Alumbrera）中任一项目中的全部权益。

2. 维持集中前铜精矿的交易条件

2013 年至 2020 年 12 月 31 日，嘉能可应每年向中国客户提供不低于最低数量的铜精矿长期合同报盘。2013 年最低数量为 90 万干公吨铜精矿。其中，不低于 20 万干公吨报盘的价格应按照主要矿山企业和主要冶炼厂在年度供货谈判中协商达成的年度基准价提供，其余 70 万干公吨报盘的价格应参照上述价格提供。在上述期限内，自 2014 年 1 月 1 日起，如嘉能可年度铜精矿生产预算发生增减，则其向中国客户提供的上述最低数量报盘应按比例进行调整。

（二）锌精矿和铅精矿市场

2013 年至 2020 年 12 月 31 日，嘉能可应当继续向中国客户提供锌精矿和铅精矿长期合同和现货合同报盘，其报盘条件（包括与价格相关的条件）应公平、合理，并在考虑产品质量、数量、交货期、付款条件、买方信誉以及其他相关因素的情况下与当时通行的国际市场条款一致。

（三）限制性条件的监督执行

嘉能可应当根据商务部《关于实施经营者集中资产或业务剥离的暂行规定》委托独立的监督受托人，对嘉能可履行公告义务及承诺的情况进行监督。

七、案例来源

中华人民共和国商务部公告〔2013〕第20号。

八、案情分析

（一）争议焦点

（1）嘉能可合并对国内竞争会构成什么影响？
（2）商务部作出的附加限制性条件批准是否消除了这种影响？

（二）法理分析

1. 嘉能可合并对国内竞争会构成什么影响

本案中需要考虑的第一个问题是，嘉能可与斯特拉塔合并会对我国市场竞争产生什么样的影响？

（1）合并的性质——纵向合并。以影响市场的效果和程度为标准，企业合并可以分为横向合并、纵向合并和混合合并。嘉能可和斯特拉塔的此次合并实质上是矿业上游公司和矿产交易商的一次纵向合并，也就是同一产业中处于不同阶段而实际上有买卖关系的企业之间的合并。[①] 在本案中，嘉能可和斯特拉塔都处于矿业和有色金属产业中，斯特拉塔属于上游的大宗商品供应商，也就是生产商，嘉能可属于大宗商品交易商，嘉能可和斯特拉塔之间实际上是存在买卖关系的，嘉能可通过从斯特拉塔购买矿石和有色金属再卖给其他买家。嘉能可并购斯特拉塔实际上是上游一体化的过程，应该是一次纵向合并。当然，由于嘉能可和斯特拉塔在生产和销售的产品上存在重叠关系，从这个角度上来说，本案也涉及横向合并。

（2）纵向合并的影响。由于纵向合并并不立即减少市场上竞争对手的数量，而且能够使以前相互独立的企业之间的交易不再受市场的制约，能够节约生产成本，提高生产效率，因此，纵向合并的消极影响一般比较小。但是消极影响仍然存在。具体而言，主要体现在以下几个方面：第一，纵向合并产生的纵向一体化使没有参与合并的局外企业处于不利地位，将会减少这些企业的交易机会。第二，纵向合并通过提高进入市场成本（进入阻碍）而使潜在的竞争者处于不利地位，并通过提高竞争对手的

---

① 漆多俊主编：《经济法学》，北京：高等教育出版社2010年版，第132页。

成本而使得现实竞争者处于不利地位。第三，纵向合并还会导致价格歧视。第四，过大规模和过大范围的纵向合并容易产生市场势力，形成市场垄断价格，导致过度集中引起的生产和技术的停滞等一系列限制竞争的后果。①

本案中，嘉能可和斯特拉塔的合并对全球市场、矿业市场将产生重要影响。双方合并后，将在全球市场的 18 个资源产品方面占据主要地位，其中在电煤、铬铁合金和锌产品方面将占据主要领导地位，在铜方面，目前为全球第三大供应商，在 4 年之内有望成为最大的供应商；在镍方面，公司的地位为第四大供应商。这次合并能节约嘉能可和斯特拉塔的交易成本，提高生产效率，提高嘉能可和斯特拉塔在矿产品和有色金属市场的集中度。最终可能控制矿业的中上游，并且加速全球的矿业整合，重塑新的竞争格局。目前，世界前三的矿业公司分别是必和必拓、力拓和淡水河谷。嘉能可和斯特拉塔此次合并后，市值将超过巴西淡水河谷成为世界第三大矿业公司。②

（3）本案对国内竞争的影响。《反垄断法》第二十七条规定了审查经营者集中应当考虑的因素：①参与集中的经营者在相关市场的市场份额及其对市场的控制力；②相关市场的市场集中度；③经营者集中对市场进入、技术进步的影响；④经营者集中对消费者和其他有关经营者的影响；⑤经营者集中对国民经济发展的影响；⑥国务院反垄断执法机构认为应当考虑的影响市场竞争的其他因素。在考量嘉能可和斯特拉塔合并案中，笔者将从以下几个方面结合纵向合并的影响来对此案对中国市场的影响进行分析。

第一，经营者和相关市场。本案中，参与集中的经营者为嘉能可和斯特拉塔。根据商务部的公告，两家公司在包括铬矿、锌精矿、锌金属、铅精矿、铅金属、铜精矿、再生铜、精铜、镍矿砂、钴中间产品、精钴、海运动力煤、海运焦煤等商品的生产、供应、贸易和第三方贸易市场存在横向重叠或纵向关系。而两家公司合并后在电煤、铬铁合金和锌产品方面将占据主要领导地位，在铜方面，4 年之内有望成为全球最大的供应商。对

---

① 孙晋：《企业纵向合并的反垄断法问题初探》，《武汉大学学报》（社会科学版）2012 年第 2 期，第 78～79 页。

② 邓瑶：《赶超淡水河谷　嘉能可超强并购撼动矿业格局》，21 世纪网，http://www.21cbh.com/HTML/2012-2-7/3MMDcyXzM5OTY3MA.html，2012 年 2 月 7 日。

于中国而言，中国是铜精矿、铅精矿和锌精矿的主要进口国，铜精矿、锌精矿、铅精矿进口量占供应量比例较高，2011 年分别达到 68.5%、28.7% 和 27.3%，对中国市场的影响较大。而其他商品进口量占总供应量偏低，对中国市场的影响较小。因此，本案中的相关产品市场应当界定在铜精矿、铅精矿和锌精矿市场，相关地域市场则为中国市场。相关市场界定，最根本的是界定相关市场范围的大小。界定相关市场范围的大小有一个替代性分析理论，替代性弱，则相关市场小；替代性强，则相关市场大。[①]本案中，铜精矿、锌精矿和铅精矿的替代性都是很弱的，因而相关市场小。

　　第二，市场份额、市场控制力和市场集中度。市场份额是企业合并后排除、限制竞争效果的一个重要考量因素，一般而言，合并企业的市场份额越大，对合并后市场集中的影响也越大。如果合并后企业的市场份额高，市场集中度高，那么合并后企业对一个市场的控制力将很强，进而有可能产生价格垄断、价格歧视等排除、限制竞争行为。

　　本案中，嘉能可和斯特拉塔在中国铜精矿供应市场的市场份额分别为 9% 和 3.1%，合计 12.1%，居第一位。2011 年嘉能可和斯特拉塔向中国出口的铜精矿分别占中国进口总量的 13.3% 和 4.5%，合计 17.8%。中国对启动反垄断审查的市场份额并没有具体的规定，只要具有或可能具有排除、限制竞争效果的，都能够启动反垄断审查。在欧洲和美国，监管当局采取反垄断行动的市场份额阈值一般为 30%～35%。因此，这个市场份额事实上并不高。这是因为虽然我国是铜精矿的需求大国（目前铜精矿需求占全球需求的 50% 左右），并且 2011 年中国铜精矿进口量占国内总供应量的 68.5%，但是我国通常直接与生产者，也就是大型铜矿生产企业直接签订长期订单，不足部分才通过有色金属贸易商来弥补。[②] 如果说嘉能可和斯特拉塔合并可能对中国产生排除、限制竞争效果，那么要考虑的主要是嘉能可和斯特拉塔合并后加速收购矿山和控制第三方市场定价权的问题。首先，嘉能可和斯特拉塔合并后，资金和技术实力都将明显增强，不排除其加速收购矿山的可能性。若加速收购矿山，那么，我国与大型铜矿生产企业直接签订长期订单会受到影响。其次，两公司合并后，拥有的含铜资

---

　　① 韩立余：《经营者集中救济制度》，北京：高等教育出版社 2011 年版，第 116 页。

　　② 钢联资讯：《Mysteel：嘉能可与斯特拉塔合并的影响分析》，http://info.glinfo.com/12/0224/08/4CBA26F75A15E5B4.html，2012 年 2 月 24 日。

源量将超过1.17亿吨，权益矿铜产量将大幅增加。在全球铜精矿生产市场上，合并份额为7.6%，居第三位，在全球铜精矿供应上，合并份额为9.3%，居第一位。此次合并，将强化嘉能可对铜精矿产业链的整合，显著增强嘉能可的市场控制力，并且有可能使嘉能可在未来控制铜精矿第三方市场的定价权。但是，即使未来嘉能可控制了第三方市场的定价权，也只是作为期货交易的价格参考，并不会直接影响我国和各地矿山的协议价格。因此，第三方市场的定价权对我国影响实际上不大。此外，根据商务部公告，此项经营者集中将导致斯特拉塔和我国签订的矿山合同转变为贸易商长期合同和现货合同，这种合同方式的改变对我国是不利的。因为后两种合同条款易改变，合同期限也很短。一旦嘉能可控制市场，那么对于长期大量依赖进口的我国而言，这种合同是极为不利的，有可能在价格和时间上受到控制。

嘉能可2011年在中国市场锌精矿供应份额为9%，斯特拉塔没有供应。因此两者即使合并，在锌精矿市场的市场份额貌似没有影响。但是，斯特拉塔是全球最大的锌精矿生产商，2011年全球生产市场份额为7.6%，嘉能可只有3.6%，两者合并后生产市场份额为11.2%。在供应市场，嘉能可是全球最大的锌精矿供应商，2011年全球供应市场份额为13.1%，而斯特拉塔为4.7%，两者合并后供应市场份额为17.8%。由此可见，在锌精矿全球生产和供应市场份额上嘉能可显著增加，市场控制力增强，市场集中度提高。虽然中国的锌精矿市场份额没有增加，但是由于嘉能可对全球市场控制力的增强，对于中国锌精矿市场的控制力也将间接地增强。但是2009年以来，我国国产锌精矿产量增加，进口呈现负增长，因此笔者认为，在锌精矿市场上，嘉能可市场份额增加的可能性较小，嘉能可和斯特拉塔合并对我国市场影响不大。但是，两企业合并将强化嘉能可对锌产业链的纵向整合，对中国的下游冶炼企业仍将产生不利影响。

与锌精矿市场类似，2011年嘉能可在中国铅精矿供应市场的市场份额为9%，斯特拉塔则没有供应。合并后在全球生产市场，双方市场份额为6.8%，居全球第一位。在全球供应市场，双方合并份额为7.6%，居全球第一位。此次合并将增强嘉能可对铅精矿市场的控制力。对于中国而言，中国是嘉能可铅精矿的主要市场，且中国铅精矿进口量占总供应量较高，因此，嘉能可对中国铅精矿市场的控制力将增强。两企业合并将增强对铅精矿市场的产业链整合，增强对铅精矿市场的价格影响力，对中国的下游铅冶炼企业将产生不利影响。

第三，对市场进入、技术进步的影响。一般而言，如果一个市场中企业的进入比较容易，或者现有企业能够非常容易地扩大生产，那么这一市场中交易主体的合并不会引起竞争关注。因为如果进入市场非常容易，那么就足以制止或抵消合并效果，并且迫使价格下降到合并前的水平或更低的水平。[①] 反之，合并对市场的影响将很大且难以消除。

本案中，由于铜、铅、锌都是储量有限的金属，并且铜精矿、铅精矿和锌精矿市场都是资本密集型行业，进入渠道难，资金投入大，因此不管是生产还是销售，市场进入是很难的，鲜有新的市场进入者。而嘉能可和斯特拉塔合并后掌握的资源量将增加，对市场的控制力将增强，将提高潜在的竞争者进入市场的难度。而中国的相关冶炼企业生产规模都偏小，买方力量较弱，在交易过程中处于不利地位。因此，嘉能可合并对中国市场的不利影响存在并难以消除。

对于技术进步而言，嘉能可和斯特拉塔两家巨头的合并确实有助于技术进步。因为嘉能可是全球大宗商品交易商，具有全球性的采购、分销能力与客户资源。而斯特拉塔是全球大宗商品生产商，矿山资源丰富，冶炼能力强。二者的纵向整合能有效提高生产效率，节约交易成本，促进共同开发和技术进步。

第四，对消费者和其他经营者的影响。在铜精矿产业，消费者主要是中国铜冶炼企业。总体上来说，中国铜冶炼企业买方力量较弱，两企业合并将对我国铜冶炼企业产生排除、限制竞争影响。目前，我国铜冶炼企业主要是中小型企业（见下图），并且这一比例已经占 90% 以上，生产规模小，集中度低，议价能力弱。由于铜精矿主要依赖进口，受力拓和必和必拓两大矿业巨头的影响，中国铜冶炼企业利润极低，很多处于亏损状态。[②] 嘉能可和斯特拉塔合并后进一步整合了中上游行业，谈判议价能力必然增强，而作为下游行业中国买方的铜冶炼企业，议价和谈判能力将进一步被削弱，这些企业的生存和发展岌岌可危。

① 韩立余：《经营者集中救济制度》，北京：高等教育出版社 2011 年版，第 128 页。

② 宋清华：《两拓两手压榨 中国铜冶炼企业濒临亏损边缘》，《金融界》，http://finance. jrj. com. cn/biz/2010/12/0701568721793. shtml，2010 年 12 月 7 日。

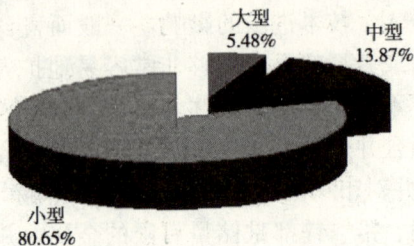

2012 年第一季度中国铜冶炼行业不同类型企业数量分布图[①]

　　而在铅、锌冶炼行业，虽然近几年投资和冶炼能力持续快速增长，采矿一体化进程加快，但是国内精矿供应偏紧，导致冶炼成本偏高，并且外强内弱局势长期延续，冶炼商缺乏话语权，国内加工费偏低，国内铅、锌冶炼企业的现状也不容乐观。[②] 整体而言，中国目前铅、锌冶炼行业缺乏自有原料，生产规模仍然较小，买方力量尤其是议价能力较弱，且主要通过现货合同进口铅、锌精矿，加工费低于全球基准价格。嘉能可和斯特拉塔合并后，进一步整合铅、锌中上游行业，控制权和议价能力显著增强，中国的下游铅、锌冶炼行业将在交易中处于不利地位。

　　此外，嘉能可和斯特拉塔在中国的合作伙伴包括中石油、珠海振戎等石油巨头，以及中煤、神华、中铝、五矿等煤炭和有色金属矿业的龙头企业，对于这些比较大的企业而言，尽管其议价能力会强一些，但嘉能可的合并仍然会使其在交易过程中受到不利影响。

　　第五，对我国国民经济发展的影响。嘉能可和斯特拉塔的此次合并对我国铜、铅、锌冶炼企业将产生不利影响，可能会不利于我国有色金属产业的发展。按照后芝加哥学派的观点，纵向合并可以促使将上游市场产品价格维持在较高的水平，并且能够从强加给其下游竞争者的这一高成本中获得利益。市场的最终产品价格也将维持在一个较高水平，并最终破坏了市场的竞争秩序，损害了消费者的利益。[③] 对于我国而言，嘉能可和斯特拉塔的这次合并可能会使铜精矿、铅精矿、锌精矿的产品价格维持在一个

---

　　① 数据来源：中商情报网，http://www.askci.com/news/201206/19/191014961844.shtml。

　　② 环球咨询：《中国铅锌冶炼行业发展现状》，http://www.icinet.com.cn/hyzx/sp/bg/20120831/13673.shtml，2012 年 8 月 31 日。

　　③ 孙晋：《企业纵向合并的反垄断法问题初探》，《武汉大学学报》（社会科学版）2012 年第 2 期。

较高的水平，并且利用其较强的议价能力将成本强加给我国铜、铅、锌冶炼企业，进而使这些产品的价格维持在一个高水平，破坏市场的竞争秩序，损害我国铜、铅、锌冶炼企业的利益，不利于我国铜、铅、锌有色金属产业的发展。

2. 商务部作出的附加限制性条件批准是否消除了这种影响

既然嘉能可和斯特拉塔的此次合并可能产生以上那么多影响，那么商务部此次作出的附加限制性条件的批准是否消除了这种影响呢？这是我们需要考虑的第二个问题。

本案中，根据《反垄断法》第二十八、第二十九条的规定，商务部作出了附加限制性条件批准嘉能可和斯特拉塔经营者集中的决定。这些附加条款主要包括以下几个方面：

第一，剥离铜精矿资产。在企业合并控制中，剥离是救济因合并造成的竞争损害的主要方法。① 资产剥离是一种最直接的救济，它的根本目的是恢复有效竞争。本案中，商务部要求嘉能可剥离合并交易后位于其在拉斯邦巴斯，也就是位于秘鲁的铜矿项目中持有的全部权益。这是一种典型的资产剥离。嘉能可与斯特拉塔合并后拥有的含铜资源量超过 1.17 亿吨，而权益矿铜产量将大幅增加。嘉能可的权益矿铜目前产量为 110 万吨，2015 年将超过 150 万吨，而斯特拉塔则更多。嘉能可位于秘鲁的拉斯邦巴斯将于 2014 年下半年开始投产，预计权益矿铜产量为 40 万吨。剥离嘉能可位于秘鲁的这一项目权益能够减少嘉能可矿山的储量，从而在一定程度上减少嘉能可合并后掌握的铜精矿资源，削弱其对铜精矿的控制力，对竞争起到一定的恢复作用。

第二，维持集中前铜精矿的交易条件。限制性条款当中包括了从 2013 年开始的 8 年内嘉能可需要向中国提供铜精矿最低数量和价格标准。其中 2013 年最低数量为 9 亿吨。有人认为这主要是基于国家安全的考虑，与反垄断无关。但笔者认为，虽然规定交易条件这种经营者集中的救济措施并不常见，可是由于中国铜精矿大量依赖进口，规定这一限制性条件是必须的。因为两公司合并后可能会控制铜精矿的供应数量，使市场处于供不应求的状态，从而提高铜精矿价格，侵害我国下游冶炼企业的权益，破坏市场竞争。规定这一条款能够在一定程度上缓解嘉能可合并后控制中上游进而对市场控制权和定价权掌握的顾虑，特别是对中国下游的中小冶炼企业

---

① 韩立余：《经营者集中救济制度》，北京：高等教育出版社 2011 年版，第 171 页。

可能受到的价格歧视和较弱的议价权的顾虑。虽然8年后的前景并不明朗，可是在8年内纵向合并对竞争起到的排除和限制作用还是能够得到一定的缓解和恢复。特别是按照主要矿山企业和冶炼厂的价格提供报价，这一点对于防止两公司合并后肆意提高铜精矿价格是很有必要的，能够有效地维护我国中小冶炼企业的权益。而且8年的时间能够为我国中小冶炼企业提供一个成长、发展的缓冲期，有利于市场竞争的健康发展。

第三，未来8年内在锌精矿市场和铅精矿市场继续提供长期合同和现货合同，并且报盘条件公平合理，与国际市场一致。这个条款其实是对嘉能可与斯特拉塔合并后合同提供方式的肯定，但为了防止这种转变后的合同方式对我国市场造成不利影响，因此增加了一些要求，使其更公平合理，不易损害我国企业的利益和市场的健康。在锌精矿和铅精矿市场的限制性条款比铜精矿的限制性条款更少，这是因为两企业合并后对我国铅精矿和锌精矿市场的影响不如铜精矿市场的那么大。这一限制性条款对我国锌精矿、铅精矿市场和中小冶炼企业是有 定的积极作用的。

第四，限制性条款中还规定了监督执行的方式和程序。这体现我国商务部反垄断局在处理附条件问题时的进步。因为这在之前的很多案件当中是没有规定过的。规定监督的方式和程序能够有效保障限制性条款的实施，起到应有的恢复竞争的作用。

此外，本案中还涉及一个管辖权的问题。本案中涉及的其实是两个外国公司。嘉能可在泽西注册，总部位于瑞士；而斯特拉塔在伦敦注册，总部同样位于瑞士。两个外国公司的并购其实在某种程度上和中国商务部无关，为何需要经过商务部的同意呢？笔者认为，本案中商务部对此案拥有管辖权是毋庸置疑的。根据《反垄断法》第二条的规定，中国境外的垄断行为，如果对境内市场竞争产生排除、限制影响的，也适用《反垄断法》。通过上面的分析我们可以知道，嘉能可和斯特拉塔的此次合并对我国市场竞争产生了排除、限制竞争影响，并且这种影响是直接的、实质的且可以合理预见的，因此，商务部对此案具有管辖权。

（三）相关判例

1. 日本三菱丽阳收购璐彩特公司案[①]

2008年12月22日，日本三菱丽阳公司（以下简称"三菱丽阳公司"）

---

① 详见中华人民共和国商务部公告〔2009〕第28号。

向商务部提交了拟收购璐彩特国际公司（以下简称"璐彩特公司"）的经营者集中反垄断申报。2009 年 1 月 20 日，商务部对此项申报立案审查。鉴于双方在甲基丙烯酸甲酯（Methyl methacrylate，以下简称"MMA"）的市场份额较高，合并后导致的市场集中度变化幅度较大，且收购方因并购在 MMA 市场取得的市场支配力将产生纵向封锁效应，2009 年 2 月 20 日，初步阶段审查工作结束后，商务部决定实施进一步审查。在进一步审查过程中，商务部对集中造成的各种影响进行了评估，并于 2009 年 5 月 20 日前完成了审查工作。

商务部根据《反垄断法》第二十七条对此项经营者集中进行了全面审查。审查认为，此项收购相关产品市场为 MMA、SpMAs、PMMA 粒子和 PMMA 板材，但主要为 MMA 市场，相关地域市场为中国市场。

此项经营者集中从横向看很可能会对中国 MMA 市场的有效竞争格局产生负面影响。双方合并后的市场份额达到 64%，远远高于位于第二的吉林石化和位于第三的黑龙江龙新公司。凭借在 MMA 市场取得的支配地位，合并后三菱丽阳公司有能力在中国 MMA 市场排除和限制竞争对手。从纵向看，由于三菱丽阳公司在 MMA 及其下游两个市场均有业务，交易完成后，凭借其在上游 MMA 市场取得的支配地位，合并后三菱丽阳公司有能力对其下游竞争者产生封锁效应。

经过附加限制性条件的商谈，商务部认为集中双方针对影响竞争问题提出的救济方案，可以减少此项集中产生的不利影响。最终商务部决定附加限制性条件批准此项经营者集中。限制性条件主要包括三点。第一，产能剥离。璐彩特国际（中国）化工有限公司（以下简称"璐彩特中国公司"）将其年产能中的 50% 剥离出来，一次性出售给一家或多家非关联的第三方购买人，剥离的期限为 5 年。第二，独立运营璐彩特中国公司直至完成产能剥离。在自拟议交易完成至完成产能剥离或完成全部剥离期间，璐彩特中国公司与三菱丽阳公司在中国的 MMA 单体业务将独立运营，分别拥有各自的管理层和董事会成员。第三，合并后三菱丽阳公司在未来 5 年不再收购也不再建新厂。

2. 壳牌和英国石油公司并购案①

2001 年 8 月，德国壳牌公司就与 DEA 公司、BP 公司的汉堡公司、费巴石油公司的合并向德国联邦卡特尔局进行了申报。这些合并影响的相关

---

① 韩立余：《经营者集中救济制度》，北京：高等教育出版社 2011 年版，第 183～184 页。

市场是国内汽油、喷气燃料和沥青市场。

根据联邦卡特尔局的调查，此次合并将使最大的三家公司壳牌/DEA、BP/费巴和埃索（Esso）在国内汽油和喷气燃料市场中联合占据的份额达60%，从而在相关市场占据支配地位。由于存在的市场条件，没有理由相信合并后这些供应商相互间会进行重大竞争。凭质量竞争是不可能的，因为燃料在物理上是同质的，基本上是相同的标准化产品。较低的市场透明度、较低的价格弹性和整个需求的不旺盛，很难使价格变化；由于可以预期的其他公司的类似报复行为，这种变化非常容易识别，且成功的可能性很小。同时，这些寡头遇到来自其他公司的重大竞争的情况也不可能发生。较小的竞争者在很大程度上依赖于合并涉及的这些公司，这些小竞争者从这些公司采购大量的燃料。

考虑到竞争性损害，2001年12月，德国联邦卡特尔局对该合并予以附条件的批准。第一，对于国内汽油市场，壳牌/DEA、BP/费巴必须分别出售国内汽油加油站总销售量的5.3%和4%给第三方。由16 000个汽油加油站构成的网络，市场份额下降涉及约1 500个加油站的销售。第二，剥离义务附以临时行为性义务，在合并后的几年内以优惠的条件向加油站的买方提供燃料。另一义务则涉及喷气燃料市场。第三，相关公司在规定的时间框架内实施剥离义务。波兰的奥顿公司和奥地利的欧姆威公司以前在德国加油站市场中几乎没有或很少经营的业务，分别购买了BP/费巴约500个和280个加油站。第三个购买方埃尔夫公司（Elf）购买了壳牌/DEA 130个加油站。另外，大量的中小型矿物油公司和加油站经营者从壳牌/DEA购买了一些加油站。对这些新的加油站所有人的燃料供应，部分由卖方的资源解决。波兰奥顿公司在德国市场新引进的矿物油数量，由其自身的产能解决；欧姆威公司在德国南部地区购买了加工设施，也从其自身渠道向德国市场供应矿物油。

（四）法律适用

（1）《反垄断法》第二条："中华人民共和国境内经济活动中的垄断行为，适用本法；中华人民共和国境外的垄断行为，对境内市场竞争产生排除、限制影响的，适用本法。"

（2）《反垄断法》第二十七条："审查经营者集中，应当考虑下列因素：（一）参与集中的经营者在相关市场的市场份额及其对市场的控制力；（二）相关市场的市场集中度；（三）经营者集中对市场进入、技术进步的影响；（四）经营者集中对消费者和其他有关经营者的影响；（五）经营者集中对国民经济发展的影响；（六）国务院反垄断执法机构认为应当考虑的影响市场竞争的其他因素。"

（3）《反垄断法》第二十八条："经营者集中具有或者可能具有排除、限制竞争效果的，国务院反垄断执法机构应当作出禁止经营者集中的决定。但是，经营者能够证明该集中对竞争产生的有利影响明显大于不利影响，或者符合社会公共利益的，国务院反垄断执法机构可以作出对经营者集中不予禁止的决定。"

（五）小结

嘉能可是全球大宗商品交易商，斯特拉塔是全球大宗商品生产商，二者的合并实质上是一次纵向合并。此次合并一方面能够节约生产成本，提高生产效率，另一方面可能对我国的铜精矿、铅精矿和锌精矿市场和相关的冶炼企业带来一些不利的排除、限制竞争影响。商务部采取的剥离铜精矿资产和规定交易条件的救济方式较好地消除了这些不利影响，维护了市场竞争秩序和我国有色金属冶炼加工企业的权益。嘉能可与斯特拉塔合并案是 2013 年中国反垄断领域内的重要案件之一，商务部作出的附加限制性条件批准两公司经营者集中历经很长时间，并且进行了细致的研究，为我国以后类似案件的审查提供了一个比较好的参考范本。

九、编者：郭宗杰、罗旭

十、编写时间：2014 年 5 月

茅台、五粮液价格垄断案

一、案例编号（4-07）

二、学科方向：经济法、反垄断法

三、案例名称：茅台、五粮液价格垄断案

四、内容简介

2013年1月，国家发展改革委价格监督检查与反垄断局会同贵州省、四川省价格主管部门，对茅台、五粮液公司限定具有独立法人资格的经销商向第三人转售商品的最低价格的行为进行了调查。2013年2月19日，贵州省物价局对贵州茅台酒销售有限公司（以下简称"茅台公司"）作出《行政处罚决定书》，该决定书认为：茅台公司对全国经销商向第三人销售茅台酒的最低价格进行限定，违反了《反垄断法》和《行政处罚法》，对其罚款2.47亿元人民币。同日，四川省发展和改革委员会对宜宾五粮液酒类销售有限责任公司（以下简称"五粮液公司"）作出《行政处罚决定书》，该决定书认为五粮液公司通过合同约定、价格管控、考核奖惩等方式，对经销商向第三人销售五粮液白酒的最低价格进行限定的行为违反了《反垄断法》第十四条的规定，决定对五粮液公司处以罚款2.02亿元。

五、关键词：茅台；五粮液；价格垄断

六、具体案情

2011 年 11 月，酒鬼酒被曝检测出塑化剂后，茅台和五粮液作为中国最大的两家白酒生产商也被怀疑含有塑化剂，受其影响，茅台和五粮液股价大幅下跌，销量降低。

2012 年，茅台公司与全国 1 300 多家经销商签订合同，规定经销商应当严格执行公司制定的市场零售价，公司驻各大区及各省的办事处对经销商执行市场零售价的情况进行监督和考核，对低价销售茅台酒的行为给予扣减保证金、扣减年度合同计划、暂停执行合同计划等处罚。2012 年，茅台公司对北京、山西、吉林、浙江、河南、广西、重庆、四川、贵州、陕西、西藏、新疆等 12 省区市的 18 家经销商低于市场零售价销售茅台酒的行为进行了处罚，扣减 20 % ~ 30 % 保证金，扣减 30% 茅台酒合同计划或暂停执行合同计划，并在公司营销网络平台向全国经销商进行通报。2012 年年底的茅台全国经销商大会上，茅台董事长袁仁国要求，53 度飞天茅台零售价不能低于 1 519 元，团购价不能低于 1 400 元。2013 年 1 月 5 日，茅台公司在内部客户系统下发通报文件，对违规的经销商进行处罚，重庆永川区皇卓商贸有限公司、西藏亚雄名酒食品经营部、玉林百兴盛就业有限公司这 3 家经销商由于低价和跨区域销售被处以暂停执行茅台酒合同计划并扣减 20% 保证金、提出黄牌警告的处罚。

2009 年以来，五粮液公司通过书面或网络的形式，与全国 3 200 多家具有独立法人资格的经销商达成协议，限定向第三人转售五粮液白酒的最低价格，并通过业务限制、扣减合同计划、扣除保证金、扣除市场支持费用、罚款等方式对不执行最低限价的经销商予以处罚。2011 年，公司给予四川一家大型连锁超市停止供货的处罚，迫使超市承诺不再低价销售五粮液产品。2012 年，公司对北京、天津、河北、辽宁、吉林、黑龙江、山东、湖南、四川、云南、贵州等省市的 14 家经销商"低价、跨区、跨渠道违规销售五粮液"的行为，给予扣除违约金、扣除市场支持费用等处罚。2013 年 1 月初，五粮液发布了《五粮液营销督查处理通报》（督字001 号），通报中称："极个别的五粮液品牌运营商和五粮液专卖店我行我素、不按规则、不顾大局、不识大体，低价、跨区、跨渠道违规销售五粮液，给公司和整个市场环境产生了极大的消极因素，造成了极大的负面影

响。"多家业界知名的大型酒类经销商都出现在通报批评的名单上。因在成都某酒类直供连锁超市购买到北京市糖业烟酒公司销售的 29 箱 52 度新品五粮液，北京市糖业烟酒公司被全国通报批评一次，该公司被要求派专人 5 日内按 838 元/瓶现场回购，并扣除违约金 28 014 元。浙江商源共好贸易有限公司、四川银隆酒业有限公司等 12 家经销商被要求回购并扣除保证金。保定市乾坤福商贸有限公司等 3 家公司则因为监督人在成都买到其销售的五粮液产品而面临货源调查并被通报批评。

2013 年 1 月，国家发展改革委价格监督检查与反垄断局会同贵州省、四川省价格主管部门，对茅台、五粮液公司限定具有独立法人资格的经销商向第三人转售商品的最低价格的行为进行了调查。

1 月 15 日，茅台公司发布声明称根据中国国家价格监督检查与反垄断局和贵州省物价局的检查情况，该公司决定取消以前违反《反垄断法》的有关营销政策，立即进行彻底整改，具体措施随后公布。1 月 18 日，五粮液公司通过官网宣布，根据国家发改委、反垄断局以及四川省物价局的检查情况，公司决定立即撤销五粮液营销督察处理通报，将严格依据《反垄断》法进行整改，具体措施随后公布。

2013 年 2 月 19 日，贵州省物价局对贵州茅台酒股份有限公司控股子公司贵州茅台酒销售有限公司作出《行政处罚决定书》，该决定书认为：茅台公司对全国经销商向第三人销售茅台酒的最低价格进行限定，违反了《中华人民共和国反垄断法》第十四条的规定。为此，根据《中华人民共和国反垄断法》第四十六条、《中华人民共和国行政处罚法》第二十七条的规定给予处罚，限贵州茅台酒销售有限公司自收到该决定书之日起十五日内将罚款 2.47 亿元人民币上交国库。

同日，四川省发展和改革委员会对宜宾五粮液股份有限公司控股子公司宜宾五粮液酒类销售有限责任公司作出《行政处罚决定书》，该决定书认为：五粮液公司通过合同约定、价格管控、考核奖惩等方式，对经销商向第三人销售五粮液白酒的最低价格进行限定，对市场竞争秩序产生了不良影响，对消费者的合法权益造成了损害，并认定五粮液公司的上述行为违反了《中华人民共和国反垄断法》第十四条的规定，决定对五粮液公司处以 2012 年年度销售额 1% 的罚款 2.02 亿元。

茅台公司和五粮液公司已经按照规定期限，分别将 2.47 亿元、2.02 亿元罚款缴纳到相关物价罚没收入账户，上缴国库。两家公司均表示对处罚结果没有异议，放弃申请行政复议和提起行政诉讼权利。

两公司已经修订了经销合同和相关销售措施，表示将严格遵守法律、尊重市场规律开展企业经营活动。两家公司主动将新修订的经销合同书提交给国家发展改革委价格监督检查与反垄断局进行合规审查，新合同书将原有的"限定转售白酒最低价格"条款改为了"市场建议价格"，删除了厂商对经销商市场价格行为进行监督考核的内容。

七、案例来源

贵州省物价局《行政处罚决定书》（黔价处〔2013〕1 号）；四川省发展和改革委员会《行政处罚决定书》（川发改价检处〔2013〕1 号）。

八、案情分析

（一）争议焦点

（1）本案应当运用本身违法原则还是合理原则？

（2）茅台、五粮液的行为是否构成纵向垄断协议？

（二）法理分析

1. 茅台、五粮液限定最低转售价格适用原则分析

本身违法原则和合理原则是反垄断法适用的基本原则。本身违法原则是指当某种行为一旦被认定为构成反垄断法明文规定的类型，则无须考虑这种行为的目的和后果，即认定其违法。本身违法原则主要适用于横向垄断协议。合理原则是指法院通过对企业实施限制竞争行为的目的、后果及行为人的市场份额等因素进行分析，判断某种限制是否违法的原则。①

在本案中，从物价局和发改委对茅台、五粮液的《行政处罚决定书》来看，政府是适用本身违法原则对两公司的限定最低转售价格行为进行判定的。两部门均认为两公司的行为违反了《反垄断法》第十四条的规定，即第十四条第一款第二项"限定向第三人转售商品的最低价格"，是《反垄断法》明文规定的类型，因此无须考虑这种行为的目的和后果即可认定为违法。从执法效率和立法本意来看，这种做法是比较合理的。从效率的角度看，因为我国反垄断法执法处于起步阶段，相关反垄断部门经验不

---

① 时建中编著：《反垄断法——法典释评与学理探源》，北京：中国人民大学出版社 2008 年版，第 172～173 页。

足，适用本身违法原则可以避免反垄断执法机构陷入旷日持久的调查和经济分析之中，有利于提高执法效率。从立法本意来看，《反垄断法》第十三、十四条是对横向垄断协议和纵向垄断协议禁止的明文列举，违反这些明文规定的类型即构成垄断，其本质是本身违法原则的体现，而第十五条规定的是例外情形，本质上是合理原则的具体抗辩理由。只有经营者能够证明具有第十五条第一款所列情形之一时，才可以考虑适用这些合理原则的抗辩理由。① 茅台、五粮液的行为显然不具有第十五条豁免的例外情形，而是直接违反了第十四条规定的类型，因此应当运用本身违法原则。

限定转售价格是纵向垄断协议的典型行为样态，它不像横向垄断协议那样具有明显的违法性，也不像纵向非价格协议那样具有很多正面的影响，对于它的评价一直是复杂和具有争议的。各国的立法态度也在不断地变化。目前世界各国的立法趋势是对维持固定转售价格和最低转售价格的行为适用本身违法原则，对维持最高转售价格的行为适用合理原则。因此一般来说，对于限定最低转售价格应当适用本身违法原则，但这一立法趋势在实践中发生着变化。以美国为例，对于限定最低转售价格已经从适用本身违法原则逐渐转向适用合理原则。② 而在中国的瑞邦诉强生纵向垄断协议案当中也可以看出，虽然法院并没有明确说明应当适用本身违法原则还是合理原则，但从上海市高级人民法院在对限定最低转售价格行为性质的分析判断中，把被告的动机、市场地位、在相关市场竞争是否充分和最后的竞争效果作为4个最重要的判断因素当中可以看出，上海市高级人民法院是倾向于用合理原则进行判断的。作为中国第一起纵向垄断协议纠纷案，瑞邦案无疑具有重要的参考意义。

因此，从保护中国企业发展的角度和实践发展趋势来看，笔者还是倾向于适用合理原则来进行判断。

---

① 魏士廪：《茅台、五粮液反垄断案法律评论》，该文首发于 Lexis Nexis 反垄断法律实务专题。

② 在丽锦案中，法院推翻了限定最低转售价格适用本身违法原则转而适用合理原则。法院指出，迈尔斯案适用本身违法原则的法律基础不稳固，只有当受质疑的限制总是或几乎总是限制竞争和降低产量时本身违法原则才适用。转售价格维持必须由全套的合理规则来判定。合理规则分析的关键是决定受审查合同的效果是促进竞争还是反竞争。转售价格维持并不总是反竞争的，普遍共识是允许制造商控制货物销售的价格，将以各种方式促进品牌间竞争。限定最低转售价格的主要优点是有能力刺激品牌间竞争。

2. 茅台、五粮液限定最低转售价格的竞争分析①

从合理原则的角度出发，就不能只看行为本身是否违法，而要结合本案中茅台、五粮液相关市场竞争是否充分、市场地位是否强大、限定最低转售价格的动机以及竞争效果等来进行分析考量，从而判断茅台、五粮液的行为是否构成限定最低转售价格。

（1）茅台、五粮液相关市场竞争是否充分。

相关市场竞争是否充分是判断本案是否构成限定最低转售价格的垄断行为的首要条件。如果一个市场是充分竞争的，那么消费者购买商品时就有多种选择；如果一个市场是缺乏充分竞争的，那么消费者就会缺乏替代选择，一支独大的品牌产品就会缺乏竞争，并且很有可能形成该品牌产品在价格上的垄断。因此，只有认定相关市场缺乏充分竞争时，才需要判断涉嫌垄断协议的竞争效果。

在判断相关市场竞争是否充分时主要需要考虑下面几个方面的因素：第一，涉案产品在相关市场的市场集中度；第二，涉案产品的可替代性；第三，涉案产品的潜在竞争者进入相关市场的难度；第四，涉案产品下游市场的竞争性。

本案中，茅台和五粮液主要生产高端白酒产品，两家企业在高端白酒市场领域竞争并不充分。首先，两家企业市场集中度高。据2012年五粮液年度报告显示，白酒市场竞争激烈，行业竞争度低，产能结构性过剩，但高端白酒集中度相对较高，主要包括茅台、五粮液、泸州老窖、水井坊、剑南春等。其次，两家企业的产品替代性弱，潜在竞争者进入相关市场较难。这主要是由于高端白酒生产周期长，并且受特殊地理、资源环境限制和生产工艺的影响，供应量增长较慢。再次，茅台、五粮液高端白酒历史悠久，知名度高，口感差异度大，消费者对其有一定的品牌忠诚度和依赖性。产品本身的稀缺性以及消费者本身对产品的偏好导致了产品的替代性弱，其他竞争者进入高端白酒市场困难。因此，茅台、五粮液在高端白酒市场竞争不充分。

（2）茅台、五粮液市场地位是否强大。

---

① 注：由于本案是发改委处罚的第一起纵向垄断协议的案件，并且公告的内容较为简单，目前实践中并没有形成一个比较完善的判断是否构成限定最低转售价格的分析思路，这里的分析思路借鉴了后文中我国第一起纵向垄断协议纠纷案——瑞邦诉强生纵向垄断协议案中上海市高级人民法院的分析思路对茅台、五粮液案进行分析评价。

企业的市场地位是企业定价行为影响市场竞争的基础，只有一家拥有强大市场地位的企业才有可能影响竞争、主导竞争，甚至在某种程度上还可能破坏市场竞争。因此，企业市场地位是否强大，是否能够对市场竞争产生影响，应当作为判定该企业限定最低转售价格是否构成纵向垄断协议的重要条件。

要判断一家企业的市场地位是否强大，主要应当考虑该企业的市场份额和定价能力。如果一家企业在相关市场的市场份额较大，定价能力很强，那么该企业在相关市场当中就能够占据主导地位，与购买者在谈判当中就会拥有绝对优势，此时企业就可以自由地定价而不需要按照市场价格进行定价。

本案中，茅台、五粮液在高端白酒市场的市场份额最大，合计约占75%。在价格上，茅台、五粮液的定价能力很强，只受政治等意外因素影响而基本不受市场竞争影响。以53度茅台为例，自2005年至2011年，零售价从310元一路上涨到1 950元，①"三公禁令"和"白酒塑化剂"等事件出现后价格才陆续下降几百元。五粮液的情况也基本如此。在对经销商的控制上，经销商基本没有议价权，否则容易面临业务限制、扣除保证金、扣减合同计划的危险。

综上，茅台、五粮液在高端白酒市场的市场地位强大。

（3）茅台、五粮液限定最低转售价格的动机。

动机是最富有争议的一个因素。如果一个企业出于限定市场竞争的动机而限定最低转售价格，由于其在各方面的优势以及对上下游市场的强大控制力，其限定最低转售价格行为产生限制竞争效果的可能性将大大提高。因此是否具有限制市场竞争的动机是判断限定最低转售价格的行为是否构成垄断行为的重要因素。但事实上很多企业并不是出于限制市场竞争目的而签订转售价格协议，而是出于避免恶意竞价，维护自身正常的销售价格体系等动机。在国外的一些案例当中，这种良好的动机是会被法院考虑和认可的，而在中国的瑞邦案中，虽然强生公司提出它们的动机是维护正常的销售价格体系，避免恶意竞价，但这种良好的初衷在法院的判决中并没有得到认可。

在本案中，茅台和五粮液并没有就它们限定转售价格的动机进行说

---

① 李星慧：《茅台10年涨幅远超广州楼市》，信息时报，http://finance.sina.com.cn/roll/20120402/045111737559.shtml，2012年4月2日。

明，从公布的基本案情来看，茅台和五粮液限定转售价格的动机明显不是为了避免恶意竞价，而是担心白酒塑化剂事件和限制三公消费的政策导致经销商将白酒低价销售，从而影响到自己的垄断价格。显然，这种动机将不利于市场自由竞争，是限制竞争的。

（4）茅台、五粮液限定最低转售价格的竞争效果。

限定转售价格并不必然会限制竞争，而是既可能会限制竞争也可能会产生促进竞争的效果。这是由于市场具有一定的自我修复功能，而且一些限制竞争的效果可能会被另一些促进竞争的效果相抵消。因此，限定转售价格并不必然会被认定为构成垄断协议，只有实际上产生了难以克服、难以抵消的限制竞争的效果时，限定最低转售价格协议才会被认定为构成垄断协议。因此，本案中要分析茅台、五粮液限定最低转售价格是否构成垄断协议，就要重点分析这种行为是否实际上产生了难以克服、难以抵消的对市场竞争有实质性影响的效果。

本案中，茅台和五粮液在高端白酒市场占据了非常大的市场份额，事实上已经形成了寡头垄断的局面，当茅台宣布限定最低转售价格时，五粮液自然会进行跟进限定最低转售价格，这种市场环境使得茅台的定价行为会间接影响其他市场竞争者的定价行为，从而产生排除、限制品牌间价格竞争的效果，而这种效果对市场竞争是有实质性影响的。因此，茅台、五粮液的行为构成垄断协议。

（三）相关判例

1. 瑞邦诉强生纵向垄断协议案[①]

北京瑞邦涌和科贸有限公司（以下简称"瑞邦公司"）是北京一家主要从事医疗器械销售的民营企业。瑞邦公司代理美国强生品牌爱惜康（Ethicon）的吻合器和医用缝线。

强生（上海）医疗器械有限公司、强生（中国）医疗器材有限公司（以下合并简称为"强生公司"）是美国强生公司在中国的独资企业，生产和销售强生公司的医疗器材产品，其中包括爱惜康品牌的吻合器和医用缝线。

2008年1月2日，强生公司与瑞邦公司签订经销合同。合同规定瑞邦公司在强生公司指定的相关区域销售爱惜康医用缝线，期限从2008年1月

---

① 详见上海市高级人民法院民事判决书（2012）沪高民三（知）终字第63号。

1 日至 2008 年 12 月 25 日。此外，经销合同附件规定瑞邦公司不得以低于强生公司规定的产品价格进行销售，同时还对瑞邦公司的经销区域以及经销指标作出明确的规定。

2008 年 3 月，瑞邦公司在人民医院的竞标中，以低于强生公司规定的医用缝线价格获取了缝线经销权。由于瑞邦公司违反经销合同的规定低于最低转售价格销售医用缝线，并且超出合同约定的经销区域，2008 年 7 月 1 日强生公司致函瑞邦公司，扣除其保证金人民币 2 万元，并取消其在北京整形医院等医院的销售权，继而完全停止供货，致使其遭受重大经济损失。

2010 年 8 月，瑞邦公司向上海市第一中级人民法院提起纵向垄断协议民事纠纷诉讼，指控强生公司在经销合同中限定医用缝线的最低转售价格，违反了《反垄断法》第十四条第二款。上海市第一中级人民法院于 2012 年 2 月 3 日开庭审理，上海市第一中级人民法院认为，根据《反垄断法》第五十条规定，经营者承担实施垄断行为的民事责任，需要具备实施垄断行为、他人受损害、垄断行为和损害具有因果关系三个要件。由于这三方面事实均未能得到证实，上海市第一中级人民法院于 2012 年 5 月 18 日宣判，驳回原告瑞邦公司全部诉讼请求。

瑞邦公司上诉后，上海市高级人民法院进行了三次开庭审理。审理认为强生公司对瑞邦公司的行为构成纵向垄断协议。2013 年 8 月 1 日，上海市高级人民法院宣判，撤销上海市第一中级人民法院的民事判决，判令强生公司赔偿瑞邦公司人民币 53 万元。

本案是中国第一起纵向垄断协议纠纷案，在本案的二审中法院就六项主要争议进行了充分的分析，该案的审理和结果对于中国未来纵向垄断协议纠纷的诉讼有着重要的影响和意义。

2. 迈尔博士医药公司诉约翰·D. 帕克父子公司案[①]

原告迈尔博士医药公司是美国印第安纳州的一家专利药品生产公司，它通过与药品批发商签订批发委托合同和与零售商签订销售代理合同的方式控制药品的销售。在与批发商签订的批发委托合同中约定，原告以一定的价格将药品销售给批发商，原告保留药品的所有权直到批发商按照合同的条款出售药品，批发商同意严格限制原告药品的销售价格并不得低于原

---

① 时建中编著：《反垄断法——法典释评与学理探源》，北京：中国人民大学出版社 2008 年版，第 178 ~ 182 页。

告指定的最低价格。在与零售商签订的销售代理合同中，合同约定，销售代理人在任何情况下都不会以低于包装上标明的零售价销售转卖药品给任何人或公司，也不会将药品销售给原告未指定的批发或销售代理人。合同还约定，如果当事人之间通过给予有价值的物品或通过商店的赠券、现金券或其他方法，降低合同中规定的价格，将被认为是违反协议的。原告通过这些合同固定了自己所有产品的批发和销售最低价格，并且这些合同已经在原告和 400 多个批发商以及 25 000 个零售商之间生效。

被告是肯塔基州一家从事药品批发业务的公司，它拒绝与原告签订这种固定最低批发价格的合同，并被指控与一些未签订合同的批发商和销售商存在联合和共谋，使用削价销售的方法吸引和保留顾客。并且诱导批发商和销售商违反协议，非法和欺诈取得原告批发商和销售商的药品。

1911 年，原告以被告恶意干涉双方协议，并引诱他人违反协议而给原告造成损失为由起诉被告，要求法院发布禁令并禁止被告从已执行该协议的批发商或零售商处获得药物。

巡回上诉法院认为原告试图进行限制价格的行为根据普通法和《谢尔曼法》是非法的。本案中休斯法官认为，原告不享有法定的垄断权，它不能因为药品是通过秘密方法制造的就扩大其在药品上享有的权利，并指出问题的关键是药品本身，它是一件商品。商品进入交易，就应该遵守交易的规则。对于动产，转让的权利是核心的权利，交易自由的原则是符合公共利益要求的，原告并不能因为其是药品生产商就控制它随后的交易，这是与公共政策相违背的。在产品被销售和转移了所有权之后，公众有权从随后的竞争中得到好处，原告无权对其购买者随后的竞争进行限制。

联邦最高法院维持了这一判决。联邦最高法院根据普通法和《谢尔曼法》审理认为，原告限制了贸易自由，排除了购买者之间的竞争，并使消费者不能从竞争中得到好处。此类行为没有可以接受的商业合理性，认定原告维持最低转售价格的行为本身违法。

（四）法律适用

（1）《反垄断法》第十三条："禁止具有竞争关系的经营者达成下列垄断协议：（一）固定或者变更商品价格；（二）限制商品的生产数量或者销售数量；（三）分割销售市场或者原材料采购市场；（四）限制购买新技术、新设备或者限制开发新技术、新产品；（五）联合抵制交易；（六）国务院反垄断执法机构认定的其他垄断协议。本法所称垄断协议，是指排除、限制竞争的协议、决定或者其他协同行为。"

（2）《反垄断法》第十四条："禁止经营者与交易相对人达成下列垄断协议：（一）固定向第三人转售商品的价格；（二）限定向第三人转售商品的最低价格；（三）国务院反垄断执法机构认定的其他垄断协议。"

（3）《反垄断法》第十五条："经营者能够证明所达成的协议属于下列情形之一的，不适用本法第十三条、第十四条的规定：（一）为改进技术、研究开发新产品的；（二）为提高产品质量、降低成本、增进效率，统一产品规格、标准或者实行专业化分工的；（三）为提高中小经营者经营效率，增强中小经营者竞争力的；（四）为实现节约能源、保护环境、救灾救助等社会公共利益的；（五）因经济不景气，为缓解销售量严重下降或者生产明显过剩的；（六）为保障对外贸易和对外经济合作中的正当利益的；（七）法律和国务院规定的其他情形。属于前款第一项至第五项情形，不适用本法第十二条、第十四条规定的，经营者还应当证明所达成的协议不会严重限制相关市场的竞争，并且能够使消费者分享由此产生的利益。"

（4）《反垄断法》第四十六条："经营者违反本法规定，达成并实施垄断协议的，由反垄断执法机构责令停止违法行为，没收违法所得，并处上一年度销售额百分之一以上百分之十以下的罚款；尚未实施所达成的垄断协议的，可以处五十万元以下的罚款。"

（五）小结

茅台、五粮液价格垄断案是我国纵向价格垄断第一案，两家大国企也就是我国最大的两家酒类生产商为此支付了巨额罚款。该案至今仍然存在诸多争议，但是对我国之后处理此类案件，例如合生元、美赞臣等6家奶粉企业价格垄断案，具有重要的参考意义和价值，也是推进我国《反垄断法》步入实践轨道的重要一步。

九、编者：郭宗杰、罗旭

十、编写时间：2014年5月

泛美卫星公司租赁费在华纳税案

一、案例编号（4－08）

二、学科方向：经济法、财税法

三、案例名称：泛美卫星公司租赁费在华纳税案

四、内容简介

1994年4月，美国泛美卫星公司与中央电视台签订了《数字压缩电视全时卫星传送服务协议》。北京市国家税务局对外分局第二税务所认为美国泛美卫星公司的收入属于《中美税收协定》中的特许权使用费和我国税法规定的租金，并据此向中央电视台作出《代扣代缴预提所得税的通知》。泛美卫星公司提出行政诉讼，不过该案以北京市高级人民法院判处其败诉告终。

五、关键词：涉外税法；税收协定；企业所得税

六、具体案情

美国泛美卫星公司与中央电视台于1994年4月签订

了《数字压缩电视全时卫星传送服务协议》，该协议约定由央视支付订金、保证金、季度服务费和设备费给泛美卫星公司，使得其能够利用泛美卫星公司在加州纳帕和佐治亚州亚特兰大的 teleports 提供的卫星下行、标准转换、多路复合和卫星上行广播。① 具体而言，该协议约定中央电视台自行将信号通过自己的地面站分别上行发送到美国泛美卫星公司的 PAS－2 号、PAS－4 号卫星中专门的转发器内，美国泛美卫星公司收到中央电视台的信号后，将其下行传输至太平洋、印度洋地区；美国泛美卫星公司再将从 PAS－2 号卫星上接收的信号，通过地面传输，分别上行发送至 PAS－3R 号、PAS－5 号卫星上，传输至非洲、美洲地区；PAS－3R 号、PAS－5 号卫星中有指定的带宽用于服务。上述服务全部由美国泛美卫星公司操作、使用其拥有的设施独立完成，如果不能完成或保证传送信号的质量，将由其承担相应责任；中央电视台按季度向美国泛美卫星公司支付服务费和用于地面服务的设备费。②

　　不过在 1999 年 1 月 18 日，北京市国家税务局对外分局稽查局向中央电视台发出《关于对央视租赁泛美卫星等外国卫星公司卫星通讯线路支付的租赁费用代扣代缴预提所得税限期入库的通知》（简称"001 号通知"），要求由央视代扣代缴泛美卫星公司在华应缴纳的预提所得税。泛美卫星公司不服这一决定，向北京市国家税务局对外分局提出复议申请，并于 3 月 26 日按租赁收入的 7% 缴纳预提所得税。该对外分局后于 8 月 23 日作出了维持 001 号通知的行政复议决定。

　　以此为契机，泛美卫星公司以北京市国税局对外分局为被告向北京市第二中级人民法院提起了行政诉讼。不过由于北京市国家税务局对外分局在 2000 年 6 月 26 日以征税主体不合格为由撤销 001 号通知，并同意向泛美卫星公司退税，泛美卫星公司撤回了该起诉，并得到了北京市第二中级人民法院的批准。

　　泛美卫星公司本以为该案到此告一段落，不过意想不到的是，仅在其撤诉的 4 日后，北京市国家税务局对外分局第二税务所发出《关于对中央电视台与泛美卫星数字传送服务协议所支付费用代扣代缴所得额征税的通知》（简称"319 号通知"）。泛美卫星公司对于该通知同样不服，遂再次

① 参见 http://finance.sina.com.cn/b/20050610/15141674832.shtml，2010 年 9 月 16 日。

② 参见《北京一中院审结一起国际税收争议案件》，中国法院网，http://www.chinacourt.org/article/detail/2002/01/id/1956.shtml，2002 年 1 月 30 日。

向北京市国家税务局对外分局提起复议。与第一次提起行政复议的结果相同，北京市国家税务局对外分局同样作出了维持的行政复议决定。11 月 29 日，泛美卫星公司以北京市国家税务局对外分局第二税务所为被告，以央视为第三人向北京市第一中级人民法院提起行政诉讼。

泛美卫星公司在诉讼中甚至请出国际财政协会主席斯劳·欧洛夫·罗丹作为自己的专家证人，但是在 2001 年 10 月 11 日，北京市第一中级人民法院判决维持 319 号通知所作出的征税决定。北京市第一中级人民法院认为，卫星转发器具有传输信号的使用功能，中央电视台需要利用美国泛美卫星公司卫星转发器这一使用功能，使其电视信号被传输至太平洋、美洲等地区。每个转发器的部分带宽均可以被独立地用于传输信号。根据协议约定，在正常情况下，卫星中指定的转发器带宽只能用于传输中央电视台的电视信号，即这些指定带宽的使用权为中央电视台专有，带宽是由卫星系统提供的，中央电视台有权使用带宽应视为有权使用卫星系统。所以，中央电视台为此支付给美国泛美卫星公司的费用属于《中美税收协定》第十一条特许权使用费中关于有权使用工业、商业、科学设备所支付的作为报酬的款项。美国泛美卫星公司的特许权使用费来源于中国，北京市国家税务局对外分局第二税务所认定中央电视台支付美国泛美卫星公司的费用属于《中美税收协定》第十一条和《中华人民共和国外商投资企业和外国企业所得税法》第十九条所规定的征税范围，按特许权使用费总额的 7% 征税是合法的。故依法作出上述判决。①

一审宣判后，美国泛美卫星公司不服，提出上诉。2002 年 12 月 26 日，北京市高级人民法院作出终审判决：驳回上诉，维持原判。②

七、案例来源

《北京一中院审结一起国际税收争议案件》，中国法院网，http：//www. chinacourt. org/article/detail/2002/01/id/1956. shtml。

---

① 参见《北京一中院审结一起国际税收争议案件》，中国法院网，http：//www. chinacourt. org/article/detail/2002/01/id/1956. shtml，2002 年 1 月 30 日。

② 参见《北京一中院审结一起国际税收争议案件》，中国法院网，http：//www. chinacourt. org/article/detail/2002/01/id/1956. shtml，2002 年 1 月 30 日。

八、案情分析

（一）争议焦点

（1）泛美卫星公司收费的性质为何，是否应当纳税？

（2）在本案中应当选择适用国内法还是《中美税收协定》？

（二）法理分析

1. 泛美卫星公司的收费应当定性为营业收入，依法不应缴纳税款

本案的核心焦点就是泛美卫星公司为央视提供服务所收取的费用到底属于什么性质的收费，依据《中美税收协定》，如果该收费属于泛美卫星公司所主张的营业利润，则无须向我国缴纳税款。但如果其是我国税务局所主张的特许使用费或者是租金，则结果恰恰相反。下面笔者分别从营业利润、租金与特许权收入三个角度进行分析。

（1）营业利润的适用。

本案中，泛美卫星公司认为自己收费的行为应当定性为营业收入，其主要理由有①：泛美卫星公司长年不断工作，其收入系不断积极工作所取得的"积极收入"，这应属于《中美税收协定》第五条和第七条规定的"营业利润"。由于泛美卫星公司在中国未设常设机构，故不应在中国纳税。税务局对《中美税收协定》第十一条作扩张性解释不合逻辑。对于泛美卫星公司的这一看法，笔者是持赞同意见的。

首先从学理的角度来看，对于营业利润的具体内涵，知名财税法学者刘剑文教授指出，营业利润是指纳税人从事工业生产、交通运输、农林牧业、商业、服务业等企业经营性质的活动而取得的利润。而本案中泛美卫星公司的服务属于"服务业经营性质的活动"。② 其次从国际法的角度来看，依据《OECD范本》第三条的规定，"营业利润"不仅包括我们通常理解的形式，还应当包括专业服务以及独立劳动，即"营业"这一专业术语包括专业服务的提供以及其他具有独立特征的活动。泛美卫星公司为央视提供服务应当属于专业服务这一类。

---

① 刘怡、林喆：《ABC卫星公司税收案例分析》，《涉外税务》2003年第1期；法悟：《美国泛美卫星公司是否应向中国纳税》，《中国经济快讯》2003年第8期。

② 刘剑文：《国际税法学》（第2版），北京：北京大学出版社2004年版，第90页。

最后从国内法的角度来看，我国国内法对于营业利润范围的认定也是较为宽泛的。以 1994 年 5 月 27 日国家税务总局印发的《企业所得税纳税申报表》（国税发〔1994〕131 号）为例，该申报表将"销售（营业）收入"认定为："从事工商各业的基本业务收入，销售材料、废料、废旧物资的收入，技术转让收入（特许权使用费收入单独反映），转让固定资产、无形资产的收入，出租、出借包装物的收入（含逾期的押金），自产、委托加工产品视同销售的收入。"而国税局在本案中对营业收入没有采取宽泛的态度，反而是将特许权收入进行了扩张性解释。

（2）租金的排除。

泛美卫星公司认为，协议性质认定应以《中华人民共和国合同法》为依据，应以国内法为依据。租赁合同的主要特征是转移租赁物的占有。协议约定由泛美卫星公司操作使用其位于外层空间的卫星及美国的地面设施，为央视提供传输服务。这一服务过程未发生任何设施的占有和使用权的转移，故不符合租赁合同的特征，故其收费不属于租金。

从租赁的形式角度上讲，我国《合同法》第二百一十二条规定："租赁合同是出租人将租赁物交付承租人使用、收益，承租人支付租金的合同。"由此可见，我国法律对于租赁的界定，主要看其是否"交付给承租人"以及"承租人使用"，即有占有和积极两个特性。从本案看来，将泛美卫星公司提供的服务认定为实现了交付实际上非常牵强，因为卫星以及其他的一些基础设施实际上仍由泛美卫星公司占有及控制，央视获得的只是一种构建于上述设备上的服务。而"使用"也是基于相似的理由难以被认定。

从租赁的实质角度而言，我国目前税法中对租赁的征税领域的规定主要集中在有形财产的租赁上，而对于类似于本案中对卫星信号传输服务这种无形财产的"租赁"则没有较为明确的规定。《中华人民共和国个人所得税法实施条例》第八条第八款规定为："财产租赁所得，是指个人出租建筑物、土地使用权、机器设备、车船以及其他财产取得的所得。"而《中华人民共和国企业所得税暂行条例实施细则》第七条第四款指出："第五条（四）项所称租赁收入，是指纳税人出租固定资产、包装物以及其他财产而取得的租金收入。"当时实施的这两个法规实际上是将出租收入限定在有形资产的出租之中。由此可见，对于本案中对卫星信号传输服务的"租赁"，是否应当认定为租金收入并需要缴纳所得税，实际上国内法并没有作出明确规定。但是值得注意的是，在 2008 年 1 月 1 日起开始实施的《中华人民共和国企业所得税法实施条例》第十九条更是明确指出："企业所得税法第六条第（六）项所称租金收入，是指企业提供固定资产、包装物或者其他有形资产的使用权取得的收入。"该条款将租金收入明确限定在有形资产的出租之中。

最后从财税法的基本原则出发，本案中税务局对该收费进行扩大化解释虽然有一定的道理，但是在相当程度上与税收法定主义对于税收明确性的要求是相冲突的，从保护纳税人的角度出发，不应当对税收法律法规进行扩大化的解释。如果出现避税的问题，则应当在未来通过税法立法的方式予以弥补，而不应当由税务局通过行使法律基础不明晰的税法解释权来解决。

（3）特许权使用费的排除。

虽然将泛美卫星公司提供的服务收费排除在租金之外是较为明确的，该收费是否属于特许权使用费，却是相当有争议的。泛美卫星公司认为：《中美税收协定》第十一条中"使用或有权使用工业设备"应当是积极的实际使用。在泛美卫星公司和央视的服务协议中，全部设施完全由泛美卫星公司独立操作使用，央视无权且未实际使用泛美卫星公司所供设施，故泛美卫星公司的收入性质不是特许权使用费；且中国国内法"特许权使用费"是指因知识产权、无形资产的特许使用而收取的费用，故将泛美卫星公司的收入定性为特许权使用费也没有国内法的基础。对于泛美卫星公司的上述看法，笔者也是认同的。

先就特许权使用费的收费是否以"积极的实际使用"为标准的问题进行探讨，《中美税收协定》第十一条第三款将特许权使用费定义为："本条'特许权使用费'一语是指使用或有权使用文学、艺术或科学著作，包括电影影片、无线电或电视广播使用的胶片、磁带的版权，专利、专有技术、商标、设计、模型、图纸、秘密配方或秘密程序所支付的作为报酬的各种款项，也包括使用或有权使用工业、商业、科学设备或有关工业、商业、科学经验的情报所支付的作为报酬的各种款项。"这一复杂的规定为我们揭示了特许权使用费涉及的内容非常广泛，在不考虑积极使用与消极使用的前提下，本案中的服务收费确实可以被归入该条款。但是泛美卫星公司提出的该条的适用主要针对的是"积极的实际使用"并非没有道理。而在本案中，对于卫星等设施的使用完全是由泛美卫星公司进行的，其收费可以说是一种积极的运营收入，而央视则在缴纳费用后，成了一个相对"消极"的角色。

另外我们就我国国内法对于特许权使用费是如何界定的进行分析。

《中华人民共和国企业所得税暂行条例实施细则》第五条第五款将特许权使用费定义为："条例第五条（五）项所称特许权使用费收入，是指纳税人提供或者转让专利权、非专利技术、商标权、著作权以及其他特许权的使用权而取得的收入。"也就是说，我国国内法对于特许权使用费的范围主要界定在以知识产权为主的无形财产之中，如果国税局依据国内法将服务费用界定为特许权使用费确实是过分地扩大该项规定的适用范围。目前我国实施的《中华人民共和国企业所得税法实施条例》第二十条依然沿袭了这一规定，将特许权使用费定义为："企业所得税法第六条第（七）项所称特许权使用费收入，是指企业提供专利权、非专利技术、商标权、著作权以及其他特许权的使用权取得的收入。"

从上面的论述可以看出，国税局将泛美卫星公司的服务收费界定为特许权使用费确实缺少法律基础。

2. 本案应当适用《中美贸易协定》，但应具体问题具体分析

在国内法与国际税法有冲突的情况下，无论是按照一般的法律适用原则，还是按照我国税法的具体规定，一般以国际税法的适用优先，但是本案应当适用《中美贸易协定》而不是国内税法的主要原因不是我国国内税法与《中美贸易协定》有冲突，而是因为我国国内法的不完备，而导致在本案中存在适用上的困难，具体原因如下：

（1）对于特许权使用费，《中美贸易协定》规定可按缔约国的法律征税。

《中美贸易协定》第十一条第二款的规定为："然而，这些特许权使用费也可以在其发生的缔约国，按照该缔约国的法律征税。但是，如果收款人是该特许权使用费受益所有人，则所征税款不应超过特许权使用费总额的10%。"依据该规定，我国税法是可以将本案中的服务收费界定为特许权使用费的，但是条件有二：第一，该纳税义务必须来源于明确的法律规定，而不能够依赖税务局的税法解释；第二，税率的上限为10%。正如前面所论述的，我国税法对于特许权使用费的范围主要界定在以知识产权为代表的无形财产之中，而对于本案而言，实质是由税务局对国内税法乃至《中美税收协定》作出了扩大解释而导致泛美卫星公司具有了纳税义务，这一义务的来源是不妥当的。解决这一问题的最好方法是对我国税法进行完善，即将特许权使用费的范围以人大立法的形式予以扩大与明确。

（2）《中美贸易协定》的超稳定性要求各国进行灵活的变通。

这一原因与上述原因有着密切的联系。稳定性是税法的基本属性，而国

际税法由于其牵涉主权问题，则具有某种意义上的超稳定性。《中美税收协定》签订于 1984 年 4 月 30 日，适用至今已接近 30 年，但是中美两国的经济环境与贸易变化却发生了翻天覆地的变化。考虑到《中美税收协定》的修订异常困难，故其在相当程度上主要是发挥着分配税收管辖权而不是具体开展征税的作用。而本案中暴露出我国税法的一个重大问题就是，我国税法的完备程度甚至连 1984 年就已签订的《中美贸易协定》都不如，特别是前述的"租金"和"特许权使用费"更是将这一问题表露无遗。

如果从更宏观的角度来讲，对于涉外税收中国国内法与国际税法的适用顺序问题，有两种不同的观点。第一种观点认为应当首先对国内法进行审查，具体为：首先，根据国内法规定，看具体所得应如何课税（应税所得和税率）；其次，根据协定的分类和规定，重新对事实进行分析，看协定如何适用；最后，看根据国内税法规定进行的课税（应税所得和税率）是否受到协定规则的限制，如受到限制，根据这一限制（包括对应税所得和税率的限制）进行课税。①

第二种观点认为应当先对国际税法进行审视，具体为：第一，国际税法的效力大于国内税法，应当优先使用国际法的规定；第二，如果国际税法对于某种所得的性质有明确规定，就按其规定执行，如果没有，就应当按照缔约国国内法的规定来判断；第三，根据所得的性质以及国际税法的规定来确定该笔所得应当在哪个国家纳税；第四，有税收管辖权的国家有权力根据自己的税法规定对该笔所得征税或者不征税，而不必受国际税法对该笔所得性质界定的约束，但国际税法对于税率的限制应当予以遵守。②

当然了，两种观点只是在适用顺序上有一定的差别，就国际税法与国内税法的效力而言还是以国际税法为优，且应当注意国际税法对国内税法的限制；另外两者都强调国内税法的相对独立性，这两点是我们在处理涉外税法案件中应特别注意的。

（三）相关判例

1. 加拿大诉欧盟石棉案

加拿大诉欧盟石棉案的争议核心之一在于 WTO 上诉机构对 WTO 框架

---

① Kees van Road Five Fundament Rules in Applying Tax Treaties, *Liber Amicarumluch mekers*, Bruylant, 2002, pp. 593 – 595.

② 刘剑文等：《财税法成案研究》，北京：北京大学出版社 2012 年版，第 232 页。

下以及两国税法中的"数字化产品"如何定性的问题，这也与泛美卫星公司租赁费在华纳税案有着相似的地方。

该案的案情为，法国政府为了保护工人和消费者的健康与安全，在1997年1月1日出台了法国政府第96-1133号法令，其主要内容是禁止生产、加工、进口、销售、运输石棉产品，而不管石棉纤维是否植入有关材料、产品或设备中。这一法令其后得到欧盟一些其他国家的响应，但是却给作为世界第二大石棉生产国的加拿大造成了巨大的出口压力。加拿大政府以法国等欧盟国家的行为违反了WTO《动植物卫生检疫措施协议》第二条以及第五条、《贸易技术堡垒协议》第二条、1994年GATE第三条以及第十一条的规定，同时认为它的利益受到了损失或损害。其后由于双方协商不成，加拿大遂将该争端提交给了WTO争端解决机构裁决。争端解决机构于1998年11月25日成立了专家组，该专家组于2000年7月25日提交了最终报告。经过上诉，争端解决机构于2001年4月5日通过了上诉机构报告和专家组报告。①

对于本案的核心争议之一即"数字化产品"如何定性的问题，上诉机构对有关规则进行了解释，并给出了四项标准：①产品的物理特性；②产品最终能够用于相同或相似用途的范围；③消费者为满足特定需求而视该产品为替代的范围以及根据关税目的而进行的国际产品分类。不过，在具体案件中，其他因素也应当得到考虑。这一规则的确立为"数字化产品"的定性提供了重要的参考，同时也为解决税法中相关内容的定性问题提供了良好的思路。

加拿大诉欧盟石棉案的前身为发生在1995年6月21日的日本酒精饮料税案，对WTO框架有兴趣的读者可以查阅有关的资料。

2. 台湾合作店模式营业税争议案

泛美卫星公司提供的卫星服务可以说是伴随着技术更新而产生的一种新的交易模式，这种新的交易模式对原有的税法提出了挑战。而台湾合作店模式营业税争议案也与之类似，即税法在对全新的营销模式的适用上出现了问题。

该案的案情为：香港GIORDANO、英属维京群岛商BALENO、英属维京群岛商HANG TEN三间有限公司台湾分公司及台湾THEME有限公司长

----

① European Communities—Measures Affecting Asbestos and Asbestos-Containing Products（WT/DS135/R，WT/DS135/AB/R）.

期与台湾岛内各合作店合作销售其自由品牌成衣。其合作约定，所销售商品均由成衣商直接交付给消费者，并由合作店以自己的名义开具发票给消费者作为凭证，再由各合作店依照约定，向"国税局"按期申报营业税。2003年，台湾一民众到成衣商所在合作店消费，拿到合作店开立的发票并向"国税局"检举其涉嫌漏税。最终"国税局"认定其漏税0.59亿台币，并处以了4.7亿台币的罚款。

四成衣商对该裁定不服，在诉愿、行政诉讼的提出皆以遭到驳回告终后，四成衣商遂向台湾"司法院"大法官会议提出"释宪"的要求，要求其认定该裁定与相关的"法律法规""违宪"。2011年3月4日，"司法院"大法官举行了第1370次会议，就该申请作出了解释，裁定"国税局"的裁定与相关"法律法规"均未违背租税法定主义，且符合"法律"的一般解释规则，并没有增加纳税人的负担。①

（四）法律适用

（1）《中美税收协定》第七条："一、缔约国一方企业的利润应仅在该缔约国征税，但该企业通过设在缔约国另一方常设机构在该缔约国另一方进行营业的除外。如果该企业通过设在该缔约国另一方的常设机构在该缔约国另一方进行营业，其利润可以在该缔约国另一方征税，但应仅以属于该常设机构的利润为限。二、从属于第三款的规定，缔约国一方企业通过设在缔约国另一方的常设机构在该缔约国另一方进行营业，如果该常设机构是一个独立和分设的企业，在相同或相似情况下从事相同或相似活动，并完全独立地同其所隶属的企业进行交易，该常设机构在缔约国各方可能得到的利润应属于该常设机构。三、确定常设机构的利润时，应允许扣除其进行营业发生的各项费用，包括行政和一般管理费用，不论其发生于常设机构所在国或者其他任何地方。但是，常设机构支付给企业总机构或该企业其他办事处的特许权使用费或其他类似款项，以及因借款所支付的利息，都不作任何扣除（属于偿还代垫实际发生的费用除外）。同样，在确定常设机构的利润时，也不考虑该常设机构从企业总机构或该企业其他办事处取得的特许权使用费或其他类似款项，以及贷款给该企业总机构或该企业其他办事处所收取的利息（属于偿还代垫实际发生的费用除外）。四、如果缔约国一方的税法规定，对于某具体行业，在核定利润基础上确

---

① 刘剑文等：《财税法成案研究》，北京：北京大学出版社2012年版，第171页。

定属于常设机构的利润，则第二款并不妨碍该缔约国执行其法律的规定。但是所得到的结果，应与本条所规定的原则一致。五、不应仅由于常设机构为企业采购货物或商品，将利润归属于该常设机构。六、在第一款至第五款中，除有适当的和充分的理由需要变动外，每年应采用相同的方法确定属于常设机构的利润。七、利润中如果包括本协定其他各条单独规定的所得项目时，本条规定不应影响其他各条的规定。"

（2）《中美税收协定》第十一条："一、发生于缔约国一方而支付给缔约国另一方居民的特许权使用费，可以在该缔约国另一方征税。二、然而，这些特许权使用费也可以在其发生的缔约国，按照该缔约国的法律征税。但是，如果收款人是该特许权使用费受益所有人，则所征税款不应超过特许权使用费总额的10%。三、本条'特许权使用费'一语是指使用或有权使用文学、艺术或科学著作，包括电影影片、无线电或电视广播使用的胶片、磁带的版权，专利、专有技术、商标、设计、模型、图纸、秘密配方或秘密程序所支付的作为报酬的各种款项，也包括使用或有权使用工业、商业、科学设备或有关工业、商业、科学经验的情报所支付的作为报酬的各种款项。四、如果特许权使用费受益所有人是缔约国一方居民，在该特许权使用费发生的缔约国另一方，通过设在该缔约国另一方的常设机构进行营业或者通过设在该缔约国另一方的固定基地从事独立个人劳务，据以支付该特许权使用费的权利或财产与该常设机构或固定基地有实际联系的，不适用第一款和第二款的规定。在这种情况下，应视具体情况适用第七条或第十三条的规定。五、（一）如果支付特许权使用费的人是缔约国一方政府、行政区、地方当局或该缔约国居民，应认为该特许权使用费发生在该缔约国。然而，当支付特许权使用费的人不论是否为缔约国一方居民，在缔约国一方设有常设机构或者固定基地，支付该特许权使用费的义务与该常设机构或者固定基地有联系，并由其负担特许权使用费，上述特许权使用费应认为发生于该常设机构或者固定基地所在缔约国。（二）如果根据第（一）项，特许权使用费不发生于缔约国双方的任何一方，但该特许权使用费与在缔约国双方的一方使用或有权使用该权利或财产有关，上述特许权使用费应认为发生于该缔约国。六、由于支付特许权使用费的人与受益所有人之间或他们与其他人之间的特殊关系，就有关使用、权利或情报支付的特许权使用费数额超出支付人与受益所有人没有上述关系所能同意的数额时，本条规定应仅适用于后来提及的数额。在这种情况下，对该支付款项的超出部分，仍应按各缔约国的法律征税，但应适当考虑本协定的其他规定。"

（3）《中华人民共和国企业所得税法》第六条："企业以货币形式和非货币形式从各种来源取得的收入，为收入总额。包括：（一）销售货物收入；（二）提供劳务收入；（三）转让财产收入；（四）股息、红利等权益性投资收益；（五）利息收入；（六）租金收入；（七）特许权使用费收入；（八）接受捐赠收入；（九）其他收入。"

（4）《中华人民共和国企业所得税法实施条例》第十九条："企业所得税法第六条第（六）项所称租金收入，是指企业提供固定资产、包装物或者其他有形资产的使用权取得的收入。"

（5）《中华人民共和国企业所得税法实施条例》第二十条："企业所得税法第六条第（七）项所称特许权使用费收入，是指企业提供专利权、非专利技术、商标权、著作权以及其他特许权的使用权取得的收入。特许权使用费收入，按照合同约定的特许权使用人应付特许权使用费的日期确认收入的实现。"

（五）小结

泛美卫星公司租赁费在华纳税案在当年引起了巨大的轰动，考虑到中国外向型经济特征明显，特别是与美国有着频繁的贸易往来，这一涉外税收案例会造成如此之大的影响也不无道理。遗憾的是，虽然当时适用的国内法即《中华人民共和国企业所得税暂行条例》与《中华人民共和国企业所得税暂行条例实施细则》皆已经被新的法律法规取代，但是现行的《中华人民共和国企业所得税法》与《中华人民共和国企业所得税法实施条例》依然没有对本案所涉及的服务收费的性质予以明确，所以该案近年来依然被许多学者援引，以审视我国税法的不足。除去上面所提及的税法完备性问题，该案还为我们探析国际税法与国内税法的适用问题提供了良好的指引，即在充分尊重国际税法的同时，也要保持本国税法的相对独立。

九、编者：郭宗杰、孙仙冬

十、编写时间：2014 年 5 月

光大"乌龙指"事件

一、案例编号（4-09）

二、学科方向：经济法、证券法

三、案例名称：光大"乌龙指"事件

四、内容简介

2013年8月16日11时5分，光大证券在进行ETF申赎套利交易时，因程序错误，其所使用的策略交易系统以234亿元巨量申购180ETF成分股，实际成交达72.7亿元，引起沪深300、上证综指等大盘指数和多只权重股短时间大幅波动。后光大证券被证监会认定构成内幕交易、信息误导、违反证券公司内控管理规定等多项违法违规行为，并被处以高达5.23亿元的处罚。徐浩明、杨赤忠等光大证券主管人员亦须受到相应的行政处罚。

五、关键词：内幕交易；信息披露；内控

六、具体案情

2013年8月16日早上，光大证券策略投资部在股市交易开始前，确定其当日ETF套利的资金额度为8 000万元。9点41分至11点2分之间，光大证券交易员判

断 180ETF 出现套利机会，先后发出三组买单，买入上证 180 一揽子股票，再兑换成 180ETF 份额卖出，并在尽可能短的时间内完成上述操作以赚取差价。上述三组买单共计 456 笔，委托金额不超过 550 万元。

异常情况出现在 11 点 5 分 8 秒之后的两秒内，委托系统里瞬间产生了 26 082 笔预计外的市价委托订单，金额共计 234 亿元。这些异常订单并没有遭到委托系统拦截，而是直接发送至交易所，其中 72.7 亿元的委托成交，促发了大量程序化交易的跟盘条件，导致了其他机构投资者自动交易设定中的大笔买入资金迅速进场。由于其主要锁定大盘蓝筹股，导致中国石油（601857.SH）、中国石化（600028.SH）、中国工商银行（601398.SH）和中国银行（601988.SH）等银行与石油大盘蓝筹股被直拉涨停，带动上证指数上涨 5.96%。

光大证券的交易员在 11 点 7 分时通过系统监控模块发现了异常，此时光大方面也接到交易所的问询电话，开始批量撤单，终止系统运行，最终 6 413 笔成交，金额约为 72.7 亿元。光大证券的违法违规行为也在此时开始出现。由于我国证券交易规定股票持仓只能于 T + 1 日卖出，光大证券为对冲风险，开始卖出股指期货 IF1309 空头合约，截至上午收盘共卖出 253 张（合约金额约为 1.75 亿元），这一对冲行为虽然未被证监会认定为违法违规行为，但是外界普遍指责该行为构成不当交易，涉嫌操纵市场。

当天中午 11 点 40 分至 12 点 40 分左右，光大证券召开紧急会议。徐浩明、杨赤忠（助理总裁，分管策略投资部）、沈诗光、杨剑波等人紧急商定为对冲自身持有的多头风险，决定尽量将买入的股票申购成 ETF 在二级市场卖出，其余部分使用股指期货空头合约进行全额对冲，并责成杨剑波负责实施。不过在 11 时 59 分左右，光大证券董事会秘书梅键在不了解事件情况和原因的情况下，轻率地向咨询的记者否认市场上"光大证券自营盘 70 亿元乌龙指"的传闻，该误导信息在 12 时 47 分发布并被各大门户网站转载。

截至 16 日下午收盘，光大证券策略投资部总共卖出 ETF 金额约 18.9 亿元，卖出空头合约 6 877 张（IF1309、IF1312 期货合约在当天的结算价分别为 2 302 点、2 310 点，每点 300 元，以此计算合约金额约为 47.4 亿元）。加上上午的 253 张，股指期货空单共 7 130 张，合约金额在 50 亿元左右，以 15% 保证金计，动用资金 7.5 亿元左右，光大证券成功将乌龙买入股票的损失顺利锁仓。16 日当日，光大证券买入股票的损失约为 3.3 亿元，卖出的股指期货空头合约盈利 1 亿元，总共亏损约 2 亿元。

颇受诟病的是，光大证券（601788. SH）直至下午 1 点交易重新开始后才因重大事项紧急停牌，后又至 14 点 22 分才发出提示性公告——"当天上午公司策略投资部门自营业务在使用其独立的套利系统时出现问题"。光大证券没有在发现问题第一时间就停牌并发出提示性公告，而是到下午才这么做，涉嫌进行具有内幕交易性质的对冲操作。

对于该异常现象，中国证监会于 16 日当即组织地方证监会、交易所与登记结算公司等，对上述异常情况进行核查，发现主要买入方为光大证券自营账户，事故原因为策略交易系统出现问题，上海证监局和上海证券交易所也进行了现场调查。光大证券策略投资部负责人杨剑波被内部暂停职务，协助调查，而光大证券总裁徐浩明亦于 8 月 22 日辞职。

证监会于 8 月 23 日结束调查，并于 8 月 30 日发布了《光大证券异常交易事件的调查处理情况》的公告，并作出行政处罚事先告知。该公告认定光大证券的违法违规事实主要有：①光大证券在异常交易事件发生后、信息依法披露前转换并卖出 ETF 基金、卖空股指期货合约。②光大证券内控缺失、管理混乱，自营业务套利系统存在的技术设计缺陷导致异常交易发生。并认定：光大证券异常交易事件虽然是证券经营机构交易系统设计缺陷导致的，但是，这一事件暴露了光大证券在内部控制、风险管理、合规经营等方面存在很大问题。事件发生后，光大证券及其事件相关人员在考虑对冲风险、调剂头寸，降低可能产生的结算风险时，采取了错误的处理方案，构成内幕交易、信息误导、违反证券公司内控管理规定等多项违法违规行为。最终对光大证券和相关责任人员作出和采取以下行政处罚和行政监管、市场禁入措施：

①没收光大证券违法所得 87 214 278.08 元，并处以 5 倍罚款，罚没款金额总计 523 285 668.48 元。

②对徐浩明、杨赤忠、沈诗光、杨剑波分别给予警告，罚款 60 万元并采取终身的证券市场禁入措施，宣布徐浩明、杨赤忠、沈诗光、杨剑波为期货市场禁止进入者。

③对梅键责令改正并处以罚款 20 万元。

④停止光大证券从事证券自营业务（固定收益证券除外），暂停审批光大证券新业务，责令光大证券整改并处分有关责任人员，并将整改情况和处理结果报告中国证监会。

值得注意的是，在公告的最后，证监会还特意指出，因光大证券有内幕交易的行为，依据《证券法》第七十六条的规定，投资者可以依法提出民事诉讼要求赔偿。但首例股民诉光大证券案在 9 月 9 日被广州当地法院作出不予受理的裁定；而后上海市静安区人民法院对于另一名投资者提起的诉讼给出的回应是"尚需研究"。

七、案例来源

中国证券监督管理委员会：《光大证券异常交易事件的调查处理情况》，http://www.csrc.gov.cn/pub/newsite/bgt/xwdd/201308/t20130830_233365.htm。

八、案情分析

（一）争议焦点

（1）光大证券在 11 点 7 分后进行的对冲行为是否构成内幕交易？

（2）为什么说光大证券 ETF 套利存在内控薄弱的问题？

（3）"乌龙指"中的受侵害投资者面对怎样的维权困境？如何保护投资者利益？

（二）法理分析

1. 光大证券的对冲行为构成内幕交易

如前所述，光大证券在 11 点 7 分发现异常之后，并没有及时进行信息披露，而是决定尽量将买入的股票申购成 ETF 在二级市场卖出，其余部分使用股指期货空头合约进行全额对冲。最终通过卖出股指期货空单共 7 130 张，成功将乌龙买入股票的损失顺利锁仓。卖出的股指期货空头合约盈利 1 亿元，将买入股票的损失由 3.3 亿元压低至 2 亿元。这一对冲行为是否构成内幕交易，是本案的焦点问题之一。

内幕交易（insider trading）是指证券交易内幕信息的知情人和非法获取内幕信息的人在公司并购、业绩增长等重大信息公布之前，泄露信息或者利用内幕信息买卖证券谋取私利的行为。[①] 对于光大证券进行对冲交易的行为是否构成内幕交易，我们需要从主体、信息性质以及实施交易行为三个维度进行分析。

---

① 刘俊海：《现代证券法》，北京：法律出版社 2011 年版。

（1）光大证券是内幕信息知情人。

我国《证券法》第七十四条①规定了"发行人的董事、监事、高级管理人员"、"持有公司百分之五以上股份的股东及其董事、监事、高级管理人员，公司的实际控制人及其董事、监事、高级管理人员"等七类人是内幕信息知情人。而后证监会在 2007 年 1 月 30 日发布的《上市公司信息披露管理办法》第四条规定："在内幕信息依法披露前，任何知情人不得公开或者泄露该信息，不得利用该信息进行内幕交易。"实际上这一规定是将内幕信息知情人扩展至"任何知情人"。而光大证券在 11 点 7 分就知悉异常状况，并在中午 11 点 40 分至 12 点 40 分左右，光大证券还召开紧急会议进行讨论，足以认定光大证券是内幕信息知情人。

（2）光大系统异常买入股票的信息构成内幕信息。

《证券法》第七十六条规定了八类构成内幕交易信息的情况，其中第八款规定的"证监会认定的对证券交易价格有显著影响的其他重要信息"则显示了内幕信息的本质要求——"对证券交易价格有显著影响"。由于当日大盘指数以及中国石油等股份的股价上涨不是由正常的证券交易所引起的，而是由异常的委托订单推高的，所以在该信息披露后，大盘指数以及相关股票的股价必然会由于巨量的抛售而大幅度下跌，故该信息是典型的内幕信息。

另外，内幕信息还要求该信息是公众所不知情的（抽象而非个体）。11 点 59 分左右，光大证券董事会秘书梅键否认市场上"光大证券自营盘 70 亿元乌龙指"的传闻，该误导信息在 12 点 47 分发布并被各大门户网站转载，而直至 14 点 22 分才发出提示性公告。在这一时期，虽然市场上存在相关的传闻，但是大量投资者跟风买入可以认定上述异常信息并不为公众所知悉。

（3）光大证券实施的对冲交易行为属于内幕交易。

由于我国《证券法》对于内幕交易行为持一概禁止的态度，故光大证

---

① 《中华人民共和国证券法》第七十四条："证券交易内幕信息的知情人包括：（一）发行人的董事、监事、高级管理人员；（二）持有公司百分之五以上股份的股东及其董事、监事、高级管理人员，公司的实际控制人及其董事、监事、高级管理人员；（三）发行人控股的公司及其董事、监事、高级管理人员；（四）由于所任公司职务可以获取公司有关内幕信息的人员；（五）证券监督管理机构工作人员以及由于法定职责对证券的发行、交易进行管理的其他人员；（六）保荐人、承销的证券公司、证券交易所、证券登记结算机构、证券服务机构的有关人员；（七）国务院证券监督管理机构规定的其他人。"

券在得知系统异常买入股票的信息且并未将该信息予以披露的情况下，为了锁定交易损失，利用内幕信息，在明知道信息的披露会导致大盘指数以及相关股票股价下跌的情况下，将买入的股票申购成 ETF 在二级市场卖出，其余部分使用股指期货空头合约进行全额对冲，是典型的内幕交易行为。

另外，有学者指出，对于内幕交易行为的认定，还必须以当事人有过错为前提。而因为考虑到内幕信息知情人与投资者、监管机构等相比，都处于信息的绝对优势地位，为防止内幕信息知情人利用过错责任原则逃避责任，2005 年《证券法》对于内幕交易行为的认定采取了无过错原则。而在本案中从证监会查实的证据中可以看出，光大证券有开会讨论并且实施会议要求的行为，即明知内幕信息并使用该信息锁定亏损，即便采取过错责任原则也足以认定光大证券的行为构成内幕交易。

2. 光大证券 ETF 套利存在严重的内控缺陷

ETF，即交易型开放式指数基金，通常又被称为交易所交易基金（Exchange Traded Funds，简称"ETF"），是一种在交易所上市交易的、基金份额可变的开放式基金。而 ETF 套利是利用组合证券交易价格与基金份额净值之间存在的差价，不过由于这种差价波动率通常只有正负千分之一到千分之二，而且时间极短，越早捕捉到机会，利差越多；越接近临界时间，利差越趋近于零。虽然这种无风险套利每单只有千分之一甚至万分之一的利差，但是只要系统不出错，数量和次数有保证，利润率则相当可观。另外光大证券作为券商具有交易所席位，可以节省交易佣金。依据光大证券助理总裁杨赤忠的介绍，光大证券策略投资部在 2012 年的量化对冲业务收入高达 1.24 亿元。

但是，由于该业务的核心就是依靠"闪电战"取胜，而如果在软件的运算过程中设置复杂的风控流程系统和验资系统，则会因为降低了速度而导致利润的减少。而光大证券的策略投资部恰恰长期没有被纳入公司的风控体系，技术系统和交易控制也缺乏有效管理。这一内控缺陷的直接结果，就是仅在 11 点 5 分 8 秒之后的两秒内，委托系统里就瞬间产生了金额共计 234 亿元、26 082 笔预计外的市价委托订单，在异常订单没有遭到委托系统拦截的情况下直接发送至交易所。

从法制的角度讲，光大证券 ETF 套利内控缺陷的问题，凸显了证券市场金融创新与市场安全的冲突、《证券法》的滞后性与证券市场高速发展的冲突。从证监会的公告看来，行政处罚针对的主要是光大证券以内幕交易的方式锁定损失的行为，而内控缺失问题本身没有被直接认定为违法。实际上，考察我国的《证券法》，对于这些新型的程序化交易的监管有着比较严重的缺失。证监会在2008年出台的《风险指控指标管理办法》以及《证券公司自营业务指引》中对程序化交易设置了一些监管措施，主要体现为对自营业务的总规模限制。在本案中，光大证券指标虽然明显地超出了监管红线，但是在证监会的公告中也没有对这一问题进行认定。可以看出，程序化交易的监管在我国目前还是处于"真空"状态，亟待通过立法解决。

3. "乌龙指"事件中投资者面对的三大维权困境，兼论投资者利益的维护方法

从目前案件进展的状况来看，"乌龙指"事件中投资者权益保护至少面临着三大挑战：

（1）民事诉讼受理难。

证券市场投资者维权难的问题在我国由来已久，在证券监管方面我国持有的态度一直是"重行政，轻民事"。在光大证券"乌龙指"事件中也体现出了该问题。

针对本案的第一起民事诉讼是由广州股民郭先生提起的。郭先生认为，光大证券"乌龙指"导致自己对投资作出错误判断，从而损失7万元，并向番禺区法院起诉光大证券。番禺区法院作出裁决，认为该案属于虚假陈述证券民事赔偿案件，应由省、直辖市、自治区人民政府所在的市、计划单列市或经济特区中级人民法院管辖。另一起民事诉讼则是由上海投资者李女士提出的，她因误判市场买入权重股中信证券而损失近10万元。起诉材料于9月2日提交给上海市静安区人民法院。9月9日，静安法院致电其称，由于案件较为复杂，就此案如何受理、审理，法院系统内部正进行沟通研究，需要时间。

上述两案虽然法院处理所采取的理由以及方式都不尽相同，但是都很明显忌讳对相关民事诉讼的受理。而且由于上述两起诉讼投资者主要针对的是光大证券的虚假陈述导致自己的利益受到侵害，而依据最高人民法院《关于审理证券市场因虚假陈述引发的民事赔偿案件的若干规定》（以下简称《若干规定》）第六条："投资人以自己受到虚假陈述侵害为由，依据有关机关的行政处罚决定或者人民法院的刑事裁判文书，对虚假陈述行为人提起的民事赔偿诉讼，符合民事诉讼法第一百零八条规定的，人民法院应当受理。"该类诉讼实际上是有前置程序的要求的，由于两人提起诉讼的

时候对于光大证券的正式行政处罚决定尚未作出，故诉讼的前置条件实际上是尚未成就的。

（2）证券民事诉讼举证难、因果关系认定难。

寄于证券市场允许的复杂性，几十个法院受理了投资者针对光大证券的民事诉讼，在举证以及因果关系的认定上也存在巨大困难。

就举证问题而言，由于投资者在获取证据方面有着巨大的障碍，故公权力机关特别是证监会对于光大证券违法违规的认定公告能否为法院所承认则具有关键作用。不过由于在此类问题上我国法律并没有作出明确规定，投资者有可能因此而承担败诉的风险。

而就因果关系的认定问题而言，虽然上述《若干规定》第十八条对于虚假陈述与损害之间的因果关系如何认定有较为明确的规定，但是就内幕交易与损害之间的因果关系的认定问题，我国现行的《证券法》也未给出明确的规定。

（3）未建立集团诉讼制度。

集团诉讼（class action）是指有一个或者数个代表人，为了集团成员全体的共同利益，经法院许可，代表所有成员提起的诉讼。[①] 该诉讼制度起源于英美衡平法下英国的代表诉讼（representative proceeding）。[②] 在美国，集团诉讼在证券民事诉讼中扮演了重要的角色，其主要原因在于在现代社会大规模侵权频发的环境下，为以"小额多数"为特征的受害者提供了诉讼激励，克服个别诉讼的风险和不经济，减少对"搭便车"的顾忌，缓和了"集体行动困境"。[③] 集团诉讼最大的特征是"声明退出"，即除非诉讼所涉及成员明确表示不参加该诉讼，否则将自动成为集团成员，诉讼结果对其发生效力。这也是集团诉讼与我国共同诉讼的最大差异。但是共同诉讼的弊端在于无法解决证券民事案件中"小额多数"的弊端，会导致大量没有参与到诉讼中的当事人的利益得不到保护，间接降低了违法成本。

对于本案中投资者利益保护的问题，笔者认为，可以通过以下几种方法予以解决：

---

① 郭雳：《证券集团诉讼的功用与借鉴：一个基于现实的批判性解读》，《证券法苑》2010年第1期。

② 李娟、王阳：《美国集团诉讼研究》，《法制与社会》2008年第34期。

③ See Amchem Prods. , Inc. v. Windsor, 521 U. S. 591, 617 (1997) .

（1）由光大证券设立投资者赔偿基金。

2013 年 5 月，针对万福生科造假一案，平安证券独家出资 3 亿元人民币设立万福生科虚假陈述事件投资者利益补偿转型基金，用以先行偿付投资者的投资损失。平安证券的这一做法得到巨大的好评，虽然在具体执行的过程中由于经验的缺乏尚须完善该制度，但是由过错主体主动设立投资者赔偿基金为投资维权难问题的解决提供了一条新的思路，即通过商业运行规律实现市场主体的利益平衡。在本案中，光大证券完全可以效仿平安证券设立投资者赔偿基金以力挽狂澜。实际上，在 8 月 20 日，光大证券复牌后即跌停，市值蒸发逾 40 亿，体现了投资者对光大证券极大的不信任。而投资者赔偿基金的设立，则是挽回投资者信心的良好的亡羊补牢之策，既有利于光大证券重获市场竞争力，也有利于投资者的利益保护。

（2）由财政部、证监会等有关部门利用 5.23 亿的罚款设立专项赔偿基金。

我国《证券法》第二百三十二条对于行政罚金与民事赔偿的关系有明确规定："违反本法规定，应当承担民事赔偿责任和缴纳罚款、罚金，其财产不足以同时支付时，先承担民事赔偿责任。"由于证监会对光大证券的罚款高达 5.23 亿，再加之光大证券本身遭到了巨大的打击，其偿付能力一定会大幅度下降。有鉴于此，考虑到投资者才是本次事件中最大的实质受害者，依据民事赔偿金的优先原则，可以由财政部、证监会等有关部门利用巨额罚款组建起一个专项的赔偿基金。虽然这样的基金在我国并无先例，但是考虑到光大证券"乌龙指"事件的巨大影响力以及我国低迷的股市环境，由监管部门主动设立、国家主动"让利"设立赔偿基金，对于保护投资者利益，重建投资者信心有着巨大的促进作用。

（3）最高人民法院应加快出台有关证券民事诉讼的司法解释。

在本案发生的两个月后（10 月 11 日），证监会发言人表示，对于光大证券投资者的民事赔偿问题，当前已经通报到最高人民法院，对于民事审判权由司法机关独立行使，最高人民法院准备参照虚假陈述来商定光大证券投资者赔偿问题。但是目前最高人民法院尚未出台具体文件，也没有作出相关表示。考虑到类似的案例未来还有可能继续出现，而《证券法》、《民事诉讼法》的有关修订尚须时日，那么由最高人民法院出台相关司法解释的方式是保护投资者利益的最现实的法律手段之一。这些司法解释应当对下列问题作出明确规定：①证券民事诉讼的管辖，应当以受理为原则，不予受理为例外，并废除上述《若干规定》中的前置程序规定；②对于证据与举证方面的问题，应当设置有利于投资者的规定；③法院应当独立于行政机构，对于案件事实可以作出与行政机关不同的认定；④应当明确执行法院有权依据胜诉投资者的请求，向证监会、财政部等相关部门发出协助执行通知书，落实民事赔偿优先原则。

（三）相关判例

1. 美国"闪电暴跌"事件

实际上，美国证券市场在 2010 年 5 月 6 日就体会到了"乌龙"程序化交易的巨大破坏力。当时一家美国交易商预设的一个避险沽空指令启动，大举抛售标普 500 指数期货合约共 7.5 万张，总值 41 亿元，使美国道琼斯指数在 4 分钟内暴跌 3%，并在半小时内拖垮大市跌近 1 000 点。

美国证券交易委员会（SEC）和商品期货交易委员会（CFTC）旋即开始对该事件进行调查。其调查表明，七大原因造就了这一震惊全球的"闪电暴跌"事件，具体包括：股指产品如指数交易所交易基金（ETF）价格大幅下跌，E－Mini 标准普尔 500 股指期货价格重挫和大量"同时及后续"股票的抛售，股市、股指期货和交易所交易基金之间存在很大的关联，"流动性错配"及止损指令等。

另外，美国金融业监管局（FINRA）对经纪自营商逐个展开排查，美国政府对在未进行适当核查和风险管理控制的情况下，就允许高频交易者进入市场的经纪商开出了巨额罚单。

该事件最大的影响是促成了 SEC 对交易规则的修改，主要体现在重新设立了"熔断机制"① 以及禁止了部分超高频交易。

2. 日本瑞穗证券"乌龙指"事件

2005 年 12 月 8 日，日本综合人才服务公司 J－COM（发行股本 14 500 股）首次登陆东京证券交易所（以下简称"东交所"），上午 9 点 27 分日本瑞穗证券的员工误将"以 61 万日元卖出 1 股 J－COM 公司股票"的指令输入为"1 日元卖出 61 万股"，并在忽略了"指令异常"的指令后发出了下单指令。事发当天，整个证券市场都受到了"乌龙指"事件的拖累，日经平均指数迅速下滑，当天收盘时日经平均指数较前一交易日下跌了301.30 日元（下跌 1.95%）。

"乌龙指"事件给瑞穗证券造成了 407 亿日元的巨大损失，2006 年 3

---

① 曲艳丽、刘文君：《追查光大"乌龙指"》，《财经》2013 年第 24 期，第 46 页。

月至 8 月，瑞穗证券与东交所的高层就如何分担 407 亿日元的损失进行了多次磋商，最终因双方在责任认定及金额的分配上有较大争议而不欢而散。瑞穗证券后于 2006 年 10 月 27 日向东京地方法院提起民事诉讼，要求东交所承担 415 亿日元的损害赔偿责任。

2009 年 12 月 4 日，东京地方法院作出一审裁定，判决东交所赔偿瑞穗证券 1 071 212 万日元。东交所首席执行官齐藤悴在一审判决后发表声明，表示东交所虽然对法院的判决持有异议，但是为了尽早使市场恢复秩序愿意接受法院的赔偿命令，并在判决生效后将赔偿金及利息共计 132 亿日元支付给瑞穗证券。而瑞穗证券为了免予被股东提起代表诉讼，表示不服一审判决并向东京高院提起上诉。

（四）法律适用

（1）《中华人民共和国证券法》第一百五十条："证券公司的净资本或者其他风险控制指标不符合规定的，国务院证券监督管理机构应当责令其限期改正；逾期未改正，或者其行为严重危及该证券公司的稳健运行、损害客户合法权益的，国务院证券监督管理机构可以区别情形，对其采取下列措施：（一）限制业务活动，责令暂停部分业务，停止批准新业务；（二）停止批准增设、收购营业性分支机构；（三）限制分配红利，限制向董事、监事、高级管理人员支付报酬、提供福利；（四）限制转让财产或者在财产上设定其他权利；（五）责令更换董事、监事、高级管理人员或者限制其权利；（六）责令控股股东转让股权或者限制有关股东行使股东权利；（七）撤销有关业务许可。证券公司整改后，应当向国务院证券监督管理机构提交报告。国务院证券监督管理机构经验收，符合有关风险控制指标的，应当自验收完毕之日起三日内解除对其采取的前款规定的有关措施。"

（2）《中华人民共和国证券法》第二百零二条："证券交易内幕信息的知情人或者非法获取内幕信息的人，在涉及证券的发行、交易或者其他对证券的价格有重大影响的信息公开前，买卖该证券，或者泄露该信息，或者建议他人买卖该证券的，责令依法处理非法持有的证券，没收违法所得，并处以违法所得一倍以上五倍以下的罚款；没有违法所得或者违法所得不足三万元的，处以三万元以上六十万元以下的罚款。单位从事内幕交易的，还应当对直接负责的主管人员和其他直接责任人员给予警告，并处以三万元以上三十万元以下的罚款。证券监督管理机构工作人员进行内幕交易的，从重处罚。"

（3）《中华人民共和国证券法》第二百零七条："违反本法第七十八条第二款的规定，在证券交易活动中作出虚假陈述或者信息误导的，责令改正，处以三万元以上二十万元以下的罚款；属于国家工作人员的，还应当依法给予行政处分。"

（4）《中华人民共和国证券法》第二百三十三条："违反法律、行政法规或者国务院证券监督管理机构的有关规定，情节严重的，国务院证券监督管理机构可以对有关责任人员采取证券市场禁入的措施。前款所称证券市场禁入，是指在一定期限内直至终身不得从事证券业务或者不得担任上市公司董事、监事、高级管理人员的制度。"

（5）《证券公司监督管理条例》第七十条："国务院证券监督管理机构对治理结构不健全、内部控制不完善、经营管理混乱、设立账外账或者进行账外经营、拒不执行监督管理决定、违法违规的证券公司，应当责令其限期改正，并可以采取下列措施：（一）责令增加内部合规检查的次数并提交合规检查报告；（二）对证券公司及其有关董事、监事、高级管理人员、境内分支机构负责人给予谴责；（三）责令处分有关责任人员，并报告结果；（四）责令更换董事、监事、高级管理人员或者限制其权利；（五）对证券公司进行临时接管，并进行全面核查；（六）责令暂停证券公司或者其境内分支机构的部分或者全部业务、限期撤销境内分支机构。证券公司被暂停业务、限期撤销境内分支机构的，应当按照有关规定安置客户、处理未了结的业务。对证券公司的违法违规行为，合规负责人已经依法履行制止和报告职责的，免除责任。"

（6）《期货交易管理条例》第七十条："期货公司有下列行为之一的，责令改正，给予警告，没收违法所得，并处违法所得 1 倍以上 3 倍以下的罚款；没有违法所得或者违法所得不满 10 万元的，并处 10 万元以上 30 万元以下的罚款；情节严重的，责令停业整顿或者吊销期货业务许可证：（一）接受不符合规定条件的单位或者个人委托的；（二）允许客户在保证金不足的情况下进行期货交易的；（三）未经批准，擅自办理本条例第十九条、第二十条所列事项的；（四）违反规定从事与期货业务无关的活动的；（五）从事或者变相从事期货自营业务的；（六）为其股东、实际控制人或者其他关联人提供融资，或者对外担保的；（七）违反国务院期货监督管理机构有关保证金安全存管监控规定的；（八）不按照规定向国务院期货监督管理机构履行报告义务或者报送有关文件、资料的；（九）交易软件、结算软件不符合期货公司审慎经营和风险管理以及国务院期货监督管理机构有关保证金安全存管监控规定的要求的；（十）不按照规定提取、管理和使用风险准备金的；（十一）伪造、涂改或者不按照规定保存期货交易、结算、交割资料的；（十二）任用不具备资格的期货从业人员的；（十三）伪造、变造、出租、出借、买卖期货业务许可证或者经营许可证的；（十四）进行混码交易的；（十五）拒绝或者妨碍国务院期货监督管理机构监督检查的；（十六）违反国务院期货监督管理机构规定的其他行为。期货公司有前款所列行为之一的，对直接负责的主管人员和其他直接责任人员给予警告，并处1万元以上5万元以下的罚款；情节严重的，暂停或者撤销任职资格、期货从业人员资格。期货公司之外的其他期货经营机构有本条第一款第（八）项、第（十二）项、第（十三）项、第（十五）项、第（十六）项所列行为的，依照本条第一款、第二款的规定处罚。期货公司的股东、实际控制人或者其他关联人未经批准擅自委托他人或者接受他人委托持有或者管理期货公司股权的，拒不配合国务院期货监督管理机构的检查，拒不按照规定履行报告义务、提供有关信息和资料，或者报送、提供的信息和资料有虚假记载、误导性陈述或者重大遗漏的，依照本条第一款、第二款的规定处罚。"

（7）《期货交易管理条例》第七十八条："任何单位或者个人非法设立或者变相设立期货交易所、期货公司及其他期货经营机构，或者擅自从事期货业务，或者组织变相期货交易活动的，予以取缔，没收违法所得，并处违法所得1倍以上5倍以下的罚款；没有违法所得或者违法所得不满20万元的，处20万元以上100万元以下的罚款。对直接负责的主管人员和其他直接责任人员给予警告，并处1万元以上10万元以下的罚款。"

（五）小结

光大证券"乌龙指"事件可以说是我国整个资本市场发展历史上影响力最为巨大的事件之一，一家券商的一个小小的系统错误，就可以对整个证券市场造成如此巨大的影响，这不得不引人深思。如何处理好证券市场的发展与监管之间的关系，永远是一个必须勇敢面对的问题。从目前看来，无论是以证监会为首的行政监管机关、作为具体交易场所的上交所还是光大证券，对于"乌龙指"事件的发生，都有着一定的责任。监管主体立法滞后、交易所风险控制机能不健全以及券商内控机制薄弱三大问题都亟待解决。而如何保护证券市场中投资者的利益，解决投资者维权难的问题，则需要法院以独立的身份参与到市场纠纷的解决之中来。总而言之，对光大证券"乌龙指"事件的研究，对于我们构建更公平更有效率的资本市场有着巨大的促进作用。

九、编者：郭宗杰、孙仙冬

十、编写时间：2014 年 5 月

吴英"非法集资"案

一、案例编号（4-10）

二、学科方向：经济法、金融法

三、案例名称：吴英"非法集资"案

四、内容简介

2005 年 5 月至 2007 年 2 月间，吴英先后从林卫平、杨卫陵、杨志昂等 11 人处非法集资 77 339.5 万元。吴英于 2009 年 12 月 18 日，被金华市中级人民法院认定犯集资诈骗罪，并判处死刑。后吴英上诉至浙江省高级人民法院，浙江省高级人民法院作出了维持原判的判决。不过最高人民法院并未对吴英的死刑判决予以核准，在发回浙江省高级人民法院重审后吴英被改判死缓。

五、关键词：非法集资类犯罪；金融体制改革；司法独立

六、具体案情

吴英出生于 1981 年，由于受其父吴永正的影响，吴英很早就走上了创业的道路。吴英在 15 岁时就到慈溪与人合伙开办美容院，并在此过程中结识了俞亚素等宁波

人，也就是最早借贷给吴英的放贷者。2002年时与其丈夫周红波开办了"吴宁一生美容美体中心"，由于较早引进了当时在国内还处在灰色地带的羊胎素项目，该中心吸引了不少高端客户。在挣得第一桶金并积累了相当的人脉基础后，吴英在2005年3月以45万元的转让费接手了喜来登俱乐部，并花费约500万元①将其打造成豪华歌厅。一个月后，吴英又在东阳花费500万元②开办了"千足堂休闲理发屋"。实际上自2005年3月开始，吴英就以合伙或投资等为名，向徐玉兰、俞亚素、唐雅琴、夏瑶琴、竺航飞、赵国夫等人集资达人民币1400余万元。这些借贷的利息达每万元每日35元、40元、50元不等，或给予每季度分红30%、60%、80%的投资回报。

吴英神话的横空出世则是在2006年4月才真正开始的。4月13日，本色控股集团有限公司成立，注册资金5000万元。本色商贸、本色洗业、本色酒店等12家本色系列公司接连注册，仅在8月14日，吴英就一口气注册了4家公司。其中最引人注目的就是从3月开始筹建的本色概念酒店。吴英在看守所中称，本色概念酒店投资约5000万。③ 由于筹建酒店与争取代理权需要的资金远不是吴英所能承受的，吴英借款的高峰由此开始。依据起诉书，吴英首次向其最大的债主林卫平借款500万元（利息为每万元每天40元，7月3日后约定利息为每万元每天35元），就发生在2006年3月30日；随后仅4月这一个月，就向林卫平借款9250万元。总体上看，虽然吴英在期货和土地市场上投资失败累计损失达6000万，但是其1.5亿的房产投资，洗车、洗衣与酒店等实体投资却相当成功。包括周基林、宋娜在内的多位原本色员工在接受知名媒体《南方周末》采访时均认为，本色集团如有时间缓冲，有很大可能盈利、回本，给所有注入资金的人带来约定的利润。

不过吴英的这种以高利借贷、以贷还息为基础的经营模式注定是不可持续的，在庭审过程中，吴英承认在2006年10月至12月，资金链已经断裂。2006年12月，以工行向其催要1550万元贷款与杨志昂、杨卫陵等债权人"绑架"吴英为导火索，吴英神话走向了破灭。

2007年2月7日，吴英在首都机场被刑事拘留。2月10日，东阳市政府在报纸、电台、电视台等媒体上发布公告称，"本色集团与吴英涉嫌犯

---

① 该数字来源于吴英案的上诉材料。
② 该数字来源于吴英案的上诉材料。
③ 本色集团设计部设计员吴天认为这个数字水分不多。

罪，东阳市人民政府已责成相关部门组成清产核资组，负责本色控股集团有限公司及其相关公司的资产清理、财务审计、债券债务等工作"。

在上述公告的基础上，东阳市政府将资产所有者——本色集团挡在了资产评估与资产处置的门外。2008年6月3日（吴英案尚在审理阶段），《东阳日报》上发布了一张有关30辆机动车的拍卖公告，这份公告上没有表明这批汽车的所属单位，但是从其上牌时间等因素可以判断出这些车属本色集团所有。吊诡的是，这批车拍卖采取了10辆一组打包拍卖的方式，使得竞拍者具有一定的指向性，即具有一定经济实力的人群。这批原本总价2 000万元左右①、使用时间最长不到一年的车辆，最终以390万元成交。其后，本色概念酒店也在没有标明所属单位的情况下以公告形式拍卖了出去，拍卖价款为450万元。这一过程中本色集团与吴英家属并非没有行动，2008年6月15日，本色集团向东阳市人民法院提交了一份《价格鉴定异议书》，认为东阳市价格认证中心2008年4月作出的鉴定报告价格畸低。比如起码均价6 500元/平方米的住宅，在这家官办鉴定机构的笔下只有3 800元/平方米。不过官方并没有给出明确的答复，依然依据此价格进行了拍卖。

2009年4月16日，吴英案在金华市中级人民法院进行了开庭审理。双方争议的焦点主要有：①吴英主观上是否具有非法占有他人财产的故意；②该案属于单位犯罪还是自然人犯罪；③吴英的行为是否构成集资诈骗罪。经过了长达8个小时的庭审，法院认定，吴英在已负债上千万元的情况下，为资金链的延续，于2005年下半年开始，继续以高息和高额回报为诱饵，大量非法集资，并用非法集资款先后虚假注册了多家公司。为掩盖其已巨额负债的事实，又隐瞒事实真相，采用给付高息或高额投资回报方式，用非法集资款购置房产、投资、捐款等方法，进行虚假宣传，给社会公众造成其有雄厚经济实力的假象，骗取社会资金。从2005年5月至2007年2月，吴英以高额利息为诱饵，以投资、借款、资金周转等为名，先后从林卫平、杨卫陵、杨卫江等11人处非法集资人民币77 339.5万元，用于偿还本金、支付高额利息、购买房产和汽车及个人挥霍等，实际集资诈骗人民币38 426.5万元。最终认定吴英的行为构成集资诈骗罪，判处死刑。

后来吴英上诉至浙江省高级人民法院，浙江省高级人民法院于2012年1月12日作出了维持原判的裁定，这一裁定在春节期间发酵成为全国热议的舆情事件。以张维迎教授为代表的经济学家以吴英案为契机，对我国固

---

① 此处为吴英自述，含上牌和交税费用，一审认定为1 500万~1 600万元。

有的金融制度，特别是对融资的功能被掌握在以国有垄断金融机构为主体的金融机构手中这一问题展开了抨击；以张千帆教授为代表的法学家则根据《刑法修正案（八）》取消了十三类经济性非暴力犯罪对死刑的适用这一变化，认为在目前我国死刑少杀慎杀的指向下不应当判处吴英死刑；一般公众则将吴英与贪腐型犯罪联系到一起，认为对于普通公民的经济犯罪处罚过重，而对于公务人员的贪腐犯罪处罚则过轻。这些舆论甚至让吴英案得到了中央人民政府与最高人民法院的关注。

2012 年 2 月 14 日，最高人民法院召开理性新闻发布会，当时的主题是发布法院有关打击毒品犯罪的情况，但是在会议的最后有记者提出了有关吴英案的问题，新闻发言人孙军工表示吴英案受到了媒体和社会各界的广泛关注，因为案情复杂，最高人民法院将审慎处理吴英案。

同年 3 月 14 日，在十一届全国人大五次会议记者会上，时任国务院总理的温家宝也回答了记者有关吴英案的提问，并认为对于民间借贷的法律关系和处置原则应该作深入的研究，使民间借贷有明确的保障。而且其也认为，吴英案反映了民间金融的发展与我们经济社会发展的需求还不适应。

2012 年 4 月 20 日，最高人民法院裁定不核准吴英死刑，将案件发回浙江省高级人民法院重新审判。2012 年 5 月 21 日，浙江省高级人民法院经重审改判吴英死刑缓期两年执行。

七、案情来源

浙江省金华市中级人民法院刑事判决书（2009）浙金刑二初字第 1 号。

浙江省高级人民法院刑事裁定书（2010）浙刑二终字第 27 号。

万茵：《吴英：亿万富姐的罪与罚》，北京：法律出版社 2013 年版。

叶飙、刘俊、吕明合：《祸"水"与暗渠：吴英案的资产处理》，《南方周末》，2012 年 2 月 10 日。

八、案情分析

（一）争议焦点

（1）行政机关在吴英案中扮演的角色是否适当？

（2）吴英的行为是否构成集资诈骗罪？

（3）吴英案折射出了我国金融体制存在哪些问题？

（二）法理分析

1. 行政机关在吴英案中扮演的角色有所不宜

从 2007 年 2 月 10 日东阳市政府的公告中可以看出，东阳市政府在吴英案的查处过程中扮演了极为重要的角色，但是这种角色有越界之嫌，也就是说行政权过度地渗透进市场经济与司法之中。实际上，东阳市政府以自己为核心责成相关部门对吴英案进行查处并进行资产处理的行为并非无水之源，但是也绝非没有法律瑕疵。

之所以说其非无水之源，是因为在吴英被警方控制的一个月前，即 2007 年 1 月，为了应对越演越烈的非法集资问题，国务院批准成立了由银监会牵头的处置非法集资部级联席会议。依据国务院规定，对涉嫌非法集资类案件性质的认定进行分工。一般的案件，由地方省级政府负责认定，当地银监部门、公安部门或者其他部门给予配合。非法集资一经认定，省级政府要负责本地区处置非法集资类案件的组织查处、债权债务清理清退等善后与维稳工作。也就是说，中央政府在处理非法集资这一问题上，着力构建的是一种政府主导模式。

但是东阳市政府的做法有相当严重的法律瑕疵，主要如下：

首先，国务院规定有权对非法集资类案件性质进行认定的是省级政府，也就是说吴英案在认定并开展相关资产处理中应当由浙江省政府牵头而非东阳市政府。

其次，东阳市政府在案件未审结的情况下，阻碍本色集团参与清算并对其资产进行拍卖的行为，更是严重违背了有关公司解散清算与资产处理相关的法律规定。主要表现有三：

（1）就本色集团是否应当被解散而言，依据我国《公司法》第一百八十一条的规定①，本色集团有限公司在当时的情况下并不符合该条款的第（四）项与第（五）项的规定，而且案件审结后认定吴英的行为为自然人犯罪而非单位犯罪，对吴英的财产的处理也应该基于《刑事诉讼法》与《公司法》的有关规定进行，不能随意波及公司的经营，实际上，由于东

---

① 该条规定："公司因下列原因解散：（一）公司章程规定的营业期限届满或者公司章程规定的其他解散事由出现；（二）股东会或者股东大会决议解散；（三）因公司合并或者分立需要解散；（四）依法被吊销营业执照、责令关闭或者被撤销；（五）人民法院依照本法第一百八十三条的规定予以解散。"

阳市政府阻碍本色集团继续经营与强制进行清算的行为，本色集团可以说是瞬间土崩瓦解，只有上述的千足堂得以保留。东阳市政府的行为很明显是将吴英与本色集团有限公司两者混为一谈，并以行政权强制扼杀了市场主体的生命。

（2）就清算的主体而言，依据我国《公司法》第一百八十四条规定："公司因本法第一百八十一条第（一）项、第（二）项、第（四）项、第（五）项规定而解散的，应当在解散事由出现之日起十五日内成立清算组，开始清算。有限责任公司的清算组由股东组成，股份有限公司的清算组由董事或者股东大会确定的人员组成。逾期不成立清算组进行清算的，债权人可以申请人民法院指定有关人员组成清算组进行清算。人民法院应当受理该申请，并及时组织清算组进行清算。"依据此，东阳市政府绝非合法的清算主体，整个清算组应当由本色集团的股东或者人民法院指定的人员组成，并展开清算活动。

（3）由东阳市政府决定、东阳公安局开展的对本色集团的资产进行拍卖的行为更是严重违背了我国《刑事诉讼法》（1996 年第一次修正版）第一百一十四条①与《拍卖法》的相关规定，因为拍卖期间吴英案尚处在审理阶段，所以在上述被拍卖的资产尚未被法院判决定性的前提下，东阳市政府以及本色集团应当对这些资产进行保全，而不能擅自处分。另外，政府在对车辆进行拍卖的时候采取了 10 辆一组的打包拍卖方式，以及在拍卖房产（后因吴家人的阻止没有继续）的过程中压低了房屋的价值等做法也存在一定问题。

2. 吴英的行为不应以集资诈骗罪定罪

抛开围绕吴英案的各种争端，就吴英自身而言，争议最大的，就是其行为是否是犯罪？如果是犯罪，那么构成的是集资诈骗罪，抑或是非法吸收公众存款罪？在分析该案之前，有必要对我国非法集资类罪名的形成历程做一个简要的介绍。

改革开放后我国最早的"非法集资"案可以追溯到 1994 年的沈太福案。② 1992 年至 1993 年期间正值我国经济过热的时期，"乱集资"的现象

---

① 该条规定："在勘验、搜查中发现的可用以证明犯罪嫌疑人有罪或者无罪的各种物品和文件，应当扣押；与案件无关的物品、文件，不得扣押。对于扣押的物品、文件，要妥善保管或者封存，不得使用或者损毁。"

② 徐凯、鄢建彪、张有义：《致命的集资》，《财经》2012 年第 6 期。

大量出现。作为北京市长城机电科技有限公司总裁的沈太福就是在这一时期"乱集资"13.7亿元（波及20余万人），被判处死刑。不过由于当时我国并没有非法集资类的罪名，法院是以贪污罪与行贿罪对其进行判处的。这一罪名与罪行不相适应的现象直到被称为中国"金融立法年"的1995年才得以解除。当年出台的单行刑法《关于惩治破坏金融秩序犯罪的决定》，正式确立了非法吸收公众存款罪和集资诈骗罪，后于1997年被《刑法》吸收。①对于这两罪的争议颇多，其中最重要的有二：第一是如何区分这两罪特别是如何认定集资诈骗行为；第二是集资诈骗罪的最高刑——死刑是否过重，这也是吴英案定罪量刑上争议最大的两点。鉴于经济非暴力犯罪是否应当适用死刑这一问题过于宏大，笔者在此只就吴英是否构成集资诈骗罪进行探讨。

集资诈骗罪的主客观表现为以非法占有为目的，使用诈骗方法非法集资。一审法院在对吴英的行为进行定性时，认定："吴英在已负债上千万元的情况下，为资金链的延续，于2005年下半年开始，继续以高息和高额回报为诱饵，大量非法集资，并用非法集资款先后虚假注册了多家公司。为掩盖其已巨额负债的事实，又隐瞒事实真相，采用给付高息或高额投资回报方式，用非法集资款购置房产和投资、捐款等方法，进行虚假宣传，给社会公众造成其有雄厚经济实力的假象，骗取社会资金。从2005年5月至2007年2月，吴英以高额利息为诱饵，以投资、借款、资金周转等为名，先后从林卫平、杨卫陵、杨卫江等11人处非法集资人民币77 339.5万元，用于偿还本金、支付高额利息、购买房产和汽车及个人挥霍等，实际集资诈骗人民币38 426.5万元。"

但是笔者对法院的上述认定持反对意见，理由如下：

---

① 《刑法》第一百九十二条：【集资诈骗罪】以非法占有为目的，使用诈骗方法非法集资，数额较大的，处五年以下有期徒刑或者拘役，并处二万元以上二十万元以下罚金；数额巨大或者有其他严重情节的，处五年以上十年以下有期徒刑，并处五万元以上五十万元以下罚金；数额特别巨大或者有其他特别严重情节的，处十年以上有期徒刑或者无期徒刑，并处五万元以上五十万元以下罚金或者没收财产。第一百九十九条：【部分金融诈骗罪的死刑规定】犯本节第一百九十二条规定之罪，数额特别巨大并且给国家和人民利益造成特别重大损失的，处无期徒刑或者死刑，并处没收财产。第一百七十六条：【非法吸收公众存款罪】非法吸收公众存款或者变相吸收公众存款，扰乱金融秩序的，处三年以下有期徒刑或者拘役，并处或者单处二万元以上二十万元以下罚金；数额巨大或者有其他严重情节的，处三年以上十年以下有期徒刑，并处五万元以上五十万元以下罚金。单位犯前款罪的，对单位判处罚金，并对其直接负责的主管人员和其他直接责任人员，依照前款的规定处罚。

首先，在考察诈骗的时候不能单纯考察诈骗方，还应该考察被诈骗方。这里不妨以吴英的最大债主——林卫平为例。林卫平曾在义乌文化局工作，在案发前除了经营酒店，主要精力都集中在资金运营上，直白地说，也就是从事非法集资并放高利贷。一审法院认定林卫平前后借贷给吴英的金额高达 4.724 1 亿元，足见其本身并不是一般意义上的贷款人。再以杨志昂与杨卫陵为例，两者手头握有大量资产，前者更为执业律师，长期从事民间借贷生意。其后两人于 2006 年 12 月期间策划"绑架"了吴英，并在掌握了本色集团的公章、吴英的签名空白文件的基础上，炮制了两起虚假的民事调解案，以迫使吴英还款。这些借贷者也因涉嫌非法吸收公众存款罪而作另案处理。也就是说，实际上借贷给吴英的"金主"，并不是普通的债权人，而是长期从事民间借贷并深悟其中规则与风险的人，并且其对债务人的资讯有着非外围人士所能比拟的了解，最典型的就是杨氏兄弟（杨卫陵、杨卫江）早在丁行提前催促吴英还款之前就了解到该信息。一般我们认为的被诈骗罪的重要特点之一就是对信息的不了解，但是对于林卫平等资深"金主"而言，这一特点似乎并不具备。而且正如我们常说的，利润越大，风险越高，高利贷者也应对其承当的风险有足够的认识，而不能说债务人还得起就坐享高收益，债务人还不起就告其诈骗。

其次，吴英的行为是否构成集资诈骗罪最主要的争议就是其是否有将借贷而来的资金用于实际经营，以及其筹集资金的对象是否相对固定。我们可以从 2008 年浙江省高级人民法院联合浙江省检察院、公安厅颁发的《关于当前办理集资类刑事案件适用法律若干问题的会议纪要》[①] 以及最高人民法院于 2011 年发布的《关于审理非法集资刑事案件具体应用法律若干问题的解释》[②] 这两个有关非法集资的规定中看出，司法机关在把握犯罪嫌疑人的定罪问题上最主要的判断标准就是以上两点。那么具体到吴英案，我们可以看出：

（1）从已有的资料看来，虽然大多数传媒的报道都认为吴英确实有进行实际的投资，但是从法理的角度上讲，整个案件中最大的问题是法院本身的判决在认定上存在瑕疵，既在没有明确吴英具体使用了多少借贷来的

---

① 该会议纪要规定为生产经营所需，以承诺还本分红或者付息的方法，向相对固定的人员筹集资金，主要应用于合法的生产经营活动，因经营亏损或者资金周转困难而未能及时兑付本息引发纠纷的，应当作为民间借贷纠纷处理。

② 该解释规定非法吸收或者变相吸收公众存款，主要用于正常的生产经营活动，能够及时清退所吸收资金，可以免予刑事处罚，情节显著轻微的，不作为犯罪处理。

款项进行生产经营活动（公诉人提供的起诉书同样没有对这一问题进行说明）的情况下，就确定吴英犯有集资诈骗罪。也就是说，能够证明吴英的行为是集资诈骗最重要的诉由和证据是缺失的。

（2）吴英案的判决未将其筹集资金的对象定义为相对固定，而是基于吴英明知其债权人的资产来源于社会公众而将其行为定义为向不特定的对象非法集资。这一规定有悖于罪刑法定原则，刑法规定洗钱罪，窝藏、转移、隐瞒毒品、毒赃罪等下游犯罪是需要当事人对上游的资金或者赃款来源在主观上是有认识的。而非法集资类犯罪则无此规定。而实际借款给吴英的"金主"只有11人，并且都是吴英相熟或者通过朋友介绍认识的，很明显不能用不特定的社会公众的概念去套在这些人的头上。

基于上述两个理由，如果严格的遵循罪刑法定原则，吴英的行为在主客观构成要件上与集资诈骗罪的构成要件是有出入的，特别是法院不能成功认定吴英客观上未开展实际经营、主观上具有以非法占有为目以及集资对象是"不特定的社会公众"，故吴英不应以集资诈骗罪定罪。

3. 吴英案折射出我国金融体制特别是民间金融发展与经济社会现状不相匹配

如果把吴英案放到一个更宏观的层面上看，它凸显出的问题就如同前述温家宝总理所言的那样：民间金融的发展与我们经济社会发展的需求还不适应。

不妨以两组数据来看一下近年来我国非法集资类犯罪的情况：

2010 年浙江省非法集资案分布表

地区	案件数量	GDP 排名
宁波	49	2
杭州	42	1
金华	22	7
台州	18	5
绍兴	16	4
丽水	14	10
嘉兴	8	6
舟山	6	11
衢州	6	9

资料来源：案件数量来自《浙江省民间融资问题研究》；GDP 来自浙江省公开数据。

可以看出，目前我国非法集资类犯罪不管是数量还是涉案数额都非常巨大，如果具备一定的经济学知识，那么就很容易理解这一问题出现的必然性。我们可以看出，在浙江省内各市（县）非法集资类犯罪的数量虽然不能说与其 GDP 成正相关，但是总体上看，非法集资类犯罪主要集中在经济较为发达的区域。这一方面是由于在发展的过程中当地的居民积累了大量的财富，形成了对比储蓄、证券投资等具有更高收益的投资形式的需求，另一方面是企业特别是民营中小型企业的高速发展对资金有着巨大的需求。但是横在资金供给者与需求者之间的，是传统金融体制下国有垄断金融机构掌控资金流动的问题。

以银行为例，作为在间接融资中扮演最主要角色的银行，从目前看来更倾向于将资金借贷给风险低而利润高的"铁公鸡"（铁路、公路与基础设施）以及房地产企业，而导致了中小企业难以获得足够的间接融资。

而就直接融资而言，参考《证券法》第十三条与第十六条有关股票和债券发行的规定，① 若想通过直接融资获得资金以供企业运转，亦非一朝一夕就能实现的。在这种既有供求又有需求的情况下，民间借贷的兴起就显得非常正常了。经济学家张维迎曾在主题为"如何建立市场：从特权到产权"的演讲中将吴英案与邓小平时期的"傻子瓜子"年广久案联系在一起，考虑到吴英本身的集资行为确实存在一定的危害性，在主观上也绝非没有恶性，笔者对这个联系并不持完全支持的态度。但是考虑到两者都是固有体制下的自然产物，都对固有体制产生了一定程度的冲击并对体制的革新起了一定的推动作用，这种联系也是有一定道理的。

在这种情况下，与其研究如何更严格地对民间借贷进行无谓的打击，

---

① 《证券法》第十三条："公司公开发行新股，应当符合下列条件：（一）具备健全且运行良好的组织机构；（二）具有持续盈利能力，财务状况良好；（三）最近三年财务会计文件无虚假记载，无其他重大违法行为；（四）经国务院批准的国务院证券监督管理机构规定的其他条件。上市公司非公开发行新股，应当符合经国务院批准的国务院证券监督管理机构规定的条件，并报国务院证券监督管理机构核准。"第十六条："公开发行公司债券，应当符合下列条件：（一）股份有限公司的净资产不低于人民币三千万元，有限责任公司的净资产不低于人民币六千万元；（二）累计债券余额不超过公司净资产的百分之四十；（三）最近三年平均可分配利润足以支付公司债券一年的利息；（四）筹集的资金投向符合国家产业政策；（五）债券的利率不超过国务院限定的利率水平；（六）国务院规定的其他条件。公开发行公司债券筹集的资金，必须用于核准的用途，不得用于弥补亏损和非生产性支出。上市公司发行可转换为股票的公司债券，除应当符合第一款规定的条件外，还应当符合本法关于公开发行股票的条件，并报国务院证券监督管理机构核准。"

不如研究如何对我国金融体制进行改革，特别是要打破已有的金融机构的垄断，构建规范的民间借贷的体制。鉴于金融体制改革的问题过于宏大，笔者在此仅提出具有一定可实施性的建议：

（1）促进 P2P 与阿里小额贷款等新兴网络贷款模式的发展。

P2P 是 peer to peer lending 的缩写。即由具有资质的网站（第三方公司）作为中介平台，借款人在平台发放借款标，投资者进行竞标向借款人放贷的行为。其特点是额度小、效率高，而且因为款项是直接由个人交给个人，就解决了中介机构侵占与挪用资金的可能。P2P 网贷模式的雏形，是英国人理查德·杜瓦、詹姆斯·亚历山大、萨拉·马休斯和大卫·尼克尔森 4 位年轻人共同创造的。2005 年 3 月，他们创办的全球第一家 P2P 网贷平台 Zopa 在伦敦上线运营。如今 Zopa 的业务已扩至意大利、美国和日本，平均每天线上的投资额达 200 多万英镑。随着网络在我国的快速发展以及前述的市场状态，这一贷款模式在 2012 年也在我国呈爆炸式的增长，据不完全统计，现在已有超过 2 000 家机构从事这一行业。

阿里小额贷款是阿里金融为阿里巴巴会员提供的一款纯信用贷款产品（简称"阿里信用贷款"）。其特点是基于阿里巴巴的平台优势，以借款人的信誉发放贷款而无须提供相应的抵押与担保。

这两种新兴的网络贷款实际上很好地解决了银行不愿插足（主要考虑到利润与效益远不及上述的"铁公鸡"与房地产行业），但是有相当市场需求的民间小额借贷的问题。实际上由于银行本身在对公民资信状况的统计上具有天然优势，如果国家确实是想发展这类以信誉为基础的小额贷款，那么最好的方法是促使这些机构能够得到银行的帮助，建立健全小额网贷的资信库。另外，在政策与立法上国家也应当注意与时俱进，在产业政策上鼓励其发展的同时也要注意防范其中的风险。

（2）加速温州以及丽水的金融改革试点。

前述的网络借贷虽然能够较好地解决小额借贷的问题，但若涉及中小企业的融资问题，网络贷款恐怕远远无法满足其需求。而这一时期能做的，就是加速温州和丽水的金融改革。前者的主要目标是打破现有的金融垄断格局，培育出一批具有一定竞争力的非银行金融机构。而后者的目标则是使得原已中断的农村金融改革能够继续，改善薄弱的农村金融环节。

就温州的金融改革而言，笔者建议：

第一，完善资信信息库的构建。

考虑到民间贷款有别于一般的银行贷款，对于资信的信息有着更高的要求。正如吴英案中反映出的一样，大额的民间借贷往往集中在熟人圈中，考虑到的就是资信问题。这也就是为何温州本地的小额贷款公司在风险控制上能够优于商业银行，因为在资信问题上其掌握的信息要多于国有商业银行。温州民间借贷登记服务有限公司实际上可以在登记工作的开展过程中，收集较多的信息以建立资信库，而不仅仅局限于构建资金供求信息库。当然也可设立独立的资信登记机构构建这一信息库，不过效果不见得会比前者更好。

第二，在对小贷公司等新型金融机构的监管上应该做到疏堵结合。

这里注意考虑到的是我国《商业银行法》与相关法律法规对非银行金融机构的管制较为严格，比如在温州金融改革初期曾经设计要将小贷公司改制为村镇银行，但是自村镇银行合法化的三年来，由于银行业的准入门槛太高，至今没有一家小贷公司成功转制。如果恪守原有的严格规定，那么温州金融改革在这种情况下很难取得实质性的突破，现有的状况也正是如此。所以有必要对试点区域的监管进行一定的放松，将银行金融机构的部分权限下放给非银行金融机构。

第三，引导大型商业银行开展小微企业信贷。

实际上，民间借贷并不可能完全满足地方小微企业的资金需求，大型商业银行必须进入这一领域，才能补足企业对资金的需求。

就丽水的农村金融改革而言，目前可以做的有：

第一，以财税与差异化监管等政策手段引导商业性金融机构将其资金投入到农村金融体系，并促进其拓展在农村的业务。

四大国有商业银行启动商业改革可以说是农村金融从有走向无的源头，由于在商业化过程中银行撤并了农村地区的金融服务网点，将绝大多数的金融资源投向了城市。那么，要引导银行将金融资源从利润高、市场大的城市转移一部分到农村，就需要国家在财税上给予商业金融机构一定的优惠，并且考虑到农村金融体系天然的风险系数较高，那么在农村设置较为宽松的金融监管体系也有助于引导金融资源走向农村。

第二，充分发挥政策性银行的作用，引导政策性银行投入到农村金融之中。

实际上，国家开发银行与农业发展银行这两个政策性银行应当在农村金融改革中扮演更为重要的角色。首先应当将资金与业务资源投入农村金融之中，其次应当与商业性金融机构展开合作，以期在充分发挥作为金融市场的商业性银行的功能的基础上，能够通过政策性银行补足市场无法自力调节的部分。

（三）相关判例

1. 孙大午案①

孙大午案可以说是早期（1995—2003 年）我国非法集资类案件的典型代表。与吴英类似，孙大午创办的大午集团一方面因为发展而需要大量的资金作支持，另一方面又由于金融机构不愿意发放贷款而无法从正规途径获得资金。孙大午只好把目光放到民间融资上，大午集团的民间集资肇始于 1995 年，其初始的贷款对象主要为企业职工与亲戚，然后逐渐扩大到了附近的几个村庄，最终逐渐形成了 4 600 户的规模。其"定期存款"的年利息为 3.3%，大约为当时存款基准利率的 2 倍。

该案于 2003 年 10 月 30 日由河北省徐水县人民法院作出了一审判决，法院认定"大午集团 2000 年 1 月至 2003 年 5 月间，以高于银行同期存款利率、承诺不交利息税等方式，出具名为'借款凭证'或'借据'实为存单的制式凭证，向社会公众变相吸收存款 1 627 单，共计 1 308.316 1 万元"，并"判决孙大午犯非法吸收公众存款罪，判处有期徒刑 3 年，缓刑 4 年，处罚金 10 万元"。

吴英案与孙大午案的差别主要体现在三个方面：①孙大午的集资对象为不特定社会公众，达 4 600 户之多；而吴英的集资对象则为相对固定的11 人，所以前者在犯罪构成的认定上要较吴英简单。②孙大午案社会危害性较小，"储户"的"存款"可随时取出且没有足够证据证明大午集团的偿还能力出现问题，最好的佐证就是大午集团在长达八年的民间借贷活动中，没有与"储户"发生过信用纠纷。除了金融秩序，该案并不存在受害者。而吴英则具有较为明显的入不敷出的问题，具有一定的社会危害性。③大午集团的经营方式更为科学，而本色集团的经营则没有真正考虑到资本的有效利用。

两案虽有一定差别，但是反映的核心问题依然是相同的——即从 20 世纪 90 年代至今，不仅中小企业的融资难问题一直得不到解决，而且民间借贷行为也长期得不到法律上的承认与规范。

---

① 河北省徐水县人民法院（2003）徐刑初字第 192 号刑事判决书。

2. 麦道夫案（美）①

伯纳德·麦道夫（Bernard L. Madoff）为美国著名金融界经纪、前纳斯达克主席，被誉为美国历史上最大的诈骗案制造者。

20世纪90年代，麦道夫利用其股票上市经纪人的身份成立了一家资产管理公司，并通过自己的社会网络与利用一些投资客作为介绍人为这个基金公司进行筹资。在表面看来，麦道夫的基金是一款风险很低的金融产品。他的庞大的基金有着稳定的利润返还率。但在2005年，根据美国证监会的说法，麦道夫的投资基金逐渐演变为"庞氏骗局"，所有返还给投资者的收益都是来自于新加入的投资者。根据SEC的数据显示，直到2008年1月，麦道夫的基金一共管理着171亿美元的资金。

2008年的经济形势不断恶化，但麦道夫依然向投资者报告说其基金依然在稳健地增长当中（这一增长数字直到2007年11月依然高达每月5.6%）。而此时开始有越来越多的投资者要求麦道夫返还投资款。根据美国证监会的说法，仅仅12月的第一个星期，麦道夫受理了高达70亿美元的赎回请求。眼见麦道夫已无力偿还欠款，麦道夫的两个儿子最终选择向联邦报告了这个骗局。2009年6月29日麦道夫被纽约南区联邦法院判处150年监禁。

震惊全球的麦道夫案是典型的"庞氏骗局"，也可以看作是吴英案的原型，简单点说即借新贷还旧贷。不过由于美国的金融市场更为发达，所以"庞氏骗局"的手段更为复杂与隐秘，其危害性也更大。

麦道夫利用复杂的金融工具进行非法集资给我国提了个醒，就是在打击非法集资类犯罪的时候不能仅着眼于实业经营领域，更要注意金融领域中存在的"庞氏骗局"风险。

（四）法律适用

（1）《中华人民共和国证券法》第十三条："公司公开发行新股，应当符合下列条件：（一）具备健全且运行良好的组织机构；（二）具有持续盈利能力，财务状况良好；（三）最近三年财务会计文件无虚假记载，无其他重大违法行为；（四）经国务院批准的国务院证券监督管理机构规定的其他条件。上市公司非公开发行新股，应当符合经国务院批准的国务院证券监督管理机构规定的条件，并报国务院证券监督管理机构核准。"

---

① ［美］阿维德兰，刘海青译：《麦道夫沉浮录》，北京：法律出版社2010年版。

（2）《中华人民共和国证券法》第十六条："公开发行公司债券，应当符合下列条件：（一）股份有限公司的净资产不低于人民币三千万元，有限责任公司的净资产不低于人民币六千万元；（二）累计债券余额不超过公司净资产的百分之四十；（三）最近三年平均可分配利润足以支付公司债券一年的利息；（四）筹集的资金投向符合国家产业政策；（五）债券的利率不超过国务院限定的利率水平；（六）国务院规定的其他条件。公开发行公司债券筹集的资金，必须用于核准的用途，不得用于弥补亏损和非生产性支出。上市公司发行可转换为股票的公司债券，除应当符合第一款规定的条件外，还应当符合本法关于公开发行股票的条件，并报国务院证券监督管理机构核准。"

（3）《中华人民共和国刑法》第一百七十六条："非法吸收公众存款或者变相吸收公众存款，扰乱金融秩序的，处三年以下有期徒刑或者拘役，并处或者单处二万元以上二十万元以下罚金；数额巨大或者有其他严重情节的，处三年以上十年以下有期徒刑，并处五万元以上五十万元以下罚金。单位犯前款罪的，对单位判处罚金，并对其直接负责的主管人员和其他直接责任人员，依照前款的规定处罚。"

（4）《中华人民共和国刑法》第一百九十二条："以非法占有为目的，使用诈骗方法非法集资，数额较大的，处五年以下有期徒刑或者拘役，并处二万元以上二十万元以下罚金；数额巨大或者有其他严重情节的，处五年以上十年以下有期徒刑，并处五万元以上五十万元以下罚金；数额特别巨大或者有其他特别严重情节的，处十年以上有期徒刑或者无期徒刑，并处五万元以上五十万元以下罚金或者没收财产。"

（5）《中华人民共和国刑法》第一百九十九条："犯本节第一百九十二条规定之罪，数额特别巨大并且给国家和人民利益造成特别重大损失的，处无期徒刑或者死刑，并处没收财产。"

另外，可参见最高人民法院《关于非法集资刑事案件性质认定问题的通知》与《关于审理非法集资刑事案件具体应用法律若干问题的解释》。

（五）小结

吴英案所涉及的问题远不止上述三点，实际上，在吴英案的背后，我们还能看到舆论监督与司法独立的博弈、公务人员涉足非法集资等问题，但是从法律特别是经济法的角度去探讨吴英案，现有金融体制与民间借贷需求旺盛的冲突无疑是其中最引人深思的问题之一，而非法集资类犯罪的存续则可看作是该冲突的一个衍生。吴英虽已伏法，但是她抛下的这一问题却尚未得到解决。温州的金融改革、丽水的农村金融改革、网络小额贷款乃至余额宝的兴起，实际上并未动摇我国金融垄断的根基。利用经济法打破我国金融垄断，繁荣多层次资本市场实现资本的有效配置，任重而道远。

九、编者：郭宗杰、孙仙冬

十、编写时间：2014 年 5 月

国际法学

Guo ji fa xue

湖广铁路债券案

一、案例编号（5－01）

二、学科方向：国际公法

三、案例名称：湖广铁路债券案

四、内容简介

本案发生于 1979 年。其时，持有清政府发行的湖广铁路债券的 9 名美国公民向美国阿拉巴马州（即亚拉巴马州）地方法院起诉中华人民共和国政府，要求中国政府偿付湖广铁路债券。1982 年，美国阿拉巴马州地方法院缺席判决原告胜诉，并以扣押中国在美财产为威胁要求中国政府执行判决，中国政府坚持恶债不继承和国家主权豁免原则，否定和抵制了一审判决。随后，在美国政府的"干预"下，该法院于 1984 年撤销了一审判决，原告随即向美国第十一巡回上诉法院和最高法院上诉，均未获成功，最终本案于 1987 年终结。

五、关键词：湖广铁路；恶债；国家继承；

管辖权；国家主权豁免

六、具体案情

清朝末年，为方便军队调动和物资运输，以镇压国内资产阶级革命和维护其腐朽专制统治，清政府预备修建粤汉铁路湖北—湖南段和川汉铁路湖北段，因该两段线路皆在清朝湖广总督的辖区内，因此又被称为"湖广铁路"。1909年3月7日，财政窘迫的清政府为了加快筹措修建湖广铁路的款额，根据时任湖广总督张之洞的建议决定向外国借贷资金，并首先与德国开办的德华银行签订了借贷合同。后来，英法两国的获悉此事，认为有利可图，便通过照会、抗议等方式，联合向清政府施压，强迫清政府搁置中德借贷合同。清政府迫于英法两国压力，遂于1909年6月6日与英、法、德三国草签了借贷合同。随后，美国援引"门户开放"和"机会均等"，并在当时的总统塔夫脱的亲自干预下，也成了该借贷合同的一方。1911年5月20日，以清政府邮传部大臣盛宣怀为一方，德国的德华银行、英国的汇丰银行、法国的东方汇理银行和美国资本家银行为另一方，签署了借贷合同。

合同订立后，上述银行以清政府的名义，发行"湖广铁路五厘利息递还金镑借款债券"（即后世所称的"湖广铁路债券"）600万英镑，期限40年。辛亥革命后，中华民国历届政府仍然承认湖广铁路债券的效力，并连续支付湖广铁路债券的利息直至1930年9月15日。但之后只在1937年6月15日和1938年6月15日分别支付过两次利息。其间，中华民国国民政府曾于1937年春提出将湖广铁路债券还本的日期推迟至1976年6月15日，但遭到债券持有人的拒绝，此后该债券的利息支付被暂停。1947年8月13日，为获得外国对其发动内战的支持，中华民国国民政府又宣布保证偿还此前因抗战和内战而被停止支付的外债。不过，实际上1938年之后湖广铁路债券利息已彻底停付，且1951年本金到期后亦未支付。

中华人民共和国于1949年成立后，根据中国人民政治协商会议的相关决议和毛泽东主席"打扫干净屋子再请客"的指示，宣布不承认一切基于不平等条约及合同的恶性外债，并据此拒绝支付湖广铁路债券的本息。1979年5月11日，中美建交后不久，两国基于平等互利的原则签订了解决历史遗留资产问题的协议，根据协议，中国政府一次性给予美国8 000万美元作为美国政府和国民向中国政府提出历史遗留资产要求的完全彻底解决方案，此后一国国民向对方政府提出协议范围内的任何资产要求，应转交该国民国籍国政府解决。

然而，美国国民、投机分子杰克逊等9人在获知中美建交之后，四处低价收购湖广铁路债券，并于1979年11月声称代表243名湖广铁路债券持有人向美国阿拉巴马州地方法院起诉中华人民共和国政府，要求中国政府偿还其所持有的湖广铁路债券本息及诉讼费用。阿拉巴马州地方法院无视国家主权豁免原则和中美两国的既有协议，受理了该诉讼请求，并于1979年11月13日向中国政府发出传票，指定由时任中国外交部部长的黄华在收到传票后的20天内作出答辩，否则将缺席审理。中国外交部拒绝了美国法院的无理要求，并照会美国国务院，声明中国作为一个主权国家，依照国际法不受美国法院管辖，因此拒收传票。

随后，阿拉巴马州北区地方法院东部分庭缺席审理了本案，并于1982年9月1日作出缺席判决，要求中国赔偿原告41 313 038美元，另承担利息和诉讼费用。一审判决后，中国政府拒绝接受和执行上述判决，阿拉巴马州地方法院则表示将扣押中国在美国的财产来强制执行判决。作为回应，1983年2月2日，中国外交部以备忘录的形式照会美国政府，提出抗辩理由："美国的一个区法院对一个以外国主权国家为被告的诉讼进行了管辖，作出了判决并威胁要强制执行，这是严重违反各主权国家平等的国际法原则和《联合国宪章》的。中国政府强烈反对这种将美国的国内法强加给中国以损害中国的主权和尊严的做法。如果美国无视国际法，强制执行上述判决，扣押中国在美国的财产，中国政府将保留采取相应措施的权利。"

经过多次交涉，美国国务院于1983年8月发表声明，决定干涉此案，而中国则接受美国的建议，聘请美国律师进行"特别出庭"并代表中国在法庭上申辩，但同时声明中国政府这样做并不意味着接受美国法院的管辖或放弃国家主权绝对豁免这一原则。1984年，阿拉巴马州地方法院重新审理了本案，中国政府的代理律师认为，中国作为一个主权国家享有绝对主权豁免；本案不属于《美国法典》第28卷第1605条所规定的"商业活动"，因此一审认为中国政府在本案中从事商业活动而不享有豁免权的裁定不成立；原告的传票送达不完备，也没有证据证明被告具有责任而使向其提出的求偿要求和权利得以成立；湖广铁路债券的渊源属于恶债，新政府没有义务继承旧政府的恶债。据此，中国要求阿拉巴马州地方法院撤销一审的缺席判决。最终，阿拉巴马州地方法院以1976年《美国国家豁免法》不溯及既往为由，并考虑了时任美国国务卿舒尔茨及美国国务院法律顾问鲁滨逊就此案发表的声明和美国国家利益说明书，撤销了一审的缺席判决，随后又驳回了原告的诉讼。原告败诉后，又向美国联邦第十一巡回上诉法院提出上诉，但该法院于1986年7月25日宣布承认中国的绝对豁免权，从而驳回上诉，维持阿拉巴马州地方法院1984年作出的判决。杰克逊等人并不甘心就此罢手，又向美国最高法院要求复审此案，遭到美国最高法院的拒绝。最终，本案于 1987 年 3 月 9 日在美国最高法院认可了美国联邦第十一巡回上诉法院的裁定后终结。

七、案例来源

一审参见 Russell Jackson et. al. v. People's Republic of China. 550 F. Supp. 869. U. S. District Court，N. D. Ala. E. D.（Sept. 2nd，1982）summarized in 77 AJIL 146 at 146 – 48。

复审参见 Jackson v. People's Republic of China. 596 F. Supp. 386. U. S. District Court，N. D. Ala. E. D.（Oct. 26th，1984）summarized in 79 AJIL 456 at 456 – 58。

上诉参见 Jackson v. People's Republic of China，794 F. 2d 1490. U. S. Court of Appeals，11th Cir.（Jul 25th，1986）summarized in 81 AJIL 214 at 214. – 16。

八、案情分析

（一）争议焦点

本案的争议焦点主要有两个：一是"限制豁免主义"能否适用于本案。美国自 1952 年发布"泰特公函"起执行"限制豁免主义"，而阿拉巴马州地方法院在一审中认为中国政府在湖广铁路债券案中从事的是美国国内法所规定的"商业活动"，不属于 1976 年《美国国家豁免法》所规定的应当适用国家主权豁免原则的范围。与之相对，自 1949 年起至少直到本案终结的 1987 年，中国一直坚持"绝对豁免主义"，同时也否认中国政府在湖广铁路债券案中从事的是所谓的"商业活动"。二是"恶债不继承"原则是否适用于该案。阿拉巴马州地方法院在一审中认为中华人民共和国政府是中华民国政府和清政府的直接继承者，而湖广铁路债券属于中华人民共和国政府从后两者继承而来的合法合理的国家债务，因此应当承担相应的偿付责任。中国政府则认为湖广铁路债券是列强通过不平等合同（条约）强加于中国的恶性债务，理应根据"恶债不继承"原则予以废弃。

（二）法理分析

1. 国家主权豁免

国家豁免，又称主权豁免或管辖豁免，是指国家行为及国家财产根据国家主权的固有含义及国家平等原则而享有不受他国管辖的特权。该原则肇源于国家主权平等原则以及罗马法"平等者之间无管辖权"这一法律格言。国家豁免一般特指主权国家的司法豁免权，广义上也可以包含行政豁免权及征税豁免权，其内容主要包括：

（1）非经相应国家同意，一国法院不得受理以外国为被告或外国国家财产为标的的诉讼。

（2）一国可以在另一国法院担当原告，在这种情况下，该法院可受理对应的反诉。

（3）无论审理结果如何，相关的法院也不能自动具有强制执行权。

（4）一国可以放弃自身的豁免权，但该国必须分别表示对管辖豁免和执行豁免的放弃，否则不得视为该国接受外国法院的强制执行权。

就豁免范围而言，经典国际法中关于国家豁免的理论可以分为绝对豁免主义和限制豁免主义（又称相对豁免）。其中，"绝对豁免主义"是指在外国法院进行诉讼时，一国可以主张自己所有的行为均不受相关外国法院的管辖。"绝对豁免主义"在20世纪初以前一直占据着国家豁免理论的统治地位，相关的经典案例也多发生于19世纪早期至"二战"之前，例如"斯库诺交易号"案（1812）、"弗雷德里克王子号"案（1820）和"比利时国会号"案（1880）等。

"二战"结束以后，随着凯恩斯主义的盛行，国家越来越多地参与商业活动，"绝对豁免主义"已不能完全保障主权国家的相关合法权益，欧美发达国家率先采用"限制豁免主义"。"限制豁免主义"又称"相对豁免主义"或"有限豁免原则"，该理论的逻辑基础是将国家的行为分为"主权行为"（又称公法行为或统治权行为）和"非主权行为"（又称私法行为或商业交易行为），前者可以继续享受完全的国家豁免，后者则可能受到外国法院的管辖。至于区分主权行为与非主权行为的标准，主流学说认为应根据行为本身的性质而不是根据行为的目的来区别。与"绝对豁免主义"主要靠大量案例来支撑不同，目前大部分发达国家都已经制定和颁行了采用"限制豁免主义"的国内法案，如美国1976年制定的《外国主权豁免法》、英国1978年制定的《国家豁免法》和欧洲理事会1972年制定的《欧洲国家豁免公约》等。另外，联合国于2004年通过的《国家及其财产管辖豁免公约》也采用了"限制豁免主义"。可以说，"限制豁免主义"已经成了国家豁免理论与实践的发展趋势。

值得一提的是，与大多数发展中国家一样，我国目前仍坚持适用"绝对豁免主义"。但是，在我国经济快速发展并日益融入国际社会以及国际地位迅速提高的背景下，在国家主权豁免方面，我国的做法日益灵活。例如在1992年《领海及毗连区法》中，规定了从事"商业活动"的外国政府船舶在我国法院不能主张国家主权豁免；同时，我国于2005年签署了采取"限制豁免主义"的《国家及其财产管辖豁免公约》。另外，有关国家豁免的国内立法也已提上议事日程。

2. "恶债不继承"原则

"恶债不继承"是国家或政府继承中的一项重要原则，在湖广铁路债券案中，"恶债不继承"原则的适用背景是政府继承。

所谓政府继承，是指由于特定情形下的政权更迭，旧政府依据国际法而在国际社会中所享有的权利和承担的义务为新政府所取得的法律关系（例如中华人民共和国对中华民国的继承），涉及条约、财产、债务和在国际社会中的代表权等多个方面，其一般规则是：

（1）对旧政府所缔结的不平等的国际条约或与新政府所代表的合法国家利益相对立的条约应当拒绝继承。例如，我国在与英国撒切尔政府谈判香港问题时，就以不承认清政府与英国政府所缔结的三个交接香港领土及治权的条约作为谈判前提。

（2）新政府有权废除旧政府的一切恶意债务，即所谓"恶债不继承"原则。"恶债"指旧政府或被继承国违反国际法基本原则和新政府或继承国所代表的合法国家利益而举借的国家债务。值得指出的是，新政府虽然有权废除"恶债"，但并不一定必然废除或放弃对"恶债"的继承。例如为了争取列强的支持，辛亥革命后不久，中华民国政府曾宣布继承清政府的外债，包括"庚子赔款"等大量典型的"恶债"。

（3）对于上述两类不应继承的条约和债务之外的其他一切旧政府的条约、债务、财产和代表权等相关的合法的国际权利与义务，新政府应当继承，这意味着：第一，新政府不得以与自身所代表的利益相抵触为由，拒绝继承与旧政府相关的合法的国际权利和义务。例如纳粹德国宣布废弃《凡尔赛和约》，就是不合法的，也是无效的。第二，其他国家不得干涉和否认一国新政府对与旧政府相关的合法的国际权利和义务的继承。例如1971年以前，部分欧美国家反对中华人民共和国政府在联合国等一切国际组织中继承中华民国政府的代表权，就是不合法的，也是无效的。

值得一提的是，政府继承不应当与国家继承相混淆：首先，国家继承主要是由于领土变更而发生，如俄罗斯联邦对苏联的继承；而政府继承是由于特定情形下的政府更迭而发生，如果是按照宪法程序的正常政府更迭（例如选举导致的旧政府辞职、新政府上台），是不发生政府继承的。其次，国家继承的参与者是两个或两个以上的平等国际法主体（即国家），而政府继承的参与者是一国的新旧两个政府，一国政府代表国家行使行政管辖权，但并非国际法的主体。再次，依照领土变更范围的不同，国家继承有全部继承和部分继承两种情况（例如联邦德国对于前民主德国的继承就是全部继承，乌克兰对于苏联的继承则是部分继承），而政府继承一般都是全部继承。

（三）相关判例

（1）莫里斯诉中华人民共和国案（2007）：本案由美国纽约州南区地方法院审理，涉及国家主权豁免及恶债不继承原则。

（2）"比利时国会号"案（1880）：本案由英国法院审理，涉及"绝对豁免主义"和欧美发达国家所坚持的、国家从事"商业活动"可以使国家豁免地位丧失这一特定情形。

（3）"菲律宾海军上将号"案（1976）：本案由英国枢密院直接审理，是"限制豁免主义"在欧美主要国家取得统治地位之后的早期经典案例。

（四）法律适用

1. 国家主权豁免的适用

作为联合国创始会员国和联合国安理会常任理事国，中国和美国毫无疑问都是具有完整主权的独立国家。虽然湖广铁路债券纠纷横跨了清政府、中华民国政府和中华人民共和国政府三个阶段，但本案发生在1971年中华人民共和国取得在联合国及一切国际组织中的唯一代表权以及1979年1月1日中华人民共和国及美国两国相互承认对方政府并建交之后。因此，在湖广铁路债券案中，中华人民共和国政府作为中国的唯一合法中央政府和中国在国际社会以及国际组织中的唯一代表，当然享有国家主权豁免这一国际法特权，任何外国国内法院对之不具有当然的管辖权。而承认了中华人民共和国政府并与之建交的美国坐视其国内法院依据其国内法、未经中国政府同意而以中国政府作为被告行使管辖权，作出缺席判决并威胁强制执行，明显违反国家主权豁免原则。

尽管美国自1952年之后开始主张限制国家主权豁免，并于1976年颁布了《外国主权豁免法》，但是就国际法来说，两国之间的关系只能由国际习惯法以及两国之间的条约来调整，不能由某一个国家的国内法来调整。因此，湖广铁路债券案理当适用中国政府一贯坚持的并且作为习惯国际法的"绝对豁免主义"。

即便从美国国内法的角度，虽然湖广铁路债券案一审和二审都涉及的1976年《外国主权豁免法》适用的是"限制豁免主义"，但根据"法律不溯及既往"原则，该法案对清政府时期发行的湖广铁路债券及因此而产生的纠纷不具有追溯力。实际上，在湖广铁路债券发行时，美国的法律仍然基于1812年"斯库诺交易号"案而支持"绝对豁免主义"。退一步讲，即使湖广铁路债券案中可以适用"限制豁免主义"，也必须有证据证明清政府在本案中从事的是"商业活动"，但这显然是不成立的：

其一，清政府举借外债的目的名义上是修筑铁路，但实际上是筹集镇压资产阶级革命的资金，并通过修建湖广铁路以方便进行镇压革命的军事行动。事实上，清政府通过湖广铁路债券而筹集到的资金也基本上用于镇压隔年发生的辛亥革命。因此，清政府在本案中的行为是利用其统治权订立合同、发行公债以维护其统治。这一行为的性质是政治性的，并非商业性的。

其二，清政府首先向德华银行借款，也只有这一笔借款是出于清政府自愿。此后，英国和法国是通过外交施压强迫清政府允许它们所开办的银行参与借款，而美国是援引"门户开放"和"利益均沾"而加入，都违背了清政府的本意。因此，无论是从举债行为的性质还是目的上看，都是典型的因政治干预而形成的债务关系，是一项政治行为。

其三，根据《外国主权豁免法》，只有外国政府从事的"商业行为"在美国本土构成直接影响时，美国国内法院的管辖权始能成立。然而，湖广铁路债券早在20世纪30年代就已经停止支付，而原告是在20世纪70年代才从市场和私人手里收购这些债券，这是"介入行为"，不构成直接影响（参见2007年《莫里斯诉中华人民共和国案》，判决理由相同）。

2. "恶债不继承"原则的适用

一般情况下，当一国发生政权更迭时，该国本身作为国际法主体的地位和资格是不变的，因此新政权应当继承旧政权的国际权利和义务。然而，如果新政权相较于旧政权的性质发生了根本的变化，就需要对旧政权的国际权利和义务进行区别对待，不能一味继承。就本案而言，以下事实证明湖广铁路债券属于恶债，不属于政府继承的范围：

其一，湖广铁路债券是清政府为了维护其摇摇欲坠的统治，向外国举借的外债，其目的并不在于修建湖广铁路以造福沿线人民，而是在于方便镇压沿线地区发生的资产阶级革命。因此，从举债目的来看，该债务属于"恶债"。

其二，湖广铁路债券是清政府屈服于相关列强的外交压力而向多国举借的债务，其借债对象之多、借债数额之大并不受清政府自身控制。因此，从举债意志来看，该债务属于"恶债"。

其三，湖广铁路债券最终合同签订之前，相关列强抛开清政府，在巴黎协调各方利益，拟定合同条款，随后强迫清政府接受。事实上，在合同的具体条款中，列强不仅攫取了与铁路相关的一切事务（例如铁路器材、工程、财务的审查权，甚至包括间接控制中国海关的相关厘金和监税）和高额利润，还取得了在铁路沿线的开矿权和警察权，而这与修建铁路本身是毫无关系的。因此，从举债结果来看，该债务也属于"恶债"。

综上所述，湖广铁路债券是一笔典型的"恶债"，中华人民共和国政府理当不予承认、不予继承。另外，从时效的角度而言，由于举债合同在1951年已到期，而阿拉巴马州法律规定的追溯权只有十年，那么到了本案发生的1979年，当事人的求偿权也早已因时效原则而消灭。

（五）小结

国家主权豁免是国际法的一项重要原则，也是国家主权平等原则的必然结果。中国作为一个拥有完整主权的独立国家，理应享有司法豁免权。因此，美国阿拉巴马州地方法院在不具有管辖权和执行权的情况下，受理以中国作为被告的诉讼，并公开审理、作出缺席判决并企图强制执行其判决，其行为违反了国家主权平等和国家主权豁免原则，也严重侵犯和损害了中国国家主权和民族尊严，中国政府当然应坚决抵制和拒绝。

同时，国家继承事关新国家或新政府对旧国家或旧政府的国际权利及义务的处理，理应不违背新国家或新政府统治下的人民的合法权益。湖广铁路债券本意在于维护清朝统治者的统治、镇压中国人民的资产阶级革命，是清朝勾结列强并屈从于列强以维护其在华非法利益的产物，故而该债券属于典型的"恶债"，按照"恶债不继承"的国际法准则，应不予继承。因此，中华人民共和国政府不承认这一债务，也拒绝承担这一债务，这是符合国际法原则的，也是符合中国人民的合法权益的。

九、编者：李健男、龙博

十、编写时间：2014年6月

美国驻德黑兰使馆人员遭绑架案

一、案例编号（5-02）

二、学科方向：国际公法

三、案例名称：美国驻德黑兰使馆人员遭绑架案

四、内容简介

美国驻德黑兰使馆人员遭绑架案是一件发生在 20 世纪 80 年代初期的对国际法规则的塑造具有重要影响的案件。在长期以来的外交习惯以及国际法地位上，外交领事人员都享有不同程度的特权及不同级别的外交及刑事豁免权。驻在国政府必须履行保护外交领事人员的国际义务。但本案中的伊朗革命政府以美国外交领事人员在驻在国从事反政府行为为由，不仅没有采取措施阻止和终止伊朗人对美国使馆人员的侵犯，反而对这种行为表示赞同和支持。这一案例引发了国际法学界对于外交、领事特权与豁免问题，以及国际不法行为责任构成问题的深层次探讨。

五、关键词：外交特权；豁免权；外交法；国际不法行为责任

六、具体案情

20 世纪 70 年代后期，经济危机下的伊朗在国家发展道路问题上出现了巨大分歧。主张全盘西方化的巴列维皇室和主张回归伊斯兰教旨主义的神学知识分子之间的政见分歧越来越深。随着巴列维国王的病势沉阔，伊朗政局出现动荡。美国是巴列维王朝的主要支持者，其支持伊朗王室对革命采取强势镇压的态度，引发了伊朗神学知识分子及中下层人民强烈的反美情绪。一时间，在伊斯兰革命运动的推动下，美国成为伊朗革命运动外交上的敌人，进而在意识形态上，反对巴列维王朝被贴上了反美运动的标签。

1979 年 2 月 11 日，伊朗伊斯兰革命成功。霍梅尼作为最高宗教领袖的地位得到绝大多数伊朗人民的认可，接下来的 8 个月里，虽然伊朗新政权的对美关系尚未破裂，但 1979 年 10 月，美国宣布给流亡国外的巴列维国王签证以前往美国治病，此举引起了霍梅尼政权的极度不满。10 月 29 日，霍梅尼在库姆市发表演说时宣称，"美国在伊朗的统治是我们一切不幸的根源"，谴责美国政府支持巴列维，表示伊朗人民将给予回击。随后，伊朗国内掀起反美浪潮。1979 年 11 月 4 日上午，在伊朗首都德黑兰，数百名伊朗人在美国驻德黑兰大使馆门口进行示威游行。上午 10 时 30 分左右，3 000 名示威者开始进攻美国大使馆，在负责保护使馆人员安全的伊朗警卫的注视下，500 余名激进学生在压制了 4 名使馆海军陆战队队员象征性地抵抗后占领使馆，焚烧美国国旗，并在美使馆升起"真主伟大"的旗帜。使馆职员不得不破坏通信设备并将敏感文件予以销毁。90 名使馆人员中，有 66 名被扣。事发后，美国政府积极与伊朗外交部门进行联络，希望伊朗外交部门对于使馆外交人员进行保护并实施人道主义救援，但是伊朗外交及内卫、军队相关部门都没有采取任何措施改善或改变美国外交人员被激进分子扣为人质的行动。在与伊朗方面沟通无果后，美国政府采取了一系列的反制和营救措施：总统吉米·卡特宣布 11 月 12 日起终止从伊朗进口石油；伊朗留学生被美国驱逐出境；价值约 80 亿美元的伊朗在美资产自 1979 年 11 月 14 日起被冻结。一方面，伊朗则坚持将引渡巴列维作为释放人质的条件，同时又针锋相对地宣布停止向美输出石油，准备提取在美的存款，不接受以美元作为石油交易的支付货币，不偿还巴列维政权欠下的债款。期间，联合国安理会通过了第457号决议，呼吁事件双方保持克制，在国际法框架下和平解决人质问题。

另一方面，美国于11月29日向海牙国际法庭提起诉讼，指控伊朗政府违反了《维也纳外交关系公约》、《维也纳领事关系公约》、《关于防止和惩处侵害应受国际保护人员包括外交代表的罪行的公约》、《美伊友好、经济关系及领事权利条约》和《联合国宪章》有关条款规定的伊朗应对美国所负的国际法律义务，要求伊朗政府停止对美国外交领事人员人身自由的侵害，释放人质，停止对美国外交及领事财产的非法占有并给予赔偿等要求。一开始，伊朗方面对此保持沉默。直至1979年12月9日和1980年3月16日，伊朗政府才通过外交部部长公开致信海牙国际法庭，表明伊朗新政府对此案的态度，即不接受管辖，不参加应诉。理由是美国无权干预伊朗在其领土范围内实施维护国家主权和保护国家安全的合法行为，美国的外交领事人员是长期以来在伊朗进行"反伊斯兰革命"的间谍、阴谋家、煽动者，所谓的保护外交领事人员的原则只是一个次要的矛盾，主要矛盾是伊朗王国政府长期以来依靠美国间谍作出了许多出卖伊朗主权的卖国行为。因此是美国违反国际法在先，伊朗革命政府可以对美国的行为在主权范围内作出维护伊朗主权完整的合法行为。鉴于伊朗拒不接受海牙国际法庭的管辖，海牙国际法庭不得不在伊朗缺席的情况下进行诉讼程序。不过，伊朗革命政府为了证明其不参加诉讼的理由充分，也向海牙国际法庭递交了一部分有关美国外交领事官员在伊朗进行活动的证据材料，但始终没有正式参加诉讼。1979年12月15日，海牙国际法院作出临时措施裁决，1980年5月24日作出最终判决，判决基本上以压倒性的投票支持了美国的全部诉求，要求伊朗停止扣押人质、侵占使领馆的行为并给予美国赔偿。

1980年底，美国国内政局发生了变化。在11月举行的美国大选中，强硬派里根当选为新总统。伊朗和美国前总统卡特都渴望在卡特离开白宫之前解决人质问题。后来，美国与伊朗经多次接触，双方同意由阿尔及利亚出面调解。美国立即派出一个秘密使团前往伊朗进行谈判，双方终于在1981年1月19日达成协议，持续一年多的人质问题最终得以解决。

七、案例来源

关于本案的完整审判材料（英文），参见国际法院网站，http：//

www. icj – cij. org/docket/index. php？p1 = 3&p2 = 3&code = usir&case = 64&k = c9&p3 = 0。

关于本案的官方中文简报，参见国际法院简报 1948—1991 年判决、咨询意见和命令摘要，http：//www. icj – cij. org/homepage/ch/files/sum_1948—1991. pdf。

八、案情分析

（一）争议焦点

本案的争议焦点主要有两个：一是主权国家驻外机构馆舍、外交领事人员以及使领馆的工作人员等的特权及豁免的适用问题；二是国际不法行为责任的构成问题。在法理学上，后者是前者的一般化和抽象化，也是后来海牙国际法院进行判决时总结的法理问题。

对于外交领事人员的外交特权和豁免权，在近代国际关系体系建立后，各个国家都有一定程度地自觉遵守。德黑兰人质事件是一次罕见的对于业已构成国际习惯法的外交领事国际行为准则进行挑战的案件。在人质事件发生之前，国际社会在 20 世纪 40—70 年代签订了一系列外交、领事权利公约，外交习惯法得以成文化，并得到了各国的普遍承认和接受。而本案则是国际法院第一次对于违反一系列外交法公约行为实施的评价裁判，联合国大会也在国际法院裁判的基础上作出了决议，从而表明国际法院对于有重要政治影响、涉及重大国家主权利益的外交事件同样具有法律裁判的能力。

（二）法理分析

外交法是近代至现代国际法体系的重要组成部分，甚至可以认为，早期国际法的主要内容就是规定外交人员地位及其外交行为规范的综合体。在历史发展的进程中，外交法逐步从习惯法演化成双方条约及多边公约。在外交法包含的内容之中，最重要的部分就是对外交领事人员及工作人员权利义务的规范。追溯历史，各国在成文国际法滥觞之前，都有着对外交使节人员着重于保护的特权惯例。这些源于古代并同外交本身一样历史悠久的习惯规则是基于普遍惯例和默示同意而产生的。对于外交特权与豁免根据的解释，主要有三种学说，即治外法权说、代表性说以及职务需要说。

治外法权说认为，外交使节虽身在驻在国境内，但在法律上推定仍在其本国。因此，外交使节及使馆免受驻在国法律的管辖。可见，这一解释建立在假设基础之上，带有明显的非法律精神，充满了政治平衡的色彩。特别是在19世纪至20世纪的殖民地时代，各列强援引的"治外法权"说更是带上了深深的侵略者烙印。两次世界大战之后，这一学说已经被废弃不用。

代表性说则认为，外交代表之所以享有外交特权与豁免，是因为其是君主或者国家的代表，根据平等者之间无管辖权的原则，外交代表当然享有与主权国家类似的特权与豁免。可见，在该学说下，外交特权与豁免被认为是主权豁免的延伸。

职务需要说反映了外交代表必须享有一定的特权与豁免才能有效执行外交职务这一客观事实，因而在20世纪50年代逐渐得到了国际社会的普遍接受，并成为国际法学界的主流观点。1961年《维也纳外交关系公约》被认为是职务需要说在国际法实践中的运用，该公约在序言中明确："确认此等特权与豁免之目的不在于给予个人以利益而在于确保代表国家之使馆能有效执行职务。"不过，从该公约的上述表述看，在说明确认外交代表享有特权与豁免的目的时，公约不仅采取了职务需要说，而且也顾及外交代表的身份——国家代表。因此，可以认为，公约兼采了职务需要说和代表性说，较为科学地全面地解释了外交代表特权与豁免的根据和理由。

针对国际法院的管辖以及美国讼请，伊朗在庭审前一天提交给国际法院的信件中指出，国际法院不应也不能审理此案，因为：第一，人质问题只是整个问题的一个非中心的方面，而整个问题涉及美国20多年来对伊朗内政的干涉；第二，人质问题属于伊朗革命的一个方面，基本上是伊朗国家主权范围内的事情。伊朗政府认为，整个事件是由美国在伊朗从事颠覆干涉和阴谋推翻革命政府的活动而引发的，伊朗政府有权在主权范围内实施反制措施，特别是在"美国使馆已经成为整个阴谋的中心"的情况下。换言之，外交领事人员在伊朗所进行的非法活动才是引起一切问题的核心。从法理上来说，伊朗政府强调的是派出国的外交领事人员在驻在国违反了相关的国际法中对于外交人员职能的规定，即违反了1963年《维也纳外交关系公约》第3条第1款d项所述"以一切合法手段调查接受国之状况及发展情形，向派遣国政府具报"这一职责。但伊朗的上述主张及其理由并不能说服国际法院，这是因为，在有关外交领事代表及使领馆工作人员的特权及豁免权问题上，各国之间有着长期的确定的共同利益，维护此种共同利益是确保基本的国际秩序得以存续的基本条件。这决定了外交法相对于其他国际法规则更具稳定性，也就决定了外交法的适用较少向政治因素妥协。

值得指出的是，对于外交使馆及土地的性质，外交法理论中也有系统阐释。从早期的"派遣国领域说"到"拟制领土说"再到"主权所及说"，各种学说虽然对使馆与派遣国领域的关系作出了不同的解释，但立论前提是一致的：一国驻外使馆仍处于派遣国的国家主权之下，即所谓的国中之国的主权。正是基于这种主权，派遣国使馆才不受驻在国的司法管辖而享有刑事管辖豁免。但是目前国际法主流学界已经摒弃了上述几种直接和主权这一十分敏感的概念挂钩的说法，转而采取了与解释外交人员特权与豁免相同原理的"功能代表"说，即使馆馆舍的豁免权是国际法规定的驻在国为了有效进行对外交往的国事活动而礼让的结果。《维也纳外交关系公约》第22条3款特别规定"使馆馆舍及设备，以及馆舍内其他财产与使馆交通工具免受搜查、征用、扣押或强制执行"。

综上所述，在外交法领域，外交领事人员及使领馆的工作人员享有的外交特权及豁免权是一个与驻在国国家主权相对隔离的一个问题，是一个主要面对国际法规范和外交惯例的职能适用问题。因此，对于强调主权而忽视外交法原则及相关外交惯例的国家行为，国际法院是不会予以支持的。

本案的第二个争议焦点问题是国际不法行为责任的构成问题。本案主要涉及国际不法行为责任构成中的主观要件问题，即行为的可归因性问题，也就是哪些主体的哪些行为可以归因于国家而成为国家行为的判定问题。对这一问题的讨论直接影响到了后来一系列案件的判决乃至2001年的《国家对国际不法行为的责任条款草案案文》的起草和审议。一般而言，国家机关的行为构成国家行为，私人或私人集团的行为不构成国家行为。但在本案中，情况有些复杂：一方面，占领使馆、持续性侵犯外交人员的主体是激进学生，不是伊朗的官方机构；另一方面，伊朗的官方机构能够采取有效措施对这些学生进行管控但却没有采取任何措施，反而对学生的行为表示支持。因此，在本案中，需要仔细分析伊朗官方和学生之间的关系。国际法院在有充足的资料证据的前提下认为：第一，一开始时，激进学生组织的行动本身不直接涉及伊朗国家责任问题，也就是说，学生的行为只是私人行为，不具有可归因性，不能视为伊朗国家行为。但即便如此，在这一阶段，由于伊朗政府没有履行保护大使馆的义务，伊朗对此应该承担国际法律责任。第二，在后一阶段，霍梅尼发布法令，宣布伊朗学生占领大使馆的行为应该维持，此时，伊朗学生便成了伊朗的国家代理人，他们继续占领大使馆的行为便转化为伊朗国家的行为，伊朗国家必须为此承担国际法律责任。这里，其实涉及民法中代理的基本法理，这是民法与国际法相互关系的一个很好的诠释。

（三）相关判例

（1）中国驻南联盟使馆被北约导弹轰炸案（1999）：本案最终由中美协议道歉、赔偿而结束，涉及外交人员及其馆舍在战争中的中立及不可侵犯问题。

（2）温布尔登案（1923）：本案由常设国际法院审理，涉及国际不法行为及国家责任的定性依据问题。

（四）法律适用

本案中，美国援引了1961年《维也纳外交关系公约》、1963年《维也纳领事关系公约》和《强制解决争端任择议定书》、1955年《美伊友好、经济关系及领事权利条约》、1973年《关于防止和惩处侵害应受国际保护人员包括外交代表的罪行的公约》作为国际法院处理其各项主张的管辖权的依据。国际法院认为，美国提交的1973年《关于防止和惩处侵害应受国际保护人员包括外交代表的罪行的公约》第13条不需要被详细讨论。国际法院指出，好斗分子（实施占领大使馆的激进学生）在大使馆的所作所为，只有当他们实际上是代表伊朗国家行事这一点得到证实之后才能直接归因于伊朗政府。但是，尽管如此，伊朗政府作为使馆的驻在国有义务采取适当措施保护美国大使馆，可是伊朗并没有采取措施防止袭击或者在袭击到达完成的地步以前加以制止，或者迫使好斗分子撤出使馆馆舍和释放人质。这种不作为显然是严重违反了1961年《维也纳外交关系公约》（第22（2）条、第24条、第25条、第26条、第27条和第29条）、1963年《维也纳领事关系公约》（第5条、第36条）以及上述1955年《美伊友好、经济关系及领事权利条约》第2条第4款的规定。国际法院的结论是，伊朗当局在1979年11月4日完全清楚自己根据现行有效公约所承担的义务，也清楚急需采取的行动，同时，伊朗当局掌握有履行其义务的手段，但伊朗当局没有这样做。至于对于伊朗所宣称的占领使馆、扣留人质是对美国外交领事人员对伊朗主权侵犯行为的反制措施的主张，国际法院认为，即便伊朗的指控得到了确认，也不能证明伊朗行为的正当性。这是因为，外交法本身已经为外交领事人员在驻在国的不法行为规定了防止以及制裁的措施，比如断绝外交关系，或者宣布可能正在进行非法活动的使馆成员或领馆成员为不受欢迎的人等，但伊朗政府没有利用合法的手段，却采取了对美国大使馆及其成员施以胁迫的办法。

（五）小结

国际法院的判决，一方面确认了传统外交法及其惯例的合法性和不可侵犯性，传统外交法和外交惯例的适用自此有了重要的判例依据；另一方面还在国际法律责任构成要件方面起到了开创法源的重要作用。

九、编者：李健男、龙博

十、编写时间：2014 年 6 月

执行联合国职务时遭受伤害赔偿案

一、案例编号（5－03）

二、学科方向：国际公法

三、案例名称：执行联合国职务时遭受伤害赔偿案

四、内容简介

本案标志着国际法主体范围的扩大迈出了关键一步。1948年，在巴勒斯坦地区连绵不断的暴力冲突中，联合国派往当地的两名特派员在以色列控制区遭到暗杀。事件发生后，为明确对受害人的赔偿以及国家对联合国及其代表应负的责任，联合国大会请求国际法院就联合国是否具有国际人格发表咨询意见。经过审慎讨论，国际法院认定联合国具有国际人格，联合国据此要求以色列承担与本案有关的国际法律责任。从此，政府间国际组织作为正式的国际法主体的地位开始为现代国际法和世界各国所承认，传统国际法认为国家是国际法唯一主体的观点开始式微。时至今日，非政府间国际组织、民族甚至个人也开始在一定情形下被认为具有国际人格，国际法的调整范围空前扩大。

五、关键词：联合国；国际人格；国际组织；国际法主体；国际法律责任

六、具体案情

"二战"结束以后，国力衰退的英国在中东地区的殖民地的势力开始瓦解，原属奥斯曼土耳其帝国、后于1920年成为英国托管地的巴勒斯坦（现代国际关系意义上的巴勒斯坦是指约旦河西岸的巴勒斯坦地区，这一地域范围比传统上的巴勒斯坦要小，原因是约旦河东岸的巴勒斯坦地区已于1923年独立，成立了现在的约旦王国）的独立问题开始被提上日程。为了能够体面地撤出巴勒斯坦，无力挽回颓势的英国请求联合国介入并安排巴勒斯坦地区未来的政治区划。

1947年11月29日，联合国大会通过一项将英属巴勒斯坦托管地按其主要民族分为两个国家的决议，其中犹太国家将成为以色列，而阿拉伯国家仍称巴勒斯坦。在巴勒斯坦地区占相对少数的犹太居民大多欢迎这一决议，并立即开始筹备立国事务。与之相反，在当地占多数的阿拉伯居民认为犹太居民是20世纪的"犹太复国主义"浪潮中入侵巴勒斯坦地区的非法外来者，因而强烈反对犹太国家的成立（犹太人曾经是巴勒斯坦地区最早的原住民之一，但在古犹太人王国被巴比伦灭亡以后，数千年间，犹太人在以欧洲为主的世界各地颠沛流离，尽管他们一直没有放弃复国的努力。"二战"时，犹太人在纳粹德国统治区所遭受的残酷迫害使得犹太人复国的情绪空前高涨，加之越来越多的犹太人为了躲避迫害而回迁巴勒斯坦地区，使得巴勒斯坦地区一时成为"犹太复国主义"运动的中心）。同时，巴勒斯坦地区中心城市耶路撒冷被基督教、犹太教和伊斯兰教均视为圣城，关于其最终归属的争议进一步加深了犹太人和阿拉伯人的相互敌视。

联合国的上述分治计划没有得到任何一方的支持，巴勒斯坦地区的犹太和阿拉伯族群在各自背后势力（犹太人被西方国家认为是制止阿拉伯人重新扩张成阿拉伯帝国的桥头堡，且受到在欧美国家的犹太财团的大力支持；阿拉伯人背后的势力当然是阿拉伯国家联盟）的支持下剑拔弩张，进而爆发了造成大量平民死伤的流血冲突，并最终演变为第一次中东战争。为了结束冲突，保障巴勒斯坦地区的和平过渡并促进犹太和阿拉伯两民族的和解，联合国于 1948 年在当地部署了联合国历史上第一次官方认定的维和行动——建立了联合国停战监督组织。该行动用了大量的文职军事人员和军事观察员。此外，联合国还委托在国际社会中具有名望和权威的中立国外交人员充当调解员，代表联合国穿梭于相关各方之间进行调停。

然而，联合国及其代表人员的努力并不为阿以双方的极端分子所认同，反而遭到了他们的敌视和攻击。1948 年 9 月 17 日，联合国瑞典籍调解专员贝尔纳多特伯爵和法籍首席观察员塞雷上校在耶路撒冷城的以色列控制区遭到暴徒暗杀。

事件发生后，为了安抚受害人的家庭并鼓舞巴勒斯坦地区联合国工作人员的士气，时任联合国秘书长的赖伊第一时间宣布联合国将承担对那些为联合国工作并在联合国领取薪金或津贴的受害人的赔偿责任。同时，为应对未来可能发生的相似情势，联合国秘书长决定将国家在类似事件中对联合国应负责任的问题提交联合国大会讨论。在联合国大会的讨论中，会员国就这一问题产生了意见分歧。为统一各国立场，大会于 1948 年 12 月 3 日通过决议，请求国际法院就下列问题发表咨询意见：

第一，联合国代表执行职务时，如果在涉及国家责任的情况下受到伤害，联合国作为一个组织是否有能力对应负责任的法律上的或事实上的政府提出国际请求，以便就联合国和受害人或经其授权的人员所受的损害取得应有的赔偿？

第二，如果应该对联合国和受害人或经其授权的人员所受的损害进行赔偿，那么应如何协调联合国的行动与受害人在国籍国所可能享有的此类权利之间的关系？

国际法院接受了联合国大会的请求，经过约 5 个月的审查，发布咨询意见：对于第一个问题，国际法院做了肯定的回答，确认了联合国的国际人格，从而认定联合国有能力提出国际请求来维护它的国际权利；对于第二个问题，国际法院认为没有国际法规则规定联合国和受害人在国籍国的权利何者优先或在两者的相关权利冲突时谁不应该提出国际请求，因此联合国的国际求偿能力在面对受害人的国籍国时不受影响，两者应当为解决相关冲突缔结一般或特别的协定。

国际法院的咨询意见发表以后，联合国大会通过决议授权联合国秘书长执行联合国的赔偿要求。为此，联合国秘书长要求以色列正式道歉、采取行动逮捕凶手并赔偿 54 624 美元。最终，虽然当时其尚不是联合国会员国，以色列仍于 1950 年 6 月接受并执行了上述要求。

七、案例来源

关于本案之案情背景、审判过程和裁定结果的完整报告书（英文），参见国际法院网站，http：//www. icj－cij. org/docket/index. php？p1＝3&p2＝4&code＝isun&case＝4&k＝41&p3＝0。

本案的中文简报，参见国际法院判决、咨询意见和命令摘要（1948—1991），http：//www. icj－cij. org/homepage/ch/files/sum_1948－1991. pdf。

八、案情分析

（一）争议焦点

本案的争议焦点就是联合国大会请求国际法院发表咨询意见的决议中所列出的两个问题：一是联合国是否具有提出国际请求的能力及资格，其实质就是联合国是否具有国际人格，也就是联合国是否是国际法的主体；二是联合国对其职员的职能保护权与该职员的国籍国对该职员的外交保护权出现冲突时的协调问题。

显然，第一个问题是第二个问题的前提和基础，也是本案的关键所在。如果联合国具有国际人格，可以被视为具有完全权利、能够承担国际义务的国际法主体，那么联合国当然可以提出国际请求，也可以要求责任国对其过错予以补救并向联合国支付相关赔偿；同时，只有在联合国具有国际人格的情况下，才可能在相互地位、能力、权利及义务完全平等的情况下讨论联合国与主权国家相关权利出现冲突时的协调问题，联合国也才有与主权国家签订有关冲突解决协议的能力和权利。

（二）法理分析

国际法主体又称"国际法律人格者"，一般指能够独立参加国际法律关系并直接承担国际法上的权利与义务的实体。具体来说，判断一个实体是否是国际法主体，要看这一实体是否满足以下条件：

首先，能直接参与国际法律关系。国际法是用于调整国际关系的法律，因此，作为国际法主体，必须能够以国际社会一员的身份独立、直接参与国际法律关系，既不受其他实体的限制和管辖，也无须其他实体的授权。

其次，国际法主体应当有能力直接享受国际法上的权利和承担国际法上的义务。国际法律关系体现为国际法主体之间的权利和义务关系，作为国际法主体，当然就必须有能力直接享受或承担国际权利和义务，否则国际法律秩序的维系就无从谈起。

最后，国际法主体原则上应当是能够构成国际社会的的集合体。包括国家、国际组织、民族解放组织在内的国际法主体，都是集合体。国际法主体应当是集合体，这是由国际法上的权利与义务的内容所决定的。一般情况下，只有能够组成国际社会的集合体才有足够完善、足够强大的国际法律行为能力，也才能够直接享受或承担国际法上的权利和义务。与之相对，自然人属于个体，而法人虽然属于集合体，但其只是国内社会意义上的集合体，所以自然人与法人原则上不能成为国际法主体。

不过，从国际社会以及国际法发展的角度而言，国际法主体并非一成不变，也不应该一成不变。综合有关国际法主体的各种学说和国际法实践，目前为国际法学界和国际社会所广泛承认的国际法主体主要有以下几类：

1. 国家

自威斯特法利亚和会以来，直至 20 世纪早期，传统国际法一般只承认国家是国际法的唯一主体，这一观点直到 20 世纪后期也就是国际法院就本案所发布的咨询意见已经为国际社会所采信和广泛适用之后，仍然受到部分国际法学者的支持。例如，《奥本海国际法》就持国家是国际法唯一主体的观点，而我国国际法泰斗周鲠生先生也深受传统国际法的影响，在其名著《国际法》中用大量篇幅强调了国家在国际法中独特的崇高地位（当然周先生也承认了联合国的国际法主体地位，却强调了联合国之主体地位的特殊性，似乎对将国际法主体资格由联合国推向一般国际组织并不热衷）。

应该承认的是，时至今日，国家仍然是国际法最基本和最主要的主体，这一点是毫无疑问的。在政府间国际组织大量出现之前，国家曾长期作为国际法的唯一主体，而后来为国际社会所承认的新型国际法主体，要么是国家的派生物（即政府间国际组织），要么是大体上正在形成的国家（即争取独立的民族解放组织）。

值得注意的是，一般情况下，作为国际法主体的国家指的是拥有完全独立自主的主权国家。在历史上，除去主权完善的单一国（例如中国）和复合国（例如作为联邦国的美国）之外，曾经有过附庸国（例如前埃及王国）和被保护国（例如安道尔）等形式的主权受限的国家，而当今世界也存在着梵蒂冈城国和马耳他骑士团等多样化、情形特殊的主权者（例如马耳他骑士团只拥有两片被视为团体财产的土地，且分处于不同国家，但仍有很多主权国家与其保持着正式外交关系）。在相关的实践中，这些国家的国际法主体地位是有争议甚至被否认的。例如傀儡国满洲国完全听命于旧日本帝国，几乎得不到世界上任何有正义感的国家的承认。

2. 国际组织

国际组织通常分为两种：一是政府间国际组织，二是非政府间国际组织（NGO）。当学者论及国际组织的国际法主体资格时，一般情况下指的是政府间国际组织，即所谓的在国际社会中由国家或其政府出于特定的目的而基于协议、联合创立和参与的国际性常设组织。

19世纪是国际组织萌芽的世纪，第一个被公认的国际组织是万国邮政联盟。20世纪被称为国际组织的世纪，伴随着"一战"后人类历史上第一个一般性国际组织——国际联盟的成立，国际组织的数量、范围和职权开始不断扩大，要求确认国际组织的国际法主体地位的呼声也开始在理论界和实务界高涨。特别是"二战"结束以后，有史以来最大的全球性的政府间国际组织——联合国的建立使得传统国际法所固守的国际法主体观已然跟不上国际社会的变化与发展。为适应国际法和国际关系未来实践的需要，国际法院率先在本案中发表了历史性的咨询意见，认定联合国具有国际人格，可以被视为国际法主体，从而凭借其自身的权威地位，迅速改变了传统国际法的固有教义。此后，其他政府间国际组织的国际法主体地位也陆续获得了国际社会的认同。时至今日，虽然在学术界仍有学者坚持国家是国际法的唯一主体，但无论是在理论上还是在实践中，国际组织的国际法主体资格都已经获得了国际社会的广泛承认和尊重，这已是不争的事实。

当然，应当指出的是，国际组织并不具有国家所固有的主权属性，因此不可能像国家一样拥有全部的国际权利和义务，其享受权利和履行义务的能力受制于国家为成立某一国际组织而签署的组织宪章或条约中有关该国际组织职能的规定。因此，国际组织的国际法主体地位不能与国家的国际法主体地位相提并论，它的产生依靠于国家的合意，是一种由遵从主权国家及其政府的意志而协议组织的派生的国际法主体。

3. 其他国际法主体

相对于国家和政府间国际组织而言，其他被认为具有国际法主体地位的实体或多或少存在争议。从目前国际法的实践和理论看，这些有争议但也获得了一定支持和广泛讨论的国际法主体主要有以下几种：

（1）争取独立的民族。争取独立的民族具有向国家过渡的性质，可以被视为正在形成中的国家，其通常会成立本民族的国际政治实体，并有能力参与一定的国际关系。因此，争取独立的民族容易被国际社会接受为国际法主体，是一种争议较小的国际法主体。例如，巴勒斯坦解放组织已经获得了120多个国家的承认，并在联合国拥有观察员地位。

不过，并非所有争取独立的民族都可以成为国际法主体。通常情况下，相关民族成为国际法主体的先决条件主要有：必须是受压迫的民族（例如殖民地原住民）、必须正在进行有组织的反对压迫的斗争、已经建立代表并领导本民族进行国际交往的政治组织且必须明确表明独立建国的愿望。因此，一些国家的分离主义运动，譬如"东突"一类已经被归类为恐怖主义组织的势力所宣称要建立的"民族国家"，当然是不可能取得国际法主体地位的。

（2）非政府间国际组织。非政府间国际组织是与政府间国际组织相对应的概念，曾经在国际关系中无足轻重。但在过去的几十年里，非政府间国际组织获得了长足的发展，在目前的国际社会，这种被统称为"非政府实体"的非政府间国际组织参与国际关系的深度和广度已经开始受到传统国家的重视和平等对待。例如，作为世界上最大的非政府间国际组织，国际红十字会及红新月会的地位和作用已经不会被任何一个国家轻视，特别是那些急需相关资助的发展中国家；同时，红十字会本身的国际法律行为能力和承担国际义务的能力甚至不输一些国家；另外，在有关外交谈判和制定条约的过程中，红十字会事实上对最终的结果施加了重大的影响。总之，尽管对于非政府间国际组织的国际法主体地位仍然争议不断，也尽管不同的非政府间国际组织的规模和实力相差甚远，但不可否认的是，非政府间国际组织已经成长为国际关系中的一股重要力量，一些重要的非政府间国际组织的国际法主体地位问题理应得到国际社会的重视和讨论。

（3）个人。个人的国际法主体地位是目前国际法学界分歧严重的重点议题之一。其中，支持个人的国际法主体地位的学者一般集中在西方学界，其主要理由有如下两点：首先，国际法的确直接赋予了个人以权利。例如，有关人权公约赋予了个人直接享受国际法上的权利。其次，国际法也要求个人对国际罪行直接负责。例如，国际人权法和国际刑法关于保障人权和惩罚国际罪行的规定基本都是针对个人的。

不过，我国多数国际法学者对于个人是国际法主体的观点持否定态度，他们认为，尽管个人可能要对国际罪行承担责任，但个人不能直接承担国际义务；同时，虽然国际法直接赋予个人以权利，但这些公约本身是国家议定签署的，个人只是作为人权的主体而直接享受到了这些权利而已，是国家使个人成了这些权利的直接受益者。

折中说认为，与个人相比，国家仍然是国际法的核心主体，个人不能像国家那样具有参与全部国际交往的能力（例如个人不能以自己的名义参与国际法规则的制定）。同时，个人的权利义务能力是国家通过合意的协议而赋予的，依赖于国家或政府的意志，因此个人的主体地位是派生的。总而言之，个人充其量只是在一定范围内具有国际法主体资格的一种特殊的国际法主体，其在国际社会中的地位和作用不能与国家或政府间国际组织相等同。

（三）相关判例

（1）英伊石油公司案（1951）：此案是国际法院成立后的早期案例之一，虽然其发生的时间要晚于执行联合国职务时遭受伤害赔偿案，但其主要强调了传统国际法的立场，即国际法主要是国家间的法律，个人一般不能成为国际法的主体。

（2）纽伦堡审判（1946）：此案首开个人（特别是国家领导人）直接承担国际法律责任并接受国际司法制裁的先河，虽然纽伦堡国际军事法庭的存在是短暂的，但法庭的精神为此后的前南国际法庭等特别国际法庭所沿用，也为国际刑事法院的成立和为追究个人国际法律责任的国际司法机构的常设化提供了司法基础。该案及此后的类似案例逐步验证了个人在特殊情形下可以作为国际法主体的资格。

（四）法律适用

尽管早在本案之前，有关承认国际组织之国际法主体地位的呼声日益高涨，但囿于当时国际法的发展水平，国际法院在审理本案时既没有国际公约可供遵循，也没有成形的国际习惯可供确信，甚至也不存在一个可以参考的类似先例。因此，国际法院只能依据传统国际法的法理、学说和一般原则来进行推导性审查（换言之，国际法院并不是在为国际组织的国际法主体地位寻找法律依据，而是基于一般法律逻辑和常理为其"创设"新的法律依据）。正因如此，国际法院对本案的咨询意见才具有了开创性和决定性的意义。也正因如此，考察国际法院就本案发表咨询意见的依据就显得尤为重要。

针对联合国大会所提出的第一个问题，国际法院认为，联合国是国家集体活动逐渐增加的产物，为了实现其目的和宗旨，联合国必须要具备国际人格。这是因为，根据《联合国宪章》规定，联合国不仅仅是一个"协调各国行动"的中心，而且还负有维持国际和平与安全、促进国际合作与发展等一系列重大使命和任务，并且与各会员国之间具有相互的权利和义务关系；同时，联合国在实践中能够也已经与国家缔结条约的事实，以及它负有并已经承担了广泛的政治使命（例如维护世界和平与安全）的事实也充分说明了其身份与其会员国明显不同。可见，联合国负担着属于其自身的国际权利和义务，而联合国预期行使和享有的及其正在行使和享有的权利、义务和职能只能在其具备国际人格和国际法律行为能力的基础上才能得到解释，且联合国的法律行为能力是独立于其会员国的，这就进一步说明联合国应当是一个国际人格者。

同时，国际法院认为联合国的权利和义务应当是其宪章所明示规定或默示赋予的那些权利和义务，而其在履行职能所必要的情况下提出国际请求的能力显然属于其履行职能所必要的默示能力——虽然宪章并没有明确赋予联合国就该问题中所称受害人或其所授权的人员所受的损害提出赔偿请求的能力，但为了实现宗旨和履行职能，联合国必须有能力对其代表给予充分的和可以依靠的保护，从而保障相关实践的成功实施和其代表的独立性，这也是符合国际法规定的。因此，对于那些因为违反对联合国所负担的国际义务而对其造成损害的国家，联合国有权要求责任国对其过错予以补救，并能获得相关的赔偿。

针对第二个问题，国际法院认为，现有的国际法没有规定两种权利何者优先，也没有规定两者冲突时联合国和相关国家何者不能提出国际请求。因此，可以通过缔结一般性的条约或就某特定案件订立相关的特别协定，从而减少冲突的发生。但无论如何，联合国对其职员行使保护的依据是该职员作为联合国职员的身份，而不是该职员作为任何会员国国民的身份。这是联合国的职能保护权，这种职能保护权与该职员的国籍国的外交保护权可以相互独立。

（五）小结

作为对联合国参与国际法律关系的身份有着决定性意义的案例，本案在国际法院早期的历史上有着重要的地位。国际法院通过对《联合国宪章》的合理解释和对联合国这一国际组织的暗含权利（例如其为达成宗旨和目标而必须具有的权利）的推理分析，肯定了联合国的国际人格和求偿能力。国际法院在咨询意见中提出的一些原则和理论，可以用来解决其他国际组织是否具有国际人格的问题。自此，政府间国际组织开始被广泛承认为新的国际法主体，而传统国际法在这一领域的陈规桎梏也开始被打破。时至今日，非政府间国际组织、争取独立的民族乃至个人的国际人格都已经开始被讨论或承认，追本溯源，不能说没有本案和国际法院的一份功劳。

九、编者：李健男、龙博

十、编写时间：2014 年 6 月

帕尔玛斯岛仲裁案

一、案件编号（5-04）

二、学科方向：国际公法

三、案例名称：帕尔玛斯岛仲裁案

四、内容简介

本案发生于 1928 年。西班牙于 16 世纪发现了帕尔玛斯岛，但没有行使主权的表现，随后该岛在 18 世纪成为荷兰的殖民地，被其有效控制。1898 年，美国在美西战争后通过《巴黎和约》从西班牙处取得了菲律宾及其附属岛屿的领土主权，包括帕尔玛斯岛。1906 年，一名在当地旅游的美国军官发现帕尔玛斯岛实际上为荷兰人所控制，美荷随即开始就该岛的主权归属问题进行交涉，但持续多年的双边谈判并没有就该岛的主权归属问题达成共识。1925 年，美荷双方同意将本案提交常设仲裁法院裁决。3 年后，独任仲裁员马克斯·休伯法官裁定荷兰依据先占和时际法规则享有对帕尔玛斯岛的主权。

五、关键词：领土法；主权；先占；时际法；仲裁

六、具体案情

帕尔玛斯岛，又名米昂格斯岛，位于菲律宾（当时为西属菲律宾领地）棉兰老岛和印度尼西亚（当时为荷属东印度群岛）纳萨岛之间。帕尔玛斯岛面积不到 2 平方英里，岛上原住民为部落形态的少量本地土著，没有形成近现代国际法意义上的民族或国家。

16 世纪时，远航到菲律宾的西班牙殖民者发现了帕尔玛斯岛，但其对这个面积极小、缺乏资源的岛屿缺乏兴趣，没有对该岛实施殖民或有效统治，更没有行使主权的表现。约 100 年后的 1677 年，荷兰东印度公司的人员抵达帕尔玛斯岛，开始与岛上的土著居民往来，并试图开始对该岛行使宗主权。随后，荷兰从 1700 年起将帕尔玛斯岛彻底变成其殖民地，隶属于荷属东印度群岛，并一直对该岛实施着有效的控制。

1898 年，美国和西班牙之间爆发美西战争，西班牙战败。在列强的调解下，两国于同年 12 月 10 日在法国巴黎签署了结束敌对状态的《巴黎和约》。在和约中，西班牙同意将其殖民地西属菲律宾及包括帕尔玛斯岛在内的相关附属群岛割让给美国，美国随即接管了菲律宾的主权，但没有同时向帕尔玛斯岛派出驻军或建立行政机构。1906 年，美国驻棉兰老岛的一名军官到帕尔玛斯岛旅游时，发现该岛已经被荷兰人占领，并悬挂着荷兰国旗，该军官向美国官方报告了此事。

随后，美国政府向荷兰政府提出了交涉，认为西班牙最先发现了帕尔玛斯岛，因此根据先占原则取得了该岛的主权，而美国又通过战争及和约从西班牙处取得了对该岛的主权，因此帕尔玛斯岛应当属于美国。与之相对，荷兰政府则认为虽然西班牙人先发现了帕尔玛斯岛，但荷兰对该岛的主权是通过和平、有效而长期的占领而取得的，因此荷兰才是帕尔玛斯岛的合法拥有者。在接下来的十几年里，美荷双方就帕尔玛斯岛的主权归属问题进行了多轮双边谈判，两者各执己见、互不相让，一直没能解决该岛主权的最终归属问题。

为避免帕尔玛斯岛主权争端久拖不决，1925 年 1 月 23 日，美国和荷兰经协商后达成仲裁协议，双方同意将该岛的主权归属问题提交给位于荷兰海牙但地位中立的国际常设仲裁法院进行裁决，并共同委派了瑞士法学家马克斯·休伯担任本案的独任仲裁员。经过约 3 年的审查，

1928 年 4 月 4 日，休伯法官发布了最终的仲裁结果，他认为，尽管西班牙首先发现了帕尔玛斯岛，从而获得了对此无主地的"初步权利"，但其没有进行有效占领，故而不满足先占原则的条件；随后，西班牙的"初步权利"在荷兰于 1677 年抵达该岛并试图行使宗主权起即告丧失，而即使西班牙没有丧失该项权利，其"初步权利"也不会优先于荷兰在数百年的时间里建立起来的有效占领权；同时，荷兰在帕尔玛斯岛行使主权的整个过程虽偶有中断，但对于遥远且居民较少的小岛来说，这是不可避免的，只需以"关键时刻"的状态作为标准，而从这些"关键时刻"来看，荷兰对帕尔玛斯岛的统治是有持续性的。再者，自 1677 年荷兰东印度公司抵达帕尔玛斯岛时始至 1906 年美国军官发现荷兰占领帕尔玛斯岛时为止，荷兰在该岛行使主权的行为都没有受到任何国家的反对，其主权权力的行使应当被判定为是平稳的。综上所述，荷兰对帕尔玛斯岛行使国家权力的整个过程是持续而平稳的，西班牙没有取得该岛的主权，也就无权将它所不享有的权利让渡与美国，美国无权根据《巴黎和约》主张其对帕尔玛斯岛的主权。另外，休伯法官一并驳回了美国以"毗邻性"（菲律宾棉兰老岛到帕尔玛斯岛的距离更近于荷属东印度群岛纳萨岛到该岛的距离）为由主张其对帕尔玛斯岛之主权的主张，认为"毗邻性"在国际法中没有法律依据。

基于以上理由，休伯法官裁定帕尔玛斯岛是荷兰领土的一部分，美国和荷兰都接受了该仲裁结果，没有提出异议。

七、案例来源

关于本案的全景回顾（英文），参见常设国际仲裁法院网，http：// www. pca‑cpa. org/showfile. asp? fil_ id = 168。

本案为近现代国际法时代的经典案例之一，在近一个世纪的时间内被各国国际法学界反复研究和引用，我国学者对此亦有大量专文发表，此处不再赘述。

八、案情分析

（一）争议焦点

本案的争议焦点在于西班牙与荷兰到底谁享有帕尔玛斯岛的主权，涉及的国际法规则主要是领土取得方式之先占以及时际法原则。

美国认为西班牙首先发现了帕尔玛斯岛，而当时的帕尔玛斯岛相当于无主地（土著并没有形成有效的社会组织来对该岛行使主权），因此西班牙依据先占原则取得了该岛的主权。美西战争后的美国依据《巴黎和约》从西班牙处取得了菲律宾及其附属岛屿的主权，条约的范围包括了帕尔玛斯岛，故而美国在本案争端发生时应当拥有帕尔玛斯岛的主权。

相反，荷兰则认为虽然西班牙首先发现了帕尔玛斯岛，但其从来都没有在该岛作出行使主权权力的行为，反而是后来抵达帕尔玛斯岛的荷兰人逐渐将其变成了自己的殖民地，并持续而平稳地行使了数百年的主权权力，此间无论是西班牙还是美国都没有提出反对。因此，帕尔玛斯岛一直都是荷兰的领土，西班牙无权在《巴黎和约》中将之割让与美国。

（二）法理分析

国家领土又称"领土"，指隶属于国家管辖下的、地球表面的特定区域，包括陆地、水域及两者的上空（即领空）与底土。帕尔玛斯岛仲裁案属于典型的领土争端，争议对象为所谓的"领陆"，指处于国家主权支配之下而露出于水面之上的地球表面。领陆可以是大陆、半岛或岛屿，帕尔玛斯岛当然属于岛屿——中日钓鱼岛争端亦属于这一情形。

具体而言，帕尔玛斯岛仲裁案主要涉及领土主权的取得方式，这是国际法中领土法的主要内容之一。在国家的历史发展过程中，国家可能因为不同的原因而取得或丧失部分领土而导致领土的变更。例如，依据不平等的《中俄北京条约》，我国丧失了东北大片领土，而根据《中俄国界东段补充协定》，我国收回了部分清朝时丧失的领土。在传统国际法时代，刚刚取代教权和君权的国家主权及国际法还没有发展出一套行之有效、广泛普适的相关规则，因此西欧诸国在关于领土取得的实践中适用的是罗马法中关于取得私有财产的规则。在近现代国际法时代，国家取得领土主权的方式主要有以下五种：

（1）先占。先占又称占领，指国家通过占有无主地而取得对其的领土主权。在近现代国际法中，先占原则的适用需要满足以下条件：首先，先占的对象应当是无主地。无主地指完全无人居住，或为原属国放弃，或居住于其上的土著居民尚未形成有组织的国家实体的土地。其次，国家在发现一块无主地之后只取得对该无主地的"初步权利"，该"初步权利"只能暂时阻止他国对该无主地的占领，但如果发现国没有作出对该无主地占领并行使主权的行为，那么对无主地的发现不能产生主权，且"初步权利"在一段时间后会丧失。最后，将国家的"初步权利"转化为其对相关无主地的完全主权的法律依据是有效占领。有效占领指国家占领一块无主地后，应当以各种国际法所允许的方式宣示其主权，并对该土地实施持续而稳定的管辖。

有效占领的方式有很多，不一定都需要移民定居并建立完整的一套行政机构，发表声明、悬挂国旗或竖立界碑等方式也是可以接受的。例如，我国西沙群岛的大部分岛屿面积都过小，不适合人类长期居住，因此我国海军边防部队定期巡逻的行为也足以构成有效占领。不过，无论以何种方式保持对无主地的有效占领，其对无主地的管辖都必须满足持续和稳定这两个要件，即国家对无主地的管辖应当持续足够长的一段时间，且没有其他国家依据国际法提出反对。例如，我国先民首先发现了海南岛，并进行了有效管辖（设立珠崖郡），但在西汉元帝时弃守，直到南北朝时期才重新进行了有效占领，那么在现代国际法看来，我国古代对海南岛的占领就不是持续的。当然，持续要件的考量不能过于死板与僵硬，在无主地地位转换或相关领土争端的"关键时刻"保持占领和管辖也足以视同持续管辖。反观中日钓鱼岛领土之争，美日在1972年将钓鱼岛私相授受之后，我国一直保持以声明、谈判以至海军巡视的方式反对日本窃据钓鱼岛的行为，那么日本即使对钓鱼岛行使了主权权力，也不能将其对钓鱼岛的占有视为是稳定的。

值得一提的是，在当今国际社会，除南极以外，已基本不存在可由国家任意占领的无主地，故而先占原则已经失去了其实践意义。不过，先占在解决历史遗留的领土问题时，仍然具有重要意义。

（2）添附。添附指领土因自然状态的变化或人工改变而增添，这些新出现的土地应当被视为相关国家的领土。例如，澳门在很长的一段时间里一直在进行填海造陆，新增加的土地面积已几乎等同于原有的土地面积，那么这些土地应当被视为中华人民共和国的新增领土，其他国家不得主张对其的主权。不过，人工营造添附领土时应以不影响他国的合法权益为限。例如，一国不得在未取得另一国同意的情况下，在另一国领海内填海造陆，也不得在另一国领海的对面随意填海造陆，导致另一国领海面积的缩小。

（3）时效。时效指一国长期、不间断和公开地占有和统治他国的部分领土，从而取得该领土的主权。时效理论起源于罗马法和近代民法中"物权取得时效"的概念，但领土法意义上的时效不要求善意取得，也没有规定一段特定的时长；同时，与先占原则不同的是，适用时效所取得的领土应当是他国的领土而不是无主地；另外，以时效取得他国领土，前提条件是该领土的前主权国应当没有提出反对（例如，英国曾经引用时效理论主张其对马尔维纳斯群岛的主权，但阿根廷表示它从未放弃对该群岛的主权要求）。综合上述条件可以看到，时效是传统国际法满足帝国主义国家野蛮扩张之需要的产物，由于时效不需要善意，所以使用武力而取得的他国领土也可以被包括在时效的适用范围之内，而相关领土的前宗主国可能无力也可能不敢提出反对，以免遭受进一步的侵略（例如，沙俄对我国东北地区领土的侵占）。因此，时效规则已经遭到了当今国际社会的抛弃，在实践中也没有什么特殊意义。

（4）割让。割让指一国根据协议将本国领土的一部分转交给其他国家，分为两种情况：一种是强制性割让，指一国使用武力迫使他国签订协议、割让领土。例如，清朝将黑龙江以北割让给俄国、将台湾割让给日本都属于该情形。强制性割让是违反当代国际法的，应当为国际社会所唾弃和制止。另一种是非强制性割让，指一国在平等自愿的基础上与他国签订协议，将一部分领土转移给相关国家。非强制性割让符合当代国际法的要求，其形式也可以灵活多样。中国和缅甸交换部分领土，沙俄将阿拉斯加卖给美国，英国将赫尔戈兰群岛转赠与德国都属于非强制性割让。

（5）征服。征服指一国使用武力，占有他国一部分或全部领土，战后不经缔结协议而直接将相关领土兼并的行为。例如，西班牙向美洲的主动扩张就属于征服，其一路兼并了包括玛雅、阿兹台克等已经形成完整国家组织的古老王国；我国唐朝被动反击东西突厥，最终占领其地而设立都护府的行动也属于征服。由于当代国际法禁止国家在除自卫以外的情形下使用武力，因此征服与强制性割让和时效一样，也已经不再被视为合法的获取领土的方式。另外，需要注意的是，战时或一定情形下战后对领土的占领与征服是不同的，前者只是为了惩罚或恢复秩序等而进行的临时性行为，不会产生主权。例如，盟国在"二战"后对德国的分区占领就不能视为德国已被盟国征服。

（6）其他方式。除了上述五种取得领土的传统方式之外，当代国际社会在实践中又产生了一些新的取得领土的方式，其中影响较大的两种方式是全民公决和收复领土。前者指通过特定领土上的居民进行全民投票的方式决定该领土的归属，是民族自决原则的体现。例如"二战"后现德国萨尔州居民公决决定加入德国。后者指一国收回以前被他国通过非法方式

（例如强制性割让）占有的领土，从而恢复对相关领土的历史性主权，例如我国在"二战"后从旧日本帝国手中收复台湾。

值得一提的是，在时效和割让理论的相关实践中，有关国家应当恪守"禁止反言"规则，即在一国将领土割让给他国或他国占领一国部分领土时，该国如果出于自身的意志而表示认可或未作出反对的意思表示，该国在未来就不能自食其言而重新主张其对相关领土的主权。例如在隆端寺案中，泰柬双方在20世纪初的划界地图出现了错误，将原应属于泰国的隆端寺划归柬埔寨，但当时泰国在本国代表知情的情况下没有立即提出反对，因此在20世纪后期争端发生时国际法禁止泰国自食其言、重新主张其对隆端寺的主权，国际法院据此将隆端寺判给了柬埔寨。

（三）相关判例

（1）隆端寺案（1962）：该案由国际法院审理，也是国际领土争端的经典案例，主要涉及"禁止反言"原则，但近年来本案判决的执行有反复，当事国之一的柬埔寨于2011年要求国际法院对1962年的原有判决作出解释，目前国际法院作出了制止柬埔寨和泰国进一步冲突的临时措施，但尚未给出对原判决的解释。

（2）利吉丹岛和西巴丹岛的主权归属案（2002）：该案由国际法院审理，与帕尔玛斯岛仲裁案极其类似。

（3）东格陵兰法律地位案（1933）：该案由常设国际法院审理，与帕尔玛斯岛仲裁案仅相距5年，是常设国际法院所审理的影响较大的国际领土争端案件。该案与帕尔玛斯岛仲裁案一起确立了先占原则的各项构成要件，并强调了"有效占领"对于取得领土主权的重要性。

（四）法律适用

对于美国和荷兰在本案中各自所陈述的立场和理由，休伯法官在其裁决中分析了以下几个问题：

1. 主权与领土主权的概念与构成要素

休伯法官认为，主权在国际关系中意味着独立，意味着国家对地球的特定部分行使排他的权利，这是国际法的一项基本原则和处理国际关系的出发点。领土主权则是由条约或自然边界划定的、获得其他国家承认的空间，如果几个国家就某一地区的领土主权产生了国际争端，则需要考察一国以取得领土的各种方式而提出的权利是否比反对该权利的国家所提出的相关权利更为优越。就本案而言，构成荷兰或西班牙对帕尔玛斯岛之主权的最重要因素是"持续和平稳地行使领土主权"。荷兰或西班牙只有满足该要素，才能取得帕尔玛斯岛的领土主权并主张自己提出的权利更为优越，相关实践和理论都证明了这一点。

2. 西班牙不能将其没有的权力割让给美国

《巴黎和约》第三条将西班牙在该条所列举的区域的一切主权和权力都转让给美国。但是，即使该条款粗略地提及了帕尔玛斯岛，也不能认为《巴黎和约》可以把西班牙尚未确定权利的岛屿划入割让的范围之中，而必须要考虑在《巴黎和约》签订和生效时，帕尔玛斯岛实际上是属于荷兰还是西班牙的领土。

3. 荷兰对《巴黎和约》未作出明示的反应不会影响第三国的权利

美国认为其已经于 1899 年 2 月 3 日将《巴黎和约》的细节通知荷兰，而荷兰对和约没有反应，因此荷兰不应当主张对帕尔玛斯岛的主权。然而，第三国对通知它的条约没有反应，或缔约国对条约没有反应，是否能认为这影响了第三国的权利或缔约国的权利？休伯法官认为，对于一项尚未被主权宣示所支持的"初步权利"而言，没有反应是会产生影响的，但对于真正的领土主权而言，就不会产生影响了。因此核心问题仍然是，考察在《巴黎和约》签订和生效时，帕尔玛斯岛实际上是属于荷兰还是西班牙的领土。

4. 时际法的适用

休伯法官认为，时际法的适用应当区分权利的产生和权利的存在，权利的产生必须适用权力产生时有效的法律，而权利的存在应遵循法律发展所要求的条件。因此，考虑到当时地球上大部分土地已经为各国的主权所覆盖，无主地已经非常稀少，同时也考虑到 18 世纪中叶已存在和发展起来的倾向，可以认为 19 世纪的国际法已经形成了如下规则：占领必须是有效的，否则就不能产生领土主权；如果一国认为某地是无主地、没有主权国家的有效统治，从而仅以"初步权利"就主张将之置于该国的绝对影响之下，这个观点是与实在国际法不相容的。因此，西班牙仅是发现了帕尔玛斯岛，没有后来的有效占领，是不会产生主权的，也就谈不上西班牙将帕尔玛斯岛的主权转交给美国了。按照 19 世纪末盛行的观点，因发现而产生的"初步权利"应当在一段合理的时间内由有效占领转化为领土主权，否则"初步权利"就会灭失。换言之，即使到 1898 年时西班牙的"初步权利"仍然存在，也是不能与荷兰长期以来的有效占领和稳定统治相对抗的。

5. "毗邻性"问题

休伯法官认为，美国从"毗邻性"出发，认为可以根据地理条件主张在菲律宾领海以外的附近岛屿的领土主权，是不符合实在国际法的。国际法上不存在这样的规则，实践中也不存在这样的先例。

6. 在《巴黎和约》签订和生效时，帕尔玛斯岛的主权归属问题

休伯法官认为，荷兰以长期在帕尔玛斯岛行使持续和平稳的国家权力作为其主权根据是应当获得支持的：荷兰自1677年起开始与当地土著居民打交道，并自1700年起确实在帕尔玛斯岛行使了持续和平稳的国家权力，虽然18世纪末至19世纪初荷兰在帕尔玛斯岛上的国家主权行为较少，但从整个历史时期而言，考虑到荷兰对一个遥远且居民稀少的离岛的主权行为不可能完全没有间断，所以这并不影响其持续性。休伯法官因此表示，对于帕尔玛斯岛而言，荷兰的主权行使只需要看某些"关键时刻"即可，具体而言就是1898年的情形，因为此时的主权宣示，足以证明在《巴黎和约》签订和生效时帕尔玛斯岛仍然是荷兰的领土。

根据上述分析，休伯法官裁决：西班牙仅仅发现了帕尔玛斯岛，但没有对之实施有效占领，因此西班牙没有取得帕尔玛斯岛的主权，其"初步权利"（假设到1898年还存在的话）不能对抗荷兰对帕尔玛斯岛持续而稳定地有效占领；由于西班牙没有取得帕尔玛斯岛的主权，因此其无权将该岛的主权割让给美国，美国也无权依据《巴黎和约》主张其对该岛的主权，荷兰对《巴黎和约》没有反应不构成对割让的默认；"毗邻性"没有法律依据，美国在这方面的主张不能成立；荷兰自1677年到1906年争端发生时都在该岛行使国家权力，其间的间断不影响其持续性，且其他各国没有提出反对，故而荷兰的主权行使具有平稳性。总而言之，自1700年始（可上溯至1677年），至《巴黎和约》签订和生效或帕尔玛斯岛争端发生时，该岛一直是荷兰的领土。

（五）小结

帕尔玛斯岛仲裁案是国家领土争端的一个经典案例，本案对取得领土的先占原则作出了全面深入的回顾与解释。在本案中，休伯法官深刻地揭示了"有效占领"要件对于先占原则的重要意义，并确立和强调了"有效占领"的具体内容和时际法的适用条件。此外，本案为国家间领土争端特别是岛屿争端的和平解决提供了一个成熟而权威的先例，为未来国际法的

发展和实践，特别是常设国际法院的相关工作（例如上述的东格陵兰法律地位案）提供了有益的借鉴。

九、编者：李健男、龙博

十、编写时间：2014 年 6 月

北海大陆架案

一、案件编号（5 - 05）

二、学科方向：国际公法

三、案例名称：北海大陆架案

四、内容简介

本案发生于 1969 年。位于北海沿岸的联邦德国（以下简称"德国"）、荷兰和丹麦在 20 世纪 60 年代因北海大陆架划界问题产生了争议，其中丹麦和荷兰坚持 1958 年《大陆架公约》所规定的等距离规则是习惯法规则，主张据此进行划界，而当时不是《大陆架公约》缔约国的德国则认为习惯国际法中没有这样的原则，且实践中采用这种方法对德国来说是极不公平的，划界时应当给予每一个沿岸国以"公平合理的份额"。三国随后签署协议将本案提交至国际法院，国际法院拒绝了德国主张的"公平合理的份额"学说，但裁定德国没有义务接受等距离规则，北海大陆架划界应基于公平原则，综合考虑其他一切情况并通过协议解决。

五、关键词：北海；大陆架划界；大陆架公约；等距离规则；公平原则

六、具体案情

北海位于欧洲大陆北部和英国之间，总面积约 5 万平方公里，水深较浅，除挪威海槽（水深最深可达 650 米，平均宽度 80～100 公里）外，整个北海海床都属于水深不超过 200 米的大陆架。北海沿岸主要有英国、挪威、丹麦、荷兰和德国五个国家，其中英国和挪威所占北海海岸线最长，德国的海岸线则被丹麦的国土分割成两个部分，东部是与本案无关的波罗的海海岸线，西部为北海海岸线，形状内凹。

1963 至 1966 年间，上述五国分别颁布了各自关于大陆架的国内法令，并于 1965 至 1968 年间缔结了八个大陆架划界协定，其中五个规定按照等距离规则进行划界，包括了德国与荷兰、丹麦分别缔结的两个划分临近海岸地区大陆架边界的协定。然而，三国在进一步划分从临近海岸地区向北海中部区域延伸的延长边界时陷入了谈判僵局，丹麦和荷兰希望继续适用等距离规则，但德国提出了反对——其原因在于如果继续按照等距离规则划界，则德国只能占有北海海床的 5%，而荷兰和丹麦将各获得超过 10%的份额，考虑到北海中部区域所蕴藏的丰富油气能源，这种结果显然是德国不能接受的。为对抗丹麦和荷兰的主张，德国提出了扇形区理论，力图将其所属的大陆架范围扩展到北海中部区域，但德国的主张当然遭到了荷兰和丹麦的反对。

在三国政府间的谈判无法取得突破性进展的情况下，1967 年 2 月 2日，德国分别与荷兰和丹麦缔结了将三国之间的北海大陆架争端提交给国际法院裁决的特别协定，并请求法院将两个特别协定视为同一个争端，从而合并审理。三国在本案中的具体主张分别是：荷兰和丹麦主张北海大陆架划界应适用 1958 年《大陆架公约》第 6 条所规定的等距离—特殊情况规则。该公约已于 1964 年 6 月 10 日起生效。在本案开庭前，荷兰和丹麦已经分别于 1963 年和 1966 年批准了《大陆架公约》，而德国只签署了该公约，至本案发生时止德国国会尚未对《大陆架公约》作出批准，因此荷兰和丹麦是《大陆架公约》的缔约国，但德国不是。然而，丹麦和荷兰主张等距离规则已经是一项习惯国际法规则，《大陆架公约》只是将其进行了编纂，因此该原则应当自动对德国具有约束力，而不需要德国直接或间接的同意。

德国主张北海大陆架划界应当按照"每一个沿海国均有权得到同其海岸线或海岸正面的长度成比例的公平合理的份额的原则"划界，并否认了习惯国际法规则中有等距离规则的存在。同时，德国认为自己不是《大陆架公约》的缔约国，故而没有义务在实践中接受等距离规则，如果在北海大陆架划界中强行适用等距离规则，对德国是极不公平的。

1969年2月20日，国际法院作出了如下最终判决：

（1）等距离规则可以作为北海大陆架划界的一种方法，但国际法中不存在任何单一的、具有义务性的划界方法，故德国没有义务接受等距离规则。

（2）北海大陆架划界应当以协议为主，总体上应按照公平原则并考虑所有的相关情况。在实际操作中，应当尽量保留各国因构成其陆地领土而自然延伸到北海海床的所有大陆架部分，并保障以不侵犯他国陆地领土的相关自然延伸部分为限。

（3）在执行前项规定时，如果涉及各国大陆架的重叠区域，应由相关各国签订协议按照约定的比例划分，除非相关各国约定建立一项联合管辖、利用或开发此重叠区域或其他任何部分的制度。

（4）在相关各国签订协议的具体协商过程中，应公平考虑的因素有：有关各方海岸的一般结构及任何特别的或显著区别于其他海岸的海岸性质（例如德国的北海海岸线显著内凹）；已知的或用以确定大陆架区域的自然地质结构和其所蕴藏的自然资源（例如北海中部区域的油气资源）；按照公平原则进行的划界应该产生的、归属于沿海国的大陆架区域的范围和依海岸线一般方向测算的海岸长度之间的合理比例。为此，需要考虑同一区域内相邻国家间任何其他大陆架划界（例如德国和丹麦的波罗的海大陆架划界）的有效的、实际的和未来的目的。

在国际法院对本案的判决的基础上，德国、荷兰和丹麦就北海大陆架的划界问题进行了进一步的谈判，并于1971年1月28日签订了最终的三边议定书，使德国与荷兰及德国与丹麦的大陆架边界分别进行了公平的调整，最终使北海大陆架划界争议得到了圆满的解决。

七、案例来源

关于本案的完整审判材料（英文），德国诉荷兰的部分参见国际法院网站，http：//www. icj－cij. org/docket/index. php？p1＝3&p2＝3&code＝cs2&case＝52&k＝cc&p3＝0。

德国诉丹麦的部分参见国际法院网站，http：//www. icj－cij. org/docket/index. php？p1＝3&p2＝3&k＝cc&case＝51&p3＝0。

需要注意的是，国际法院将本案的审判材料依国别予以了分别开列，但并不影响实际操作中的合并审理。

关于本案的官方中文简报，参见国际法院判决、咨询意见和命令摘要(1948—1991)，http：//www. icj－cij. org/homepage/ch/files/sum_ 1948－1991. pdf。

八、案情分析

（一）争议焦点

本案的争议焦点主要有两个：一是在相邻国家之间的大陆架划界应当适用什么原则；二是等距离规则在相关实践中是否构成一项习惯国际法规则。

（二）法理分析

（1）等距离规则。等距离规则全称等距离—特殊情况规则，为1958年《大陆架公约》第6条所确立，指在相关国家没有就某大陆架区域的划界进行谈判、签订协议的情形下，除根据特殊情形需另订协议外，应当以每一点均与测算每一国领海宽度之基线上最近各点距离相等之中央线为界线（针对海岸线相向的国家），或其界线应适用与测算每一国领海宽度之基线上最近各点距离相等之原则（针对海岸线毗邻的国家）。

在实践中，适用等距离规则进行海洋划界的案例并不少见。18世纪末到19世纪早期，部分欧美国家在海洋划界时就采取了等距离中间线的方法。1930年海牙国际法编纂会议也曾提及以等距离方法作为海洋划界的一般方法，但与会各国未能就此达成一致意见。1953年，国际法委员会专家小组提交了关于海洋划界方法的报告，建议在海洋划界的实践中采纳等距离方法，该报告的上述观点被五年后的《大陆架公约》吸收，形成了该公约第6条的有关规定。在这以后，相关沿海国家和学者就大陆架划界的方式形成了壁垒分明的两方：一方认为，基于过往的海洋划界实践和《大陆架公约》的规定，可以认为等距离规则已经形成了一项习惯国际法规则，该规则应当在大陆架划界的实践中自动适用，不需要相关各国明示或默示的同意，且该规则享有相对于其他划界方法的优先地位；另一方则坚持认为《大陆架公约》的规定没有赋予等距离规则以一般国际法规则的地位，并主张该公约所规定的划界方法的顺序应当为：协议—特殊情况—等距离规则，即等距离规则是在没有协议和特殊情况时的一种替代划界方式。《大陆架公约》无意将其规定为一种单一性的规则，而是要求在相关实践中将协议、特殊情况和等距离规则有机地结合起来。事实上，考虑到《大陆架公约》并没有给出"特殊情况"的具体内容，实践中相关国家主张的各类特殊情况几乎无处不在（例如德国在本案中提及的其海岸线内凹），如果等距离规则不构成一项习惯国际法规则的话，其适用自然就受到很大的限制。

国际法院在后来的北海大陆架案、突尼斯—利比亚大陆架案等相关案例的审判中一再否认将等距离规则视为习惯国际法规则的主张。国际法院在 1985 年的利比亚—马耳他大陆架划界案以及 2001 年的卡塔尔—巴林海洋划界案中也反复指出，"等距离方法只是大陆架划界的具体实践方法之一，并不是可适用于相关争端的唯一方法，该规则甚至不能得益于有利于它的推定。因此，根据现行法律，等距离规则在有关案件中是否导致公平结果还必须加以验证。"1982 年《联合国海洋法公约》继承了国际法院在这一时期审判中所持的上述立场，在没有否认等距离规则作为一种具体方法的地位的前提下，采取和强调了公平原则。

不过，在另外一些有关大陆架划界的案件中，国际法院和仲裁法庭也适用过等距离中间线规则，或将其作为划界的起始手段（例如英法大陆架仲裁案）。值得一提的是，截至 2007 年，在实践中适用了等距离规则的大陆架划界协定占了全部大陆架划界协定的一半以上。由此可见，尽管权威国际司法机构不认可等距离规则已经构成一项习惯国际法规则，且只承认其是适用于大陆架划界的具体方法之一，但等距离规则在大陆架划界的实践中仍然有着相当重要的地位和意义。

（2）公平原则。公平原则来源于英美国内法中的"衡平"概念，指应考虑一切有关的因素来确定公平的划界方法，以避免片面倾向某项规则（例如本案中荷兰和丹麦所坚持的等距离规则）可能导致的不公平现象，从而达成公平的划界结果。

公平原则先是美国在 1945 年通过的《杜鲁门公告》中提出的，作为与邻国划分大陆架时一项便捷的指导性规则。1958 年《大陆架公约》通过之后，公平原则更是逐渐获得了对该公约所规定的等距离规则持不同意见的国家的普遍支持，而学界对该原则的讨论和适用该原则的呼吁也在不断增长。在本案中，国际法院完整地阐述了公平原则的内容，并首次在大陆架划界争端中适用了这一原则，从而使这一原则开始成为大陆架划界的一般指导原则。而1982年《联合国海洋法公约》第74条和第83条则最终确立了该原则作为大陆架或其他海域划界的国际法原则的地位。该公约要求海岸相邻或相向各国在进行大陆架或专属经济区的划界时，应"协议划定，以求公平解决"，这实际上就是公平原则的一种转述。随后，在20世纪后期乃至21世纪前期的大陆架及海洋划界争端中，公平原则得到了进一步的适用与发展，其权威性与普适性已经获得了国际社会的普遍承认与尊重。

与相对简便的等距离规则相比，公平原则在实践中的适用更为复杂。但是，公平原则更符合相关各国客观存在的各种各样的实际情况，可以有效避免简单化所带来的不公平、不合理的隐患。在适用公平原则时，需要考量的各种因素主要有：有关各国的海岸地貌（例如在本案中，德国海岸线内凹，因此不能一味适用等距离规则，以免造成不公平的结果）、大陆架自然延伸的特点、海岸线长度及相关海域的自然资源分布或开发情况等。

在上述各种适用公平原则应考量的因素中，特别值得一提的是在本案中为国际法院所阐述的自然延伸原则。对此，国际法院认为，大陆架是沿海国陆地领土的一部分，是沿海国的领土主权在水下的自然延伸，构成相关沿海国的固有权利——这一点也为《大陆架公约》的相关条款所确认，而《联合国海洋法公约》更进一步确认自然延伸原则是大陆架法律制度存在的基础。因此，根据公平原则确定的大陆架界限应当是相关国家陆地领土的自然延伸，不得侵犯其他国家的自然延伸；换言之，自然延伸原则实际上是公平原则适用的客观标准，如果不是某国陆地领土的自然延伸，即使某大陆架海床距离某国再近，也不能成为该国的大陆架（例如中日东海大陆架间隔着深度超过2 500米的冲绳海沟，那么日本就无权主张东海大陆架是琉球群岛的自然延伸）。

（3）荷兰和丹麦认为《大陆架公约》第6条规定的等距离规则已经构成习惯国际法规则，德国对此则断然否认。

习惯国际法规则即国际习惯法中的一般规则，指通过各国在国际交往中不断重复的一致实践而形成的、被国际社会公认为具有约束力的惯例性规则。习惯国际法规则对世界各国具有普遍约束力，不需要相关各国的承认，除非一国在其形成阶段便持续地表示反对，从而构成"一般反对者"

的特例情形。一项习惯国际法规则的形成条件如下：

第一，习惯国际法规则形成的物质要素，即惯例的存在。所谓惯例是指国际社会在国际交往中反复一致的实践。国际法院在 1950 年庇护权案中指出，习惯国际法规则必须建立在"稳定的和前后一致的惯例上"，而国际法院在本案中正是以等距离规则缺乏稳定和前后一致的实践而否认其习惯国际法规则地位的。

第二，习惯国际法规则形成的心理因素，即法律确信的存在。所谓法律确信，是指国家确信体现于某项惯例中的规则应当具有法律上的约束力。法律确信是区分习惯国际法规则与一般惯例的试金石，仅有各国反复一致的实践，但各国没有把这种惯行作为法律对待，这种反复一致的实践就只能停留在一般惯例的阶段，不能认为已经构成了具有普遍约束力的习惯国际法规则——正如国际法院在本案中所指出的那样："有关各国必须感觉到它们是在遵从一项法律义务，行为的经常发生或甚至具有习惯特性，这木身并不足够。"

第三，习惯国际法规则形成的时间因素。一般情况下，一项惯例必须在一段相当长的时期内被反复一致地实践，并具备法律确信，才能发展为习惯国际法规则，不存在即时性的习惯国际法规则。例如，格劳秀斯于 17 世纪初的《海洋自由论》中提出了"公海自由"原则，但该规则直到 19 世纪的帝国时代才被各殖民帝国确立为习惯国际法规则。当然，由于现代国际社会中国际交往的爆炸性增长导致习惯法形成的条件被迅速累积，当代习惯国际法规则形成的时间有大大缩短的趋势。例如，包括大陆架法律制度在内的、被《联合国海洋法公约》编纂的许多习惯国际法规则都是在很短的时间里就得到了国际社会的广泛确认。

（三）相关判例

（1）英法大陆架仲裁案（1977）：该案由英法通过协议方式约定进行仲裁，涉及《大陆架公约》和公平原则的适用冲突问题，仲裁庭最后适用了等距离规则作为划界方法。

（2）利比亚—马耳他大陆架划界案（1985）：该案由国际法院审理，与北海大陆架案处理海岸相邻国家的大陆架划界争议有所不同，该案涉及海岸相向国家的大陆架划界争端。

（3）喀麦隆及尼日利亚陆地和海洋边界案（2002）：该案由国际法院审理，涉及承认等距离规则作为单一海洋划界之出发点的问题。

（四）法律适用

在本案的审判中，国际法院首先拒绝了德国主张的"公平合理的份额"学说。国际法院认为，尽管公平原则在实践中适用的结果与德国主张的"公平合理的份额"学说所追求的结果在很大程度上是一致的，但"公平合理的份额"学说的核心在于要求按比例分配迄今尚未划界的大陆架区域，该学说并未触及大陆架权利的基础这一关乎大陆架划界的根本问题。沿海国对于大陆架的权利在于陆地领土的自然延伸，这就是有关大陆架权利来源的自然延伸原则。根据该原则，沿海国对大陆架的权利是一种固有权利，不取决于是否宣告、是否行使，而且其行使也不需要任何特别的法律程序或法律行为。换言之，作为沿海国的固有权利，大陆架"不存在任何可供分配的尚未分割的东西"。质言之，大陆架划界"基本上是在已经归属于一个或另一个国家的区域之间划出一条疆界线"，而不是对尚未划界的区域进行重新划定。

其次，国际法院也拒绝了荷兰和丹麦的主张。正如上文所言，国际法院认为等距离规则尚缺乏稳定和反复一致的实践。国际法院认为，批准和加入《大陆架公约》的国家还不多；北海大陆架案是相邻国家的划界，但两国提供的例证多半是相向国家的划界；在两国提供的例证中，相关的国家多半是《大陆架公约》的缔约国，不能作为非缔约国之态度的参考。同时，国际法院还认为，对于德国这样一个非缔约国而言，《大陆架公约》的条款对其没有约束力，且即使其同意按照等距离规则划界，相关实践也不能直接证明德国是出于感觉到需要遵从一项习惯法规则（法院判决中称"以一定方式行为或协议本身并不能证明任何法律性质的东西"），其动机可能是因为其他的因素（例如等距离规则的便利性）。因此，即使非缔约国在划界实践中适用等距离规则的例证很多，也不足以构成法律确信。总而言之，等距离规则只是1953年国际法委员会专门小组报告所提出的四种方法之一，虽然其为《大陆架公约》所采用，但仍缺乏构成习惯国际法规则的物质和心理要素，因此等距离规则还不是习惯国际法规则，德国可以适用该规则作为划界方法，但没有接受该规则的义务。

随后，国际法院回顾了大陆架法律制度的发展史，确认《杜鲁门公告》为本案争议的实证法的起点，从而认定该公告所规定的相互协议方法和公平原则可以成为本案划界应适用的法律规则。国际法院认为，相互协议方法和公平原则是"公正和诚意这些最普遍的格言"所包含的实际法律规则，反映了大陆架划界的一般法律确信（即划界必须是相关国家的相关协议的客体，且这些协议应当遵从公平原则），对大陆架划界足以起到指导性的作用。换言之，"这不是把公平简单地作为抽象的公正来适用的问题，而是按照那些始终构成大陆架法律制度在这一领域内发展的基础思想而适用一项其本身要求适用公平原则的法律规则的问题"，故此《杜鲁门公告》的相关规定应当对所有国家都有约束力。

基于上述认知，国际法院作出了最终的判决，要求北海大陆架争端的解决应当在公平原则的指导下，综合考虑各种相关情形（例如自然延伸），以协议为之。至于等距离规则，法院认为其可以作为一项具体的划界方法，但对德国不具有约束力。

（五）小结

本案是《大陆架公约》制定后等距离规则与公平原则的首次也是最经典的一次直接交锋。在本案中，国际法院区分了等距离规则与公平原则的国际法律地位，明确了大陆架划界实践中的指导原则与具体方式，也为未来《联合国海洋法公约》中相关条文的制定提供了权威的借鉴。直到今日，北海大陆架案仍在各类大陆架划界争端中被反复引用。对我国海洋利益的捍卫而言（尤其是在中日东海大陆架争端方面），国际法院在本案中对公平原则和作为大陆架权利基础的自然延伸的阐述，无疑对我国具有重大的参考价值。

九、编者：李健男、龙博

十、编写时间：2014 年 6 月

《防止和惩治灭绝种族罪公约》保留案

一、案件编号（5－06）

二、学科方向：国际公法

三、案例名称：《防止和惩治灭绝种族罪公约》保留案

四、内容简介

　　本案发生于 1950 年至 1951 年之间。1948 年底，联合国大会决议通过《防止和惩治灭绝种族罪公约》（以下简称《灭种罪公约》），随后开放签署和加入。截至 1950 年末，在向联合国秘书长交存的相关批准书和加入书中，部分国家对该公约的部分条款提出了保留，而这些保留遭到了其他国家的反对。为解决上述争议，1950 年 11 月 16 日，联合国大会要求国际法院就相关的条约保留问题发表咨询意见。1951 年 5 月 28 日，国际法院对此发表了咨询意见，认为就一项针对多边条约的保留而言，该保留应当与相关条约的宗旨与目的相符合；如果某一其他国家反对该保留，则该国可以提出保留国为非缔约国；同时，反对国所提出的反对必须在该国批准相关条约后才发生法律效力。

五、关键词：防止和惩治灭绝种族罪公约；条约法；多边条约；条约保留；条约宗旨与目的

六、具体案情

第二次世界大战中，德国、日本及意大利法西斯对被奴役国家的残酷灭绝行动（特别是纳粹党徒对 600 万以上犹太人的种族灭绝）深深地震撼了反法西斯盟国及全世界人民。战后，为防止灭绝种族的行为重现于世，由世界反法西斯同盟演变而来的联合国开始主持制定相关国际法律规范，试图威慑和消弭潜在的种族灭绝行为。

1946 年 12 月 11 日，联合国大会第一次会议通过第 96（I）号决议，认定灭绝种族是文明世界所谴责的违反国际法的一种罪行，并指出，无论何人以何种理由犯有灭绝种族罪，一律在惩治之列。随后联合国大会呼吁国际合作，并委托经济及社会理事会拟定《灭种罪公约》草案。经讨近两年的工作，1948 年 12 月 9 日，联合国历史上第一个人权公约——《灭种罪公约》在巴黎通过，随后向世界各国开放签署和加入。

截至 1950 年 10 月 12 日，负责保管条约、接受新缔约国的联合国秘书长赖伊已经收到了 19 个国家的批准书和加入书。然而，在这些加入书和批准书中，菲律宾的批准书和保加利亚的加入书中附有保留，其中菲律宾要求在未经该国同意的情况下，不得追诉与其有关的种族灭绝罪行；而保加利亚则要求本公约应适用于缔约国的非自治领土，但这些保留遭到了其他一些国家的反对（例如拥有大量海外领地的英国，自然会反对保加利亚的主张）。由于《灭种罪公约》文本中未就保留问题作出明确规定，赖伊只能按照相关惯例国际法规则，通知菲律宾和保加利亚不能成为《灭种罪公约》的当事国，并将该问题提交联合国大会进行讨论。为解决这一争议，1950 年 11 月 16 日，联合国大会通过第 478（V）号决议，要求国际法院就三个相关问题发表咨询意见：

就《灭种罪公约》而言，在一国批准或加入该公约时附有保留的情况下：

（1）如果一国对该公约的保留受到一个或数个缔约国反对，而不为其他缔约国反对时，该国是否可以被认为是缔约的一方？

（2）若对上一问题的回答是肯定的，那么保留在保留国与反对保留的国家和接受保留的国家之间的效力如何？

（3）未批准公约的签字国和有权但尚未签署或加入公约的国家，对保留提出的反对意见的法律效果如何？

经过约半年的审查（在此期间，《灭种罪公约》于 1951 年 1 月 12 日生效），1951 年 5 月 28 日，国际法院就本案发表最终咨询意见，法院认为：

（1）当一项保留为该公约的一个或数个缔约国反对而未受到其他缔约国反对时，如果该保留与该公约的目的和宗旨相符合，那么保留国可以被视为是缔约的一方，否则就不能被视为是缔约的一方。

（2）如果该公约的一个缔约国反对一项保留，认为其不符合该公约的目的和宗旨，那么该国可以事实上认为提出该保留的国家不是缔约的一方；反之，如果一个当事国接受一项保留，认为其符合该公约的目的和宗旨，那么该国可以事实上认为提出该保留的国家是缔约的一方。

（3）尚未批准该公约的签字国如果反对一项保留，那么只有在它批准该公约后才能产生在第一个问题的答案中所指出的法律效力，在此之前，该反对只作为对保留国关于该签字国的可能态度的通知；有权签署或加入该公约但实际上没有这么做的国家对于一项保留的反对，不具有法律效力。

基于国际法院的咨询意见，菲律宾、保加利业及其他一些国家（包括我国，保留内容与菲律宾相似）在附有保留的情况下加入或批准了《灭种罪公约》，成了该公约的缔约国。截至 2013 年 1 月 1 日，《灭种罪公约》共有 142 个缔约国。

七、案例来源

关于本案的完整审判材料（英文），参见国际法院网站，http：//www. icj – cij. org/docket/index. php？p1 = 3&p2 = 4&code = ppcg&case = 12&k = 90&p3 = 0。

关于本案的官方中文简报，参见国际法院判决、咨询意见和命令摘要（1948—1991），http：//www. icj – cij. org/homepage/ch/files/sum_ 1948 – 1991. pdf。

八、案情分析

（一）争议焦点

本案的争议焦点就是联合国大会请求国际法院解答的三个问题，即一项保留与相关公约的宗旨和目的相符合是否是保留国成为缔约国的必要条件、保留在相关各方间的法律效力以及非缔约国反对一项保留所造成的法律效果。其中，第二项问题是第一项问题的延伸，而第三项问题则是第一项问题的扩展。因此，本案的核心争端在于当一项保留与相关公约的宗旨和目的符合或不符时，保留国是否能够成为缔约国，以及在这两种不同情形下的法律效力和效果如何。

（二）法理分析

1. 条约的保留

按照 1969 年《维也纳条约法公约》（以下简称《条约法公约》）的相关规定，条约的保留是指一国在签署、批准、接受、赞同或加入条约时所作的单方面声明，不论该声明的名称为何，其目的在于排除或更改相关条约的某些规定对该国适用时的法律效果。具体来说，条约的保留有以下几项基本含义：

（1）保留应当由相关国家综合考虑自身的客观情况自主提出，而不应当受其他国家的左右。这一点是由国家主权引申出的规则，即任何国家不得强迫他国接受或反对某一项条约，也不得替他国决定一项相关的保留。

（2）保留应当在一国表示接受条约约束时作出，如果一国无意成为一项条约的缔约国或受其约束，那么该国就无权也没有必要对该条约提出保留。

（3）保留的判定取决于其本质和具体内容，而其具体名称则一般不受限制。在相关实践中，不同的国家曾以"保留"、"声明"、"解释性说明"、"谅解备忘录"等多种名称来提具一项保留，但这些名称都不会影响相关保留的实质内容和法律效果。

（4）保留的实质是愿意承受一项条约约束的国家的单方面声明，目的在于排除或更改该条约中某些条款对其的约束力。只要国家就一项条约的单方面声明具有上述目的和特征，就可以判定为一项保留。

一项为保留所排除的条约条款，对保留国应当不具有法律效力。同时，保留国针对该条款所作的修改，应当在保留国和接受、同意该保留的国家之间特别生效并具有法律效力。但是，并不是所有的条约都可以提出保留，在以下例外情况中，保留是不被准许或不应存在的：

第一，条约明文禁止保留。如果一项条约明文禁止保留，那么相关国家在表示愿意承受条约约束时就不得提具保留，否则当然就违背了条约本身所规定的权利和义务。

第二，条约仅准许特定的保留。如果一项条约只准许缔约国对其特定的条款提出保留，那么若一国在加入该条约时企图对该条约的其他条款提出一项保留，该保留就是不能被接受的。例如 1958 年《大陆架公约》只允许对该公约第 4 条及其以后的条款作出保留,那么如果一国在加入《大陆架公约》时只就该公约第 6 条所规定的"等距离划界规则"提出保留,该保留就是可以被接受的,否则该国就必须重新考虑是否加入该公约。

第三,保留与条约的目的和宗旨相违背。这一特定情形为本案所确立。据此,如果一项公约规定的是为人类所共同接受和遵行的基本国际交往原则(例如国家平等原则),一国在加入该公约时却对相关条款提出保留,该保留当然是无效和不可接受的。

第四,双边条约一般不允许保留。双边条约只由两国谈判制定并只适用于两国之间,如果其中一国对相关条约提出了保留,那实质上等于两国尚未就条约的内容达成一致,两国理应继续谈判,直至达成合意。所以,双边条约客观上不需要所谓的条约保留制度。即便条约缔结后仍需要就某条款在实践中的适用作出补充解释或修改,两国之间也可以以换文的形式解决,也不需要诉诸保留。而多边条约由于涉及的国家多、相互关系复杂,且各国的政策、利益和客观条件又各不相同而难以一致调和,如果没有条约保留制度,则可能将一些国家整体上排除在条约效力范围之外,从而减损了条约的效力。因此,多边条约客观上需要保留机制。

2. 保留的接受与反对

既然多边条约所涉及的国家数量多而且关系复杂,那么对于一项针对多边条约提出的保留,既有反对的国家也有接受的国家也就不足为奇。在本案中,对于菲律宾所提出的保留,自然会得到同样重视国家主权之崇高地位的我国的接受与支持(我国也提出了同类保留);而保加利亚针对《灭种罪公约》提出的保留对拥有大片海外领地的原殖民帝国是不利的,自然也就遭到了英国的反对。

在传统国际法时代,关于保留的接受与反对的习惯国际法规则是:如果一国针对某项多边条约提出了一项保留,只有该保留为全体当事国所接受时,该国才能成为该条约的新缔约国。与当代国际法中的相关规定相比,这一古旧的习惯国际法规则无疑是较为死板的,也在一定程度上减损了条约的效力范围和实施效果。

在当代国际法时代,关于条约保留的上述规则在很大程度上得到了发展和改变。按照《条约法公约》第 20 条的规定,对于一项针对多边条约提出的保留,关于其接受和反对的国际法规则如下:

就明文准许保留的条约而言,不需要其他缔约国事后予以接受,除非相关条约有相反规定。

就谈判国数目有限的条约而言，如果在全体当事国间适用条约的所有条款是每一个当事国承受条约拘束的必要条件时，则对该条约的保留须经过全体当事国接受。

如果一项条约是某国际组织的宪章，那么除非该组织另有规定，对该条约的保留应当经该组织主管行政部门明示的同意。

凡不属于以上情形的，除相关条约另有规定外，如果一项保留经另一个缔约国接受，那么对另一个缔约国而言，保留国就成为该条约的当事国；如果一项保留为另一个缔约国反对，那么该条约在反对国与保留国之间并不会因此而不生效，但反对国明确表示相反意见时不在此限；一国表示同意承受某条约约束但附有保留时，只要至少有该条约的另一个缔约国已经表示接受该保留，那么保留就开始生效。

至于保留及反对保留而产生的法律效果，《条约法公约》第21条的相关规定如下：

凡依照《条约法公约》的相关规定对另一个当事国成立的保留，在保留国与该国之间应依照该保留的范围修改其所涉及的相关条约之规定，但在其他当事国之间则仍依照相关条约的原有规定。

如果反对一项保留的国家并未反对相关条约在反对国与保留国之间生效，那么在两国之间相关条约仍然产生法律效力，只是不适用该保留所涉及的条款。

保留和对保留的反对均可以随时撤回，但必须明示地通知有关国家。

值得一提的是，在我国的国际条约法实践中，由我国代表提具的保留数目众多。同时，在我国相关的国内法（例如《民法通则》）中，对于条约在我国的适用，均作了以下原则规定：中华人民共和国法律与对我国生效的条约有不同规定的，优先适用条约的规定，但我国提出保留的除外。

（三）相关判例

（1）伯利劳诉瑞士案（1988）：本案由欧洲人权法院审理，涉及条约保留的法律效力问题。

（2）加布奇科沃—大毛罗斯工程案（1997）：本案由国际法院审理，虽然其并不直接与条约的保留相关，但亦是广泛牵涉国际条约法理论的一个经典案例，主要涉及条约的履行及终止问题。值得注意的是，本案的判决执行并不顺利，为贯彻判决的执行，本案的后续相关争议目前仍在国际法院的审议之中。

（四）　法律适用

国际法院在就本案发表的咨询意见中认为：

根据国家主权原则，一方面，除非一国自主地同意一项条约，否则该国不受该条约约束，故而只有在一国同意的情况下，他国提出的保留才能对其发生效力；另一方面，一项多边条约应该是所有缔约国自主谈判、达成共同合意的结果，因此单个缔约国无权单方面以特别协议等方式破坏或损害该条约的目的和存在理由。因此，传统国际法认为，为维护条约的完整性和权威性，任何保留都必须经全体缔约国同意，否则当然无效。

然而，传统国际法的一致同意原则并非也不应该是一成不变的，对于《灭种罪公约》而言，其完全可以灵活适用：首先，虽然该公约是在联合国大会上一致通过的，但在此之前，其最终文本的形成却是一系列多数表决的结果，多数表决当然有利于提高制定条约的效率，但不足以反映所有相关国家的意愿，这就会促使某些国家提出保留；其次，《灭种罪公约》是一项具有普遍意义的公约，按照该公约第11条的有关规定，其从一开始就期待着各国的普遍参加，这也客观上导致了不同意见的增加；最后，实践中并不缺少对多边条约提具保留的情形，也不缺乏对这一类保留的接受，而对于《灭种罪公约》而言，在公约准备阶段，相关各国也已经达成了同意提出保留的共识。综上所述，国际法院认定《灭种罪公约》的缔约国在表示同意承受该公约的拘束时，有必要也有权利提出保留。

基于上述情况与理由，本案的焦点就转换为何种保留是可以作出并被接受的，而对于这种保留可以提出怎样的反对。为此，国际法院考察了《灭种罪公约》的整个缔约过程，认为联合国主持制定该公约的目的在于将消灭整个族群集体生存权利的灭绝种族罪作为国际法上的一种严重罪行加以谴责和惩罚，而该罪行违背了人类的基本良知和公义，将会导致人类共同的巨大损失，也违背了联合国的基本精神和宗旨。因此，作为《灭种罪公约》之基础和核心的一些基本原则理当被文明国家承认为即使没有任何公约上的义务也应当拘束各国的一般原则；而对灭绝种族罪的谴责和为避免该罪行的发生而要求的国际合作也是普遍性的，是各国应当共同遵行的。

另外，在《灭种罪公约》的目的和宗旨方面，该公约一方面是为了保障某些弱势人类族群的存在和延续，另一方面是为了确认和保障国际社会共同遵守一些最基本的国际道德原则，故而其显然是为了维护一般人道主义和基本人类文明而制定并通过的。就《灭种罪公约》的具体条文而言，其并没有体现，且各缔约国也没有任何自身的利益，唯一的共同利益就是达到作为该公约存在理由的上述崇高的基本目的。

综上所述，国际法院认为，联合国大会和各缔约国的意图在于使《灭种罪公约》具有对整个国际社会普遍适用的宽广范围，而该公约自身的目的和宗旨理应使得各缔约国在其中没有自己的利益，也不需要在相关权利和义务间维持完全的、契约式的平衡。

同时，国际法院进一步认为，《灭种罪公约》的上述相关目的和宗旨暗示，一方面，联合国大会和各缔约国应当使尽可能多的国家成为该公约的缔约国，而刻意排斥一些国家承受该公约的约束将会限制其适用范围，也会损害相关的基本国际公义、道德良知和人道主义原则的权威性；另一方面，联合国大会和各缔约国也不能为了达到缔约国的目的而牺牲该公约的宗旨和目的，从而同样损害相关的基本国际公义、道德良知和人道主义原则的权威性。因此，《灭种罪公约》的目的和宗旨在实践中既限制了提具保留的自由，也限制了反对保留的自由。为此，法院裁定，一项保留是否和相关公约的宗旨和目的相符合，是决定提具该保留和反对该保留的一般标准。

基于上述认知，国际法院最终驳回了提具保留的"国家主权"主张和反对保留的"条约绝对完整"主张，作出了上述最终咨询意见。在国际法院对本案的咨询意见的基础上，菲律宾、保加利亚等保留国最终得以加入《灭种罪公约》，从而也加强了该公约的普遍适用性和相关国际公义、道德良知和人道主义原则的权威性，从而得到广泛遵行。

（五）小结

条约的保留历来是关于多边条约的国际条约法规则中一个争议颇多的话题。保留在一定程度上削减了相关条约的完整性，如若处理不当，容易破坏条约的权威、效力和具体执行，甚至影响保留国与反对保留国之间的国际关系。在本案中，国际法院审查并回答了关于保留争议的三个最基本的问题，为未来的条约保留实践提供了指导性和纲领性的权威意见，从而成功地避免了上述的潜在负面结果，也给后来《条约法公约》相关条款的制定打下了坚实的法理基础。

九、编者：李健男、龙博

十、编写时间：2014 年 6 月

在尼加拉瓜境内针对该国的军事及准军事行动案

一、案件编号（5-07）

二、学科方向：国际公法

三、案例名称：在尼加拉瓜境内针对该国的军事及准军事行动案

四、内容简介

本案发生于 1984 年至 1986 年之间。由于不堪美国及其所支持和资助的反政府武装的武力骚扰，尼加拉瓜向国际法院起诉美国，要求法院判定美国的行动构成非法使用武力和以武力威胁、干涉与侵犯尼加拉瓜内政及主权，并请求法院责成美国停止相关行动且作出赔偿，另在最终解决方案出台之前指示临时保全措施。美国对尼加拉瓜的起诉作出了强硬的答复，主张国际法院对本案没有强制管辖权，随后在国际法院的裁决逐渐不利于自己的情况下更退出了本案的诉讼程序。然而，国际法院顶住了美方施加的压力，最终于 1986 年作出了有利于尼加拉瓜的缺席判决，裁定美国违反了国际法和其对尼加拉瓜应承担的国际义务。

五、关键词：美国；尼加拉瓜；反政府武装；强制管辖权；使用武力

六、具体案情

20 世纪 80 年代初，尼加拉瓜国内政局更迭，左翼的奥尔特加政府上台，而尼加拉瓜国内的反对派势力则组成了反政府游击队，与尼政府军对抗。在冷战愈演愈烈的大背景下，尼加拉瓜的转向引起了美国鹰派里根政府的警觉和不安，为了避免在其"后院"拉美地区再出现一个古巴卡斯特罗政权，美国官方开始资助尼加拉瓜反政府武装。同时，美国中央情报局等情报机关和特种部队也开始策划一系列直接介入尼加拉瓜国内冲突的秘密行动，并随之派员于 1983 年底到 1984 年初的几个月里在尼加拉瓜的布拉夫、科林托等主要港口附近布雷，其布雷范围包含了尼加拉瓜的部分领海和内水，并造成了尼加拉瓜海上贸易及商船队的严重损失。

在内外交困的局势之下，尼加拉瓜政府自知无法同时与美国及其资助的反政府武装直接对抗，不得不转向司法手段，以求国际公义的支持而改善自身的处境。1984 年 4 月 9 日，尼加拉瓜政府就在尼加拉瓜境内及针对尼加拉瓜的军事及准军事行动中美国应承担的国际责任问题向国际法院提起诉讼，要求国际法院判决美国违反了其根据相关国际文件及一般习惯国际法规则而对尼加拉瓜应承担的国际义务，并宣布美国有责任立即停止一切针对尼加拉瓜使用武力从而威胁到尼加拉瓜主权独立、内政自主和领土完整的行动，同时宣布美国应当立即停止对在尼加拉瓜境内从事反尼加拉瓜的军事与准军事行动的任何人的一切形式的支持。另外，尼加拉瓜还要求国际法院裁定美国有义务赔偿其由于上述的各种活动而对尼加拉瓜造成的一切损失，并要求国际法院指示临时保全措施。

相比尼加拉瓜在本案中对国际法院寄予的厚望，作为被告方，美国对本案的反应相对冷淡，体现了里根时代逐渐抬头的霸权主义思潮的风格做派。在国际法院刚受理本案时，美方先是无视其曾经接受的国际法院的强制管辖权，主张国际法院对本案不具有管辖权，要求国际法院撤销对本案的受理；随后，在其主张被国际法院否决的情况下，美方又诬指尼加拉瓜对洪都拉斯、萨尔瓦多和哥斯达黎加等中美洲邻国发动了攻击，而美国的行动只是在行使其因与上述国家的军事互助协定而产生的集体自卫权。

面对美方的要求，国际法院决定先就法院的管辖权及其相关问题进行审查。经过约 1 个月的短暂考查，1984 年 5 月 10 日，国际法院拒绝了美国提出的把本案从法院的受案清单中取消的要求，并依据尼加拉瓜的请求，发布命令指示了临时保全措施。1984 年 11 月 26 日，国际法院结束了本案初步阶段的审理，就法院对本案的管辖权问题和是否应当接受本案的先决问题投票并作出了肯定的判决（唯一一张反对票正是美国籍法官投出的，由此可见国际法院也并不能完全摆脱政治的影响中立地主持正义），这也迫使美国与国际法院间撕破脸皮——1985 年 1 月 18 日，美国宣布退出本案的诉讼程序，并进一步于同年 10 月 7 日宣布不再承认国际法院的强制管辖权。

然而，美国的不合作态度并没有使国际法院退缩，在得知美国退出本案的诉讼程序之后，法院迅速决定按照《国际法院规约》第 53 条关于当事国一方不出席时的规定，继续进行缺席审判。1986 年 6 月 27 日，国际法院结束了对本案实质问题的审理，否定了美国提出的集体自卫权等无理抗辩理由，就本案的实质问题，即尼加拉瓜在起诉书中提出的上述请求作出了有利于尼加拉瓜的缺席判决。

值得一提的是，在国际法院就本案作出判决之后，美国依然坚持其固有立场，没有主动执行国际法院的判决，只是在表面上有所收敛。例如，对尼加拉瓜反政府武装的资助从 1984 年 10 月起由"军事援助"改名为"人道主义资助"，但该项援助本身在本案整个诉讼程序的前后仍然继续存在。令人遗憾的是，由于否决权的存在，在《联合国宪章》的原始设计中可以负责强制执行国际法院判决的联合国安理会对此毫无反应，而尼加拉瓜也只能从联合国大会的一些相关决议、宣言中寻找慰藉。

七、案例来源

关于本案的完整审判材料（英文），参见国际法院网站，http：//www. icj – cij. org/docket/index. php？p1 = 3&p2 = 3&code = nus&case = 70&k = 66&p3 = 0。

关于本案的官方中文简报，参见国际法院判决、咨询意见和命令摘要（1948—1991），http：//www. icj – cij. org/homepage/ch/files/sum_ 1948 – 1991. pdf。

八、案情分析

（一）争议焦点

正如本案被分为初步阶段和实质问题两个部分进行审理那样，本案的争议焦点主要有两个：

首先，国际法院是否享有管辖权。美国和尼加拉瓜在本案发生之前都曾经明确接受了国际法院的强制管辖权，但为了避免受到国际法院的制裁，美国在尼加拉瓜起诉后采取了一系列规避手段，从而自认为已经导致国际法院的管辖权不复存在；尼加拉瓜则主张国际法院对本案享有当然的管辖权，而美国的规避手段不仅仅是在逃避自己因国际不法行为而带来的责任，也是无效的、不能影响国际法院的强制管辖权的。

其次，本案的实质问题是美国的行为是否构成了非法使用武力，并因此违背了自己的国际义务，需要承担因自己的国际不法行为而带来的国际法律责任。尼加拉瓜坚决要求国际法院判决美国的行为已经构成了非法使用武力，并连带要求国际法院判决美国承担因此导致的国际法律责任，应当立即停止相关非法行动；美国则拒绝承认其非法使用了武力，而是以"集体自卫权"等借口抵抗国际法院的制裁。

（二）法理分析

1. 国际法院的强制管辖权

依照《联合国宪章》的规定，国际法院是联合国的主要司法机关，负责在实践中以司法手段贯彻联合国"和平解决国际争端"的基本原则。事实上，国际法院并不是联合国的原创，其上承国际联盟时代设立于荷兰海牙的常设国际法院，甚至《国际法院规约》的主体内容也与《常设国际法院规约》如出一辙。但是，与常设国际法院不同的是国际法院并不是独立于联合国之外的国际司法机关，其与联合国本身是不可分割的——《国际法院规约》是《联合国宪章》的有机组成部分，两者同时签署，而联合国会员国就成为《国际法院规约》当然的当事国。

然而，虽然原则上联合国会员国应当将其具有法律性质的争端（例如条约解释冲突、违反国际义务而导致的赔偿问题等）提交国际法院裁决，且各当事国应当承诺遵行国际法院的判决，因而国际法院理应对当事国提交的一切案件行使管辖权，但国际法院事实上并没有获得联合国始创时代的著名国际法学家凯尔森所主张的一般强制管辖权。

一方面，作为大国角力的一项妥协，《国际法院规约》第 36 条第 2 款规定，当事国有权自主选择是否就相关国际法律争端承认国际法院的强制管辖权，而如果其他相关国家也接受同样的义务，且这种对强制管辖权的接受尚未到期，那么国际法院对相关当事国所提交的案件就应当具有强制管辖权。由此可见，《国际法院规约》所规定的强制管辖权仍然等同于国际联盟时代《常设国际法院规约》的任意强制管辖权，而不是一般或普遍的强制管辖权。这样，国际法院的管辖范围实质上受制于《国际法院规约》中各当事国的自由裁量，进而导致国际法院的权威受限于当事国自身的意愿，从而无法保障国际公义的普遍遵行。

实践中，《国际法院规约》在强制管辖权方面的宽松规定虽然有效地促进了联合国会员国规模的扩大，但导致了其自身管辖范围与当事国数量的极度不相称。截至 2011 年，在联合国 193 个会员国（也就是《国际法院规约》的 193 个当事国）中，只有不到 70 个国家接受了国际法院的一般强制管辖权，其中一些还附有期限（例如中华民国国民政府在 1946 年 10 月 26 日的声明中就宣布承认国际法院的强制管辖权，但为期只有 5 年，到期自动续期 6 个月，中华人民共和国在 1972 年 12 月 5 日宣布不承认此项声明）。更为严重的是，联合国安理会的五大常任理事国对国际法院强制管辖权的态度普遍消极。

就中国来说，出于对 20 世纪中期以前惨痛、深刻的有历史教训和对西方产物的天然警惕，中国（不包括 1971 年以前的中华民国）自 1971 年在联合国的代表权交替之后就没有承认过国际法院的强制管辖权。而出于意识形态和国家利益的原因，苏联及后来的俄罗斯也从来都没有承认过国际法院的强制管辖权。在西方阵营方面，美国和法国在联合国成立之初态度较为和缓，分别承认过国际法院的强制管辖权（美国附有一定的保留，例如在多边条约引起的争端中不承认国际法院的强制管辖权，除非所有缔约国同为相关案件的当事国，或者美国特别同意管辖），然而在 20 世纪七八十年代两者分别因为国际法院在与两国相关的案件中作出了对两国不利的裁决（美国正是因为本案，法国则是因为国际法院 1974 年受理式的核试验案）而撤销了对国际法院强制管辖权的承认。与其他常任理事国不同，英国倒是一直坚持承认国际法院的强制管辖权，但近年来国际法院受理的与英国相关的案例已经逐渐减少，英国对国际法院的支持作用客观上正在不断降低。

另一方面，即使当事国接受了国际法院的强制管辖权且国际法院也作出了判决，但如果相关当事国拒不执行判决，国际法院自身也缺乏强制执行的能力。国际法院自身并没有如当事国国内法院那样具有完善的国家暴力机关保障其判决的执行，而只能求助于联合国安理会——这就使得拥有否决权的安理会常任理事国事实上可以阻止安理会采取任何强制执行的行动，从而可以无视国际法院的判决。例如，在1986年10月28日就本案判决之执行问题的安理会表决中，美国正是通过使用其否决权阻止了安理会对其采取执行行动，导致国际法院就本案的判决基本上成了一纸空文。如果考虑到目前大多数国际冲突的背后都或多或少地存在着各大国博弈的阴影，国际法院在强制执行力方面的缺陷尤为突出。

2. 使用武力

在传统国际法时代，国家使用武力一度是一种贯彻国家意志、保障与获取国家利益的合法手段，且只是在具体使用武力过程当中要受某些战争法规则的限制（比如作战手段与方式的限制）。

第一次世界大战后，国际社会逐渐认识到了战争的危害性，这一时期的《国际联盟盟约》也对国家诉诸战争进行了初步的限制。1928年8月27日，由时任美国国务卿凯洛格和法国外交部部长白里安倡议，世界列强在巴黎签署了著名的《巴黎非战公约》，宣布在缔约国之间的国际关系实践中废除战争作为国家政策工具，并开放供世界各国签署及加入。虽然该公约未能阻止第二次世界大战的爆发，但其与国际联盟同年通过的《和平解决国际争端总议定书》一起，首次颠覆了格劳秀斯时代以来战争合法的传统。值得一提的是，《巴黎非战公约》至今依然有效，中国也是缔约国之一。

随后，"二战"的惨痛教训更是使全世界人民进一步认清了战争的破坏性本质和对人类文明的毁灭性作用，同时也证明了设立保障国际和平与安全的常设机制的必要性。为此，《联合国宪章》首先明确确立了禁止使用武力及和平解决国际争端两项现代国际法的最基本原则，并在随后的《国际法原则宣言》等文件中对之进行了反复强调。自此，战争彻底失去了合法性，而国家在国际关系中诉诸武力也受到了严格的限制。依据《联合国宪章》，目前合法使用武力的情形只有以下两种：

一是自卫。自卫包括单独自卫权和集体自卫权两种，前者是国际法赋予单一主权国家的、通过被迫使用武力来捍卫自身领土及主权完整的固有权利，后者则是其他国家依据与受侵略国的特别协议而具有的、协助受侵略国抵抗侵略的权利。《联合国宪章》等相关国际法文件在理论和实践中对自卫权的行使进行了严格的限制,不仅强调自"卡罗琳号"案以来就被视为行使自卫权之先决条件的必要性和相称性,而且规定在联合国安理会开始干涉相关情势且采取了旨在恢复和平的各类措施之后,相关国家的自卫权就应当终止行使。换言之,相较于传统国际法时代,当代国际社会的各国所拥有的自卫权无论从时间范围还是从适用范围来看都是有限的。在这种情况下,单个或少数国家任意使用武力的可能性被大大降低,留给部分国家曲解国际法以支持其使用武力的空间也会大大缩小,这无疑有利于在实践中逐步控制并削减武力对于国际关系的消极影响。

二是联合国安理会主导的强制性武力执行行动。按照《联合国宪章》起草者们的最初设想,除去上述的有限自卫权外,联合国安理会应当通过《联合国宪章》第七章所建立的集体安全机制集中控制当代国际社会的武力使用——即当威胁或破坏国际和平与安全的情势发生时,主要由联合国安理会决策实施的武力执行行动来恢复或者维护国际和平与安全,而不是赋予世界各国以广泛的武力裁量权(不包括在安理会采取行动之前由相关国家行使的有限自卫权)。然而,冷战的爆发和东西方阵营利益的巨大分歧使得集体安全机制从诞生的那一天起就步履维艰,联合国创建者们所设想的"世界警察"和联合国军队从来就没有产生过,更遑论所谓联合国军队的军事参谋团等相关机构了。在这种情况下,《联合国宪章》第七章的各条款大多数都成了摆设。纵观1945年以来的联合国历史,集体安全机制仅仅在朝鲜战争和海湾战争时期基于极其特殊的背景条件(朝鲜战争时期苏联代表缺席安理会会议;海湾战争时期东方阵营刚刚瓦解,中俄都无力单独与西方对抗)被启动过两次,这使得安理会不得不采取妥协措施,改而授权联合国会员国代表其采取强制性武力执行行动来维护世界和平与安全,并建立了联合国军队的替代机制——基本不涉及强制性武力执行行动(近年来缓慢地有所改变)的联合国维持和平行动及其维和部队。

综上所述,自联合国诞生以来,国际社会合法使用武力的范围已经被严格限制于国家的(临时性)自卫权和联合国安理会的强制执行权两个方面,而战争作为一种国家政策工具至少在国际法层面上已被废弃。然而,由于联合国安理会主导强制性武力执行行动的职能经常在常任理事国之间的博弈中陷于瘫痪状态,导致自卫事实上成为了当代国际社会诉诸武力的最主要的借口。特别是对于美国等追求全球霸权和控制力的超级大国而言,当代国际法禁止使用武力的上述规则更是成为了某些大国诉诸武力维护国家利益的法律障碍。这就难怪以美国为首的西方国家近年来一方面力图避免授人以违反国际法的口实，另一方面又企图为其任意诉诸武力的行为寻找国际法律依据。为此，它们只好不断地肆意扩大解释甚至发明创造自卫权的适用范围和类别。本案发生时，美国尚以既存的集体自卫权概念为其使用武力寻找借口；到了伊拉克战争时期，理屈词穷的美国开始跳出既存的国际法体系，创造了充满霸权主义气息的"预防性自卫"这一概念，从而推翻了美国自己在"卡罗琳号"案中确立的行使自卫权的必要性和相称性这两项先决条件；特别是在小布什政府后期，单边主义心态发展到极致的美国政府更提出了荒谬的"先发制人"理论，招致了全世界人民甚至是大多数西方国际法学者的强烈批评和唾弃。西方国家的这些明目张胆地违反国际法的行为以及粉饰这些行为的理论，值得我国政府警惕和我国学者思考。

（三）相关判例

（1）"卡罗琳号"案（1837）：本案发生于英国和美国之间，在联合国时代以前，本案是关于自卫权之限度的最经典论述。本案的特殊之处在于并没有某一特定法院或仲裁庭受理相关争端，而是在英美官员（主要归功于时任美国国务卿丹尼尔·韦伯斯特）的一系列通信中完成了对自卫权的必要性和相称性这两项最基本要求的界定。

（2）陆地、岛屿和海洋边界争端案（1986）：本案发生于尼加拉瓜、洪都拉斯和萨尔瓦多之间，由国际法院审理，该案也是在尼加拉瓜境内针对该国的军事及准军事行动案的姐妹案件。本案本质上是美国在与尼加拉瓜的正面司法交锋处于下风的情况下，指使其盟国洪都拉斯和萨尔瓦多反诉尼加拉瓜侵犯二者的主权和领土完整，企图借此佐证其对尼加拉瓜主权和领土完整的干涉是合法行使其"集体自卫权"。伴随作为主案的在尼加拉瓜境内针对该国的军事及准军事行动案的落幕，美国的这一企图以失败告终。

（四）法律适用

1. 关于管辖权

在初步阶段的审理中，国际法院首先确认了其自身对于本案的管辖权，并拒绝了美国要求法院将本案从受案清单中取消的要求。在1984年年底发表的初步判决书中，国际法院阐述了其裁决的事实与法律依据：

首先，美国早在 1946 年 8 月 26 日即声明接受国际法院的强制管辖权，而尼加拉瓜更于 1929 年 9 月 24 日即宣布接受常设国际法院的强制管辖权（国际法院是常设国际法院的继承者）。

其次，为了规避国际法院的管辖，美国已于 1984 年 4 月 6 日即尼加拉瓜向国际法院起诉的 3 天之前通知联合国秘书长，称美国对国际法院强制管辖权的接受声明在此后两年之内不适用于美国与任何中美洲国家之间的争端、中美洲发生的事件引起的争端或同中美洲发生的事件有关的争端，并一并声明该通知立即生效。但对于美国这一明显旨在规避司法制裁的行为，国际法院认为，美国 1946 年接受国际法院强制管辖权声明已经预先指出，该声明应当与终止该声明的通知发出 6 个月期满之后方失效，因此美国对国际法院强制管辖权的接受应当于美国 1984 年 4 月 6 日通知发出后 6 个月即同年 10 月 6 日才终止。

2. 关于实质问题

在本案实质问题的审理中，国际法院作出了对尼加拉瓜有利的判决，其裁决依据如下：

（1）就本案所适用的法律而言，国际法院认为，一方面，由于美国 1946 年声明附加了对涉及多边条约之案件的保留，因此国际法院裁定在实质问题的审理中不适用相关条约，而是适用习惯法。通过对《联合国宪章》等一系列相关国际文件的考察，法院认定这些文件中所表述的禁止使用武力原则、不干涉内政原则及国家主权原则应当被适用于本案的审理。

（2）美国针对尼加拉瓜的行动属于非法使用武力及以武力相威胁。国际法院认为，一方面，美国在尼加拉瓜港口布雷、空袭该国港口石油设施及向尼加拉瓜反政府武装提供训练、武器装备和财政支持的行为均构成了使用武力及以武力威胁尼加拉瓜的主权及领土完整，而上述行动实施时所使用的人员均为美国政府雇佣，因此美国政府对此负有直接责任。另一方面，如果美国需要证明其使用武力的行为并不违反国际法，那么美国就必须先证明其所提出的"集体自卫权"这一抗辩理由能够成立。具体来说，美国必须证明如下三点：第一，尼加拉瓜侵略了萨尔瓦多、洪都拉斯等邻国；第二，美国只是应这些国家的要求而提供武力援助；第三，美国的行动符合自卫权的必要性和相称性这两项标准。经过审慎的考察，国际法院认为对于上述的每一点，相关事实都使其不能作出肯定的回答。因此，美国提出的"集体自卫权"作为一项抗辩理由不能成立。

（3）美国支持尼加拉瓜反政府武装是对尼加拉瓜内政的干涉。虽然美国否认其支持尼加拉瓜反政府武装的目的是推翻尼加拉瓜政府，但承认其目的在于迫使尼加拉瓜政府改变内外政策；同时，尽管美国宣称其目的不在于直接推翻尼加拉瓜政府，但受其支持的尼加拉瓜反政府武装的目的却正在于此，而美国在明知这一点的情况下仍然选择继续支持尼加拉瓜反政府武装，就使得美国的实际目标不可能止于间接对尼加拉瓜政府施加压力。据此，法院认为，如果一国出于向另一国政府施加压力的动机，实施行动帮助、支持另一国以推翻该国政府为目的的武装力量，那么其行动无疑违反了不干涉内政原则，而不论其原始政治动机为何。因此，美国通过提供财政支持、训练和武器装备等措施支持尼加拉瓜反政府武装的行动构成了对尼加拉瓜内政的干涉。

（4）美国对尼加拉瓜使用武力及支持尼加拉瓜反政府武装的行为违反了国家主权原则。国际法院认为，美国的上述行动不仅违反了禁止使用武力原则和不干涉内政原则，也违反了国家主权原则所要求的尊重各国领土及主权完整不可侵犯。因此，即使尼加拉瓜武装进攻了其邻国，也不能自动赋予美国任何权利，除非尼加拉瓜的邻国依照相关协议及国际法直接向美国求助。

（5）针对美国所提出的其他抗辩理由，国际法院指出，美国声称尼加拉瓜政府违反了它对尼加拉瓜人民、美国及美洲国家组织所作出的承诺，但法院认为一国无权因为另一国选择奉行某种意识形态或政治制度而对该国实施干涉；美国宣称尼加拉瓜违反人权，但法院认为使用武力本身不可能是监督或确保尊重人权的恰当方法。

综上所述，国际法院最终行使了其对本案的管辖权，裁定美国应当立即停止并不再实施任何上述对尼加拉瓜非法使用武力的行动，并有义务就已经实施的上述行动所造成的损害向尼加拉瓜进行赔偿。另外，国际法院要求美国和尼加拉瓜履行其国际义务，依照国际法的相关规定和平解决两国之间的争端。

（五）小结

本案是现代国际法时代小国运用司法手段对抗大国、捍卫自身主权和领土完整不可侵犯的经典案例，而国际法院在本案中顶住了美国无处不在的压力，反驳了美国强词夺理的辩护理由，对本案作出了公正的判决，从而大大提升了现代国际法的权威、维护了国际法院自身的信誉——所有这些因素使得本案在日后成了被各国学者广泛提及的一个经典国际法案例，更是被研究有关使用武力的国际法学者奉为圭臬。但是，应当指出的是，本案的结局特别是美国对于执行国际法院判决的消极不合作态度以及联合国安理会对于强制执行判决的不作为也恰恰暴露了国际法在面对真正的世界性强权（特别是握有否决权的联合国安理会常任理事国）时的虚弱。还值得一提的是，五个常任理事国在国际法院都自动拥有一个法官席位，但它们几乎从来都对与国际法院打交道持消极甚至否定的态度。这些事实更应该引起各国学者的警惕和关注。

九、编者：李健男、龙博

十、编写时间：2014 年 6 月

塔迪奇案

一、案件编号（5－08）

二、学科方向：国际公法

三、案例名称：塔迪奇案

四、内容简介

本案发生于 20 世纪 90 年代早期，是前南斯拉夫国际刑事法庭（以下简称"前南刑庭"）所审判的首个案例。塔迪奇是波黑塞尔维亚族（以下简称"塞族"）居民，喜欢功夫，具有暴力倾向。在 20 世纪 90 年代初的南斯拉夫内战中，塔迪奇利用自己在武装组织中的关系反复出入塞族集中营，借口练习武功，残忍地活活打死了许多非塞族的平民。前南刑庭设立之后，法庭对塔迪奇所犯下的罪行进行了起诉，而塔迪奇及其律师则希冀通过否认前南刑庭的合法性来逃避审判。前南刑庭灵活地解释了《联合国宪章》及其他相关国际法律文件，从而确立了自己的合法性和审判权，并最终成功地追究了塔迪奇所犯下的国际罪行，使其受到了国际刑法的制裁。

五、关键词：塔迪奇；南斯拉夫内战；国际刑事法庭；合法性；国际刑法

六、具体案情

前南斯拉夫社会主义联邦共和国（以下简称"南联盟"）原为第二次世界大战结束以后在巴尔干半岛成立的联邦制社会主义国家，其领土包括今塞尔维亚、黑山、马其顿、波黑、克罗地亚和斯洛文尼亚六国之地，民族成分复杂且发展水平不均衡。冷战时期，南联盟建立者铁托凭借其个人铁腕统治的能力与相对强盛的国力，甚至不受当时社会主义阵营的领导者苏联的辖制，能够在东西方对峙的夹缝中不断生存与发展，并成功压制住南联盟国内的民族矛盾和分裂主义势力。

然而，1989 年东欧剧变导致前社会主义国家纷纷易帜甚至解体，身处社会主义阵营的南联盟也未能幸免，而一度被铁托的个人权威所压制的民族矛盾和分裂主义势力更是以燎原之势迅速使整个国家陷入一片混乱之中。1991 年 6 月 25 日，斯洛文尼亚和克罗地亚两个加盟共和国率先宣布独立，南斯拉夫内战爆发。随着战争的进行，内战的主要冲突转向波黑。

由于波黑民族成分远较克罗地亚和斯洛文尼亚复杂，且距离塞尔维亚本土更近，战局因此长期处于僵持状态。为了控制并稳固后方以适应长期武装冲突的需要，各族武装组织纷纷在自己的控制区内建立了关押难民和俘虏的集中营。在流血暴力冲突的刺激和种族仇恨的驱使下，各集中营内侵犯基本人权和违反一般人道主义原则的犯罪行为屡见不鲜，甚至出现了种族屠杀。

塔迪奇是波黑塞族人，战前只是其居住地普里多耶尔地区的一名普通居民，做过业余警察和咖啡店老板，爱好空手道等日本武功。南斯拉夫内战蔓延到波黑后，塞族武装组织在塔迪奇的居住地附近建立了奥玛斯卡·克拉特姆集中营，关押非塞族平民及俘虏。凭借其与集中营看守熟识的优势，塔迪奇获准反复自由出入该集中营。由于长期战乱的影响，塔迪奇身上潜在的暴力因素被激发出来，他先是加入了波黑地区激进的塞族民主党，并参加了塞族在其所在地区的种族清洗行动，后"因功"升为该党地方委员会主席和社团执行书记。1992 年 5 月至 12 月间，塔迪奇多次进入奥玛斯卡·克拉特姆集中营，在看守的默许和纵容下，其以"练习功夫"为借口殴打和凌虐了大量集中营内的非塞族囚犯，并造成至少 4 人被活活打死。

与此同时，南斯拉夫内战的残酷及其所造成的人道主义灾难震惊了整个国际社会，国际社会开始在联合国的主导下干预南斯拉夫的情势。1993 年初，联合国安理会通过第 808 号决议，宣布即将由其主持成立一个临时性的国际刑事法庭，以制止和制裁发生于前南斯拉夫地区的严重违反国际人道主义法的行为。同年 5 月 25 日，联合国安理会通过附有《前南刑庭规约》的第 827 号决议，依据《联合国宪章》第七章在荷兰海牙设立前南刑庭，负责审理起诉自 1991 年起发生于前南斯拉夫境内的反人道主义犯罪行为。

遭到通缉的塔迪奇伪装混入难民群体，于 1993 年 8 月逃到德国，并在当地隐姓埋名生活下来。1994 年 2 月，塔迪奇被其邻居认出，德国当局随即以普遍管辖权为由对其实施了逮捕。1995 年初，前南刑庭向德国政府提出移送管辖要求，并于 2 月 13 日提交了对塔迪奇的起诉书。同年 4 月 24 日，塔迪奇被移交给前南刑庭，开始接受法庭的审判。

在本案的庭审中，塔迪奇及其律师从合法性、管辖权、南斯拉夫内战中武装冲突的性质和塔迪奇个人人权等多个方面反复质疑前南刑庭，企图使法庭本身失去行使其审判和制裁本案当事人之权利的各项基础，从而实现使塔迪奇脱罪的目的。为此，前南刑庭集中了当时国际社会中享有最高权威的主要国际法官，群策群力，有理、有力、有节地逐条驳斥了塔迪奇及其律师的谬论，最终夯实了前南刑庭继续行使其相关权力的基础，成功地展开了对本案的审判。

1995 年 7 月 14 日，前南刑庭在确认了其自身的合法性和管辖权等问题并驳回了塔迪奇方的主张后对本案作出了初步裁定，判决塔迪奇 20 年监禁。塔迪奇不服，对该判决提起多次上诉。经前南刑庭上诉分庭继续审理本案，塔迪奇的部分罪名被推翻，但又判定针对其的一些新罪名得以成立，最终于 2000 年 1 月 26 日作出终审判决，判处塔迪奇 20 年监禁，不得于 2007 年 7 月 14 日前释放。后由于塔迪奇的身体原因，2008 年被提前释放。

七、案例来源

关于本案的详细审判材料（英文），参见前南法庭官方网站，http：//www. icty. org/case/tadic/4。

关于本案的具体案情及相关理论，目前国内已有多篇专文论述，限于篇幅，此处不再赘述。

八、案情分析

（一）争议焦点

本案的争议焦点主要在于前南刑庭的合法性和管辖权：由于自纽伦堡审判和东京审判之后，国际社会在近半个世纪的时间里都不存在追究个人的国际刑事责任的相关实践，而《联合国宪章》也没有明文授权安理会作为一个政治机构有权决议设立新的国际刑事法庭，因此塔迪奇及其辩护律师主张由安理会设立的前南刑庭是非法的，如果这一主张成立，塔迪奇自然就可以逍遥于国际法之外；另外，由于《联合国宪章》确立和强调了国家主权原则的崇高地位，因此塔迪奇方亦认为前南刑庭对塔迪奇的起诉和审判侵犯了相关国家的主权权利。

前南刑庭驳斥塔迪奇方的主张，法庭通过对《联合国宪章》等相关国际法律文件的解释及对其内涵的考察，认为该法庭的设立及职权范围符合《联合国宪章》和其他相关国际法律文件的基本精神和内在要求，因而是合法的并具备相应管辖权的。

（二）法理分析

国际刑法是现当代国际法体系中较晚出现的一个子部门法，由于经典国际法并不承认国家以外的实体的国际法主体地位，因此传统上个人并不承担国际法上的责任，故而国际刑法的产生也就无从谈起。

近代历史上第一次追究个人的国际刑事责任的尝试发生在第一次世界大战结束之后，当时的协约国集团企图成立一个专门的法庭，以审判退位的德皇威廉二世的战争罪行。然而，威廉二世所避居的荷兰拒绝向协约国引渡威廉二世本人，使得本次尝试无疾而终。

近30年之后，第二次世界大战中广泛发生的侵略、战争及反人道主义罪行，特别是德、意、日法西斯政权对犹太人和中国平民实施的大屠杀行为，迫使同盟国重新考虑建立国际军事法庭以审判和制裁相关的个人。1945至1946年，纽伦堡和东京国际军事法庭成立，对德、意、日法西斯罪犯进行了审判和制裁。纽伦堡和东京国际军事法庭审判是历史上首次直接对个人的国际刑事责任进行追究的实践，对当代国际法的发展有着极为重大的意义。由于时代背景所限，这两个国际军事法庭的缺陷也是明显的：管辖的国际罪行较少（仅有战争罪、侵略罪及反人道主义罪三种）、法官全部由盟国委派因而深受国际政治局势干扰（例如在美国的授意下，东京审判没有追究日本天皇的战争责任）等。正因为这些缺陷的存在，使得这两次审判饱受争议，甚至被诬称为"战胜者的正义"。但无论如何，纽伦堡和东京审判为后世创立了一个崇高的先例，也为现代国际刑法的历史书写了浓墨重彩的开篇。

在纽伦堡审判和东京审判结束之后，完成了自身使命的两大临时性国际军事法庭宣告解散，而在随后几十年的冷战当中再也没有任何类似的国际法庭产生，国际刑法的发展也随之进入了一个相对沉寂的时期。

冷战结束以后，东西方对峙局面的崩溃使得一度被大国彻底束缚的联合国及其附属机构得以以较为理想化的方式重新开始运作，而雅尔塔体系的崩溃也使得在冷战时期被压制的国际争端和冲突大量出现，这些都为国际刑法重新焕发活力提供了客观条件。20世纪90年代初期南斯拉夫内战中所发生的大量国际犯罪导致了新时期第一个特设国际刑事法庭——前南刑庭的诞生，而该法庭在运行过程中对国际刑事法庭合法性、管辖权等相关争议的权威界定，以及对于在上述冲突中犯有国际罪行的个人的大量、长期的审判，都具有开创性的意义，为后来国际刑事司法实践树立了可供依据的标杆。随后，卢旺达国际法庭的运作再次证明了国际刑法对于维护当代世界和平与安全、实现基本正义的积极作用，国际刑法也因此开始进入快速发展时期。随着国际刑法的进一步发展到20世纪末，除上述两个特设国际法庭之外，在一些情势复杂的地区——例如柬埔寨和塞拉利昂，还诞生了将国际法庭和国内法庭相结合的混合性法庭，从而在实现国际正义的同时尊重了当事国的国家主权和被告人的基本权利，有效地保障了相对的公平。

1998年，历经长期的艰苦谈判和相互妥协后，国际法历史上第一个常设性的、以追究个人的国际刑事责任为基本任务的国际法院——国际刑事法院在通过宪章性文件《国际刑事法院罗马规约》（以下简称《罗马规约》）后成立。国际刑事法院因其常设性的特点而迥异于此前的所有特设性、临时性国际刑事法庭，从而扩大了国际刑法实践的时间范围，有效避免了"不溯及既往"等相关原则对追究个人国际刑事责任的不利影响。同时，国际刑事法院理论上对发生于全世界任何地区的严重国际罪行都具有管辖权，从而又大大拓展国际刑法实践的空间范围。另外，国际刑事法院作为基于国际条约而设立的一个专门的、常设的和独立的国际司法机构，不存在先天的合法性或管辖权等争议，不仅使其权威性更为稳固，而且其审判效率也大大提高。当然，应该看到的是，囿于其对部分国家所作出的妥协（目的在于尽量且尽快扩大《罗马规约》缔约国的数量和适用范围），国际刑事法院对于各案件的管辖权都有补充性，即只有在相关国家"不愿"或"不能"对相关的国际罪行实施管辖时，国际刑事法院才能介入，这就大大限制了国际刑事法院主动发挥其作用的空间，这不能不说是《罗马规约》的一大遗憾。

在国际刑事法院的职权范围方面，根据《罗马规约》的规定，目前国际刑事法院可以对灭绝种族罪、战争罪、侵略罪和反人道主义罪四项"核心罪行"实施管辖。基于国际刑事法院目前的实践和国际社会的实际需求，未来国际刑事法院能够管辖的罪行有望进一步扩大，而现有的罪行也可能进一步细化或分化。例如，海盗、贩毒等行为有可能被列入国际刑事法院的管辖范围之内。

值得一提的是，在各特设国际法庭、混合法庭和国际刑事法院的实践中，已经发展出了数项适用于国际刑事诉讼的基本原则和规则：一方面，在追究个人的国际刑事责任时，被告人的官方身份（例如巴希尔在被国际刑事法院签发逮捕令时身为苏丹在任总统）不得免责，且被告人也不得以"执行上级命令"为已脱罪等；另一方面，在整个诉讼程序过程中，被告人也享有无罪推定、自由聘请律师辩护和平等诉讼权等应得的权利。

（三）相关判例

（1）托马斯·鲁邦加案（2006）：本案由1998年新设立的国际刑事法院审理，代表了国际刑法目前的最高发展水平。

（2）东条英机案（1946）：本案是东京国际军事法庭所审判的一系列案件中最为著名的一个，被告曾贵为日本陆军大将和日本帝国首相，对发动第二次世界大战负有不可推卸的责任。

（3）国际刑事法院签发对苏丹总统巴希尔的逮捕令（2009）：本例并非实质上的案件，因巴希尔本人尚未到案接受审判。但是，本例是国际法史上第一次主动向一个主权国家的在任国家元首追究个人的国际刑事责任，体现了国际法由公认的"软法"逐渐向"硬法"转变的趋势，为国际法未来的发展指明了可能的方向。

（四）法律适用

在本案的审判中，塔迪奇及其律师主要质疑了前南刑庭的合法性和管辖权。塔迪奇方认为：

首先，在前南刑庭的合法性方面，塔迪奇方认为联合国安理会是政治机构，按照"三权分立"的基本原则，无权设立司法机构；同时，联合国安理会在相关决议中声言依据《联合国宪章》第七章等条款采取行动、设立前南刑庭，但实际上《联合国宪章》第 39～42 条等相关国际法文件中并无此类明文授权。因此，塔迪奇方认为前南刑庭的设立并无法律依据，是不合法的。

其次，塔迪奇方认为在波黑已经独立和塔迪奇居住且被逮捕于德国的情况下，依据《联合国宪章》第 2 条关于国家主权原则和不干涉会员国国内管辖权的有关规定，前南刑庭对本案并无优先管辖权。因此，本案应当交由波黑或德国当局处理，前南刑庭的越俎代庖构成了对两国主权和管辖权的侵犯。

再次，塔迪奇方认为鉴于前南刑庭的设立没有法律依据且不合法，故而法庭根本无法保证其独立性和公正性。因此，作为一个政治机构设立的刑事法庭，如果前南刑庭选择起诉和审判塔迪奇，将侵犯《公民权利与政治权利国际公约》第 14 条赋予塔迪奇的基本人权。

最后，塔迪奇方还认为南斯拉夫内战属于国内武装冲突，而《前南刑庭规约》所规定的管辖范围皆只适用于国际武装冲突中所发生的罪行，且《日内瓦公约》也明文规定只适用于国际武装冲突之间。因此，前南刑庭对塔迪奇的审判超出了《前南刑庭规约》所规定的管辖范围，即使塔迪奇的罪行得到证实，法庭也无权管辖塔迪奇在国内武装冲突中犯下的罪行。

针对塔迪奇及其律师的上述质疑和主张，法庭逐条驳斥如下：

在前南刑庭的合法性方面，法庭指出，《联合国宪章》等文件虽未明文赋予安理会司法职能，但考虑到联合国安理会的首要任务在于维护世界和平与安全，况且宪章并没有排除安理会可以建立司法机构来完成维护世界和平与安全的任务（因安理会有权判定何种情势构成了对世界和平与安全的威胁，而《联合国宪章》所示的对应措施只是列举，而不是穷尽性清单。类似的实践是，《联合国宪章》也并没有明文赋予联合国大会以军事权和司法权，但并不妨碍联合国大会向中东派出联合国紧急部队和建立联合国行政法庭）；同时，前南刑庭本身并不是联合国的宪法法院，因此安理会关于建立前南刑庭的政治决策不是法庭应当审查的议题，法庭的权限只是依据《前南刑庭规约》第 1 条的规定对发生在南联盟境内的反人道主义罪行实施审判。

在前南刑庭的管辖权方面，法庭指出，其优先管辖权也正是来源于《前南刑庭规约》第9条关于竞合管辖权的相关规定；同时，法庭的优先管辖权问题涉及国家主权原则，理应由相关国家而不是个人（即塔迪奇及其律师）来提出质疑，而在德国和波黑都认同、尊重且表示愿意配合《前南刑庭规约》所规定的、由前南刑庭所享有的优先管辖权的情况下，前南刑庭对塔迪奇实施审判显然并没有干涉相关国家的内政或损害其主权；另外，前南刑庭所管辖的、包括本案在内的案件，所涉及的都是超出一国利益范围之外的、应当被普遍制裁的国际罪行，而在面对这些危及人类共同利益和最基本公义的罪行时，国家不能也不应享有能够对抗国际司法机构的优先管辖权。

在塔迪奇方所谓"侵犯人权"之指控方面，法庭指出，前南法庭的公正性与独立性并不取决于设立它的机构，而取决于法庭在实践中所依据的法律、运作的方式和法官的构成，只要法庭在上述各方面满足了独立和公正的要求，就不存在违反《公民权利与政治权利国际公约》的问题。

在南斯拉夫内战的性质方面，法庭指出，联合国专家委员会就南斯拉夫内战情势的特别报告已经说明，由于南联盟各加盟共和国的独立和波黑塞族地区与其他地区的内部分裂，自1991年起波黑地区的武装冲突就已经具有了国内和国际双重性质；同时，纽伦堡法庭早已明确指出，判定个人的国际刑事责任并不能因为此前没有对相关犯罪行为明确的规定而被迫停止；更重要的是，人道主义法是应当得到普遍遵守的最基本的武装冲突准则，理应适用于一切武装冲突，不受时间和空间的限制，也不受国际武装冲突或者国内武装冲突之性质差异的阻滞。

综上所述，前南刑庭通过对《联合国宪章》等国际法文件进行灵活解释和合法推理等各种方法，成功且精辟地否定了塔迪奇方为了逃避制裁而提出的种种抗辩理由，从而维护了法庭的权威和国际法的尊严，为本案实质问题的审判和基本公义的实现铺平了道路。

随后，前南刑庭通过对事实的考察和对证人的讯问等方式，历经初审和两次上诉程序，最终认定塔迪奇参与波黑当地种族清洗、殴死集中营囚犯等行为犯下了灭绝种族罪及谋杀、酷刑等反人道主义罪行，并宣布塔迪奇被指控的总共31项罪名中有11项（1项普通迫害罪、10项虐待罪，全部违反《日内瓦公约》，上诉阶段又取消和追加了一些新罪名）成立，并据此作出了终审判决。

（五）小结

本案标志着在纽伦堡审判和东京审判之后沉寂了近半个世纪的国际刑法的复活，重启了追究个人国际刑事责任的进程，在本案之后，对个人国际刑事责任的追究逐渐成为常态。同时，就前南刑庭的合法性和管辖权等具体问题而言，塔迪奇及其律师与法庭之交锋的结果也为此类国际刑事法庭的进一步扩张和发展开辟了道路，并为 1998 年常设的国际刑事法院的成立奠定了坚实的基础。自此，国际法规则开始稳定并常态化地适用于对自然人的直接制裁，在一定程度上改变了国际法缺乏强制力的固有形象。

九、编者：李健男、龙博

十、编写时间：2014 年 6 月

科索沃独立案

一、案例编号（5 - 09）

二、学科方向：国际公法

三、案例名称：科索沃独立案

四、内容简介

科索沃原是塞尔维亚共和国的一个自治省，自冷战结束以来，在当地占多数的阿尔巴尼亚族居民一直强烈要求独立，并与塞尔维亚统治当局冲突不断。1999 年，持续的种族对立所引发的严重人道主义灾难导致了欧美大国的联合干涉和科索沃战争的爆发，战后的科索沃成为联合国保护地。2008 年，在针对科索沃问题的长期谈判未取得结果的情况下，科索沃单方面宣布独立，并寻求其他国家的承认，联合国大会随即要求国际法院就科索沃独立的合法性问题提供咨询意见。2010 年，国际法院裁定科索沃独立未违反国际法，但这一裁定至今仍受到许多国家的批评和抵制，而各国就是否承认科索沃独立亦分歧巨大。

五、关键词：科索沃；单方面独立；国家主权；民族自决；承认；国际法院

六、具体案情

科索沃位于前南联盟塞尔维亚共和国南部，原为该国的两个自治省之一。相较于塞尔维亚其他地区，科索沃的主要特点在于其种族比例——从整体上看，塞尔维亚共和国以信奉东正教的斯拉夫人种塞尔维亚人（以下简称"塞族"）为主，但科索沃地区以信奉伊斯兰教的阿尔巴尼亚人（以下简称"阿族"）为主，目前占本地总人口的90%以上。

中世纪时期，科索沃曾是现代塞尔维亚之前身尼曼雅王朝的统治中心，因此被塞尔维亚视为其文明的发源地之一。14世纪以后，随着奥斯曼帝国的入侵和统治，科索沃地区逐渐伊斯兰化，同时阿族开始大批向科索沃地区移民，并开始与塞族分庭抗礼。1912年，塞尔维亚通过战争手段，正式从奥斯曼帝国手中取得了科索沃的主权，随后加入了南斯拉夫王国。在"二战"期间，科索沃又被并入意大利属阿尔巴尼亚，期间大量塞族居民被阿族武装驱逐，使阿族彻底取代了塞族在当地的多数地位。"二战"结束以后，科索沃重归南斯拉夫，被设立为塞尔维亚的两个自治省之一，铁托政权亦授予阿族人相对宽泛的地方自治权，使这一时期科索沃当地的民族矛盾较为缓和，但阿族人的自治权仍被本地塞族人敌视。

冷战末期，伴随着南斯拉夫的解体，鼓吹"大塞尔维亚主义"的前南联盟总统米洛舍维奇主持了塞尔维亚的公投修宪，单方面承认了科索沃的大部分自治权，但塞尔维亚的这一决定遭到了科索沃阿族居民的强烈抗议和抵制，并导致其自行宣布成立"科索沃共和国"和阿族民族主义武装"科索沃解放军"。

波黑战争后，前南联盟开始组织塞族向科索沃移民，激起了科索沃阿族武装更加激烈的对抗。1998年起，米洛舍维奇政权决定以武力剪除阿族武装，在几个月的武装行动中，数十万科索沃阿族居民或被屠杀或被迫逃离家乡，沦为难民，甚至数万本地塞族人也不能幸免。阿族领导人和西方国家广泛认为米洛舍维奇政权的军事行动是事实上的种族清洗，此后相关各国和国际组织试图通过外交手段介入科索沃冲突以解决上述人道主义灾难，但均未能奏效，美国和北大西洋公约组织（以下简称"北约"）开始考虑军事干预手段。

1999 年 3 月 24 日，北约武装力量开始轰炸前南联盟，科索沃战争爆发。科索沃战争持续到 1999 年 6 月，前南联盟最终被迫接受北约在战前开出的条件，将军队和塞族警察撤出科索沃，并将科索沃交由北约及其领导的多国安全部队管辖。同时，联合国安理会通过第 1244 号决议，建立联合国科索沃临时行政当局特派团（UNMIK）以帮助科索沃实现自治和非军事化，并通过设立一系列要求科索沃在解决最终地位前就需要预先达成的标准（共八项，主要是涉及人权保护和恢复秩序）来保护当地各团体的权益及南联盟的主权和领土完整，北约随即向 UNMIK 移交了对科索沃的行政管辖权。值得一提的是，米洛舍维奇在战后也被迫下台，随后于 2001 年被逮捕，并以种族灭绝罪被移交国际司法机构制裁。

根据联合国安理会第 1244 号决议的规定，2005 年起，联合国秘书长特使与美国、欧盟和俄罗斯代表召集塞尔维亚及科索沃地方代表就科索沃未来的地位展开政治谈判，但一直没有达成任何共识。2007 年，在 UNMIK 的监督下，其通过 2001 年制定的《科索沃临时自治宪政框架》（以下简称《临时自治框架》）而设立的科索沃地方议会进行了选举，主张独立的科索沃民主党获胜，其党魁塔奇成为科索沃临时自治当局总理。塔奇政权立即开始推进科索沃的独立进程，并获得了美国的明确支持，而有关科索沃前途的政治谈判直到 2007 年 12 月 10 日的谈判期限届满为止仍然没有结果。2008 年 2 月 17 日，科索沃议会通过并公布《科索沃独立宣言》，单方面正式宣布科索沃独立。

为争取国际支持，科索沃单方面独立后立即开始寻求其他国家的承认，但世界各国对此反应不一：美、英等参加了科索沃战争的北约成员国对科索沃独立态度积极，迅速承认科索沃独立并与之建交；俄罗斯和塞尔维亚等东欧国家，特别是斯拉夫族裔国家则谴责科索沃单方面宣布独立违反了国际法，应取消独立；中国、西班牙等国内有分离主义势力或处于分裂状态的国家则宣布暂时不会承认科索沃；瑞典等多数国家则保持中立，并等待国际社会和相关国际组织就科索沃独立在国际法上的合法性问题作出权威裁定。

鉴于上述复杂情况，2008 年 10 月 8 日，联合国大会应塞尔维亚的要求通过决议，要求国际法院就科索沃单方面独立是否符合国际法发表咨询意见。在近两年的时间里，国际法院先后针对本案进行了提交书面意见、书面评论和口诉程序，联合国安理会的五个常任理事国全部参加了这些程序。2010 年 7 月 22 日，国际法院投票作出了最终裁决，其公开发表的咨询意见宣布科索沃单方面独立并没有违反一般国际法、第 1244 号决议和《临时自治框架》。值得一提的是，时任中国法官史久镛缺席了国际法院最后的投票，而多数赞成科索沃单方面独立没有违反国际法的法官都来自于参与了科索沃战争的西方国家。

在国际法院的咨询意见发表之后，承认科索沃独立的国家数量有了明显的增长，特别是在欧美以外的地区。然而，俄罗斯、中国、西班牙等国家仍然拒绝承认科索沃的独立，并批评和抵制国际法院的裁决。另外，台湾当局曾于 2008 年 2 月 18 日以"中华民国"的名义声明承认科索沃"独立"，但塔奇政权没有理睬台湾的声明，而是表示期待和等候与中华人民共和国建交。

七、案例来源

关于本案之案情背景、审判过程和裁定结果的完整报告书，参见国际法院网，http://www.icj-cij.org/docket/files/141/15987.pdf。

国际法院 2009—2010 年度向联合国提交的中文版年度工作报告中简略地提及了科索沃独立案。同时，我国学者就科索沃独立案亦有专文发表，此处不再赘述。

八、案情分析

（一）争议焦点

本案的争议焦点是科索沃单方面独立是否合乎国际法，实质上涉及的是民族自决权是否包含了分离权，同时涉及民族自决原则与国家主权原则的冲突问题。对此，塞尔维亚和其他一些国内有分离主义势力活动的国家主张国家主权平等原则，认为科索沃的单方面独立是非法的和无效的，应予取消和制裁；科索沃地方当局和大部分欧美国家则主张民族自决原则，认为在和平谈判无法取得进展的情况下，科索沃有权宣布独立以掌握自身的命运。

另外，科索沃的单方面独立还涉及国际法上的承认问题。只有获得了国际社会的承认，科索沃才能参与国际交往，才会产生国际权利和义务，也才能使其独立具备实际意义，否则就只能像阿富汗前塔利班政权那样在全世界的孤立中走向灭亡。同时，目前国际社会就对科索沃的承认问题分歧严重、壁垒分明，使得该争议已经成为影响国际和平与安全特别是大国间均衡与合作的重大不稳定因素之一。

（二）法理分析

1. 民族自决原则

民族自决的概念最早可追溯到美国独立运动和法国大革命，但其时的民族自决还只是一个政治概念。一直到第二次世界大战结束之后的反殖民主义浪潮中，民族自决才在联合国的推动下发展成为一项较新的国际法原则，并在《关于各国联合国宪章建立友好关系及合作之国际法原则之宣言》（以下简称《国际法原则宣言》）、《给予殖民地国家和人民独立宣言》和《关于人民与民族的自决权》等相关国际公约或联合国大会决议中得到了系统的阐述。

根据相关国际公约、国际组织决议及权威法学家对民族自决原则的界定，该原则指世界各民族一律有权不受外界干涉自由决定其政治地位，并追求本民族政治、经济及文化之发展，而各国应当依照《联合国宪章》的要求尊重这一权利，不得使用任何非法方式干涉民族自决权的行使。民族自决原则打破了传统国际法以国家为导向、无视个体民族之意志的基本规则，致命地打击了以威权、武力和压迫来维持的多民族帝国（例如奥匈帝国）及殖民帝国（例如法兰西帝国）——在"二战"结束后的几十年里，众多第三世界国家正是高举着民族自决的大旗，推翻了殖民者们残酷的统治，独立自主地建立了自己的国家。

在国际法上，适用民族自决原则的情形通常只有三种：首先，一国国民有权自由选择其政治、经济、社会及文化制度，这是民族自决原则自18世纪萌芽（主要指法国大革命）时起就具有的固有含义，是与不干涉内政原则和国家主权平等原则相辅相成的；其次，当某一地区的领土主权不确定时，居住于该地区的民族拥有自决权（例如西撒哈拉）；最后，民族自决权应当适用于反殖民主义、反外国军事占领和维护各民族团体在一国内部的完全参政权，其中民族自决在反殖民主义和反外国军事占领时主要是一项外部权利，即相关民族有权决定独立；而在维护各民族团体在一国内部的完全参政权时主要是一项内部权利，即相关民族可主张其在国家内部的自治权。除了上述三种特殊情形之外，如果一个多民族或多文化的国家已经经由居住于其中的国民自愿地组成合法的政府并实行有效的统治，就不能滥用民族自决权制造或煽动该国的分裂，从而破坏该国的领土和主权完整。因此，部分香港居民仅因中国大陆的政治体制不合其意就主张香港自决和独立，显然是非法的。同理，部分"台独"分子主张台湾可以适用民族自决原则也是违背民族自决原则的真实意义的。

值得警惕的是，关于民族自决原则的适用范围，一些欧美学者认为，民族自决权应由对内自决权和对外自决权组成，前者主要指自主、自治权和自我发展权；后者则指分离权，即从既存国家脱离组建新国家的权利。

2. 国家领土完整和主权独立不容侵犯

对于现当代国际法体系而言，国家主权平等原则一直是其存在和运行的最核心的基础，而国家领土完整和主权独立不容侵犯正是国家主权平等原则不可忽略的重要组成部分。

国家主权是国家固有的和最根本的属性，指一国有权独立自主地处理其内外事务。基于这一原则，任何国家对其领土内一切事物及其领土内外的本国公民都应当享有优越的和最高的管辖权（即对内的最高性），且任何国家在国际交往中都应当是自主的和平等的，各国在行使这些权利时应当不受他国干涉或侵犯（即对外的独立性）。根据《国际法原则宣言》，这一原则的具体内涵则包含以下几方面内容：①各国在法律上平等；②各国享有由充分主权而产生的固有权利；③各国应相互尊重和避免侵犯他国的领土完整与政治独立；④各国应善意履行其国际责任和义务；⑤各国应相互尊重彼此的国家人格；⑥各国均有权自由选择并发展其政治、社会、经济及文化制度。

由此可见，国家领土完整和主权独立不容侵犯是实践国家主权平等原则的基本要求之一，作为该原则的有机组成部分，两者是相辅相成、不可分割的，这一点也是东西方国家都广泛承认的。

值得一提的是，冷战结束以来，西方国家中出现了一种削弱、贬损国家主权的论调，持该论调的西方学者或政客认为，当代国际法意义上的主权已经不再具有传统国际法意义上的宽广范围和不可动摇的崇高地位，在特定情形下，人权要高于主权，为了保障人权，主权应当受到限制（例如21世纪以来在西方国际法学界广泛流传的"R2P"理念，即所谓的"保护的责任"）。在这种论调的影响下，民族自决原则被视为保障人权的重要理论依据，从而得到西方国家人为地拔高并在实践中开始与国家主权平等原则相对立。对此，一方面我们应当承认，在当代国际关系中，为了保障国际法之执行，国家主权确实已经开始受到一定程度的限制，这也是国际法发展的一种趋势；但另一方面，作出限制国家主权这一决定的也恰恰是拥有和享受着主权权利的国家本身，且此种制约也必须符合国际法的其他各项原则。另外，民族自决原则的适用有其特定范围，同时也要以尊重国家主权为前提，否则就是对国家主权和领土完整以及一国内政的侵犯，也就走向了民族自决原则初衷的反面。

3. 国际法上的承认

国际法上的承认分为对国家的承认和对政府的承认。其中对国家的承认是指既存国家以明示或默示的方式对新出现的国家进行事实上的确认，并表示愿与之建立外交关系的单方面国家行为，例如我国对独立后的前苏联各加盟共和国的承认。对政府的承认则指一既存国承认另一既存国的新政府为该国的正式合法代表，并表示愿与之建立或保持外交关系的行为，例如世界各国在 1949 年后对中华人民共和国政府的承认。对科索沃政权的承认问题显然属于对国家的承认。

在当代国际法上，对国家的承认的特征主要有：首先，国家承认是既存国对新国家进行承认的单方面行为，一既存国是否承认及何时承认另一新国家，应完全由该既存国自行决定，即不产生承认的义务；其次，国家承认导致承认国确认被承认国之存在的事实，同时表示承认国愿与被承认国建立正式的外交关系；最后，对国家的承认虽然是一承认国的单方面行为，但会在承认国和被承认国间产生一定的法律后果（例如被承认国在承认国的法庭上取得司法豁免权）和作用。

关于承认的作用，目前国际法学界有构成说和宣告说两种理论，前者认为一新国家必须经过既存国的承认才能成为国际法主体，后者则认为承认只是宣告新国家已经成立这一事实。从当代国际法的角度来看，宣告说更为合理，而构成说则可能为既存国所利用，通过不承认新国家而否定新国家的合法权利，进而侵犯和破坏新国家的主权和独立。

在承认的类型方面，如果按照承认的方式进行分类，对国家的承认可以是明示方式（直接承认，例如照会），也可以是默示方式（间接承认，例如缔结条约）。如果按照承认的内容和法律效力进行分类，对国家的承认则可以分为法律上的承认和事实上的承认，其中事实上的承认是临时的、可以撤销的；但法律上的承认则是不可撤销的，并能构成两国间发展正常关系的法律基础。目前，对国家的承认一般都是法律上的承认，其方式有照会新国家的政府、由既存国政府发表承认声明等。

（三）相关判例

本案并没有一般意义上的类似或雷同案件，但这也正使其构成了一项独特而意义重大的先例：国际法院关于科索沃单方面独立不违反国际法的裁定为世界各地的分离主义运动披上了合法的外衣。

（四）法律适用

本案所涉及的科索沃单方面独立之争端，其核心就在于扩大个体族群的自决权与维护整体国家的主权之争。国际法院在其咨询意见中认定科索沃单方面独立不违反国际法，这一令人不安的裁定的主要理由是：

首先，就一般国际法层面，国际法院认为科索沃的单方面独立是一个事实问题，对于此种情形，18—20 世纪的实践证明，一般国际法并不禁止一国内部的族群自行宣布单方面独立，也没有发展出一项禁止单方面独立的国际法原则。同时，虽然维护国家主权和领土完整是国际法的基本要求和原则，但这一规则应当是适用于国家之间而不是一国与其人民之间的内部关系的。另外，虽然安理会曾经谴责过单方面独立的行为（例如所谓的"斯普利卡共和国"），但在这些案例中，这些单方面独立的行为涉及了非法使用武力或违反一般国际强行法，因此安理会的谴责实际上是对这些单方面行为所造成的实际情势作出的决定，而不是针对这些单方面行为本身，且安理会也并没有谴责科索沃独立。值得一提的是，对于科索沃人民是否享有自决权或"救济性分离权"（部分西方国家所主张的一种权利，是指受压迫的民族为避免受到进一步的迫害，有权选择从相关国家中分离出去）这一核心问题，国际法院以不属于其职责范畴为由加以回避。

其次，关于科索沃单方面独立是否违反安理会第 1244 号决议及《临时自治框架》的问题，国际法院认为，虽然科索沃议会是在《临时自治框架》通过后在其规范下设立的，但在本案中不能将科索沃议会视为该框架指导下的科索沃临时自治机构的一个组成部分，因为其并不是在该框架内依照"自治"的要求来行事的，而是着力于将科索沃变为一个独立的主权国家，因此应将科索沃议会视为作为科索沃人民意志的共同代表而行事的一群人。至于安理会第 1244 号决议，国际法院认为其目的仅在于建立一项适用于科索沃的临时制度，而不是提供科索沃最终地位的解决方案（其在这一领域保持沉默），而该决议也没有明确说明或意图表示禁止相关各方的领导人宣布科索沃单方面独立。总而言之，科索沃的单方面独立并不在

《临时自治框架》和安理会第 1244 号决议的管辖权范围之内。

然而，国际法院的裁决受到了广泛的批评，即使是在国际法院内部，该裁定也受到了部分法官的反对：首先，纵观整个欧洲近现代史，国际社会一直公认科索沃是南斯拉夫/塞尔维亚的一部分，不存在塞尔维亚对科索沃的殖民（事实上正是阿族人口在原本塞族占多数的科索沃不断扩张）或军事占领，因此科索沃不应当享有外部自决权，而内部自决权不涉及独立（国际社会关于科索沃问题的历次决议，例如《朗依布埃协定》和安理会第 1244 号决议等，都要求赋予科索沃高度自治权而不是独立）。其次，科索沃的单方面行为实际上是一个主权国家的一部分人民从该国分离出去，而不是通过行使自决权达成独立从而恢复某一地区的原貌，因此本质上是分离而不是独立，而分离只是一种政治现象，既不是国际法承认的一种权利，也与国家主权独立和领土完整不容侵犯原则相冲突，更被各国的立法否定（例如同属西方世界的加拿大就曾经否定过魁北克省的分离权）。因此，自决权不等同于也不包括分离权。再次，即使科索沃寻求协调分离与国家主权独立和领土完整的矛盾，合法的方式也应该是与母国达成协议以取得母国的合意（如同黑山的独立方式），而不是自行其是，从而破坏国际法的基本原则。这一先决条件也被西方各国承认，例如英国在处理苏格兰的独立诉求时就要求先与苏格兰地方执政当局达成公投协议。最后，在安理会第 1244 号决议中采取的是"先标准后地位"的政策，即要求科索沃先达成人权保护、塞族难民回乡等八项标准之后才讨论其最终地位，而科索沃在未能完成这些标准的情况下就单方面宣布独立显然违反了安理会的决议。需要特别指出的是，与国际法院的咨询意见不同，安理会的决议是具有约束力的。

综上所述，国际法院就本案作出的咨询意见虽非无的放矢，但确非妥当：国际法院通过创造这样一个前所未有的先例，颠覆了国际主权独立和领土完整不容侵犯这一国际法的最基本原则，严重干扰和损害了安理会的作用并破坏了国际法院自身在相当一部分主权国家面前的权威性和公正性。正如部分反对这一咨询意见的国际法院法官所言，国际法院没有令人满意地回答联合国大会提出的问题。国际法院本来应该更全面地审查国际法规则中有关宣布独立和阴谋分离行为的禁止性和许可性。因此，考虑到本案事实背景的棘手与复杂，国际法院的最终裁定可以说是轻率的。

不过幸运的是，国际法院的咨询意见并没有强制性，也就不能强制各既存国承认科索沃的单方面独立。因此，科索沃单方面独立的实际效果（即确保其以国家的身份在国际社会中长期存续并得以参与国际事务）仍然取决于其他国家的有关决策。正是基于其未来的命运仍掌握在他国手中的认识，科索沃当局自宣布独立时起便广泛寻求世界各国的承认和谋求加入联合国，并特别注意拉拢安理会常任理事国（例如科索沃当局没有理会台湾当局所谓的"承认"）。然而，虽然在西方大国的带动和国际法院咨询意见的影响下，承认科索沃的国家近年来有了明显增长，但考虑到既存国并没有承认新国家的义务，而对于被既存国认定为通过违反国际法而成立的新国家，既存国反而有义务主张不承认（例如世界各国对所谓"满洲国"的不承认主义），因而可以预计在可预见的未来，科索沃当局寻求承认的努力难以得到中国、俄罗斯、西班牙等近半数联合国会员国的积极回应，至于科索沃寻求进入联合国的努力，只要俄罗斯与塞尔维亚依然处于同一战壕，便注定是徒劳的。

值得注意的是，科索沃单方面独立的合法化不仅可能给反对其独立的各国带来负面影响，即使是积极推动和承认其独立的欧美国家，也难保不会因为这一危险先例付出代价：英国的北爱尔兰、苏格兰，法国的科西嘉以及加拿大的魁北克等地区都有可能在未来援引本案来寻求独立。到那时，已无法从国际法的角度阻止上述地区独立的西方各国是否会后悔它们当年在国际法院的"慷慨陈词"呢？这就留给时间去检验吧。

（五）小结

科索沃独立案尽管只是咨询案，但在本案进行的整个过程中，几乎所有的世界主要国家或事实上卷入了前期的科索沃冲突，或对科索沃的单方面独立纷纷表态，足见该案涉及面之广、影响力之深。本案深刻地反映了冷战后传统国际法原则所遭受的强大挑战，并集中地体现了不同阵营的国家就当代国际法之变化趋势的剧烈对立。

面对科索沃独立案，有关国家和国际组织应该反思的是：在事实上的话语权被西方大国掌握的情况下，发展中国家应当怎样运用国际法来保卫自己的合法权益？在冷战后错综复杂的国际社会背景下，当代国际法体系到底将何去何从？在西方大国为自身利益而践踏国际法的情形下，国际法院是否能捍卫一般国际法原则的尊严？

九、编者：李健男、龙博

十、编写时间：2014 年 6 月

知识产权法学

Zhi shi chan quan fa xue

金正科技电子有限公司诉摩托罗拉（中国）电子有限公司抄袭其广告作品侵犯著作权案

一、案例编号（6-01）

二、学科方向：知识产权法之著作权法

三、案例名称：金正科技电子有限公司诉摩托罗拉（中国）电子有限公司抄袭其广告作品侵犯著作权案

四、内容简介

《著作权法》只保护作品的表达形式，而不保护作品的思想内容。广告创意属于思想内容范畴，须通过具有独创性的方式表达出来，才受《著作权法》保护。"真金不怕火炼"这一广告语，来自于成语，不具有独创性，不属于《著作权法》所保护的作品。广告语是否具有独创性，是判断其能否受《著作权法》保护的关键。

五、关键词：真金不怕火炼；广告语；表达形式

六、具体案情

原告东莞市金正科技电子有限公司委托广州柏信广

告有限公司为其金正 VCD 机产品制作电视广告，并约定制作的电视广告著作权归原告所有。该广告的画面主要是熊熊燃烧的烈火，配以伽利略、哥白尼、布鲁诺、李时珍、屈原等人物的头像和金正 VCD 机产品图案以及"真金不怕火炼，金正 VCD"的广告词。广告制作出来后，于 1997 年 6 月开始在中央电视台连续播放了 11 个月。原告又在《读者》杂志 1998 年第 4 期封底及《中国青年报》、《足球》、《经济时报》等报刊上发布了金正 VCD 机产品广告，这些广告的主要画面同样是"熊熊烈火"配以"真金不怕火炼，金正 VCD"的广告语及金正 VCD 机产品图案等。此外，原告还通过户外广告牌、海报、礼品袋等形式印刷、发布了与上述广告画面相近似的广告。

1997 年 12 月，被告摩托罗拉（中国）电子有限公司委托达美高广告（香港）有限公司为其 GP88 无线电对讲机设计制作平面报纸广告，并刊登在《广州日报》1998 年 4 月 20 日和 5 月 18 日的第 19 版和《深圳日报》1998 年 5 月 18 日的第 8 版上。该广告的主要画面为对讲机在熊熊燃烧的烈火中燃烧，配以"真金不怕火炼"的广告语及"摩托罗拉 GP88 无线电对讲机"的文字。

原告向广州市中级人民法院起诉称：被告在《广州日报》等报刊上刊登的摩托罗拉 GP88 无线电对讲机广告中的广告语和广告画面，无论是广告创意还是表现手法，与其金正 VCD 机广告如出一辙，属于抄袭。依我国《著作权法》第四十六条第（一）项的规定，被告的行为侵犯了原告的著作权，被告应承担"停止侵害、消除影响、赔礼道歉、赔偿损失"的民事责任。鉴于后来被告已停止侵权，请求法院判令禁止被告今后不再使用该侵权广告，在《广州日报》和《深圳特区报》上登报向原告赔礼道歉，并赔偿原告经济损失人民币 300 万元。

被告摩托罗拉（中国）电子有限公司答辩称：原告不是"真金不怕火炼"一语的著作权人。"真金不怕火炼"作为一句广泛流传并使用的成语，早就被收录于《汉语成语字典》、《中华学生字典》、《辞海》等各类词典中，属于公有领域里的表达，任何人使用该语均不需要经过授权。而且，原告也不是将"真金不怕火炼"用作广告语的第一人。《著作权法》所保护的是作品的表现形式，并不保护作品的思想、创意等内容本身。原告的"真金不怕火炼"的广告创意，不是《著作权法》保护的客体。原告根本不具有提起本诉的诉讼主体资格，也不具有提起本诉的事实和法律依据。因此，请求法院驳回原告的诉讼请求。

七、案例来源

《人民法院案例选》2002 年版。

八、案情分析

（一）争议焦点

本案争议的焦点在于"真金不怕火炼"的广告语是否属于《著作权法》保护的客体。

（二）法理分析

我国《著作权法实施条例》第二条规定："著作权法所称作品，是指文学、艺术和科学领域内具有独创性并能以某种有形形式复制的智力成果。"本案原告金正科技电子有限公司的金正 VCD 机的整体广告（发表在电视和报纸杂志上）以及"真金不怕火炼"的广告语是不是《著作权法》所保护的作品呢？

一般在著作权侵权纠纷案件的审理中，法院首先要审查原告主张受《著作权法》保护的对象是否属于《著作权法》所规定的作品的范畴。如果属于作品的范畴，就要运用思想与表达二分法，对作品中的思想和表达进行区分，哪些是不受《著作权法》保护的思想观念，哪些是受《著作权法》保护的表达形式，这就成了判定是否侵权的关键。

思想与表达二分法是《著作权法》中的一项重要原则，该原则将作品分为思想（idea）与表达（expression）两个方面，《著作权法》只保护对于思想观念的原创性表达，而不保护思想观念本身。著作权意义上的思想观念，不仅包括了概念、原则、客观事实和发现等，而且包括了发明、程序、工艺和方法等。[①] 这些思想观念必须以文字、语言、符号、声音、线条、造型、色彩等一定的客观形式表现出来，使他人能通过感官感觉其存

[①] 参见《美国版权法》："著作人的作品的著作权保护不及于该作品中任何观念、步骤、过程、制度、操作方法、概念原理或表现，而不论其在该作品中被描述、解释、图解或具体表现形式如何。"《TRIPS 协议》："版权保护应延及表述，而不延及思想观念、工艺、操作方法或数学概念之类。"

在，才能成为作品。①

按照思想与表达二分法原则，《著作权法》只保护对于思想观念的表达，而不保护思想观念本身。这就意味着，作者不能将作品中所体现的思想观念据为己有，对于同样的思想观念，他人可以无偿使用或者自由进行原创性的再表述，由此形成的表述或作品，同样可以得到《著作权法》的保护。

然而，并非所有的作品的表达都会受到《著作权法》的保护，只有那些具有独创性的表达才是《著作权法》保护的客体。所谓独创性（originality），是指一部作品是经作者独立创作而不是模仿或者抄袭他人作品而完成的，其主要体现在作者对相关素材的取舍、选择、设计或组合上。判断作品是否具有独创性，应看作者是否付出了创造性劳动。作品的独创性与作品的文学、艺术、科学价值的大小无关，也不要求作品是首创的，只要作品是作者独立创作产生，即使与已有的作品相似，也具有独创性。②《著作权法》对作品独创性的要求，可以从康德所主张的著作权人格学说中得到解释。康德认为，作品是作者人格的延伸和体现，显然抄袭的作品同抄袭者在人格上不存在关联，因而也就不具有独创性，属于侵权作品，不受《著作权法》保护。另外，受《著作权法》保护的作品还应该具有可复制性。

本案中，原告金正科技电子有限公司为金正 VCD 所做的整体广告，这些广告的画面包括烈火，配以历史人物的头像、金正 VCD 机产品和"真金不怕火炼，金正 VCD"的广告词。这些素材内容的取舍、策划、编辑等充分体现了作者的创造性劳动，具有独创性，而且能传递出"好产品可经受考验"的思想内容，并通过火焰和所宣传的产品表达出来。因此，金正科技电子有限公司为金正 VCD 所作的整体广告（发表在电视和报纸杂志上）构成作品，其分别属于电视作品和美术作品，其著作权应受我国《著作权法》的保护。

在本案中，原、被告的广告作品的主要画面都有熊熊燃烧的烈火、"真金不怕火炼"的广告语以及各自所宣传的产品。双方的广告作品都将自己的产品配以熊熊燃烧的火焰的画面，来寓意自己产品质量好，可经受

---

① 黄雪梅、彭亮：《从司法裁判的视角解读作品之构成要件——广州中院判决恒大公司诉壬丰公司广告语著作权侵权纠纷案》，广东省广州市中级人民法院网，http://www.edu1488.com/article/2012 - 2/28115443. shtml，2014 年 4 月 1 日。

② 张鲁民、陈锦川主编：《著作权审判实务与判例》，北京：中国方正出版社 2001 年版，第325 页。

考验。这是广告中的创意，属于思想内容的范畴。但我国《著作权法》只保护作品的表达方式，并不保护作品的思想内容。广告中具体火焰的图案、形状、字体编排等则属于表达方式，这些才是《著作权法》保护的对象。从原、被告作品的表达方式来看，两者在火焰的形状、图案、广告语的字体编排以及所宣传的产品类型、名称等方面都有明显区别，广告所呈现出来的整体画面感也显然不同。而且表达该广告创意的方式通常是用火与物相映来表现"真金不怕火炼"的寓意，该表达方式非原告所创，因而尚不足以认定被告的作品构成对原告作品的抄袭和剽窃。

尽管双方的作品都使用了"真金不怕火炼"的广告语，但广告语能否受著作权法保护？我国的《著作权法》没有明确广告语能否作为著作权客体保护，对作品定义也无字数限制，作者通过智力活动创作广告语，如果能表达一定的思想、情感，传达一定的信息，而且该表达具有独创性，符合文字作品特征要件，就应受《著作权法》保护。① 因此，广告语是否具有独创性是判断广告语能否受《著作权法》保护的重要标准。如果广告语只是对产品或服务的功能、质量、特点等进行描述而无独创性，不能按作品寻求保护。

在本案中，"真金不怕火炼"作为成语，早已被《汉语成语词典》、《中华学生词典》和《辞海》等各类词典收录，而作为一句俗语，也早已广泛流传使用，进入公有领域，任何人使用该成语无须授权。因此，"真金不怕火炼"这一句广告语，由于其不具有独创性，属于成语，故不享有著作权。如果广告语具备独创性，具有高度概括性，能反映鲜明的个性化色彩，具有丰富的内涵和艺术感染力，即使字数较少，作品仍可受《著作权法》保护。如"喝了娃哈哈，吃饭就是香"、"到处逢人说汉斯"、"世纪风采东方情"、"横跨冬夏，直抵春秋"等广告语都是经过作者创造性的智力劳动独立创作出来的，语言精练，构思新颖，高度概括了所宣传产品的鲜明特点，具有非常丰富的内涵和艺术感染力，也能传达所宣传产品的经营信息，并能以一定的客观形式表达出来且能进行复制。因此，这些广告语构成文字作品，应受《著作权法》保护。

---

① 周冕：《对广告语著作权纠纷案件的审理》，《人民司法》2005 年第 9 期。

（三）相关判例①

2003 年 9 月至 2005 年 4 月期间，广东省广州市恒大房地产开发有限公司曾在《广州日报》、《南方都市报》、《羊城晚报》、《新快报》、《信息时报》、《南方日报》等报刊和电视台的各频道上刊登了金碧华府、金碧新城、金碧世纪花园、金碧雅苑、金碧翡翠华庭等楼盘的销售广告，在该广告中使用了"开盘必特价　特价必升值"的广告语，并登有"恒大集团金碧地产"的字样。

2004 年 10 月，广州市壬丰房地产开发有限公司分别在《南方都市报》、《广州日报》上刊登的"旗舰天河　盛大开盘"的楼盘销售广告中，右上角标有"旗舰天河颐高数码广场华南总店"的字样，中部有"旗舰天河　盛大开盘"、"开盘必特价　特价必超值"的字样，下部有"纯写字楼即将出售、开发商广州市壬丰房地产开发有限公司、全程策划周到置业、预售证号穗房预字 19940186 号－3"等内容。恒大公司认为壬丰公司的"开盘必特价　特价必超值"广告语虽然与自己"开盘必特价　特价必升值"的广告语有一字之差，但剽窃了原告广告语中最核心的部分，构成对原告广告语的故意抄袭。被告这种未经原告同意而抄袭其广告语并用于商业广告的行为已经侵犯了原告的著作权，并且在很大程度上影响了原告的系列楼盘的销售，给原告造成难以统计的损失。因此，向广州市中级人民法院提起诉讼。

壬丰公司答辩称：第一，本案中原告"开盘必特价　特价必升值"的广告语中含有升值承诺，是虚假的宣传，违反了有关房地产广告法律的规定，而且该广告语没有独创性，不能享有著作权。第二，被控侵权的广告语是基于我方产品的优良品质提出的，我方的产品与原告的产品有着本质不同，无任何引人误解的表述，两句广告语虽只有一字之差，但与原告广告有明显区别，并无侵权之处。

广州市中级人民法院判决认为：

首先，"开盘必特价　特价必升值"的广告语中所使用的词汇虽然不是由作者独创的，但通过作者的拣选、组合及排列，该广告语体现出了与其他作品不同的个性化色彩，能够表达作者在房地产开发过程中的经营思

---

① 《广州市恒大房地产开发有限公司诉壬丰公司广告语著作权侵权纠纷案》，广州市中级人民法院民事判决书（2005）穗中法民三知初字第 546 号。

想及理念，具有独创性，符合文字作品的构成要件，且没有被禁止出版、传播的情形，因此应当受到《著作权法》的保护。至于该文字用于宣传是否符合广告法的要求、是否属于虚假的广告宣传并不属于著作权侵权纠纷案件中需要查明的范围，被告认为该广告语不应受到法律保护的意见，本院不予采信。

其次，原告指控涉嫌侵权的广告中使用了"开盘必特价　特价必超值"的广告语，和原告拥有著作权的"开盘必特价　特价必升值"仅一字之差，从《现代汉语词典》对"超"字的释义来看，包含了超过、超出寻常的含义，"超值"和"升值"双方所表达的意思是一致的。因此，被告在广告中使用"开盘必特价　特价必超值"广告语的行为已经构成对"开盘必特价　特价必升值"广告语的剽窃，侵犯了原告的著作权。

最后，广州市中级人民法院依照《著作权法》第三条、第四十六条第（五）项、第四十八条第二款之规定，判决：①壬丰公司自本判决发生法律效力之日起停止使用"开盘必特价　特价必超值"广告用语；②壬丰公司自本判决发生法律效力之日起十日内赔偿广州市恒大房地产开发有限公司经济损失人民币 15 000 元。本案宣判后，双方当事人均未提起上诉，判决现已生效。

（四）　法律适用

本案一审审判结果：

广州市中级人民法院经审理认为，原告在电视、杂志、户外广告牌等为其金正 VCD 机产品所作的广告，分别属于电视作品和美术作品，其著作权受我国《著作权法》保护。我国《著作权法》只保护作品的表达形式，而不保护作品的思想内容。将被告刊登在报纸上的摩托罗拉 GP88 无线电对讲机的广告和原告的上述作品相比较，两者在火焰的形状、图案和广告语的字体、排列以及所作广告的产品名称、图案等方面都有较大的区别，两者的表达形式差异较大。因此，被告的广告作品不构成对原告作品的抄袭、剽窃，原告指控被告的作品是抄袭、剽窃其作品的主张缺乏事实和法律依据，原告的诉讼请求本院不予支持。依照《中华人民共和国著作权法》第三条第一款第（四）项、第（五）项和第四十六条第一款第（一）项的规定，该院于 1998 年 10 月 29 日判决：驳回原告东莞市金正科技电子有限公司的诉讼请求。

判决后，东莞市金正科技电子有限公司不服，向广东省高级人民法院提起上诉称：①根据《著作权法》的规定，认定抄袭并不要求两者完全相同，在对两者进行比较时，应从整体上进行。本案中，上诉人的金正 VCD 机产品广告包括"真金不怕火炼"的广告语、"火焰"画面、"VCD 产品"和"产品说明"四个部分。被上诉人的对讲机产品广告，除产品及其说明外，其主要部分和实质部分的广告语和广告画面，均与上诉人的 VCD 机广告相同或相近似，抄袭的范围占整个广告的大部分，足以认定侵权。②上诉人的金正 VCD 机产品广告不仅有电视、杂志、户外广告的电视作品和美术作品，还包括口述作品和文字作品。被上诉人的对讲机产品广告就是按照上诉人的口述作品和文字作品制作的，侵犯了上诉人的著作权邻接权。③根据《反不正当竞争法》和《广告法》的规定，被上诉人的行为构成不正当竞争。请求二审法院撤销原审判决，判令被上诉人今后不得使用该摩托罗拉 GP88 无线电对讲机广告，在《广州日报》和《深圳特区报》上登报向上诉人赔礼道歉，赔偿经济损失 300 万元；判令被上诉人发布摩托罗拉 GP88 无线电对讲机广告的行为构成不正当竞争，并承担不正当竞争的法律责任；判令被上诉人承担一、二审受理费。

摩托罗拉（中国）电子有限公司答辩同意原审判决。

本案二审审判结果：

广东省高级人民法院经审理认为，上诉人为其金正 VCD 机产品制作的广告分别属于电视作品和美术作品，其著作权受我国《著作权法》保护。将被上诉人刊登在报纸上的摩托罗拉 GP88 对讲机广告和上诉人的上述作品相比较，两者在火焰的形状、图案和广告语的字体、排列以及所作广告的产品名称、图案等方面都有较大的区别，整体画面显然不同。我国《著作权法》规定只保护作品的表达形式，而不保护作品的思想内容。双方的作品虽然都表达了"好产品可经受考验"的意思，也都配以火焰和所宣传的商品来表达此意思，但由于两作品画面明显不同，且表达此种思想的通常方式也就是火和物相映，因而尚不足以认定被上诉人的作品构成对上诉人作品的抄袭、剽窃。"真金不怕火炼"一语已是家喻户晓，也不能作为上诉人的作品来保护。上诉人认为被上诉人的对讲机广告属抄袭、剽窃，缺乏依据，其请求判令被上诉人停止使用对讲机广告及赔偿经济损失、公开赔礼道歉，本院不予支持。原审法院判决驳回原告诉讼请求正确，应予维持。至于上诉人在提起上诉时还认为被上诉人侵犯其口述作品和文字作品，以及不正当竞争一节，是上诉人在二审期间新增加的诉讼请求，本院依法不予审理，上诉人可另行解决。依照《中华人民共和国民事诉讼法》

第一百五十三条第一款第（一）项之规定，该院于 1998 年 12 月 30 日判决：驳回上诉，维持原判。

（五）小结

《著作权法》只保护作品具有独创性的表达形式，而不保护作品的思想内容。因此，判断发生争议的广告语能否受《著作权法》的保护，即发生争议的广告语是否是《著作权法》所保护的作品，应该就个案作具体分析判断。如果该广告语能表达一定的思想、情感，传达一定的信息，而且该表达具有独创性，则应认定为该作品受《著作权法》保护；反之，则不受《著作权法》的保护。

九、编者：赵克祥、陈乔珠

十、编写时间：2014 年 4 月

美国 ETS 诉新东方学校著作权侵权案

一、案例编号（6-02）

二、学科方向：知识产权法之著作权法

三、案例名称：美国 ETS 诉新东方学校著作权侵权案

四、内容简介

试题是否受《著作权法》保护，应视试题的出题机构的法律属性及试题是否具有独创性来进行判断。本案被告新东方学校未经原告美国教育考试服务中心（以下简称 ETS）许可，复制发行原告拥有著作权的试题，构成侵犯著作权，并因未经许可使用原告享有商标权的标志，而同时被判侵犯商标权。国家公务员考试、国家司法考试等试题，因属于国家公权力机关组织创作，著作权不予以保护。

五、关键词：试题；著作权；商标权；TOEFL

六、具体案情

原告美国 ETS 是全球最大的非营利性教育研究和考试机构，TOEFL 考试、GRE 考试都由其主持开发。ETS

将"TOEFL"、"GRE"作为商标在中国进行了核准注册，并且还将其开发的 TOEFL 试题、GRE 试题在美国版权局进行了著作权登记。被告新东方学校是我国规模较大的主要从事外语类教学服务的培训学校，开办专门针对 TOEFL、GRE 等考试的培训。2003 年 9 月之前，TOEFL 和 GRE 等考试的历年试题与复习资料从未在中国大陆授权出版，而被告新东方学校却在未经 ETS 许可的情况下，擅自大量复制 TOEFL 等考试试题，并将试题以出版物的形式进行公开销售。此外，在被控侵权的新东方学校出版物的封面上均醒目地标明了"TOEFL"、"GRE"字样。原告认为被告的行为侵犯了其著作权及商标权，故起诉要求原告承担停止侵权、赔偿损失、赔礼道歉等民事责任。

被告新东方学校辩称：①TOEFL、GRE 等考试培训是新东方学校开办的教育培训项目，为了提高学习者的英语水平和应试技巧，必然以教学双方获得并使用该考试以往的试题作为其中的教学条件。对 ETS 来说，不论其对这些试题采取何种保密措施，一旦某一特定试题在众多的应试者参加考试而获知试题内容后，在法律上应没有权利要求禁止特定 TOEFL 等考试试题信息的流传。②新东方学校在无法获得 ETS 的授权下，只有根据学生的数量和要求对 ETS 以往考试的部分试题进行复制以用来课堂教学。根据中国《著作权法》的规定，这种使用属于合理使用。③尽管 ETS 在中国注册了相关的商标，但是新东方学校是在 TOEFL、GRE 已经成为 ETS 某一考试的专有名称后为了说明有关资料而进行的使用，跟作为商标的使用在目的和实际效果上都完全不同，根据中国《商标法》的相关规定，不应被认定为侵犯商标专用权的行为。

北京市第一中级人民法院审理认为，新东方学校在未经 ETS 许可的情况下，擅自复制 ETS 享有著作权的 TOEFL 考试试题，并将试题以出版物的形式通过互联网等渠道公开销售，其行为侵害了 ETS 的著作权；新东方学校在其发行的出版物封面上以醒目的字体标明 ETS 的注册商标，其行为构成对 ETS 注册商标专用权的侵犯。故判令新东方学校立即停止侵犯 ETS 著作权及商标专用权的行为；将所有的侵权资料和印制侵权资料的软片交法院销毁；登报向原告 ETS 公开致歉并赔偿原告经济损失人民币 500 万元及合理诉讼支出人民币 52.2 万元。

新东方学校不服一审判决提起上诉，北京市高级人民法院作出终审判决，维持了一审法院对新东方学校复制并且对外公开销售 TOEFL 等试题的行为属侵犯著作权的认定，但认为关于侵犯商标专用权及赔偿数额的认定和处理有所不当，故改判新东方学校赔偿经济损失人民币 374 万元及合理诉讼支出人民币 2.2 万元。

七、案例来源

北京市第一中级人民法院（2001）一中知初字第 35 号民事判决书；北京市高级人民法院（2003）高民终字第 1393 号民事判决书。

八、案情分析

（一）争议焦点

第一，ETS 是否享有 TOEFL 等考试试题的著作权；第二，新东方学校的复制行为是否构成对著作权的合理使用；第三，ETS 是否存在知识产权滥用；第四，在教辅资料上使用"TOEFL"字样是否构成对商标权的侵犯；第五，著作权和商标权侵权损害赔偿数额如何计算。

（二）法理分析

1. ETS 是否享有 TOEFL 等考试试题的著作权

《著作权法》所称的作品，是指文学、艺术和科学领域内具有独创性并能以某种有形形式复制的智力成果。在不违反法律禁止性规定的前提下，一个作品是否受到《著作权法》的保护，主要看其是否具有独创性。TOEFL 试题是由 ETS 主持开发设计，从设计、创作过程来看，每一道考题的制作都需要多人经历多个步骤的脑力劳动，再用特殊的语言、逻辑表现出来，具有独创性，属于我国《著作权法》意义上的作品，应受法律保护。对于整套试题而言，尽管汇编过程中要利用到 EST 现有的材料，但是在试题的考查要求、题型采用等方面都需要命题者的创造性劳动，根据我国《著作权法》第十四条规定，汇编若干作品，对其内容的选择或者编排体现独创性的作品为汇编作品，其著作权由汇编人享有。由此可见，ETS 对其创作的每一道 TOEFL 题和每一套 TOEFL 试题都是享有著作权的。另外，虽然 ETS 并未根据我国《公司法》等相关法律进行注册，但 ETS 的注册地美国和中国都共同参加了《伯尔尼公约》，故原告的作品应当受到我国《著作权法》的保护。本案中被告未经授权擅自复制、出版、销售原告的试题，显然侵犯了原告作品的复制权、发行权等。

2. 新东方学校的复制行为是否构成对著作权的合理使用

合理使用是指在《著作权法》规定的特定情形下，他人可以不经著作权人的许可，也无须向著作权人支付报酬，基于正当目的而使用他人作品而不构成侵权的著作权限制制度。针对教学科研情形，我国《著作权法》第二十二条第六款规定："为学校课堂教学或者科学研究，翻译或者少量复制已经发表的作品，供教学或者科研人员使用，可以不经著作权人许可，不向其支付报酬，但不得出版发行。"分析新东方学校的行为是否属于合理使用，首先，根据本案查明的事实，新东方学校未经著作权人 ETS 许可，以商业经营为目的采取公开销售的方式复制发行了 TOEEL 试题，其使用作品的方式已超出了课堂教学合理使用的范围。其次，虽然新东方学校系社会力量办学，根据《民办教育促进法》的规定，属于非营利机构，但新东方学校成立的目的与是否侵犯 ETS 著作权并无必然联系，只要新东方学校实施的行为具有营利性，则可能对 ETS 的著作权构成侵害。最后，对"少量复制"，虽然我国相关立法没有明确界定，但是一般理解应当是不该超出课堂教学或科学研究的需要。新东方学校除了在课堂教学以外还大量对试题进行复制甚至出版，已经明显超出了"少量"的范围。

但是应该看到，鉴于 TOEFL 试题的特殊性质以及新东方学校利用这一作品的特别形式及目的，假设新东方学校在不使用侵权资料的情况下，在课堂教学中讲解 TOEFL 试题，应属于《著作权法》第二十二条规定的合理使用相关作品的行为，不构成侵犯著作权。

3. 新东方学校是否侵犯了 ETS 的商标权

在本案中，尽管作为字母组合的"TOEFL"、"GRE"已作为商标核准注册，但是，在"TOEFL"、"GRE"作为商标注册后，经过了长期的使用过程，TOEFL、GRE 已经成为 ETS 所创办的作为对外国人的英语考试这种特定商品的称呼。当普通人见到 TOEFL 等商标，就知道这些商标是意味着某种考试。而且由于现实生活中没有 TOEFL、GRE 这些名词的替代性称呼，人们要表达这些考试只能用 TOEFL、GRE 的名称。本案中，虽然 ETS 在出版物、录音磁带上合法注册了 TOEFL 商标，新东方学校在"TOEFL 系列教材"、"TOEFL 听力磁带"上突出使用了"TOEFL"字样，但新东方学校对"TOEFL"是在进行描述性或者叙述性的使用。其目的是说明和强调出版物的内容与 TOEFL 考试有关，是为了便于读者知道出版物的内容，而不是为了表明出版物的来源，并不会造成读者对商品来源的误认和混淆。新东方学校这种使用应当具有正当性，并未侵犯 ETS 的商标权。

4. 侵权赔偿数额的确定

根据我国《著作权法》第四十八条规定所确认的计算著作权侵权损害赔偿的方法，法官首先应当在损失清楚的情况下按照权利人的实际损失予以赔偿；在存在实际损失但实际损失难以计算的情形下，可以再按照侵权人的违法所得以赔偿。但应当注意，在著作权领域，由于著作权包括财产权和人身权双重权利，因此，著作权的侵权损害赔偿除了财产损失以外，还可能包括精神损害。对于侵犯商标权的损害赔偿，根据我国《商标法》第五十六条规定，在计算侵犯商标权损害赔偿数额时，法官既可按侵权人在侵权期间因侵权所获得的利益为标准，也可以根据被侵权人在被侵权期间因被侵权所受到的损失为准，这两种方法并无先后顺序之分。

具体到本案而言，首先，先对本案中原告因被告的行为而遭受的实际财产损失进行认定。由于在 2003 年 9 月前，TOEFL 和 GRE 考试的历年试题与复习资料从未在中国大陆授权出版，因此，原告在中国市场本来就没有授权出版的收入，被告的侵权行为并没有侵害原告现存的利益，没有给原告造成实际财产上的损失。相反，因为新东方学校不断扩展招生规模及其培训成绩的突出，极大地扩大了原告的知名度，让越来越多的考生积极投入到 TOEFL、GRE 考试中去，考生数量得到快速的增长，给原告带来巨大的报名费收入。原告的收益与被告的侵权行为之间有客观的、现实的联系。因此，本案中以被告的非法所得作为计算损害赔偿的依据，比较合适。其次，对原告的精神损害进行认定。作为教育机构，原告 ETS 属于法人范畴。对法人精神损害赔偿问题，按照最高人民法院《关于确定民事侵权精神损害赔偿责任若干问题的解释》第五条之规定："法人或者其他组织以人格权利遭受侵害为由，向人民法院起诉请求赔偿精神损害的，人民法院不予受理。"因此，我国目前对法人要求精神损害赔偿的要求是不能得到支持的。

综上所述，本案原告因被告的侵权行为所造成的损失难以估算，因此法院没有根据原告的实际损失而是根据被告的违法所得来计算损害赔偿额。

（三）相关判例

近年来，医考领域有大量考试培训机构和考试题材的书籍，大多采用了国家医学考试中心（以下简称"医考中心"）命制的医师资格考试试题。为维护自身利益，医考中心以其拥有著作权的考试试题被侵权为由，先后向许多考试培训机构、出版社、图书销售机构，要求停止侵权和索赔。医考中心诉北京颐恒博远文化传播有限公司案，就是系列诉讼之一。原告医考中心主张，其投入了大量资源进行国家医学考试试题命制、试题库建设和考试用书编写，并依法对历年考试试卷试题和相关作品享有著作权。被告则主张，医考中心实施的是行政行为，且考题来源于公共领域，医考中心不拥有试题的相关著作权。法院最终判定原告胜诉。

医考中心主要负责卫生行业的各类考试工作，组织进行考试命题是其主要职责之一。医考试题是针对特定的医学理论知识和医学实践技能而创作完成的特殊作品。医考中心主持命题工作，表现为组织领导并提供必要经费，试题体现了医考中心的意志；医考中心的经费虽由财政部拨付，但是命题工作的经费由医考中心提供；在命题的创作过程中，相关的法律责任（如考题错误）由医考中心承担。因此此案中医师资格考试试题属于法人作品，按照《著作权法》的相关规定，医考中心是著作权人。

（四）法律适用

（1）《中华人民共和国著作权法》第二条第二款："外国人、无国籍人的作品根据其作者所属国或者经常居住地国同中国签订的协议或者共同参加的国际条约享有的著作权，受本法保护。"

（2）《中华人民共和国著作权法》第二十二条："在下列情况下使用作品，可以不经著作权人许可，不向其支付报酬，但应当指明作者姓名、作品名称，并且不得侵犯著作权人依照本法享有的其他权利：……（六）为学校课堂教学或者科学研究，翻译或者少量复制已经发表的作品，供教学或者科研人员使用，可以不经著作权人许可，不向其支付报酬，但不得出版发行。"

（3）《中华人民共和国著作权法》第四十八条："有下列侵权行为的，应当根据情况，承担停止侵害、消除影响、赔礼道歉、赔偿损失等民事责任；同时损害公共利益的，可以由著作权行政管理部门责令停止侵权行为，没收违法所得，没收、销毁侵权复制品，并可处以罚款；情节严重的，著作权行政管理部门还可以没收主要用于制作侵权复制品的材料、工具、设备等；构成犯罪的，依法追究刑事责任：（一）未经著作权人许可，复制、发行、表演、放映、广播、汇编、通过信息网络向公众传播其作品的，本法另有规定的除外。"

（4）《中华人民共和国著作权法》第四十九条："侵犯著作权或者与著作权有关的权利的，侵权人应当按照权利人的实际损失给予赔偿；实际损失难以计算的，可以按照侵权人的违法所得给予赔偿。赔偿数额还应当包括权利人为制止侵权行为所支付的合理开支。权利人的实际损失或者侵权人的违法所得不能确定的，由人民法院根据侵权行为的情节，判决给予五十万元以下的赔偿。"

（5）《中华人民共和国著作权法实施条例》第二条："著作权法所称作品，指文学、艺术和科学领域内，具有独创性并能以某种有形形式复制的智力创作成果。"

（6）《中华人民共和国商标法》第六十三条第一款："侵犯商标专用权的赔偿数额，按照权利人因被侵权所受到的实际损失确定；实际损失难以确定的，可以按照侵权人因侵权所获得的利益确定；权利人的损失或者侵权人获得的利益难以确定的，参照该商标许可使用费的倍数合理确定。对恶意侵犯商标专用权，情节严重的，可以在按照上述方法确定数额的一倍以上三倍以下确定赔偿数额。赔偿数额应当包括权利人为制止侵权行为所支付的合理开支。"

（五）小结

试题的著作权保护问题，涉及了教育权和著作权之间的冲突和平衡关系。因为教育活动的本质是为了传播知识，但著作权人对于其作品的传播和使用却有着垄断性的专有权，因此著作权保护与公共利益之间存在冲突。在本案中，ETS的试题在日本、韩国均设有授权出版的组织进行出版，而在中国并没有任何授权出版的组织，一定程度上导致了中国受教育者的不公平待遇，使得中国考生在起跑线上就已经落后于其他一些国家的考生。但这并不能成为未经许可的复制和传播他人作品行为的理由。合理使用需要满足法定条件，不能随意扩张其使用的条件，应严格限定在非营利的使用目的上。

并非所有的试题都受《著作权法》的保护，像司法考试、公务员考试试题，由于其公共作品的属性，不宜给予《著作权法》保护。一方面无法确定权利的主体，另一方面由于出题成本由国家财政开支，归根结底由纳税人承担，如果给予著作权保护，将造成纳税人（作品使用者）支付双倍的作品使用成本，也不利于作品的传播。

九、编者：赵克祥、梁诗偲

十、编写时间：2014 年 4 月

一个馒头引发的血案

一、案例编号（6－03）

二、学科方向：知识产权法之著作权法

三、案例名称：一个馒头引发的血案

四、内容简介

《一个馒头引发的血案》（以下简称《馒头血案》）网络视频属于对电影《无极》的合理使用还是侵权？抑或是受《著作权法》保护的独立的作品类型？从作品的性质来看，《馒头血案》是在原作品基础上的再创造，是独创性作品，类似于国外的戏仿作品或讽刺性模仿作品。"戏仿"是为了达到讽刺或批评原作品的目的，对原作品作出特殊形式的"评论"。为此必须对原作品内容进行转换性使用，以期唤起人们对原作品的记忆。中国《著作权法》没有将戏仿作品列为独立的受《著作权法》保护的作品类型，但在合理使用制度中规定，出于评论或批评目的的"适当引用"行为，不构成侵权。因此在中国《著作权法》的语境下，判定《馒头血案》是否侵犯了电影《无极》的著作权的关键是看其是否构成对后者的合理引用。

五、关键词：戏仿作品；转换性使用；合理使用；改编权

六、具体案情

2005年12月28日，胡戈制作了一部大约20分钟的视频短片《馒头血案》，该短片大量截取了电影《无极》中相关人物的画面，并且将倾城、昆仑、王、满神、无欢等《无极》中的人物改编成"服装模特、城管队员、王经理、贵公子"等身份。此外还引用了中央电视台法制频道新闻节目主持人在片中的"现身说法"、上海马戏城的演出录像、爱因斯坦的照片以及其他著名公式等电视画面。片中还不时出现电影 Matrix – Reload 中的 Need For Speed：Underground 音乐，电视连续剧《射雕英雄传》主题曲，歌曲《茶山情歌》、《谁的眼泪在飞》、《走进新时代》、《红梅赞》、《月亮惹的祸》及《灰姑娘》等歌曲作为背景音乐。另外，短片还穿插了荒诞广告，如"逃命牌运动鞋"、"满神牌啫喱水"。胡戈通过对上述素材的重新组合和配音，以滑稽搞笑的方式将其编辑成了一个类似新闻纪录片，用新闻报道方式讲述了一起因一个馒头记仇20年且环环相扣的杀人案的侦破过程。

此外，作者胡戈在该片片头说明"以下你看到的东西，是本人自娱自乐之作；内容纯属虚构，全是瞎编乱造的；本东西仅限个人欣赏，禁止传播"。在片尾处特别注明所截取画面的出处。随后胡戈将《馒头血案》贴在自己的"音频应用"论坛里，一时间《馒头血案》在网络上广泛传播，并深得网民的喜爱。2006年2月8日，《无极》导演陈凯歌对胡戈的"恶搞"怒不可遏，直言这段视频的作者胡戈"无耻"，声称要对其提起诉讼。

七、案例来源

参见百度百科网站，http：//baike. baidu. com/view/23680. htm？fr = aladdin，2014 – 05 – 1。

八、案情分析

（一）争议焦点

（1）《馒头血案》是否是一个独立的受我国《著作权法》保护的作品？

（2）《馒头血案》对电影《无极》画面的引用是否构成合理使用？

（3）《馒头血案》是否侵犯了电影《无极》的著作权，如果是，究竟侵犯了什么权利？

（二）法理分析

首先，《馒头血案》是否构成独立的作品？

根据我国《著作权法》规定，作品是指文学、艺术和科学领域内具有独创性并能以某种有形形式复制的智力创作成果，其构成要件主要包括思想观念、表达、独创性三个方面。对于独创性的标准我国的法律没有明确的规定，一般认为只要一件作品的完成是该作者自己的选择、取舍、安排、设计、综合的结果，既不是依已有的形式复制而来，也不是依既定的程式或程序推演而来即可。① 在本案中，虽然《馒头血案》大量使用了《无极》的电影画面，但并不是原样照搬。它几乎完全没有使用与这些电影画面相伴的对白、音乐等听觉材料，而是对这些画面做了加工、剪辑、重新配音。经过多种处理后，使用同样画面素材的作品有了不同的解说，《馒头血案》与《无极》讲述的是完全不同的故事。同样的一些人物、故事情节，在《无极》中是一个发生在远古时代的带有神秘色彩的故事，试图表达关于人类命运的思考。在《馒头血案》中则是发生在当代的一个由于青少年心理问题而导致的凶杀案件。《馒头血案》在作品的内容上有其独创性，因此，是一个相对独立且完整的作品。

需要指出的是，《馒头血案》以一种滑稽的方式重新组合了《无极》的大量镜头画面，其中含有许多讽刺、嘲弄《无极》的内容。这属于一种特殊的文艺创作形式——"戏仿"。对于什么是"戏仿"以及"戏仿"在何种情况下构成合理使用，我国《著作权法》和司法实践没有明确表态，但在国外版权法和司法判例中已有相当成熟的规则。

"戏仿"一词来源于英文 parody，又可译为"戏谑模仿"，其原意是"对作品具有特色的风格加以模仿，以达到滑稽或嘲讽效果"。② 在美国版权法理论中，parody 特指通过模仿原作内容而对原作加以讽刺或批评的创作形式。《布莱克法律辞典》将版权法中"parody"的用法定义为："对知

---

① 刘焕明、岳金禄：《胡戈〈一个馒头引发的血案〉之法律沉思》，http：//vip. chinalawinfo. com/newlaw2002/slc/slc. asp? db = art&gid =335577433。

② *The American Heritage Dictionary of the English Language* （3rd Edition），Houghton Mifflin，1992，p. 1317.

名作品进行转换性使用，以达到对原作进行讽刺、嘲弄、批判或评论的目的，而不是仅仅借用原作引起人们对新作品的注意。"① 在迄今为止对 parody 著作权侵权方面最为权威的判例——1994 年判决的 campbell 案中，美国最高法院指出："在版权法意义上，（对 parody）各种定义的核心……是使用原先作者的创作成分创作出新作品，该新作品至少有一部分构成了对原先作者作品的评论。"② 因此，对于"戏仿"来说，模仿和讽刺、批评是必不可少的。"模仿"是为了唤起人们对原作品内容的记忆，其目的是为了对原作品本身进行讽刺或批判，利用改造之后的新作品内容反映模仿者与原作品相对立的观点、立场或思想感情，从而达到其他形式文艺作品无法实现的独特效果——使原作品的内容成为讽刺、批判原作品本身的工具，即所谓"以其人之道，还治其人之身"。③ 如果被模仿的内容不是服务于对原作品讽刺或批评的目的，而只是为了一般娱乐目的，由此形成的新作品就不能成为《著作权法》意义上的"戏仿"。

由上面分析可知，构成戏仿作品的关键是对原作品的"转换性使用"。所谓"转换性使用"是指对原作的使用并非单纯地为了再现原作本身的文学艺术价值或实现其内在功能或目的，而是通过增加新的美学内容、新的视角、新的理念或通过其他方式，使原作在被使用过程中具有了新的价值、功能或性质。④ 例如，为了评论一首 16 字的短诗而在几千字的论文中引用该短诗全文，虽然这种引用构成对短诗的复制，但原作在新作中的作用发生了创造性的转换，用短诗作为引子，使读者更好地理解文章对短诗的评价。而新作的主要功能或价值在于对短诗的评论部分。相反，如果对原作只是一般性"改编"，如将一部小说改成电视剧，这并不是"转换性使用"。因为原作的艺术价值和功能在新作中并没有发生创造性转换，只是以另外一种表现形式展现出来。因此，将以"评论"为目的适当引用认定为"合理使用"的重要法理依据在于这种适当引用是对原作的"转换性使用"。那么，"戏仿"是否构成对原作的"转换性使用"？这需要针对个案进行具体分析。美国最高法院在 campbell 案中指出："如果新作只对原作进行了微不足道的讽刺，却大量使用了原作中的内容，并不构成'转换

---

① *Blacks Law Dictionary*（8th Edition），West Publications，2004，parody.

② Camp bell v. Acuff - Rose Music，510 U. S. 569，at 580（1994）.

③ Metro - Goldwyn - Mayer，Inc. v. Showcase Atlanta Coop. Prods.，Inc.，479 F. Supp. 351，357（N. D. Ga. 1979）.

④ 参见 Campbell v. Acuff - Rose Music，510 U. S. 569，at 579（1994）.

性使用'。"① 如果新作中所有模仿使用原作的部分都被改造成讽刺或批评原作的工具，使得其原有的价值、功能丧失，原作所表达的精神主旨被颠覆或推翻，这就构成"转换性使用"。在这种情况下，"戏仿"的本质目的和最终效果与一般"评论"是相同的，都是通过对原作的"转换性使用"，使观众从新作中感受到作者对原作的态度和观点。只不过"戏仿"永远都是表现对原作思想感情的否定评价，而且是以创造性模仿原作内容的方式进行的。②

　　虽然胡戈在采访时声称其行为属于个人学习研究目的而使用原作品，但从其创作手段来看，胡戈对《无极》的使用行为应该属于"戏仿"评论。《馒头血案》中不乏对《无极》进行"模仿、讽刺"的内容。例如，《馒头血案》截取了《无极》中的"满神"让小时候的"倾城"以放弃终身被爱的权利换取长大后衣食无忧生活的画面，然后配以声音评论"她总是以荣华富贵来引诱未成年的小女孩"；在《馒头血案》的末尾也一本正经地打出"满神"剧照，同时告诫"家长们一定要告诉你们的子女，如果在外面遇到了一个头发竖起的阿姨，不管她问什么，一定要回答'不愿意'，以免延误终身大事"。显然，《馒头血案》引用《无极》中"满神"的相关镜头，是为了讽刺《无极》中"满神"这一人物角色的虚无和狡猾。③ 又如，《馒头血案》中使用了小时候"张倾城"欺骗"谢无欢"，抢回并吃掉了馒头以及 20 年后"谢无欢"在"张倾城"面前捏碎了"当年的馒头"以示报复被欺骗的镜头。同时旁白说："看，这个馒头已经被吃了，那么谢无欢此时手里捏的这个馒头，是哪里来的呢？"然后还为"谢无欢"滑稽配音："关于这个问题，我也说不清，这都是导演的安排。"此外，胡戈还借用爱因斯坦的相对论公式说明"无极 = 无聊 × 2"。《馒头血案》中采用这些镜头画面是为了揭示电影《无极》在剧情设计上的漏洞，讽刺了《无极》编剧水平低劣和前后矛盾的效果。最后，在《馒头血案》片尾评论："现在孩子的家长们，要重新考虑一下教育子女的方式，让他们形成正确的人生观和世界观。千万不要学谢无欢这样，因为一个馒头就能记仇 20 年。"显然，《馒头血案》是以戏谑的方式批评《无极》对人物

　　①　参见 Campbell v. Acuff‑Rose Music，510 U. S. 569，at 583（1994）。

　　②　王迁：《论认定"模仿讽刺作品"构成"合理使用"的法律规则——兼评〈一个馒头引发的血案〉涉及的著作权问题》，《科技与法律》2006 年第 1 期。

　　③　王迁：《论认定"模仿讽刺作品"构成"合理使用"的法律规则——兼评〈一个馒头引发的血案〉涉及的著作权问题》，《科技与法律》2006 年第 1 期。

性格的刻画过于离谱，故事前后因果关系过于牵强，① 进一步揭示和嘲讽了耗资 3 亿人民币的《无极》故事情节离谱，故作高深，追求画面美感但内容空泛，是一部形式大于内容的作品。

可见，戏仿作品是可以作为一类作品独立受到版权法的保护的，无论是美国的判例法，还是大陆法系的成文法，大多将戏仿作品单独列为受保护的作品类型。比如我国澳门特别行政区《著作权法》就将"讽刺性模仿作品"列为跟"文字作品"、"音乐作品"等并列的一类作品。但中国《著作权法》在著作权客体中没有相关规定，这也就导致了对于《馒头血案》是否属于戏仿作品以及是否构成侵权问题的讨论，没有直接的法律规定相援引，只能在现有的法律制度中寻求解决问题的答案。这就是合理使用制度。

其次，在本案中，判断《馒头血案》是否构成侵权，关键在于分析《馒头血案》对《无极》画面的引用是否构成合理使用。因为根据我国《著作权法》的规定，除非是"合理使用"，否则未经原著作权人授权而擅改原作品，就有可能构成侵害他人著作权的行为。

所谓合理使用是指符合法律规定的情形，作品的使用者可以不经过著作权人的同意也不需要支付许可使用费就能够使用作品的制度。合理使用从著作权人的角度来看，是对其权利的限制；对作品使用者看来，是其应对著作权侵权的抗辩理由。我国《著作权法》第二十二条第二款明确规定，为介绍、评论某一作品或说明某一问题，在作品中适当引用他人已经发表的作品的行为，属于合理使用。在国外著作权法中，为了对作品进行评论而适当地引用作品也被公认为"合理使用"。②

英国的合理使用制度发源于"合理节略"即"适当引用"规则。1740年，在 Gyles 诉 Wilcox 一案中，被告在自己的作品中摘用了原告 275 页著作中 37 页的内容。法官提出：①真实而合理的节略、摘用有著作权的作品，将不承担侵权责任；②允许此类节略、使用在于其具有创新、学习和评论的意义。在随后的许多案例中，法官对合理使用著作权作品的思想逐渐成熟。1841 年美国法官 Joseph Story 在 Folsom 诉 Marshg 一案中将英国判例法中关于合理使用的规则作了更理论、系统的说明，即：①使用作品的

---

① 王迁：《论认定"模仿讽刺作品"构成"合理使用"的法律规则——兼评〈一个馒头引发的血案〉涉及的著作权问题》，《科技与法律》2006 年第 1 期。

② 参见《伯尔尼公约》第十条第一款，以及《伯尔尼公约指南》第 10.2 段。

性质和目的。即使用他人作品的目的，是为了促进科学文化进步并有益于社会公众，其新作品必须付出创造性的智力劳动而不是简单的摘抄。②引用作品的数量和价值。大量的引用原作或原作的精华部分，不能视为适当。③引用对原作市场销售、存在价值的影响程度。由于新作与原作往往是同一题材的创作，新作的出现有可能影响原作的销售市场，或减少其收益，甚至有可能取代原作。① 这一判断规则不仅适用于作品的"适当引用"，而且通行于合理使用的其他情形。此后，各国著作权法以及国际公约都规定"适当引用"，并将其作为合理使用的一种类型。

引用是否"适当"应结合使用"作品的性质和目的、引用作品的数量和价值以及引用对原作市场销售、存在价值的影响程度"这三个标准来判断。就适当引用来说，其目的应是引用促进了知识传播有益于社会公众，具体在戏仿作品中，引用的目的应是为了讽刺、批评原作品。关于引用作品的数量，许多国家都作了具体规定。如在我国，引用非诗词类作品不超过 2 500 字或是被引用作品的 1/10，如果多次引用同一部长篇非诗词类作品，总字数不得超过 1 万字；引用诗词类作品不超过 40 行或全诗的 1/4，但古体诗除外；凡引用一人或数人的作品，所引用的总量不得超过本人创作作品总量的 1/10，但专题评论文章除外；广播节目中引用已发表作品的片断，声音不超过 1 分钟；电视节目或新闻纪录影片中引用已发表作品的片断，画面不超过 30 秒。对于引用对原作品市场的影响程度，主要看有无损害的发生，这种使用是不是取代了原作品的使用。

在本案中，虽然《馒头血案》与《无极》一样都采用了电影视频形式，并大量"模仿"了《无极》中的人物与情节，但作者同时对这些画面做了加工、剪辑、重新配音，将《馒头血案》改造成另一个故事，并讽刺了《无极》的编剧水平低劣、人物过于虚幻、故事前后因果关系过于牵强等缺陷。显然，它的引用目的具有正当性。但是，从整体上看《馒头血案》对《无极》本身的讽刺、批评却并不占很大比例，它还包含对许多社会现象的批评。虽然这种改编同样令人发笑，而且也有嘲讽其他人和其他社会现象的地方。如对城市管理中城管与无证商贩之间关系的戏谑，对电视播放商业广告的批评等，但这些嘲讽并非针对《无极》本身。根据上文的分析，单纯利用《无极》画面创作新作品的行为并不构成"转换性使用"。此外，从被引用作品的数量来看，《馒头血案》的视频短片大约有 20

① 参见 John S. Lawrence, *Copyright Law*, *Fair Use And Academy*, 1980, p. 10.

分钟，而其对《无极》画面的模仿使用部分大概有 10 分钟，这种对《无极》画面的引用似乎已经超出对《无极》进行讽刺和批评的必要限度。而且所引用的画面还有嘲讽他处。因此，《馒头血案》对《无极》的引用不具有适当性，不构成合理使用，侵犯了《无极》的著作权。

最后，《馒头血案》侵犯了《无极》什么权利呢？是保护作品完整权、复制权还是改编权？

保护作品完整权是指保护作品不受歪曲、篡改的权利，是作者精神权利的一种。它不仅禁止对作品的直接修改，而且禁止他人在以改编、翻译等方式使用作品时对作品进行歪曲性的改变，破坏作品内容的完整性。但《馒头血案》并没有侵犯《无极》的保护作品完整权。因为它对《无极》部分画面和故事情节的引用，主要在于揭示《无极》在人物性格设计、剧情因果关系等编剧水平上存在的问题，并不是对《无极》所表达的形式进行了任意组合的更改。复制权是指以印刷、临摹、拓印、录音、录像、翻录、翻拍等方式将原作品制作成一份或多份的权利。即复制是对享有著作权的原作品整体或部分原封不动地再现，而不包括剪辑和引用。而《馒头血案》并没有对《无极》进行全盘复制，只是有选择地剪辑了《无极》的某些视觉性片段，并重新配一些听觉性材料。因此，《馒头血案》对《无极》的剪辑不属于复制行为。改编权是指在原作的基础上，创作出具有独创性的新作品的权利。《馒头血案》在对《无极》进行模仿和讽刺的过程中，作者胡戈不仅保留了《无极》的人物画面和故事情节，而且还对《无极》的内容进行了创造性地转换、调整、剪接，并加入新的表达内容。这些新增的独创性成分，使得《馒头血案》在整体上具有独创性，因此构成改编作品。因《馒头血案》未经《无极》著作权人的许可，又没有支付报酬，所以侵犯了《无极》的改编权。

（三）相关判例

1. Sunrust Bank 诉 Houghton Mifflin 版权法侵权案

本案原告 Suntrust Bank 是著名小说《飘》（Gone with the Wind）的版权管理人。它向法院起诉称，女作家艾丽丝·兰德尔创作、Houghton Mifflin（霍顿·密夫林出版公司）出版的小说《飘荡》（The Wind Done Gone）前半部明显借用了《飘》，复制了后者的人物形象及其特征、人物关系等，复制、借用了《飘》中的著名场景和情节，抄袭了《飘》的对话和描述，从而侵犯了其版权。《飘荡》的作者以及被告 Houghton Mifflin 并不否认原告指控的事实，但他们辩称，《飘荡》是对《飘》的合理使用，其表达自由受宪法第一修正案的保护。被告称，《飘荡》是对《飘》的批评和颠倒，是戏仿，二者不存在实质性的相同。《飘》里的人物、事件和地点都在《飘荡》里得到不同的转换性处理。比如，对应的人物之间，性格、品质乃至命运发生了实质性变化，构成鲜明的对比。借用的场景、对话等也都被赋予了新的含义。关键的差异最终来自两部作品迥异的创作思想。《飘》描写了内战时期的美国南方，它对当时那里的黑奴制大加赞美，对解放黑奴则尽情批判。而《飘荡》主要是对《飘》的一种有目的的批评，是在驳斥、摧毁《飘》的观点、判断和神话。法院也查明，《飘荡》的确存在着大量对《飘》的"模仿"、"抄袭"。

一审法庭判定原告胜诉，二审法院判定被告（二审上诉人）胜诉。一审法院对《飘荡》发布禁令构成了对言论的事先限制，不符合美国宪法第一修正案和版权法共同的原则，因为公众将因此无法获得《飘荡》作者兰德尔的思想观点——这一点体现了美国版权保护的精髓。

第一，《飘荡》具有商业营利性，但它对《飘》的模仿具有明显的高度转化性与独创性，而不是简单的抄袭，这使其营利的情形受到遮蔽与超越。第二，关于版权作品性质，固然存在一种版权保护的层级性区别，《飘》作为原创的虚构作品可能受到更多的保护。但是，在本案中，这一因素不受重视，戏仿必须复制那些公众熟知的、有表现力的作品。第三，《飘荡》从《飘》中借用了大量受保护的实质部分，但鉴于新作的特征与创作目的，为了唤起读者对原作的记忆，大量借用并不意味着侵权。是否侵权还要结合新作的借用对原作构成的市场影响。第四，也没有证据表明，《飘荡》损害了《飘》的市场价值，或者损害了后者的演绎作品的潜在市场。

2. Campbell 诉 Acuff - Rose Music 版权侵权案

原告为电影《风月俏佳人》主题歌《哦，漂亮女人》(*Oh, Pretty Woman*) 的版权人。1964 年，Roy Orbison 和 William Dees 共同创造了摇滚民谣《哦，漂亮女人》并将其版权转让给了 Acuff - Rose 音乐公司（以下简称"音乐公司"），后者对该歌曲进行了版权登记。Campbell, Christopher Wongwon, Mark Ross 以及 David Hobbs（以下简称"Campbell"）是一个名为 2 Live Crew 的乐队（以下简称"乐队"）的成员。1989 年，Campbell 写了一首名为"漂亮女人"(*Pretty Woman*) 的歌曲，他们明确表示该歌曲"意图通过滑稽的歌词对原作品进行讽刺"。1989 年 7 月 5 日，乐队的经理将此情况书面通知了音乐公司，并表示他们愿意支付许可使用费，但音乐公司回函拒绝了其要求。尽管没有得到音乐公司的许可，乐队还是在 1989 年 2 月 2 日发行了包括歌曲 *Pretty Woman* 在内的名为 *As Clean As They Wanna Be* 的专辑，该专辑的封面上注明了原歌曲的作者和音乐公司的名称。大约一年之后，音乐公司对乐队和其唱片商 Luke Skyywalker Records 公司提起了版权侵权诉讼。

联邦地区初审法院认为乐队的行为属于戏仿，尽管具有商业性但仍然构成合理使用，因此作出了简易判决认定乐队胜诉。之后该案被上诉到了联邦第六巡回上诉法院，上诉法院推翻了初审法院的判决，认定乐队侵权。后来该案又被上诉到了美国联邦最高法院，最高法院推翻了上诉法院的判决，并在其判决书中对戏仿与合理使用原则进行了详细的分析和论述。

（四）法律适用

（1）《著作权法》第十条："著作权包括下列人身权和财产权：……（十四）改编权，即改变作品，创作出具有独创性的新作品的权利。"

（2）《著作权法》第二十二条："在下列情况下使用作品，可以不经著作权人许可，不向其支付报酬，但应当指明作者姓名、作品名称，并且不得侵犯著作权人依照本法享有的其他权利：……（二）为介绍、评论某一作品或者说明某一问题，在作品中适当引用他人已经发表的作品。"

（五）小结

在美国、中国澳门等国家或地区，讽刺性模仿作品属于受《著作权法》保护的独立作品类型，与原作品比较，必须存在对作品基于评论批评目的的转换性使用，并与原作品相区别。然而由于我国《著作权法》没有将讽刺性模仿作品单独列为受保护的独立作品类型，因此判断该类作品是否受法律保护，或者说是否侵犯原作品的著作权，就要看其是否构成对原作品的合理使用，如果构成，就不存在侵权；如果不构成，就存在侵权。我国应该在修改《著作权法》时，将讽刺性模仿作品规定为一种独立的作品类型，以保护言论自由。

九、编者：赵克祥、陈乔珠

十、编写时间：2014 年 4 月

华纳唱片有限公司等七公司诉北京百度网讯科技有限公司侵犯信息网络传播权纠纷案

一、案例编号（6－04）

二、学科方向：知识产权之著作权法

三、案例名称：华纳唱片有限公司等七公司诉北京百度网讯科技有限公司侵犯信息网络传播权纠纷案

四、内容简介

华纳唱片有限公司等七公司诉北京百度网讯科技有限公司侵犯信息网络传播权纠纷案，以百度胜诉告终。该案适用了避风港原则。网络服务提供者经著作权人提出确有证据的警告而采取移除被控侵权内容等措施，被控侵权人要求网络服务提供者承担损害赔偿等侵权责任的，人民法院不予支持。

五、关键词：信息网络传播权；网络服务提供者；避风港原则；搜索引擎

六、具体案情

华纳唱片有限公司等七家唱片公司起诉称，百度网站提供大量歌曲的在线播放和下载服务，其中包括七公司作为录音制作者并享有信息网络传播权的 137 首歌曲，但并未经过其许可，因此要求百度停止侵权，公开赔礼道歉，并索赔 173 万元。

百度公司认为，作为一家专业的搜索网站，该公司提供的 MP3 搜索的工作原理、技术，与网页、新闻、图片等其他搜索服务完全一致，只提供网络链接，不提供实际内容，不存在侵权的故意或过失。另外如果唱片公司的主张成立，将导致整个搜索引擎行业所有搜索服务被迫停止，给该行业带来毁灭性后果。

法院认为百度试听和下载的作品并非来自百度网站，而是来自未被禁链的第三方的网络服务器，百度未侵犯七家唱片公司的信息网络传播权，驳回原告七家唱片公司的诉讼请求。

七、案例来源

北京法院网，http：//bjgy. chinacaurt. org。

八、案情分析

（一）争议焦点

（1）在百度公司提供的搜索引擎服务系统中设置"试听"和"下载"的功能，是否侵犯了原告的信息网络传播权？

（2）网络服务提供者承担损害赔偿等侵权责任的条件。

（二）法理分析

1. 对百度公司提供的搜索引擎服务系统中设置"试听"和"下载"的行为法律性质的界定

我国《著作权法》第十条第一款第（十二）项："信息网络传播权，即以有线或者无线的方式向公众提供作品、表演或者录音录像制品，使公众可以在其个人选定的时间和地点获得作品、表演或者录音录像制品的权利。"《信息网络传播权保护条例》第二条规定："权利人享有的信息网络传播权受著作权法和本条例保护。除法律、行政法规另有规定的外，任何组织或者个人将他人的作品、表演、录音录像制品通过信息网络向公众提供，应当取得权利人的许可，并支付报酬。"享有信息网络传播权的主体除了著作权人之外还包括录音录像制作者、表演者等邻接权人。然而上述规定并未对信息网络传播行为的类型及侵权构成要件加以明确规定，这些只有靠法院的司法实践加以补充。

在北京市高级人民法院《关于网络著作权纠纷案件若干问题的指导意见》中，将作品、表演、录音录像制品上传至或以其他方式置于向公众开放的局域网中，使公众可以在其个人选定的时间和地点获得此类信息的行为，归为信息网络传播行为。网络服务提供者为服务对象提供自动接入、自动传输、信息存储空间、搜索、链接、P2P（点对点）等服务，属于为服务对象传播的信息在网络上传播提供技术、设施支持的帮助行为，不构成直接的信息网络传播行为。该意见继而指出，网络服务提供者构成对信息网络传播权的侵犯、承担侵权的民事责任，应具备违法行为、损害后果、违法行为与损害后果具有因果关系和过错四个要件。据此可知，要判断百度公司是否侵犯七公司的信息网络传播权从而承担责任，首先应该判断百度公司是否具有信息网络传播行为，且该行为是否具有违法性；其次判断其主观上是否存在过错；最后，被告行为和损害后果之间是否具有因果关系。而分析上述要件是否满足的目的，就是判断能否适用避风港原则免除被告的损害赔偿责任。

百度公司是一家专业性的搜索引擎服务提供商，其 MP3 搜索服务是其搜索引擎服务项目之一，其工作原理、技术和软件与网页、新闻、图片等其他服务项目的搜索服务是一致的。按照北京市高级人民法院的意见，百度公司提供的搜索服务并没有构成直接的信息网络传播行为。但是，要判断网络服务提供商是否具有实质的信息网络传播行为，应以其是否将作品、表演、录音录像制品上传至或以其他方式置于向公众开放的局域网中，使公众可以在其个人选定的时间和地点获得为判断标准。

百度 MP3 搜索引擎服务针对的是音频数据格式文件，该格式的文件不同于一般的通过人的视觉即能感知的文字作品，其只有通过人的听觉才能感知到搜索的结果。该类型格式文件的搜索引擎服务与其他类型的搜索引擎服务比较，"试听"功能应属于对搜索结果的显示或展现，其目的在于使查询者能够进行识别和判断。"下载"是发生在用户与上载作品网站之间的一种交互行为。从本质上看，"试听"和"下载"的作品并非来自百度网站，而是来自未被禁链的、即开放的第三方的网络服务器，"试听"和"下载"的乃是第三方网站上载的作品，其传播行为发生在用户与上载作品网站二者之间，百度公司作为网络服务提供商并没有上传七家唱片公司所提的侵权作品，而只是提供搜索服务，因此不构成信息网络传播行为。

2. 百度公司是否存在主观过错

我国《信息网络传播权保护条例》第二十三条明确规定："……但是，明知或者应知所链接的作品、表演、录音录像制品侵权的，应当承担共同侵权责任。"确定网络服务提供者的主观过错，即判断网络服务提供者是否明知或应知侵权行为的存在，是否履行了相关"注意义务"。

一方面，搜索引擎技术服务是近几年来互联网发展中出现的一项新技术，其服务宗旨是帮助互联网用户在浩如烟海的信息中迅速地定位并显示其所需要的信息。伴随搜索引擎服务技术的发展，针对不同类型的数据格式文件提供专业性的搜索服务亦应运而生。百度公司提供的 MP3 搜索引擎服务是以互联网中的音频数据格式文件为搜索对象的，其搜索范围遍及整个互联网空间中未被禁链的每个网络站点。

另一方面，从搜索引擎服务网站与上载作品网站之间的关系看，搜索引擎服务网站与上载作品网站之间能否建立链接关系，取决于网站是否上载了音频数据格式文件及该网站是否未被禁链这两个主要因素。第一，从搜索的内容看，其来源于上载音频数据格式文件的网站，并受控于上载作品的网站。搜索引擎对搜索内容的合法性不具有预见性、识别性、控制性。第二，如果被链接网站没有建立禁链的协议，对搜索引擎服务系统而言，意味着对该网站可以互联互通、信息共享。

综上所述，在海量信息的网络中，百度公司作为网络服务提供商并没有事先审查义务，即排除了百度公司对七家唱片公司作品被侵权的行为的明知状态。

3. 在排除百度对侵权行为的明知状态下，我们需要进一步判断其是否适用"避风港原则"，从而判断其是否能够免除侵权责任

避风港原则最早由美国 1998 年制定的《数字千年版权法案》（DMCA 法案）确定。由于网络中介服务商没有能力进行事先的内容审查，一般事先对侵权信息的存在不知情。所以，采取"通知＋移除"规则，是对网络中介服务商间接侵权责任予以限制。

我国《信息网络传播权保护条例》第二十、二十一、二十二、二十三条为避风港原则的相关规定，其中第二十三条规定："网络服务提供者为服务对象提供搜索或者链接服务，在接到权利人的通知书后，根据本条例规定断开与侵权的作品、表演、录音录像制品的链接的，不承担赔偿责任；但是，明知或者应知所链接的作品、表演、录音录像制品侵权的，应

当承担共同侵权责任。"我国在 2010 年实施的《侵权责任法》中的第三十六条对网络服务提供商的侵权责任作了原则性规定，确立了避风港原则。

国际唱片业协会亚洲区办事处在诉前向百度公司发送律师函，要求被告停止侵权并赔偿损失，但在律师函中没有提供涉案作品的权利人，以及侵权的网络地址。《信息网络传播权保护条例》第十四条规定："通知书应当包含下列内容：（一）权利人的姓名（名称）、联系方式和地址；（二）要求删除或者断开链接的侵权作品、表演、录音录像制品的名称和网络地址；（三）构成侵权的初步证明材料。权利人应当对通知书的真实性负责。"如果权利人认为搜索引擎服务所涉及的录音制品侵犯了其信息网络传播权，可以向搜索引擎服务提供商提交书面通知，要求其断开与该制品的链接，通知中应当明确告知侵权网站的网址。搜索引擎服务提供商接到权利人的通知后，应当立即断开与该制品的链接。在本案诉讼中，原告七家唱片公司通知内容不符合法律规定的实质要求，应视为未尽到通知义务。

百度公司在七家唱片公司作品被侵权一案中不具有主观过错，不应当承担侵权责任。

（三）相关判例

1. 中国音乐著作权协会诉北京百度网讯科技有限公司一案①

原告中国音乐著作权协会诉称，其协会与乔羽等歌词作者签订了音乐著作权合同，享有《爱我中华》等 50 首歌词的著作权，被告百度公司在未征得作者及其协会的许可、未支付使用费的情况下，擅自在其经营的百度网上长期提供上述 50 首歌词的网上浏览和传播行为，其行为侵犯了著作权人的权益。而百度公司则认为其公司经营的百度网提供搜索引擎服务，本身不提供歌词内容，歌词均存于第三方网站服务器。百度网向客户提供歌词搜索链接服务，按照用户的请求进行搜索，不针对文件的内容，而是针对 LRC 特定格式的文件进行搜索，将搜索结果以百度快照的方式临时存储在服务器中。

一审法院认为，虽然被告提供了部分来源网站的网络地址，且上述内容最初可能确实来源于第三方网站，但由于百度在其快照等页面提供了歌

---

① 北京市高级人民法院知识产权庭编：《网络著作权经典判例（1999—2010）》，北京：知识产权出版社 2011 年版，第 309～318 页。

词的全部内容，使得大多数用户在一般情况下无需再行选择点击来源网站的地址已获得歌词，即无论其是否提供来源网站的信息，用户可直接从百度网站页面获取全部歌词信息。百度网的上述操作方式实际已经起到了替代来源网站提供歌词的作用，被告所称的搜索已经失去其提供信息索引和来源的基本特征，客观上起到了让客户直接从其服务器上获取歌词的作用。因此被告自称照方式提供歌词的行为，并非合理使用范围内的搜索引擎服务，且不符合法律规定的免责条款，侵犯了原告对 50 首涉案歌词享有的信息网络传播权。

该案与七家唱片公司诉百度公司一案最大的不同就是对于网络信息服务提供者的网络信息传播行为的界定。在七家唱片公司诉百度案中，其"试听"和"下载"均来自未被禁链的开放的第三方的网络服务器，其传播行为发生在用户与上传作品网站二者之间，所以才不构成信息网络传播行为。但是在中国音乐著作权协会诉百度一案中，百度公司在其网络快照等页面提供歌词的全部内容的操作方式实际上起到了取代来源网站的作用，即等同于第三方网站的行为，所以在此案中，百度公司的网络服务提供行为构成信息网络传播行为，侵犯了著作权人的信息网络传播权。

2. 环球国际唱片股份有限公司诉北京阿里巴巴信息技术有限公司著作权侵权纠纷案①

原告诉称，被告阿里巴巴在未经原告公司授权的情况下，通过被告经营的雅虎中文网站向公众提供原告享有录音制作权的专辑 *Beautiful Day* 中的 9 首歌曲的试听及下载服务；同时，对涉案歌曲信息进行人为的搜集、整理、分类和编排，并且提供涉案歌曲的音乐盒服务，存储用户的歌曲链接，被告的上述行为侵犯了原告的网络信息传播权。再者，被告在收到原告发出的于 7 日内断开相关链接的通知后没有及时删除相关链接。故诉至法院，请求判令被告停止侵权行为，赔偿损失。

一审法院认为，在雅虎中文网站音乐搜索网页上，无论是通过在搜索框中输入关键字的方式还是通过该网页提供的分类信息的方式对涉案歌曲进行搜索，得到的搜索结果均仅为涉案歌曲不同 URL 地址的链接，且音乐盒服务中所存储的亦为涉案歌曲的链接，而非涉案歌曲本身。涉案歌曲能够实现试听和下载的基础是被链接的第三方网站上载了涉案歌曲，通过试

---

① 北京市高级人民法院知识产权庭编：《网络著作权经典判例（1999—2010）》，北京：知识产权出版社 2011 年版，第 150～160 页。

听和下载向互联网用户提供歌曲本身的是第三方网站，而非被告网站。但是，原告曾于 2006 年 4 月 10 日和 7 月 4 日分别向被告发函，告知其侵权事实的存在，提供了有关权利人录音制品信息的网址、含有涉案 9 首歌曲的音乐专辑及演唱者的名称，同时提供了 *Beautiful Day* 等 7 首涉案歌曲具体的 URL 地址各一个作为示例，要求被告删除与涉案专辑有关的所有侵权链接。然而被告仅删除了原告提供了具体 URL 地址的 7 个侵权搜索链接，而怠于行使删除与涉案歌曲有关的其他侵权搜索链接的义务，放任涉案侵权结果的发生，其主观上具有过错，属于通过网络帮助他人实施侵权的行为，侵犯了环球公司对涉案歌曲所享有的录音制作权中的信息网络传播权和获得报酬权，应当承担共同侵权的法律责任。因此，本案原告要求被告停止侵权、赔偿损失，理由正当，本院予以支持。该案二审维持原判。

（四）法律适用

（1）《中华人民共和国著作权法》第十条第一款第（十二）项："信息网络传播权，即以有线或者无线的方式向公众提供作品、表演或者录音录像制品，使公众可以在其个人选定的时间和地点获得作品、表演或者录音录像制品的权利。"

（2）《中华人民共和国侵权责任法》第三十六条："网络用户、网络服务提供者利用网络侵害他人民事权益的，应当承担侵权责任。网络用户利用网络服务实施侵权行为的，被侵权人有权通知网络服务提供者采取删除、屏蔽、断开链接等必要措施。网络服务提供者接到通知后未及时采取必要措施的，对损害的扩大部分与该网络用户承担连带责任。网络服务提供者知道网络用户利用其网络服务侵害他人民事权益，未采取必要措施的，与该网络用户承担连带责任。"

（3）《信息网络传播权保护条例》第二条："权利人享有的信息网络传播权受著作权法和本条例保护。除法律、行政法规另有规定的外，任何组织或者个人将他人的作品、表演、录音录像制品通过信息网络向公众提供，应当取得权利人的许可，并支付报酬。"

（4）《信息网络传播权保护条例》第十六条："服务对象接到网络服务提供者转送的通知书后，认为其提供的作品、表演、录音录像制品未侵犯他人权利的，可以向网络服务提供者提交书面说明，要求恢复被删除的作品、表演、录音录像制品，或者恢复与被断开的作品、表演、录音录像制品的链接。书面说明应当包含下列内容：（一）服务对象的姓名（名称）、联系方式和地址；（二）要求恢复的作品、表演、录音录像制品的名称和网络地址；（三）不构成侵权的初步证明材料。服务对象应当对书面说明的真实性负责。"

（5）《信息网络传播权保护条例》第二十三条："网络服务提供者为服务对象提供搜索或者链接服务，在接到权利人的通知书后，根据本条例规定断开与侵权的作品、表演、录音录像制品的链接的，不承担赔偿责任；但是，明知或者应知所链接的作品、表演、录音录像制品侵权的，应当承担共同侵权责任。"

（6）最高人民法院《关于审理涉及计算机网络著作权纠纷案件适用法律若干问题的解释》第八条第一款："网络服务提供者经著作权人提出确有证据的警告而采取移除被控侵权内容等措施，被控侵权人要求网络服务提供者承当违约责任的，人民法院不予支持。"

（五）小结

由于科学技术的进步及社会文化的需求，与传统的作品传播方式相比较，网络环境下的作品传播与权利人保护之间，形成了新的矛盾和新的利益关系。搜索引擎的使用是以用户提供来源网站的信息索引以及网络地址链接的方式，帮助互联网用户在海量信息中迅速查询定位其所需要的信息。然而，搜索引擎在为用户提供方便的同时也有可能侵犯著作权人的信息网络传播权。

目前，对搜索引擎服务可能发生的侵权行为的处理主要有：第一，告知网站禁止被搜索引擎收录的方法，如：网站可以通过创建 robots. txt 文件，声明该网站中不想被访问的部分，就可以不被搜索引擎收录，或收录指定的内容。第二，如果权利人认为搜索引擎服务所涉及的录音制品侵犯了其信息网络传播权，可以向搜索引擎服务提供商提交书面通知，要求其断开与该制品的链接，通知中应当明确告知侵权网站的网址。[①] 搜索引擎服务提供商在接到权利人的通知后，应当立即断开与该制品的链接。

另外，由于互联网具有资源共享、互联互通的基本特征，权利人为了保护信息网络传播权，可以采取相应的技术措施。在搜索引擎对其搜索结果无法预见和控制的情况下，法律在鼓励和保护技术发展的同时，亦要求权利人采取技术措施保护其信息网络传播权。对此，我国《著作权法》及

---

① 《2012 年北京法院十大知识产权典型案例》，《电子知识产权》2013 年第 3 期。

司法解释对破坏技术措施的行为作出了明确的规定。权利人为了保护信息网络传播权，可以采取保护著作权或者与著作权有关权利的技术措施，故意避开或者破坏权利人为保护作品采取的技术措施的，应当承担停止侵权、消除影响、赔礼道歉、赔偿损失等民事责任。

九、编者：赵克祥、张细英

十、编写时间：2014 年 4 月

苹果公司、IP 申请发展有限公司诉唯冠科技（深圳）有限公司商标权属纠纷案

一、案例编号（6-05）

二、学科方向：知识产权法之商标法

三、案例名称：苹果公司、IP 申请发展有限公司诉唯冠科技（深圳）有限公司商标权属纠纷案

四、内容简介

商标专用权具有地域性。商标专用权转让人应为商标专用权人。无权处分行为的效力应该视权利人之后是否追认来确定。是否构成表见代理要综合各种因素来考量。商标的财产价值与商标所指向的产品品质有密切关系。

五、关键词：商标专用权；在先注册；商标转让协议；表见代理

六、具体案情

原告苹果公司和 IP 申请发展有限公司（以下简称"IP 公司"）诉称，唯冠控股、唯冠电子股份有限公司和被告唯冠科技（深圳）有限公司已同意转让所有商标

（包括涉案商标）给原告 IP 公司，被告也同意将涉案商标列入书面协议和签署中国国家转让协议，且原告 IP 公司已完全支付了转让所有商标的对价。而原告 IP 公司将依协议取得的所有商标的全部权益转让给苹果公司。因此，根据商标专用权既可以原始取得也可以继受取得的取得方式，原告苹果公司取得涉案商标专用权是符合法律规定的。故请求法院判令注册号第 1590557 号 "iPad" 商标、注册号第 1682310 号 "iPad" 商标专用权归原告所有；被告赔偿原告商标权属调查费、律师费人民币 400 万元；本案诉讼费由被告承担。

被告唯冠科技（深圳）有限公司（以下简称"深圳唯冠"）辩称，深圳唯冠于 2001 年 6 月、12 月分别在国际商标分类第九类上获得了注册号为第 1590557 号的 "iPad" 商标专用权和注册号为第 1682310 号的 "iPad" 商标专用权。在获得涉案商标专用权后即在其自行研制、开发的专业高清液晶彩色显示器上适用该商标，并将该产品在市场上销售，同时还授权其他企业在不同类型的电子产品上使用该商标。IP 公司与唯冠集团、台湾唯冠就十个商标的转让权要约，是在深圳唯冠公司完全不知情的情况下同意转让大陆地区的 iPad 商标使用权，客观上不构成合同成立。同时，深圳唯冠公司不是台北唯冠的全资子公司，因此台湾唯冠无法代表深圳唯冠处理在苹果公司和 IP 公司的谈判中涉及的大陆地区的 iPad 商标转让事宜。基于此，在法律上表见代理并不成立，而是属于无权处分。因此，请求法庭依法驳回原告的全部诉讼请求，并判令原告承担案件的全部诉讼费用。

法院经审理认为，原告获取他人的商标，应负有更高的注意义务，应当按照我国的法律规定，与商标权利人签订商标转让协议，并办理必要的商标转让手续。而本案的商标转让合同是台湾唯冠与 IP 公司所签订，而且台湾唯冠与深圳唯冠之间的表见代理也不成立。所以，苹果公司和 IP 公司的诉讼请求缺乏事实和法律依据，依据《合同法》第四十九条、第五十一条规定予以驳回。

苹果公司、IP 公司不服提起上诉，最后广东省高级人民法院于 2012 年 7 月 2 日对外公布：苹果公司与深圳唯冠就 iPad 商标案达成调解协议，作为拥有 iPad 商标的对价，苹果公司向深圳唯冠支付 6 000 万美元。

七、案例来源

（2010）深中法民三初字第 208、233 号民事判决书。

八、案情分析

（一）争议焦点

本案为商标权权属纠纷，争议最大的焦点在于诉争的商标转让合同对被告有无约束力，表见代理能否成立。

（二）法理分析

1. 商标转让协议对深圳唯冠究竟有没有约束力

本案争议的商标转让合同是唯冠电子股份有限公司（以下简称"台湾唯冠"）与 IP 公司于 2009 年 12 月 17 日在台湾签订的《商标转让协议书》，该协议所涉及的转让商标共十个，其中包含了被告的第 1590557 号、第 1682310 号两个 iPad 注册商标。协议同时约定"在商标注册的每一个地区，唯冠应签署一份转让文件，以使 IP 公司能够在该地区备案商标转让"。上述协议在台湾签订，合同是台湾唯冠法定代表人杨荣山授权台湾唯冠法务部负责人麦世宏与 IP 申请发展有限公司的代表人 Handn Wood 签订的。该协议的标的虽列明了第 1590557 号、第 1682310 号两个涉案商标，但并不必然对被告具有约束力。

该协议是否对深圳唯冠具有约束力，我们可以从以下几个方面进行分析：

（1）合同的相对性。根据合同相对性原则，合同项下的权利义务只能由合同当事人享有和承担，合同只能对合同当事人产生拘束力，非合同当事人不能依据合同对合同一方当事人提出诉讼请求，即合同约束的是合同当事人。那么在该案中，深圳唯冠是否为合同当事人？

合同当事人就是参与了要约承诺的缔约过程，并最终以签字盖章等法律形式确认双方合意的人。本案中，缔约双方为台湾唯冠和 IP 公司，合同体现的是这两方的合意，他们就是合同当事人，受该合同的约束。遇到合同纠纷时，只有这两方可以向对方提出请求或者提起诉讼，而不能是签约主体以外的第三人。

首先，从主体的相对性而言，深圳唯冠没有参与合同的缔结，不受该合同的约束。其次，商标转让实为买卖合同的一种，为双务合同，台湾唯冠与 IP 公司之间设定的权利义务仅及于对方。所以，商标转让合同中约定的权利义务也具有相对性，不能及于包括深圳唯冠在内的任何第三方。[1] 本案中该合同中涉及对深圳唯冠的注册商标的处分，这实际是为第三方深圳唯冠设定了转让商标的义务。根据合同内容的相对性原则，这一设定是无效的。

此外，若深圳唯冠确实参与了合同的签订，在合同中应当有作为合同当事人之一进行签章，或者附有授权台湾唯冠对其商标全权处理的授权委托书等明确表现，然而在合同中体现的只有 IP 公司和台湾唯冠。因此，基于合同的相对性原则，无论从合同主体、合同内容还是从合同权利和义务看，都不能认定深圳唯冠是合同缔约的当事人，而受此合同的约束。

然而，合同相对性原则也存在特殊情况：台湾唯冠是否有深圳唯冠关于处置商标专用权的授权委托。深圳唯冠对在大陆注册的 iPad 商标享有所有权，台湾唯冠对在其他国家或地区注册的 iPad 商标享有所有权，主体和客体各自不同，台湾唯冠原则上无权代表深圳唯冠处置其注册于中国大陆的商标。我国《民法通则》第六十三条规定："公民、法人可以通过代理人实施民事法律行为。代理人在代理权限内，以被代理人的名义实施民事法律行为。被代理人对代理人的代理行为，承担民事责任。"按照此规定，假如台湾唯冠有深圳唯冠的授权，是可以代理深圳唯冠签订合同并为深圳唯冠设定合同义务的。但是苹果公司和 IP 公司在庭审时，并未证明与台湾唯冠签约时台湾唯冠有深圳唯冠的授权，因此，台湾唯冠应当属于无权代理。

按照《民法通则》第六十六条、《合同法》第四十八条的规定，行为人没有代理权的行为，只有经过被代理人的追认，被代理人才承担民事责任。也就是说，如果深圳唯冠事后对商标转让合同签约行为、内容加以追认，该合同的内容对其还是具有约束力的。但是，苹果公司和 IP 公司在催促深圳唯冠履行商标转让手续时，遭到了深圳唯冠的否认，也即作为被代理人的深圳唯冠不会对该协议的效力进行追认。在这种情况下，台湾唯冠处分深圳唯冠注册商标的行为只能是无效的。

（2）公司法人人格混同问题。两原告认为深圳唯冠和台湾唯冠实际是唯冠国际的下属公司，作为一个整体看待，台湾唯冠的行为效力自然及于深圳唯冠，属于公司法人人格混同。公司法人人格是一种法律拟制的人格，是指公司以自己的名义享有民事权利、承担民事义务的资格。公司与股东彻底分离是公司取得法人人格资格的前提，这个分离原则具体指公司

---

[1]　李昊霖、马东晓：《苹果的 iPad 之痛》，北京：北京大学出版社 2013 年版。

的财产和责任与其股东相对独立，并且有不同于股东的独立的组织机构、名称、业务等。① 而公司法人人格混同主要有母子公司间的人格混同、企业间交叉投资引起的人格混同、姐妹公司间的人格混同以及在管理、财产上出现的混同。

台湾唯冠与深圳唯冠是由唯冠国际间接投资，分别在中国台湾和大陆注册的两个法人主体，它们各自独立享有民事权利、承担民事义务。二者虽然同属唯冠控股的下属公司，但不存在投资关系，也没有共同的母公司，它们在公司财产、利润分配等方面也自成体系。因此，二者之间不存在上述公司法人人格混同的情形。

但是，原告还提出了主体混同的观点，即杨荣山既是台湾唯冠负责人，也是唯冠控股和深圳唯冠的法定代表人。依照我国民法的相关规定，法定代表人依照法律或者法人组织章程规定，代表法人行使法人权利。而一人兼任多个法人的法定代表人在易产生身份混同的情况下，在对外代表企业进行民事活动时，应当表明其所代表的法人的主体身份，而且应当要求有严格的表象形式以确认其代表的法人。所谓严格的表象形式可以是明确的公司名称、公司印章等，这样可以清晰地表明身份，使对方得知自己所代表的法人主体，从而达到保护交易安全、维护交易相对方利益的目的。②

本案中，在 IP 公司与台湾唯冠签约过程中，杨荣山的确为麦世宏出具了授权书，但是授权书上明确写明了，杨荣山是作为唯冠电子股份有限公司，即台湾唯冠的负责人给予麦世宏相应的授权。这一做法清晰地表明了杨荣山所代表的法人，即本案中被告并不存在公司法人人格混同的情形。

2. 表见代理是否成立

苹果公司在一审中向法院提出：深圳唯冠成为缔约一方的另一个理由是深圳唯冠员工袁某用深圳唯冠的邮箱与 IP 公司互通邮件、身兼台湾唯冠和深圳唯冠法务处长的麦世宏以多重身份签署合同等情形构成了表见代理。这其实是对表见代理的曲解。

表见代理见于我国《合同法》第四十九条："行为人没有代理权、超越代理权或者代理权终止后以被代理人名义订立合同，相对人有理由相信行为人有代理权的，该代理行为有效。"表见代理为无权代理的一种，它

---

① 李昊霖、马东晓：《苹果的 iPad 之痛》，北京：北京大学出版社 2013 年版。
② 李昊霖、马东晓：《苹果的 iPad 之痛》，北京：北京大学出版社 2013 年版。

是指行为人没有代理权，但交易相对人有理由相信行为人有代理权。此时，为了保护动态的交易安全，该无权代理可发生与有权代理同样的法律效果，被代理人应承担相应的法律责任。如果是善意的交易，相对人不愿该无权代理发生与有权代理同样的法律效果，也可经由撤销权的行使，使其归于无效。

从法律规定来看，表见代理可由几个要件构成：行为人无权代理；相对人为善意且无过错；符合其他合同成立要件。结合本案事实，苹果公司及 IP 公司最多加以强调的是"有理由相信台湾唯冠有权代理"这一要件，认为 Huy Yuan 和 Ray mai 的身份及行为使 IP 公司产生了混淆，误以为台湾唯冠是代表了深圳唯冠的。根据我国关于表见代理的司法解释，要满足"相对人有理由相信行为人有代理权"这一条件是比较苛刻的：必须在客观上有使 IP 公司相信台湾唯冠具有代理权的情形，并能够使 IP 公司在主观上形成台湾唯冠不容怀疑的具有代理权的认识。也就是说必须要有使 IP 公司深信不疑地认为台湾唯冠有代理权的表象存在。

根据民法的规定，这种令第三人确信的表象有以下几种形态：

（1）深圳唯冠表示授权给台湾唯冠，但实际并未授权；

（2）台湾唯冠签约时出具了深圳唯冠的文书印鉴，但深圳唯冠未授权其使用；

（3）深圳唯冠曾有明确授权给台湾唯冠的某些行为，但台湾唯冠签署转让合同为越权；

（4）深圳唯冠曾经授权给台湾唯冠转让商标，但合同签署时授权已过期等情形。①

从法庭审理得出的事实看，以上情形并未出现，所有的授权都指向台湾唯冠，不存在使 IP 公司确信的表象，所以表见代理的说法不成立。

另外，原告认为涉案转让商标协议属于集体转让交易，合议庭认为该理由不成立。因为谈判过程并不是所有单位参与，而被告与台湾唯冠又是不同的独立法人单位，授权订立商标转让合同的单位只有台湾唯冠，订立合同也只是台湾唯冠，故不能认为唯冠集团的集体交易行为。

3. 商标权属判断

根据我国《商标法》的规定，我国采取先注册原则。早在 2001 年，深圳唯冠已经获得 iPad 商标的注册商标专有权。而苹果公司 iPad 产品进入

---

① 李昊霖、马东晓：《苹果的 iPad 之痛》，北京：北京大学出版社 2013 年版。

中国市场的时间晚于深圳唯冠 iPad 的时间。虽然 iPad 商标的知名度和苹果公司的杰出贡献不无关系，但这不能从法律角度改变 iPad 商标的归属，即深圳唯冠为 iPad 商标的商标专有权人。

注册商标转让需具备形式要件和实质要件。形式要件见于《商标法》第三十九条的规定："转让注册商标的，转让人和受让人应当签订转让协议，并共同向商标局提出申请。转让注册商标经核准后，予以公告。受让人自公告之日起享有商标专用权。"从这一规定可知，注册商标专用权并不是自合同生效之日起发生转移，而是自商标局审查核准并公告之日起才发生转移。即使双方已经完全履行了合同义务，在未经审核批准公告的情况下，商标专用权仍然不发生转移。因此在本案中，作为涉案商标专用权人的深圳唯冠不仅没有和 IP 公司签订任何书面协议，更没有履行任何申请审批和公告程序，不满足注册商标转让的形式要件，注册商标专用权因而不发生任何变动，IP 公司不能据此要求其享有商标专用权，苹果公司更不能以此请求确权。

（三）　相关判例①

原告苹果公司诉称，墨西哥电信服务系统公司的 iFone 商标与其 iPhone 商标的读音相似，要求该公司停止使用 iFone 这一名称，以避免造成消费者混淆，产生误会。

墨西哥电信服务系统公司辩称，其早在 2002 年开始就以 iFone 为商标进行贸易活动，并在 2003 年就将之注册成为商标，而苹果公司 2007 年在墨西哥市场推出 iPhone，这比墨西哥电信公司注册 iFone 商标要晚了四年。

墨西哥法院经过调查后发现，这家主要为全球呼叫中心提供软件支持的 iFone 公司早在 2003 年就已经申请了 iFone 的商标，因此法院驳回了苹果公司的这项对有关注册商标的禁令申请。墨西哥最高法庭也支持了基层法庭的判决，判定墨西哥公司是"iFone"商标的合法持有人。

（四）　法律适用

（1）《民法通则》第六十三条："公民、法人可以通过代理人实施民事法律行为。代理人在代理权限内，以被代理人的名义实施民事法律行为。

---

① 《苹果公司诉墨西哥电信公司 iFone 商标侵权案》，中国保护知识产权网，http://www.ipr.gov.cn/alxdarticle/alxd/alxdsb/alxdsbgjal/201211/1707399_ 1. html.

被代理人对代理人的代理行为，承担民事责任。"

（2）《民法通则》第六十六条："没有代理权、超越代理权或者代理权终止后的行为，只有经过被代理人的追认，被代理人才承担民事责任。未经追认的行为，由行为人承担民事责任。本人知道他人以本人名义实施民事行为而不作否认表示的，视为同意。"

（3）《合同法》第四十八条："行为人没有代理权、超越代理权或者代理权终止后以被代理人名义订立的合同，未经被代理人追认，对被代理人不发生效力，由行为人承担责任。"

（4）《合同法》第四十九条："行为人没有代理权，超越代理权或者代理权终止后以被代理人名义订立合同，相对人有理由相信行为人有代理权的，该代理行为有效。"

（5）《合同法》第五十一条："无处分权的人处分他人财产，经权利人追认或者无处分权的人订立合同后取得处分权的，该合同有效。"

（6）《商标法》第三十九条："转让注册商标的，转让人和受让人应当签订转让协议，并共同向商标局提出申请。转让注册商标经核准后，予以公告。受让人自公告之日起享有商标专用权。"

（五）小结

经过深圳唯冠和苹果公司的这次事件，我们深深认识到知识产权在企业投资交易中的重要地位。首先，企业在交易过程中一定要注意形式的完备性，如对方是否有效授权、授权书是否可以满足法定形式、有无法律效力等。

其次，企业在知识产权收购活动中，应当要重视对知识产权情况的调查，包括当地知识产权法律和政策、所收购的知识产权权利人的情况（主要是要弄清楚其公司架构、各关联公司的关系、公司运营、发展状况等）所收购的知识产权的权属、法律状态及评估价值等。

再次，企业需增强商标管理意识，做到"产品未动，商标先行"。[1] 这要求企业在进入市场之前，一定要制定好商标战略。第一，要确定未来欲注册商标的地区，也就是产品即将销售或未来有可能销售的地区。第二，要迅速开展商标注册工作，在注册时不能仅仅考虑对主要产品类别进行注册，也要考虑到对其相关产品及关联产业、服务进行商标注册。

---

[1]　李昊霖、马东晓：《苹果的 iPad 之痛》，北京：北京大学出版社 2013 年版。

最后，要随时预警，检测新的商标注册情况，查看有无与本企业商标近似的情况。

九、编者：赵克祥、张细英

十、编写时间：2014 年 3 月

迪尔公司诉九方泰禾青岛公司和九方泰禾北京公司侵犯注册商标专用权纠纷案

一、案例编号（6－06）

二、学科方向：知识产权法之商标法

三、案例名称：迪尔公司诉九方泰禾青岛公司和九方泰禾北京公司侵犯注册商标专用权纠纷案

四、内容简介

根据我国《商标法》，任何能够将自然人、法人或者其他组织的商品与他人的商品区别开的可视性标志，包括文字、图形、字母、数字、三维标志和颜色组合，以及上述要素的组合，均可以作为商标申请注册。迪尔公司诉九方泰禾青岛公司和九方泰禾北京公司侵犯注册商标专用权纠纷一案，是《商标法》将颜色组合商标纳入法律保护范围以来，法院认定被控侵权行为构成侵害颜色组合商标注册商标专用权的全国第一案。该案的审结，是对侵害非传统注册商标专用权纠纷案件的有益探索，将对今后此类案件的审理起到积极的借鉴作用。

五、关键词：颜色组合商标；注册商标专用权；近似商标；

商标显著性

六、具体案情

迪尔公司起诉称，九方泰禾青岛公司和九方泰禾北京公司生产、销售以及在网站上宣传其商品时，使用了与迪尔公司在收割机商品上一直使用并具有很强显著性和很高知名度的颜色组合注册商标相同的标识，构成了对迪尔公司注册商标专用权的侵害，故请求法院判令两被告停止侵害注册商标专用权的行为，并赔偿经济损失及合理支出共计人民币50万元。

九方泰禾青岛公司和九方泰禾北京公司共同辩称，迪尔公司涉案注册商标是指定颜色的图形商标，而不是颜色组合商标，被告收割机上没有使用涉案图形商标，其商品上所使用的颜色与迪尔公司商标相比也有明显偏差，不会使消费者产生混淆。

北京市第二中级人民法院经审理认为，迪尔公司在申请注册商标时，已在申请书中明确声明该商标为颜色组合商标，并在所提交的文字说明中明确了颜色使用的具体位置和方式是：绿色用于车身，黄色用于车轮。通过迪尔公司长期、持续的宣传和使用，该商标获得了显著性，并最终取得了国家商标局的核准注册，涉案商标属于我国《商标法》规定的颜色组合商标。九方泰禾青岛公司和九方泰禾北京公司在其生产、销售的收割机上使用了绿色车身、黄色车轮的颜色组合，与迪尔公司的颜色组合商标进行比较，二者在视觉上无实质性差别，构成商标相同。九方泰禾青岛公司和九方泰禾北京公司生产、销售涉案侵权商品以及在网站上对涉案侵权商品进行宣传的行为，构成对迪尔公司涉案注册商标专用权的侵害，判决两被告停止侵害迪尔公司涉案颜色组合商标注册商标专用权的行为，并赔偿经济损失及因诉讼支出的合理费用共计人民币45万元。

七、案例来源

中国法院网，http：//www.chinacourt.org。

八、案情分析

（一）争议焦点

被告生产、销售以及在网站上宣传时使用的商标标识，是否侵犯了原告的颜色组合商标注册商标专用权，该问题是本案的争议焦点。围绕该争议焦点，在本案中，需要解决以下基本问题：①原告是否享有颜色组合商标的商标专用权；②侵权产品与注册商标核定使用的商品是否相同或类似，被控侵权标识与原告注册商标是否相同或近似，是否造成相关公众的混淆和误认。

（二）法理分析

1. 判断涉案原告商标为颜色组合商标

《商标法》第八条规定："任何能够将自然人、法人或者其他组织的商品与他人的商品区别开的可视性标志，包括文字、图形、字母、数字、三维标志和颜色组合，以及上述要素的组合，均可以作为商标申请注册。"颜色组合商标是由两种或两种以上颜色排列组合而成的，可以区分不同商品或服务的标识。《商标审查及审理标准》第五部分之三："申请注册颜色组合商标的，申请人应当在申请书中予以声明。未声明的，即使申请人提交的是彩色图样，不以颜色组合商标进行审查。"

本案中，虽然迪尔公司涉案注册商标的商标注册证等相关文件中没有明确该商标为颜色组合商标，但迪尔公司在申请注册商标时，已在申请书中明确声明该商标为颜色组合商标，并在所提交的文字说明中明确了颜色使用的具体位置和方式是：绿色用于车身，黄色用于车轮。因此，原告的颜色组合商标是符合颜色组合商标的形式审查的。

《商标审查及审理标准》第五部分之四："颜色组合商标仅有指定使用商品的天然颜色、商品本身或者包装物以及服务场所通用或者常使用的颜色，以及申请人仅对颜色组合做文字说明而未提交彩色图样的判定为缺乏显著特征。"本案中，原告"绿色车身，黄色车轮"的颜色组合既非使用商品的天然颜色，也非商品所常使用的颜色，在申请商标时也提交了彩色图样。而且，1997年迪尔公司在中国成立子公司，开始在中国市场生产收割机、拖拉机等商品，迪尔公司及其子公司生产的收割机、拖拉机均统一采用"绿色车身，黄色车轮"的颜色组合商标。该商标通过迪尔公司长期、持续的宣传和使用，已成为公司商品的重要识别标识，为消费者和业界专家所熟悉和认可，具有很强的显著性和很高的知名度。2009 年 3 月 21 日，经国家商标局核准，迪尔公司对其商标取得注册商标专用权，核定使用商品为第七类农业机械、联合收割机、中耕机、收割机、割草机等，有效期为 2009 年 3 月 21 日至 2019 年 3 月 20 日。同日，迪尔公司对该商标取得注册商标专用权，核定使用商品为第十二类翻斗卡车、拖拉机，有效期为 2009 年 3 月 21 日至 2019 年 3 月 20 日，最终取得了国家商标局的核准注册。因此，涉案原告商标属于我国《商标法》规定的颜色组合商标。原告迪尔公司的"绿色车身，黄色车轮"颜色组合商标具有商标专用权。

此外，被告在答辩书中提到了指定颜色图形的商标。"指定颜色"表示申请商标是非黑白的指定颜色的彩色商标。与颜色组合商标相比，指定颜色商标必须有固定的形状，可以由单一颜色组成也可以由多种颜色组成，其显著性在图形而非颜色，颜色组合商标则不限定具体形状，不能只有一种颜色且显著性在于颜色。

2. 被告是否侵犯原告的颜色组合注册商标专用权

2001 年第二次修正的《商标法》第五十二条之一："未经商标注册人的许可，在同一种商品或者类似商品上使用与其注册商标相同或者近似的商标，属于侵犯注册商标专用权。"2013 年第三次修正的《商标法》第五十七条："有下列行为之一的，均属侵犯注册商标专用权：（一）未经商标注册人的许可，在同一种商品上使用与其注册商标相同的商标的；（二）未经商标注册人的许可，在同一种商品上使用与其注册商标近似的商标，或者在类似商品上使用与其注册商标相同或者近似的商标，容易导致混淆的。"从《商标法》的两次修正对比可知，第三次修正中判断侵犯注册商标专用权的标准更加清晰，更利于法院准确适用审判。因此，笔者将根据第三次修正的《商标法》的相关法规对本案进行分析。

根据 2013 年第三次修正的《商标法》第五十七条之一、二，要判断被告是否侵犯了原告注册商标专用权，必须判断：①侵权产品与注册商标核定使用的商品是否相同或类似；②被控侵权标识与原告注册商标是否相同或近似，是否造成相关公众的混淆和误认。

首先，原告迪尔公司注册颜色组合商标核定使用的商品为第七类农业机械、联合收割机、中耕机、收割机、割草机及第十二类翻斗卡车、拖拉机，而九方泰禾青岛公司和九方泰禾北京公司是在其生产、销售的收割机上使用商标。由此可知，被告九方泰禾青岛公司和九方泰禾北京公司的侵权产品与原告注册颜色组合商标核定使用的商品是相同的。

《中华人民共和国商标法司法解释》第十条："人民法院依据商标法第五十七条第（一）项的规定，认定商标相同或者近似按照以下原则进行：（一）以相关公众的一般注意力为标准；（二）既要进行对商标的整体比对，又要进行对商标主要部分的比对。"本案中，九方泰禾青岛公司和九方泰禾北京公司在其生产、销售的收割机上使用了绿色车身、黄色车轮的颜色组合，与迪尔公司的颜色组合商标进行比较，绿色和黄色的使用位置相同，排列组合方式一致，颜色基本无差异，在整体形象及表现风格上均十分接近，二者在视觉上无实质性差别。根据《中华人民共和国商标法司法解释》第九条："商标法第五十七条第（一）项规定的商标相同，是指被控侵权的商标与原告的注册商标相比较，二者在视觉上基本无差别。因此被告使用商标与原告注册商标构成商标相同。"即被告未经商标注册人的许可，在同一种商品上使用与其注册商标相同的商标，侵犯了原告的颜色组合商标注册商标专用权。

综上所述，被告九方泰禾青岛公司和九方泰禾北京公司生产、销售涉案侵权商品以及在网站上对涉案侵权商品进行宣传的行为，构成对迪尔公司涉案注册商标专用权的侵害，应当承担停止侵权、赔偿损失的法律责任。

（三）相关判例①

Qualitex 公司从 1957 年开始生产和销售用于干洗的"阳光"衬垫。这种衬垫一直以黄绿色进行广告宣传和销售。这种颜色仅起美观的作用，与产品的用途、成本、质量或寿命的功能无关。许多购买者订货时并不说出或阅读该产品的英文名称，而只说出其颜色。该颜色于 1991 年在专利商标局获准商标注册。Jacobson 产品公司从 1989 年开始以与 Qualitex 公司"阳光"衬垫相同的黄绿色生产、销售其"魔光"衬垫。于是 Qualitex 公司以商标侵权并违反《兰哈姆法》第 43 条 a 款为由起诉 Jacobson 产品公司。Jacobson 产品公司辩称颜色本身是不受保护的，反诉应撤销 Qualitex 公司的注册商标。加利福尼亚中部管区联邦地区法院判决 Qualitex 公司的黄绿色注册商标是有效的，Jacobson 产品公司将其用于同样的衬垫上构成商标侵权。法院同时还判决

---

① 《美国 Qualitex Co. 诉 Jacobson Prods. Co. 案》，王笑冰：《从颜色商标保护看美国商标法的"第二含义"》，《中华商标》2000 年第 8 期。

Jacobson 产品公司依《兰哈姆法》第 43 条 a 款规定应承担侵犯商品装潢的不正当竞争的责任，令其进行赔偿，并向其发出了永久性禁令。

Jacobson 产品公司不服判决，上诉到第九巡回上诉法院。该法院推翻了认定商标侵权的判决，认为《兰哈姆法》不允许颜色作为商标注册，判令撤销 Qualitex 公司的商标注册。美国最高法院对此案进行复审认为，Qualitex 公司的黄绿色已产生"第二含义"（因为顾客将黄绿色认作 Qualitex），能识别衬垫产品的出处。因此，Qualitex 公司的黄绿色能作为商标，它被用作一种标记的符号，是将其销售者的商品同其竞争者的商品相区别的符号，最高法院撤销了第九巡回上诉法院的判决，并认为"没有任何特别的法律规则禁止颜色本身用作商标"。

美国最高法院通过 Qualitex 公司诉 Jacobson 产品公司案。这一案明确了单一颜色的可注册性。在此案中，法院对于颜色如何可以注册为商标而受到保护已经有了一定共识，其中就包括颜色本身须具有第二含义，且不具备功能性。

第二含义，是指当特定商品的某种标记可以令使用者将该标记与特定的产品出处而非仅仅与产品本身联系起来时，这个标记就具有了第二含义。美国法院对于具有"第二含义"在实例中给予了更加详细的甄别标准：①标志使用的时间长度及广度；②产品的销量；③推广产品广告的规模；④报纸和杂志对于商标的非商业引用；⑤消费者调查问卷；⑥消费者直接证言；⑦侵权者盗用标志的动机。

虽然我国尚未有相关法律规定对单色商标给予保护，但是，美国法院对于第二含义的标准对我国法院判断商标显著性具有现实的借鉴意义。

（四）法律适用

（1）《商标法》第八条："任何能够将自然人、法人或者其他组织的商品与他人的商品区别开的可视性标志，包括文字、图形、字母、数字、三维标志和颜色组合，以及上述要素的组合，均可以作为商标申请注册。"

（2）《商标法》第五十七条："有下列行为之一的，均属侵犯注册商标专用权：（一）未经商标注册人的许可，在同一种商品上使用与其注册商标相同的商标的。"

（3）《商标审查及审理标准》第五部分之三："申请注册颜色组合商标的，申请人应当在申请书中予以声明。未声明的，即使申请人提交的是彩色图样，不以颜色组合商标进行审查。"

（4）《商标审查及审理标准》第五部分之四："颜色组合商标仅有指定使用商品的天然颜色、商品本身或者包装物以及服务场所通用或者常使用的颜色，以及申请人仅对颜色组合做文字说明而未提交彩色图样的判定为缺乏显著特征。"

（5）《中华人民共和国商标法司法解释》第九条："商标法第五十七条第（一）项规定的商标相同，是指被控侵权的商标与原告的注册商标相比较，二者在视觉上基本无差别，因此被告使用商标与原告注册商标构成商标相同。"

（6）《中华人民共和国商标法司法解释》第十条："人民法院依据商标法第五十七条第（一）项的规定，认定商标相同或者近似按照以下原则进行：（一）以相关公众的一般注意力为标准；（二）既要进行对商标的整体比对，又要进行对商标主要部分的比对。"

（五）小结

由于《TRIPS 协议》第十五款规定允许将颜色组合作为商标注册，因此目前很多国家均对颜色组合商标注册给予认可，我国也在 2001 年的《商标法》中新增了颜色组合商标，把颜色组合单独作为商标要素注册为商标。而迪尔公司诉九方泰禾青岛公司和九方泰禾北京公司侵害注册商标专用权纠纷一案则是我国把颜色组合列入商标要素之一后的第一个关于颜色组合商标的案例，具有典型的代表性。

解决这一类案件关键在于颜色组合商标显著性的认定，即是否享有颜色组合商标专用权以及判断侵权商标与涉案商标的相似性。颜色组合商标要获得注册，需要经过初步审查和实质审查。申请人在注册颜色组合商标时应当在申请书中予以声明，未声明的，即使申请人提交的是彩色图样，也不以颜色组合商标进行审查。这是颜色组合商标申请注册的初步审查。而显著性则是实质审查的重点，颜色组合商标首先必须具备《商标法》第九条规定的应当有显著特征，便于识别，即大众通过这种标识能区分所提供商品或服务的来源。判定颜色组合商标是否具有显著性，主要是判断颜色组合商标的颜色组合是否为商品天然颜色或者具有功能性，是否与现有商标相同或近似。当然还包括对商标在使用过程中所具有的显著性。《商标审查及审理标准》第八部分之二规定将显著性考虑的因素细化：①相关公众对该标志的认知情况；②该标志在指定商品、服务上实际使用的时间、使用方式及同行业使用情况；③该标志的商品、服务的生产、销售、广告宣传情况及使用该标志的商品、服务本身的特点。

根据 2013 年新修订的《商标法》，本案的被告是在同一种商品上使用与原告注册商标相同的商标，不需要证明是否导致混淆就可以直接判定被告侵犯原告注册商标专用权。但是在现实商标侵权纠纷中涉及更多的是商标的相似性，因此对颜色组合商标相似性的判断也非常重要，在判定相似性后还需要证明是否易使相关公众对商品或者服务的来源产生误认，造成混淆。颜色组合商标的相似性包括颜色组合商标之间组合的颜色和排列方式相似以及颜色组合商标与平面商标的图形或立体商标指定颜色相似。

颜色组合作为注册商标的要素，已是我国《商标法》迈出的一大步。对于单色商标的保护，目前只有美国、德国、法国、日本等少数国家。我国在 2013 年修改的过程中也曾在修正草案中规定在商品、商品包装上使用的单一颜色，通过使用取得显著特征，能够将该商品与其他的商品区别开的，可以作为商标申请注册。但一些地方、专家和企业提出，单　颜色资源有限，常人可识别的颜色只有 100 多种，如果允许注册单一颜色商标可能造成商标注册人对颜色的垄断，同时通过单一颜色区别商品来源的难度也较大，实践中容易产生混淆。考虑到实践中我国企业还没有将单一颜色作为商标注册的需求，且商标注册、管理等环节也缺少相应实践，立法机关在最终通过的修改决定中删除了草案关于单一颜色可以注册商标的规定。

颜色商标作为一种非传统商标加以法律保护，目的是使生产经营者可以充分发挥自身想象力来创造出新颖奇特的商标，借此来吸引潜在的消费群体，最终促进我国工商业的不断发展，对经济的发展有着巨大的助推作用。而颜色商标的法律保护也需要在实践纠纷中不断完善，不断地适应社会的发展。

九、编者：张细英、赵克祥

十、编写时间：2014 年 3 月

慈溪市水之源净水设备有限公司与被申请人邹金孟专利侵权纠纷案

一、案例编号（6－07）

二、学科方向：知识产权法之专利法

三、案例名称：慈溪市水之源净水设备有限公司与被申请人邹金孟专利侵权纠纷案

四、内容简介

　　邹金孟诉慈溪市水之源净水设备有限公司（简称"水之源公司"）专利侵权案经过一审、二审的原告胜诉，再审驳回原告诉讼请求。该案的最终判决说明，专利权评价报告实为法院在审查判断是否应中止专利侵权案件诉讼时的一个考量依据，仅供判断专利权的有效性，不是提起专利侵权诉讼的法定要件。现有技术抗辩制度在提高诉讼效率、防止专利权人滥用权利等方面起了重要作用，在实践中，现有技术的成立须符合"申请日"标准，其判定采用相同或等同原则。

五、关键词：现有技术抗辩；专利评价报告；专利检索报告

六、具体案情

1. 案情信息

申请再审人（一审被告、二审上诉人）：水之源公司。

被申请人（一审原告、二审被上诉人）：邹金孟。

案由：专利侵权纠纷。

案号：浙江省宁波市中级人民法院（2010）浙甬知初字第 347 号民事判决；浙江省高级人民法院（2011）浙知终字第 54 号民事判决；中华人民共和国最高人民法院（2011）民提字第 343 号民事判决。

2. 原被告主张与理由

原告邹金孟起诉称，邹金孟系名称为"一种管道接头"的 ZL20082016 8393.7 号实用新型专利权利人，该专利申请日为 2008 年 11 月 27 日，授权公告日为 2009 年 11 月 18 日。水之源公司自 2009 年下半年开始未经其许可生产、销售、许诺销售侵犯其专利权的产品。邹金孟请求判令水之源公司停止侵权行为、赔偿其经济损失人民币 15 万元。

被告水之源公司书面答辩称，其在邹金孟专利申请日前已经制造并销售相同产品，水之源公司依法享有先用权，不构成侵权，请求驳回邹金孟的诉讼请求。

3. 一审法院查明的事实

一审法院查明，涉案专利为"一种管道接头"的实用新型专利（专利号 ZL200820168393.7），专利权人为邹金孟，申请日为 2008 年 11 月 27 日，授权公告日为 2009 年 11 月 18 日。涉案专利权利要求 1 为：一种管道接头，包括第一连接体和第二连接体，其特征在于，所述的第一连接体的一端设置有凸环，所述的第二连接体内部设置有凹槽，该第二连接体与第一连接体通过凸环和凹槽扣压连接。

水之源公司成立于 2008 年 10 月 16 日，注册资本为 10 万元，其股东为该公司法定代表人周建祥和另一自然人。应邹金孟申请，一审法院于 2010 年 7 月 19 日到水之源公司进行证据保全，从该公司扣押了不同型号的被诉侵权产品若干及该公司的宣传册一本。在证据保全时，水之源公司法定代表人认可该公司宣传册上的被诉侵权产品结构均相同，并开过模具。一审法院保全的被诉侵权产品与涉案专利权利要求 1 相比，全面覆盖

了涉案专利权利要求 1 所记载的全部必要技术特征。

邹金孟为制止水之源公司的被诉侵权行为支付了律师费等一定的费用。

4. 一审法院判决理由与结果

一审法院认为,邹金孟为涉案专利的专利权人,涉案专利在有效期内受法律保护,水之源公司制造的被诉侵权产品已全面覆盖了涉案专利权利要求 1 所记载的全部必要技术特征,落入涉案专利权的保护范围。水之源公司未经邹金孟许可,制造、销售、许诺销售落入涉案专利权保护范围的产品,构成侵权。因邹金孟未提供其因水之源公司侵权所受到的损失或水之源公司因侵权所获得的利益的确切证据,一审法院根据涉案专利权的类别、侵权性质和情节等因素酌定赔偿数额。水之源公司辩称其在涉案专利申请日前已制造并销售相同产品,故依法享有先用权,依据不足,不予采信。一审法院据此判决:水之源公司立即停止制造、销售、许诺销售被诉侵权产品,并销毁用于制造侵权产品的专用模具;水之源公司赔偿邹金孟经济损失 7 万元。案件受理费,由邹金孟负担 880 元,水之源公司负担 2 420 元。

5. 上诉与答辩理由

水之源公司不服一审判决,向浙江省高级人民法院提起上诉称:①邹金孟没有提供缴纳专利年费的凭证,也未出具专利权评价报告,缺乏提起专利侵权诉讼的前提和基础,一审法院径行作出侵权判决不当;②本案被诉侵权产品落入涉案专利权保护范围的全部技术特征与水之源公司提供的对比文件没有实质性差异,水之源公司实施的被诉侵权技术方案属于现有技术,不构成侵权;③水之源公司的被诉侵权行为并无主观过错,情节较轻,一审判决确定的赔偿数额过高。据此,请求撤销一审判决。

邹金孟答辩称:①专利权评价报告是判断是否中止专利权侵权诉讼的依据,并非专利权人提起侵权诉讼的必备要件;②水之源公司在一审中未就其专利有效性提出任何异议,且该公司据以主张现有技术的证据系在一审庭审结束后提供,不符合新的证据的要求;③水之源公司被保全的被诉侵权产品数量巨大,且该公司至今仍在销售被诉侵权产品,一审判决确定赔偿数额适当。故请求驳回上诉,维持原判。

6. 二审法院查明的事实

二审法院查明事实与一审法院基本相同。

二审中,水之源公司提交了专利号为 ZL200520030959.6 的实用新型专利说明书复印件，以支持其现有技术抗辩；后又提交了《无效宣告请求受理通知书》，证明其已就涉案专利向国家知识产权局提起无效程序。邹金孟提交了专利收费收据一份，证明涉案专利继续有效。

7. 二审法院判决理由与结果

二审法院认为，本案争议焦点为：①专利权评价报告是否为提起专利侵权诉讼的要件；②现有技术抗辩是否成立；③以法定赔偿确定赔偿数额有无不当，赔偿数额是否合理。

关于争议焦点①，专利权评价报告实为法院在审查判断是否应中止专利侵权案件诉讼时的一个考量依据，仅是判断专利权有效性的初步依据，不是提起专利侵权诉讼的法定要件。关于争议焦点②，专利号为ZL200520030959.6 的实用新型专利申请日为 2005 年 6 月 10 日，授权公告日为 2006 年 5 月 10 日，早于涉案专利的申请日 2008 年 11 月 27 日，可以作为现有技术进行比对。被诉侵权产品落入涉案专利权保护范围的全部技术特征为：一种管道接头，包括第一连接体和第二连接体，第一连接体的一端设置有凸环，第二连接体内部设置有凹槽，该第二连接体与第一连接体通过凸环和凹槽扣压连接。而现有技术比对文件公开了一种薄壁金属管连接管件，包括管接头、管体和密封圈，其特征在于：管体的一端隆起形成一圈凸环，管接头一端的内壁由里及外设置有与管体端口对应的内阶梯孔、与管体凸环对应的凸环槽和可卡压管体凸环的卡压口，管体的凸环设置密封圈后插入管接头内，以压紧管接头的凸环槽和管体凸环卡压口连接。现有技术与被诉侵权产品相对应的技术特征有：①管体对应第一连接体；②管接头对应第二连接体；③管体凸环对应第一连接体一端设置的凸环；④凸环槽对应第二连接体内部设置的凹槽。两者之间存在的差异是：现有技术中，管体和管接头的连接通过凸环、凸环槽、密封圈和卡压口的卡压式或滚压式连接，靠内阶梯孔、凸环槽、密封圈、管体端部和管体凸环形成柔性密封，而被诉侵权产品中第一、二连接体的连接是通过凸环和凹槽的扣压式连接，该连接并不包括密封圈和卡压口结构，两者的扣压连接方式属于不同的连接方式，故现有技术并未完全覆盖被诉侵权产品落入涉案专利权保护范围的全部技术特征，现有技术抗辩不成立。关于争议焦点③，因邹金孟没有提供有效证据证明其在被侵权期间因侵权所受到的损失或水之源公司因侵权获得的利益，亦无合理的专利许可使用费可供参照，按照法定赔偿方法确定赔偿数额并不恰当。酌情确定的赔偿额 7 万元，属一审法院的自由裁量范围之列，亦为合理。据此二审法院判决：驳回上诉，维持原判。二审案件受理费 1 550 元，由水之源公司承担。

8. 再审与答辩理由

后水之源公司向最高人民法院申请再审，称：①韩国 KR20040111265 号专利与涉案专利相比对，属于现有技术，被诉侵权产品实施的是现有技术，因此不构成侵权。②专利权人提起诉讼应该提交专利检索报告，涉案专利权人在一、二审中均未提交涉案专利检索报告，一、二审法院未予以审查就推定涉案专利合法有效，属于适用法律错误。据此，请求撤销一、二审判决，再审本案，中止原判决执行，驳回邹金孟的诉讼请求，判决邹金孟承担全部诉讼费用。

邹金孟提交意见认为：①水之源公司提交的韩国 KR20040111265 号专利文件不属于新的证据，检索报告也不能作为专利无效的合法依据；②韩国 KR20040111265 号专利不能否定涉案专利的专利性：该专利中的两个连接体只是起到卡位作用，双重管通过卡位的两个连接体，并以密封圈的凹凸加压点结合连接体的内壁达到连接和密封。涉案专利的技术方案是直接在管体上设置凸环和凹槽，进行扣压达到连接和一定程度的密封，且无须设置密封圈，同时对于凸环和凹槽的设置位置无限制。据此，请求驳回水之源公司的再审申请。

9. 再审法院查明事实

最高人民法院再审审查查明，水之源公司提交了公开日为 2004 年 12 月 31 日的韩国 KR20040111265 号专利文件，以及国家知识产权局专利检索咨询中心于 2011 年 6 月 22 日就涉案专利作出的检索报告，该报告以 KR20040111265 号专利文献作为对比文件，认定涉案专利权利要求 1 不具有新颖性。

提审期间，双方当事人未提出新的证据和理由。

10. 再审判决理由与结果

最高人民法院认为，本案的争议焦点在于水之源公司以韩国 KR20040111265 号专利主张现有技术抗辩是否成立。

韩国 KR20040111265 号专利公告日为 2004 年 12 月 31 日，早于涉案专利申请日 2008 年 11 月 27 日，属于现有技术。上述证据符合最高人民法院《关于适用〈中华人民共和国民事诉讼法〉审判监督程序若干问题的解释》第十条第（一）项的规定，属于新的证据。

被诉侵权产品落入涉案专利权保护范围的全部技术特征为：一种管道接头，包括第一连接体和第二连接体，第一连接体的一端设置有凸环，第二连接体内部设置有凹槽，该第二连接体与第一连接体通过凸环和凹槽扣压连接。韩国 KR20040111265 号专利公开的是在管接头中使用密封圈和带连接器的管以及带这些配件的管接头，其说明书摘要以及附图公开了以下相应技术特征：第一连接体和第二连接体，其中第一连接体的外表面端部设置有凸环；第二连接体一侧端部设置有凹槽，该第二连接体与第一连接体通过凸环和凹槽扣合连接；密封圈安装在所述第一连接体内表面的凹槽内。上述凸环的作用是卡住第二连接体一侧形成的凹槽后，防止第二连接体从第一连接体分离；上述密封圈的作用主要是防止由其他结构件的压迫出现的变形并有效防止漏水。上述韩国专利中公开的技术方案与被诉侵权产品采用的技术方案主要存在以下两点不同：①韩国专利凸环和凹槽均位于连接体的端部，而被诉侵权产品的凸环和凹槽位于连接体的中部；②韩国专利有密封圈，而被诉侵权产品没有密封圈。凸环和凹槽位于连接体的端部还是中部，并未改变管道接头的连接方式；韩国专利中的密封圈的主要作用在于实现密封，而非实现凹凸管的连接，即韩国专利中的凸环、凹槽配合关系已经基本实现了被诉侵权技术方案中凸环、凹槽扣押连接的功能效果。因此，韩国专利文件所公开的技术方案与被诉侵权技术方案采用的技术方式无实质性差异，水之源公司现有技术抗辩成立，其生产、销售被诉侵权产品不构成侵权。

专利检索报告仅是法院审查判断专利是否具有法律稳定性的初步证据，以决定是否应中止专利侵权诉讼，并不是判断专利是否合法有效的依据，提交检索报告也不是专利权人提起侵权诉讼的法定要件，因此水之源公司关于一、二审法院未予以审查就推定涉案专利合法有效属于适用法律错误的理由不成立，本院不予支持。

综上，一、二审法院适用法律错误，应予撤销。依据《中华人民共和国专利法》第六十二条，最高人民法院《关于审理侵犯专利权纠纷案件应用法律若干问题的解释》第十四条以及《中华人民共和国民事诉讼法》第一百八十六条第一款、第一百五十三条第一款第（二）项的规定，判决如下：撤销浙江省高级人民法院（2011）浙知终字第 4 号民事判决及浙江省宁波市中级人民法院（2010）浙甬知初字第 347 号民事判决；驳回邹金孟的诉讼请求。一审案件受理费 3 300 元，二审案件受理费 1 550 元，均由邹金孟承担。

七、案例来源

最高人民法院中国知识产权裁判文书网，http：//www. ipr. court. gov. cn。

八、案情分析

（一）争议焦点

（1）专利权评价报告或专利检索报告是否为提起专利侵权诉讼的要件。

（2）现有技术抗辩是否成立。

（二）法理分析

关于争议焦点一："专利检索报告"制度是2000年《专利法》第二次修改时，考虑到实用新型专利的授权采取初步审查制，权利的稳定性不高，为了合理地平衡实用新型专利权人与社会公众的利益而设计的。我国2001年《专利法》第五十七条第二款规定："专利侵权纠纷涉及实用新型专利的，人民法院或者管理专利工作的部门可以要求专利权人出具由国务院专利行政部门作出的检索报告。"可见在专利诉讼中，提交专利检索报告并非立案的要件，只需根据人民法院的要求提交。然而，最高人民法院随后出台的《关于审理专利纠纷案件适用法律问题的若干规定》第八条规定"提起侵犯实用新型专利诉讼的原告，应当在起诉时出具由国务院专利行政部门作出的检索报告"，这一司法解释显然与《专利法》的规定有出入，导致了司法实践中的混乱，有的法院认为必须提供检索报告才能立案，有的法院则不以为然。在上述案件中，被告水之源公司也在二审上诉时提出了相关质疑。

2009年《专利法》对"专利检索报告"制度进行了修改，第六十一条第二款规定："专利侵权纠纷涉及实用新型专利或外观设计专利的，人民法院或者管理专利工作的部门可以要求专利权人或者利害关系人出具由国务院专利行政部门对相关实用新型或外观设计进行检索、分析和评价后做出的专利权评价报告，作为审理、处理专利侵权纠纷的证据。"此次修订将"专利检索报告"更名为"专利权评价报告"，其对象范围由实用新型专利扩大到包括外观设计专利，并将报告的名称改为由仅评价是否具备新颖性、创造性扩大到对实用新型专利和外观设计专利是否符合专利法规定的授权条件进行全面分析和评价，更接近于"实质审查"，同时将请求人的范围由专利权人扩大到包括利害关系人。对于"专利评价报告"的作用和性质，新《专利审查指南》第五部分第十章明确规定："专利权评价报告是人民法院或者管理专利工作的部门审理、处理专利侵权纠纷的证据，主要用于人民法院或者管理专利工作的部门确定是否需要中止相关程序。专利权评价报告不是行政决定，因此专利权人或者利害关系人不能就此提起行政复议和行政诉讼。"由此可见，专利评价报告也非立案的法定要件，就像上述案件二审法院在判决书中所陈述的："专利权评价报告实为法院在审查判断是否应中止专利侵权案件诉讼时的一个考量依据，仅是判断专利权有效性的初步依据，不是提起专利侵权诉讼的法定要件。"

此外，在该案再审时水之源公司提交的国家知识产权局专利检索咨询中心作出的《检索报告》并非此处我们讨论的官方的"专利检索报告"或"专利评价报告"，因为国家知识产权局专利检索咨询中心是面向社会的服务咨询机构，可应任何请求人的请求，作出"检索报告"，但该"检索报告"并非官方性质。实践中一般社会咨询机构作出的"检索报告"常常与官方的"专利检索报告"混淆，这也许是《专利法》第三次修订时将其改名为"专利评价报告"的原因之一。

关于争议焦点二：现有技术也称公知技术，我国 2009 年《专利法》第二十二条第五款规定："本法所称现有技术，是指申请日以前在国内外为公众所知的技术。"由此可见，现有技术应该具备两个特性：一是公开性，即通过发表、使用或其他方式公开；二是在先性，即现有技术的公开应早于涉案专利的申请日。

我国《专利法》虽然规定专利的授权需以新颖性和创造性为前提，但由于发明专利在实质审查的过程有可能出现疏忽错漏，且对于未经实质审查就授权的实用新型而言更有可能出现将处于公共领域的现有技术申请为专利的情况，因此法律除了规定专利无效制度外，还赋予当事人现有技术抗辩权，即被控侵权人可以以实施现有技术为由对抗专利人的侵权主张。2009 年《专利法》第六十二条规定："在专利侵权纠纷中，被控侵权人有证据证明其实施的技术或者设计属于现有技术或者现有设计的，不构成侵犯专利权。"

一般而言，在司法实践中，当被控侵权人主张现有技术抗辩时，首先要从证据角度审查被控侵权人所主张的现有技术是否符合时间条件，即其公开时间是否早于涉案专利的申请日。上述案件中二审与再审的法官都首先对此进行判断。二审判决书中阐明了"专利号为 ZL200520030959.6 的实用新型专利申请日为 2005 年 6 月 10 日，授权公告日为 2006 年 5 月 10 日，早于涉案专利的申请日 2008 年 11 月 27 日，可以作为现有技术进行比对"。再审判决书中也明确了"韩国 KR20040111265 号专利公告日为 2004 年 12 月 31 日，早于涉案专利申请日 2008 年 11 月 27 日，属于现有技术"。在确定被控侵权人主张的现有技术构成法律意义上的现有技术后，有两种思路。一是先审查被控侵权物是否落入原告专利权保护范围，当确定其落入保护范围后，再进一步审查被控侵权物是否属于现有技术；二是先审查被控侵权物是否属于现有技术范围，当审查结果确定其属于现有技术范围时，无须再审查被控侵权物是否落入原告专利权保护范围即可判定侵权不成立，当其不属于现有技术范围时，再审查其是否落入原告专利权保护范围。上述案件的二审与再审法官都采用了第一种思路，先明确被控侵权物落入原告专利权保护范围后，再进行现有技术比对。

而对于在具体案件中如何界定现有技术标准的问题，最高人民法院《关于审理侵犯专利权纠纷案应用法律若干问题的解释》第十四条第一款规定："被诉落入专利权保护范围的全部技术特征，与一项现有技术方案中的相应技术特征相同或者无实质性差异的，人民法院应当认定被诉侵权人实施的技术属于专利法第六十二条规定的现有技术。"从该规定中可见，对于现有技术的界定我国司法实践采用的是相同或等同标准。上诉案件再审判决中，虽然被控侵权物与被控侵权人主张的现有技术比对后存在两处差异：①韩国专利凸环和凹槽均位于连接体的端部，而被诉侵权产品的凸环和凹槽位于连接体的中部；②韩国专利有密封圈，而被诉侵权产品没有密封圈。但法官在判决书中对此进行的阐述是："凸环和凹槽位于连接体的端部还是中部，并未改变管道接头的连接方式；韩国专利中的密封圈的主要作用在于实现密封，而非实现凹凸管的连接，即韩国专利中的凸环、凹槽配合关系已经基本实现了被诉侵权技术方案中凸环、凹槽扣押连接的功能效果。因此，韩国专利文件所公开的技术方案与被诉侵权技术方案采用的技术方式无实质性差异。"由此可见，此处法官采用的是等同，即无实质性差异的判断标准。

（三）相关判例

在李欣、北京燕赛公司、靖江燕赛公司与长安厂侵犯专利权纠纷案[南京市中级人民法院（2002）宁民三初字第 168 号民事判决书]中，被告使用了现有技术抗辩，二审法院在判决书中明确了适用现有技术抗辩的前提条件（被控侵权产品技术方案与涉案专利技术方案相同或等同）以及现有技术抗辩成立的条件（存在一项现有技术且被控侵权产品技术方案与该现有技术相同或等同），以此逻辑判定现有技术抗辩成立。

在北京东方京宁建材科技有限公司等诉北京锐创伟业科技发展有限公司等侵犯实用新型专利权纠纷案〔北京市高级人民法院（2008）高民终字第1165号民事判决书〕中，一审与二审法官均先行对被控侵权产品与其所主张的现有技术进行比对，明确了其属于现有技术的范围，因而无须再审查被控侵权产品是否落入原告专利保护范围而直接判定侵权不成立。

（四）法律适用

关于专利评价报告：

（1）《中华人民共和国专利法》第六十一条第二款："专利侵权纠纷涉及实用新型专利或者外观设计专利的，人民法院或者管理专利工作的部门可以要求专利权人或者利害关系人出具由国务院专利行政部门对相关实用新型或者外观设计进行检索、分析和评价后作出的专利权评价报告，作为审理、处理专利侵权纠纷的证据。"

（2）《专利审查指南》第五部分第十章："专利权评价报告是人民法院或者管理专利工作的部门审理、处理专利侵权纠纷的证据，主要用于人民法院或者管理专利工作的部门确定是否需要中止相关程序。专利权评价报告不是行政决定，因此专利权人或者利害关系人不能就此提起行政复议和行政诉讼。"

关于现有技术抗辩：

（1）《中华人民共和国专利法》第二十二条五款："本法所称现有技术，是指申请日以前在国内外为公众所知的技术。"

《中华人民共和国专利法》第六十二条："在专利侵权纠纷中，被控侵权人有证据证明其实施的技术或者设计属于现有技术或者现有设计的，不构成侵犯专利权。"

（3）最高人民法院《关于审理侵犯专利权纠纷案件应用法律若干问题的解释》第十四条第一款："被诉落入专利权保护范围的全部技术特征，与一项现有技术方案中的相应技术特征相同或者无实质性差异的，人民法院应当认定被诉侵权人实施的技术属于专利法第六十二条规定的现有技术。"

（五）小结

专利权评价报告实为法院在审查判断是否应中止专利侵权案件诉讼时的一个考量依据，仅供判断专利权的有效性，不是提起专利侵权诉讼的法定要件。现有技术抗辩制度在提高诉讼效率、防止专利权人滥用权利等方面起了重要作用，在我国《专利法》第三次修订时被正式纳入。在实践中，现有技术的成立需符合"申请日"标准，其判定采用相同或等同原则。

九、编者：黄钰、赵克祥

十、编写时间：2014 年 3 月

思科诉华为知识产权侵权案

一、案例编号（6－08）

二、学科方向：知识产权法之专利法

三、案例名称：思科诉华为知识产权侵权案

四、内容简介

作为对侵犯专利权控诉的一种积极抗辩理由，"专利权滥用"在美国的立法以及司法实践中均有着较为严格的判断标准。只有当专利权人不当扩大专利授权的范围并具有反竞争的效果，从而使权利人获得了超越法律允许的范围之外的垄断利益，才可能构成专利权滥用。而在专利权的法定范围内设定使用范围以及拒绝许可等行为并不构成专利权的滥用。

五、关键词：专利权；拒绝许可；专利权滥用

六、具体案情

2003 年 1 月 23 日，全球最大网络设备制造商巨头思科系统有限公司和思科技术公司，在美国德州马歇尔的联邦地区法院向我国电信设备制造商华为技术有限公司及其在美国的两家子公司华为美国公司 Huawei America, Inc. 和 Futurewei Technologies, Inc. 提起诉讼，指控华为的系

统软件 VRP 抄袭思科的系统软件 IOS 并侵犯其知识产权。思科在起诉书中诉称：①华为的 Qudiway 路由器的 OS（操作系统）中的出现的字符、文件名称和软件代码 Bug（软件缺陷）与思科路由器的 IOS（互联网操作系统）大致相同，认为华为抄袭其源代码；②华为路由器设备中附带的用户手册的内容完全和思科的雷同，认为复制其路由器用户手册的全部内容，侵犯其用户手册的著作权；③华为 Qudiway OS 的显示界面中显示的文字完全和思科的 CLI（命令行界面）一致，其辅助显示的大部分也几乎相同，认为华为盗用了其命令行接口；④华为 Qudiway 中使用的软件，将思科路由器协议中包括 IGRP、EIGRP、ISL&DISL 等在内的拥有专利权的私有协议整合其中，认为华为至少对其拥有的五项专利权进行侵犯。故思科要求法院签署禁止令，禁止华为销售包含剽窃思科软件的网络设备。

2003 年 2 月 7 日，华为称其已经停止在美国出售被思科指控含有非法盗版软件的某些产品，并将其 Quidway 路由器从其美国网站上撤除，且表示正在回收在美国售出的少量此类产品。随后，华为从美国聘请了资深的通信专家 Dennis Allison 作为第三方评估者对被诉侵权的华为路由器操作系统中的代码和思科的进行比较分析，结果 Dennis Allison 认为思科用 2000 万行代码编写的软件华为只用了 200 万行就实现了同样的功能，而其中仅有不到 2% 的部分与思科的私有协议有相关度。华为随后即将涉及思科私有协议的代码全部更改。

2003 年 3 月，在对自己的产品进行了充分检验的前提下，华为在美国对思科提出了反诉：华为的产品没有侵犯思科专利权，请求法院判决思科专利无效及其不公平竞争，并对思科向法院申请的初步禁止令提出强烈的反对意见。3 月 17 日，法院进行了第一次开庭，华为在庭上一针见血地指出思科进行起诉"基于惧怕竞争，其目的只在于意图利用私有协议对市场进行垄断。3 月 20 日，一家由华为和 3COM 公司共同投资，进行数据通信产品的研发、生产和销售的合资公司"华为 3COM"宣布成立。3 月 24 日，法院进行第一次全面答辩，华为在答辩中陈述其已修改相关软件，并删除与思科私有协议有关的代码。25 日，3COM 公司的首席执行官出庭证明华为没有对思科进行侵权。

2003 年 6 月 7 日，美国地区法院作出裁决，禁止华为公司使用有争议的操作界面、在线帮助文件以及部分路由器源代码，但是，该法院驳回了思科公司要求的范围更加广泛的产品禁止令，称"并无明显证据支持思科的诉讼请求"，拒绝了思科提出的禁止华为使用与思科操作软件类似的命令行程序。法官认为，华为作为一个公司，并没有有计划地抄袭思科的 IOS 系统软件，尽管确实在某部分的代码中，非预料性地使用了思科的 IOS 软件中相关的部分代码，但不认为思科有足够证据证明它的部分软件源码被抄袭或偷窃。6 月 11 日，美国 3COM 公司向法院提出请求，判决其与华为合资的华为 3COM 公司产品没有侵犯思科的知识产权。

2003 年 10 月 1 日，双方达成初步协议，同意在独立专家完成审核的过程中中止诉讼 6 个月。

2004 年 4 月 6 日，思科向美国地方法院提交申请，请求法院继续延期审理该公司同华为的专利纠纷 6 个月。

2004 年 7 月 28 日，华为、思科向美国德州马歇尔的联邦地区法院提交了终止诉讼的申请，法院据此签署法令，终止思科公司对华为公司的诉讼，并达成协议："在诉讼中产生的各方相关费用由各自承担，终止诉讼协议保密，任何 一方均不得公开，协议各方都不能再就本案或相同事项提起诉讼。"协议的达成标志着历时一年半的思科华为之诉以和解的方式宣告结束。虽然协议的全文没有公开，但从双方发言人透露的信息中可知一二。思科系统公司副总裁兼首席法律顾问马克·昌德勒称："华为作出了让步，已同意修改 VRP 系统中的命令行界面、用户手册、帮助界面和部分源代码，停止销售诉讼中所提及的产品，在全球范围内只销售经过修改后的新产品，并已将其相关产品提交给一个中立的第三方专家进行审核。此次诉讼的完成，标志着知识产权保护的一次胜利。"而华为的新闻发言人傅军则表示："思科的一些表态违反了双方达成的和解协议，华为主动对有争议的产品进行修改，只是为了避免争端，并不是华为侵犯了其他公司的知识产权。华为有三点需要说明：第一，从此以后，思科再也不能就此案或相同事由提出诉讼。第二，律师费及诉讼费由双方自行承担。第三，思科认为华为侵权，但华为始终不这样看，华为有自己的知识产权，但最后同意修改代码是为了避免争端。"

七、案件来源

新浪网"思科诉华为侵权案专题"，http：//tech. sina. com. cn/focus/cisco_ hucl wei/？ from = wapo。

八、案情分析

（一）争议焦点

本案中思科公司主张华为侵犯其专利权，而华为则提出反垄断的反诉。因此该案的焦点在于华为是否侵犯了思科的专利权，进一步讲，思科的行为是否构成专利权滥用。

（二）法理分析

思科称华为侵犯了其五项专利，这五项专利均存在于其私有协议之中。那么，私有协议的特性就成了本案的关键问题。事实上，此私有协议属于技术标准的一种。技术标准的产生来源于不同厂商的产品之间的兼容需求。随着通信技术的迅猛发展，该行业的产业分工越来越精细，但在某些关键技术上仍然要求不同厂商的产品、上下游的产品之间能进行兼容，才能在不同设备上实现通信功能。基于此，该行业的不同厂商在研发、制造通信产品和提供相关服务时均需要遵守一定的技术标准。技术标准分为法定技术标准和事实技术标准两种类型。法定技术标准是由各国的行业立法或国际标准化组织依照法定程序选择、确定、公告、建立并管理的标准。而事实技术标准是指在没有任何官方或准官方标准设定机构批准的情况下，企业自身通过市场进程成功地使业界接受某种技术而形成的标准。①相比起法定技术标准，事实技术标准具有封闭性、排他性特征。最典型的事实技术标准便是美国微软公司的 windows 操作系统和英特尔公司的微处理器标准。思科公司的私有协议就是属于此类事实技术标准。

随着现代科技的不断发展，技术成为企业发展的核心竞争力，有了专利制度的排他性保护后，以追逐利润为首要目标的企业便希望能通过对其技术的垄断性控制来形成一定的市场壁垒，阻止其他企业的进入。上文所提到的技术标准，无论是法定还是事实技术标准中均可能包含有受专利权保护的技术，但法定技术标准中基本会对专利权人的权利进行限制，或要求其免费许可，或要求其以"合理、非歧视"的价格进行许可。②而相比

① 张平、马晓：《标准化与知识产权战略》，北京：知识产权出版社2005年版，第2～24页。
② 唐娇：《技术标准中专利权滥用行为及对其的反垄断控制》，广东外语外贸大学硕士学位论文，2008年。

之下事实技术标准则没有这种约束，因此企业可能基于谋求自身利益最大化的目的而进行高价许可或拒绝许可。本案中，由于思科产品的高市场占有率，其私有协议事实上已经具备了国际技术标准的地位。而思科在美国和澳洲申请了几项有关其私有协议的专利，且不接受其他厂商的付费授权使用，这意味着思科以拒绝许可的形式阻止了其他厂商的设备进入该领域。思科在客观上处于互联网的垄断地位，主观上又通过拒绝许可的行为阻止其他公司对该领域的涉足，正如华为在之后的声明中所指出的："思科除了遏制竞争无他所图。"

　　那么，华为要以自己不侵犯思科的专利权作为反诉理由，就必须论证思科的行为构成专利权滥用。专利权滥用这个概念在很多国家都属于法理概念，只有美国在判例的发展中肯定了其可以作为抗辩事由。在 1917 年的 Motion Picture 案中，① 美国联邦法院最高法院在该案中首次承认"专利权滥用"可以作为侵害专利权诉讼的抗辩理由，而且首次判定原告的行为构成"专利权滥用"时专利权人不得控告被告侵犯其专利权。但美国的现行专利法对"专利权滥用"进行了较为严格的限制，其第 271（d）条第 4 项明确规定拒绝许可不视为专利权滥用。这就意味着以思科拒绝许可的行为作为理由进行专利权滥用抗辩得到法院支持的希望较为渺茫。而在反垄断法领域，美国的《谢尔曼法》中仅禁止合谋形式的拒绝许可，若拒绝许可不是由于两方或以上有计划的合谋通过拒绝来达到排除竞争企图垄断的目的，那么该拒绝许可行为便不会被认为是有垄断嫌疑的行为。因此华为若真的采用诉讼途径来对抗思科，其结果未必比和解更为理想。

　　因此，该案件的积极意义实际上是在于华为所采取的应诉策略。华为的应对态度非常积极，反应也很迅速，从上述案件概述可知它仅用一年半的时间就结束了这场争端，虽然华为原有的相关产品不能再销售，但换来了思科今后不得再就此案或者相同事由提起诉讼的承诺。纵观思科诉华为案的前前后后，华为不仅采用法律途径应对，而且从技术、舆论、合作伙伴等方面入手进行全方位的反击。技术上，华为仅用了一个月就开发出全新的代码；舆论上，国内的舆论几乎是一边倒地支持华为，对思科在中国的市场造成非常大的压力；合作伙伴上，华为在应诉的同时加快了与 3COM 的合作谈判。诉讼过程中，3COM 公司 CEO 多次亲自出庭作证，证

----

　　① ［美］德雷特勒著，王春燕等译：《专利产权许可》（上），北京：清华大学出版社 2003 年版，第 472 页。

实华为没有任何侵权行为。3COM 公司的支持为华为在美国的诉讼增加了非常重要的筹码。这种种努力使得华为最终以较少的诉讼成本结束了这场争端，也使该案成为中国企业在知识产权战略方面的一个经典案例。

（三）相关判例

在 2010 年美国联邦上诉法院审理的 Princo Corporation 诉 International Trade Commission 案，即台湾巨擘公司与荷兰飞利浦公司关于 CR－R/RW 技术的专利侵权诉讼中，荷兰飞利浦公司认为台湾巨擘公司侵犯其专利权，巨擘公司以飞利浦公司滥用专利权作为抗辩理由，原因是飞利浦许可的专利池中包含有来自索尼公司的非核心专利，而这项专利并非实施 CR－R/RW 技术所必须具备的。巨擘公司认为飞利浦公司通过把一非核心专利纳入专利池这一行为，实际是与索尼公司达成协议来抑制替代技术的发展，有滥用专利权的嫌疑。但飞利浦公司认为即使它与索尼之间确实存在限制竞争的横向协议，也不能构成对涉诉专利权的滥用。[①] 联邦上诉法院在审判过程中只针对一个案件焦点进行探讨，即纵然专利权人之间以横向协议限制被许可人对专利组合的选择或利用，在假设该横向协议会产生限制竞争的效果的前提下，是否构成对专利权的滥用。法院最终支持了飞利浦公司的主张，在判决中认为专利权滥用是针对专利侵权主张的积极抗辩，但它必须被限制在一定范围内，只有当专利权人不当扩大专利授权的范围并具有反竞争的效果，从而使权利人获得了超越法律允许的范围之外的垄断利益时，才可能构成专利权滥用。同时法院申明了权利人在专利权的法定范围内有权控制对其专利的适用、设定许可范围以及拒绝许可，这并不构成专利权的滥用。同时该滥用行为必须直接关系到对涉案专利的利用，否则抗辩也不能成立。案件中巨擘公司主张的飞利浦公司的专利权滥用行为直接关系的是索尼公司的专利，而非飞利浦公司主张巨擘公司侵权的涉案专利，即使飞利浦公司构成专利权滥用也与涉案专利无关，因此法院认为该专利权滥用的抗辩理由不能成立。

（四）法律适用

《美国专利法》第271条，利权之侵害："（d）侵害专利权，或帮助侵

---

① 何怀文：《作为侵权抗辩的"专利权滥用"——美国联邦巡回上诉法院"巨擘案"全席判决评介》，《中国专利与商标》2010 年第 4 期，第 32 页。

害之事情发生时，有权行使侵权救济的专利权人不得因下列情形之一而否定其行驶救济的权利，或被视为专利权滥用或不法的权利扩张：（1）因他人实行未经专利权人同意帮助侵害行为而使专利权人获得利益者；（2）许可或授权他人的行为，该行为若未经其同意而执行时，即构成帮助侵害专利权行为者；（3）为制止受侵害或受到协助侵害其专利而寻求实施其专利权内容者；（4）拒绝授权他人实施或使用其专利权者；（5）附加专利授权之条件或需购买其他专利以销售其专利品，或需采购不同产品以销售其专利品，但专利权人在该相关产品市场具有相当销售能力者，不在此限。"

（五）小结

专利权侵权与专利权滥用往往相伴而生，只有当专利权人不当扩大专利授权的范围并具有反竞争的效果，从而使权利人获得了超越法律允许的范围之外的垄断利益时，才可能构成专利权滥用。而在专利权的法定范围内设定使用范围以及拒绝许可等行为并不构成专利权滥用。

九、编者：黄钰、赵克祥

十、编写时间：2014 年 3 月

柏万清与成都难寻物品营销服务中心、上海添香实业有限公司侵害实用新型专利权纠纷申请再审案

一、案例编号（6 - 09）

二、学科方向：知识产权法之专利法

三、案例名称：柏万清与成都难寻物品营销服务中心、上海添香实业有限公司侵害实用新型专利权纠纷申请再审案

四、内容简介

准确界定专利权的保护范围，是认定被诉侵权技术方案是否构成侵权的前提条件。如果权利要求的撰写存在明显瑕疵，结合涉案专利说明书、本领域的公知常识以及相关现有技术等，仍然不能确定权利要求中技术术语的具体含义，无法准确界定专利权的保护范围的，则无法将被诉侵权技术方案与之进行有意义的侵权对比。因此，对于保护范围明显不清楚的专利权，不应认定被诉侵权技术方案构成侵权。

五、关键词：专利权；权利要求书；权利保护范围

六、具体案情

1. 案情信息

申请再审人（一审原告、二审上诉人）：柏万青。

被申请人（一审原告、二审被上诉人）：成都难寻物品营销服务中心、上海添香实业有限公司。

案由：专利侵权纠纷。

案号：四川省成都市中级人民法院（2010）成民初字第597号民事判决；四川省高级人民法院（2011）川民终字第391号民事判决；中华人民共和国最高人民法院（2012）民申字第1544号民事裁定书。

2. 原被告主张与理由

原告柏万清认为被告难寻物品营销服务中心（以下简称"难寻中心"）所销售的上海添香实业有限公司（以下简称"添香公司"）生产的添香牌防辐射服上装侵犯其ZL200420091540.7"防电磁污染服"实用新型专利权，于2010年7月19日诉至成都市中级人民法院，请求判令难寻中心停止销售被控侵权产品，添香公司停止生产、销售被控侵权产品并赔偿经济损失100万元。

3. 一审法院查明的事实

2006年12月20日，国家知识产权局授予柏万清"防电磁污染服"实用新型专利权，专利号为ZL200420091540.7，专利申请日为2002年5月8日。该专利的权利要求为1项，记载的内容为：一种防电磁污染服，它包括上装和下装，其特征在于所述服装在面料里设有由导磁率高而无剩磁的金属细丝或者金属粉末构成的起屏蔽作用的金属网或膜。结合上述权利要求的内容，该实用新型专利保护范围的技术特征可以归纳为：①一种防电磁污染服，包括上装和下装；②服装的面料里设有起屏蔽作用的金属网或膜；③起屏蔽作用的金属网或膜由导磁率高而无剩磁的金属细丝或者金属粉末构成。该专利说明书载明，该专利的目的是提供一种成本低、保护范围宽和效果好的防电磁污染服。其特征在于所述服装在面料里设有由导磁率高而无剩磁的金属细丝或者金属粉末构成的起屏蔽保护作用的金属网或膜。所述金属细丝可用市售5到8丝的铜丝等，所述金属粉末可用如软铁粉末等。附图1、2表明，防护服是在不改变已有服装样式和面料功能的基

础上，通过在面料里织进导电金属细丝或者以喷、涂、扩散、浸泡和印染等任一加工方法将导电金属粉末与面料复合，构成带网眼的网状结构即可。

2010 年 5 月 28 日，难寻中心销售了由添香公司生产的添香牌防辐射服上装，该产品售价 490 元。其技术特征是：①一种防电磁污染服上装；②服装的面料里设有起屏蔽作用的金属防护网；③起屏蔽作用的金属防护网由不锈钢金属纤维构成。

4. 一审法院判决理由与结果

柏万清系专利号 ZL200420091540.7"防电磁污染服"实用新型专利权人，其专利权受法律保护。专利的授予系行政程序，不属于法院审查范围，故对添香公司关于柏万清不应被授予涉案专利的辩称，该院不予审查。添香公司生产的添香牌防辐射服上装与诉争专利的"防电磁污染服"，具有相同功能和使用目的，为相同产品。比较涉案专利与被控侵权产品的技术特征，前者特征①与后者特征①是服装所具有的共同形态；后者特征②所采用的金属网形态，属于前者特征②表明的金属网或膜的形态的一种；前者特征③表明起屏蔽作用的金属网或膜由导磁率高而无剩磁的金属细丝或者金属粉末构成，但后者特征③表明起屏蔽作用的金属防护网为特种金属纤维系不锈钢。根据柏万清陈述，不锈钢并不一定是导磁率高而无剩磁的金属，其中铁的含量影响导磁率的高低，故在柏万清既未明确涉案专利技术特征中导磁率高低的区分标准，亦未证明被控侵权产品所采用的不锈钢丝的导磁率已达到上述"高"限的情况下，柏万清关于涉案专利特征③与被控侵权产品技术特征③相同的主张不能成立，故其所举证据材料不足以证明被控侵权产品落入其专利保护范围。

综上，添香公司生产、销售的添香牌防辐射服没有侵犯柏万清的实用新型专利权，难寻中心销售上述非侵权产品的行为亦未侵犯柏万清所享有的实用新型专利权。对柏万清请求判令停止侵权、赔偿经济损失的主张，法院不予支持，对添香公司、难寻中心的相反主张，法院予以支持。据此，依照《中华人民共和国民事诉讼法》第一百三十四条第一款、第二款、第三款，《中华人民共和国专利法》第五十六条第一款之规定，判决如下：驳回柏万清的诉讼请求。一审案件受理费 13 800 元，由柏万清承担。

5. 上诉与答辩理由

一审原告柏万清不服，向四川省高级人民法院提起上诉称：根据现有证据能够证明被控侵权产品的特征③与涉案专利权利要求 1 中的特征③相同。2007 年至 2010 年被控侵权产品的销售金额为 22.35 亿元，按该销售金额的最低提成率 r 计算，添香公司、难寻中心因直接侵权的非法获利为 5.587 5 亿元；添香公司在《第一财经日报》上发表的文章表明其因间接侵权的非法获利远大于 5.587 5 亿元；添香公司在销售产品之前未对该产品是否侵权进行调查分析，且拒绝与柏万清和解，构成恶意侵权，应按其直接和间接侵权获利之和的 3 倍处罚。上诉人请求二审法院撤销原判，判令添香公司、难寻中心赔偿其直接侵权损失 5.587 5 亿元，添香公司赔偿其间接侵权损失 5.587 5 亿元及恶意侵权损失 33.525 亿元。

一审被告难寻中心庭审中口头答辩称：难寻中心是合法经营主体，经销产品有合法来源，其合法经营行为不构成侵权，请求驳回柏万清的上诉请求。

一审被告添香公司庭审中口头答辩称：防辐射技术在 1999 年已大规模使用于服装，添香公司早已生产销售案涉产品，柏万清的专利技术属于已知技术，添香公司不构成侵权。请求驳回柏万清的上诉请求。

6. 二审法院查明的事实

双方当事人对原审判决查明的案件事实均无异议。对原审判决查明的案件事实，二审法院予以确认。

7. 二审法院判决理由与结果

二审法院认为，本案二审争议的焦点为添香公司、难寻中心生产、销售的被控侵权产品是否侵犯了柏万清"防电磁污染服"实用新型专利权并应否就此承担停止侵权及赔偿损失的民事责任。

根据《中华人民共和国专利法》第五十九条第一款"发明或者实用新型专利权的保护范围以其权利要求的内容为准，说明书及附图可以用于解释权利要求的内容"的规定，涉案专利的权利要求 1 对其所要保护的"防电磁污染服"所采用的金属材料进行限定时采用了含义不确定的技术术语"导磁率高"，并且在其权利要求书的其他部分以及说明书中均未对这种金属材料导磁率的具体数值范围进行限定，也未对影响导磁率的其他参数进行限定；本案审理过程中，柏万清也未提供证据证明防辐射服的"导磁率高"在本领域中有公认的确切含义。故本领域技术人员根据涉案专利权利要求书和说明书的记载无法确定权利要求 1 的特征③中的"高导磁率"所表示的导磁率的具体数值范围。就被控侵权产品的特征③而言，其仅仅是表明该防辐射服采用了不锈钢金属纤维材料，并未对不锈钢金属纤维的导磁率以及有无剩磁等情况进行说明。根据柏万清在一审庭审中的陈述，不锈钢并不一定是导磁率高而无剩磁的金属，故在柏万清既未举证证明涉案专利技术特征"导磁率高"所表示的导磁率的具体数值范围，也未举证证明被控侵权产品所采用的不锈钢金属纤维的导磁率的数值范围属于其权利要求的保护范围且该不锈钢金属纤维具有无剩磁的特性的情况下，柏万清关于涉案专利③与被控侵权产品技术特征③相同的主张不能成立，故被控侵权产品未落入涉案专利权利要求1的保护范围。添香公司生产、销售的添香牌防辐射服及难寻中心销售的上述产品均未侵犯柏万清的实用新型专利权。依照《中华人民共和国民事诉讼法》第一百五十三条第一款第（一）项的规定，判决驳回上诉，维持原判。二审案件受理费 13 800 元，由柏万清负担。

8. 再审与答辩理由

柏万清申请再审称：（1）关于涉案专利权利要求1中的"导磁率高"的理解问题。①解释权利要求时应当站在本领域普通技术人员立场上，结合工具书、教科书等公知文献以及本领域普通技术人员的通常理解进行解释。②导磁率又称为磁导率，是国际标准的电磁学技术术语，包括相对磁导率与绝对磁导率。相对磁导率是磁体在某种均匀介质中的磁感应强度与在真空中磁感应强度之比值。绝对磁导率是在磁介质所在的磁场中某点的磁感应强度与磁场强度的比值。绝对磁导率更为常用，所以绝对磁导率在多数教科书与技术资料中简称为磁导率。③导磁率是磁感应强度与磁场强度之比值，是一个与磁感应强度和磁场强度都相关联的物理量。在特定的物理条件下，导磁率是可以描述、测量出的数值，可以有大小高低之分。④相关证据可以证明高导磁率是本领域普通技术人员公知的技术常识。国际标准单位意义上的高导磁率是国际公认的表达。相关现有技术中，从 80 高斯/奥斯特、1850 高斯/奥斯特到 34×10^4 高斯/奥斯特或者 83.5×10^4 高斯/奥斯特，分别代表了高、很高、特高（极高）三个不同级别，但都属于高导磁率范围，都属于本领域普通技术人员理解的高导磁率范围内。⑤涉案专利权利要求1中限定了防电磁污染即防电磁辐射用途，高导磁率具有特定的具体环境，可以具体确定其含义。现实中，可以大致确定人们对各种辐射的防范需求。对于不同的防辐射环境需要，本领域普通技术人员可以先测定出辐射数值，然后选择能够实现防辐射目的的导磁率材料。涉案专利权利要求1中的"导磁率高"具有明确的含义。即首先确定出磁介质的导磁率数值的安全下限，然后高于这个下限数值的就是导磁率高。

这个下限数值可以因使用环境不同而有所区别。

（2）被诉侵权产品中的磁介质导磁率与剩磁可以通过司法鉴定查明。在当事人未申请司法鉴定的情况下，人民法院应当行使释明权。柏万清请求依法对被诉侵权产品进行司法鉴定。防范电磁辐射的产品应当无剩磁，或者有剩磁时进行退磁处理，直至无剩磁。因此，被诉侵权产品有明显的剩磁亦不合理。

添香公司提交意见认为：①被诉侵权产品没有落入涉案专利权的保护范围。②在涉案专利之前已有防辐射服技术，涉案专利不具有新颖性、创造性和实用性，添香公司实施现有技术，不属于侵权行为。③对柏万清提交的证据 1 至 7 的真实性没有异议，但认为不能支持柏万清的主张。

9. 再审法院查明事实

最高人民法院再审审查查明，关于磁导率与导磁率的含义，证据 1 "磁导率" 词条记载："磁体在某种均匀介质中的磁感应强度与真空中磁感应强度的比值，也叫磁导系数或导磁率。" 证据 2 "磁导率" 词条记载："表示物质磁性的一种磁学量，是物质中磁感应强度 B 与磁场强度 H 之比，即 $\mu = B/H$。但通常使用物质的相对磁导率 μr，其定义是物质的磁导率 μ 与真空的磁导率（或称磁常数）$\mu 0$ 之比，即 $\mu r = \mu / \mu 0$。""B 与 H 之比的磁导率表示物质受磁（化）场 H 作用时，其中磁场相对于 H 的增加（$\mu r > 1$）或减少（$\mu r < 1$）的程度。" 在实际应用中，磁导率还因具体条件不同而分为多种，例如起始磁导率 μi、微分磁导率 μd、最大磁导率 μm、复磁导率、张量磁导率等。该词条所示的 "几种磁导率定义的示意图" 显示磁导率并非常数。

关于高导磁率的含义，证据 3 中使用了 "高导磁率铁粉" 的表述。证据 4 中记载了 "高导磁率的新软磁材料"、"导磁率为硅钢片的 20 倍" 等内容。证据 5 中记载了 "在非常高的磁场下（如 100 Oe）仍具有相当高的磁导率值（$\geqslant 80$ Gs /Oe）" 等内容。证据 6 中记载了 "制造高导磁率含铜硅钢的工艺"、"导磁率在 10 奥斯特时至少为 1850 高斯/奥斯特的生产工艺" 等内容。证据 7 中有 "极高的初始导磁率及较低的损耗，其最佳性能 $\mu 0.01$ 可达 34×10^4 Gs/Oe，μm 达 83.5×10^4 Gs/Oe" 等内容。证据 8 中，记载了人体防电磁辐照的（较为客观的）安全限值，但其中并没有记载与导磁率有关的内容。证据 9 中记载了 "高磁导率铁氧体材料与磁芯"、频率为 1～200 KHz 下 μ 分别为 14 248 至 7 549 等内容。

10. 再审判决理由与结果

最高人民法院认为，准确界定专利权的保护范围，是认定被诉侵权技术方案是否构成侵权的前提条件。如果权利要求的撰写存在明显瑕疵，结合涉案专利说明书、本领域的公知常识以及相关现有技术等，仍然不能确定权利要求中技术术语的具体含义，无法准确确定专利权的保护范围的，则无法将被诉侵权技术方案与之进行有意义的侵权对比。因此，对于保护范围明显不清楚的专利权，不应认定被诉侵权技术方案构成侵权。

关于涉案专利权利要求 1 中的技术特征"导磁率高"。首先，根据柏万清提供的证据，虽然磁导率有时也被称为导磁率，但磁导率有绝对磁导率与相对磁导率之分，根据具体条件的不同还涉及起始磁导率 μ_i、最大磁导率 μ_m 等概念。不同概念的含义不同，计算方式也不尽相同。磁导率并非常数，磁场强度 H 发生变化时，即可观察到磁导率的变化。但是在涉案专利说明书中，既没有记载导磁率在涉案专利技术方案中是指相对磁导率还是绝对磁导率或者其他概念，也没有记载导磁率高的具体范围，亦没有记载包括磁场强度 H 等在内的计算导磁率的客观条件。本领域技术人员根据涉案专利说明书，难以确定涉案专利中所称的导磁率高的具体含义。其次，从柏万清提交的相关证据来看，虽能证明有些现有技术中确实采用了高磁导率、高导磁率等表述，但根据技术领域以及磁场强度的不同，所谓高导磁率的含义十分宽泛，从 80 Gs/Oe 至 83.5×10^4 Gs/Oe 均被柏万清称为高导磁率。柏万清提供的证据并不能证明在涉案专利所属技术领域中，本领域技术人员对于高导磁率的含义或者范围有着相对统一的认识。最后，柏万清主张根据具体使用环境的不同，本领域技术人员可以确定具体的安全下限，从而确定所需的导磁率。该主张实际上是将能够实现防辐射目的的所有情形均纳入涉案专利权的保护范围，保护范围过于宽泛，亦缺乏事实和法律依据。

综上所述，根据涉案专利说明书以及柏万清提供的有关证据，本领域技术人员难以确定权利要求 1 中技术特征"导磁率高"的具体范围或者具体含义，不能准确确定权利要求 1 的保护范围，无法将被诉侵权产品与之进行有意义的侵权对比。因此，对被诉侵权产品的导磁率进行司法鉴定已无必要。二审判决认定柏万清未能举证证明被诉侵权产品落入涉案专利权的保护范围，并无不当。故柏万清的再审申请不符合《中华人民共和国民事诉讼法》第一百七十九条的规定。依照《中华人民共和国民事诉讼法》第一百八十一条第一款之规定，裁定驳回柏万清的再审申请。

七、案例来源

中国法院网"2012 年中国法院知识产权司法保护十大创新性案件"，http：//www. chinacourt. org/article/detail/2013/04/id949762. shtml。

八、案情分析

（一）争议焦点

本案争议焦点在于被诉侵权产品是否落入涉案专利权的保护范围。

（二）法理分析

专利权是一项具有垄断性的财产权，对其保护范围的确定直接关系到权利人和社会公众利益的平衡。若其保护范围过大，则可能将现有技术纳入到专利权人的垄断范围之内，损害社会公众的利益；若其保护范围界定过小，则不利于保护权利人的合法利益。关于专利权的保护范围如何确定问题，我国《专利法》第五十九条第一款规定"发明或者实用新型专利权的保护范围以其权利要求的内容为准，说明书和附图可以用于解释权利要求"，且其第二十六条第四款规定"权利要求书应当以说明书为依据，清楚、简要地限定要求专利保护的范围"。

然而，由于语言表达的局限性以及相关文书撰写水平的客观限制等原因，要做到"清楚、简要地限定要求专利保护的范围"并非易事，实践中常常出现各种各样的问题，如缺乏必要技术特征、权利要求无法得到准确概括、权利要求书的撰写出现明显错误等，这些问题往往会为专利权的保护带来麻烦，要么可能被宣告无效，要么则陷入像上述案件这样的侵权纠纷。

对于保护范围难以确定却尚未被宣告无效的专利在侵权纠纷中能否得到支持的问题，最高人民法院在该案件再审裁定书中给出了明确的指导方向："准确界定专利权的保护范围，是认定被诉侵权技术方案是否构成侵权的前提条件。如果权利要求的撰写存在明显瑕疵，结合涉案专利说明书、本领域的公知常识以及相关现有技术等，仍然不能确定权利要求中技术术语的具体含义，无法准确确定专利权的保护范围的，则无法将被诉侵权技术方案与之进行有意义的侵权对比。因此，对于保护范围明显不清楚的专利权，不应认定被诉侵权技术方案构成侵权。"由此论述可见，准确确定专利权的保护范围是判定侵权行为成立的前提条件。

而对于具体如何确定专利权的保护范围，在 2010 版《专利审查指南》中有更为详细的说明，其第二部分第二章第 3.2.2 节规定："每项权利要求所确定的保护范围应当清楚。权利要求的保护范围应当根据其所用词语的含义来理解。一般情况下，权利要求中的用词应当理解为相关技术领域通常具有的含义。在特定情况下，如果说明书中指明了某词具有特定的含义，并且使用了该词的权利要求的保护范围由于说明书中对该词的说明而被限定的足够清楚。这种情况也是足够允许的。"上述案件中，关于申请再审人柏万青的权利要求书中"导磁率高"一词，最高人民法院法官认为"本领域技术人员根据涉案专利说明书，难以确定涉案专利中所称的导磁率高的具体含义"，且"柏万清提供的证据并不能证明在涉案专利所属技术领域中，本领域技术人员对于高导磁率的含义或者范围有着相对统一的认识"，由此认定难以确定权利要求的范围，从而不支持其诉求。

（三）相关判例

在西科公司诉恒美公司等侵害发明专利权纠纷案［（2011）沪一中民五（知）初字第 89 号、（2012）沪高民三（知）终字第 44 号］中，原告西科公司"可移动的折叠台"发明专利（专利号为 ZL95196021.0）的权利要求书中有一项技术特征的描述有误，一审法院严格按照其权利要求书中的描述，认定被告产品没有落入原告权利保护范围。而二审法院则认为"本案中所属技术领域普通技术人员能够明确无误地确认权利要求 3 中'基本上呈矩形的第二连杆（105）'是撰写错误，也能明显无疑地知道该处的'基本上呈矩形的第二连杆（105）'应为'基本上呈 U 形的第二连杆（108）'"，由此撤销一审判决，认定被告落入原告权利范围。这一案件同样涉及权利要求书的描述存在瑕疵的问题。通过该判决可以得知权利要求书存在瑕疵并不必然导致权利本身的瑕疵，而是要站在该领域的普通技术人员的角度，如果其在阅读权利要求和说明书以及审查档案后，能发现某一技术特征的撰写存在明显错误，同时也能明确得出正确答案，则应当按照更正后的权利要求来确定权利要求的保护范围。

（四）法律适用

（1）《中华人民共和国专利法》第二十六条第四款："权利要求书应当以说明书为依据，清楚、简要地限定要求专利保护的范围。"

（2）《中华人民共和国专利法》第五十九条第一款："发明或者实用新型专利权的保护范围以其权利要求的内容为准，说明书和附图可以用于解释权利要求。"

（五）小结

本案争议焦点在于被诉侵权产品是否落入涉案专利权的保护范围。准确界定专利权的保护范围，是认定被诉侵权技术方案是否构成侵权的前提条件。对于保护范围明显不清楚的专利权，不应认定被诉侵权技术方案构成侵权。

九、编者：黄钰、赵克祥

十、编写时间：2014 年 3 月

腾讯公司、腾讯计算机公司诉奇虎公司、奇智公司不正当竞争案

一、案例编号 (6－10)

二、学科方向：知识产权法之反不正当竞争法

三、案例名称：腾讯公司、腾讯计算机公司诉奇虎公司、奇智公司不正当竞争案

四、内容简介

不正当竞争行为是指竞争者所实施的违反竞争法规定，损害他人利益，扰乱竞争秩序的竞争行为。构成不正当竞争行为须满足以下几个要件：①是经营者的竞争行为；②违反诚实信用原则或公认的商业道德；③有损于其他经营者的利益、扰乱社会经济秩序。本案被告为达到其商业目的，一方面，诱导并提供工具积极帮助用户改变 QQ 软件的运行方式，并引导用户安装其 360 安全卫士，替换 QQ 软件安全中心，破坏了 QQ 软件相关服务的安全性并对 QQ 软件整体具有很强的威胁性；另一方面，原告的正常经营活动受到干扰而导致经济收益和增值服务交易机会减少，其合法权益被损害，因此被告行为构成不正当竞争。

五、关键词：不正当竞争；3Q 大战；商业诋毁

六、具体案情

原告为腾讯科技（深圳）有限公司（以下简称"腾讯公司"）、深圳市腾讯计算机系统有限公司（以下简称"腾讯计算机公司"），被告为北京奇虎科技有限公司（以下简称"奇虎公司"）、奇智软件（北京）有限公司（以下简称"奇智公司"）。原告是提供互联网综合服务的互联网公司，腾讯 QQ 即时通信软件和腾讯 QQ 即时通信系统是原告的核心产品和服务。2010 年 9 月 26 日，腾讯公司借 QQ 客户端推送 QQ 电脑管家。2010 年 9 月 27 日，奇虎公司运营的 360 软件推送隐私保护器监控 QQ。同年 10 月 29 日，原告发现两被告通过其运营的 www. 360. cn 网站向用户提供"360 扣扣保镖"软件（以下简称"扣扣保镖"）下载，并通过各种途径进行推广宣传。该软件直接针对腾讯 QQ 软件，自称具有"给 QQ 体检"、"帮 QQ 加速"、"清 QQ 垃圾"、"去 QQ 广告"、"杀 QQ 木马"、"保 QQ 安全"和"隐私保护"等功能模块，实质上是打着保护用户利益的旗号，污蔑、破坏和篡改腾讯 QQ 软件的功能，同时通过虚假宣传，鼓励和诱导用户删除腾讯 QQ 软件中的增值业务插件、屏蔽原告的客户广告，同时将其产品和服务嵌入原告的 QQ 软件界面，借机宣传和推广自己的产品。原告认为，被告的上述行为不仅破坏了原告合法的经营模式，导致原告产品和服务的完整性和安全性遭到严重破坏，也使原告的商业信誉和商品声誉遭到了严重损害。被告的上述行为违反了公认的商业道德，构成不正当竞争，减少了原告的增值业务交易机会和广告收入，给原告造成了无法估量的损失，亦导致用户不能再享受优质、安全、有效的即时通信服务，最终损害用户的利益。因此原告起诉要求奇虎及其关联公司停止侵权、公开道歉并作出赔偿。

对于原告的诉讼请求，被告则认为，软件用户有权对 QQ 软件进行修改，扣扣保镖协助用户实现该权利显然不构成著作权意义上的"破坏软件完整性"；扣扣保镖仅系在用户同意、知情的情况下协助用户实现其原本应有的权利，不违反公认的商业道德；扣扣保镖的打分只是对于 QQ 软件运行状况的反映与评价，不涉及对 QQ 软件整体的评价，不构成对原告商业声誉的诋毁。

七、案例来源

广东省高级人民法院网，www. gdcourts. gov. cn。

八、案情分析

（一）争议焦点

本案中，双方争议焦点集中在被告的行为是否构成不正当竞争，具体从以下三个方面切入分析：①被告开发的扣扣保镖软件是否能够破坏原告QQ软件及其服务的安全性、完整性，使原告丧失增值业务的交易机会及广告收入，从而构成不正当竞争；②被告在经营扣扣保镖软件及其服务时，是否存在捏造、散布虚伪事实，损害原告商业信誉、商品声誉的行为，从而构成商业诋毁；③被告的扣扣保镖是否通过篡改QQ的功能界面从而取代原告QQ软件的部分功能以推销自己的产品，从而构成不正当竞争：

1. 原被告之间是否构成竞争关系

要认定被告是否构成不正当竞争，则先要研究原告与被告之间是否构成竞争关系。如何才构成竞争关系？我国《反不正当竞争法》中对此并无明确界定。最高法院在某一案例的裁判摘要中这样描述判断竞争关系存在的标准："不以二者属同一行业或服务类别为限，如果二者在市场竞争中存在一定联系或者一方的行为不正当地妨碍了另一方的正当经营活动并损害其合法权益，则应肯定二者之间存在竞争关系。"① 在本案中，广东省高级人民法院一审判决认为，原被告之间具有相同的市场利益，被告"扣扣保镖"软件的作用是专门用来检测QQ软件，其要依附于QQ软件而运行，涉案两个软件的用户群相同。因此，软件的经营者即原被告之间形成竞争关系。另外，从竞争行为角度分析，"扣扣保镖"对QQ软件的检测、评价行为，会导致其经营者的竞争优势有所提高或原告的竞争优势有所减弱的后果，属于竞争行为。

2. 被告开发的扣扣保镖软件是否能够破坏原告QQ软件及其服务的安全性、完整性，使原告丧失增值业务的交易机会及广告收入

我国《反不正当竞争法》第二条规定，经营者在市场交易中，应当遵

---

① 《最高人民法院公报》2010年第8期。

循自愿、平等、公平、诚实信用的原则，遵守公认的商业道德。违反规定损害其他经营者的合法权益、扰乱社会经济秩序的行为属于不正当竞争。另外，《规范互联网信息服务市场秩序若干规定》第五条的规定，互联网信息服务提供者不得实施下列侵犯其他互联网信息服务提供者合法权益的行为，包括"欺骗、误导或者强迫用户使用或者不使用其他互联网信息服务提供者的服务和产品；恶意修改或者欺骗、误导、强迫用户修改其他互联网服务提供者的服务或者产品参数"。《互联网终端软件服务行业自律公约》第十八条规定："终端软件在安装、运行、升级、卸载等过程中，不应恶意干扰或者破坏其他合法终端软件的正常使用。"第十九条规定："除恶意广告①外，不得针对特定信息服务提供商拦截、屏蔽其合法信息内容及页面。"

综上规定可见，要确认本案被告的行为是否构成不正当竞争行为，就要考察作为经营者的被告的行为是否违反了诚实信用原则和公认的商业道德，并且损害了原告的合法权益。

本案一审法院查明，"扣扣保镖"是被告为原告的QQ软件专门开发的软件，具有唯一针对性。在电脑上安装了QQ软件后，再安装"扣扣保镖"并运行，"扣扣保镖"就会自动对QQ进行体检，进而宣布QQ存在严重的健康问题，另外，被告还向网络用户宣称，QQ软件存在扫描用户隐私的行为，如果网络用户点击"查看QQ扫描了哪些文件"的链接后即可调用"360隐私保护器"。据此一审法院认为：

第一，根据权利、利益与责任相符合的基本法律原则，安全软件的经营者必须具有与其权利和技术能力相匹配的谨慎责任。被告免费向用户提供安全软件，通过这个平台向用户发布广告、提供增值服务和应用软件，以此获利。被告此时既是安全的保护者，又是经营者，在此双重身份下，被告更应该谨慎、理性行事，获得权利和利益的同时更应该维护好用户的安全和利益。

第二，原告向用户提供免费的即时通信服务，然后再借助即时通信软件搭建的平台向用户提供网络社交、资讯、网游、娱乐等增值服务，并为广告客户投放商业广告，实现赢利。由于用户在享受即时通信服务的时候没有支付相关费用，因此花费一定的时间浏览广告和其他推销增值服务的

---

① 恶意广告指频繁弹出的对用户造成干扰的广告类信息以及不提供关闭方式的漂浮广告、弹窗广告、视窗广告。

插件及弹窗，是其必须付出的时间成本。故原告在该平台上发布广告、增值业务推销、游戏等不属于病毒、木马程序或流氓软件，被告无权假借查杀病毒或者保护用户利益之名，侵入其他网络服务提供者合法软件的运行进程，通过擅自修改他人软件的手段达到破坏他人合法经营的目的。

第三，被告一方面在自己的平台上开展综合性服务，投放广告和开展增值服务等获利；另一方面又以保护 QQ 用户安全为名，提供工具鼓励和诱导用户过滤原告的广告和资讯服务、删除和破坏原告的增值服务及 QQ 的其他功能与服务，违背了诚实信用和公平竞争原则，具有明显的不正当竞争的恶意，这是导致"3Q"大战爆发的根本原因，被告的上述行为严重扰乱了互联网经营秩序。

至于被告主张原告的商业模式具有掠夺性和侵害性，为了保护广大用户和其他经营者的利益，被告作为安全工具的开发者和经营者责任重大，有权对抗和改变原告的行为等抗辩理由，则未被法院接受。

最高人民法院二审判决更认为，被告为达到其商业目的，一方面，诱导并提供工具积极帮助用户改变 QQ 软件的运行方式，并引导用户安装其360 安全卫士，替换 QQ 软件安全中心，破坏了 QQ 软件相关服务的安全性并对 QQ 软件整体具有很强的威胁性；另一方面，原告的正常经营活动受到干扰而导致经济收益和增值服务交易机会减少，其合法权益被损害，因此维持一审法院判决。

综上所述，被告针对原告 QQ 软件专门开发的扣扣保镖软件破坏了原告合法运行的 QQ 软件及其服务的安全性、完整性，使原告丧失合法增值业务的交易机会及广告、游戏等收入，偏离了安全软件的技术目的和经营目的，主观上具有恶意，构成不正当竞争。

3. 是否存在捏造、散布虚伪事实，损害原告商业信誉、商品声誉的行为

《中华人民共和国反不正当竞争法》第十四条："经营者不得捏造、散布虚伪事实，损害竞争对手的商业信誉、商品声誉。"经营者针对特定或者特定类型的竞争对手，故意或者过失地捏造、散布虚伪事实，损害的商业信誉和商品声誉的，构成商业诋毁。

在本案中，在电脑上安装 QQ 软件后再安装"扣扣保镖"软件并运行，"扣扣保镖"会自动对 QQ 进行"体检"，然后显示"体检得分 4 分，QQ 存在严重的健康问题"；"共检查了 40 项，其中 31 项有问题，建议立即修复，重新体检"；"在 QQ 的运行过程中，会扫描您电脑里的文件（腾讯称

之为安全扫描），为避免您的隐私泄露，您可禁止 QQ 扫描您的文件"等用语，另外还有"阻止 QQ 扫描我的文件"、"一键修复"等按键设置。

一审法院认为：第一，只要在对产品进行评价时陈述虚假或者引人误解的事实的，就有可能构成商业诋毁。在"给 QQ 体检"中，被告以上的行为和按键设置，以及其他提醒用户 QQ 存在严重健康问题等明示、暗示 QQ 软件有问题的说法缺乏事实依据，属于捏造和虚构，对 QQ 产生负面影响。第二，在打分环节中，只有用户使用了"扣扣保镖"的"一键修复"功能后，用户的 QQ 软件才能取得 100 分，而同时原告借助 QQ 平台搭建的增值服务和广告业务功能就将被禁用、阻止或者清除。这直接鼓励和诱导用户使用扣扣保镖的"一键修复"功能，破坏 QQ 的产品和服务的行为。第三，虽然原、被告都有对 QQ 打分，但双方目的不一样，原告是为了用户的账户安全，被告则是为了贬低 QQ 产品。因此，在认定是否构成商业诋毁时，应该综合考虑所谓"打分"会给用户造成的影响和效果，而非孤立地、割裂地看待某个"打分"行为自身是否构成商业诋毁。

最高人民法院在二审判决中认为，奇虎、奇智公司无事实依据地宣称 QQ 软件会对用户电脑硬盘隐私文件强制性查看，并且以自己的标准对 QQ 软件进行评判并宣传 QQ 存在严重的健康问题，造成了用户对 QQ 软件及其服务的恐慌及负面评价。这种评论已超出正当商业评价、评论的范畴，突破了法律界限，构成了商业诋毁。

综上所述，被告针对原告的经营，故意捏造、散布虚伪事实，损害原告的商业信誉和商品声誉，构成商业诋毁。

4. 扣扣保镖是否通过篡改 QQ 的功能界面从而取代原告 QQ 软件的部分功能以推销自己的产品

运用"扣扣保镖"软件对 QQ 进行体检时，点击"保 QQ 安全"，开启"升级 QQ 安全中心"，显示"点击 QQ 主面板中的安全中心时打开 360 扣扣保镖"，点击"杀 QQ 木马"，显示"点击安装 360 安全卫士"以及"如果您不安装 360 安全卫士，将无法使用木马查杀功能"。从上述程序中可发现，被告打着"升级 QQ 安全中心"的旗号，通过各种程序篡改 QQ 功能界面，还强烈推荐用户安装使用 360 卫士。被告这种诋毁原告 QQ 软件以鼓励和诱导用户删除 QQ 软件的产品与服务并安装自己的软件、推销 360 安全卫士以增加自己的交易机会的行为，给原告造成了严重经济损失，违反了诚实信用和公平竞争原则，构成不正当竞争。

（二）法理分析

1. 如何认定不正当竞争

根据《中华人民共和国反不正当竞争法》第二条："经营者在市场交易中，应当遵循自愿、平等、公平、诚实信用的原则，遵守公认的商业道德。本法所称的不正当竞争，是指经营者违反本法规定，损害其他经营者合法权益，扰乱社会经济秩序的行为。本法所称的经营者，是指从事商品经营或者营利性服务（以下所称商品包括服务）的法人、其他经济组织和个人。"根据上述规定，构成不正当竞争行为须满足以下几个要件：①是经营者的竞争行为；②违反诚实信用原则或公认的商业道德；③有损于其他经营者的利益、扰乱社会经济秩序。① 一言以蔽之，不正当竞争行为，就是指竞争者所实施的违反竞争法规定，损害他人利益，扰乱竞争秩序的竞争行为。②

我国《反不正当竞争法》对不正当竞争行为用列举的方式加以规定，具体体现为该法第二章第五条到第十五条所规定的禁止性行为。这种违法行为是追究经营者责任的法律基础，此行为与损害结果存在联系则可以认定经营者实施了不正当竞争行为。有的时候虽然经营者的行为没有造成损害结果，但是仍然可以成立不正当竞争。所以认定不正当竞争的时候主要是看经营者是否实施了法律禁止的不正当竞争行为。③

在司法实践中，判定经营者的竞争行为是否属于不正当竞争，需要考量以下两个要素：①从行为人的主观方面看，是否违反了诚实信用的基本原则；②从客观方面看，这种行为是否改变了行为人和竞争对手的市场评价。④ 在本案中，一方面，从主观方面上看，被告违法了诚实信用原则，运用"扣扣保镖"软件对 QQ 软件进行不真实的评价，从而贬低了 QQ 软件；另一方面，被告行为在客观上改变了行为人和竞争对手的市场评价，而且被告非法获利的同时损害了原告的合法权益。

综上所述，奇虎、奇智公司的扣扣保镖依附于 QQ 软件，破坏 QQ 软件及其服务的安全性、完整性，损害原告的合法权益，主观上具有恶意，

---

① 袁达松、韩赤风、李树建：《中外竞争法经典案例评析》，北京：法律出版社 2011 年版，第 118 页。

② 吴汉东：《知识产权基本问题研究》，北京：中国人民大学出版社 2005 年版，第 816 页。

③ 文永辉：《关于不正当竞争行为的界定》，《太原师范学院报》2010 年第 3 期，第 96 页。

④ 伍春辉：《论行业诋毁的经济法规制》，《法制与社会》2008 年第 7 期。

构成不正当竞争。

2. 如何认定商业诋毁

根据《中华人民共和国反不正当竞争法》第十四条的规定："经营者不得捏造、散布虚伪事实，损害竞争对手的商业信誉、商品声誉。"商业诋毁，是指在经济交往中，经营者自己或利用他人，通过捏造、散布虚假事实等不正当手段，对竞争对手的商业信誉、商品信誉进行恶意的诋毁、贬低，以削弱其市场竞争能力，并为自己谋取不正当利益的行为都属于商业诋毁行为。①

判断一个行为是否构成商业诋毁，主要看其是否具备以下构成要件：一是商业诋毁的主体是经营者，实施商业诋毁的行为人可以是经营者自己，也可以是经营者唆使、收买的其他组织和个人；二是商业诋毁的客体是特定的商誉和竞争秩序；三是商业诋毁的主观方面以故意为构成要件，目的是损害竞争对手的商业信誉、商业声誉，四是商业诋毁行为的客观方面表现为侵权人实施了具体的贬低他人商誉的行为，强调的是客观上存在侵害实施，而不是损害实施。②

案件中，奇虎、奇智公司推出的扣扣保镖软件在打分中以一系列明示、暗示的手段制造 QQ 软件不安全的现象，使用户对 QQ 软件产生不良的印象，具有主观故意。该手段所产生的评论等足以超过正常的范围，构成商业诋毁。

（三）相关判例③

原告 Dorman 产品股份有限公司是汽车售后市场最重要的供应商，主要生产汽车替换部件、五金制品和刹车零部件；被告 Dayco 产品有限责任公司主要供应新车的自动皮带涨紧器，也为汽车零部件售后市场提供产品。2009 年，Dorman 在汽车售后市场推出一系列自动皮带涨紧器，其价格"明显"低于 Dayco 和其他供应商的同类产品。此后，Dayco 向全美的顾客发放了一份幻灯片报告，称其自动皮带涨紧器"是严格按照明确标准设计和组装的"。而在相同的标准测试中（20 个），有 8 个 Dorman 自动皮

① 伍春辉：《论行业诋毁的经济法规制》，《法制与社会》2008 年第 7 期。

② 袁达松、韩赤风、李树建：《中外竞争法经典案例评析》，北京：法律出版社 2011 年版，第 68～70 页。

③ 《美国 Dorman 产品股份有限公司诉 Dayco 产品有限责任公司案》，袁达松、韩赤风、李树建：《中外竞争法经典案例评析》，北京：法律出版社 2011 年版，第 62～71 页。

带涨紧器部件没有达到性能标准。对此，Dorman 称 Dayco 报告中引用的测试是在其内部进行的，采用不可靠、不科学的自定测试方法或数据分析规格，没有依据 SAE 标准。2009 年 8 月 10 日，Dayco 诉 Dorman，指控 Dorman 销售的自动皮带涨紧器涉嫌商标侵权、虚假广告和不正当竞争。诉讼中，Dayco 称 Dorman 的自动皮带涨紧器比 Dayco 的"差"（inferior）。

2009 年 8 月 13 日，Dayco 将一封电子邮件发给遍布全美的售后市场顾客，称其认为 Dorman 从中国进口了自动皮带涨紧器；Dayco 曾担心"Dorman 的设计会因与 Dayco 相应的涨紧器外观相似而误导顾客"，而且"市场上关于 Dorman 产品来源的混淆可能会影响 Dayco 的名誉"。此后，《售后市场新闻》发表了一篇与 Dayco 电子邮件几乎相同的在线故事，《汽车周报》报道了 Dayco 诉讼的内容。另外，Dayco 的网站主页发布了一篇采访 Dayco 总裁和 SAE 成员 Dennis Walveart 的报道，标题为"如何区分不符合质量标准的零部件"。Dorman 认为这些都是 Dayco 故意而为，对 Dayco 提出起诉。

本案的核心争议在于 Dayco 在电子邮件、Dayco 诉讼的一部分和采访 Walveart 中宣称或暗示 Dorman 产品差的言论以及责难 Dorman 有不诚信或不合适商业行为的言论是否构成商业诋毁。

法院将指控分成两部分分析：

第一，关于 Dayco 宣称或暗示 Dorman 产品差的言论是否构成商业诋毁。

法院认为，在某种程度上，Dorman 所提诋毁之诉只是基于 Dayco 宣称或暗示 Dorman 产品差的言论，不能构成诉因。在商业中声称另一家公司产品差是不出意料的，而且是"一种最无恶意的夸大说明"，总体上不能误导公众。Dayco 在电子邮件中称 Dorman 产品质量差和采访 Walveart 的言论均属"夸大说明"的例子，不是实质上的诋毁。同理，Dayco 在诉讼中的言论也不能认定是诋毁性的。

第二，Dayco 责难 Dorman 有不诚信或不合适商业行为的言论是否构成商业诋毁。

在本案中，法院认为 Dayco 宣称和暗示 Dorman 产品差的言论不能构成商业诋毁案的诉因，因为在商业中声称另一家公司产品差是不出意料的。在这一点上同我国的相关司法实践有着明显的区别。依据我国《反不正当竞争法》第十四条的规定，商业诋毁仅限于"捏造、散布虚假事实"。如果 Dorman 诉 Dayco 一案发生在中国，那么"Dayco 宣称或暗示 Dorman 产品差的言论"是否构成商业诋毁取决于 Dayco 是否"捏造、散布虚伪事实"。

（四）法律适用

（1）《中华人民共和国反不正当竞争法》第二条第一款："经营者在市场交易中，应当遵循自愿、平等、公平、诚实信用的原则，遵守公认的商业道德。"

（2）《中华人民共和国反不正当竞争法》第十四条："经营者不得捏造、散布虚伪事实，损害竞争对手的商业信誉、商品声誉。"

（3）《中华人民共和国反不正当竞争法》第二十条第一款："经营者违反本法规定，给被侵害的经营者造成损害的，应当承担损害赔偿责任，被侵害的经营者的损失难以计算的，赔偿额为侵权人在侵权期间因侵权所获得的利润；并应当承担被侵害的经营者因调查该经营者侵害其合法权益的不正当竞争行为所支付的合理费用。"

（4）最高人民法院《关于审理不正当竞争民事案件应用法律若干问题的解释》第十七条第一款："确定反不正当竞争法第十条规定的侵犯商业秘密行为的损害赔偿额，可以参照确定侵犯专利权的损害赔偿额的方法进行；确定反不正当竞争法第五条、第九条、第十四条规定的不正当竞争行为的损害赔偿额，可以参照确定侵犯注册商标专用权的损害赔偿额的方法进行。"

（5）《规范互联网信息服务市场秩序若干规定》第五条："互联网信息服务提供者不得实施下列侵犯其他互联网信息服务提供者合法权益的行为……（四）欺骗、误导或者强迫用户使用或者不使用其他互联网信息服务提供者的服务和产品；（五）恶意修改或者欺骗、误导、强迫用户修改其他互联网服务提供者的服务或者产品参数。"

（6）《互联网终端软件服务行业自律公约》第十八条："终端软件在安装、运行、升级、卸载等过程中，不应恶意干扰或者破坏其他合法终端软件的正常使用。"

（7）《互联网终端软件服务行业自律公约》第十九条："除恶意广告外，不得针对特定信息服务提供商拦截、屏蔽其合法信息内容及页面。恶意广告指频繁弹出的对用户造成干扰的广告类信息以及不提供关闭方式的漂浮广告、弹窗广告、视窗广告等。"

（五）小结

市场经济和互联网的发展都有赖于自由竞争和科技创新。市场特别是互联网行业鼓励自由竞争和创新，但必须以不侵犯他人合法权益为边界，互联网的健康发展需要有序的市场环境和明确的市场竞争规则作为保障。最高人民法院通过此案的审理澄清并确立了互联网行业的竞争规则，特别是对于是否违反诚实信用原则和商业道德、是否形成商业诋毁、是否利用他人市场成果为自己谋取商业利益等反不正当竞争行为的认定，确定了认定的标准，树立了典范，具有重要的示范意义。

九、编者：赵克祥、张智敏

十、编写时间：2014 年 3 月